21 世纪经济管理规划教材

Chuangye Yu Zhong-Xiao Qiye Guanli

创业与中小企业管理

（第二版）

陈晓红　周文辉　吴运迪　编著

清华大学出版社
北　京

内 容 简 介

中国正进入一个重要的战略转型期,推动经济增长的"三驾马车"——出口、消费与投资相继呈现疲软态势,社会矛盾加剧,借此国家发展的关键时刻,尤其需要具有创新能力和创业精神的创业家勇于开拓。理论、方法与实践的综合,创业全过程与中小企业管理的综合,国内与国际的综合。将理论和实践进行很好的结合,使读者在学习创业理论的同时得到创业实践的印证,并运用实用性较强的方法与工具向实践方面拓展,使读者建立对创业理解的全方位视角和创业管理的全过程意识。

本书的读者对象:在读工商管理硕士(MBA);中小企业管理研究人员;管理创业领域相关事务、制定和实施政策的政府官员;有志于进行创业的人士等。

图书在版编目(CIP)数据

创业与中小企业管理 / 陈晓红,周文辉,吴运迪编著. —2版. —北京:清华大学出版社,2014
(2020.11重印)
(21世纪经济管理规划教材)
ISBN 978-7-302-35117-7

Ⅰ. ①创… Ⅱ. ①陈… ②周… ③吴… Ⅲ. ①中小企业—企业管理 Ⅳ. ①F276.3

中国版本图书馆 CIP 数据核字(2014)第 009820 号

责任编辑:刘志彬
封面设计:汉风唐韵
责任校对:宋玉莲
责任印制:沈　露

出版发行:清华大学出版社
　　　　网　　　址:http://www.tup.com.cn,http://www.wqbook.com
　　　　地　　　址:北京清华大学学研大厦 A 座　　　　邮　　编:100084
　　　　社 总 机:010-62770175　　　　　　　　　　　邮　　购:010-62786544
　　　　投稿与读者服务:010-62776969,c-service@tup.tsinghua.edu.cn
　　　　质量反馈:010-62772015,zhiliang@tup.tsinghua.edu.cn
印 装 者:三河市龙大印装有限公司
经　　销:全国新华书店
开　　本:185mm×260mm　　　印　张:26　　　字　数:593 千字
版　　次:2009 年 1 月第 1 版　　2014 年 8 月第 2 版　　印　次:2020 年 11 月第 6 次印刷
定　　价:59.00 元

产品编号:057480-02

序

中国正进入一个重要的战略转型期,推动经济增长的"三驾马车"——出口、消费与投资相继呈现疲软态势,社会矛盾加剧,值此国家发展的关键时刻,尤其需要具有创新能力和创业精神的创业家勇于开拓,以"抱怨就是商机"为创意起点,通过技术创新和管理创新,针对各领域中存在的抱怨提供有效的解决方案,必将极大地释放生产力。

从创意、创新到创业已愈来愈成为中国经济发展的一股重要的推动力,在创业人群不断壮大、创业项目不断涌现的今天,很多创业者是在"野蛮生长",似乎"失败"成了他们接受创业教育的重要途径。是否可以将创业教育提前至大学阶段,让创业者先有一定的准备和积淀,少走一些弯路?众所周知,创业活动在中国改革开放30多年发展中起到至关重要的作用。高等教育与创业密不可分,高等教育是中国在一个日益以知识为基础的全球社会和经济环境中的繁荣与发展的根基。美国考夫曼基金会召集了一个高规格的多学科专家组,共同研讨创业教育在美国高等教育中的地位。专家们指出:创业指的是把创新发明转换成可以持续创造价值的企业;创业者革新改变自然的途径,并采用新方式组合和协调劳动力。创业者承担风险,开创一种新型的产品、服务或组织模式。这种高效而可赢利的创新有助于提升整个社会与经济,并且可以独立于其开创者而持续发展。值得强调的是:创业的标志性特征是创造出一种市场乐于接纳的新形态(产品、服务或组织模式)。一切最终要由市场来评判:关于新形态的功用和需求及其优越性。于是创业者承担的风险并不是赌博,而是对于新形态在市场中的生存能力及其满足他人需求能力的计算。

《创业与中小企业管理》第一版上市以来,受到广大高校、教师和学生的欢迎,清华大学出版社希望推出修订版。此次修订版,受陈晓红教授的委托,由周文辉博士负责第二版的修订。在保持原有结构和风格的基础上,一是更新了部分案例;二是增加了第10章(中小企业营销战略)、第11章(中小企业瓶颈突破)和第12章(创业辅导方法论)最新内容,因为营销和瓶颈突破是创业路上最具挑战性的任务。

中南大学创业学教材编写组在多年来探索开展创业教育的基础上,总结提炼创业理论研究与实践的成果,吸收中南大学中小企业研究中心多年的研究积累，我们选择编写一本能够在理论和实践等方面以及创业全过程对学生进行综合指导的创业与中小企业管理教材。

《创业与中小企业管理》正是为了指导那些在创业理论和实践方面都有需求的学生、创业人士和研究人员，在综合阐述创业理论的基础上，结合了我国最新的创业实践总结、创业环境和政策的总括，力图帮助学生建立创业导向的职业生涯观念。

本书最大的特色就是在于理论、方法与实践的综合，创业全过程与中小企业管理的综合，国内与国际的综合。将理论和实践进行很好的结合，使读者在学习创业理论的同时得到创业实践的印证，并运用实用性较强的方法与工具向实践方面拓展，使读者建立对创业理解的全方位视角和创业管理的全过程意识。

通过本书，读者可以了解创业以及创业精神的含义，创业机会的产生规律和如何抓住创业机会，商业模式含义和典型商业模式类型，中小企业融资，中小企业管理，国内创业政策与环境等。

本书以创业过程为纵向发展主线，以创业知识为横向扩展辅线。

本书适合工商管理硕士、高年级学生作为教材和指导创业实践的参考书，其内容编排充分体现出兼容并包、精专结合的设计思想，对于学生来讲，能够根据当前国内发生的现实案例对理论内容融会贯通，达到学以致用的效果。

作　者
2013 年 8 月

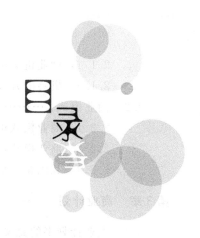

中国创业者十大素质

（编者：创业中的学问哪些是能教的、哪些是不能教的？该如何来教创业学？创业成功有规律可循吗？辛保平先生的这篇文章以创业者的案例说法，提炼出10条创业的共同特征，这既是规律的发现，也是性格使然。同学们如果发现自己具备5条以上的特征，你就不会浪费上帝赐给你的天赋。）

《科学投资》研究了国内上千例创业者案例，发现创业者基本可以分成以下几种类型。

第一种类型：生存型创业者。创业者大多为下岗工人、失去土地或因为种种原因不愿困守乡村的农民，以及刚刚毕业找不到工作的大学生。这是中国数量最大的一拨创业人群。清华大学的调查报告说，这一类型的创业者，占中国创业者总数的90%。其中许多人是被逼上梁山，为了谋生混口饭吃。一般创业范围均局限于商业贸易，少量从事实业，也基本是小打小闹的加工业。当然也有因为机遇成长为大中型企业的，但数量极少，因为现在国内市场已经不像20多年前，像刘永好兄弟、鲁冠球、南存辉他们那个创业时代，经济短缺，机制混乱，机遇遍地。如今这个时代，多的是每天一睁眼就满世界找钱的主儿，少的是赚钱的机会，用句俗话来说，就是狼多肉少，仅仅想依靠机遇成就大业，早已经是不切实际的幻想了。

第二种类型：变现型创业者。就是过去在党、政、军、行政、事业单位掌握一定权力，或者在国企、民营企业当经理人期间聚拢了大量资源的人，在机会适当的时候，跌足下海，开公司办企业，实际是将过去的权力和市场关系变现，将无形资源变现为有形的货币。在20世纪80年代末至90年代中期，第一类变现者最多，现在则以第二类变现者居多。但第一类变现者当前又有抬头的趋势，而且相当部分受到地方政府的鼓励，如一些地方政府出台鼓励公务员带薪下海、允许政府官员创业失败之后重新回到原工作岗位的政策，都在为第一类变现型创业者推波助澜。这是一种公然破坏市场经济环境，人为制造市场不公平竞争的行为。

第三种类型：主动型创业者。又可以分为两种，一种是盲动型创业者；一种是冷静型创业者。前一种创业者大多极为自信，做事冲动。有人说，这种类型的创业者，大多同时是博彩爱好者，喜欢买彩票、喜欢赌，而不太喜欢检讨成功概率。这样的创业者很容易失败，但一旦成功，往往就是一番大事业。冷静型创业者是创业者中的精华，其特点是谋定而后动，不打无准备之仗，或是掌握资源，或是拥有技术，一旦行动，成功概率通常很高。

《科学投资》在调查中，还发现有一种奇怪类型的创业者。除了赚钱，他们没有什么明确的目标。就是喜欢创业，喜欢做老板的感觉。他们不计较自己能做什么，会做什么。可能今天在做着这样一件事，明天又在做着那样一件事，他们做的事情之间可以完全不相干。其中有一些人，甚至连对赚钱都没有明显的兴趣，也从来不考虑自己创业的成败得失。奇怪的是，这一类创业者中赚钱的并不少，创业失败的概率也并不比那些兢兢业业、勤勤恳恳的创业者高。而且，这一类创业者大多过得很快乐。《科学投资》曾经想努力探求其中的道理，后来发现是白费劲。看来这种现象，除了用"积极、放松的心态"对外界变化更敏感、更容易发现商机来解释外，另外能解释的，也只好扯一句俗话，就是"林子大了，什么鸟都有"。

就像萝卜、白菜一样，虽然营养成分、味道各不相同，但它们都是蔬菜，都可以供人们充饥填饱，滋养身体，这是它们的共性。创业者也有其共性。研究其共性，并把握这些共性，是一件非常有意义的事情。托尔斯泰说："幸福的家庭都是相同的，不幸的家庭则各有各的不幸。"套用这一句话，我们也可以说："成功的创业者都是相同的，失败的创业者则各有各的原因。"通过研究掌握那些成功创业者的共性，并以这些共性反观自己，你至少可以明白自己是否适合创业。如果创业，是成功的可能性更大，还是失败的几率更高。这是《科学投资》工作的意义所在。

《科学投资》通过对上千案例的研究，发现成功创业者具有多种共同的特性，《科学投资》从中提炼出最为明显，同时认为是最为重要的 10 种，将其称为"中国创业者 10 大素质"。在《科学投资》走访的专家中，也有人认为，将其称为中国成功创业者 10 大特征可能更为合适。

1. 欲望

将"欲望"列在中国创业者素质的第一位，你是不是觉得很奇怪？佛经上有一句话，叫作"无欲则刚"，意思是说，一个人如果没有什么欲望的话，他就什么都不怕，什么都不必怕了。和尚在寺院里修炼一辈子，末了没有一个不想上西天的；道士整日闭关打坐，末了没有一个不想白日飞升的，可见虽然"无欲则刚"，但要做到"无欲"是一件多么困难的事。

"欲"，实际就是一种生活目标，一种人生理想。创业者的欲望与普通人欲望的不同之处在于，他们的欲望往往超出他们的现实，往往需要打破他们现在的立足点，打破眼前的牢笼，才能够实现。所以，创业者的欲望往往伴随着行动力和牺牲精神。这不是普通人能够做得到的。你到任何一个政府机关门口一站，都可以发现那样一种人：他们表情木然、行动萧索、心态落寞，他们唯一的心愿，就是眼前的局面能够维持。他们祈愿的就是机构改革千万不要改到自己的身上，再就是每月工资能够按时足额发放。他们本来是有足够的学识，有足够的能力以及资源来开创一番事业的，但是没有这样的欲望，他们觉得眼前的生活就足够好。这些人并不限于机关，任何一个有人群的地方都有这样的人，你如何能够指望他去创业？

我们在这里说的创业者的欲望是不安分的，是高于现实的，需要踮起脚才能够得着，有的时候需要跳起来才能够得着。上海有一个文峰国际集团，老板姓陈名浩，是一个 40 多岁的男人。1995 年，陈浩携着 20 万块钱来到上海，从一个小小的美容店做起，现在已经在上海拥有了 30 多家大型美容院、一家生物制药厂、一家化妆品厂和一所美容美发职业培训学校，并在全国建立了 300 多家连锁加盟店，据说个人资产超过亿元。陈浩有一句话："一个人的梦想有多大，他的事业就会有多大。"所谓梦想，不过是欲望的别名。你可以想象欲望对一个人的推动作用有多大。

《科学投资》研究发现，成功创业者的欲望，许多来自于现实生活的刺激，是在外力的作用下产生的，而且往往不是正面的鼓励型的。刺激的发出者经常让承受者感到屈辱、痛苦。这种刺激经常在被刺激者心中激起一种强烈的愤懑、愤恨与反抗精神，从而使他们做出一些"超常规"的行动，焕发起"超常规"的能力，这大概就是孟子说的"知耻而后勇"。一些创业者在创业成功后往往会说："我自己也没有想到自己竟然还有这两下子。"

因为想得到，而凭自己现在的身份、地位、财富得不到，所以要去创业，要靠创业改变身份，提高地位，积累财富，这就构成了许多创业者的人生"三部曲"。做家具生意的吉盛伟邦在上海有很大的名声，它的老板叫邹文龙。邹文龙来自北方冰雪之国的长春，在一向瞧不起"外地佬"，尤其是"北方佬"的上海打出了一片天地，身家要以若干个亿元计算。邹文龙在接受媒体采访时说自己的创业动力来自"三大差别"。这"三大差别"不是他自己提的，是他现在的岳父给他提的。邹文龙说自己早恋，高二就开始谈恋爱，身体又不好，后来女朋友考上了大学，他却落了榜。他女朋友的父亲就对他说："你和我的女儿有三大差别。第一是城乡差别。女朋友是城市户口而邹文龙却来自贫穷的农村。第二是脑力劳动与体力劳动的差别。邹文龙的女朋友已经考上了大学，而邹却不得不接一个亲戚的班，到一个小杂货店搬油盐酱醋出卖劳动力。第三是健康上的差别。邹文龙因为身体不好影响到大学都没考上，难以想象一个身体不好的人以后怎么靠体力活儿吃饭，你怎么能够养得活我的女儿？所以，你和我的女儿谈恋爱，坚决不成！"

要想不放弃自己的女朋友，那就只有一条路，就是消灭"三大差别"。在这样的情况下，邹文龙开始了创业，并且创业成功。现在，女朋友早已变成了老婆，邹文龙还是喜欢对老婆说："我都是为你做的。"实际上，邹文龙说错了，他不是"为你做的"，而是"为了得到你做的"。这就是欲望的作用，再辅之以出色的行动力，邹文龙终于如愿以偿，"抱得美人归"。

无独有偶，大名鼎鼎的张树新的创业亦是源于一种刺激。只不过，这种刺激比邹文龙的"女朋友"来得更为刻骨铭心，因为关系到父亲的生死。张树新回忆说："我记得1989年我父亲患癌症来北京，到1992年去世，我们几乎倾其所有，最后想做很多的事情，却总是囊中羞涩做不了。那个时候社会上已经有很多人下海，大街上有很多不同的人的生活状态，你就会觉得你没有能力改变自己的生活状态，不用去讲那么多的大道理。"俗话说，哀莫大于心死。张树新就是在这样一种状态下，由报社记者而下海创业，成为一个创业者。创业的目的很简单，就是没有钱，想有钱，要赚钱。后来张因为创办瀛海威，第一个大张旗鼓将互联网引入中国而声名鹊起。现在张是联和运通投资公司的老板，已经由一个成功的创业者，发展为一个用自己的钱投资的职业投资家。

因为欲望，而不甘心，而创业，而行动，而成功，这是大多数白手起家的创业者走过的共同道路。丝宝集团的梁亮胜现在很有名，上了《福布斯》中国富豪榜，但寻究当年，梁也不过是一打工仔。只是这个打工仔有点与众不同。1982年，梁带着他的太太，和所在内地工厂的其他40多名青工一道被派往香港工作。当时"（梁亮胜）一家在香港只有四五平方米的住房。那是一间不到30平方米的房子，住了三家人，除去公用厨房、洗手间、走道，房间之小难以想象。他两口子住厅，另两家人各租了一间房，因为别人白天上班时要走厅,他就从厅里拉一块塑料布,留一个过道,他们夫妻两人只能挤在沙发上睡。那时,梁的梦想就是想有个楼花"。

即使是在这样艰苦的条件下,梁还是每天晚上坚持去上学。在香港的3年时间里,梁系统学习了航运、英语、国际贸易和经济管理等课程。后来梁就依靠做国际贸易,向国内贩卖檀香木材淘到了第一桶金,再后来,就办起了丝宝集团,出品舒蕾、风影洗发水等。现在梁站在成功者的角度说:"回头来看,一起到香港的40多人现在都还在工厂里做工,因为他们满足现状,觉得现在做工比原来在国内做工好多了。"梁这话的意思就是说,是欲望促使了他的成功。因为他觉得自己可以做得更好,赚更多的钱,过更好的生活,他要给自己当老板,做自己的主人。而原来一起随他到香港做工的40多个工友,却没有他这样的欲望,所以他们20年前给别人做工友,20年后仍然只能给别人做工友,为别人赚钱。

做杉杉西服的郑永刚与梁亮胜如出一辙。郑总是不满足,在部队里不满足,退伍之后仍不满足。从一个公司到一个公司,从一个工厂到一个工厂,他总是觉得自己能做更大的事,应该拥有更大的舞台。他就在这样的不满足中,将自己的事业一步一步推向前进。现在他终于使"杉杉西服"成为"中国西服第一品牌",同时也使自己成为了一个亿万富翁。

关于人的欲望,地产商冯仑有一段很精辟的论述。他说:地主的生活最愉快,企业家的生活最有成就感,奴隶主的生活最有权威。"地主地里能打多少粮食,预期很清楚,一旦预期清楚,欲望就会被自然约束,也就用不着再努力,所以,会过得很愉快。企业家不同,企业家的预期和他的努力相互作用,预期越高努力越大,努力越大预期越高,这两个作用力交替起作用,逼着企业家往前冲。"如果用"创业家"代替冯仑这段话里的"企业家",你就会发现它同样贴切,或许我们可以套用一句伟人的话:"欲望是创业的最大推动力。"

一个真正的创业者一定是强烈的欲望者。他们想拥有财富,想出人头地,想获得社会地位,想得到别人的尊重。有人一谈起这些东西就觉得很庸俗,甚至一些成功者亦不愿提起这样的话题,特别是一涉及钱,便变得很敏感、很禁忌,其实完全不必如此。禁"欲"的时代早已经结束,除非你一定要自阉,那谁也没有办法,否则,你完全可以轰轰烈烈、堂堂正正地去追求自己的所欲所愿。圣人如孔子一旦学有所成,不也周游列国,急着求个一官半职吗?可见,在有些事情上,是无所谓俗与不俗的。

2. 忍耐

成语里有一句"艰难困苦,玉汝于成",还有一句"筚路蓝缕",意思都是说创业不易。不易在哪里呢?首先是要忍受肉体上和精神上的折磨。肉体上的折磨还好办一些,挺一挺就过去了,就像王江民。王江民40多岁到中关村创业,靠卖杀毒软件,几乎一夜间就变成了百万富翁,几年后又变成了亿万富翁,他曾被称为中关村百万富翁第一人。王江民的成功看起来很容易,不费吹灰之力。其实不然,王江民困难的时候,曾经一次被人骗走了500万元。王的成功,可以说是偶然之中蕴含着必然。王江民3岁的时候患过小儿麻痹症,落下终身残疾。他从来没有进过正规大学的校门,20多岁还在一个街道小厂当技术员,38岁之前不知道电脑为何物。王江民的成功,在于他对痛苦的忍受力,从上中学起,他就开始有意识地磨炼意志,"比如说爬山。我经常去爬山,五百米高很快就爬上去了,慢慢地爬上去也就不感觉得累。再一个就是下海游泳,从不会游泳到喝海水,最后到会游泳,一直到很冷的天也要下水游泳,去锻炼自己在冰冻的海水里提高忍受力。比如:别人要游到一千米、两千米,那么我也要游到一千米、两千米,游到两三千米以后再上岸的时候都不会走路了,累得站不起来了。就这样锻炼自己,来磨炼自己的意志。"当他40多岁辞职来到中关村,面对欺骗,面对商业对手不计手段、不遗余力的打击,都能够坦然面对。所以,中关村能人虽多,倒让这样一个外来的残疾人拔了百万富翁的头筹。

中关村还有一个与王江民异曲同工的人,就是华旗的老总冯军。冯军是清华大学的高才生,读大学时就在北京秀水街给倒货的留学生当翻译赚外快。毕业后也有一个好工作,他却不愿干,宁愿跑到"村里"自己打江山。冯军在中关村又有"冯五块"的称号,意思是说,他每样东西只赚你五块钱。有媒体曾经这样描述冯军在村里的生活,"冯军一次用三轮车载四箱键盘和机箱去电子市场,但他一次只能搬两箱,他将两箱搬到他能看到的地方,折回头再搬另外两箱。就这样,他将四箱货从一楼搬到三楼,再从三楼搬到二楼,如此往复"。这样的生活,有时会让人累得瘫在地上坐不起来。冯军在中关村创业,首先,要丢掉清华大学高才生的面子。俗话说,"物以类聚,人以群分"。在中关村和冯军干一样活儿的人,大多数是来自安徽、河南的农民,如中关村的CPU批发生意,60%以上都由来自安徽霍邱县冯井镇的农民把持着。一个清华大学的高才生,要成天与这样一些人打交道,与这样一些人厮混,不是一件好受的事情,需要很好的心理承受能力。其次,为了让人家代理自己的产品,"村里"那些摊主儿不论大小都是自己的爷,见人就得点头哈腰,赔笑脸说好话。中关村那些摊主儿的素质尽人皆知,好听的话不会多。从"冯五块"这样一个绰号,可以看出冯军当时的江湖"地位"。

现在冯军又遇到了新的难题,就是与郎科的优盘专利权纠纷。郎科的创始人邓国顺也是一个传奇人物,从一个打工仔成长为亿万富翁,邓国顺只用了短短几年时间,中间亦经受了无数的折磨。"那种煎熬是一般人不能承受的,可是我们没想过放弃。即使是累得快趴下,钱快花光的时候,我们也不过是想:没钱了,再回新加坡打工,赚了钱又继续搞。"邓国顺说的是他和创业伙伴成晓华几年前一起开发优盘时的情景。现在邓国顺的朗科拥有优盘的专利,冯军的华旗却想来分一杯羹。邓国顺不答应,两家就起了纠纷。冯军息事宁人想和解,天天给邓国顺打电话,但是邓国顺一听是冯军的声音就撂电话,逼得冯军不得不换着号码给他打。冯军大小也是个老板,华旗在中关村不算出类拔萃,可也不是籍籍无名,这样低声下气地让人不待见,还不都是为了公司的生意。这是创业者需要忍受的另一种精神折磨。

但是冯军所受折磨,与俞敏洪比起来,又算是小巫见大巫。俞敏洪是国内英语培训的头牌学校新东方的创始人。对俞敏洪的创业经历,《中国青年报》记者卢跃刚在《东方马车——从北大到新东方的传奇》中,有详细记录。其中令人印象尤深的是对俞敏洪一次醉酒经历的描述,看了令人不禁想落泪。

俞敏洪那次醉酒,缘起于新东方的一位员工贴招生广告时被竞争对手用刀子捅伤。俞敏洪意识到自己在社会上混,应该结识几个警察,但又没有这样的门道。最后通过报案时仅一面之缘的那个警察,将刑警大队的一个政委约出来"坐一坐"。卢跃刚是这样描述的:

"他兜里揣了3 000块钱，走进香港美食城。在中关村十几年，他第一次走进这么好的饭店。他在这种场面交流有问题，一是他那口江阴普通话，别别扭扭，跟北京警察对不上牙口；二是找不着话说。为了掩盖自己内心的尴尬和恐惧，劝别人喝，自己先喝。不会说话，只会喝酒。因为不从容，光喝酒不吃菜，喝着喝着，俞敏洪失去了知觉，钻到桌子底下去了。

"老师和警察把他送到医院，抢救了两个半小时才活过来。医生说，换一般人，喝成这样，回不来了。俞敏洪喝了一瓶半的高度'五粮液'，差点喝死。

他醒过来喊的第一句话是：'我不干了！'学校的人背他回家的路上，一个多小时，他一边哭，一边撕心裂肺地喊着：'我不干了！再也不干了！把学校关了！把学校关了！我不干了！……'

他说：'那时，我感到特别痛苦，特别无助，四面漏风的破办公室，没有生源，没有老师，没有能力应付社会上的事情，同学都在国外，自己正在干着一个没有希望的事业……'

他不停地喊，喊得周围的人发怵。

哭够了，喊累了，睡着了，睡醒了，酒醒了，晚上7点还有课，又像往常一样，背上书包上课去了。"

实际上，酒醉了是很好对付的，但是精神上的痛苦就不那么容易忍了。当年"戊戌六君子"谭嗣同变法失败以后，被押到菜市口去砍头的前一夜，说自己乃"明知不可为而为之"，有几个人能体会其中深沉的痛苦。醉了、哭了、喊了、不干了……可是第二天醒来仍旧要硬着头皮接着干，仍旧要硬着头皮挟起皮包给学生上课去，眼角的泪痕可以不干，该干的事却不能不干。按卢跃刚的话说："不办学校，干吗去？"

俞敏洪还有一件下跪的事，在新东方学校也是尽人皆知。那是当着几十口子人，当着自己的同学、同事，当着在饭店吃饭的不相干的外人，俞敏洪"扑通"一声就给母亲跪下了。起因是，俞母将俞敏洪的姐夫招来新东方干事，先管食堂财务，后管发行部，但有人不愿意，不知谁偷偷把俞敏洪姐夫的办公设备搬走了。俞母大怒，也不管俞敏洪正和王强、徐小平两个新东方骨干在饭店包间里商量事，搬把凳子便堵在包间门口破口大骂。王强和徐小平看见俞敏洪站起来"大义凛然"向门外走去，还以为他是要去跟母亲作坚决的斗争呢，谁知这位新东方学校的校长，万人景仰的中国留学"教父"，"扑通"一声，当着大伙儿的面，给母亲跪下了。弄得王强和徐小平面面相觑，目瞪口呆。

王强事后回忆说："我们期待着俞敏洪能堂堂正正从母亲面前走过去，可是他跪下了。顿时让我崩溃了！人性崩溃了！尊严崩溃了！非常痛苦！"一个外人看见这样的场景尚且觉得"崩溃"，觉得"非常痛苦"，那么，作为当事人和下跪者的俞敏洪会是什么样的感觉呢？！

现在大家都知道俞敏洪是千万富豪、亿万富翁，谁知道俞敏洪这样一类创业者是怎样成为千万富翁、亿万富翁的呢？他们在成为千万富翁、亿万富翁的道路上，付出了怎样的代价，付出了怎样的努力，忍受了多少别人不能够忍受的屈辱、憋闷、痛苦，有多少人愿意付出与他们一样的代价，获取与他们今天一样的财富？更有甚者，当初江苏名佳企业董事长张正基创业时，因为违逆了父亲的意思，甚至被父亲告到税务局，说他偷税漏税，父子因此而3年断绝往来，你知道那时张正基的心情吗？

对一般人来说，忍耐是一种美德，对创业者来说，忍耐却是必须具备的品格。电话大王吴瑞林（侨兴老板）当初创业失败，"走在路上，平时笑脸相迎的乡邻竟然一夜之间形同陌路，不断有人在我身后指指点点。没多久，孩子们就哭着回家告诉我，老师把他们的位子从第一排调到最后一排去了，学校里的同学也不和他们玩了"。吴瑞林不得不带着家人，"选择了在一个月黑风高的深夜悄悄离开"，离开了生他养他的故乡。指甲钳大王梁伯强一次次创业，一次次辛苦累积财富，而每一次点滴积累的财富最后总是被各种各样"莫名其妙的原因"剥夺，搁一般人早发疯了，可梁伯强都忍下了。现在他是一个成功者。

老话说"吃得菜根，百事可做"。对创业者来说，肉体上的折磨算不得什么，精神上的折磨才是致命的，如果有心自己创业，一定要先在心里问一问自己，面对从肉体到精神上的全面折磨，你有没有那样一种宠辱不惊的"定力"与"精神力"。如果没有，那么一定要小心。对有些人来说，一辈子给别人打工，做一个打工仔，是一个更合适的选择。

3. 眼界

名人老总佘德发是个非常有意思的人，据说这个人不管走到哪里，随身都会带着两样宝贝：一样是手提电脑，因为名人在全国设有许多的分部、分公司，佘德发带着电脑走到哪里，哪里就是公司的总部；另一样是一个旅行箱，里面全是各种各样的报纸，佘德发走到哪里，读到哪里，将一箱一箱的报纸，当成了精神食粮。

人们都喜欢夸耀自己见多识广，对于创业者来说，就不是夸耀，是要真正见多识广。广博的见识，开阔的眼界，可以很有效地拉近自己与成功的距离，使创业活动少走弯路。

《科学投资》研究了上千创业案例，其中亲自走访的创业者不下数百，发现这些创业者的创业思路有以下几个共同来源。

第一，职业。俗话说，"不熟不做"，由原来所从事的职业下海，对行业的运作规律、技术、管理都非常熟悉，人头、市场也熟悉，这样的创业活动成功的几率很大。这是最常见的一种创业思路的来源。

第二，阅读，包括书、报纸、杂志等。比亚迪老总王传福的创业灵感来自一份国际电池行业动态，一份简报似的东西。1993年的一天，王传福在一份国际电池行业动态上读到，日本宣布本土将不再生产镍镉电池，王传福立刻意识这将引发镍镉电池生产基地的国际大转移，意识自己创业的机会来了。果然，随后的几年，王传福利用日本企业撤出留下的市场空隙，加之自己原先在电池行业多年的技术和人脉基础，做得顺风顺水，财富像涨水似的往上冒。他于2002年进入了《福布斯》中国富豪榜。另一位财富英雄郑永刚，据说将企业做起来后，已经不太过问企业的事情，每天大多时间都花在读书、看报，思考企业战略上面。很多人将读书与休闲等同，对创业者来说，阅读就是工作，是工作的一部分，一定要有这样的意识。

第三，行路。俗话说，"读万卷书，行万里路"。行路，各处走走看看，是开阔眼界的好方法。《福布斯》中国富豪里面少有的女富豪之一——沈爱琴，说自己最喜欢的就是出国。出国不是为了玩，而是去增长见识，更好地领导企业。

在《科学投资》研究的案例中，有两成以上创业者最初的创业创意来自于他们在国外的旅行、参观、学习。像刘力 1995 年创立北京大众人拓展训练有限公司,将拓展训练当成自己创业的主要落脚点,灵感就来自于其在英国、瑞典等国考察时,对拓展训练的接触。"当初的震撼非文字所能够表达。"回国后刘力便照猫画虎弄了这么个东西,效果非常好。现在有空到哪儿上一堂拓展训练课,已经成了都市有产阶级的时尚玩意儿,北大等学校在帮助企业训练企业领袖时,拓展训练是其中一项重要手段。

还有西岸的黄勇。西岸是中国最好的几家公关公司之一,去年因为和奥美的合并闹得沸沸扬扬。西岸的创始人黄勇原来是一名比较成功的科技记者,有关媒体这样描述黄勇的创业:"1992 年,黄勇在香港偶然参观了博雅公司在香港的分公司。这次香港之行最后改变了黄勇的命运。博雅的业务让黄勇感觉很有意思,他没想到公关也能成为一种专门的行业。"结果就是,黄勇利用自己做记者时积累的大量资源,先人一步在国内开办起了公关公司。西岸,大概是中国最早的完全市场化运作的公关公司之一,后来因为代理微软公司的"维纳斯"(一种机顶盒)在国内公关界一举成名。记者在北京西单时代广场看到,西岸在这个豪华写字楼租赁的办公场所不下千余平方米。

行路意味着什么,或者换句话说,眼界意味着什么? 如果你是一个创业者,开阔的眼界意味着你不但在创业伊始可以有一个比别人更好的起步,有时候它甚至可以挽救你和你企业的命运。眼界的作用,不仅表现在创业者的创业之初,它会一直贯穿于创业者的整个创业历程。"一个人的心胸有多广,他的世界就会有多大。"我们也可以说,"一个创业者的眼界有多宽,他的事业也就会有多大。"

比如科宝。科宝整体厨房如今在国内非常有名,但是科宝在起步时,并不是做整体厨房的,专业是抽油烟机。后来科宝的创始人蔡明发现不少顾客在买了抽油烟机以后,还会向他们订做几格吊柜、橱柜,以便放置一些厨房用品甚至是冰箱等电器。这时候科宝才开始有意识地向整体厨房方面转型。"那时我们理解的整体橱柜就是做几个柜子,把燃气灶和其他厨房用具放在一块就行了。这种状况一直持续到 1999 年 5 月。我去德国科隆参加每两年举行一次的家具配件展,算是开了眼界。看了展会,我发现自己以前做的东西,那哪能叫整体厨房,简直就是垃圾。"

展会后,蔡明从德国直接去了意大利,雇了一个意大利司机,从北边的威尼斯出发一直南下。"我让那司机帮我安排好路线,一路上,只要门上写着 Cucina(意大利语厨房),我就进去看。看了几十个厂家,每个厂家都有几十个甚至是上百个款式。古典的,现代的,大众的,前卫的,各种流派都看了个遍。到最后,看到 Cucina 我就想吐。"

这一路看了 20 多天,蔡明回到国内,下令把他们以前做的东西全部推倒重来。欧洲的各种流派、款式,融进自己的理念。科宝,或者说蔡明,在做整体厨房若干年后,一直到 1999 年的欧洲之行,才明白什么叫真正的整体厨房。这就是行千里路的作用。开阔眼界后的老板,将原本平庸的企业带入了一个全新的境界。与此同时,老板自己也进入了一个新境界,发现了一个新天地。

第四,交友。很多创业者最初的创业 IDEA(主意)是在朋友启发下产生,或干脆就是由朋友直接提出的。所以,这些人在创业成功后,都会更加积极地保持与从前的朋友联系,并且广交天下友,不断地开拓自己的社交圈子。时尚蜡烛领头羊山东金王集团创始人陈索斌的创业 IDEA,便来自于一次在朋友家中的闲谈。昆明赫赫有名的"云南王"、新晟源(昆明最大的汽车配件公司)老板何新源有两大爱好,至今仍保持着和朋友在茶楼酒馆喝茶谈天的爱好。何新源称其为"头脑风暴"。这样的头脑风暴,使他能够不断地有新思路、新点子,生意越做越大,越做越好。都说广东人是天生的生意人,你看一看,广东人里面有几个是不好泡茶楼的?泡茶楼,喝茶是一方面,交朋友谈生意是更重要的另一方面。原来北京人不太爱喝茶,现在北京的茶馆却多过米铺。这与近几年来北京的商业气味越来越浓不无关系,茶馆里面的人,十有八九是在交朋友谈生意。

四大创业 IDEA 的来源,也就是四大开阔眼界的有效方法。见钱眼开,莫如说眼开见钱,眼界开阔才能看见更多的钱,赚到更多的钱。《科学投资》奉劝创业者,有空一定要到处多走一走,多和朋友谈一谈天,多阅读,多观察,多思考。"机遇只垂青有准备的头脑",让自己"眼界大开"就是最好的准备。

4. 明势

明势的意思分两层,作为一个创业者,一要明势;二要明事。我们先来说明势。

势,就是趋向。做过期货的人都知道,要想赚钱关键是要做对方向,这个方向就是势。比方说,大势向空,你偏做多;或者大势利多,你偏做空,你不赔钱谁赔钱!反过来说,你就是不想赚钱都难。

势分大势、中势、小势。创业的人,一定要跟对形势,要研究政策。这是大势。很多创业者是不太注意这方面工作的,认为政策研究"假、大、虚、空",没有意义。实则不然。对一个创业者来说,大到国家领导人的更迭,小到一个乡镇芝麻小官的去留,都会对自己有影响。在政策方面,国家鼓励发展什么,限制发展什么,对创业之成败更有莫大关系。做对了方向,顺着国家鼓励的层面努力,可能事半功倍;做反了方向,比如说,某个行业、某类型企业,国家正准备从政策层面进行限制、淘汰,你偏赶在这时懵懵懂懂一头撞了进去,一定会鸡飞蛋打。

澳瑞特健康产业集团位于山西长治,是由做过矿工的郭瑞平在一个破产的小自行车厂基础上组建,时间只有短短 10 来年,年产值现在已超过十亿元。郭瑞平发财的秘诀便是顺势而为。本来山西长治地区是个穷地方,一些人连饭都吃不饱,哪里有心思搞什么健身。在毫无经验的基础上,将创业定位于在本地毫无市场的健身器材,在当地许多人看来等于找死。但是郭瑞平有一个很好用的头脑,他利用了当时国家竞技体育与群众体育两手抓、两手都要硬的政策大势,将创业目标定位于"群众喜欢用群众乐用的健身器材",避开了与国内众多专业竞技体育器材生产厂的竞争,又利用国家发行体育彩票,其中一部分收入指定用于群众健身器材投资的机会,利用一直以来精心与国家体育总局官员建立并保持的良好关系,首先将一整套"群众性体育健身器材"安装在了国家体育总局龙潭湖家属院,然后又从这个家属院走向了中国。你现在走到北京街头看一看,都是这种刷成黄色、红色、橙色的健身器,一组下来少的也有 10 来件,上面都标着"澳瑞特"的字样,仅这一单生意,就让郭瑞平赚了个盆满钵满。

顺势而作,就是顺水行舟。李白诗"朝辞白帝彩云间,千里江陵一日还。"那是指顺水行舟。苏东坡坐船回老家,走得和李太白是同一条路,却整整花了 3 个月。原因无他,太白顺水,东坡逆水。创业的道理也是一样。观察政府,研究政策,是为了明大势。

中势指的就是市场机会。市场上现在时兴什么,流行什么,人们现在喜欢什么,不喜欢什么,可能就标明了你创业的方向。俞敏洪如果不是赶上全国性的英语热和出国潮,他就是使再大的劲,洒再多的泪,流再多的汗,也不会有今天的成功。

在得风气之先的珠三角,现在还包括长三角,许多中小创业者都非常懂得借势的道理。不少人依靠借势发了家。借什么势呢?借外资企业在本地投资的势,比如说,一个台湾的电脑主板厂家在内地建厂,他不可能什么都自己生产,有一些零配件,包括一些生活供应,都要依靠当地人解决。这就是势,有人称之为"为淘金者卖水"。其实不是卖水,而是大家一起淘金,只不过有人淘的金块大一些,成色足一些,有人淘的金块小一些,成色差一些,但最后大家都有钱赚。在一个地方,大家都在做IT,你偏要去炼铁,你不赔钱谁赔钱?和市场主导一样,这就有一个产业主导的概念。不管做什么,你一定要和身处环境合拍,创业才容易获得成功。《科学投资》传授给你一个诀窍,假如你准备创业,而你的资金不足,经验又不足,那么,你可以看看周围的人都在做什么,大家一起做的,你跟着做,一定没有错,虽然不可能赚到大钱,但赔本的机会也少,风险也小,较适合于那些风险承受能力较弱的创业者。能赚平均利润,对于小本经营的创业者就不错了,通过这样的锻炼,可以慢慢学习赚大钱的本领,慢慢积累赚大钱的资本,一旦机会来临,是龙翔九天,还是凤舞岐山,还不是由你说了算?假如你的本钱雄厚,风险承受能力强,你当然可以从创业伊始就去剑走偏锋,寻冷门,赚大钱,只是这样的创业者不多。

小势就是个人的能力、性格、特长。创业者在选择创业项目时,一定要找那些适合自己能力,契合自己兴趣,可以发挥自己特长的项目,这样才有利于你做持久性的全身心的投入。创业是一项折磨人的活动,创业者要有受罪的心理准备。

明势的另一层含义,就是明事,一个创业者要懂得人情世故。老话说:"世事洞明皆学问,人情练达即文章。"创业的首要目的是合理合法地赚钱,不是改造社会。改造社会是等你发达以后,还需要你有那样的兴趣。创业更不是为了要跟谁赌气,你非要如何如何,非要让对方觉得你这个人如何如何,你才觉得心里舒服,你那是自己为自己设绊。

前一段时间,河北富翁孙大午被抓,很多人在网上为孙大午抱打不平。一些法律、金融专家就对当地政府指责孙大午私自揽储、非法集资不以为然,觉得以孙大午的作为,远远够不上私自揽储、非法集资,扰乱金融秩序更谈不上。当地税务部门指责孙大午偷税漏税亦迄今拿不出有力证据。但这不是我们关心的内容,我们关心的是孙大午落入今日的局面,由千万富翁沦为阶下囚,有无其自身的原因。

孙大午被抓后,有人说了一句话:孙大午被抓,是因为孙大午不会说话,不会办事。大午集团从1 000只鸡、50头猪起家,至今已发展成集养殖业、种植业、加工业、工业、教育业为一体的大型科技民营企业,固定资产过亿元。说孙大午不会办事,肯定不是指他不会办企业。

那么,孙大午不会办的是什么事呢?一是"抠"。大午集团在对外交往上,每年基本没有什么招待费。孙大午从来不请客。就算逢年过节给一些单位送点年礼,也都是十几元一箱的鸡蛋。二是"傲"。平时孙大午只喜欢和学术界名流交往,对政界人士却"不屑"打交道,使一些人感觉孙很清高、很狂,心里很不舒服。三是"轴",不懂人情世故,与地方政府关系闹得非常僵,和地方的税务局、工商局、土地局等多个权力部门都发生过冲突,打过官司。通过大午集团的举报，当地税务部门的一位重要领导还曾遭到检察机关的拘捕。

孙大午的企业发展要用钱，而从银行和有关金融机构又贷不到钱，于是走上"非法集资"的道路。反观当地另一家与大午集团差不多的企业，人家也缺钱，也需要融资，但采取的方法却与大午集团迥然不同。《中国新闻周刊》的报道说，通过县委书记的亲自"协调"，2013年3月该企业又获得了银行1亿2千万元的贷款额度，其中1千万元已经落实。这家企业在当地以与政府关系密切著称。

创业是一个在夹缝里求生存的活动，尤其处于社会转轨时期，各项制度、法律环境都不十分健全，创业者只有先顺应社会，才能避免在人事关节上出问题。作为对照，很多原先很牛气的外资企业，认为本地人才这样不行，那样不行，只有外来和尚才能念好经，现在也都认识到了人才本地化的重要。人才为什么要本地化？因为本地的人才更熟悉本地的情况，能够按照"本地的规矩"做事，也就是说更能入乡随俗。创业者一定要明势，不但要明政事、商事，还要明世事、人事，这应该是一个创业者的基本素质。

5. 敏感

敏感不是神经过敏。神经过敏的人，像琼瑶小说里的那些角色，可以当花瓶，可以做茶余饭后的消遣，唯独不适合创业。

创业者的敏感，是对外界变化的敏感，尤其是对商业机会的快速反应。

潘石屹现在是商场的红人，潘石屹成为红人有他成为红人的理由。有谁能够从别人的一句话里听出8亿元的商机，而且是隔着桌子的一句话，是几个不相干之人的一句话？别人不能，但潘石屹能。别人没有这个本事，潘石屹有这个本事。

1992年，潘石屹还在海南万通集团任财务部经理。万通集团由冯仑、王功权等人于1991年在海南创立。冯仑、王功权都曾在南德集团做过事，当年都是"中国首富"牟其中的手下谋士。万通成立的头两年，通过在海南炒楼赚了不少钱。1992年，随着海南楼市泡沫的破灭，冯仑等人决定将万通移师北京，派潘石屹打前锋。

潘石屹奉冯仑的将令，带着5万元差旅费来到了北京。这天，他（指潘石屹）在怀柔县政府食堂吃饭，听旁边吃饭的人说北京市给了怀柔四个定向募集资金的股份制公司指标，但没人愿意做。在深圳待过的潘石屹知道指标就是钱，他不动声色地跟怀柔县体改办主任边吃边聊："我们来做一个行不行？"体改办主任说："好哇，可是现在来不及了，要准备6份材料，下星期就报上去。"

"潘石屹立即将这个信息告诉了冯仑，冯仑马上让他找北京市体改委的一位负责人。这位领导说：'这是件好事，你们愿意做就是积极支持改革，可以给你们宽限几天。'做定向募集资金的股份制公司，按要求需要找两个'中'字头的发起单位。通过各种关系，潘石屹最后找到中国工程学会联合会和中国煤炭科学研究院作为发起单位。万事俱备，潘石屹用刚刚买的4万元一部的手机打电话问冯仑：'准备做多大？'冯仑说：'要和王功权商量一下。'王功权说：'咱们现在做事情，肯定要上亿。'

潘石屹在电话那边催促冯仑快做决定，'这边还等着上报材料呢。'冯仑就在电话那头告诉潘石屹：'8最吉利，就注册8个亿吧。'北京万通就这样，在什么都没做的情况下，拿到了8个亿的现金融资。"

以上这段文字出自 IT 名记刘韧的手笔,很生动。这就是潘石屹那个"一言 8 亿"的传奇故事。后来万通在海南做赔了本,多亏了潘石屹这一耳朵"听"来的 8 个亿,才有了万通的今天。后来兄弟儿个又闹分家,于是诞生了潘石屹现在的红石和北京大北窑旁边的现代城。

潘石屹能赚到这笔钱不是出自偶然,而是源于他的商业敏感。我们前面说过陈索斌。陈索斌是一个"海归",在美国留过学,有经济学硕士的头衔。陈索斌所学与蜡烛无关,在创业之前他亦从未与蜡烛行业有过任何接触。为什么他会选择时尚蜡烛作为自己的创业方向呢? 原来 1993 年的一天晚上,陈到一位朋友家中谈事,突然遇到停电,朋友的妻子赶紧找出一截红蜡烛点上,烛光下红彤彤的蜡烛一股股地冒着黑烟,忽明忽暗。朋友的妻子在旁边抱怨说:"如今卫星都能上天了,怎么这蜡烛还是老样子,谁要是能捣鼓出不冒黑烟的蜡烛,说不定能得个诺贝尔奖什么的。"就是这样一句话触动了陈索斌,于是不久就有了"金王"。再不久,"金王"成了中国的时尚蜡烛之王。随着"金王"的成功,陈索斌自然而然也就成了亿万富翁。对蜡烛黑烟的抱怨,相信不只陈索斌一个人听到过,为什么只有他抓住了这个机会呢? 这只能归结于陈索斌比一般人更为强烈的商业敏感。

如果说潘石屹、陈索斌最初的财富都是用耳朵"听"来的,那么夏明宪最初的财富就是用眼睛"看"来的。1989 年,在山城重庆开着一家小五金杂货店的夏明宪,忽然发现来买水管接头(一种钢管)的人多了起来。他觉得很奇怪,这些人买这么多水管接头干什么用? 后来一打听,才发现是一些先富起来的山城人,为了自身和家庭财产的安全,开始加固家里的门窗。买水管接头,就是为了将它们焊接起来,做成铁门防盗(那时候还没有防盗门的概念)。夏明宪发现这个秘密后,立即意识到自己的机会来了。他马上租了一个废置的防空洞,买来相应的工具,刨、锯、焊、磨地干了起来。一个多星期,他就做了 20 多扇"铁棍门",赚了一大笔钱。后来顺着这个思路不断发展,就有了现在的"美心防盗门",与盼盼防盗门一起,成为中国防盗门行业两块响当当的品牌。原来的五金店小老板变成了现在的防盗门大老板,成为山城重庆数得着的一个财主。

这样的故事有很多。上海有名的亿万富翁、洗浴业和餐饮业大佬施有毅(现任上海云海实业股份有限公司董事长)也是依靠过人的商业敏感发达起来的。施有毅这样叙述自己的经历:"1995 年,我从美国夏威夷坐飞机到东京……朋友带我到一个浴场去……通过洗这个澡,我茅塞顿开,觉得这个搬到中国非常好。"就是这样的一个日本浴,后来洗出了施有毅的万贯家财。施有毅敏感到什么程度? 公安部发布法令,严禁驾驶员过度疲劳驾驶车辆:从事公路客运的驾驶员,一次连续驾驶车辆不得超过 3 个小时;24 小时内实际驾驶时间累计不得超过 8 小时。他得知后的第一反应,就是决定到高速公路旁边去修汽车旅馆。

一些人的商业敏感来自耳朵,一些人的商业敏感来自眼睛,还有一些人的商业敏感来自于自己的两条腿。北京人都很熟悉什刹海边那些拉洋车的,黑红两色的装饰,非常显眼。这些人都是一个叫徐勇的年轻人的部下。1990 年,爱好摄影的徐勇出版了一本名叫《胡同 101 像》的摄影集,有对中国民俗感兴趣的外国朋友看到这本影集,就开始请徐勇带自己去胡同参观,讲解胡同文化历史。徐勇立刻就意识到这里有机会。不久他的以北京"坐三轮逛胡同"为主题的旅游公司办了起来。当初徐勇将自己的想法告诉朋友和家人的时候，几乎遭到了所有人的一致反对，北京可看的东西太多了，故宫、长城、颐和园……哪一个不比胡同更吸引人，有多少到北京来的人会有兴趣去看那破破烂烂的胡同，北京本地人更不会有兴趣。政府有关部门当时也不看好他的主意。现在，徐勇的"胡同游"却日进斗金，让所有人大跌眼镜。

北京人说一个人不懂事，会说他"没有眼力见儿"，意思是看不出好歹。其实，面对每天在眼前溜来溜去的商业机会，有几个人是有"眼力见儿"的？张维仰和北大名教授张维迎就差一个字，现在是深圳市东江环保股份有限公司董事长。这家公司是国内第一家在香港上市的民营环保企业。1987年以前，张只是深圳市城管部门的一个普通员工。一天，深圳蛇口的一家外资企业找到深圳市城管部门，提出以每吨500港币的高价，请求帮忙处置其公司产生的工业垃圾。城管部门派人拉回来两三吨废物，却不知如何处理。一位工作人员将这些垃圾拿到实验室化验，发现废物中铜的含量很高，经过技术手段加以综合处理，可以制成广泛应用于工业和农业的化工原料硫酸铜。这件事当时也没有谁留意，却被旁边的张维仰默默记在了心里。不久，张维仰辞职创业，从为深圳企业处理垃圾做起，后来发展到垃圾的无害化处理和变废为宝。当时适逢国家大力倡导环保，张维仰好风凭借力，一下子便发达了起来。应该说，当时这个机会摆在张维仰的每一个同事面前，大家机会是均等的。最后只有张维仰抓住了这个机会，因为他的商业感觉更好，再辅之以强大的行动力，所以，他能够最后胜出毫不奇怪。

谈及商业敏感，梁伯强不能不谈。在财富道路上，梁伯强不是一个幸运儿。他曾经几次被命运打倒在地，但最后又倔强地爬起来。他积累的财富几度灰飞烟灭，但又一次次在他"再来一次"的喊声中重新聚拢。1998年，或许是出于感动，命运改变了对梁伯强的态度，开始对他眷顾起来。1998年4月的一天，梁伯强在一张别人用来包东西的旧报纸上，偶然读到一篇文章。这篇文章的名字叫作《话说指甲钳》。文章说，1997年10月27日，时任国务院副总理的朱镕基，在中南海会见全国轻工企业第五届职工代表时说："（你们）要盯住市场缺口找活路，比如指甲钳，我们生产的指甲钳，剪了两天就剪不动指甲了，使大劲也剪不断。"文章说，当时朱总理还特意带来3把台湾朋友送给他的指甲钳，向与会代表展示其过硬的质量、美观的造型和实用的功能，并以此为例，激励大家要对产品质量高度重视，希望科技进步和技术创新，开发更多、更好的新产品，把产品档次、质量尽快提高上去。

梁伯强读到这篇文章，眼前一亮。他再一了解，得知这件事令当时国家轻工部压力很大，为此成立了专案小组。轻工部还联合五金制品协会在江浙开了几次会议，寻求突破这个问题的方案，但都没有根本解决。梁伯强得知这些情况后非常兴奋，因为他做了十多年的五金制品，这正是他擅长的事情。他知道机会来了。梁伯强的"非常小器·圣雅伦"指甲钳就是在这种背景下产生的，现在，梁伯强号称"世界指甲钳大王"。一个一向不顺的创业者，在蹉跎了半辈子后，终于靠自己的一次敏悟改变了命运。当然，梁伯强的成功，还有很重要的一点，就是他懂得前文所讲的明势与借势。他借的是朱镕基讲话之势，借的是轻工部"老房子着火"之势，因而一举成功，一鸣惊人。

有些人的商业感觉是天生的，如胡雪岩，更多人的商业感觉则依靠后天培养。如果你有心做一个商人,你就应该像训练猎犬一样训练自己的商业感觉。良好的商业感觉,是创业者成功的最好保证。

6. 人脉

创业不是引"无源之水",栽"无本之木"。每一个人创业,都必然有其凭依的条件,也就是其拥有的资源。一个创业者的素质如何,看一看其建立和拓展资源的能力就可以知道。

创业者资源,可分为外部资源和内部资源两种。内部资源主要是创业者个人的能力,其所占有的生产资料及知识技能,也就是人们通常所说的有形资产及无形资产,只不过这种有形资产和无形资产属于个人罢了。创业者的家族资源也可以看作创业者内部资源的一部分。拥有一份良好的内部资源,对创业者个人来说无疑是重要的,但因为其中大部分不是通过创业者个人努力获取,而是自然存在的,具有天然属性,我们在此不作重点讨论。

我们希望在此讨论的是创业者外部资源的创立。其中最重要的一点是人脉资源的创业,即创业者构建其人际网络或社会网络的能力。一个创业者如果不能在最短时间之内建立自己最广泛的人际网络,那他的创业一定会非常艰难,即使其初期能够依靠领先技术或者自身素质,比如吃苦耐劳或精打细算,获得某种程度上的成功,我们也可以断言他的事业一定做不大。除非他像比尔·盖茨一样,能开发出一个 WINDOWS,前无古人,无可取代,只好由他独霸市场。

创业者人际资源,按其重要性来看,可以分为以下三种资源。

第一是同学资源。现在社会上同学会很盛行,仅北京大学,各种各样的同学会就不下几十个,据说其中有一个由金融投资家进修班学员组成的同学会,仅有 200 余人,控制的资金却高达 1 200 个亿元,殊为惊人。据说是中国最好的工商管理学院之一的上海中欧工商管理学院,除了在上海本部有一个学友俱乐部外,在北京还有个学友俱乐部分部。人大、北大、清华等名牌大学在北京、上海、广州、深圳都有同学会或校友会分会,在这些地方,形形色色的同学会多如恒河沙数。

周末的时候,到北大、清华、人大等校园走走,会发现有很多看上去不像学生的人在里面穿梭。其中有许多人是花了大价钱从全国各地来进修的。学知识是一方面的原因,交朋友是更重要的原因。对于那些"成年人班",如企业家班、金融家班、国际 MBA 班等班级的学生,交朋友可能比学知识更加重要,有些人唯一的目的就是交朋友。一些学校也看清了这一点,在招生简章上就会明白无误地告诉对方:拥有××学校的同学资源,将是你一生最宝贵的财富。

在《科学投资》研究的上千个创业者案例中,有许多成功者的身后都可以看到同学的身影,有少年时代的同学,有大学时代的同学,更有各种成人班级如进修班、研修班上的同学。赫赫有名的《福布斯》中国富豪南存辉和胡成中就是小学和中学时的同学,一个是班长,一个是体育委员,后来两人合伙创业,在企业做大以后才分了家,分别成立正泰集团和德力西集团。一位创业者在接受《科学投资》的采访时说,他到中关村创立公司前,曾经花了半年时间到北大企业家特训班上学、交朋友。他开始的十几单生意,都是在同学之间做的,或是由同学帮着做的。同学的帮助,在他创业的起步阶段起了很大的作用。

实际上，同学之间本来就有守望相助的义务，在现今这个时代，带着商业或功利的目的走进学堂，也并没有什么不妥当。

　　同学之间因为接触比较密切，彼此比较了解，同时因为少年人不存在利害冲突，成年人则大多数从五湖四海走到一起，彼此也甚少存在利害冲突，所以友谊一般都较可靠，纯洁度更高。对于创业者来说，是值得珍惜的最重要的外部资源之一。

　　与同学相似的，是战友；可以与同学和战友相提并论的是同乡。共同的人文地理背景，使老乡有一种天然的亲近感。曾国藩用兵只喜欢用湖南人，中国历史上最成功两大商帮，徽商和晋商不管走到哪里，都是老乡拉帮结派，成群结伙的。正是同乡之间互为犄角，互为支援，才成就了晋商和徽商历史上的辉煌。在很长一段时间内，中国几乎所有商业繁盛之地，其最惹眼、最气派的建筑不是徽商会馆，就是晋商会馆。会馆者，老乡交游约会之馆也。如今，一个人要外出创业，比如一个湖南人要到深圳创业，或者一个福建人要到纽约创业，老乡众多仍然是最有利条件之一。这是近年来各地同乡会风起云涌的原因。同学资源和同乡资源，可并称为创业者最重要的两大外部资源。

　　第二是职业资源。对创业者来说，效用最明显首推职业资源。所谓职业资源，即创业者在创业之前，为他人工作时所建立的各种资源，主要包括项目资源和人际资源。充分利用职业资源，从职业资源入手创业，符合创业活动"不熟不做"的教条。尤其是在国内目前还没有像美国或欧洲国家一样，普遍认同和执行"竞业避止"法则的情况下，选择从职业资源入手进行创业，已经成为了许多人创业成功的捷径和法宝。如昆明的"云南汽车配件之王"何新源，在创办新晟源汽配公司之前，就在省供销社从事相同工作；有名的宝供物流，其创始人刘武原来也是汕头供销社的一名"社员"，被单位派到广州火车站从事货物转运工作，后来承包转运站，再后来利用工作中建立的各种关系，创立了宝供，通过为宝洁公司做物流配送商，一举成为国内物流业之翘楚。前中学数学教师、"好孩子"创始人、《福布斯》中国富豪宋郑还通过一位学生的家长，得到了第一批童车订货，这才知道世界上原来还有童车这样一个赚钱玩意儿的。同时，宋郑还做童车的第一笔资金也是通过一位在银行做主任的学生家长获得的。如果没有学生家长的帮助，宋郑还可能会一事无成。而万通的冯仑和王功权原来则是同事，两人曾一起在南德工作过，后来两人离开南德，携手海南打天下，才有了现在的兴旺发达。冯仑和王功权在事业上是一对绝配，仿佛《封神演义》里面的哼哈二将，一个弹，一个唱，配合得天衣无缝。

　　据调查，国内离职下海创业的人员，90%以上利用了原先在工作中积累的资源和关系。

　　第三是朋友资源。朋友应该是一个总称。同学是朋友，战友也是朋友。老乡是朋友，同事一样是朋友。一个创业者，三教九流的朋友都要交，谈得来，交得上，就好像十八般兵刃，到时候不定就用上了哪般。朋友犹如资本金，对创业者来说是多多益善。"在家靠父母，出门靠朋友"、"多一个朋友多一条路"是至理名言。一个创业者如果不能交朋友，没有几个朋友，肯定只有死路一条。俞敏洪为跟警察交朋友，喝酒喝到差点儿死过去，但他后来发现，自己这"差点儿一死"，值！《科学投资》认为，人际交往能力应列在创业者素质的第一位。

7. 谋略

楚霸王之所以不值得人们同情,一在于他的有勇无谋,二在于他的妇人之仁。商场如战场,一个有勇无谋的人,早晚会成为别人的盘中餐。

可口可乐成功30法则,条条光明正大,那是因为它做到了现在这么大,如果它当初创业,就推出30法则,恐怕早就被敌人吃掉了。

创业是一个斗体力的活动,更是一个斗心力的活动。创业者的智谋,将在很大程度上决定其创业成败。尤其是在目前产品日益同质化,市场有限,竞争激烈的情况下,创业者不但要能够守正,更要有能力出奇。

奥普浴霸现在是国内浴室取暖产品的第一品牌。其创始人、杭州奥普电器有限公司董事长方杰,在1993年将浴霸产品引入中国的时候,国人尚没有在浴室吊顶的概念。方杰想了一个办法,将浴霸定位为时尚产品,并且专门针对那些二十来岁的漂亮姑娘进行营销。方杰的说辞是:"我是国外留学回来的海归派。在国外作为一个白领能不能在家洗个澡,是一个时髦的生活方式,是你家里面生活状态的一个标志。"海派小姑娘的标志,就是崇洋媚外,瞧不起"自己人",如果有任何东西,能够将她们同周围土里土气的"自己人"区分开来,她们愿意付出任何代价。方杰就巧妙地利用了上海人的这种"海派"心理,将奥普浴霸在上海滩一炮打响。

现在很多人很佩服冯仑,觉得这个人能做能侃,很了不起。冯仑不是有了钱才有本事,他是因为有了本事才有了钱。1991年,冯仑和王功权南下海南创业的时候,兜里总共才有3万块钱。3万块钱要做房地产,即使是在海南也是天方夜谭。但是冯仑想了一个办法。信托公司是金融机构,有钱。他就找到一个信托公司的老板,先给对方讲一通自己的经历。冯仑的经历很耀眼,对方不敢轻视;再跟对方讲一通眼前商机,自己手头有一单好生意,包赚不赔,说得对方怦然心动;然后提出:不如这样,这单生意咱们一起做,我出1300万元,你出500万元,你看如何?这样好的生意,对方又是这样一个人,有这样的经历,有什么不放心?好吧!于是该老板慷慨地甩出了500万元。冯仑就拿着这500万元,让王功权到银行做现金抵押,又贷出了1300万元。他们就用这1800万元,买了8幢别墅,略作包装一转手,赚了300万元,这就是冯仑和王功权在海南淘到的第一桶金。冯仑的说法:"做大生意必须先有钱,第一次做大生意又谁都没有钱。在这个时候,自己可以知道自己没钱,但不能让别人知道。当大家都以为你有钱的时候,都愿意和你合作做生意的时候,你就真的有钱了。"冯仑初到海南,尽管没钱,也一定要将自己和公司上下都收拾得整整齐齐,言谈举止让人一眼看上去就是很有实力的样子。

《福布斯》中国富豪陈金义当年也有过这么一番经历。陈金义在没有发迹前,有机会做一个蜂蜜加工厂。建一个蜂蜜加工厂需要30万元,但当时陈金义手头仅有3万元。他将这3万元存入银行,随后又利用这3万元做抵押,从银行贷出6万元,又用6万元做抵押,贷出12万元,如此一直到贷出办工厂所需30万元。蜂蜜加工厂办起来,陈金义的事业也逐渐走上正道。现在这成为民营企业家的"原罪"。有人说他们这是空手套白狼,其实不然,最多他们是利用了银行制度上的缺陷。有能力利用现存制度的缺陷,是一种智慧的表现。市场经济的假设基础,就是人都是自私的,每个人都想将自己的个人利益最大化,而结果是人们在利己的同时达到了利人的目的,个人利益与社会效益都达到最大化。说到钻空子，商人的天性就在于找空子、钻空子。有人钻空子不奇怪，如果眼见着空子在那里没有人去钻，那才是奇怪的事情。谈到空手套白狼，哪一个白手起家的创业者不需要经过一个空手套白狼的阶段呢？空手而能套到狼，不是智慧又是什么呢！

吴敬琏写过文章《何处寻找大智慧》，对创业者来说，无所谓大智慧小智慧，能把事情做好，能赚到钱就是好智慧。京城白领没有几个没有吃过丽华快餐的，京城的大街小巷，经常能看见漆着丽华快餐标志的自行车送餐队。丽华快餐由一个叫蒋建平的人创立，起家地是江苏常州，开始不过是常州丽华新村里的一个小作坊，在蒋建平的精心打理下，很快发展为常州第一快餐公司。几年前，当蒋建平决定进军北京时，北京快餐业市场已近饱和。蒋建平剑走偏锋，从承包中科院电子所的食堂做起，做职工餐兼做快餐，这样投入少而见效快；由此推而广之，好像星火燎原，迅速将丽华快餐打入了北京市。假如蒋建平当初进入北京，依循常规，租门面，招员工，拉开架式从头做起，恐怕丽华快餐不会有今天。

谈到商业谋略，梁伯强是最令人敬佩的一个。梁伯强想做指甲钳，在国内却找不到过硬的技术，找来找去，他发现韩国人在这方面行，技术好。可是韩国人一向抠门，对自己的技术看得很严。公开向韩国人讨要技术肯定不行，出钱买人家也未必肯卖。为了从韩国人那里偷师学艺，梁伯强想了一个"曲线救国"的办法。第一步，他先想办法成为韩国人的代理商，为其在中国内地批发销售指甲钳。这样既建立了自己的指甲钳销售网络，又取得了韩国人的信任。第二步，在取得韩国人的信任后，梁伯强便开始找借口，说韩国人的货这不行哪不行，质量不过关，产品老崩口，天天找韩国人的麻烦，把自高自大的韩国人气得不行。最后为了证明自己的产品质量过关，韩国人竟在一怒之下，将产品生产材料和工艺流程都告诉了他。梁伯强一听大喜过望，立刻自己开打，"非常小器·圣雅伦"于是呼啸出山，一亮相就获得满堂彩。

梁伯强偷艺的故事，不禁让人想起华人第一首富李嘉诚。李嘉诚当年未发迹时，为了获得塑料花的生产工艺，也曾到意大利演了这么一出。看来，财富强人有时在财富智慧上也是惊人相似。

谋略或者说智慧，时时贯穿于创业者的每一个创业行动中。王传福做比亚迪，别人都是用整套的机器代替人力，他偏偏反其道而行之，用大量的人力代替机器，只在不得不用机器的少数几个环节才使用少量的机器。原因在于，王传福知道，作为一个劳动力供应的大国，中国工人的人力成本远低于购买成套机器设备的成本。使用人力代替机器，虽然使比亚迪的工厂变得不那么好看，显得不那么现代化，但却使比亚迪的生产成本一下子就降了下来，竟低于主要竞争对手日本人40％。凭借价格优势，比亚迪在世界市场横扫千军，将日本人打得稀里哗啦。王传福也在短短数年之内，积累了巨量的财富，进入了《福布斯》中国富豪榜，2002年排名第41位。

谋略，说白了就是一种思维的方式，一种处理问题和解决问题的方法。当韦尔奇和通用的"6个西格玛"席卷中国企业界，中国企业界人人奉韦尔奇为神灵，奉"6个西格玛"为圭臬时，一位创业家说了话。他说："在我的企业里，在我目前这种状况下，我只需要3个西格玛、4个西格玛就足够用了，如果一定要我在我的企业里推行6个西格玛，那么我的企业必死无疑。"现在，这家伙的企业做得很不错。

对于创业者来说,智慧是不分等级的,它没有好坏、高明不高明的区别,只有好用不好用,适用不适用的问题。当年谢圣明带着红桃K一帮人,在农村的猪圈、厕所上大刷广告时,遭到了多少人的嘲笑。但是,如今在猪圈上刷广告的谢圣明已经成为了亿万富翁,而当年那些讪笑他的人呢,当年怎样贫穷,如今依然怎样贫穷。我们归结创业者智慧:不拘一格,出奇制胜。作为创业者,你的思维是否至今依然因循守旧?

8. 胆量

问一个问题:什么样的人最适合创业?

答案是:赌徒。

道理很简单,创业本身就是一项冒险活动。赌徒最有胆量,敢下注,想赢也敢输,所以,他们最适合创业。科学研究发现,赌徒的心理承受能力远远强过普通人,而创业正是最需要强大心理承受能力的一项活动。

《科学投资》在研究中发现,大凡成功人士都有某种程度的赌性,企业界人士犹然。史玉柱的赌性大家都知道。当年在深圳开发M-6401桌面排版印刷系统,史玉柱的身上只剩下了4 000元钱,他却向《计算机世界》定下了一个8 400元的广告版面,唯一的要求就是先刊广告后付钱。他的期限只有15天,前12天他都分文未进,第13天他收到了3笔汇款,总共是15 820元,两个月以后,他赚到了10万元。史玉柱将10万元又全部投入做广告,4个月后,史玉柱成为了百万富翁。这段故事如今为人们津津乐道,但是想一想,要是当时15天过去,史玉柱收来的钱不够付广告费呢?要是之后《计算机世界》再在报纸上发一个向史玉柱的讨债声明呢?我们大概永远也不会看到一个轰轰烈烈的史玉柱和一个赌性十足的史玉柱了。

很多创业者在创业的道路上,都有过"惊险一跳"的经历。这一跳成功了,功成名就,白日飞升;要是跳不成,就只好凤凰涅槃了。当年周枫带人做婷美,一个500万元的项目,做了2年多,花了440万元还是没有做成。眼看钱就没了,合作伙伴都失去了信心,要周枫把这个项目卖了。周枫说,这样好的项目不能卖,要卖也要卖个好价钱。合作伙伴说,这样的项目怎么能卖到那么多钱,要不然你自己把这个项目买下来算了。周枫就花5万元钱把这个项目买了下来。原来大家一起还有个合伙公司,作为代价,周枫把在这个合伙公司的利益也全部放弃了,据说损失有几千万元。单干的周枫带着23名员工,把自己的房子抵押,跟几个朋友一共凑了300万元。他把其中5万元存在账上,另外的钱,他算过,一共可以在北京打2个月的广告。从当年的11月到12月底,他告诉员工,这回做成了咱们就成了,不成,你们把那5万块钱分了,算是你们的遣散费,我不欠你们的工资。咱们就这样了!这些话把他的员工感动得要哭,当时人人奋勇争先,个个无比卖力,结果婷美就成功了。周枫成了亿万富翁,他的许多员工成了千万富翁、百万富翁。现在很多的大学教授、市场专家分析周枫和婷美成功有诸多原因,其实事情没有这么复杂。说白了,不过是一个合适的产品,加上一个天性敢赌的领导,加上一些合适的营销手段,才有了这样一桩成功的案例。

孙广信与周枫有异曲同工之妙。《福布斯》中国富豪孙广信在没有发迹前,只是在乌鲁木齐做一些拼缝之类的小生意。这样的小生意人在商业传统悠久的乌鲁木齐多得是。孙广信起家于做酒楼。1989年秋季的一天,孙听到有一家专做粤菜的广东酒楼的老板因为欠债跑掉了。孙广信跑到那里一看，嗯，这个酒楼不错，地理位置好，门面也不赖，行，可以做，是个机会。当时就借了67万元把这个广东酒楼盘了下来，又从广东请来好厨子，进了活海鲜，鱼、虾、鳖、蟹，还有活蛇。此前孙广信从来没有做过餐饮业，新疆人又吃惯了牛羊肉，对生猛海鲜不感兴趣，感兴趣的人也不敢轻易下箸。头4个月亏了17万元，亏得孙广信眼睛发直。他坚持了下来，通过猛打广告猛优惠，将客源提了上来。孙广信从酒店里赚到了钱。中国的酒楼多得是，赚钱的老板都不少，为什么现在只有孙广信出名呢？因为孙广信没事就在酒楼里观察他的顾客，琢磨他的顾客。有一回，一个客人一下定了一桌5 000元的酒席，把孙广信吓了一跳。在当时5 000元可不是一个小数。他一琢磨，什么人这样有钱，出手这样阔绰？一打听，原来是做石油的。再一打听，乖乖，了不得，原来做石油这么肥，这么来钱呢。孙广信就开始转行做石油。后来孙广信成了《福布斯》中国富豪。孙广信现在做的事是西气东输。连国家都要掂量再三感觉头痛的工程，他都敢做，而且有资本做得起。

创业需要胆量，需要冒险。冒险精神是创业家精神的一个重要组成部分，但创业毕竟不是赌博。创业家的冒险，迥异于冒进。有一个故事：一个人问一个哲学家，什么叫冒险，什么叫冒进？哲学家说，比如有一个山洞，山洞里有一桶金子，你进去把金子拿了出来。假如那山洞是一个狼洞，你这就是冒险；假如那山洞是一个老虎洞，你这就是冒进。这个人表示懂了。哲学家又说，假如那山洞里的只是一捆劈柴，那么，即使那是一个狗洞，你也是冒进。这个故事什么意思？它的意思是说，冒险是这样一种东西，你经过努力，有可能得到，而且那东西值得你得到。否则，你只是冒进，死了都不值得。创业者一定要分清冒险与冒进的关系，要清楚什么是勇敢，什么是无知。无知的冒进只会使事情变得更糟，你的行为将变得毫无意义，并且惹人耻笑。

9. 与他人分享的愿望

梁山在宋江的治理下，一派兴旺发达。众兄弟大碗喝酒，大块吃肉，大秤分金，过得好不快活。宋江治理梁山全靠两个手段，一是建章立制，自宋江而下，众兄弟排排坐，分果果，分工明确，各司其职；二是作为领导人，宋江懂得与兄弟分享。每当"买卖"有所获，宋江总是第一个安排下功劳簿，众兄弟论功行赏，按照各人的贡献，将利润进行公平分配。《水浒传》120回，从来没有一个字讲到宋公明瞒着众人多吃多占，中饱私囊。按理说，宋江貌不惊人，论文不能吟诗作赋，讲武不能上马提枪，却将梁山一干强盗治得服服帖帖，原因很简单：宋江这样的领导人，不会让大家吃亏。按经济学家的说法，就算是有人不服他，出于个人利益最大化的考虑，让宋江当头儿也是个最优选择。

作为创业者，一定要懂得与他人分享。一个不懂得与他人分享的创业者，不可能将事业做大。

若干年前，记者曾在中关村采访过一位创业者。这位创业者当时在中关村做产品供求信息。当时，中关村做一行的人还很少，因而这位创业者的收入可观，很短时间内就买了车，买了房，但是对自己的员工却很抠门，能少给一分，绝不多给一分，他说这叫低成本运作。现在七八年过去了，这位创业者的公司已经搬了几次家，但总是改不了小门脸那种寒酸的模样，员工也总是那么寥寥几个，而且不断地更换。中关村竞争激烈，每天都会有很多人的创业梦化为泡影。这么多年过去了，这位创业者仍然存在，仍然在中关村坚持,自有他的成功之处。但是,与和他差不多时间起步,做同样行业,而且是白手起家的郭凡生相比,他就差得远了。现在郭凡生的慧聪年产值早已过亿,在现代化的写字楼里拥有了上千平方米的办公面积,在全国各地还有数十家分公司。郭凡生也早就成了千万富翁。

郭凡生和这位创业者的区别,就在于懂得与众人分享。慧聪是 1991 年创立的,1992年慧聪的章程里已经写入了劳动股份制的内容。学经济出身的郭凡生这样解释他的劳动股份制:"我们规定,慧聪公司的任何人分红不得超过企业总额的 10%,董事分红不得超过企业总额的 30%。当时我在公司占有 50% 的股份,整个董事占有的股份在 70% 以上,有 20% 是准备股,但是连续 8 年,慧聪是把 70% 以上的现金分红分给了公司那些不持股的职工,而我们这些董事规定得很清楚,谁离开公司,本金退还,不许持股。所以我们这些董事又都是公司总裁、副总裁,参与的也是知识分红。慧聪早在 1992 年初创的时候,就确立了按知识分配为主的分配方式。"据说郭凡生第一次给员工分红的时候,有一位员工一下分到了 3 000 多块钱。那是 20 世纪 90 年代初,3 000 元可是一笔大钱。这位员工以为公司搞错了,不相信世界上竟然会有"这样大方的老板",拿到钱后连夜跑掉了。

郭凡生对中关村的企业和中国的高科技企业为什么做不大也有一番高论。"中关村企业有 100 万元利润就分裂,有 200 万元利润就打架,为什么做不大呢？就在于这个公司只有一个老板,老板拿走绝对的利益,而这个公司又不是靠老板的资本来推动发展的,当它的主体变为知识推动的时候,企业就要不断地分裂,所以中关村的企业做不大,中国的高技术企业做不大。"

美国心理学家马斯洛有个需要层次理论,说人按层次一共有五种需要,第一是生存需要,第二是安全需要,第三是社交需要,第四是尊重需要,第五是自我实现需要。这五种需要具体到企业环境里,具体到公司员工身上,就是需要老板与员工共同分享。当老板舍得付出,舍得与员工分享,员工的生存需要、安全需要、尊重需要就从老板这里都得到了满足。员工出于感激,同时也因为害怕失去眼前所获得的一切,就会产生"自我实现的需要",通过自我实现,为老板做更多的事,赚更多的钱,做更大的贡献,回报老板。这样就构成了一个企业的正向循环、良性循环。这应该是马斯洛理论在企业层面的恰当解释。

当周枫成功地完成婷美"惊险的一跳"后,当初坚定不移地跟随着他的员工现在可享福了。不但是这些员工,现在婷美所有的员工都在分享着周枫和婷美的成功。如今在周枫的公司里,120 多名员工光小汽车就有 96 辆。这些小汽车都是公司作为奖励送给员工的。周枫规定,凡在公司工作满 3 年的员工,就送给小汽车一辆,百平方米住房一套。现在周枫又买了 28 套"部长级"住房,每套 150 平方米。周枫规定,在公司工作满 5 年以上的员工,可以得到这些住房。

周枫这样解释自己的成功:我觉得我成功的因素里面有这样一条,就是我能够做到与人分享。周枫当然也有他的"小九九"。他说:我现在研究很多案例,比如三株、太阳神等企业是怎么成的,怎么倒的。他们成功以后员工和主要干部都是什么样的福利待遇。我们中国有个现象,就是一个新兴的行业一旦做火了以后,紧接着就会分岔。好像只要做了一个给老板个人带来暴富机会的产品,之后这个企业很快就会销声匿迹,这是一个值得我们关注的现象。比如说一个口服液，做火了以后，紧接着就会出现很多很多同样的口服液，你想一想，做这些口服液的人都是从哪儿来的呢？都是从原来的公司里派生出来的。这里面有高薪挖角的原因，更多是老板自身的原因。老板挣钱了，副总们会想，老板挣了，看看我自己的钱，还是没有涨多少。那好，我宁愿不拿你这 5 000 多块钱的月工资了，我也不出去给别人干，因为给别人干，我可能还是拿那点工资。我自己办一个公司，几个人单独拉出去也做这个，因为别的不会做，我就仿照你来做。一旦做成了，我也就成了百万富翁了。所以这样不断地派生，今天果茶大战，明天保暖内衣大战，还有各种的保健品大战，基本上都是这样，但是你看我做的生意，基本上后面没有跟进的人跟着搅和。婷美为什么能够一花独秀？原因在于我们有一支凝聚力特别强的队伍。对公司员工来说，如果这个企业的事业发展了，他还拿他那几千块钱月薪的话，他是会有想法的。但如果他一年可以拿个 30 万元、40 万元的话，他就会考虑，自己现在出去做老板，冒那个风险，还不如在这儿做。这种比较经济学，决定了你一下就把他 5 年的时间拴死了，以后你只要巩固住，甭说 5 年，有两年你的品牌就出来了。别人再跟你做同样的东西竞争，你靠品牌已经压死了他。所以说，一个企业家要懂得与他人分享，真心分享，公平分配利益。这样做了以后，你这种坦诚，一个窝头大家掰着吃的那种情义，会产生很强的凝聚力。其实这样做，同时也保护了自己，比如分出岔以后，你就要用更大的广告量去抵消对方的竞争。现在像我这样，每年的广告量就减下来不少，无形中还是保护了你自己的利益。

周枫如此精明，如此会算账，怪不得他做一样东西火一样东西呢。而且只要是他做过的东西，都做到了全国第一。做生意的人都会算账，只不过有些人算得是大账，有些人算得是小账。

商业法则：算大账的人做大生意，做大生意人；算小账的人永远只能做小生意，做小生意人。

分享不仅仅限于企业或团队内部，对创业者来说，对外部的分享有时候同样重要。王江民不管什么时候，对他的生意伙伴都是一句话：有钱大家赚。而正泰集团的成长历史，有人说就是修鞋匠南存辉不断股权分流的历史。在南存辉的发家史上，曾经进行过 4 次大规模的股权分流，从最初持股 100%，到后来只持有正泰股权的 28%，每一次当南存辉将自己的股权稀释，将自己的股权拿出来，分流到别人口袋里去的时候，都伴随着企业的高速成长。但是南存辉觉得自己并没有吃亏，因为蛋糕做大了，自己的相对收益虽然少了，但是绝对收益却大大地提高了。

分享不是慷慨，对创业者来说，分享是明智。

10. 自我反省的能力

1992 年 9 月 3 日，万通成立一周年纪念日，冯仑将这一天确立为万通"反省日"。"一直到现在，每年一到公司纪念日，我们都要检讨自己。"

反省其实是一种学习能力。创业既然是一个不断摸索的过程，创业者就难免在此过程中不断地犯错误。反省，正是认识错误、改正错误的前提。对创业者来说，反省的过程，就是学习的过程。有没有自我反省的能力，具不具备自我反省的精神，决定了创业者能不能认识到自己所犯的错误，能不能改正所犯的错误，是否能够不断地学到新东西。

方杰做奥普浴霸,大家觉得那么容易,好像是一蹴而就似的。其实早在澳大利亚留学的时候,方杰就有意识地到澳大利亚最大的灯具公司"LIGHTUP"公司打工。当时他还不懂商业谈判。他知道自己的缺陷,很希望学会谈判的本领。他知道他当时的老板是一个谈判的高手,所以,每当有机会与老板一起进行商业谈判的时候,他总是在口袋里偷偷揣上一个微型录音机。他将老板与对方的谈判内容一句句地录了下来,然后再回家偷偷地听,揣摩、学习,看看老板是怎样分析问题的,对方是怎样提问,老板又是怎样回答的。他就这样学习,几年以后也成为了一个商业谈判的高手。最后老板退休了,把位子让给了他。到了 1996 年,方杰差不多已经成了澳洲身价第一的职业经理人。然后他不想当打工仔了,想自己回国创业。方杰的奥普浴霸是在这样的基础上做成的,方杰并不是一个天生的生意人。

在《科学投资》研究的上千个创业案例中,除有限的几个"新经济"的锋线人物,如上海易趣的邵逸波、深圳网大的黄沁据说是神童外,其他大多也就是如曾国藩所说的"中人之质"而已,并没有哪个成功者在智力上有什么出类拔萃之处,比如智商高到 180、200 之类的。相反,这些成功者有一个共通之处,就是都非常善于学习,非常勇于进行自我反省。高德康做波司登,经常"晚上睡不着,想心事。常常半夜里醒过来一身冷汗"。高德康何许人也? 江苏常熟白茆镇山泾村的一个农民。高德康曾经这样描述他的创业经历,那时候高德康做裁缝,组织了一个缝纫组,靠给上海一家服装厂加工服装赚钱,每天要从村里往返上海购买原料,递送成品。"从村里到上海南市区的蓬莱公园,有 100 公里路。我骑自行车每天要跑个来回,骑了几次车就不行了。于是我就挤公共汽车,背着重重的货包挤上去,再挤下来,累得满头大汗。因为我挤车也是在上班时间,车挤得不得了。我背着货包好不容易挤上去,车上的人闻到我一身臭汗,就把我推下来,有一次把我的腰都扭伤了。有时候他们还要骂一句,你这个乡下人,乡巴佬。神气得不得了……可是包重呀,你把我推下来,我怎么办? 那个时候我是哭也哭不得,我想那些人一点都不理解我。有时甚至考虑还要不要和上海人做生意? 但是不去上海,家里就没有活干,吃不上饭。只能上,乖乖地上。做生意龙门要跳,狗洞要钻,没办法的,只能受点委屈。"在这种情况下,高德康睡不着觉,后来他的事业做大了,波司登已经成为了中国羽绒服第一品牌,自己也变成了千万、亿万富翁了,却仍然常常睡不着觉。高德康总是在反省自己,为了一些想不明白的问题,他还特意跑到北大、清华上了一年学。他说:"我经常总是在听人家讲,听了以后抓住要害,再在实践中去检验,到最后看结果,看到底是不是真的。"高德康只有小学文化,而他现在最大的爱好竟然是看书。"时间再紧张,学习也不能马虎。平时很少有时间去看书,有的时候在飞机上看看。在这种学习时间很少的情况下,每个月一定要集中 3 天时间。集中 3 天学了之后,把自己的思路理顺。作为一个领导来说,不一定整天忙得不得了的领导就是好领导,你必须把思路理顺,有一种思维的状态来考虑这个企业的发展。"

高德康作为一个山沟里的农民,上海人嘴巴里的乡巴佬,最后却能让上海人抢着购买自己的羽绒服,把上海人的钞票大把大把地揣进自己的兜里,原因何在? 现在你明白了吧。

作为一个创业者,遭遇挫折,碰上低潮都是常有的事,在这种时候,反省能力和自我反省精神能够很好地帮助你渡过难关。曾子曰："吾日三省吾身"。对创业者来说，问题不是一日三省吾身、四省吾身，而是应该时时刻刻警醒、反省自己，唯有如此，才能时刻保持清醒。《科学投资》将自我反省的能力放在创业者 10 大素质的最后一项，并不意味着我们认为它是最不重要的一项。相反，我们认为创业者需要的是综合素质，每一项素质都很重要，不可偏废。缺少哪一项素质，将来都必然影响事业的发展。有些素质是天生的，但大多数可以通过后天的努力改善。如果你能够从现在做起，时时惕厉，培养自己的素质，你的创业成功一定指日可待。

资料来源：辛保平. 科学投资. 2003(09).

第1章 创业与中小企业理论

如果你连创业的想法都没有,那你什么也不是。

——哈佛商学院对学生的忠告

学习目的

1. 了解中国与世界近年来创业现状。
2. 掌握创业与中小企业对经济发展的作用。
3. 理解创业精神的内涵。
4. 理解技术创业与企业内创业的含义。

引 言

李嘉诚创业管理的九个要点

在创业这条路上,李嘉诚无疑是非常优秀的成功创业者,他在工作中,立下了九个管理心得,很值得创业者学习。

(1) 勤奋是一切事业的基础。要勤劳工作,对企业负责、对股东负责。

(2) 对自己要节俭,对他人则要慷慨。处理一切事情以他人利益为出发点。

(3) 始终保持创新意识,用自己的眼光注视世界,而不随波逐流。

(4) 坚守诺言,建立良好的信誉。良好的信誉,是走向成功的不可缺少的前提条件。

(5) 决策任何一件事情的时候,应开阔胸襟,统筹全局,但一旦决策之后,则要义无反顾,始终贯彻一个决定。

(6) 要信赖下属。公司所有行政人员,每个人都有其消息来源及市场资料。决定任何一件大事,应召集有关人员一起研究,汇合各人的资讯,从而集思广益,尽量减少出错的机会。

(7) 给下属树立高效率的榜样。集中讨论具体事情之前,应预早几天通知有关人员准备资料,以便对答时精简确当,从而提高工作效率。

(8) 政策的实施要沉稳持重。在企业内部打下一个良好的基础,注重培养企业管理人员的应变能力。决定一件事情之前,应想好一切应变办法,而不去冒险妄进。

(9) 要了解下属的希望。除了生活,应给予员工好的前途;并且,一切以员工的利益为重,特别对于年老的员工,公司应该给予绝对的保障,从而使员工对集团有归属感,以增强企业的凝聚力。

本章的内容结构图如图1-1所示。

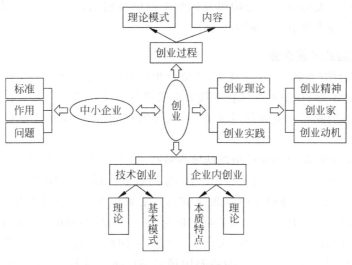

图 1-1 本章内容结构图

1.1 创业的实践与理论

各国学者们对于创业的关注大多缘于传统大企业掌控下的社会化大生产所衍生的经济危机与中小企业发展给社会经济带来的复苏和抵抗危机的能力。经过一个实践和总结过程之后,学者们及政府官员几乎无一例外地开始提倡发展创业型经济。

1.1.1 创业的实践

每年,在美国都有大约 60 万家新企业成立,这个数字在过去 20 年中翻了一番,它们的成功巨大地推进了美国的经济增长。在 20 世纪 90 年代,美国的大企业裁掉了 600 多万个工作岗位,但失业率却降到历史上的最低水平,这主要是创业者创建新企业的结果。[①]

类似的事情正以不同的形态在我国发生着。改革开放 30 多年来,一批批创业者新创办的企业提供了新产品和服务,填补了市场空白,开拓了新的市场空间,使中国经济总量不断增长;并使中国经济经受住了一次又一次考验,尤其是亚洲金融风暴的冲击。正如一位著名经济学家所总结的,中国经济改革的成功经验不在于所谓渐进式的改革,而主要在于以发展经济增量为主、经济存量改革为辅的政策导向,所谓发展经济增量,实质上即是鼓励创业。正是由于众多的创业不断发生和成功,使 30 多年来中国经济保持持续增长,并解决了大量的就业问题,缓解了经济转轨时期的危机与痛苦。

---

① [美]巴隆(Baron,R. A.),斯科特 A. 谢恩(Scott A Shane). 张玉利,谭新生,陈立新译.创业管理:基于过程的观点.北京:机械工业出版社,2005(6):5

从经济和社会发展的重大影响以及国情上归纳分析，自改革开放以来，我国典型意义上的创业可以分为以下三大板块。

1. 异军突起的乡镇企业

1996 年出台的《乡镇企业法》规定，乡镇企业是指农村集体经济组织或者农民投资为主、在乡镇（包括所辖村）举办的承担支援农业义务的各类企业。所谓农民投资为主是指农村集体经济组织或者农民投资超过 50%，或者虽不足 50%，但能起到控股或者实际支配作用。

异军突起的乡镇企业的发展是以地域为特征、以农民为主体的创业实践。乡镇企业在中国经济发展中，三分天下有其一，并占国家财政收入的 1/5，解决了约 1.3 亿人的就业，"十五"期间农民人均纯收入净增部分 40% 以上来自乡镇企业的贡献。2005 年，乡镇企业中年营业收入 500 万元以上的工业企业达 18.9 万家，创造的增加值和出口交货值，分别占全国乡镇工业的 61.6% 和 76.9%。目前，中国的乡镇企业已经成为我国经济发展的新的增长点，农村经济的主体力量和国民经济的重要支柱，成为市场经济的开路先锋和改革开放的推动力量。

2. 如火如荼的科技型创业

顺应知识经济发展需要，围绕高新技术开展创业活动，民营科技型企业的兴起，推动知识分子下海办企业，成为中国高新技术产业发展的主力军。据统计，截至 2006 年 12 月 31 日，全国民营科技企业数量为 150 595 家，资产总额达到 75 667 亿元，资产总额在 1000 万元以上的企业比例超过 1/4。2006 年，全国民营科技企业全年总收入达到 76 267 亿元，全年实现净利润 4 040 亿元。2006 年，全国民营科技企业长期职工总数达到 1 389 万人，其中大学以上文化程度的人员约 308 万人，占长期职工总数的 22.17%。

以中国最大的智力密集区北京中关村破土而出的民营科技企业诞生、成长与发展的历程为典型代表，中国民营科技企业 30 年间走过了萌芽成长、加速发展和成熟壮大三个阶段。

3. 私营企业是继乡镇企业之后突起的又一异军

私营企业具有产权关系明晰、经营机制健全、运行机制灵活、适应性和生命力强的特点。截至 2007 年 6 月，全国实有私营企业 520.5 万户，注册资本（金）8.3 万亿元，从业人员 6 927.5 万人，比 2006 年年底增加 341.2 万人，增长 5.2%。从各省的实有户数来看，最多的是江苏，其次为广东、上海和浙江等地。

总之，改革开放以来，大批新创的中小企业提供的新产品和服务，填补了市场空白，丰富了人民生活，使中国经济总量保持不断增长，并解决了大量的城镇就业问题。中小企业的发展特别是乡镇企业的发展，加速了中国经济体制的改革，改善了国民经济的二元结构状态，同时为国有大中型企业的制度变革，提供了可供借鉴的宝贵经验。事实证明，中小企业的创立和发展能够促进和形成充满活力的创业经济，创业是中国经济持续繁荣的重要驱动力量。

1.1.2　"创业"的概念

"创业"这一概念源于英文 Entrepreneur,意为企业家、创业者,国内也常常翻译为"创业精神"。在一定意义上,创业与企业家是密切联系的一对概念。国内外专家对创业的理解还没有形成一个统一的观点。在这里介绍几种典型的国内外观点。

创业教育大师蒂蒙斯(Timmons)认为,创业是一种思考、推理和行动的方式,它为机会所驱动,需要在方法上全盘考虑并拥有和谐的领导能力。哈佛大学第一位创业管理学教授霍华德·史蒂芬(Howard Stephen)则认为,创业是一种管理风格:它去寻找机会而不顾目前已控制的资源。与这种定义类似,布鲁斯(Blues)和杜安(Duane)(2006)认为,创业是个人不考虑当前所控制的资源而追求机会的过程。创业行为的本质在于识别机会并将有用创意付诸实践。创业行为所要求的任务既可以由个人也可以由小组来完成,并需要创造性、驱动力和承担风险的意愿。美国管理学会的教授协会认为,创业是对新企业、小型企业和家庭企业的创建和经营。美国学者斯蒂文森(Stevens)认为,创业是一个人(不管是独立的还是一个组织内部)追踪和捕捉机会的过程,这一过程与其当时控制的资源无关。

我国国内也有一些学者对创业进行了定义。王重鸣(2003)认为,创业是做新的事情,或者用新的方法去做事情,是一个有风险的行为。同时,创业不是一个简单的行动,它是一个组合的概念,包括一系列行动、一系列举措。罗天虎在《创业学教程》中把创业定义为:"社会上的个人或群体,为了改变现状、造福后人,依靠自己的力量创造财富的艰苦奋斗过程。"郁义鸿(2000)认为,创业是一个发现和捕获机会并由此创造出新颖产品或服务和实现其潜在价值的过程。创业必须要奉献时间、付出努力、承担相应财务的、精神的、社会的风险,并获得金钱的回报、个人的满足和独立自主。李学东,潘玉香(2006)在《大学生创业实务教程》中对创业的描述是:人们在当时所处的社会环境下,就自己的意识和能力,捕捉商业机会,充分考虑财富增加的成功与风险,并付诸行动,创建和发展一个或多个企业的艰辛活动过程。

在还不能完全和准确理解创业概念的情况下,我们通过学者们对各种要素之间关系的看法以及对这些关系的思考能够领会创业的某些特征,而不是局限于这些观点的表层含义。由于创业学涉及社会学、经济学和管理学等不同学科,因此,人们倾向于从不同角度来进行研究,它的发展也就经过了研究创业的结果(产生什么经济影响)、研究创业的起因(为什么企业家会行动)、研究创业的管理(企业家如何行动)几个阶段。这些研究都只是从某个侧面来阐述创业问题。通过以上对创业的不同定义,可以提炼出创业过程中的各种组成要素,如创新性、商业机会的把握、价值创造、风险承担和财富获得等。

1.1.3　创业家

1. 创业家的概念

那么,究竟怎样才算"创业家"? 是不是所有的创业者都是"创业家"呢? 实际上,创业是一个发现和捕获机会并由此创造出新颖的产品、服务或实现其潜在价值的过程。创业家就是这个过程的发起者。因此，并非所有的创业者都能称为创业家。创业家是一些具备创业特质和创业精神的创业者，他们具有冒险进取的创业精神，能发掘机会、组织资源、研究拟定策略、提供市场新价值。

创业家由英文单词 Entrepreneur 译成，此单词的词源为法文 Entreprend，意思是 Between Taking，即创业家指的是能够抓住资源与机会之间的一个连接点，凭借自己非凡的才能而创造价值的人。

创业家一词由坎泰朗(Cantillow)于 1755 年首次引入经济学。1800 年前后，法国经济学家萨伊(Say)首次对"创业家"下了定义，他认为创业家是那些将经济资源从生产率较低的区域转移到生产率较高的区域的人。在他看来，创业家能够以惊人的准确性预测某特定产品的重要性、需求量和生产手段，有时须雇用很多人，订购原材料，组织工人，发现消费者。在这种运转过程中，他必须克服诸多困难，排除不安与疑惑，坦然面对困难并及时采取应变措施。19 世纪以来，人们认为创业家还必须具备承担风险的能力。到了 20 世纪，创业家的概念中又添加了一条，即具有发现和引入新的更好的能赚钱的产品、服务和过程的能力。

"创业家"的内涵随着经济的发展而不断扩大。不过，"创业家"一般具有以下特点。

(1) 善于发现机会。创业家能以其卓越的才能发现别人不能发现的机会，这个机会是能接受市场考验的，具有潜在利润的机会。

(2) 具有发掘机会所需的资金和其他资源的能力。创业家一旦发现机会，立即果断决策，充分施展非凡的组合要素能力。他不仅热情执着，全身心投入，努力工作；同时还要以自己高尚的人格力量塑造和培植卓越的企业文化，组织和领导一群有利于企业发展的人。

(3) 勇于承担风险，善于创新。创业家清楚地认识到，一旦所有的不确定性都排除后，能认出机会的人就太多了。因此，具有某种不确定性的机会显得更具有吸引力。创业家不仅接受不确定性，而且善于处理不确定性，以新的方式处理问题，将旧模式改造为新模式，因承担风险而获得报酬。

2. 创业家的素质要求

那么，一名优秀的创业家作为战略管理者需要具备哪些基本素质呢？成功的创业家是否具备某些相同的素质呢？

美国学者威廉·布里奇斯(William Bridges)将创业家的资格要求归纳为 4 点，即欲望、能力、气质和资本。在这里，欲望是指创业家渴求成就与物质财富的愿景；能力是指创业家认识问题和解决问题的实践能力；气质为创业家相对稳定的个性特征，是高级神经活动在行动上的外在表现；资本是指特有的性格、经历、专长或专业。

从实践方面来看，从亨利·福特(Henry Ford)、约翰·洛克菲勒(John Rockefeller)到松下幸之助、比尔·盖茨(Bill Gates)、李嘉诚，尽管这些成功的创业家有着不同的文化背景、家庭条件、学历水平和创业方向及经历，但在其创业过程中，个体的非认知性因素都起到了举足轻重的作用，如善抓机遇、努力不懈、意志坚定、勇于冒险、胆识兼备和艰苦奋斗等具有强烈个性化色彩的精神、品质在这些创业成功者身上体现出惊人的一致。亚信创始人丁健从自身创业实践的经验中总结后认为，创业人员应具备两种最典型的素质：一是要有激情。一个没有激情的人，很难面对创业初期的艰难困苦，因而也就不太可能开创一项崭新的事业。二是要有创新精神——想他人所不敢想和不能想的。如果没有创新精神，创业者将永远只能跟在别人后面跑，与竞争者的差距会变得越来越大。阿里巴巴创始人马云认为，促使自己成功的秘诀主要在于梦想、学习、诚信及坚持。

张力章在《创业家与创业精神》中，将促进创业家成功的素质作了总结，归纳为以下几大类：品质、能力、资历和魅力。[①] 本文也趋向于这种观点，下面将一一介绍创业家成功的这 4 种素质。

1）品质

品质是指创业家自身所具备的基本性格、心理素质和道德修养等。许多优秀的品质也并非成功创业家所独有，然而它们都是创业家成功的促进因素，其中某些品质项目是创业家获得成功的必要因素。这些品质大致包括执着目标信念、自信心、创业激情、坚忍意志力、魄力与决断力、冒险精神、创新精神、独立意志、合作精神、道德修养、社会责任、实干精神和心理承受力等。

当然，我们应该正确认识这个问题，并不是要求创业家必须同时要具备所有这些优秀品质才能成功。不同的创业家会在不同的品质项目上有强弱之分，但成功的创业家却往往有一些共同的基本品质，如百折不挠的进取意志，冒险与实干精神，良好的心理承受力和道德修养等。

2）能力

能力是指一个创业家需要具备的解决企业各个方面问题的实践能力。某些能力是先天性的，但大部分能力可以通过后天的学习与训练得以强化。这些能力大致可分为专业能力、管理能力和沟通能力三类。

（1）专业能力：是指创业家所具备的专业知识和专业技能。对于许多大中型企业而言，企业家是否具备过硬的专业能力并不是很重要，他们更需要的是决策能力和驾驭全局的能力。而对创业企业而言，创业家的专业能力却显得比较重要，创业家的专业能力除了能够赢得员工的尊重和敬仰，树立个人威信，提高创业家的影响力之外，也有利于创业家深入生产销售第一线，有利于及时进行技术改进，有利于创业家接受行业最新发展的专业信息，进行战略方面的正确决策。

（2）管理能力：是指创业家管理企业过程应该具备的各种能力。也就是说，一个强有力的领导者应当具备计划、组织、领导和控制协调的能力。

（3）沟通能力：是指创业家与他人的沟通与交际能力。主要包括沟通能力、谈判能力、变通能力、自我认识与自我调整能力、感悟力等。

3）资历

资历是指创业家过去所拥有的资格和经历。资历只能代表过去，一种经历或拥有某个方面的经验，不能说明任何未来的事业问题。因为没有哪个人在某个领域不是从零开始的，当然，丰富的资历会对现在和未来的事业大有裨益。但是，资历却不像管理能力那样对于一个独立经营的创业家而言是必不可少的。

① 张力章.创业家与创业精神.新东方,2003(10):41

4）魅力

创业家个人的魅力是指创业家的品质、学识、能力、资历和个性化语言行为等综合形成的个人引力磁场。个人魅力是吸引人、影响人的无形巨大力量。创业家个人的魅力在企业管理过程中的作用十分重要,是形成企业文化不可缺少的因素。

3. 创业家的作用

美国麻省理工大学斯隆管理学院前任院长莱斯特(Leicester)认为,在知识经济时代,没有什么机构因素能够代替个人创业精神成为变革的动力。他说,创造和破坏是推动目前经济发展不可缺少的动力,创业家则是这种创造性破坏过程的核心,他们把新技术和新概念积极地应用到商业中去。创业家将创新引入经济活动并对经济产生影响,他们是创新的组织者和推动者。创业家对经济发展的影响,一方面体现在开创小企业;另一方面体现在对大企业内部实施企业内创业。

创业者和发明家不同。发明家创造新事物,而创业者聚集并整合所有必备资源,包括金钱、人力、商业模式、战略和风险忍耐力,以便将发明转化为市场可接受的产品与服务,并建立可存活的企业。有学者进行了一项研究,把创业者与科学家、发明家、创新家、成长企业管理者、成熟企业管理者进行比较,如果将一项新事业分解为科学应用研究、创意、市场研究机会评估、原型、经营计划、创立新事业、试行经营计划、调整经营计划、进入事业成长期、改良与改善阶段、制度化管理阶段和稳定中逐渐退出 12 个环节的话,那么创业家则横跨了其中从创意到改良与改善阶段这 9 个环节。由此得出,创业者对经济的发展和社会的进步中所扮演的角色是极其重要和不可替代的,超过了一般的科学家、管理者等相对职能比较单纯的社会角色(如图 1-2 所示)。

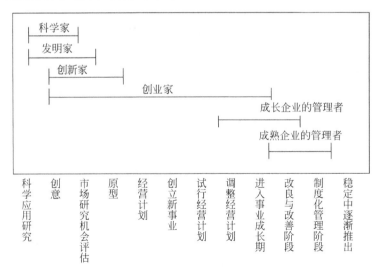

图 1-2   创业家在新事业生命周期过程中所扮演的角色

资料来源:刘常勇.创业管理的 12 堂课.北京:中信出版社,2002:9～10

实践证明,创业家的存在推动了经济和社会的发展,他们在看似稳定的社会状态中不断推动着变革的发生,创业家所从事的活动以及他们自身往往并不遵从简单的经济和社会学理论,但是他们演变的规律和存在的意义却得到许多学者和社会人士的关注和认可。奈特(Knight)(1921)将创业家存在的原因归之于不可测量和不确定性。奈特认为,经济理论是"组织系统的科学",以此强调了创业家在经济活动中的重要性。在其论述中,他第一次指出,创业家不同于其他生产要素。他认为,土地、劳动力和资本的报酬都可以事先估算出来,但创业家报酬却是去除其他生产要素后剩余的部分,很明显这部分报酬的获得要靠他的判断能力。卡塞(Casson)(1982)则认为,创业家用新颖的方式组合稀缺资源,从而产生更高的效率。这样,创业家就成了经济变革的发起者。现在,创新已成为研究创业过程和创业家能力的一个核心要素;创新也已被看作是创业精神的一个重要特征。

1.1.4　创业精神

创业精神,简而言之就是开创事业的思想和理念,但是创业精神的内涵比这要丰富得多。创业精神的研究始于经济学家约瑟夫·熊彼特(Joseph Schumpeter),他认为经济增长的大部分应归功于创业型企业家,他们引进新的产品,新的生产方法和其他创新,这些刺激了经济活动。因此,他把创业精神定义为一种创造性的破坏过程,在这个过程中,企业家不断地以新的产品和生产方法代替旧的产品和生产方法。

当创业精神这个概念刚出现时,人们一般把它与新组织的创造、创业者本身联系起来。例如,加兰(Garland)认为,Entrepreneur 就是新企业的初创者。创业精神就是新组织的创造,而创业者(Entrepreneur)就是新企业的初创者。针对这种理解,米勒(Miller)在一个研究中首次赋予创业精神新的含义。他认为,创业精神不仅可以指创业者(所有人)的个性特征,也可以指企业的行为特征。这个研究奠定了公司创业精神概念的基础,他认为创业精神应该包括产品市场创新、冒险和主动行为,这个概念得到了学者们的广泛认可。

虽然在此无法准确概括出创业精神的内涵,但是在总结前人理论的基础上,本文认为,创业精神既包括了创业的需要和动机,又包括了创业的思想和方法。创业精神是自强自主精神、开拓创新精神和务实精神的综合体现。[①]

1. 创业精神是一种自强自立的精神

自强自立是创业精神的基础,是创业成功的动力和精神支柱。创业具有实践的各种特征,它除了具有实践活动的普遍性外,还具有高于一般实践活动的特征:在人的自觉能动性方面,它特别突出了人的自主精神,即自由创造、自主创业、自立自强的精神,这种自主精神就是创业精神的基础。创业精神的强弱,取决于人们自主创业的意愿,这种意愿也就是人的创业需要、创业动机,以及由此升华而成的创业理想,它构成人们的创业意识。创业意识从本质上说,就是一种自强自立的精神,它是人们创业的内在动力,是创业精神的基础内容。需要越强烈,动机越纯正,理想越切合实际,信念越坚定,创业精神就越持久、越稳定,有了这种持续稳定的精神支持,创业活动才会持之以恒,越挫越勇。

① 蒋璟萍.创业精神的本质、特征和功能.沈阳大学学报,2004(2):15～16

2. 创业精神是一种开拓创新的精神

开拓创新精神是创业精神的核心。创新精神之所以成为创业精神的核心,归根到底是由创业活动的开拓性所决定的。由于创业是一种创造性的活动,创业就是要探索新的道路,开创新的事业,需要有推陈出新的意识,开拓创新的精神。它本身就是对现实的超越,就是一种创新。因此,创业离不开创新,创新是创业的题中应有之义。美国著名管理学家彼得·德鲁克认为,创业就是要标新立异,打破已有的秩序,按照新的要求重新组织。的确,创业就意味着创新,创新就意味着突破。具体到精神领域,则意味着要形成将变革视为正常的、有益的现象的精神,形成一种寻找变革,适应变革,并将变革当作开创事业的机会的精神,形成一种赋予资源以新的价值的创造性的行为能力,这就是创新精神,它是创业精神的核心。

3. 创业精神是一种务实的精神

务实精神是创业精神的归宿,是创业精神的落脚点。创业就是要创立一番事业,它是一种实实在在的实践活动,要扎扎实实地付出艰苦的努力。因此,讲求实效,注意结果,踏实干事等务实精神,是创业精神的最终归宿。有了创业的意识,创业的目标,拥有了知识、才能和品德,还只是一种潜在的精神,只能说这种精神具有了某种内在的价值。要使这种内在的价值转化为外在的价值,实现其价值,还必须靠脚踏实地的、创造性的劳动。没有这种务实的劳动,人就无法确定创业精神与社会需要之间的价值关系,就无法使创业的理念变成现实,使创业的计划变成财富,也无法实现其创业的根本价值。

当创业者为了某个目标坚持不懈付出时,支撑其努力的理由也不尽相同,我们或称为创业的动机。

对于创业者,创业意味着拥有自己的事业,可以自由支配时间,能够从事业中赚钱。可感知的结果是创业家激励的要素,期望的报酬将激励创业家把自己的时间和精力投入到机会的识别和开发中去。激励要素可以是外在的,如增加的收入、获得更多财富和利润;或者是内在的,如为自己工作的愿望、实现个人的人生价值。

1) 获得更多利润和财富

对于不少创业者和小企业主来说,创业就是受个人谋利动机驱动,做企业是他们赖以生活的工具,他们可能是将全部的资产和心血都投入其中,希望为自己和家人带来稳定的和富裕的生活。创业者的类型分为生存型创业和资源利用型创业。

(1) 生存型创业。

在现实生活中,或许导致企业建立的更强烈的激励来自负面的推动力,即生活中的各种挫折。事实上,大量的新企业是由那些在国有企业或政府中找不到工作岗位的农民、已经退休的人、被原先的企业辞退的人以及刚刚毕业找不到工作的大学生所建立起来的。在中国,近年来随着国有企业改革的深化,大量人员下岗,他们不得不寻找新的工作岗位。在下岗人员中不乏富有创新精神和创业能力的人,他们或者经过培训掌握了新的技能,或者充分发挥原有的特长,纷纷开创自己的新事业。这类创业者创业的主要动机就是谋生,因此称为生存型创业者。

（2）资源利用型创业。

创业者有一定的资源，可能是过去在党、政、军、行政、事业单位掌握一定权力，或者在国企、民营企业当经理人期间聚拢了大量资源的人。在机会适当的时候，开公司办企业，实际是将过去的权力和市场关系变现，将无形资源变现为有形的货币。还有一些人经过一定的积累，具有一定的资金，想将此资金转变成更多的财富和利润，而手中目前这些资金，能够使一些项目或商业行动启动，从而选择创业以使资本效益更大。

2）实现人生价值

这些创业者属于主动创业者，主要是想实现自己的价值和抱负。一般经过仔细的考察和深思熟虑，虽然有很多创业者在创业初期更多的是考虑经济利益，但是当创业者到一定阶段的时候，更多的人开始注意实现自己的更好目标和更大自我价值。

（1）实现自己的抱负。

这类创业者或是拥有一定的技术专利，或对某个行业有比较透彻的了解。想通过建立起一个组织实现自己的想法或将其研发的成果产业化，使之成为自己拥有的事业。

（2）将兴趣爱好作为终身的事业。

这类人选择创业，源于对某项事情有兴趣，选择此事作为自己一生的事业，但不容易找到一个与自身兴趣爱好相吻合同时能任由自己发挥的单位，于是选择创业并以与此兴趣爱好结合的产品或项目作为创业的基准点并寻求发展。

也有一些人因为在现在的单位不开心，感到自己没有得到重用，或者感到自己的才华在原先的团体中得不到施展，所以，自己当一把手，以自己的方式做事，以自己的方式赚钱，以自己的方式安排时间，自己对自己负责，实现自己的想法。无论是美国还是中国，许多学生毕业之后也开始创立了自己的企业。特别是 MBA 学生，当他们在获得学位但又不能在原公司中获得更好的职位而无法施展才能的时候，往往做出自己创业的决策。

（3）实现对企业运营的主控权。

这首先表现为一种独立工作和一种令人满意的生活方式，自主创业的最大优势在于完全由自己为自己的事业设计发展方向和模式。这类创业者有一定的思想和魄力，想从机会定位和追求中获得经验，能够按自身的想法创造、整合资源，并通过自己的企业实现对产品运营和管理的主控权。

GEM 2006 年报告显示，相对而言，我国在全球的创业类型分布中，偏向于生存型创业。但是，从我国自身看，生存型创业与机会型创业的比重已经从 2002 年的生存型创业高于机会型创业转变为 2006 年机会型创业比重高于生存型创业。2006 年，机会型创业的比重为 59.2%，生存型创业的比重为 38.7%。

1.2 中小企业概述

在各国，中小企业都有自身的官方概念，而且划分的指标都大同小异。在中国，中小企业代表了一股新的经济发展力量，但是多年的快速发展也遗留了许多根深蒂固的问题。

1.2.1　中小企业的标准

探讨中小企业管理,首先要明晰什么是中小企业。中小企业是一个相对比较模糊的概念,无论从理论上或实践上,人们都难以给它下一个确切的定义。对于中小企业的界定,至今国际上还没有统一的标准(如表1-1所示)。原因在于:一是中小企业不是一个绝对的概念,而是相对于大型企业而言,经营规模中等或中等以下的企业被称作中小企业。因此,中小企业的概念本身就是一个相对的概念。二是不同国家和地区在经济发展水平上存在很大的差异,对中小企业的界定标准也不完全一致。三是中小企业本身是一个动态的发展过程,即使在同一个国家和地区,随着经济发展水平的不断变化,在不同的发展阶段,对中小企业的概念界定标准也不是一成不变的。目前,世界各国对中小企业的界定标准主要依据从业人数、实收资本数额和一定时期的销售额三个指标,只是有的采用其中一项或两项。

表 1-1　部分国家和地区对中小企业的划分标准

国家及地区	划 分 标 准
美国	一般制造业:雇员人数少于 500 人;零售业:年销售额为 200 万～800 万美元;批发业:年销售额为 950 万～2 200 万美元;建筑业:年销售额为 100 万～950 万美元;农业:年销售额在 100 万美元
德国	小企业:制造业、服务业中雇用人数为 49 人以下,年销售收入 100 万马克以下。中企业:制造业、服务业中雇用人数为 499 人以下,年销售收入在 100 万～1 亿马克之间
英国	制造业:从业人员在 200 人以下;建筑业、矿业:从业人员在 20 人以下;零售业:年销售收入在 18.5 万英镑以下;批发业:年销售收入在 73 万英镑以下
欧盟	微型企业:员工人数 1～9 人;小型企业:员工人数 10～49 人;中型企业:员工人数 50～249 人
新加坡	小企业:固定资产额在 500 万新元以下;中企业:固定资产额为 500 万～1 000 万新元
日本	制造业等:从业人员在 300 人以下或资本金在 1 亿日元以下;批发业:从业人员在 100 人以下或资本金在 3 000 万日元以下;零售服务业:从业人员在 50 人以下或资本金在 1 000 万日元以下
中国台湾	制造业、营造业、矿业及土石采取业:实收资本额 6 000 万新台币以下或常雇员人数在 200 人以下;农林渔牧业、水电燃气业、商业、服务业:年营业额在新台币 8 000 万以下或常雇员工人数在 50 人以下
中国香港	小工业企业:雇用人数在 100 人以下;其他行业:雇用人数在 50 人以下

我国的中小企业是伴随着国民经济的发展而发展的,随着经济发展环境的变化而变化,我国中小企业划分标准也数次变更。我国当前所施行的中小企业标准是在 2003 年所制定的。2003 年 2 月 19 日,当时的国家经贸委、国家计委、财政部、国家统计局共同研究制定《中小企业标准暂行规定》。该规定明确了中小企业标准的上限,即为大企业标准的下限。规定了工业(采矿业制造业,电力、燃气及水的生产和供应业)、建筑业、交通运输业、邮政业、批发业和零售业、住宿和餐饮业的企业划分规模,以工业企业为例,参照国

际惯例,确定了以从业人数、销售额和资产总额三项指标共同作为划分企业规模的依据。大型工业企业的具体标准是:从业人员 2 000 人及以上,或年销售额 3 亿元及以上,资产总额 4 亿元及以上;中型工业企业的具体标准是:从业人员 300~2 000 人,年销售额 3 000 万~3 亿元,资产总额 4 000 万~4 亿元;其余的均为小型企业(如表 1-2 所示)。

表 1-2　我国中小企业划分标准

行业名称	指标名称	中型	小型
工业企业	从业人员数(人)	300~2000	300 以下
	销售额(万元)	3000~30 000	3000 以下
	资产总额(万元)	4000~40 000	4000 以下
建筑业企业	从业人员数(人)	600~3000	600 以下
	销售额(万元)	3000~30 000	3000 以下
	资产总额(万元)	4000~40 000	4000 以下
批发业企业	从业人员数(人)	100~200	100 以下
	销售额(万元)	3000~30 000	3000 以下
零售业企业	从业人员数(人)	100~500	100 以下
	销售额(万元)	1000~15 000	1000 以下
交通运输业企业	从业人员数(人)	500~3000	500 以下
	销售额(万元)	3000~30 000	3000 以下
邮政业企业	从业人员数(人)	400~1000	400 以下
	销售额(万元)	3000~30 000	3000 以下
住宿和餐饮业企业	从业人员数(人)	400~800	400 以下
	销售额(万元)	3000~15 000	3000 以下

资料来源:《中小企业标准暂行规定》

1.2.2　中小企业的作用

随着改革开放的深入和市场经济的发展,我国中小企业在国民经济运行中发挥着越来越重要的作用,成为促进经济发展不可替代的重要力量。据统计,中小企业创造的最终产品和服务的价值占国内生产总值的 58%,生产的商品占社会销售额的 59%,上缴税收占 50.2%。2006 年,个体私营等非公有制企业新增 900 多万个工作岗位,占新增就业岗位的 3/4 以上;在第二、三产业的就业人数增长到 4.3 亿人;城镇非公有制经济的就业人数增长到 2.6 亿人。可见,中小企业已成为我国国民经济的重要部分。中小企业的作用主要表现在以下几个方面。

1. 中小企业是我国经济新的增长点

中小企业符合我国的资源比较优势,具有较强的盈利能力,能够创造较多的社会财富,增加国家税收收入,对经济增长的贡献率大。

2. 中小企业是所有制改革的重要促进力量

中小企业的迅速发展,促进了中国所有制改革的深化。党的十一届三中全会以来,根据我国生产力发展水平,明确要建立适合我国国情的以公有制为主体的多种所有制并存的所有制结构。中小企业是中国国有企业改革的先导力量,为中国企业与经济体制的渐进式改革道路提供了最佳试验场所。

3. 中小企业成为增加就业的主力军,为保持社会稳定做出了巨大贡献

作为人口众多的发展中国家,解决就业问题是中国面临的仅次于"吃饭"的"第二号任务"。随着经济体制转轨,劳动生产率的不断提高,城乡"隐性失业"日益显性化。同时,劳动人口的数量不断增长,中国面临着十分严重的就业压力。中国在经济体制改革过程中,中小企业的发展成为解决就业问题的主力军。

4. 中小企业是中国发展外向型经济的生力军

中小企业促进了中国对外开放的扩大,为国家引进了国外投资,缓解了我国投资不足的矛盾,同时增加产品出口,创收了大量的外汇。据统计分析,1978—1997年出口增长对GDP增长的拉动作用大约为6%。2002年,中小企业的出口额占全部出口额的60%,中小企业已成为我国出口的主力军。

5. 中小企业是技术成果孵化、转化的重要摇篮

一般进行科技成果转化的企业都是中小企业,这些企业往往掌握技术含量较高的科研成果,有些技术成果达到了世界领先水平。这些成果一旦转化成功,将对我国企业技术水平的提高起到重要的推动作用,将有利于我国经济增长方式由粗放型向集约型转变。

总之,我国中小企业已成为国民经济不可缺少的一部分,它的存在对于维护市场稳定运行、保证合理的价格机制的形成、优化经济结构、缓解就业压力和促进国民经济的持续、健康发展,促进社会稳定均发挥着相当重要的作用。

1.2.3　我国中小企业存在的问题

尽管改革开放30多年来我国中小企业的发展取得了举世瞩目的成绩,而且政府也出台了一系列有利于中小企业发展的政策,但与大企业相比,当前我国中小企业还面临许多问题。归纳起来,当前我国中小企业面临的问题主要表现在以下几个方面。

1. 缺乏融资渠道

我国中小企业的融资困难是目前最受社会关注的问题之一,近几年来,我国政府和学术界都在努力探讨和解决中小企业融资难的问题。但是从这些年的实践看,中小企业的融资环境并没有得到显著改善。实践证明,中小企业融资难是多方面因素影响的结果,但最根本的在于中国的市场化程度不够,导致许多可以通过市场解决的融资渠道无法实施。因此,我国目前出台的许多解决中小企业融资难的措施基本上都是以政府为主,资金也多数来源于财政资金。而数量有限的财政资金扶持对于广大的中小企业来说无异于杯水车薪,而且在实施过程中由于制度上的漏洞容易滋生腐败现象。

2. 经营管理水平低

我国大多数的中小企业是民营企业,都是实行家族式的管理,在企业创业之初家族式的管理往往可以提高企业的效率。但是当企业发展到一定的规模之后,许多企业并不能根据企业的发展改变原有的管理模式和管理机构,这样,导致企业在经营过程中内部问题的产生,原有的管理模式和管理人员往往会成为制约企业进一步发展的因素。方太厨具董事长茅理翔就认为:"在民营企业里,最大的难题是管理矛盾往往与家族矛盾纠缠在一起,不仅会影响整个企业的发展,而且会排斥人才"。

目前,我国中小企业的管理困境其实是多方面的,包括管理人员、管理制度、管理理念、管理模式和管理文化等,要保持企业的持续快速发展,中小企业就必须根据自身的变化不断进行管理变革,但实际上大多数企业都难以做到这一点,这也正是大多数中小企业难以长大的原因。

3. 人才缺乏

中小企业发展到一定程度后,其原有的创业团队能力往往难以适应企业的管理需要,因此中小企业发展过程中对于人才的需求非常强烈。但是由于自身实力的限制,中小企业往往难以吸引高层次人才为其服务。多数中小企业只能依靠自身的发展培养人才,但由于中小企业在发展过程中资金并不是很充足,很难对人才提供有吸引力的报酬,因此自己培养的人才也往往难以留住。再加上我国的企业注册登记手续较为严格,在西方国家常用的股票期权等激励手段难以实施,这也使中小企业更加难以从市场上吸引人才。此外,中小企业家族式的管理模式也在一定程度上限制了人才的引进。

4. 缺乏创新

创新是企业的活力所在,也是企业竞争力的源泉。但是我国的中小企业大多数都处于维持生存状态,企业的创新意识、创新能力都难以适应市场的需要。近几年,虽然政府有关部门在大力支持中小企业进行创新,如科技部火炬中心专门设立了《科技型中小企业创新基金》,但是类似的基金主要还是针对高科技企业,覆盖面较窄。此外,中小企业的创新不仅仅需要在技术方面,还需要管理创新、知识创新、产品创新和业务创新等,例如盛大公司的网络游戏模式就是极其有价值的业务创新,但是这类创新往往得不到政府的扶持。这也导致企业过度关注技术创新,而忽略其他方面的创新。即使是技术创新,由于需要大量的研发资金,而且还存在一定的风险,因此中小企业的创新意识也不强。

总的看来,中小企业目前还存在许多困难和问题,原因是多方面的,既有中小企业自身弱点造成的问题,也有属于经济体制深层次矛盾未解决而产生的问题。要从根本上解决这些问题,一方面,中小企业自身需要从观念、管理和经营模式等诸多方面苦练内功,寻求创新;另一方面,也需要国家加大对中小企业的投入规模,加大扶持政策并对中小企业发展进行全面的科学规划和引导,使中小企业尽早走出困境,稳步发展。

1.3. 创 业 过 程

创业过程的含义有广义与狭义之分,广义的创业过程常包括一项有市场价值的商业机会从最初的构思到形成新创企业,以及新创企业的成长管理过程。狭义的创业过程往往只是指新企业的创建。在大多数研究中,创业过程的含义常指广义上的。

1.3.1　创业过程的内容

创业过程的研究经历了一个不断完善的过程。在早期,对创业过程的研究主要从活动角度进行,如 Gartner(1985)认为,创业过程是新组织的创建过程;Garter,N. Gartner,W. 和 Reynolds(1996)认为,创业过程包括商业计划成为现实企业组织过程中的所有事件。后来,研究者们逐渐意识到创业过程不应当局限于单纯的组织创建,而应该从不同的角度进行。因此,在近期的研究中,研究者们从多角度对创业过程加以理解和阐述,例如,Shave 认为创业过程是一个理性的、非线性的、反复修正的实际过程,包括了最初的机会识别、产品生产线的建设、组织的创建、市场上的交易以及顾客的反馈等。Shane 和 Venkataraman 则认为,机会才是创业研究的中心问题,创业过程是围绕着机会的识别、开发、利用的一系列过程。

创业过程的研究是创业研究的焦点之一。对创业过程加以深入研究,可以充分揭示新创企业发展的整个脉络,为创业研究奠定充分的理论基础,同时对实际中的创业者,以及创业投资者的行为策略选择也有重要的指导意义。

1.3.2　创业过程的几种理论模型

创业过程的理论模型是创业者从最初的一项创意、到创建新企业、再到新创企业成长为成熟企业的过程,模型归纳总结出创业过程的一般规律,因此通常摒弃了创业活动中具体的某一实务操作的描述,如商业计划的编写、创业融资等。创业过程的模型构建和创业过程的概念一样,经历了由简单到复杂的发展过程。大致遵循由侧重复杂性的理论模型过渡到侧重动态性的理论模型,最后强调动态性与复杂性相融合的理论模型的内在逻辑。

1. 侧重复杂性的理论模型

早期的创业过程研究侧重从创业过程的复杂性特征出发解释创业行为过程,着重识别创业过程的构成要素及其相互作用关系,这类研究在一定程度上带有强调创业者特殊人格特征的早期创业研究的烙印,是有代表性的是盖特(Gartner)模型、威廉(William)模型。

盖特认为,创业过程的理论模型应该是多维度的,需要分析多个关键变量及其互动关系。其理论模型主要由 4 个要素构成:个人,即创立新企业的个人;环境,围绕并影响组织的情势;组织,即所创立的新企业;创立过程,个人所采取的创立新企业的行动。并强调这 4 个要素之间的相互作用。

威廉(1997)从新企业成败影响因素的视角提出了略有不同的创业过程理论模型,包括人、机会、环境、风险与报酬等要素。其中,人的范畴除了包括创业者外,还包括提供关键服务和重要资源的外部人士,并且特别强调机会对于创业的重要性,提出发掘机会、评估机会和掌握机会是创业过程的核心等观点。

2．侧重动态性的理论模型

20 世纪 90 年代前期，创业实践的繁荣引发了对创业技能与理论的高度需求，顺应这一趋势，理论界构建了大量侧重动态性的创业过程理论模型，试图以时间为标准，结合企业生命周期理论来探讨创业过程相关活动的逻辑顺序，具有代表性的是赫特（Holt）模型和奥力夫（Olive）模型。

赫特（1992）从企业生命周期出发，认为创业过程会经历 4 个阶段，分别是创业前阶段、创业阶段、早期成长阶段及晚期成长阶段。

奥力夫（2001）从个人事业发展角度，将创业过程区分为 8 个阶段，它们分别是决定成为创业者；精选创业机会；进行初步分析；组建管理团队；制订创业计划；拟订行动计划；早期的运营和成长；取得个人与公司的成功。

3．动态性与复杂性相融合的理论模型

20 世纪末，理论界逐渐认识到创业过程的动态性与复杂性特征是创业研究不同于一般管理研究的根本原因，并进一步努力规范创业管理理论，并将创业管理建设为独立学术领域；以创业过程的动态性与复杂性相融合为基础，借鉴经济学、战略管理、行为科学和市场营销学等多学科领域的成熟理论，提出了一些融动态性与复杂性于一体的创业过程理论模型。蒂蒙斯的创业模型是这种模式的代表，下面将对蒂蒙斯的创业过程模型进行具体介绍。

蒂蒙斯的创业过程模型将创业活动划分为三个基本要素：机会、资源和团队（如图 1-3 所示）。该模型中的三个要素含义如下。[①]

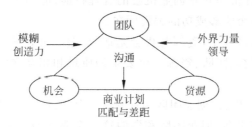

图 1-3 蒂蒙斯的创业过程模型

（1）机会，也叫商机。在此蒂蒙斯指出，市场需求是衡量商机的关键因素，市场需求所保证的顾客购买、顾客群成长速度和潜力、顾客群的可接触性决定了商机的吸引力大小。另外，市场结构和规模有助于确定商机的具体内容，如市场是新兴市场还是细分市场、市场规模的最大容量、是否存在进入壁垒等指标都描述了机会的主要内涵体现。

（2）资源。缺乏创业经历的创业者都会认为为了保证企业的成功，首先必须让所有的资源到位，尤其是资金必须到位。蒂蒙斯认为这种观念是错误的，对资源最有效的保证是企业首先要有一个强大的创业团队，当创业团队在推动机会的实现时，相应的资源也会随即到位。依靠自有资源是创业企业的一种生存方式，并且也会使企业刚开始就去

---

① ［美］杰弗里·蒂蒙斯，小斯蒂芬·斯皮内利．周伟民，吕长春译．新企业创建．北京：人民邮电出版社，2005：32～33

发掘企业的竞争优势,即利用最小的回报发现并制造出最能够满足市场需求的产品和服务。

(3) 创业团队。大多数人都已经认同团队是保证创业成功的最重要因素的观点,久经考验的风险投资家更加认识到团队对创业成功的重要性。创业企业的成功在很大程度上都可以用创业者或创业团队的成功来代表。一般来讲,创业团队都会有一位核心成员,并且有数量不等的几位与其相配合的成员,他们能够通过个人特质、实践技能和资源获取等方面取得良好的互补性和支持性的作用,从而使企业的发展能够克服一系列的难题,并且也需要具备较强的主动学习特征,这样的团队能够使企业的发展保持平衡。

创业机会吸引创业者形成一个强大的团队,利用内部资源和外部资源开发这个业务机会。公司需要资源来保持增长,增长到一定阶段后,企业将获取自身发展所需要的各种资源甚至更多,但是缺乏进一步发展所需的特定机会。这个困境导致创业性团队不得不发现新机会来利用这些资源,而新机会要求公司比当前掌握更多的资源,这要求公司更多地从外部资源中寻找支持,公司就是在机会和资源的双重动力下增长。创业模型的三要素可以概括为如下三个方面。

1) 创业过程是由机会驱动、团队领导和资源保证的

机会是创业过程的核心驱动力,资金、战略、网络、团队或商业计划等其他要素则是辅助的驱动因素。在创业活动初始,真正的机会要比团队的才干和能力或适宜的资源重要。创业者的作用就是基于自身的认知和经验利用创造力在模糊、不确定的环境中发现机会,并利用资本市场等外界力量组织资源,领导企业来实现机会的价值。因此,成熟的创业者需要掌握识别、评价和开发创业机会的管理技能,能不能在一开始对机会进行合理的把握则成为创业是否能够成功的关键所在。

在开发创业机会的过程中,资源与机会是适应、差距再到适应的动态过程。商业计划的作用是提供沟通机会、团队、资源三个要素的质量和相互之间匹配和平衡状态的语言和规则。

2) 创业过程依赖于机会、创业团队和资源这三个要素的匹配和平衡

创业团队必须掌握机会、创业团队和资源这三个要素的匹配和平衡,并借此推动创业的过程。创业团队要做的工作包括分析企业中这种匹配和平衡的状态;机会是否存在问题,企业正在失去什么机会;外部环境可能会发生什么有利或不利的事件;可以减少和消除什么市场、技术、竞争、管理和金融风险;如何来抓住机会和回避风险,由谁负责;评价这是否是一个恰当的团队等。如果一个创业者能决定这些答案,做必要的改变和增加,解决如何弥补差距和改进匹配问题,吸引能有利于完成这些工作的关键人才,那么创业成功的可能性就大大增加。从本质上说,创业者的作用就是管理和重新确定风险与回报的平衡。

3) 创业过程是一开始就进行的连续的动态平衡的行为

尽管机会、创业团队和资源这三个部分很难保持完全匹配,但只有持续地追求一种动态的平衡,企业才能保持持久的发展。当用平衡的观念来展望公司的未来时,创业者需要自问:到下一个成功将遇到什么陷阱?目前的团队足够大吗?或者如果公司在下两年以30%的速度增长会遇到危机吗?资源充足(或太丰足)吗?这些问题关系到企业的

持续发展。没有保持三个要素的平衡的现实例子随处可见,如大公司在一周内耗费太多的资源,错误地确定了机会等。

从蒂蒙斯创业过程模型的含义中,可以发现创业过程的动态和不确定性,创业过程中的机会、团队和资源伴随着创业活动的始终,将创业活动向前推进。

类似的理论还有威克姆创业过程模型,该模型强调了创业过程是一个不断学习的过程。这就是说,组织必须不仅对机会和挑战作出反应,而且还要根据这种反应的结果如何来调整和修正未来的反应,即组织的资产、结构、程序和文化等要随着组织的发展而不断改进,组织在不断的成功与失败中得到学习与锻炼,从而获得更大的成功,得以发展壮大。

对于创业过程的研究,可以帮助创业者更好地掌握创业的节奏和成功概率,从而保持动态性的"平衡"。若将创业过程按照活动来分的话,一般的创业过程包括创意构想与机会识别、制订一份商业计划或者完善创业想法、创立新企业和成长管理 4 个阶段。本书的结构就是按照这种创业过程进行安排的。

1.4. 技 术 创 业

技术创业的重要性使得许多人所理解的创业就等于是技术创业,在本书的各个章节中也都以技术创业的形式为基础进行阐述。

1.4.1 技术创业研究

技术创业是指将某项科技发明转化为经济价值的创业活动。与一般创业活动不同之处在于,创业者持有某项领先及独特新型技术并以此为依托创办企业,实施经营活动。技术创业者在创立企业之前需要了解在本领域内的技术研发现状以及今后的研发趋势,技术的发展趋势与市场需求之间的有效结合等问题。

作为一种特殊的创业方式,技术创业除了具有一般创业所共有的特征外,还具有一些自身独特的优势和问题。

1. 技术创业的优势

1)政府的支持

各国政府都将科技发展提升到战略高度,这来源于以往对军事相关技术的追求,以及后来技术在工业生产和大众消费领域得到越来越广泛的应用。21 世纪,技术创新已成为加速国民经济发展,提高核心竞争力和实施可持续发展战略的重要手段。因此,各国政府都支持和提倡技术创业,并纷纷采取相应政策,引导、促进本国的技术创新。有学者将中国的经济发展与国际进行比较后发现,在中国高新技术产品出口数量增大的情况下,出口企业的利润却呈下降趋势,最主要的原因在于进口高新技术设备和获得技术使用许可权需要支付昂贵的费用,而中国只有极少数拥有自主知识产权的商业化高新技术,已有的专利技术又很少被产业化或授权使用。中国政府已经意识到这方面的问题并

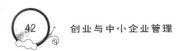

且逐步通过促进科学技术研究和创新来改变这一现状。

2）有一定的硬性门槛

一项技术的形成需要经过一定时间的试验和研究过程，这涉及研发元器件和材料的搜集、技术的理论论证、技术人员的参与和技术的应用实现等不可或缺的环节。技术不像日常可以接触到的服务等无形的东西，而是一种知识集成度较高的产品，不经过长时间的研究和探索，很难一下子取得相应的成果。

3）经济价值实现快

技术一旦通过最终的生产实现，能够针对市场进行大规模的技术产品供应，就能够在短时间内获得巨大的经济回报。另外，技术本身也成为营利机构之间交换的商品，各个国家都有自身专门的技术交易市场，企业可以通过技术市场来购买所缺乏的技术投入工业生产。

2. 技术创业所存在的问题

技术创业在具有一些独特优势的同时也面临着一些特殊的问题，主要表现在以下几个方面。

1）技术领先的维持难度较大

一项技术的出现也是站在前人的研究成果上并且更好地解决了现实问题，但是任何一项技术都不可能永远适应动态变化的现实需要，而是必须经过不断的更新、改进甚至破旧立新，所以当一项技术被他人超越时，在某种程度上也就意味着自己手中的技术失去了应用的价值，这对技术创业者来讲是致命的打击。

2）技术到市场的转换方式影响技术的经济价值实现

技术本身往往不是客户所直接需要的产品，而是将技术与客户需求进行结合之后所产生的产品，它能够产生巨大的经济价值，但是一项技术能不能形成市场接受的产品，这取决于很多方面的因素。许多经历多次创业的人明确提出，高新技术企业家不一定懂技术，但既善于技术创新又善于管理创新的复合人才是少有的杰出企业家。因此，对于高科技企业来讲，技术的领先是必要的，但是如果不能将技术与市场进行有效的对接，那么技术就很难实现其市场价值。现在大多数人都已经认同技术必须与市场进行结合才能发挥应有的价值，但是创业者更多应当思考的问题是一项技术应当与什么样的市场进行结合才能发挥其最大的经济价值。

3）知识产权保护不完善影响到技术的独占性

技术虽然有门槛，但是并不意味着技术不是不能模仿的，特别是对于竞争者来讲，他们很容易通过对产品的研究来获取相关的技术信息并进行模仿和改进。如果知识产权保护不到位，容易被竞争对手所模仿，从而使得企业享受不到自身技术所应有的经济回报。

4）受技术掌握人员的影响较大

技术人员是技术的载体，技术人员的变动将会对企业的持续发展产生致命的影响，他们可能将技术所有权携带到别的地方，或许会出现企业商业秘密的泄露。这都会影响到企业的正常运作。

技术创业的这些优势与问题都是技术创业者必须认真考虑的，技术创业者应当充分利用这些优势,同时通过严格的管理设法避免这些问题的出现。

1.4.2　技术创业的基本模式

企业进行技术创业有许多模式可供选择,在此本小节介绍 5 种常见的模式,它们分别是研发单位的衍生公司、技术创业家寻求资金自行创业成立的公司、公司内部技术创业的衍生公司、公司技术引进或技术移转而衍生的新公司、资本家寻求技术创业家合作发展成立的公司。[①]

1. 研发单位的衍生公司

研发单位的衍生公司是指由研发单位派出本单位人员或自行离职人员提供技术所组建的新公司,母体与衍生公司有如脐带关系。这方面的典型单位是国家部委办所属研究所成立的一系列科技型企业,包括军工研究所利用军转民技术成立的公司,随着国家加快研究所改制的力度和步伐,将促使更多的研究所分离可转化的科研成果。由于研究所本身的专项技术积累较多并提供了良好的科研开发与成果转化的基础,通常是在研究所内部首先进行研制开发,一旦形成比较成熟的产品并投放市场取得经济效益以后,为了建立良好的激励约束机制和迅速做大规模,再由研究所投资选择适当人员组建公司,进行企业化运营。这种方式具有以下特点:研究所体制通常为事业单位体制,从一开始就没有建立完整的项目收益和风险分担机制,导致科研人员的风险意识和抗风险能力不强,研发过程中没有较多的市场因素参与决策。成立公司依靠的是母体的技术创新推动力和资本输出,而分离成立公司的主要原因是为了使科研成果迅速规模化扩张,解决科技人员的激励问题。

2. 技术创业家寻求资金自行创业成立的公司

这种方式相对比较简单,一般由掌握成熟技术的大公司、国有科研机构或高等院校的科研开发人员脱岗或兼职,自行出资或通过民间融资、银行贷款成立公司,进行科研成果的产业化经营。由于是利用技术创业家的自有资金和自身掌握的技术进行独立经营,没有大公司或研究机构的品牌、资金或人力的内部支持,这种创业方式的技术开发风险和市场风险、经营风险都比较大,因此,这类公司的技术创业家都有强烈的创业精神,同时对技术和市场有充分的认识。

3. 公司内部技术创业的衍生公司

内部技术创业也称作岗位创业,通常公司对内或对外招聘技术人才在公司内部全面负责一个项目的开发,用智力和技术入股,与公司共同承担风险,也共同分享收益。国内一些高科技公司,如华为、联想均采用此种方式。一旦项目成功,双方即按事先协议确定的股权比例成立新公司,再进行独立的经营。由于项目相对独立,整个开发过程类似于一次全新创业。但由于有企业的资金支持和其他配套服务,项目负责人承担的压力比独自创业小得多。内部创业由于实施的主体通常是大公司内部,直接面向市场和客户,故

① 严志勇,陈晓剑,吴开亚.高技术小企业技术创业模式及其识别方式.科研管理,2003(7):72~73

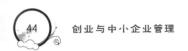

从一开始就有明确的市场目标,而关键点则在于实现研发的突破。

4. 公司技术引进或技术移转衍生的新公司

技术引进衍生新公司是指母公司通过搜集、分析各种相关技术信息,购买国外的机械设备、信息情报或技术人才,经过学习和改进后,将引进技术注入新公司创造效益的过程。而技术移转衍生的新公司通常是接受国外公司或机构、国内不同领域的研究机构的技术授权,将科学技术信息进行重新改进并应用而成立的新公司。母体公司为了能够独立地运行投资项目,避免投资风险或便于同技术转让方进行收益分成,往往成立新的公司来运用技术并经营产品。从微观运行机制上看,技术引进和技术转移是企业技术创新的主要形式之一,引进技术的母体公司实际投入的是资本,技术则主要来自于第三方。

5. 资本家寻求技术创业家合作发展成立的公司

其中的典型方式就是风险投资,即风险投资家运用股权或准股权的投资方式,投资于具有技术创新或有高速增长潜力的公司,并通过投入管理模式和方法、人才协助企业发展,在企业获得初步成功于适当时机以上市或转让企业股权的方式回收投资,并获得资本收益的一种投资活动。除了技术创业家有很大的创业精神以外,风险投资的性质和投资方式同时也是一种高风险、高收益的投资活动,与之对应的风险投资家也有较强的冒险精神。

1.4.3　技术创业成功的关键因素

为了防止技术创业活动的失败,创业者需要在创业过程中把握好影响企业发展的关键因素,我们针对技术创业的特点总结出了技术创业活动中几个关键性的因素。

1. 企业要掌握"根部技术"和"核心技术"

技术创业者首先要明确一个概念,即技术链,这可以描述为各种技术本身可能存在承接关系,即一种技术的获得和使用必须以另一种技术的获得和使用为前提,因此相关技术之间形成了一种链接关系。如果将企业产品实现所需的技术分为根部技术、树干技术、树枝技术和树叶技术,在技术链中,企业掌握的是否是"根部技术",决定着企业产品的市场覆盖面,进而决定着企业的市场占有率和利润率。Intel 公司之所以能风行全球市场,就在于它掌握着最先进的芯片技术,而芯片技术是制造计算机的根部技术。企业是否掌握创新需要的"核心技术",是否拥有技术的所有权,决定着创新的成本与效率,进而决定着在市场中能否取得成功。国外软件能在中国很快汉化,关键就在于不少企业掌握了软件汉化的核心技术。

另外,掌握技术最关键的问题在于拥有技术创始人或者技术负责人,这样能够保证企业拥有彻底的技术所有权以及技术创新的能力。联想个人计算机、方正排版系统能风靡中国市场,与它们拥有掌握本产品领域核心技术及根部技术的人有着重要的关系。相反,一些企业上得快,垮得也快,缺乏掌握核心技术及根部技术的技术人员,往往是一个重要原因。

2. 选择好创新技术的应用项目

创新技术没有被应用或者没有应用到恰当的项目上,对企业来讲是极大的损失,创业者必须尽量保证技术与市场需求的最大匹配才能获得最大的投资回报。可以说,找到了合适的项目,技术创业的成功率就达到了 60%。

科技成果是否能够实现高质量的转化是技术发明者与创业者所面临的难题。在一项新的技术或工具被发明之后,技术人员往往会发现其解决了技术方面的某些难题,实现了某些新的用途,然而这并不等于其具备了市场的价值,从技术实现创新到市场价值的实现还有一段距离,还需要创业者进行更加深入细致的探索。当然有些时候,技术人员在进行技术研究时已经能够确定新技术的应用价值,则其研究的成果就可以直接应用。新的技术能够帮助某些人解决某些疑难问题,这便是技术所获得的最直接用户,就如搜索引擎能够帮助上网者快速获取分类信息一样,但并非上网者就能够为其创造利润。

以上问题可以通过建立完善的技术市场来解决,技术发明人可以通过政府下属机构、社会中介机构、投资者和合伙人等多种渠道来发现技术成果转化的方式。而这正是我国多年来所面临的严重问题,即由于没有形成统一完善的技术转化市场而使大量的科技成果资源处于严重的闲置状态,没有发挥应有的作用。据有关资料显示:1985—2003年,18 年间我国受理的专利申请总量达 308 487 件,增长了 20 倍,增长速度位居世界榜首。但另一组数字更发人深思,我国拥有的 80 万条专利,其转化率不足 10%,其中非职务发明人的成果更是无人问津。一组保守的数据是,我国现有 2.8 万个科研机构,县以上的专事自然科学研究的单位 4 000 多个,高等院校研究机构 3 509 个,大中型企业研发机构 6 275 个,53 个国家级高新技术开发区,270 个生产力促进中心,100 多个国家重点实验室,100 多个国家工程研究中心,30 多个民营科技园,还有一大批留学人员创业园和科技孵化中心。这一方面反映了我国的科技规模;另一方面也说明了我国的科技市场交易数目过于庞大而且分散,容易造成拥有科技成果的一方力量太弱,达不到市场转让和交易所需要具备的诸多要素条件。①

由此可见,在中国技术成果要得到快速合理的转化是技术创业者要重点考虑的一个问题。在这一方面,中国政府基本上只做到了将技术成果的产权进行明晰,而对于技术成果产生后需要进行的交易、融资等种种问题却没有进行解决。通过公开的渠道无法进行技术成果的合理转化,因此就为有眼光的技术创业者留下了极大的发挥余地。可以说在中国,有技术能力又有市场眼光并且能够突破制度缺陷的创业者是最容易取得成功的。

3. 企业内部要建立有效的激励机制

技术创新对企业至关重要,而建立有效的创新激励机制则是保证技术创新效果的关键。不同员工的个人需求、在企业内部的地位和作用等是有差异的,因此需要对各级各类员工采取分类激励办法。创新首先要靠企业家的推动和组织,创业企业的创新风险首

---

① 黄伟.中国科技成果转化的现状与发展.科技成果纵览,2002(5):7～9

先是由企业家承担的。对企业家采取"产权激励"是最为有效的,采取"广义报酬"激励制度或办法的效果次之。"产权激励"能够将企业的命运与技术创新人员的前途紧密地结合在一起,使其能够尽其所能地进行创新技术的研究开发,进而保证企业的创新速度。相反,如果不能建立牢固的激励机制,则有可能使企业的竞争对手趁机以更高的回报预期聘用其技术人员,企业实现技术领先的竞争条件永远不可能具备。在郎咸平等人对我国近200家高新技术企业的实地调研中发现,企业流动的技术人员大多是掌握企业产品全套或关键技术的人员,即便流动人员不多,也给企业带来较大的损失。

4. 尽可能地得到风险投资资金的支持

有学者的研究结论认为,如果几家企业同时起步开发某种新产品,若某个企业的产品晚三个月进入市场,将至少比其他早进入企业的利润率低 30%,市场占有率低 40%;若晚半年进入市场,则将至少比其他早进入企业的利润率低 50%,市场占有率低 60%。由此可见,速度对于技术型企业和产品的重要性。

而要保证企业产品不失去进入市场的最佳时机,拥有足够的资金就是必备条件。创新产品的发展可分为 4 个阶段,不同阶段需要不同的资金支持:研究开发期需要资金来开发产品;成长期需要更多的资金来进行产品的市场推广;成熟期需要资金来扩大产销规模并维持市场占有率;维持期需要资金以维持市场占有率。不难看到,高技术创业企业的创新需要风险投资资金的支持。例如,近年来,我国不少高技术创业企业的创新较为活跃,这与风险投资资金的支持有着密切的关系。值得注意的是,台湾的风险投资者对高技术创业企业既提供资金支持,同时也参与企业管理,给予管理支持。

【创业实践案例】

产学研结合让山河智能快速成长为"小巨人"①

2006 年 12 月 22 日,山河智能上市。从白手起家到上市,山河智能仅仅用了 7 年。而在这 7 年中,这家年轻技术型企业的产值和规模每年近乎以翻倍的速度增长。以山河智能为代表的"学院派"企业正在逐步成长,它们的崛起推动了中国工程机械产业技术的革命,也为我国工程机械企业的发展提供了一种崭新的思维模式和行为模式。同时,也带动了中国工程机械产业对产品和技术理性认识的回归。

作为工程机械行业的后来者,从诞生之日起,产学研相结合的独特背景就让公司自觉地走上了自主研发的道路。公司一直倡导的"原始创新、集成创新、开放创新、持续创新"的自主创新体系,就是为了真正实现将科研成果转化为市场产品。成立之初,山河智能的研发力量源自中南大学智能机械研究所,具有前瞻性的研发队伍从技术上把握了企业持续、高成长的发展趋势。为了持续保持技术创新的核心地位,公司几乎将所有的科研成果和专利技术都形成了产品,或运用到生产实践之中。

公司拥有一个自主研发、产学研自然结合的有效平台,一些在读研究生也可以参与企业的特色产品研发过程。这样,既提高了人才培养质量,又降低了企业前期研发的风

① 山河智能:快速成长的"小巨人".中国证券报.2007-08-06. http://www.vsatsh.cn/bgu/open.asp?

险和成本。另外,由高校教师和优秀技术开发人员组成的技术中心,也使公司从研发、设计、制造形成了一套完整的体系。

山河智能的产学研有效结合的技术创业模式被实践证明是极其可行的。由于建立了技术创新的有效机制,山河智能一直保持着高速的发展。2000 年,国内首台具有国际先进水平的"隧道凿岩机器人"在山河智能横空出世;2003 年,集多项专利技术于一身的静力压桩机雄踞国内桩机行业龙头地位;2004 年,公司拥有完全自主知识产权的一体化潜孔钻机,在多次竞标中击退国外同类知名品牌;同年,山河智能被业界评为工程机械行业的"未来之星"。2005 年,山河智能的高端产品——旋挖钻机凭借其独特的技术优势一炮走红。公司在短短 4 年中建起了先进水平的小型挖掘机生产和研发基地,产品在各类工程机械展览会上连连获奖,供不应求。

1.5. 企业内创业

公司的管理者应该清晰地认识到,当企业成长壮大之后,尽管能够承担更大的风险,掌握着更完善的商业知识,但在与小企业的竞争中并非总能占优,很多公司无形中患上了"大公司病"。而企业内创业的本质是将创业精神引入企业内部,通过持续催生内部企业家及其企业内创业活动而实现企业的持续成长。伴随着知识与技术的快速演进、管理观念的进步等背景因素,企业内创业这种新型经济形态越来越得到众多企业的重视和普遍推行。

1.5.1 企业内创业理论

企业内创业,也称公司创业,有关企业创业的定义,也同样存在有许多不同的观点。扎拉(Zahra)(1991)认为,公司创业是在现有公司内部创造新事业,以改进组织获利能力和提高公司竞争地位或者从战略的角度更新现有企业的过程。伯格曼(Burgelman)(1984)给公司创业下的定义是:通过内部进行的新的资源组合来拓展公司竞争领域和发掘相应机会的过程。杰里斯和卢克(Jennings & Lumpkin)(1999)则认为,公司创业取决于公司开发新市场或者新产品的程度。戴斯(Dess)(1999)从组织再生的角度认为,公司创业是组织更新的过程,包括两个相关但又显著不同的维度:创新并开创新的事业领域和战略更新。前者是指明通过产品、过程、技术和管理创新来开创新事业;后者则包括重新定义公司的概念、再造组织和引进能促进变革的创新系统。

目前,对企业内创业比较一致的定义是:为了获得创新性成果而得到组织授权和资源保证的企业创业活动。其要旨是将企业家精神注入现有公司内部,鼓励员工在企业内部像企业家一样做事,培养、造就内部企业家,营造创新氛围,以推动企业的持续创新。

企业内部创业活动主要起源于 20 世纪 80 年代,当时,那些诞生于 20 世纪 70 年代的许多新兴企业在创业过程中面临着重新改造的问题。另外,在现代科技革命尤其是信息技术革命的推动下,美国电报电话公司、福特汽车公司等许多百年老店,不得不通过公司再造和重组来适应现代市场经济的发展需要。以至于到 20 世纪 90 年代,在企业管理领域掀起了一股涉及企业组织变革的"企业流程再造"风暴。在实践中,一方面,有许多原来不知名的小企业通过快速推出新产品、加快产品更新速度而在与大公司的市场竞争中取得胜利,不断发展壮大,如 20 世纪 70 年代日本的卡西欧,我国国内 20 世纪 90 年代初的 TCL 等;另一方面,还有许多大的跨国公司也通过产品不断的创新和升级而取得辉煌的业绩,维持自己在行业中的霸主地位,在这方面最有名的案例就是诺基亚、摩托罗拉等公司。

如上所述,公司再造、公司重组、企业流程再造通常都会涉及对企业组织制度实行根本性的变革,属于公司战略更新的范畴。通过这种战略更新使老的巨型公司重新获得活力、赢得优势。而那些小型企业,通过对市场反应速度和开发速度的追求,对产品创新和升级的追求,也获得了快速成长和优势。这些具有进攻性的创新和战略更新的企业行为,虽然不像新企业的创建那样具有震撼效应,但对改善人们的生活质量、提高经济效益同样具有重大的意义,是企业脱胎换骨的一种途径,因此,也是另一种意义上的创业。

1.5.2 企业内创业的本质及特点

对于一个企业特别是大企业来说,创新是企业发展重要的、持久的精神支柱,然而创新总是与创业紧密地联系在一起。企业内部创业本质主要是自治、创新、冒险、预见性和竞争性进攻。企业应是两种资本所有者共有的企业,推动企业成长和利润率增加的动因是人力资本和非人力资本的组合,因为创业者不是一种能够被生产出来的人力资本,而是符合某种概率分布的、稀缺程度很高的生产要素。

内部创业是从内部发展起来的自发组织工作,同已存在的组织分开来管理。和一般创业相比,内部创业需要更大程度的合作参与。内部创业可以被看做是从研发开始,创业单元通过创业活动,通过增加产量、销售量或者提高产品质量和利润等手段来推动企业的成长。

要全面把握企业内创业的本质及特点,既需要将其与一般创业相区分,也需要将其与企业内一般的研发和创新活动相区分。[①]

1. 企业内创业与一般创业的比较

1) 创业主体

企业内创业的实施主体是内企业家,也称公司企业家;一般创业的实施主体是创业家。内企业家与企业家既有相似之处又有区别。一方面,与企业家一样,内企业家也不一定是产品或服务的发明人,但却对将创意或产品原型转变为可盈利的实际产品怀有强烈渴望;内企业家具有绝大多数企业家所常有的个性和行为特点,如具有很强的成功欲望、渴求权力和不受束缚、具有很强的内控意识、容忍不确定性、自信、乐观、果断、精力旺盛等。另一方面,内企业家在风险态度、关注焦点和对组织系统的态度等方面与企业家

---

① 苗莉.基于企业内创业的企业持续成长研究.财经问题研究,2005(2)

不同。

2) 创业活动

创业与企业内创业,在本质上都是一种创新活动,但二者在活动背景和过程方面存在较大差别:通常所称的创业是由独立企业家在自己营造的创业背景下开展的个人创业活动;而企业内创业则是内企业家在受雇公司框架内发起并实施的创业活动。因此,企业家需要独自筹集创业资源,而内企业家则可依托企业现有资源优势开展创业活动,与一般创业相比具有更高的成功几率,但内企业家在公司内会面临更大的阻力。

3) 创业结果

公司创业的最终风险由公司承担,创业失败后,内企业家仍可以回到原部门工作;其目标并不是建立新公司,其结果是现有组织的成长,且这种成长可能发生在产品、组织、战略和使命多个层次;创业失败对企业家来讲,会导致企业家破产;创业一旦成功,其结果是一个新企业的诞生。

2. 公司内部创业与企业一般研发和创新项目的比较

1) 实施方式

内企业家出于将创新想法变为现实的强烈渴望而发起并实施的创新活动,是内企业家及其创业团队一种自动的自愿选择;内企业家寻求企业支持来实现自己的创业梦想,其积极性相比企业一般研发和创新项目而言会更高一些;管理高层指派人员开展的研发和创新活动;受命实现管理高层的创新想法。

2) 资金来源

就一般的研发和创新项目而言,其资金来源主要是企业的财务预算。而企业内创业活动所需资金则主要来自企业设立的内部风险资本。鼓励企业内创业的企业通常留出专门资金为内企业家的创业活动以及进一步研发进行投资,该资金的运作方式也与真正的风险资本类似,所以称为内部风险资本,其与通常的财务预算形式有本质不同。

3) 实施范围

一项创意一旦被采纳,将由创意的提出者——内企业家来执行该项目(包括人员的召集、资金的筹措和创业想法的实施等),直至最终成功;内企业家及其团队通常要负责从创意形成到产品推广的全部过程。后者往往局限于特定的创新环节。

【创业实践案例】

华为内部创业,东边日出西边雨①

2000 年前后,正是华为公司发展的高峰期,然而,任正非认识到部分老员工手中持有的大批股票已成制约华为发展后劲的一大障碍,此外,当时的企业网产品仍然沿袭直销的营销模式,全国分销渠道迟迟没有建立起来。

公司实施了内部创业的决策,作为一个崇尚变革和激情的企业,这样的改变似乎是华为的"性格"使然,华为选择了一个对内对外都非常体面和合理的理由,任正非对此概

---

① 胡可.华为:土狼的失落.管理人,2005(9):40～41

括为：一是给一部分老员工以自由选择创业做老板的机会；二是采取分化的模式，在华为周边形成一个合作群体，共同协作，一起做大华为事业。

华为内部创业分两个阶段：1998年年底到2000年是第一阶段，主要在机械、印刷、文印、邮递、食堂和小卖店等项目上鼓励员工成立公司为华为服务，华为优先购买其产品和服务。2000年年底到2002年是第二阶段，围绕销售代理方面，鼓励市场营销、工程服务两方面员工创业，代理华为的产品，为华为提供设备、工厂安装服务。

2000年的下半年，华为出台了《关于内部创业的管理规定》，包括：

（1）满两年以上的员工，都可以申请离职创业，成为华为的代理商；

（2）每个离开华为的员工除了兑现手中股票外，还可以将所持股票的70%获得华为同等价值的企业网产品；

（3）提供半年的保护扶持期，员工在半年之内创业失败，可以回公司重新安排工作。

在公司的鼓励下，上至公司高层下至普通研发人员都踊跃响应公司的号召，为实现自身的创业梦想辞职创业。这个政策使得当时离开华为并在华为企业网事业部登记的代理商就达400家之多，这也是组成华为创业系最原始的一拨人，然而后来成功者无几。大部分都回流到华为，继续在华为的职业生涯。

一方面，内部创业的成效体现在新创了一批以华为管理和资源为基础的合作型企业；另一方面，出现了一批与华为自身在技术、信息和人才等方面相竞争的对手，这使得华为的内部创业显得格外曲折，在2004年之后，华为内部基本不提鼓励内部创业的制度。

后来创业比较成功的形式，主要是集中于将华为多年来的管理实践成果转化为软件或者其他咨询类的服务。如原华为市场策划部员工蒋德明，与多名离职的华为员工一道，仅以华为的工作经验为招牌，从事人力资源软件开发与应用，在短短一年内就迅速打开了市场。对于今天取得的成就，蒋德明深有感触地说："如果能把华为的人力资源管理模式转换成软件，那肯定是国内一流的。"

而曾经作为华为元老的张建国则是内部创业的另外一种典型。张建国原为华为主管人力资源副总裁兼人力资源总监，从1994年开始参与了华为人力资源管理体系的全过程建设。2001年，他离开华为创办益华时代管理咨询公司且经营稳健，在张建国编撰的教材中，华为的案例无处不在。

在出现的竞争者当中，最典型就是原华为副总裁李一男创建的港湾网络公司。2000年年底被业内认为是任正非接班人的李一男，拿着从华为股权结算和分红的1000多万元设备，赴北京创办港湾网络，成为华为企业网产品的高级分销商。次年即开始推出自主研发的产品路由器和交换机等，销售额一跃增长到10亿元。从华为的分销商成为华为在市场上的公开竞争者，这就注定了最终其要成为华为内部创业的负面案例。从港湾网络销售额开始突破10亿元起，华为内部即成立专门对付港湾公司的"打港办"，不惜任何代价阻挠港湾公司的扩大发展，这些手段包括利用低价抢单、知识产权诉讼等，最终使港湾公司陷入经营困境。最后港湾公司于2006年被华为收购，李一男重新回到华为任职。

华为基于自身管理问题而做出的内部创业方案，在实施之后显然避免不了类似于港湾网络问题的出现,因此,华为的内部创业实践是一次非典型的实践,其在一开始的初衷就决定了其最后实施的种种问题所在,虽然解决了老员工持股问题,但是类似于港湾事件的发生耗费了公司大量的资源和成本,也导致公司日后实施类似决策的难度加大。

本章小结

本章主要介绍了与创业和中小企业相关的一些基本知识,包括创业理论、创业家、创业精神、创业动机以及中小企业的作用、所存在的问题等。首先,介绍了创业在国内外的实践情况,并就创业理论和与创业相关的一些概念进行了阐述。其次,就中小企业的定义进行了界定,并分析了中小企业的作用以及当前我国中小企业发展所面临的问题。再次,对创业过程所包含的内容进行了分析,并介绍了创业过程的一些理论模式。最后,介绍了两种特殊的创业:技术创业和企业内创业。

思考问题

1. 为什么越来越多的人选择创业?
2. 创业者就是创业家吗? 如果不是,他们之间有什么区别?
3. 你认为创业过程包括哪些内容?

本章案例

阿里巴巴集团董事局主席兼 CEO 马云之创业精神解读[①]

2007 年金秋,阿里巴巴网络有限公司在香港上市,创造了中国互联网最大的上市奇迹。阿里巴巴集团董事局主席兼首席执行官马云,又一次成为国内外关注的新闻人物。马云的创业历程充分表现了一个创业者不屈不挠、追逐梦想的过程,从他的身上也折射出创业者多方面的精神标识,我们在此一一解读。

1. 激情四射的"造梦人"

与那些有着光鲜背景的互联网神话制造者不一样,马云太普通了,他没有多少钱,创办公司的时候甚至只能把家当办公室,但他最大的特点是喜欢梦想、富有激情,经常沉浸在构筑童话的梦想中,并为自己的梦想激动不已、激情四射。他也善于把自己的梦想传递给他的团队,并以此激励,通过不断奋斗把梦想一步一步变成现实。

1995 年 9 月,当他发现互联网的巨大潜力时,决心投入一搏,他邀请 24 个好友一起来商议时,竟有 23 个人表示反对,然而这更加坚定了他一往无前的决心。他后来说:"刚开始做 Internet,能不能成功我也没信心。只是,我觉得做一件事,无论失败与成功,总要试一试、闯一闯,不行你还可以掉头;但是你如果不做,总走老路子,就永远不可能有新的发展。"

1999 年 2 月 21 日,阿里巴巴第一次员工大会在马云位于湖畔花园的家中召开。他

---

① 马云现象探析.杭州日报,2008:5

用美好的梦想激励大家,在未来的三五年内,阿里巴巴一旦成为上市公司,我们每一个人所付出的所有代价都会得到回报。当时有人问马云阿里巴巴的前景,马云说,以50万元起步的阿里巴巴将来市值将达到50亿美元。许多人都笑了,认为是幻想,几乎无人相信。

2002年年底,互联网冬天刚过,马云提出,阿里巴巴2003年将实现赢利1亿元,这在当时是不可思议的,但事实上,阿里巴巴实现了这个目标。在2003年年终会议上,马云又开始梦想,他提出,2004年实现每天利润100万元,2005年实现每天缴税100万元。

每一个目标的提出,都会招致诸多的怀疑和反对。但马云就像一个神奇的造梦者,每一个当初看似不可能实现的梦想后来都一一变成了现实。后来,当马云提出打造能活102年的企业、创造100万个就业机会、10年内把"阿里巴巴"打造成为世界三大互联网公司之一和世界500强企业之一、"淘宝网"交易总额超过沃尔玛等梦想时,已很少有人再感到吃惊或者怀疑了。

与其说马云是一个企业家,不如说他是一个"造梦人",一个激情四射的创业者,马云用活生生的事实证明了一个道理:只要我们拥有梦想、激情和不断努力,就有可能达到成功的彼岸。

2. 大义大气的"现代侠"

马云的侠肝义胆体现在他对企业共建共享、对财富共同拥有的看法上。从一开始,马云就没想过用控股的方式控制阿里巴巴,作为一个管理者,他认为应该用智慧、胸怀、眼光来管理领导企业。一个公司需要把股权分散,这样,其他股东和员工才更有信心和干劲。据招股说明书,马云个人在上市公司持股比例不到5%,而有4900余名员工持有阿里巴巴股票,数百名员工因此而成为千万富翁,数千名员工因此而成为百万富翁。

马云的侠肝义胆也体现在他对企业家使命和责任的理解上。他对于回馈社会具有强烈的使命感,为各个公司分别定下了使命:阿里巴巴要让天下没有难做的生意,淘宝网要让天下没有淘不到的宝贝,支付宝要让"天下无贼"、阿里软件要让天下没有难管的生意,阿里妈妈要让天下没有难做的广告。马云说,中国有十几亿人口,20年以后可能还有很多人因为各种各样的原因失业,电子商务能帮助更多的人找到就业机会。有了就业,家庭就能稳定,事业就能发展,社会也就能稳定,这也是企业社会责任的一种体现。马云还提出,到2009年,淘宝网要为社会创造100万人就业机会,并把这个作为淘宝网管理层和员工考核的第一项指标。到2007年12月,淘宝网已为社会提供直接就业岗位20多万个。马云放言,要推动互联网进入"网商时代",使电子商务成为21世纪贸易的基本形态,使"网商"成为推动经济社会发展的重要力量。

3. 外柔内刚的"杭铁头"

杭州人素有"杭铁头"精神,杭州人的性格外柔内刚,既韧又硬,坚而不脆,牢不可摧。马云的外表一向具有很强的亲和力,但他内心却无比刚毅,蕴藏着巨大的能量。无数人渴望得到马云成功的秘诀,马云的答复是:永不放弃。

马云创业的道路充满曲折和艰辛。1991年,不甘平凡的马云利用业余时间成立海博翻译社。刚开始,翻译社入不敷出,马云没有动摇。他一个人背着个大麻袋去义乌、广州进货,在翻译社卖小商品,用最原始的资本积累方式维持翻译社的运转。1995年,马云投身互联网创立"中国黄页",只有一间房、一台计算机,一块钱一块钱数着开销,一家企业一家企业上门推销,无数次被当作"骗子"赶出门。1997 年年底,马云接受国家外经贸部的邀请,带着"中国黄页"的 8 个伙伴来到北京,创办了一系列贸易网站,但他明白,这不是他的理想。经历一番内心的痛苦挣扎与自问之后,1999 年 3 月,马云又一次做出了他人生中颇具里程碑意义的决定:南归杭州创业,办一家世界上最伟大的公司。

正因为有着无比坚强的意志力,马云才能够一次又一次找到坚持梦想的理由,从而放弃眼前暂时的安逸。

4. 融贯中西的"洋士绅"

马云虽然没有"海归"的耀眼光环,却也不乏海外文化的滋养;他从小成长于"草根"阶层,对中国国情有着深刻的理解,就连创业的大本营都定在了他土生土长的杭州,这个中国最庞大的民营企业集中地,在这里他的"土鳖"智慧可以得到充分施展。

马云操着一口流利的英语,但他讲的英语却与众不同,讲话的内容和风格很中国化,具有中国式的含蓄、幽默与机智,这使得外国人喜欢听他讲话。在国际交流中保持本土文化的独特性,这是许多人对他的语言天赋的评价,而他做事的风格也正是如此。

美国甚至全世界的电子商务都为大企业服务,马云却看到,中国 80% 以上的企业都是中小企业,购销资讯缺乏、产购信息不对称、国际贸易成本偏高,都是让这些中小企业十分头疼又一直没有办法解决的难题。马云还认为,中国加入 WTO 只是时间问题,很多中国中小企业迫切需要自主控制的外贸渠道。马云给阿里巴巴的战略定位是为中小企业提供电子商务服务。在当时,中国大量互联网企业盲目复制欧美国家模式的时候,他不但开启了具有中国特色的电子商务之旅,而且创造了一种电子商务的新流派。这是一个国际化与本土化结合的探索过程,需要有置之死地而后生的勇气,但唯有如此才能真正探索出一套属于自己的模式,创造出"凤凰涅槃"的美丽神话。

阿里巴巴对雅虎中国的并购,又是马云国际化与本土化结合的大手笔。2005 年 8 月11 日,马云宣布:阿里巴巴收购"雅虎中国"全部资产,同时得到雅虎 10 亿美元投资,阿里巴巴还获得雅虎品牌在中国的无限期使用权以及雅虎全球技术的无限制免费使用权。这是我国互联网行业迄今为止最大的一起并购,被业界称为互联网行业的"世纪联姻"。这场并购是一个史无前例的创新,马云将它形容成"中国企业不走出国门就可以做全球化的一个案例",他说,阿里巴巴与雅虎的这次合作,不仅中国少见,全世界也独一无二。

尽管没有出国念过一天书,马云却精于西方的运作方式,用严格的制度保证整个公司在高效、严谨的模式下运行。在阿里巴巴成立之初,仅 50 万元的资产规模,马云就不惜代价聘请国际第一大会计师事务所普华永道做公司的财务审计,小企业却有大胸怀。

马云的眼光是世界的、是战略的,但他心中依然有化不开的"杭州情结"、"家乡情结"。如今,阿里巴巴做大了,但对杭州良好的投资环境、创业环境依然情有独钟。在阿里巴巴上市后,公司又立马在杭州投资了"淘宝城",总投资高达 13.6 亿元。

在马云看来,国际化并不意味着一味"进口"或"复制"发达国家的商业模式。国际化应是立足本土、以我为主的国际化;本土化是国际品位、全球视野中的本土化。只有国际化与本土化的相得益彰,才能实现内生创新与对外开放的和谐。

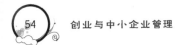

5. 能文善武的"新儒商"

马云作为一个文化人,他能站在一个一般人难以企及的高度眺望前方,善于以文治企,以求变求新赢得企业的长远发展;作为一名商人,他又有敏锐的市场意识,善于抓住每一次稍纵即逝的市场机会,不断创造出新的市场。

马云把知识的力量、文化的作用在经商中发挥到淋漓尽致。他是个演讲天才,虽然他的声音不够浑厚、不够高亢,但他能让人热血沸腾,并顺着他的方向思考。马云的演讲天马行空,给人以"拨得云开见月明"的感觉,而他能够在短短的6分钟让"软银"的孙正义投资2000万美元,更令无数企业家羡慕不已。几年来,马云多次应邀在美国哈佛大学、斯坦福大学、耶鲁大学和英国的沃顿商学院等全球培养MBA的顶尖学府和达沃斯论坛、世界企业峰会上演讲。他善于学习,经常看历史书、军事书,并能引经据典、灵活运用,用历史上成功战役的案例来指导阿里巴巴的一场又一场"商战"。他重视企业文化,在阿里巴巴成立初期,马云就开始用文化为企业打下根基。后来,便有了"六脉神剑",即"客户第一"、"拥抱变化"、"团队合作"、"诚信"、"激情"和"敬业"6条价值观。而阿里巴巴的价值观不仅仅停留在宣传教育的层面,而且落实在管理制度中。马云倡导简单的企业文化,使文化落地,成为执行本身,形成有远见、有内涵、有创意的执行。

马云也是"勘探"市场、开发市场的高手。他认为企业最核心的问题是根据市场去制定产品,必须先去了解市场和客户的需求,然后再去找相关的技术解决方案。所以,他把阿里巴巴定位为一家服务型企业,以网络为手段帮助客户,把客户变成电子商务公司,而不是一家IT企业、高科技企业,从而避免拒客户于千里之外、使自己在高处不胜寒。所以,他要求阿里巴巴技术非常简单,让客户不需要看说明也会用,充分体现了"市场决定一切,需求决定一切"的理念。

在短短9年时间里,马云成功创办了全球领先的企业间交易网站"阿里巴巴"、亚洲最大的网上个人消费市场"淘宝网"、中国领先的在线支付服务商"支付宝"、以互联网为平台的商务管理软件公司"阿里软件"、中国最大的网上广告交易平台"阿里妈妈",成功收购了中国领先的搜索引擎"雅虎中国"和中国领先的个人生活服务平台"口碑网"。在马云这位舵手的带领下,阿里巴巴从西湖里的一叶小舟变成了一艘集B2B、C2C和B2C三种业务模式于一身的电子商务"航母"。对于每个关乎创业成败与生死存亡的抉择,阿里巴巴都做出了正确的抉择,看似时运的"偶然",实是智慧的"必然"。

成大业者必须目光远大、志存高远,但也必须脚踏实地、求真务实。马云为创业者树立了榜样。在"资源有限、创意无限"的创意时代,在以创新为主要推动力的新一轮创业中,中国更需要像马云这样的创业者。

第2章 创业机会与商业模式

> 在经营企业过程当中,商业模式比高技术更重要,因为前者是企业能够立足的先决条件。
>
> ——时代华纳前首席执行官迈克尔·邓恩

学习目的

1. 明确创业机会如何产生。
2. 理解商业模式的内涵和构成要素
3. 理解创意如何完善成为商业模式。

引 言

苍蝇的成功与蜜蜂的困毙[①]

美国密执安大学教授卡尔·韦克做了一个绝妙的实验:把6只蜜蜂和同样数量的苍蝇装进一个玻璃瓶中,然后将瓶子平放,让瓶底朝着窗户,会发生什么情况?结果力竭倒毙或饿死的却是蜜蜂;而苍蝇则会在不到两分钟之内,穿过瓶颈逃逸一空。聪明的蜜蜂以为,囚室的出口必然在光线最明亮的地方,它们不停地重复着这种合乎逻辑的行动。愚蠢的苍蝇则全然不顾亮光的吸引,四下乱飞,结果逃出了空瓶。

韦克总结道:"这件事说明,实验、坚持不懈、试错、冒险、即兴发挥、最佳途径、迂回前进、混乱、刻板和随机应变,所有这些都有助于应付变化。"

唯一的不变就是变

苍蝇和蜜蜂的实验,实际上演示出创业期管理的不同战略模式。敢于打破僵化形式,保持宽松开放、活跃创新的环境,这是所有出色的创业管理的真谛。大部分创业公司在资源上捉襟见肘,在市场上屡屡受创,在管理上混乱无序,同时还要面临纷繁复杂的市场变化环境与人才匮乏的双重压力。正是在这样的环境下,原来自以为筹备周密的商业计划不可能一帆风顺,甚至可能全盘皆乱。如果不因势而为,仍然固守旧念,极有可能无法继续下去,最后关门了事。因此,能不能以积极的心态灵活机动地进行应变,不断在尝试之中寻觅更多的机会,成功获得突破才是关键。

当前,创业型小企业的经营环境已经从过去相对平稳的静态环境走向日益复杂多变和充满不确定性的动态环境。动态环境给企业带来了新机遇,但也使创业公司从初创之日起,就面临激烈的竞争格局,面对来自生存压力的严峻挑战。

面对机遇与挑战,创业者必须冷静思索:如何识别和把握创业机会?如何寻求适合自身发展的商业模式或经营方法?以引领企业走上健康成长之路。本章将重点介绍创

---

① 陈育辉. 创业,向恶心的"苍蝇"学习. 经理人,2005(6):93~94

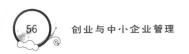
业机会和商业模式的知识。

本章的内容结构图如图 2-1 所示。

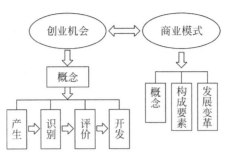

图 2-1　本章的内容结构图

2.1　创 业 机 会

在蒂蒙斯的创业模型中创业者、创业机会和创业环境是三个非常重要的维度，而创业机会作为创业的初始阶段的关键环节影响到了整个创业活动。

2.1.1　创业机会的概念

创业机会，简单地讲，就是指创业过程中创业者可以利用的商业机会。然而它的内涵却要比这丰富的多。当前，不同学者站在不同的角度对创业机会进行了论述。

熊彼特(1934)把机会定义为通过把资源创造性的结合起来，迎合市场需求(或兴趣、愿望)并传递价值的可能性。卡塞(1992)对创业机会的定义是"那些新产品、服务、原材料和管理能够被应用或者出售以获得高于其成本的情况"。柯斯纳(Kirzner)(1997)认为，创业机会不同于一般大量的有利可图的机会，其特点是对于"产品，服务，原材料和管理方法"有极大的革新和效率的提高。蒂蒙斯(1999)认为，一个创业机会"其特征是具有吸引力、持久性和适时性，并且可以伴随着可以为购买者或者使用者创造或者增加使用价值的产品或服务"。本文把创业机会归纳为一种过程，在其中新产品、服务、原材料、市场和组织方法通过新的方法和途径来被介绍，具体是指可以利用的商业机会，这个机会应具有吸引力、持久性和适时性，并且可以识别。

创业者要获得利润或企业家的收入，必须对市场供求的不均衡状态提供的商业机会十分敏感；否则，企业家的创新行为、承担不确定性、进行"判断性决策"等都无从谈起。

2.1.2　创业机会的产生

确定创业机会首先需要对创业机会进行识别，由于现实当中好的机会并不是突然出现的，同时也需要从许多商业机会中挑选出合适的机会进行重点分析，因此，机会识别是创业过程的起点，也是创业过程中一个重要的阶段。

要明白创业机会的识别途径,需要知道创业机会可能的来源。关于创业机会的来源,国内外许多学者都已经有了比较系统的研究成果。我国学者丁栋虹将这些成果进行了整理(如表 2-1 所示),将机会来源主要分为外在配合条件和个人能力条件两个主要方面,而其中外在配合条件又可以分为市场不均衡、环境变动、新技术或新服务等方面,个人能力条件进而分为相关领域的知识、先前的工作经验和创业警觉等方面。

表 2-1　创业机会的来源研究

机会来源		德鲁克	Olm	熊彼特	蒂蒙斯
外在配合条件	存在市场不均衡		复制别人的成功经验,改进做法于不同的区域或区隔市场	打开新市场创造或获取供应的新来源	忽视下一波客户需求
	环境变动	基于产业获取市场结构的改变人口统计特征		引入生产或营销的新方法	
	提供新技术或新服务	基于程序需要的创新	得到某一权利、授权或特许权	现有产品品质明显的改善	现有管理或投资者的不良管理
	现有厂商效率不佳			产业内组织的新形态	
	其他	新知识(包括科学的与非科学的)			
个人能力条件	相关领域的知识	意料之外的事件	产品的市场知识、供货商与客户		
	先前的工作经验		先前的工作经验在个人的经验基础上,发展出事业化的需求		
	创业警觉	意料之外的事件,不一般的状况认识、情绪及意义上的改变	与熟知某一社会、专业或科技领域的专家接触所引发的研究及资料所得		
个人能力条件	策略思考				
	学习能力				
	社会网络		从有创意的他人得到机会参加展览会、研讨会、贸易展示和座谈会等所得		
	其他		把嗜好、兴趣、业余喜好转成事业机会		具创业精神的领导

资料来源:丁栋虹.创业管理.北京:清华大学出版社,2006

学者们的论述都认为,创业机会的出现往往是因为环境的变动,如市场的不协调或混乱、信息的滞后以及其他各种各样的因素影响所致。也就是说,在一个自由的产业系统中,当行业和市场中存在变化着的环境,如混乱、混沌、矛盾、落后与领先、知识和信息的鸿沟以及各种各样其他真空时,创业机会就产生了。因此,创业机会就可从这些途径中找到。根据已有的研究结论,可以把创业机会的来源分为以下几种。

1. 宏观环境变动产生的机会

典型的宏观环境变动包括社会分工的演进、产业结构调整、经济活动的多样化等方面,这些宏观的变动将导致创业机会在各个层面出现,但是又是"以出其不意的方式降临到每个人身上",因此这种机会的辐射范围很大但是发生的周期却很长。

(1) 社会分工的演进为创业机会提供了新空间。社会分工的演进滋生了广大的市场空间,专业化程度越来越高,各种经济实体之间互相联系、互相依赖的关系日趋增强,整个社会的分工协作关系日趋深化,为中小企业的生存和发展提供了无数的机会。

(2) 产业结构的调整与国企改革为创业提供了新契机。随着产业结构的调整和国企改革的推进,民营中小企业除了涉足制造业、商贸餐饮服务业和房地产等传统业务领域外,将逐步介入教育培训、咨询服务、生物医药和基础产业等新型领域。

(3) 经济活动的多样化为创业拓展了新途径。一方面,第三产业的发展为中小企业提供了非常多的成长点,现代社会人们对信息情报、咨询、文化教育、金融、服务、修理、运输和娱乐等行业提出了更多、更高的要求,从而使社会经济活动中的第三产业日益发展。由于第三产业一般都是基于知识和技能的投入方式,能够为中小企业的经营和发展提供广阔的空间。另一方面,社会需求的易变性、高级化、多样化和个性化,使产品向优质化、多品种、小批量和更新快等方向发展,也有力地刺激了中小企业的发展。

2. 市场不均衡产生的机会

市场上尚未满足或尚未完全满足的需求就会产生市场机会,若从不同的角度去考察就会有不同的市场机会。一般来看,市场机会主要有以下4类。

(1) 市场上出现了与经济发展阶段有关的新需求,相应的,就需要有企业去满足这些新的需求,这同样是创业者可资利用的商业机会。

(2) 当前市场供给缺陷产生的新的商业机会。非均衡经济学家认为,市场是不可能真正达到供求平衡的,总有一些供给不能实现其价值。因此创业者如果能发现这些供给的结构性缺陷,同样可以找到可资利用并创业的商业机会。

(3) 先进国家(或地区)产业转移带来的市场机会。从历史上看,世界各国的发展进程有快有慢,即便在同一国家,不同区域的发展进程也不尽相同。因此,在先进国家或地区与落后国家或地区之间,就有一个发展的"势差",这就可能为落后国家或地区的创业者提供创业的商业机会。

(4) 从中外差距中寻找隐含的某种商机。

3. 技术变化产生的机会

技术变化产生的机会主要来源于新的科技突破和社会的科技进步。技术上的任何变化或多种技术的组合都可能给创业者带来某种商业机会。例如,通信技术的发展,使人们在家办公成为可能，出现了 SOHO 一族；互联网的出现，改变了人们工作、生活和交友的方式，网络游戏出现了，成千上万的人痴迷其中，乐此不疲；网上购物、网络教育得到了快速发展，信息的获取和共享日益重要；生物和医药技术的发展，改变了部分人的生活习惯，保健概念深入人心，涌现出巨大的保健市场。技术机会的主要表现形式如下。

（1）新技术替代旧技术。当在某一领域出现了新的科技突破和技术，并且它们足以替代某些旧技术时，创业的机会就来了。

（2）实现新功能、创造新产品的新技术的出现。这无疑会给创业者带来新的商机，如人们利用电视和通信网络进行视频会议。

（3）新技术带来的新问题。多数技术的出现对人类都有利、弊两面性，即在给人类带来新的利益的同时，也会给人类带来某些新的灾难。这就会迫使人们为了消除新技术的某些弊端，再去开发新的技术并使其商业化，从而带来新的创业机会。如由于石油资源的不可再生性而面临的枯竭问题，为其他形式的能源提供了广阔的市场空间。

2.1.3　创业机会的识别

成功的机会识别是多种因素综合作用的结果。首先，需要有创业的愿望。没有创业的意愿，再好的创业机会也会视而不见，或失之交臂。其次，要具备识别机会的能力。"机会只垂青于有准备的头脑"，没有这种能力，是很难在瞬息万变的市场中捕捉机会的。最后，创业环境应让机会可以识别。再有吸引力的市场机会，如果环境不允许，也不能成为机会，更谈不上识别了。[①]

1. 创业机会识别的影响因素

1）创业愿望是创业机会识别的前提

创业愿望是创业的原动力，推动创业者去发现和识别市场机会。研究表明，多数创业者希望通过创业实现自己的理想和抱负，如改变现状、成就一番事业等。期望理论的基础是：人之所以能够从事某项工作并达成目标，是因为这些工作和组织目标会帮助他们达成自己的目标，满足自己某方面的需要。弗鲁姆认为，某一活动对某人的激励力量取决于他所能得到结果的全部预期价值乘以他认为达成该结果的期望概率。用公式可以表示为 $M = V \cdot E$，其中 M 表示激励力量，这是指调动一个人的积极性，激发出人的潜力的强度；V 表示目标效价，指达成目标后对于满足个人需要其价值的大小；E 表示期望值，这是指根据以往的经验进行的主观判断，达成目标并能导致某种结果的概率。对创业者而言，创业的价值应大于非创业状态的价值。只有有创业愿望的人才会去主动发现和识别市场机会。

2）创业能力是创业机会识别的基础

如果说创业愿望与创业者的性格特征有一定的关联，那么，识别创业机会则在很大程度上取决于创业者的个人或团队的能力。这在《当代中国社会流动报告》中得到了印证，该报告通过对 1993 年后私营企业主阶层变迁的分析得出结论：私营企业主的社会来

---

① 欧阳苏腾.长株潭创业机会研究.中南大学硕士学位论文,2004:12～25

源越来越以其他领域的精英为主,尤其是经济精英的转化更为明显,而普通百姓创办私营企业的机会则越来越少。

关于创业者的能力与素质,在本书第1章的创业家素质要求部分也已经有过详细论述,在此亦不再重复。

3) 创业环境是创业机会识别的关键

环境影响初创企业的生存和发展。在机会识别阶段,创业环境决定一个有吸引力的市场机会能否成为真正的创业机会。这包括政府政策的限制与否、社会经济条件的优劣、创业资金的支持力度等方面。

影响机会识别的创业环境因素有两方面:一是识别机会所必需有的预先信息;二是评估机会所必需的认知特性。成功地发现并利用创业机会是由机会本身的特性和企业家所拥有的创业信息与认知能力共同决定的。

首先,良好的创业教育环境可提高创业者的创业能力,以更好地捕捉创业机会。GEM(Globle Entrepreneurship Monitor,全球创业观察)中国研究表明:中国女性创业者的年龄集中在25～44岁。女性创业与受教育程度有关,受过教育的女性创业更积极。

其次,创业环境影响创业者的动机,进而影响创业机会。一般地,社会如对创业失败比较宽容,会鼓励更多的人去创业。中国创业者受教育程度、受教育的方式及创业文化,影响创业活动。

4) 其他影响因素

除了以上一些因素外,工作和个人经验、社会网络也都会影响创业机会的识别。在熟悉的领域内创业,成为多数创业者的首选。一是行业和市场容易识别,可降低机会识别的成本;二是信息获取比较容易,能较为准确地预测市场规模及风险程度;三是具有解决相关问题的能力。研究表明,有较好的社会网络的创业者能更好地识别和利用创业机会。一些创业者的创意就直接来自同学或朋友的建议,现阶段,我国社会尚处于经济转轨期,各项制度、法律环境还不健全,故社会网络在创业中显得尤为重要。在创业的各个阶段,创业者都需要强有力的支持和咨询系统。创业者的社会网络,在创业的组织结构设置、获取必要的财务资源、创业计划和市场分析等方面提供信息、建议和指导。

2. 创业机会识别的内容

机会的识别首先是从对信息的识别开始,有效的信息便于认知机会或实现创意,而对信息更好地利用则会发现被他人忽视的机会。如江南春由楼宇电梯口的海报想到开发这块无聊但有潜力的场所,从而形成分众传媒的商业模式的初衷。更好的机会意味着发现某些更适合新企业进入的行业和更适合新企业去追求的目标市场。

创业者要充分了解和把握市场,就必须对信息进行仔细收集和认真研究。通过信息的收集和研究了解谁是顾客、潜在市场规模、竞争对手有哪些及其实力情况、供应商和分销商的情况、进入和退出壁垒、行业特征、行业结构、定价策略、分销策略等情况的信息,以便做出科学的决策。市场信息的收集包括确定信息收集和研究的目的、收集第二手资料、收集原始资料、资料的处理与分析等步骤。

要对某个创业机会进行识别,通常需要对以下内容做出分析。

1）创业机会的原始市场规模

创业机会的原始市场规模是指创业机会形成之初的市场规模。原始市场规模决定了创业企业在创业初期可能销售的规模，也决定了利润的多少。因此，分析创业机会的原始市场规模十分重要。一般而言，原始市场规模越大越好，因为创业企业只要占有极少的市场份额就会拥有较大的销售规模，这样可能就足够创业企业生存下去了。

2）创业机会存在的时间跨度

任何创业机会都有时限，超过这个时限，创业机会也将不存在。不同行业的创业机会存在的时间跨度是不一样的，同一行业不同时期的创业机会存在的时间跨度也不一样。时间跨度越长，创业企业用于抓住机会、调整自身发展的时间就越长；相反，时间跨度越短，创业企业抓住机会的可能性就越小。

3）创业机会的市场规模随时间增长的速度

创业机会的市场规模随时间增长的速度决定着创业企业的成长速度。一般情况下，它们之间成正比，也就是市场规模增长得越大、速度越快，相应的创业企业的销售量和销售量增长的速度也越快。创业机会带来的市场规模总是随时间变化而变化的，而随之带来的风险和利润也会随时间变化而变化。

4）创业机会是否是好机会

即使创业机会有较大的原始市场规模，存在较大的时间跨度，市场规模也随着时间以较高的速度成长，创业者也要对该机会作进一步的评价看它是否是好的机会。杰夫里·A.第莫斯(Jeffrey A. Timothy)教授在《21 世纪创业》中认为，好的创业机会应具备以下 4 点：一是它很能吸引顾客；二是它能在商业环境中行得通；三是它必须在机会之窗存在期间被实施；四是必须拥有机会所需的资源和技能。

5）创业机会是否具有可实现性

即使创业机会具备了上述 4 个条件，也要求该创业机会对创业者而言是可实现的；否则对该创业者来说，只是可望而不可即的事。创业者是否能利用这一创业机会，要看创业者是否具备以下条件：拥有利用该创业机会所需要的关键资源；遇到较大的竞争力量，能与之对抗；能够创造新市场并占领大部分新市场；可以承担创业机会带来的风险等。

2.1.4　创业机会的评价

成功地进行机会识别后，便进入机会的评价阶段。对创业者来说，有想法固然重要，但并不是每个想法都能转化为创业机会。许多创业者仅凭想法去创业，也对创业充满信心，但最终却失败了。不是每个创业机会都会给创业者带来益处，每个创业机会都存在一定的风险，因此，创业者在利用创业机会之前要对创业机会进行科学地分析与评价，然后做出选择的决策。事实上，大约有 60%～70% 的创业计划在其最初阶段就被否决，就是因为这些计划不能满足创业投资者的评价准则。

1. 创业机会的评价指标

科学评估创业机会要有一系列的评估规则或指标，如果只用单一的指标，会存在过分简单的风险,因此需要使用一套较全面的综合指标进行评价。评估准则可以由产业和市场、资本与获利、竞争优势、管理班子和致命缺陷5个方面的指标组成。其中一些指标可以给出定量标准,但应针对不同的行业,确定不同的定量标准。一般而言,好的市场机会在上述指标中的大部分指标应表现出巨大的潜力,或者在一个或几个指标中拥有十分突出的优势。好的市场机会应具有可衡量性、现实性、可进入性和获利性4个特征。

不是所有的机会对创业者都是有同等的价值。因为创业者资源有限,不可能去追逐所面临的每个机会,必须去选择那些回报潜力最大并有能力去利用和利用好的机会。在选择创业机会的过程中,需考虑以下指标。

1) 机会的大小

评价机会的大小,需要正确地回答下列问题:市场规模的大小、我能得到多大的市场份额、可能有多少毛利(收入减去成本)、服务的价格和成本、这个机会可以开发多长时间,为此要分析顾客的兴趣会保持多长时间,在新竞争者进入之前有多长时间可以利用。

2) 需要多少投资

要有效地开发这个机会需要多少投资? 这影响着你是否有能力去开发这个机会。这需要对以下问题做出回答。

(1) 什么是当前最迫切的资本需求及其规模,即现在创办企业需要在人员、经营性资产和法定费用等方面投资多少?

(2) 要长期、持续地开发这个商业机会,需要多少未来的追加并有办法获得所需要的资本? 如果机会真如所期望的那么大,有足够的能力去开发吗? 如果没有独立开发的能力,是否有可能找到合作开发的对象,或者将就创企业出售?

(3) 开发这个机会需要什么特殊人才? 有能力将其留下来吗?

3) 回报

创业者创业的目的是获取回报,因此,对一个创业机会的评价需要考虑以下几个问题:将产生多少利润、持续多长时间、是否容易得到及什么是其机会成本。

4) 风险

机会是与风险并存的,高收益往往伴随着高风险。在选择时要考虑风险因素,为此需要考虑以下几个问题。

(1) 关于机会大小的假设可靠性如何?

(2) 如果所提供的产品或服务不如期望的那样对顾客有吸引力怎么办?

(3) 如果竞争者实际上的反应比假设的更强烈怎么办?

(4) 所采取的营销战略如在价格、销售网点和目标顾客等方面是否特别敏感,易遇到竞争对手的强烈反击?

(5) 考虑到如发生出人意料的变化时所采取的对策和调整方法了吗? 其可能性和代价有多大和是否愿意接受这个代价?

(6) 创业成功在多大程度上要依赖外部资源如风险投资? 这些外部资源是否容易得到? 得到这些外部资源的条件是否可以接受?

（7）如果收益低于预期对现金流动产生什么影响？如果收益不如预期的那样高怎么办？

（8）投资者退出的可能性和退出方式如何？

上述因素只有在相互联系中才有意义。例如，风险只有在与回报的联系中才能为决策提供依据。因此，创业者在选择机会时不能应用单一要素和绝对标准，必须综合考虑以上各种要素和利用相对标准，在对各种机会进行相互比较之后再做出选择。即将机会进行排序，从中选优，如同投资者一样。

毕海德（Bhide）教授在对 200 多家创业企业研究后，对那些雄心勃勃的创业者提供了以下三条建议：尽快剔除没有前途的想法（创意）；现实地评估自己的财务状况、目标；尽可能地减少资源投入，摒弃过多的分析和计划。因此，一个企业只有当一个机会代表着它为未来不得不投资的最佳选择时，才会发现这个机会有吸引力。各种机会必须相互竞争以获得企业有价值的资源。

2. 创业机会的评价方法

创业者在进行非正式评价时，往往不考虑评价指标体系和评价方法，仅凭直觉做出判断。对创业机会的评价，目前尚无一种一致公认的方法，下面介绍几种常见的评价方法。

1）定性评价流程

托马斯·W.齐曼拉（Thomas W. Zimmerer）和罗曼·M.斯卡伯勒（Norman M. Scarborough）提出了定性评价创业机会的流程，包括以下 5 大步骤。

（1）判断新产品或服务将如何使购买者创造价值，判断新产品或服务使用的潜在障碍，如何克服这些障碍，根据对产品和市场认可度的分析，得出新产品的潜在需求，早期使用者的行为特征，产品达到创造收益的预期时间。

（2）分析产品在目标市场投放的技术风险、财务风险和竞争风险，机会窗分析。

（3）在产品的制造过程中是否能保证足够的生产批量和可以接受的产品质量。

（4）估算新产品项目的初始投资额，使用何种融资渠道。

（5）在更大的范围内考虑风险的程度，以及如何控制和管理那些风险因素。

2）五维度机会评价法

冯婉玲等在《高新技术创业管理》一书中指出，可以从 5 个维度来选择创业机会。这 5 个维度分别如下。

（1）机会的原始市场规模。市场越大越好，但大市场可能会吸引强大有力的竞争对手，因此小市场可能更友善。

（2）机会将存在的时间跨度。一切机会都只存在于一段有效的时间之内，这段时间的长短差别很大，由商业性质决定。

（3）预期特定机会的市场规模将随时间而发生变化。

（4）好机会一般都有如下 5 个特点。

① 市场前景可明确界定。

② 前景市场中前 5～7 年销售额稳定且快速增长。

③ 创业者能够获得利用机会所需的关键资源。

④ 创业者不被锁定在刚性的技术路线上。

⑤ 创业者可以利用不同的方式创造额外的机会和利润。

（5）特定机会对特定创业者的现实可能性。

3）标准打分矩阵法

约翰·G.巴奇（John G. Burch）在 *Entrepreneurship* 中提出了标准打分矩阵法、哈曼分压计（Haman Potentionmeter）法、Weistinghouse 法和 Baty 的因素选择法 4 种公认的评价方法。在此，重点分析标准打分矩阵法。

巴奇的标准打分矩阵是通过选择对创业机会成功有重要影响的因素，再由专家小组对每一个因素进行最好（3分）、好（2分）、一般（1分）三个等级的打分，最后求出对于每个因素在各个创业机会下的加权平均分，从而可以对不同的创业机会进行比较。表 2-2 列出了其中 10 项主要的评价因素，在实际使用时可以根据具体情况增加或选择部分因素进行评价。

表 2-2　标准打分矩阵表

标　　准	专　家　评　分			
	最好（3 分）	好（2 分）	一般（1 分）	加权平均
易操作性				
质量和易维护性				
市场接受度				
增加资本的能力				
投资回报				
市场的大小				
制造的简单性				
专利权状况				
广告潜力				
成长的潜力				

2.1.5　机会的开发与创意

机会的开发意味着创业者将机会付之于实践而力求产生经济效益的行动。要进行创业机会的合理开发，创业者首先应当理解创业机会和产业分析。如果创业机会指明了某一个产业，则创业者应当对这个产业进行深入剖析，找到一个好的立足点，制订相应的创业计划。

巴隆和谢恩认为，不同特征的行业适合于不同的企业，有些行业更加适合于新创企业，他们对此进行了总结（如表 2-3 所示）。

表 2-3　适合新行业与现存行业的机会特点

机会的特点	有利于谁	理　由	例　子
非常依赖于信誉	现存企业	人们更愿意从他们了解和信任的企业那里购买产品	珠宝商店
具有很强的学习曲线效应	现存企业	现存企业能够沿着学习曲线移动,更善于生产和销售产品	汽车制造商
需要大量资本	现存企业	现存企业可以使用已有现金流来生产新产品或服务	喷气式飞机制造商
需求规模经济	现存企业	当规模经济存在时,随着生产数量的增加,生产产品或服务的平均成本下降	钢铁厂
在市场营销和分销方面需要互补性资产	现存企业	满足顾客需求的能力经常要求获得零售分销渠道	跑鞋生产商
依赖于对产品的逐步改进	现存企业	同复制其他产品获服务的新企业相比,现存企业更容易和更便宜地对产品进行逐步改进	DVD 播放器制造商
利用能力破坏型创新	新企业	现存企业的经验、资产和流程受到威胁	以生物技术为基础的计算机生产商
不满足于现存企业的主流顾客的需求	新企业	现存企业关注于服务它们的主流顾客,而不愿意引入不能满足那些顾客需求的产品或服务	计算机软件制造商
建立在独立创新的基础上	新企业	新企业能够开发独立创新而不必复制现存企业的整个系统	药品制造
存在于人力资本当中	新企业	拥有知识的人能够生产除满足顾客需求以外的产品或服务	个体厨师

　　对行业驱使进行深入地了解可以很快帮助创业者发现最符合商业环境的机会,并且能够在日后的经营当中把握住行业的发展脉络,帮助企业获得持续的成功。国内最大的网络游戏运营商盛大公司就是典型的行业潮流发现和引领者。盛大公司首先代理国外成功的网络游戏并取得成功,之后即看准了行业的走向立刻转向自主开发。2003 年首先在行业内推行免费方式,现如今在网游产业人才不断涌现、市场需求不断更新之时,盛大公司认识到仅仅依靠自身的研发和创意仍然远远不能满足广泛的市场需求,不能够抓住市场上最广大用户的需求,随即又调整了企业自身的战略,从以往的自主开发走向从外部获取更多的游戏开发资源,鼓励员工自主创业、设立盛大开发基金以及其他方式,尽可能地让自己从游戏开发商的角色转变成为经营资本和人才的角色,保证了盛大在竞争激烈且快速变化的网游产业中始终处于领导者的位置。

　　在知道了行业的机会之后,就需要用合适的创意来填补这个机会了,在此需要分辨清楚创意与机会并非等同。创意是一种思想、概念或想法,许多企业失败的原因正是错把创意当成商业机会来进行创业。在发现了令人兴奋的创意之后,了解创意是否填补了某种需要以及是否满足了机会的标准则更加重要。那么创意又是通过何种途径产生的

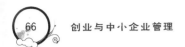

呢？创意的产生方式多种多样(如表 2-4 所示)，甚至拥有无限的可能性，在这里可以参照前人的经验得出几条基本的创意产生方法，下面将重点介绍比较常用和比较有影响力的头脑风暴、聚点小组、调查及综合等几种方法。

表 2-4　创意产生的方法

1. 头脑风暴法(Brainstorming)
2. 聚点小组法(Focus group)
3. 反向头脑风暴法(Reverse brainstorming)
4. 综合法(Synectics)
5. 戈登法(Gordon Method)
6. 列举清单法(Checklist method)
7. 自由联想法(Free association)
8. 强迫关系法(Forced relationships)
9. 集体笔记法(Collective notebook method)
10. 启发法(Heuristics)
11. 科学法(Sciencetific method)
12. Kepner-Tregoe 法
13. 价值分析法(Value analysis)
14. 矩阵图表法(Matrix charting)
15. 顺序-属性/修改矩阵(Sequence-attribute/modification matrix)
16. 灵感激励(梦想)法(Inspired(big-dream)approach)
17. 参数分析法(Parameter analysis)

资料来源：李志能，郁义鸿，罗博特·D.希斯瑞克编著.创业学.上海：复旦大学出版社，2000.32～36

1. 头脑风暴法

头脑风暴法作为一种操作简单而又非常有效果的技术，被广泛运用于新构思的产生以及创造性问题的解决。这是一个非结构化的过程，在一个有限的时间内，通过小组成员的自发参与，针对某个问题产生几乎所有可能的创意。头脑风暴过程通常开始于对问题的陈述，而问题陈述的范围应该适当，不能太宽也不能太窄，太宽可能导致产生的创意过于多样化，难以产生特别的创意，太窄了又会限制创意的产生。问题陈述准备好以后，接着就可以挑选 6～12 名具有不同知识背景的小组成员。为了避免对小组成员的反应有所抑制，小组成员不应是该讨论问题所属领域内公认的专家。所有的创意，无论多么不合逻辑，都应该记录下来，并且在讨论过程中不允许批评或评价。

头脑风暴法的运用一般应该遵循以下 4 个原则。

(1) 小组中的任何成员都不允许批评——讨论中没有负面评论。

(2) 鼓励随心所欲，越放任，构思越巧。

(3) 希望产生大量的构思——构思越多，好的构思出现的概率越大。

(4) 鼓励对构思进行组合和改进——其他人的创意可以被用来促进产生新的创意。

2. 聚点小组法

有时也称为焦点小组法，这种方法自 20 世纪 50 年代以来就被广泛地使用。具体而言，所谓聚点小组法即由主持人带领一群人聚在一起进行公开的、深入的讨论，用不局限于主持人提问的方式来征得与会者的意见,主持人则以直接或间接的方式来集中该小组的讨论。一般地,小组由 8～14 个参与者组成,每个成员都会接受其他小组成员的评论,以刺激其创造性地产生新产品的创意。

3. 调查法

调查(survey)法是指从个体样本收集信息的方法。样本通常只是所研究人群的一小部分。调查常通过电话、邮件和网络来进行,或者亲自实施。最有效的调查是对人群总体进行随机抽样,这意味着样本不能随意选择或只是从自愿参与的人中选择。样本需按照某种方式选取,这种方式要能确保人群总体中的每个人具有同等被选中的可能,以便使调查结果能一般化到更大的人群。

调查以标准化的方法实施,所以每个参与者在相同形式下被询问相同的问题。调查的目的不是描述特定参与者的经验或观点,而是获得对整个人群的综合认识。调查数据的质量很大程度上决定于调查的目的与调查如何实施。例如,多数交谈式电视调查或杂志的手写式民意测验结果非常令人怀疑,因为参与者表现出自选民意测验(self-selected opinion poll)的倾向。大多数花费时间参与自选民意测验的人这么做,是因为他们对特定产品或主题有强烈的正面或负面感觉。

4. 综合法

综合法是一个创造性的过程,它激发人们运用 4 种类比:个人的、直接的、象征的和幻想的类比方法来解决问题。第一阶段的任务是使得陌生变熟悉,这主要通过一般化或模型,有意识地改变事情的顺序,把问题摆在容易接受或熟悉的角度,以消除陌生感。一旦陌生感被消除,参与者进入第二阶段,即通过个人的、直接的或象征的类比,把熟悉的事物再变得陌生,通过这种方式产生唯一的解决办法。

5. 戈登法

戈登法与其他产生创意的方法有所不同,一开始,小组成员并不知道问题的实质,这样可以保证问题的解决不受先入之见和固有行为模式的影响。戈登法的运用一般按照以下程序进行:一开始由创业者提出与问题有关的一般概念,小组成员对此提出一些创意;接着在创业者的指导下,原先的概念被进一步发展并提出其他的相关概念,使得实际问题被揭示出来;最后,小组成员对问题的解决提出各自的建议,并对最终方案进行改进。

在具体的实施过程中,究竟选择何种方法应根据创业者的需要、条件等各种因素来决定。在大多数情况下,可以同时选择几种方法加以应用,或在一种方法效果不太理想的时候,选择另一种方法使用。

2.2 商 业 模 式

据统计,全国每年新生 15 万家民营企业,但同时每年又死亡 10 万多家;民营企业有 60% 在 5 年内破产,有 85% 将在 10 年内死亡。无论是背托资源创业的,还是白手起家创业的,都必须面对残酷的商业现实。

很多创业期公司在实际运作中空有创业的激情,却无法把握创业管理的精髓,以至于经营多年却依然无法将企业做大做强并且能够不断突破环境带来的危机。在竞争实践中,越来越多的企业高层管理者们清醒地认识到:每个成功的公司背后都有一套有效且独具特色的企业商业模式,这正是这些公司在市场竞争中取得优势的关键。一种商业模式很可能成为企业在激烈的市场竞争中克敌制胜、基业常青的法宝。如以物流、数据库建设以及为顾客创造价值为核心的沃尔玛模式,以低库存成本、不断聆听消费者的意见和直接销售为核心的戴尔模式,不仅为企业带来丰厚的利润回报,而且奠定了企业在市场竞争中的优势地位。

因此,要想企业取得可持续的发展,明智的创业者首先应当明确企业的商业模式,并且保证商业模式能够在现实当中为企业源源不断产生回报。

近年来,企业商业模式越来越受到国内外研究者的高度重视。对企业商业模式的研究主要集中于概念界定和构成要素两大领域,下面将分别介绍。

2.2.1 商业模式的概念

商业模式(Business Model)也被称为商务模式、业务模式。关于商业模式的定义形形色色,角度各异,国外学者对此莫衷一是;而国内对于商业模式的讨论方兴未艾。商业模式是一种思维模式、创新方法、制度安排、活动集合体、做生意的方法,还是创新的“点子”,我们暂且不作讨论,下面先来回顾一下前人的一些有益探索。

“商业模式”这个词出现以前,企业管理史学家阿尔弗雷德·钱德勒描述最初资本主义现代工商企业的出现,我们可以认为那就是商业模式的雏形。从最初的手工作坊到专业分工的扩大,再到更大的跨国集团;从最原始的物物交换到商业银行结算,再到今天的电子商务,无一例外都拥有自己的商业模式。“商业模式”近年来成为炙手可热的一个词语,在很大程度上得益于互联网以及电子通信技术突飞猛进的发展。这些技术的进步,使企业的想象空间和运作“理念”在技术上成为可能。最明显的便是众多依赖互联网技术的网站,近十年来雨后春笋般涌现,又在激烈的竞争中幻想泡沫破灭。

从文字上来看,可以找到一种简单的具有概括性的定义,它解释了商业模式的目的。国际著名管理咨询公司埃森哲的研究人员把商业模式定义为“创造价值的企业核心逻辑”,简单来讲,就是回答企业如何赚钱这个问题。因此,好的商业模式对任何一个成功的组织来说都是不可或缺的,不管它是一家新企业还是一家老公司。一个好的商业模式始于对需求的洞察,最终获得的是源源不断的利润。

Slywotsky(1996)提出,商业模式就是关于企业如何选择消费者、定义和区别它所提供的产品和服务、定义它将要履行的任务以及决定外购、配置资源、走向市场、为顾客创造效用并且获取利润的总和。

Scott M. Shafer、H. Jeff Smith、Jane C. Linder(2005)认为,模式就是创造价值并能从这个价值中获得回报。他们把商业模式定义为企业在一个价值网络中创造和获取价值的潜在核心逻辑和战略选择。

有些学者通过描述商业模式中的主要构成元素以及它们之间的关系这样一种方法

来定义商业模式,例如,蒂蒙斯把商业模式定义为"一种有关产品流、服务流与信息流的框架结构,描述了不同的商业参与者以及它们所扮演的角色、它们的潜在利益以及它们的收入来源。"

我国也有许多学者对商业模式进行了研究并进行了定义,例如,清华大学的雷家肃教授提出,企业的商业模式应当是一个企业如何利用自身资源,在一个特定的包含了物流、信息流和资金流的商业流程中,将最终的商品和服务提供给客户,并收回投资、获取利润的解决方案。企业把上述一系列管理理念、方式和方法,反复运用,进行集成与整合,从而形成自己的一套管理方法和操作系统[①]。王波、彭亚利(2002)认为,对商业模式可以有两种理解:一是经营性商业模式,即企业的运营机制。二是战略性商业模式,指一个企业在动态的环境中怎样改变自身以达到持续盈利的目的。罗珉等(2003,2005)指出,商业模式本身就是一种战略创新或变革,是使组织能够获得长期优势的制度结构的连续体。他们认为,企业商业模式是一个组织在明确的外部假设条件、内部资源和能力的前提下,用于整合组织自身、顾客、价值链伙伴、员工、股东或利益相关者来获取超额利润的一种战略创新意图和可实现的结构体系及制度安排的集合。

目前,得到广泛认可的是奥斯特沃克(Osterwalder)与皮格勒(Pigneur)的定义。他们是这样定义商业模式的:商业模式描述了一个公司为其目标客户提供的价值是什么、公司的核心竞争能力是什么、与公司一起创造并传递价值的合作伙伴网络是怎么样的以及公司的赢利模式,是公司战略在概念上和框架结构上的实现,同时也是公司业务过程实施的基础。

他们认为,企业战略和企业过程之间缺乏一种相对稳定联系,而商业模式就是处于这两者之间的联系。企业战略属于计划层次,商业模式属于框架层次,而企业过程属于具体的实现层次(如图 2-2 所示)。他们认为,商业模式是企业战略在概念上和框架结构上的实现,并为企业过程的实施奠定了基础。要保证企业的战略很好地得到实施,在企业内部以及企业与其合作伙伴之间就必须有一个统一的具体的认识并能形成良好的沟通,而这正是商业模式的价值所在。

图 2-2　企业战略、商业模式与企业过程的关系

综合以上企业商业模式的概念不难发现,企业商业模式的概念基本包含了经济、运营和战略三重含义。其中,经济含义是指"如何赚钱"的利润产生逻辑,即企业商业模式以营利为根本目的;运营含义则关注于企业内部流程及构造,包括产品或服务的交付方式、生产运作流程和知识管理等;战略含义主要是指企业的市场定位、组织边界及竞争优势的获取与保持。商业模式让企业能够更加清晰地思考和制订自身的战略目标与计划,也使股东能够更加清楚地判断企业价值在市场中的地位。

---

① 孙英辉.关于企业商业模式创新的探讨.中国地质矿产经济,2003(1)

2.2.2　商业模式的构成要素

关于商业模式的研究,大致可以将国内外学者对企业商业模式的研究分为两大类:第一类是针对企业个案进行的案例分析,并在此基础上对企业商业模式的特征和构成要素进行归纳总结。在这类研究中,一部分研究者(如 Slyworski,2003;Rappa,2004;饶君华,2005)将焦点集中在那些具有代表性的商业模式类型上,如亚马逊模式、戴尔模式和电子港湾(eBay)拍卖模式等,而其他一些研究者(如 Weill & Thomas,2004)则通过对大样本企业的调查分析,归纳总结出商业模式的不同特征或类型。第二类是通过逻辑推理构建企业商业模式框架,再根据框架要素或构成要素的差异区分企业商业模式的类别。在这类研究中,研究者们往往遵循提出框架、确定要素、寻找案例支持的路径,如 Gary Hamel(2003)、Allan Afuah(2004)和翁君奕(2004)。如表 2-5 所示。[①]

表 2-5　学者们对商业模式构成要素的研究列表

研究者	构成要素	要素数量	企业类型	实证支持	数据来源
Horowitz(1996)	价格、产品、分销、组织特征、技术	5	一般企业	无	
Viscio & Pastemark (1996)	全球化核心、治理业务单位、服务、关系	4	一般企业	无	
Timmens(1998)	产品/服务/信息流结构、业务参与者及作用、参与者利益、收入来源、市场营销战略	5	电子商务企业	有	案例研究
Markides(1999)	产品创新、顾客关系、基础设施管理、财力	4	一般企业	无	
Donath(1999)	理解顾客、营销技术、公司治理、内部网络能力、外部网络能力	5	电子商务企业	无	
Cheabrough & Rosenbaum(2000)	价值主张、目标市场、内部价值链结构、成本结构与利润模式、价值网络、竞争战略	6	一般企业	有	35 个案例
Gordijn 等(2001)	参与者、市场细分、价值提供、价值活动、利益相关者网络、价值界面、价值点、价值交换	8	电子商务企业	无	
Linder & Cantrell (2001)	定价模型、收入模式、渠道模式、商业过程模式、有网络加强的商业关系、组织类型、价值主张	7	一般企业	有	对 70 家企业 CEO 的访谈
Hnmel(2001)	核心战略、战略资源、价值网络、顾客界面	4	一般企业	无	顾客公司调查

---

① 原磊.国外对商业模式理论的研究综述.外国经济与管理,2007(9)

研究者	构成要素	要素数量	企业类型	实证支持	数据来源
Petrovic 等(2001)	价值模式、资源模式、生产模式、顾客关系模式、收入模式、资本模式、市场模式	7	电子商务企业	无	
Dubosson & Torbay 等(2001)	产品、顾客关系、合作伙伴网络与基础设施、财务界面	4	电子商务企业	有	案例研究
Applegate(2001)	观念、能力、价值	3	一般企业	无	
Afumh & Tucci (2001)	顾客界面、业务范围、价格、收入、相关活动、互补性、能力、可持续性	8	电子商务企业	无	
Weill & Vitmle (2001)	战略目标、价值主张、收入来源、成功要素、渠道、核心能力、顾客细分、IT 基础设施	8	电子商务企业	有	企业调研
Amit & Zott(2001)	交易内容、交易结构、交易治理	3	电子商务企业	有	59 个企业案例
Alt & Zimmerman	使命、流程、结构、收入、合法性、技术	6	电子商务企业	无	文献综述
Rayport & Jaworski (2001)	价值集群、资源系统、财务模式、市场空间	4	电子商务企业	有	100 个案例
Retz(2002)	资源、销售、利润、资本	4	一般企业	无	
施百俊(2002)	套牢、互补品、网络外部性、私人知识、占先	5	一般企业	有	数据统计
Gartner(2003)	市场供应、能力、核心技术投资、盈亏平衡	4	电子商务企业	无	客户公司咨询
Michnel Morris, Minet Schindehutte, Jeffery Allen(2003)	供应品相关因素、市场因素、内部能力、竞争战略、经济因素、个人/投资者因素	6	一般企业	有	统计数据
翁君奕(2004)	价值对象、价值内容、价值提交、价值回收	4	一般企业	有	36 个案例

　　目前,企业商业模式概念的多样性以及研究者对企业商业模式认识的侧重点不同,势必影响到研究者对企业商业模式构成要素与要素结构的划分,因而,对企业商业模式的构成要素及其结构的划分呈现出高度的差异化。在表 2-5 中可以清楚地看到,企业商业模式的构成要素有 3～8 个不等,作为企业商业模式的可能构成要素而被提及的共有 25 个不同要素,其中价值提供、生产运作模式、顾客界面/关系、伙伴关系与内部基础设施/活动是被提及频率最高的要素。以上统计结果对企业商业模式的进一步深入研究有着非常重要的指导作用。

　　在此将商业模式按照赫迈尔(Hnmel)的理论分为核心战略、战略资源、伙伴网络和顾客界面 4 个组成部分来一一进行论述。其中每个主要的组成要素还包括相应的次级

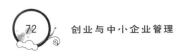

要素,如表2-6所示。

表 2-6　商业模式的构成要素

主 要 素	次 级 要 素
核心战略	企业使命、业务范围、竞争差异
战略资源	核心能力、战略资产
合作伙伴	供应商、其他合作关系
顾客界面	目标市场、销售实现与支持、定价结构

1. 核心战略

商业模式的第一个要素是核心战略,它描述了企业的发展目标以及企业的竞争方式。核心战略包括企业使命、业务范围和竞争差异化三个基本要素。

1) 企业使命

企业使命描述了企业为什么存在及其商业模式预期实现的目标。在一定程度上,使命表达了企业优先考虑的问题范围,并说明了衡量企业绩效的标准。通过企业的使命陈述,能够很容易判断企业的意图。

企业使命会将商业模式的探索限定在一个集中的范围之内,一方面能够使企业将资源集中在某一范围之内;另一方面也使企业的思维受到局限,无法在环境发生变化的时候及时作出调整。因此企业的使命不能设置得过于狭窄。

 案例

中国企业使命举例

1. 联想集团

为客户:联想将提供信息技术、工具和服务,使人们的生活和工作更加简便、高效、丰富多彩;

为员工:创造发展空间,提升员工价值,提高工作生活质量;

为股东:回报股东长远利益;

为社会:服务社会,文明进步。

2. 海尔集团

敬业报国 追求卓越

3. 华为

华为的追求是在电子信息领域实现顾客的梦想,并依靠点点滴滴、锲而不舍的艰苦追求,使我们成为世界级领先企业。为了使华为成为世界一流的设备供应商,我们将永不进入信息服务业。通过无依赖的市场压力传递,使内部机制永远处于激活状态。

4. 万科企业

建筑无限生活,创造健康丰盛的人生。

5. 蒙牛乳业

强乳兴农,愿每一个中国人身心健康。

6. 顶新国际

世界观、中国情、顶新人,回馈社会、永续经营。

资源来源：企业网站主页

2）业务范围

业务范围是指企业集中推出的产品和面对的市场。首先,产品的选择对企业商业模式的选择有重要影响。例如,腾讯公司起初建立了即时通信平台,后来逐渐增加了网络游戏、门户网站和电子商务等其他产品,同时公司也将自身定位为在线生活服务商。同样,我国的几大门户网站也都是以新闻起家,最终都涉及了其他方面的业务,网易转入网络游戏是其中的成功案例。

需要注意的是,随着企业的成长和市场环境的变化,企业在发现了新的市场机会之后往往贸然进入,超出了自身的资源和能力,以致造成投资失败。新浪网涉足的即时通信、网络游戏和搜索等方面最终都走向了失败,从而造成公司的战略方向更加模糊。

3）竞争差异化

新创企业的产品和服务必须与竞争对手形成一定的差异,否则无法在市场上获得长期稳定的收益,即企业应当使顾客找到购买产品和服务的充分理由。企业一般都会在成本领先战略和差异化战略当中选择一种,从而在市场上找准自身的定位。

同一产业内的企业,通常使用不同战略。企业选择的战略会对它的商业模式产生很大影响。成本领先战略要求商业模式专注于效率、成本最小化和大批量。结果,由于专注于低成本而非舒适性,成本领先的企业会放弃追求产品的创新和变化。相反,差异化战略要求商业模式集中于开发独特产品和服务,索要更高价格。而且,差异化的企业把大量精力和财力用于创造品牌忠诚上,即顾客对某个品牌产品的忠诚。

2. 战略资源

战略资源是企业实施其商业模式的必要条件,也是保证企业商业模式持续性的前提。如果腾讯公司没有庞大的用户群做基础,那么其所推出的其他业务很难顺利得到用户的广泛使用,在庞大的用户群基础上,腾讯公司甚至可以将所有的互联网商业模式都纳入其中。

企业两种最重要的资源是：企业的核心能力和战略资产。

1）核心能力

核心能力是一种资源或者能力,是企业胜过竞争对手的竞争优势的来源。它是超越产品或市场的独特技术或能力,对顾客的可感知利益有巨大的贡献,并且难于模仿。核心能力的例子有：百度所提供的良好的中文搜索体验、支付宝能够提供的网络支付安全保障等。为了明确自己的核心能力,企业应当识别其有如下特征的技能。

（1）独特性。

（2）对顾客有价值。

（3）难以模仿。

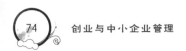

（4）可向新机会转移。

企业的核心能力在短期和长期内都很重要。在短期内，正是核心能力使得企业能够将自身差异化，并创造独特价值。

不断增加的证据表明，发展核心能力，把精力集中于核心业务，将使企业受益。这种趋势意味着，企业正越来越集中于产品或服务价值链中更小的环节，并成为它所服务市场的专家。贝恩公司最近对几个国家的近两千家上市企业研究发现，在长达十多年的时间内，那些实现价值创造并且年增长率达到 5.5% 的企业中有 80% 的企业，在某个核心业务方面处于领导地位。这些证据表明，企业把一个或两个业务做好，比在许多业务上保持平均水平要好得多。

2）战略资产

战略资产是企业拥有的稀缺、有价值的事物，包括工厂和设备、位置、品牌、专利、顾客数据信息、高素质员工和独特的合作关系。企业最终试图把自己的核心能力和战略资产综合起来以创造可持续竞争优势，而这也是投资者评价企业时给予最多关注的因素。企业通过实施独特且难以模仿的价值创造战略，而实现可持续竞争优势。当企业拥有战略资源和使用它们的能力时，就能够获得这种优势。

3. 合作伙伴

企业的合作伙伴是商业模式的第三个构成要素。新创企业一般不具备职能业务框架中所有职能的能力，或者企业不愿意将精力放在一些非核心的职能上面，需要外界资源的支持。企业的合作伙伴包括供应商和其他合作伙伴。

1）供应商

几乎所有的企业都有供应商，供应商给企业提供零部件或原材料等服务，在企业的价值实现构成中发挥着重要作用。企业一般会与多个供应商保持联系以保证自己能够获得价格较低的供应品，而传统上的企业也与供应商保持着有限的关系。现代企业为了获取更大的竞争优势，都加强了与供应商的合作，同时也发现这样的合作能够为最终顾客带来更有品质的产品和服务。在合作的过程中，供应商与企业互相推动，共同进步，创造了更加有弹性的合作关系。苏宁电器所实施的供应链管理项目，使得其能够通过管理体系与信息化系统的整合为顾客提供更加便捷的购物体验，拉开与竞争对手的距离。

 案例

苏宁供应链建设案例[①]

世界知名咨询公司麦肯锡曾在 2006 年对中国市场的厂商发展关系做出如下总结："20 世纪 80 年代是厂家主导时期，90 年代是厂商博弈阶段，进入 21 世纪的前 6 年，已开始进入厂商均衡态势。"至今已成立近 20 年的苏宁电器，在厂商博弈的复杂局面中发展到现在，已经能够把握住中国零售行业前进的脉搏，从而敢于在战略上领先于行业竞争对手。

---

① 苗文.竞争从前台转向后台.软件世界,2007(9):59

中国零售业处于国内强势对手和跨国零售巨头并存的竞争格局,如何保证在这样的局面中仍然保持行业领先地位是对苏宁战略设计上的巨大考验。2002 年春,苏宁在做大做强传统家电的同时,引入了计算机、通信产品,首创"3C 模式"。家电、计算机、通信成为苏宁品类经营的主导方向。苏宁电器董事长张近东认为,做大规模、压低成本是零售业最核心的竞争力。首要的成本是物流成本、管理成本,即供应链的公平、合理的整合上。

苏宁于 2004 年年初启动了基于 B2B 的供应链管理项目,力图通过与供应商和独立核算的分子公司之间实现网上"标准"的业务管理、网上"便捷"的账务结算功能以及"透明化"的数据交互,达到提高企业内外部供应链管理水平。系统的主要建设目标如下。

(1) 整合和优化企业内部的供应链管理流程。

(2) 加强企业的物流计划能力。

(3) 加强企业内部管理的透明度和可控度,完善企业的事前、事中和事后的管理控制能力。

(4) 整合和优化企业外部的供应链流程,提高供应链效率。

(5) 加强对供应商及分子公司的管理能力。

(6) 建立灵活的供应链管理平台,以适应企业不断的发展并可与后台其他系统无缝集成,形成集成的信息系统。

第一期项目历经 4 个多月的实施,成功上线。苏宁可以通过此系统实现对分子公司的内部业务审批、销售、库存和对账结算等业务流的执行和监控,大大提高了企业的内部管理效率和水平,系统获得了集团主管信息化的负责人的高度评价。

而第二期项目的启动在行业内部也造成了很大的轰动,索尼、飞利浦、摩托罗拉、三星和海尔等行业领先企业积极参与和响应,现已完成与索尼和摩托罗拉公司的系统对接,从此它们跟苏宁的业务系统将集成在一起,从而大大拉近了与苏宁公司的业务关系,提高了整个供应链的运营效率。同时,它们还可以通过与苏宁的系统对接第一时间获取它们的产品在各个门店的销售和库存情况,从而更好地提供货品供应服务,实现供应链的双赢。

三年后的今天,苏宁的系统已经实现和一部分大供应商系统的直连,供应商可以进入苏宁的系统里,随时查看自己产品的销售进度和库存情况,减少业务沟通成本和劳动强度。同时,利用苏宁与消费者直接接触得来的市场信息,供应商可以更快地清除库存,生产适销对路的产品,供应链在这种循环当中得到完善。

2007 年 6 月,苏宁电器和 IBM 签约一项投资达到 3 亿元人民币的信息化项目,IBM将帮助苏宁电器进行管理体系和信息化系统的整合。希望达到"创新零售 IT 之道,成就商业范例管理"的目标。

2) 其他合作关系

企业也能够通过战略联盟、合资企业、合作伙伴、社会团队和行业协会等方式加强与外界的合作,建立企业的联合竞争优势。优秀的企业领导者都善于为企业物色门当户对的合作伙伴,扩大自身的网络平台。足够大的网络平台有时甚至可以决定行业的运行规则,苹果公司的产品就充分体现了这一结论,其所推出的每一款产品除了本身具有的品质优势之外,也实现了将产品与消费者相关的其他消费品进行捆绑,创造了史无前例的用户体验。

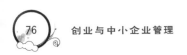

企业联盟也有一些潜在劣势,如专有信息丢失、管理复杂化、财务和组织风险、依赖伙伴的风险以及决策自主权的部分丧失等。

4. 顾客界面

顾客界面就是指企业与顾客相互作用的方式,企业需要对与顾客所接触的各个环节进行设计,达到让顾客在无意中认可企业的产品、形象以至企业的理念和价值观。通过对企业与顾客接触的主要环节进行概括,我们认为顾客界面的三个次级要素是目标顾客、销售实现与支持及定价模式。下面分别介绍这三个要素。

1) 目标市场

每个企业都应当有自己专门针对的目标市场,清晰的目标市场界定对企业的顾客界面设计非常重要,目标市场越精确,越有可能设计出符合目标市场的互动方式来。

2) 销售实现与支持

销售实现与支持是描述企业如何将产品传递至目标顾客的方式,它包括企业所利用的各种渠道以及配套的销售方法。不同类型产品的企业在这方面表现出很大的差异,即使是同类产品的企业这方面也会有所不同,这些都影响到商业模式是否能够发挥预期的效果。以往网络游戏服务商都通过代理的方式将充值卡销售给玩家,而现在则越来越趋向于在线销售的方式让玩家更快捷地享受到充值服务,巨人网络与阿里巴巴支付宝的合作就凸显了这一趋势。而互联网的出现对于传统销售实现方式的改变则是系统性的,在互联网用户越来越普及的情况下,企业发现大多数商品其实都可以通过网络进行交易。

3) 定价结构

定价结构也影响着企业的商业模式,至少体现了企业对于顾客的购买倾向的引导。企业的定价结构一般都随着目标市场的认识而发生改变。定价结构的差异化也体现了商业模式的不同。电信运营商往往通过免费送手机的方式来获得新客户,这表明他们的主要收费来源于用户的通信费用而非手机购买费用。在具体收费的结构上,他们也通过不同的组合来吸引不同的客户,提供在漫游区间、月租、增值服务享受和话费优惠等方面组合的多款服务供用户选择,在原本同质化的服务上面创造出差异化的竞争方式。

总之,企业的商业模式是一个系统性的安排方式,而非人们经常所认为的销售而已。在思考企业的商业模式时,就要对各个要素进行协调使之能够相互配套,进而能够发挥商业模式的最大作用;否则,残缺的商业模式只能引来竞争对手的猛烈攻击。

2.2.3　我国企业商业模式的变革

1. 商业模式变革的原因

1) 宏观经济的变化决定商业模式变革

改革开放 30 多年以来,我国的宏观经济环境发生了根本性的变化。主要有以下三方面。

(1) 物资匮乏的卖方市场发展为竞争激烈的买方市场。

(2) 改革进入新阶段,政治和经济体制改革不断深入,市场化程度的不断提高对企业的生存环境和发展形态产生了巨大影响。

（3）我国对外开放程度大大提高,外资的涌入激发了国内市场的进一步竞争,中国企业进入国际市场不可回避。

在这三方面中行业竞争市场供求关系的变化起着基础性的推动作用,有学者认为目前中国的绝大多数行业都已进入了同质化竞争的时代,而其重要表现就是商业模式的趋同。各个行业产品创新所带来的先发优势持续的时间越来越短,由于品牌的差别化塑造需要长时间的积累,无法使企业在短时间内建立起绝对的竞争优势。在此情况下,商业模式的变革与创新应当成为目前中国企业积极探索的一个方向。

宏观经济的变化同时要求企业必须要具有国际化的视野,在自身的企业使命、战略设计、竞争优势方面面向国际化的市场和规则,也使企业能够通过与国际市场之间的融合学习到更新的商业模式。

2）技术环境变化推动商业模式变革

每一次技术的重大变革都对环境造成了极其深刻的影响,技术改变了企业的生产、管理状态,同时也改变了市场运行模式。近年来的信息技术革命带来了全球经济一体化,推动了知识经济的全面发展,传统工业企业通过信息技术进行了深刻的调整,加快了企业的生产和运作效率。在这个过程中,技术既是环境变化的原因,也是环境变化的推动力量。比较明显的是,互联网技术的产生诞生一批网络公司,这些网络公司都通过寻求自身的价值找到了合适的商业模式。另外,IT特别是互联网产业与传统产业的紧密结合也产生了一批超越传统产业运作方式的商业模式,如近年来携程网、PPG以至国美、苏宁等企业通过互联网技术优化企业价值链结构,也造就了新的商业模式。

技术的变化无可避免地改变了企业与顾客的互动方式,原本通过传统渠道的被动接触来获得顾客,现在则是需要企业在纷繁复杂的市场情景中抓住顾客的注意力,通过对目标顾客群数据特征的掌握来获得更加精确的营销信息。最典型的改变就是顾客通过网络来购买商品,接触企业的促销信息,更多地通过递送方式来取得商品,越过了传统的门店和商场等环节。而这也正是当当网、阿里巴巴、PPG和携程网等企业快速兴起的原因所在,这些公司将网络作为与顾客接触的第一销售场所,通过建立良好的搜索、浏览等网络体验来使顾客渐渐喜欢上这种便捷的消费方式,并且对产品和服务质量进行反复的改进以获得更加忠诚的顾客。

3）人员的变化加快商业模式变革

人员的变化主要是指企业员工素质结构的变化,员工素质结构包括知识结构、专业结构、性别结构、年龄结构、部门结构、职务结构、管理权限结构和性格结构。以知识结构为例,我国在近些年的教育事业发展促进了国民知识水平的整体提高以及知识结构的多元化,这使得我国企业可以通过引入各种知识背景的人才创造出更加多样化的商业运作方式。我国学者彭剑锋认为,商业模式创新的最大障碍来自于人的思维方式和行为方式,而首先是需要企业家思维要创新以及自我超越,另外是领导团队的领导能力必须要提升,否则即使好的商业模式也无法延续。

在新经济成为经济增长主要方式的情况下,企业需要更多地发挥员工的创造性来发现新的市场机会和创意,员工也需要获得更加自由的工作环境,这种双向的转变对企业和员工都大有裨益。在这方面做的最成功的当数美国的 Google 公司,其为员工提供了极为宽松的工作环境和鼓励员工发挥创造性的项目合作与孵化机制,在互联网产业日新月异的发展速度中,Google 公司一直无可争议地被人们认为是互联网的"领头羊"。百度公司创始人李彦宏在国内创立百度之后,也将硅谷独具魅力的创业文化引入公司,然而与 Google 公司相比不同的是,百度公司的员工在离职之后才纷纷创立了自己的公司并取得了明显的成就,并没有直接给公司带来收益甚至产生了一些竞争者。

4) 商业文化变化要求商业模式变革

改革开放以来,中国的商业文化经历从计划经济到市场经济、从封闭到开放、从人治到法治等多个方面。原本被主流价值观所抛弃的工商业人士以及私营企业主登上了中国的历史舞台。中国人崇尚知识、追求财富的价值追求得到释放,中国的商业文化也因此充满了生气,得到了蓬勃发展。新加坡内阁资政李光耀的观点很有代表性。他认为,中国人一直在朝着国内市场发展,但具有中国的特色。在过去的 25 年里,中国越来越多地实施自由市场的做法。中国对照自由市场体制在日本、韩国、中国香港、新加坡、欧洲和美国的运作,一点点地学习,努力使它们适合中国的体制,只要不危及或破坏社会秩序,中国就愿意尝试,而事实也证明中国引入自由市场的做法并未对中国的传统价值观产生影响。[①]

在中国大力发展的高新科技产业中,有许多企业的核心人员原本是院校、科研院所或国有企业的从业人员,然而他们手中所持有的各类科研成果必须通过市场转化才能够充分发挥其应有的价值。在政府政策的允许下,更是在社会价值观的认可下,这些受市场欢迎的产品才能够渐渐浮出水面,提高了市场产品的供应水平。

2. 如何实施商业模式的变革

实施商业模式的变革首先需要对构成一个企业价值链的各个元素进行划分,然后将这些因素和影响商业模式变革的各种因素相结合,综合分析,实现内外结合,形成企业独特的商业模式。这些构成价值链的元素的分析最终可以归纳为三个部分:外部环境、企业战略目标以及内部价值链。对这三个部分的分析,容易判断出适宜的商业模式应该注意哪些地方,也有利于集中于需要关注的引起商业模式变化的重要因素,使得商业模式保持活力,引领变革。

一般来讲,实施商业模式的变革分为以下几步。

1) 外部环境评估

实事求是地评估外部现实应考虑以下 4 个方面——宏观经济环境、技术环境、人员和商业文化环境。这里提供另外一种传统的分析方式作为补充,那就是从大范围的商务环境、行业及其主要角色的历史赢利状况、基本客户群(客户基础)到根源分析,这是一种从大到小的分析思路,由浅入深地分析问题的思路。

(1) 外部商务环境。

这一点包括了企业所面临的外部跟商业有关的各种因素,包括企业的合作伙伴、替代性产品提供者、相关的科技发展趋势和政策法规的动向等问题。通过对外界商务环境的扫描和分析,企业需要知道对企业可能有影响的具体因素包括哪些,明确企业在产业

① 郑石明. 商业模式变革. 广东: 广东经济出版社, 2006(7): 183~210

中的地位和未来可能的发展方向。

（2）赢利状况。

这一点指本行业近年来的整体回报情况，其中每个参与者的表现如何？尽量要从数据层面挖掘行业的主要特征，对行业进行更清晰和明确化的描述。需要得出整个行业的发展态势。

（3）客户基础。

接下来需要根据企业外部商业环境对企业的影响因素、行业发展的态势来更加清楚地梳理哪些因素会影响到企业的客户，包括正面和消极的因素。

（4）分析及预测。

外部商业环境走向和行业发展趋势的根源是什么？行业的赢利怎样受到影响？有些企业表现比较好的原因在哪里？企业进一步需要哪些信息才能够准确预测今后几年的赢利能力和行业的发展趋势？预测主要竞争对手未来几年的发展趋势。

2）设计战略目标

通过对以上内容的深入分析，企业主要管理者能够明白如何确定适合企业的发展战略。主要人员对企业战略目标的不同认识将通过进一步讨论分析达成基本共识，确保企业能够制定出可行的战略。

3）构筑商业模式内部运作价值链

在原有基础上重新规划企业内部运作价值链，是商业模式创新与完善的重要内容，它决定了产品或服务能否在原有基础上带来新的价值。企业价值创造活动主要包括以下几种：组织与机制、技术与装备、生产运作、资本运作、供应与物流、信息和人力资源等。这些内部运作活动可以清楚界定企业的内部运作的成本及其结构，以及计划实现的利润目标。

应当注意的是，在重新构筑企业内部价值链时，将没有竞争优势的企业内部价值环节外包是提升价值创造能力的一条有效途径。企业应当将非核心的价值创造环节尽量外包给专业的服务商来进行，从而可以专注于创造客户所需的最核心的价值模块。另外，也可以降低企业的固定运营成本，加强企业运作的柔性和弹性化，在外部环境发生变化时，就可以不断地转移战略重点，企业的价值创造能力就能够得到根本性的提升。

PPG公司在初始创建时就保持了组织的最大灵活性，公司人员最多的呼叫中心是与第三方合作创建的，公司的质量检查也外包给专业的公司来进行，公司的物流、制造等基础价值职能都全部进行了外包，保证了组织的"轻灵"，使得公司能够尽量减少风险并专注最核心的价值创造。

另外，对一个企业来讲，在所有的价值链环节上都对竞争对手保持领先是不可能的，企业一旦认识到价值链中的优势环境，就应当将公司定位在优势的位置，将其他部分给予外包。由于各企业内部价值链不同，或者说由于企业内部运作价值链的差异，导致了企业产品的成本和质量的差距，从而使得企业之间的盈亏产生差异，这足以说明，价值创造活动决定了企业利润的多寡。

4）跟踪调整

通过商业模式的创新让企业重新认识到内外部影响企业经营的各种因素，从而对行业和企业的走向判断更加准确。企业需要明白何时需要进行商业模式的调整和创新，内外部因素的变化都将是企业商业模式调整的推动因素。如在中国互联网越来越普遍的情况下,腾讯公司的用户也越来越庞大,腾讯公司所拥有的各类需求的用户群越来越多,在此基础上腾讯不断地丰富自身的服务,企图将所有的互联网商业模式都纳入腾讯来满足用户可能出现的所有需求。

本章小结

　　创业机会是创业活动的核心,创业活动是由机会所驱动的;商业模式是创业中非常重要的一个概念。本章主要包括创业机会和商业模式两部分内容。在创业机会部分,首先介绍了创业机会的概念;其次介绍了创业机会的产生、识别、评价与开发。在创业的早期,创业者可能会产生出各种各样的想法和创意,对于初步观察到的机会必须进行科学合理地识别和评价,这一般开始于对信息的识别,我们从信息的收集和研究、创业机会的识别内容、创业机会的评价这几个过程来了解创业机会的识别。然而,对于创业机会的评价绝不能以单一的标准来进行,应当综合比较思考,最后得出最优的机会。

　　在商业模式部分,首先介绍了商业模式的概念,商业模式的定义在商业经济发展的过程中经过了一系列的变迁,今天,形成了许多对商业模式定义的研究成果。最通俗的解释就是企业怎么来赚钱。商业模式是对价值链某一部分的改变,商业模式具有自身的经济价值。商业模式的构成要素包括核心战略、战略资源、合作伙伴和顾客界面4个方面。最后就我国企业商业模式的发展进行了分析,并指出任何一个企业的商业模式都应该随着环境的改变而进行变革与创新。在明白了商业模式变化的必然性之后,就需要在现实经济运作中抓住机会进行商业模式的变革,建立领先于竞争对手的商业模式。实施商业模式的变革需要4个步骤:评估外部现实、分析战略目标、组织内部活动和跟踪调整。

思考问题

　　1. 什么叫创业机会?它与一般机会有何区别?
　　2. 创业者应该怎样去选择创业机会?
　　3. 什么叫商业模式?它包括哪些要素?
　　4. 请举例说说国内外一些公司的商业模式。

本章案例

批批吉服饰(上海)有限公司①

　　批批吉服饰(上海)有限公司(PPG)创始人李亮从纽约大学摄影专业毕业,曾进入美国著名的邮购和网络直销服装公司 Lands End 工作。此后一路平步青云,直至担任 Lands End 亚洲区采购部副总裁。Lands End 的经营模式非常简练,就是用邮购和网络直销直接面对客户,李亮对此非常欣赏并一直想若能将这种更"轻灵"的模式引入中国,

---

　　① 肖明超,胡浩.PPG:"服务器"服装公司.商界评论,2007(6)

与当时实力强劲的中国制造实现无缝对接,必将所向无敌。

　　商业模式的产生,往往是为解决一系列现实问题。2004年,李亮回到中国,开展网络零售业调查。在对中国85个城市和地区进行考察研究和市场分析后,李亮也发现,中国市场上已经有了许多重量级对手,雅戈尔、杉杉、洛兹等都是在这个行业历练已久的庞然大物。它们都拥有众多原材料生产基地、印染、棉纺、成衣制造、物流中心和销售实体店,控制产业链是其获得竞争优势的关键,不断地投入以及不断地增加对于各个环节的掌控才能够成就规模化的优势。因此,传统的服装企业都纷纷在做“加法”,例如雅戈尔几乎在不停地“增重”资产,从上游的印染厂、棉纺厂,到制造厂,雅戈尔都牢牢地掌控在手中,并且将触角延伸到更上游的棉田,通过投资服装生产原料,获取供应链速度。另外,雅戈尔正在投资1亿多元建立物流中心,目的同样是打造高效率的供应链。

　　即使如此,衬衫的回报率却同样让人疑惑:300元一件的男士衬衫,原料和加工的成本只有30元。实际上厂家得到的利润也不过几十元——其他的利润哪里去了? 如果能找回这些失去的利润,回馈给消费者,那么PPG就能在竞争中取得优势。所以,PPG的商业模式构建,必须解决两个问题:一个是在不可能变得和重量级选手一样重的情况下,如何以轻量级去挑战重量级;另一个是找回那些失去的利润——实际上男士衬衫的利润很多被库存和销售成本吃掉了,如果在这上边有所作为,就能创造比同行更高的利润率。

　　经过长时间的调研分析和构思,李亮的直销网络商业模式逐渐成形:将现代电子商务模式与传统零售业进行创新性融合,以现代化网络平台和呼叫中心为服务核心,以先进的直销理念,配合卓越的供应链管理和高效完善的配送系统,为消费者提供高品质的服装产品与服务保障。让消费者“穿得更好,花得更少”。2005年10月24日,PPG正式在上海成立,企业的目标是成为世界级的直销企业。开业当天销售额12 300元,此后销售额一路上涨。通过一段时间的准备,PPG逐渐在资金、外包合作伙伴、物流和渠道等方面形成了自身的运作方式。

　　1. 高速发展的资金保证

　　在资金方面,2006年5月,PPG从TDF和集富亚洲拿到首批风投。2007年4月23日,PPG获得了来自TDF、集富亚洲和KPCB三大VC的第二轮投资,投资金额近5 000万美元,PPG正在向“全球领先的消费品直销商”努力。这两轮融资保证了PPG在运作过程中坚持自己的质量和品牌。

　　2. 创新便捷的渠道设计

　　在渠道方面,PPG借助互联网产品目录和呼叫中心实现与顾客的接触。国内服装业基本上采取的渠道模式都是代理制、直营以及特许加盟,而无论哪一种渠道模式,服装企业都需要投入巨大的渠道建设成本。尽管特许加盟的资金回收速度更快,但是在品牌建设和加盟商管理方面同样需要投入更多资源,因此传统的渠道模式对经营者的资金、经营管理能力和速度都提出了很大挑战。

　　显然,对于PPG这样一个刚创立不久的企业来说,这样的销售渠道构建需要很长时间的过程。PPG并不看好这样的渠道模式,原因关键在于成本。PPG认为,传统渠道需要在每个门店准备库存,环节太多以致于成本居高不下,而一件衣服从工厂生产出来后,经过渠道层层流转到消费者手上时,价格往往增加了6～7倍。

　　为此,PPG选择了一个最接近消费者的渠道模式。在PPG,第一"销售场所"是产品目录和网站。为了吸引消费者,PPG的产品目录和网站都以国际潮流为主,消费者可以根据产品目录和网站上提供的信息,选择自己喜欢的衬衫的款式风格和颜色等,如果消费者对于产品有需求,可以直接通过网络进行订购;同时,PPG还建设了另一个最重要的渠道——呼叫中心。通过呼叫中心,消费者可以通过电话直接订购。而且,通过电话的交流,PPG可以直接询问顾客的详细情况,包括地域、年龄、消费习惯和职业等信息,这些信息还可以为市场部门进行分析预测,进而为上游的生产采购提供重要的后台支持。据悉,在PPG的500名员工中,呼叫中心就有206名。由于PPG近期持续强劲的广告投放,销量不断扩大,206个人已经难以满足业务需求,预计近期将扩容到300名。

　　目前在PPG的收入中,目录销售占总收入的70%,北京和上海消费者从网络和呼叫中心购物的比例已经达到各50%。为了进一步拓展市场规模,PPG最近推出的网上加盟计划就很可能进一步提升来自网络的购买量。加盟PPG的网站只需放上PPG的广告Banner,而PPG会为加盟商提供专属的账号和密码,供他们随时查询为PPG带来的流量。每个从加盟网站上连接到PPG的消费者,只要订购了产品,PPG将返回销售额的5%给加盟商。PPG对这种网上加盟店方式的前景也相当看好。

　　仅仅凭借呼叫中心和互联网,PPG每天就能卖掉1万件左右的男式衬衫,而国内市场占有率第一的雅戈尔去年在国内平均每天销售衬衫的数字是1.3万件。但是雅戈尔目前拥有零售网点1500多个,每年在渠道上的投入上千万元,PPG显然没有像雅戈尔这样的压力。PPG省去了实体渠道投资,衬衫的售价得以降低,从而对于消费者来说具有较大的吸引力。

　　3. 坚持严格的质量监管

　　在产品质量方面,保证稳定的质量和良好的口碑是PPG所面临的重要问题。PPG在做"减法"。除掉产品设计、仓储和市场推广由PPG负责之外,一切可以外包的环节PPG都选择了外包。

　　PPG选择了7家成衣加工商来加工生产,要求每个成衣供应商都为PPG开设了专属工厂,生产计划、流程和调度等工作,都由PPG进行决策。同时在质量把控方面,PPG公司提出质量标准,将质量监督外包给了第三方的质量监控公司SGS-CSTC(通标标准技术服务有限公司),PPG自己的质检人员也会在衬衫生产的前期、中期、后期去查看生产线和流程,但是更多的质量监控细节仍然是SGS去完成的。SGS成立了PPG项目团队,向每个工厂都派驻质检小组,从流程、生产线和订单完成情况等各个方面,SGS每天都会监督检查。PPG还将物流也外包了出去。

　　由于PPG对于布料颜色、质地等方面设定了范围,而且对布料生产量的信息是实时准确的,所以可以让布料供应商在PPG采购部门发出生产指令后,24小时之内将原料直接运送到服装加工厂,而每家服装加工厂都会在96小时之内批量加工,然后将成衣运送到PPG的仓库等待打包发放。传统服装企业有30天的库存,PPG通过这样的模式,库存周转天数只有7天。PPG认为,要想让PPG的品牌最终走向世界,首先在一开始就要培养出世界级的供应商,因此PPG对供应商的要求非常严格,一旦出现问题宁可损失产品,也不能让有质量问题的产品到达客户的手中。当然,面对庞大的销售量,PPG的产品在到达顾客时还是出现了一些问题。

供应商的合作也并非一帆风顺，PPG 供应商江苏虎豹集团、广州卓越织造服装公司将 PPG 告上法庭，要求 PPG 支付拖欠的货款。这些供应商由于提供的产品出现质量问题而遭到 PPG 公司的拒绝，公司坚持不允许将存在质量问题的产品进行销售，最终这些问题都一步步得到解决。相对于如此大规模、高速度的发展状况，这样的纠纷并未对公司实质的运营产生影响，更多的则是引起了外界对 PPG 公司的各种猜测和攻击。

4. 快速反馈的顾客沟通

由于 PPG 的服装款式都是参照国际上流行的设计理念和技巧，并且保证了质量上的到位，使得 PPG 的产品看起来和国际一流产品十分接近。对于衬衫这样讲究流行和品位的商品来讲，传达产品的内在属性并及时获得顾客的反馈意见非常重要。

对于 PPG 这种无店铺的企业来说，直销广告至关重要，只有通过广告宣传，消费者才能对虚拟的销售模式产生认识和认同，并诱发实际的购买行动。因此，在 PPG 的广告策略中，前期更侧重的是直销型的平面广告，采取高密度宣传方式，推动产品销售。在媒介的选择上，PPG 主要选择区域内的消费类报刊，例如北京的《精品购物指南》、上海的《申江服务导报》以及发行量大、与目标受众比较吻合的《读者》、《青年文摘》、《参考消息》和《环球时报》等媒介。在平面广告的设计和创意上，PPG 突出简洁、鲜明和明确的特点，不仅配以各种色彩的选择以明确功能的诉求，而且强调价格优势，尤其是产品组合的价格优势。PGG 的广告投入高得惊人，目前 PPG 每月的宣传费用以千万元计算。一位关注 PPG 的风投人士表示，PPG 每年的宣传费用占总成本的 50% 以上，甚至有业内人士估计 PPG 的广告费支出高达 4 亿元。依此测算，PPG 广告费用占营业收入的比例高达 20%~30%，远高于有实体渠道的同行。当然，广告带来的销售效应更是惊人的。由于广告宣传比较有效，2005 年 10 月 24 日开张首日，PPG 就获得了 1 万元的销售收入，此后，在广告的带动下，PPG 实现了每月超过 30% 的增长速度。

PPG 简单的企业结构也让来自市场的信息得以及时的反馈。PPG 没有自己的销售团队，而通过 PPG 的 IT 系统，PPG 可以及时获得消费者的信息。PPG 的市场部通过分析这些数据，可以有的放矢地制定广告投放和市场推广策略。在传统的服装企业，所有的信息都需要企业总部通过汇总每个零售终端收集的信息，进行全面分析，才能得知消费者的需求信息，但是 PPG 的直销模式让来自市场第一线的数据可以及时的反馈到市场部门，从而可以精确分析消费者的需求并及时作出决策。

通过低廉的制造成本，快速反应的闭环供应链，外包的生产、物流、质检，让 PPG 能够身姿轻盈地应对市场变化，获得高额的利润。对于 PPG 而言，通过互联网和呼叫中心这样简单直接的订单式购买，可以极大地降低生产、销售与管理成本，而通过削减渠道中间的利益递加环节，才可能实现对于传统服装企业经营模式的突破取得快速成功。

商业模式的根本在于简单，省去一切中间环节的商业模式是最能受到消费者欢迎，同时也是最能够以较低成本获得最大商业回报的。PPG 的整个模式正是简单的最佳体现，PPG 大胆"吃螃蟹"，对于中国的服装企业来说具有非常重要的创新意义。而对于其他行业来说，如何构建更加轻盈、简单、低成本却又受到消费者欢迎的商业模式，或许是面对市场白热化竞争的一个重要的思考角度。

第3章

商业计划

> 商业计划书要在名片背面上能写完。
>
> ——赛伯乐(中国)投资有限公司董事长朱敏
>
> 商业计划书要在面对 VC 时用 15 分钟要说清楚。
>
> ——软银亚洲投资基金首席合伙人阎焱
>
> 赚钱的事很简单,请务必在最短的时间内把计划书说明白。
>
> ——美国 IDG 集团全球副总裁熊晓鸽

学习目的

1. 掌握商业计划对企业发展的用途。
2. 明确商业计划写作之前要做哪些准备。
3. 掌握一般商业计划书的格式及重点内容。

引 言

风投感兴趣的一份一页纸商业计划书①

在一次天使见面会上,北京创盟的河北创业者李鹏的发酵罐气流能量回收项目引起了风投的兴趣。Lu、Hayes & Lee,LLC Managing Partner 的 GlenLu 在会后和李鹏交流了半个多小时。当时吸引风投目光的是李鹏的一份一页纸商业计划书,内容如下:

专利产品 国内空白 年节电 100 亿度 政府强力推广

公司简介:

我公司成立于 2005 年 8 月,从事节能节电业务,拥有自己的技术与知识产权,包括电机节电器技术,发酵罐排放气流压差发电的多项专利。

项目简介:

"发酵罐排放气流压差发电与能量回收":发酵罐是药厂与化工企业普遍使用的生产工具,用量非常之大,如华北制药,石药、哈药这样的企业,每家企业使用的大型(150 吨以上)发酵罐均在 200 台以上。因生产需要,发酵罐前端需要压气机给罐内压气,压气机功率一般在 2 000~10 000 千瓦,必须 24 小时运转,每年电费在 900 万~4 000 万元之间,满足发酵罐生产,就需要多台的压气机工作。所以,压气机耗电通常是这些企业很大的一项费用支出。经发酵罐排放的气流仍含有大量的压力能,浪费在减压阀上。如安装我公司研制的"发酵罐排放气流压差发电与能量回收"装置,可以回收压气机耗费电能的 1/3 左右。

---

① http://club.cn.yahoo.com/bbs/threadview/1400016757_2938__pn.html

同行简介：

目前该技术国际统称 TRT，应用于钢厂的高炉煤气压力能量回收。主要的供货商有日本的川崎重工、三井造船，德国的 GHH、国内的陕西鼓风机厂。年销售额达到 20 亿元以上。

进展简介：

本项目关键技术成熟并已经掌握，我公司已经与某制药集团达成购买试装与推广协议，项目完成时，预计可以在该集团完成 5 000 万元以上的销售。

优势简介：

1. 我公司已申请该项目的多项专利。

2. 市场中先行一步，属市场空白阶段。

3. 符合国家产业政策，温家宝总理亲自担任节能减排小组组长。要求各地政府落实节能减排指标。该项目属于节能减排项目。

4. 各地方政府有节能奖励：如三电办有 1/3 的投资补贴，制药集团可获得约 1 600 万元政府补贴。

5. 可以申请联合国 CDM（清洁生产）资金（每减排一吨二氧化碳可以申请 10 美元国际资金，连续支付五年）。制药集团可每年节能 6 000 万度，减排二氧化碳 6 万吨，可获得国际资金供给 300 万美元。

用户利益：

1. 减少电力费用支出，以某制药集团为例，如全部安装该装置，一年可以节约电费 3 000 万～36 000 万元。收回投资少于 2 年。

2. 很少维护，无须增加人员，寿命在 30 年以上，可以为用户创造投资 15 倍以上价值。

3. 降低原有噪声 20 分贝以上。符合环保要求。

4. 其他政府奖励。

目标用户与市场前景：

本项目目前主要针对国内药厂、化工厂。从和某集团达成的初步协议看，集团内需求量大约在 100 多套，而全国存在同样状况的有多家药厂，再加上许多的化工行业也采用了相同或类似的生产工艺，均为我公司的目标市场。总市场预计在 100 亿元以上。

思考：

• 李鹏的商业计划书为什么能够引起风投的兴趣？他所传达的信息的核心是什么？若换作其他表达方式，则结果可能会有哪些不同呢？

• 在筛选商业计划书的过程中，风投会出现哪些典型的心理表现、运用哪些思维方式并且会坚持哪些观点和看法？

• 李鹏的一页商业计划书是否适合用于其他场合？

本章的内容结构图如图 3-1 所示。

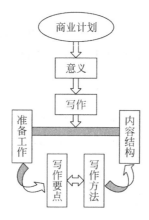

图 3-1　本章的内容结构图

3.1 商业计划书的意义

什么是商业计划？广义的商业计划又称作"创业计划"或"商务计划"，主要是对企业经营活动进行详尽的全方位筹划，从企业内部的人员、制度、管理以及企业的产品、营销和市场等各个方面展开分析。本章所说的商业计划是狭义的，专指创业的商业计划。它是创业者或企业为了实现未来增长战略所制订的详细计划，主要用于向投资方和创业投资者说明公司未来发展战略所制订的详细计划，展示自己实现战略和为投资带来回报的能力，从而取得投资方或创业投资者的支持。

为什么要有商业计划？一般来讲，商业计划对于创业者可以起到以下几方面的作用。

1. 认识自己

编写商业计划的过程也是企业认识自己的过程。通过对商业计划中各个部分的分析，可以从商业模式、市场、管理、财务和营销等各个方面更加深入地了解企业的优势和劣势。"知己知彼，百战不殆"，商业计划使创意不再虚无缥缈，它将为创业的成功提供强有力的保证。

2. 战略思考

撰写商业计划能够促使管理团队仔细考虑企业的方方面面，并对企业最重要的事项达成一致。从而使商业计划建立在详细的分析基础之上，这不仅可以大大节省时间和减轻以后的压力，还有助于战略思考，为企业的战略决策提供依据和保障。同时，商业计划勾画出了创业的蓝图，有了这份详细的旅行图，创业的旅程将更加安全，即使受到干扰或挫折，也不至于乱了创业活动的节奏和进程，从而减少失误。

3. 创业融资

在商品经济社会中，资金是企业生存和发展的重要命脉。创业活动同样离不开资金的支持,但由于创业企业缺少经营经历和资信证明,相对一般企业更难从传统渠道获得融资。此时,对于正在寻求创业融资的创业者来说,商业计划书的质量往往决定着创业融资的成败。一份优秀的商业计划书正是创业者吸引融资的"敲门砖"和"通行证"。创业者通过商业计划向投资者展示企业的市场潜力、团队、竞争能力和盈利前景,有助于说服投资者取得投资。美国一位著名风险投资家曾说过:"风险企业邀人投资或加盟就像向离过婚的女人求婚,而不像初恋。双方各有打算,仅靠空口许诺是无济于事的。"可以这样说,商业计划书首先是把计划中要创立的新企业推销给创业者自己;其次商业计划书还能帮助把计划中的新企业推销给风险投资家。无论对于创业者还是风险投资家,商业计划书都是通往成功的路径图。

4. 创建和凝聚团队

创业同样需要团队的努力,仅仅依靠个人是很难取得创业成功的。一般来说,创业团队的创建是在商业计划写作之前的事,创业团队本身就是商业计划的重点内容之一。但是,一份有效的商业计划,可以吸引潜在的创业团队成员,发挥"诱饵"的作用。而且,表述清晰的商业计划有助于企业普通员工协调工作,并通过一致的行动向目标前进。还为创业团队指明了今后努力的方向,可以就商业计划的具体安排与团队成员沟通,同时商业计划还明确了每个成员的作用和责任。作为串起"珍珠"的那根线,商业计划是创业团队沟通的"语言"和凝聚团队力量的重要手段。

5. 取得政府和相关机构的支持

在中国,大量的创业活动离不开政府和相关机构的支持。政府每年都会在科技资金、财税政策等方面选择一些有潜力项目并提供支持。要取得政府的支持,必须借助公共关系和完整的商业计划,展现创业活动所具有的积极的社会意义,让政府机构充分了解创业思路和所需要的具体支持。国内以前常常用可行性报告和项目论证书代替和行使这 作用。

针对上述前两点作用而言,商业计划在创业准备的一定时点上帮助创业者梳理和完善了创业思路。然而应当注意的是,商业计划书若在用于企业实际运作上面不能随着现实的改变而调整的话,那么商业计划也会成为阻碍创业成功的规条。创业大师蒂蒙斯提醒创业者和企业家,在当今的互联网时代,商业计划在输入打印机以前就已经过时了。技术和信息时代前进步伐的加快和全球市场的动态变化使得任何一个原本生命就已很短暂的商业计划更加短暂。因此在执行计划过程中,创业者一定要根据现实状况的变化学会快速应变和保持灵活性。当然,另外的观点认为,撰写商业计划并不亚于计划本身,撰写商业计划的过程也将是凝聚团队、明确目标和商业构想走向系统化和明确化的有力方式。

3.2. 商业计划写作的准备工作

在此需要说明的是,商业计划书不仅仅是用笔"写"出来的,而是在动笔之前,创业者已经经过了之前的一系列或有意或无意的准备工作。那么,在写作商业计划之前创业者应当做哪些准备工作呢？梁巧转(2007)认为,在制订商业计划书之前,创业者要做三方面的准备工作:首先,应当有一个自认为可能会成功的创意,它是一个能够解决消费者实际问题的想法。其次,使用创业测试的七领域模型,对这个创意进行测评并且修改、完善。完成这一过程需要大量的数据资料。最后,写一份消费者驱动可行性研究,列出从数据分析中总结出的结论。①

对于如何确定一个成功的创意在前面论述过了,在此介绍一下创业测试的七领域模型,七领域模型是英国约翰·马林斯发现的,此模型将市场、行业、及企业团队与关键人物这三个要素结合起来,解答具有创业抱负的企业家的疑问。它由宏观和微观两个层面的 4 个市场和行业领域,以及其他 3 个有关管理团队的领域构成,如图 3-2 所示。

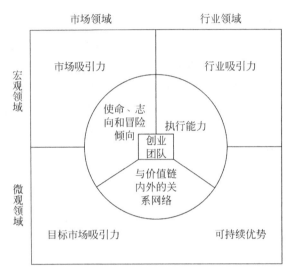

图 3-2　创业七领域测试模型

1. 市场领域

市场领域的测试要兼顾宏观层面的市场吸引力和微观层面的目标市场吸引力两个方面。宏观层面上的市场测评有以下几个步骤。

(1) 测评市场的大小。市场规模的测量有很多方法,具体测试内容包括市场消费者的数量、年购买量和总支出等。收集最近的市场数据,以确定市场的增长速度及未来增长的趋势。

(2) 评价宏观环境的趋势,包括人口趋势、经济趋势和技术趋势等,以确定市场机会未来的变化趋势。

(3) 通过这些测试可以得到一些重要信息,并对市场机会的大小做出明确判断。

微观市场的测评有以下几个步骤。

(1) 是否有细分的市场可以进入,消费者是否会接受新的产品或服务。

(2) 这种产品或服务与已有的产品或服务是否有差异。

---

① 梁巧转,赵文红.创业管理.北京:北京大学出版社,2007:193

（3）这个细分市场的规模有多大、发展速度如何？进入该细分市场后，是否有助于进入其他我们感兴趣的市场？

一般情况下，通过市场调查分析以及对间接数据的分析，可以获得对细分市场规模和增长率的明确判断。但是许多企业家常犯的错误是只检查了宏观层面，特别是在技术驱动型公司尤其如此，他们没有仔细分析宏观层面的因素，特别是忽略了对市场增长空间以及细分市场能否带来更多机会的分析，就贸然进入。

2. 行业领域

多数的企业家喜欢在效益良好的行业中打拼。我们从宏观和微观层面分析行业的吸引力进行介绍，即行业吸引力和行业可持续趋势。

1）行业吸引力

主要是通过波特的五力模型来分析，这 5 个方面的力量分别是行业现有的竞争状况、新进入者的威胁、购买者的讨价能力、供应商的议价能力、替代产品的威胁。

2）行业可持续优势

包括如下方面。

（1）专有因素：包括专利权、商业诀窍等。

（2）其他企业难以模仿的卓越的组织流程、能力或资源。

（3）商业模式的经济可行性。

3. 创业团队领域

管理团队的好坏是风险投资家决定是否投资的主要考虑因素。跟创业团队相关的三个领域是：团队的使命、个人的志向和冒险的倾向——创业机会是否与之相符？团队执行关键成功因素的能力——团队的执行力如何？团队与价值链内外建立的关系网——团队是否有很好的关系网络？

（1）团队的使命、个人的志向和冒险倾向——创业机会是否与之相符合？

由于许多原因，企业家和投资者在评估机会时往往带有一定的个人偏好，如他们希望服务的市场、愿意竞争的行业、愿意承担的风险等。如果机会不符合他们的偏好，将会被认为是缺乏吸引力的，尽管另外一些人可能认为它很有吸引力。

（2）团队执行关键成功因素的能力——团队的执行力如何？

大多数投资者在评估机会时，会注意团队理解某一特定机会和与之相关的关键成功因素的能力以及执行能力。企业家如果不能准确地评估自己的团队是否具有在关键成功因素上的执行能力，在寻求风险投资时就会冒很大的风险。

（3）团队与价值链内外建立的关系网——团队是否有很好的关系网络？

企业家应该考虑在自己的价值链内（供应商和消费者）和本行业以外建立的关系网是否足够大？如果没有的话，应该如何建立？

通过对与创业团队相关的以上三个领域的测试，创业者和创业团队可以在以下几个方面获益。

（1）在写商业计划前对创业团队进行测评，可以利用团队成员的才能和看法优化创业计划。

（2）从关系网络角度，把投资者当作团队的一部分看待，可以增加投资者对企业的信任，降低投资者对企业风险的预期。

（3）如果需要寻求外部资金的话，一个不合适的团队会破坏企业的融资能力。因此，对团队进行测评，可以优化创业团队的组成。

在完成七领域测试之后，在写创业计划书之前还应该准备一份覆盖 7 个领域的消费者驱动可行性研究。消费者驱动可行性研究从目标消费者开始。首先，检查准备为目标市场带来的利益。其次，进行宏观层面市场和行业的分析。在此，测试计划中的企业的可持续优势。最后，以创业团队的能力评估结束（如表 3-1 所示）。[①]

表 3-1　消费者驱动可行性研究必须的工作和主要部分

对下面 5 个方面的简要总结	
1. 微观层面的市场评估 • 目标市场的需求以及你的解决方案 • 目标市场、规模和增长速度 • 进入其他细分市场的机会	2. 宏观层面的市场评估 • 整体市场规模和增长率 • 未来市场增长的宏观分析
3. 宏观层面的行业评估 • 五力模型分析：行业有吸引力吗？ • 市场未来可能会发生的变化	4. 微观层面的行业评估 • 专有权 • 不容易复制或模仿的竞争优势 • 商业模式
5. 团队评估 • 团队的使命、个人志向和冒险倾向 • 团队的执行能力 • 团队的关系网络	6. 总结和结论 • 机会分析总结 • 团队掌控机会的能力总结

当可行性研究完成后，创业者就会对机会的理解更加深刻了。另外，如果可行性研究发现了一些障碍，导致创业机会可能不具有吸引力，或团队掌控机会的能力稍差，那么就要暂停写作商业计划书，待条件成熟后再完成商业计划书。

3.3　商业计划的写作要点

那些不能给风险投资者以充分的信息也不能使投资者激动起来的商业计划书，其最终结果只能是被扔进垃圾箱里。为了确保商业计划书能起作用，企业家应把握以下要素。

1）关注产品

在商业计划书中，应提供所有与企业的产品或服务有关的细节，包括企业所实施的所有调查。需回答的主要问题包括：产品正处于什么样的发展阶段？它的独特性怎样？企业分销产品的方法是什么？谁会使用企业的产品，为什么？产品的生产成本是多少，

---

① 梁巧转，赵文红. 创业管理. 北京：北京大学出版社，2007：197～198

售价是多少？企业发展新的现代化产品的计划是什么？应该把风险投资商拉到企业的产品或服务中来,这样风险投资商就会和风险企业家一样对产品有兴趣。在商业计划书中,企业家应尽量用简单的词语来描述每件事。商品及其属性的定义,对企业家来说是非常明确的,但其他人却不一定清楚它们的含义。制订商业计划书的目的不仅是要出资者相信企业的产品会在市场上产生革命性的影响,同时也要使他们相信企业有证明它的论据。商业计划书对产品的阐述,要让出资者感到：投资这个项目是值得的。

2）敢于竞争

在商业计划书中,风险企业家应细致分析竞争对手的情况。需回答的主要问题如下。

竞争对手都是谁？他们的产品是如何实现其价值的？竞争对手的产品与本企业的产品相比,有哪些相同点和不同点？竞争对手所采用的营销策略是什么？要明确每个竞争者的销售额、毛利润、收入以及市场份额,然后再讨论本企业相对于每个竞争者所具有的竞争优势,要向投资者展示顾客偏爱本企业的原因是：本企业的产品差别化程度高,性能价格比优越,质量好,送货迅速,定位适中,价格合适等。商业计划书要使它的读者相信,本企业不仅是行业中的有力竞争者,而且将来还会是确定行业标准的领先者。

当然,在商业计划书中,企业家还应阐明竞争者给本企业带来的风险以及本企业所采取的对策。

3）了解市场

商业计划书要给投资者提供企业对目标市场的深入分析和理解。要细致分析经济、地理、职业以及心理等因素对消费者选择购买本企业产品这一行为的影响,以及各个因素所起的作用。商业计划书中还应包括一个主要的营销计划,计划中应列出本企业打算开展广告、促销以及公共关系活动的地区,明确每一项活动的预算和收益。商业计划书中还应简述一下企业的销售战略,例如,企业是使用外面的销售代表还是使用内部职员？企业是使用转卖商、分销商还是特许商？企业将提供何种类型的销售培训？此外,商业计划书还应特别关注一下销售中的细节问题。

4）表明行动方针

企业的行动计划应该是无懈可击的。商业计划书中应该明确下列问题：企业如何把产品推向市场？如何设计生产线,如何组装产品？企业生产需要哪些原料？企业拥有哪些生产资源,还需要什么生产资源？生产和设备的成本是多少？企业是买设备还是租设备？解释与产品组装,储存以及发送有关的固定成本和变动成本的情况。

5）展示管理队伍

把一个思想转化为一个成功的风险企业,其关键因素就是要有一支强有力的管理队伍。这支队伍的成员必须有较高的专业技术知识、管理才能和多年工作经验,要给投资者这样一种感觉："看,这支队伍里都有谁！如果这个公司是一支足球队的话,他们就会一直杀入世界杯决赛！"

管理者的职能就是计划、组织、控制和指导公司实现目标的行动。在商业计划书中,应首先描述一下整个管理队伍及其职责,然后再分别介绍每位管理人员的特殊才能、特点和造诣,细致描述每个管理者将对公司所做的贡献。商业计划书中还应明确管理目标

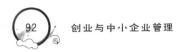

以及组织结构图。

6) 出色的计划摘要

商业计划书中的计划摘要十分重要。它必须能让风险投资者有兴趣并渴望得到更多的信息,它将给读者留下长久的印象。计划摘要应该是放在最后要写的内容,但却是出资者首先要看的内容,如果公司是一本书,它就像是这本书的封面,做得好就可以把投资者吸引住。要像对待广告一样来写摘要。

对于商业计划书的要素,其他有经验的人也有类似的观点。吴明华认为,写一份完整的商业计划书,需要明确地说清楚 6 个方面的事情,即企业现状或简介、商业模式、市场规模与策略、竞争与壁垒、团队和融资财务计划。这 6 个方面的问题是商业计划书里必须有的内容,其中投资者最为关心的是商业模式、市场规模与策略、团队和融资财务计划 4 大内容,这 4 大内容尤其需要创业者在计划书中重点分析和描述。在计划书中,商业模式部分主要是要说明自身的企业是怎么赚钱的,主要包括提供产品或服务的对象描述,产品或服务主要内容是什么,如何获取资金回报,以及产品或服务是如何制作与提供的等。此外,投资者还非常关心这个项目未来的发展潜力,即市场规模与策略。这部分内容主要包括自身所提供的产品或服务所处的市场总额有多大,目标是占有多大的市场份额。这一部分是让投资者了解企业所处的市场总量有多少,如何占领这些市场。这样,看了这部分内容,投资人就能判断这个市场上能不能培育出一家足以在公开市场上IPO的公司出来。团队一直都是投资者最为看重的一个因素,很多投资者甚至不看项目只看人,追着人来投资,可见创业团队和个人是多么重要。这个环节主要包括目前股东层的履历与背景,经营管理层的履历与背景,目前团队的分工与激励机制,以及内部的决策机制等内部控制制度等。

对于投资者而言,最后关心的就是需要多少钱和如何回报的事情了,即融资的财务计划。这一节比较专业,很多创业者都是输在这一点上。一些创业者说不清楚自己拿了资金到底应该怎么花,花完了之后达到怎样的目的,投资人怎么退出以及退出的回报等。

很多创业者以为商业计划书是写给投资者看的,因此总是想如何能打动对方,在内容和形式到装帧设计都非常讲究。对于商业计划书所着力强调的重点而言,弄清楚哪些方面可能会使读者反感也非常重要,一般来讲,编制商业计划书切忌出现以下观点和做法。

(1) 求多求全:商业计划并不要求必须在 20 页以上,不是越多越好,写得越厚越好。很多时候简单明了,更能说明你的底气很足,说明你能把握好关键点。

(2) 空话太多:很多创业者的商业计划书一开头就是大话连篇,从宏观经济说到世界形势。其实不然,大家别小看投资人的智慧,他能投资你,一定是了解你的行业的,因此你就不用做市场基础教育培训了,直接进入主题,简单明了,反而更能说明问题所在。

(3) 呆板不生动:商业计划书最需要数字与图表,而不是像本小说。写小说可以写得密密麻麻,但商业计划书要的是简单明了,最忌讳的是写得太正规,全是字,能用图与数字表示是最好的形式。

(4) 闭门造车:商业计划书要公司全体团队来写,一份好的商业计划书,绝对不应该是创业团队某个人的闭门造车,应该是整个团队的讨论与沟通后的结果。分工协作永远都是效率最高的体现,而团队讨论也会降低企业的整体风险。

一篇商业计划书的篇幅到底多长比较合适呢？这是困扰很多创业者的一个问题,篇幅的长短最重要的原则是有针对性,一般来讲取决于两个方面：①计划书的用途；②创业内容。如果打算使用商业计划书去说服天使投资人来投资风险较大的创业项目,那么可能需要相当的篇幅来介绍所创立的事业,并让投资者相信他/她的投资是值得的。而如果计划书只用于内部管理,那往往只需要一个简单的篇幅。如果所创立的事业属于一个全新的行业,那往往需要一个相当的篇幅。但这也不是一成不变的,亚马逊(Amazon.com)的创始人杰夫·贝索斯(Jeff Bezos)当年就是用一块餐巾纸向投资者描述了创立亚马逊的计划,并成功地得到了宝贵的 20 万美元种子基金。而 Google 的两位创始人在吸引第一批种子基金时只是演示了一下他们的产品以及他们的创业想法,在他们的创业热情以及他们对技术及市场的理解感染下,说服了投资人来投资当时还看不到清晰盈利模式的项目。对于创业者来讲,用极其详尽的书面语言或极其简洁的表达方式说服投资商所面临的难度几乎是一样的,因为同样面临严谨的投资商和残酷的商业现实的考验。

市场与环境随时在变,创业者的想法也在变,而创业者跟投资人谈完之后所知道的缺点与不足也在促使其修改计划书,所以商业计划书就像创业想法一样是动态的,需要不断加入一些新的元素,这样更能得到投资者的持续关注。

在实际操作中,商业计划书可以分为几种典型的种类,分别用于不同的场合。一般来讲,商业计划书共有如下三种类型。[①]

(1) 简版商业计划：一般有 10～15 页的内容,比较适合处于发展早期还不准备写详细商业计划的企业。简版商业计划的制订主要用于寻找资金,同时也为撰写详细的商业计划进行必要的分析工作。另外,对于创办新企业却不愿意花时间撰写详尽商业计划的创业者来讲,也会使用简版的商业计划。

(2) 详尽商业计划：一般有 25～35 页甚至更长,我们也将以此来探讨商业计划的写作方法。这种计划比简版商业计划更为详细,用来充分说明企业经营与计划,通常是认为投资者对项目比较有兴趣时,帮助投资者进一步做出投资决策而做出的。

(3) 企业运营计划：这属于企业经营计划的性质,将详细介绍企业未来几年的发展规划、业务内容、人力资源规划和财务预测等方面的内容。

在寄送商业计划书时,必须加上封面。封面应当简要介绍创业者,同时要标明商业计划书送交对方的原因和目的。

3.4　商业计划书的内容与写作方法

对于很多缺乏商业教育背景的创业者来说,进行前期的准备工作以及制作一份完整的商业计划书可能在技术上难度很高,所以很多创业者将希望寄托于外部的专业人士,

---

① ［美］布鲁斯 R. 巴林格(Bruce R. Barringer),R. 杜安. 爱尔兰(R. Duane Lreland). 张玉利,王伟毅,杨俊译. 创业管理：成功创建新企业. 北京：机械工业出版,2006(1)：202～203

而把自己闲置出来做其他方面的筹备工作。然而,无数的实践和事实证明,没有创业者及团队参与的商业计划在某种程度上不可能合格,也很容易被投资人所识破。蒂蒙斯甚至提出聘请外部专业人士"并不是个好主意",[①]许多风险投资家也都持有类似的观点。制作商业计划书对于创业者及其团队来说是一个极其重要的过程。在这个过程中,创业者或许会真正发现和准确定义市场的需求,或许出现许多其他方面的突破,至少是能够对创业活动进行更加深入和理性的反思。所以,商业计划书必须以创业者为主来进行编写。

因此,创业者应当花时间来了解商业计划书如何来写,这将在一定程度上提高其创业能力和创业活动的成功概率。我们就此来论述一下面向投资者的商业计划书内容如何来写作。

各类商业计划书的结构和格式会很不相同,但事实上仍然有章可循。大多数商业计划在基本内容方面有很大的相似性,在写作上也存在着一定的规范、结构和格式。可以根据适合企业的"表达"方式写作计划书,不必拘泥于固定的格式,商业计划书应当能够包括以下几个部分。

(1) 摘要;

(2) 公司基本情况和未来发展;

(3) 所属行业分析;

(4) 目标市场分析;

(5) 市场竞争描述;

(6) 市场营销策略描述;

(7) 企业经营描述;

(8) 企业组织结构描述;

(9) 长期发展计划和撤出计划;

(10) 附录。

这些部分可以根据需要有所侧重,下面将一一进行介绍。

1. 商业计划书摘要

商业计划书的摘要是吸引投资者进一步阅读商业计划书全文的导火线。摘要浓缩了整个商业计划书的精华,反映了商业计划书的全貌,是商业计划书的核心所在。通常,投资者都是先阅览商业计划书的摘要部分,通过从摘要部分获取的信息来判断是否有继续读下去的必要,如果能让投资者在阅读摘要后继续读下去,那么,离融资的成功就近了一步。故而商业计划书的作者们一般都把它作为提供给风险投资家的一个简洁的计划介绍来看待,目的是激起风险投资家们的兴趣。从这一角度来说,虽然我们并不能担保一个写得很好的摘要便能为一个项目带来投资,但一个写得不好的摘要却一定可以使风险投资家决定放弃对该项目的投资。

1) 摘要应该表达的内容

通过摘要,首先能够使投资者马上理解商业计划书的基本观点,快速掌握商业计划书的重点,然后做出是否愿意花时间继续读下去的决定。摘要的主要目的是刺激投资者

---

① [美]杰弗里·蒂蒙斯,小斯蒂芬·斯皮内利.周伟民,吕长春译.北京:人民邮电出版社,2005:260

的阅读欲望,让他在看到商业计划书后有一种相见恨晚、爱不释手的感觉。因此,在写摘要时必须充满激情,满怀信心,全部正面阐述,向投资者充分展示创业企业所具有的优势,造出一种朝气蓬勃、蒸蒸日上的气势,并让投资者充分相信创业者的能力和判断。在这里面,应该提及商业价值、产品或服务、目标市场、核心的管理手段和财政需求等,当然也应该包括预期投资人得到的回报。

摘要部分应该重点向投资者传达如下 5 点信息。

(1) 创业企业的理念是正确的,创业企业在产品、服务或技术等方面具有竞争对手所没有的独特性。

(2) 商业机会和发展战略是有科学根据和经过充分考虑的。

(3) 企业的管理能力。企业团队是一个坚强有力的领导班子和执行队伍。

(4) 创业者清楚地知道进入市场的最佳时机,知道如何进入市场,并且预料到什么时间该适当地退出该市场。

(5) 企业的财务分析是实际的,投资者不会把钱扔到水里。如果能简洁清楚地阐述这些内容,投资者将会更有兴趣读完整篇商业计划书,甚至高兴地把钱投入该项目。

2) 撰写摘要注意的事项

(1) 摘要部分一定要放在最后完成。动笔写摘要之前,先完成整个商业计划书主体的抛光润色。然后反复阅读几遍主体文章,提炼出整个计划书的精华所在之后,再开始动笔撰写摘要部分。做到胸有成竹,一气呵成。写完之后,再请周围的人检查过目,提出意见。重点了解他们的反馈,看他们能否马上被你的文章所打动。如果不能,则需要重新考虑如何撰写,直到首先可以马上打动你身边的人为止。

(2) 撰写摘要部分一定要有针对性。在撰写摘要时,一定要常常想到计划书的读者,不同的读者有不同的兴趣和不同的背景,他们阅读商业计划书侧重点不同。银行等投资者通常对企业的整体实力和以往成功业绩感兴趣,而投资公司则通常对商业模式和团队感兴趣。所以,在撰写摘要之前先要对投资者一番调查研究,突出投资者最感兴趣的方面。对不同的投资者,要突出不同的方面。由于一项投资通常要由几个人或几个部门共同做决定,在调查投资者情况时要对整个投资机构有一个较为全面的了解,兼顾多人。

(3) 撰写一定要文笔生动。摘要撰写要体现创业者对事业的热情和信心,风格要开门见山,夺人眼目。能够以务实且具有感染力的语言打动投资者,使其对创业者的目标和计划充满兴趣,愿意一睹为快。

(4) 在写作全部完成之后,一定要自己先检查有无错别字、大白字等。切忌在文章中出现这些错误。自己检查完之后,再请别人检查,直到确切无误为止。用英文撰写商业计划书,完成之后,可以用专业的软件检查一遍拼写和语法。防止由于细小的误差而失去重要的机会。

3) 摘要的格式

根据不同企业的情况,常用的摘要格式有两种:提纲性摘要和叙述性摘要。

(1) 提纲性摘要。

提纲性摘要结构简单,清楚明白,内容单刀直入一目了然,让投资者能立即了解创业者需要投资的目的。提纲性摘要的基本格式是用简短明晰的话摘选出商业计划书每章中的重点。每一个方面的描述一般不超过三句话,只阐述与企业和项目关系最密切和给人印象最深刻的部分。提纲性摘要一般包括以下一些内容。

① 有关企业的描述。主要包括企业名称、企业类型、地点和法律形式(股份公司、个人公司或合伙人公司等)。

② 企业状况。是老企业还是新企业,或是正在准备成立的企业。企业成立的时间,项目所包括的产品或服务已经进行了多长时间,是否已经销售。

③ 产品和服务。列出已经销售或要销售的产品或服务项目,在这里不用做细致的描述。

④ 目标市场。列出产品将进入的市场,以及为什么要选择这个市场的原因。同时还要提供市场调查研究和分析的结果。

⑤ 营销策略。主要侧重于叙述产品如何进入目标市场,企业如何做广告,以及销售方式。要指出主要销售方式是直销,还是通过代理等。产品促销的主要方式,如参加展览、有奖销售、捆绑式销售或其他可以促进销售的方法等。

⑥ 市场竞争情况和市场区分情况。简单介绍与产品有关的市场竞争情况、主要竞争对手,以及各自的市场划分和市场占有率。

⑦ 竞争优势和特点。阐述为什么你的产品能够在市场竞争中获得成功。列举任何可以代表你的产品或服务的优势,如专利、秘方、独特的生产工艺、大的合同及与用户签订的意向性文件等。

⑧ 优良的经营管理。简述企业管理团队的从业经历和能力,特别是企业的创始人和主要决策人的有关情况。

⑨ 生产管理。简述关键性的生产特点,如地点、关键的销售商和供应商、节省成本、保证质量的技术和措施等。

⑩ 财务状况。未来1~3年的预期销售额和利润。

⑪ 企业的长期发展目标。企业未来5年发展的计划,如员工总人数、销售队伍建设情况、分支机构数目、市场占有率、销售额和利润率等。

⑫ 寻求资金数额。项目需要资金总数、资金来源和筹集资金方式,投资者如何得到回报等。

(2) 叙述性摘要。

叙述性摘要好像是给投资者讲一个动听的故事。可以把商业计划书写得有声有色,娓娓动听。叙述性摘要特别适用于需要语言描述的新产品、新市场和新技术等。叙述性摘要非常适用于有良好历史或背景的企业。叙述性摘要的目的是调动投资者对企业的情绪,使投资者对企业和项目感到兴奋,所以在撰写时要重点选择一件或两件最能打动投资者的企业的特点,使投资者理解为什么你的企业能够成功,你的企业是如何因为这些特点而获得成功的。叙述性摘要应具有明显的人性化特点。叙述性摘要没有统一的格式,但是应该包括以下几方面内容。

① 企业简介。简单描述企业目标、组织结构、发展计划、组织形式和地点等。

② 产品的基本情况。包括企业背景、产品开发情况、产品和服务特点、企业是如何认识到市场机会的等。

③ 市场情况。简述目标市场、市场容量、市场需要,特别是阐述清楚为什么市场需要本企业的产品或服务,市场分析结论、市场竞争等。

④ 竞争优势和特点。为什么本企业能够在竞争中获得成功,列举任何可以表现产品或服务的优势,如专利、大的合同、用户的意向性文件。如果你是新的企业,还要列举影响企业进入市场的障碍。

⑤ 管理团队的情况。描述企业领导班子的主要成员的经历和能力,特别是过去的成功经验。

⑥ 未来的阶段性计划。列出每个阶段的发展目标和如何达到目标的方法和日期,包括销售利润、市场占有率、第一批产品的出厂日、男女员工人数和分支机构数目等。

⑦ 财务情况。包括资金来源、投资者如何得到回报等。

叙述性摘要不是必须的。多数商业计划书采用提纲性摘要,特别是当企业的基本情况比较容易理解,市场和企业管理相当标准时更不必采用叙述性摘要。提纲性摘要是一种很专业性的写法,许多投资者习惯于这种简单易懂的方式。提纲性摘要与叙述性摘要相比,写作风格不是很重要。

2. 公司基本情况和未来发展

1) 企业的基本情况

在向投资者介绍营销策略、新产品、新技术、新服务、新想法之前,必须先向投资者详细介绍企业的名称、注册地点、经营场所、公司的法律形式、企业的法人代表和注册资本等基本情况。有些内容需要下工夫写好,如企业的发展目标、市场营销和经营原则等。

(1) 企业的目标必须非常明确。

企业的目标可以概括成几句话:应该包括企业的性质、经营哲学、财务目标、企业文化以及企业形象。在描述企业的目标和经营哲学时可以包括产品或服务的特性、产品或服务的属性、产品的质量和价格、服务的内容、企业与顾客的关系、企业的管理风格、企业领导与员工的人际关系、工作环境的性质、企业与整个产业的关系、新技术和新进展、盈利目标、人员管理目标等方面。

(2) 企业名称的说明。

企业应该在企业名字之下有一些品牌和商标。商业计划书要包括企业的法律名称、商标或品牌名称、企业商业用名称及下属企业名称等内容。如果是准备成立新企业,还没有起好名称,在商业计划书中先用一个弹性比较大、使用比较灵活、包括经营范围最广的名称。

(3) 企业的法律形式。

商业计划书必须表明企业的法律形式,是有限责任公司,还是个人独资公司,或是合伙企业等。说明企业的法定注册地址、法人代表,股份公司需要列出主要的股东和所占股份。

(4) 管理队伍和领导班子。

商业计划书要写明公司董事长、总裁、常务负责人(或首席执行官),以及其他主要负责人的情况。特别要写清那些现在是与企业管理有关,而在未来有可能是企业投资者的情况。如果企业有董事会,还要写明董事会的情况,如有多少名董事、是否经常召开董事会等。如果这些董事在社会上是很有影响力的人物,还可以写上他们的姓名,否则不需要一一描述。

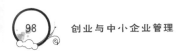

（5）企业的地点。

列出公司总部所在地的地点、公司主要经营场所的地点和分支机构的地点等。如果公司的分支机构比较多，有时不需要列出所有分支机构的地点，只要写上分支机构的总数就可以。如果认为有必要列出所有分支机构的地点，可以放在附录部分。特别重要的是，在商业计划书中一定要介绍企业的业务范围所涵盖地区的情况。

2）企业的未来发展

（1）企业的发展阶段。

许多投资者想知道企业目前发展到什么程度，经历了哪些主要发展阶段，已经取得了哪些进展或成绩。在商业计划书中首先要写公司成立的时间，然后写企业的主要发展阶段和企业的近期目标。

企业的发展阶段主要内容包括企业创立、企业初创期发展、企业成长期发展、企业扩张和成熟期发展以及企业并购重组等情况，还应当说明企业的目标是什么，至今已经达到什么程度？如企业是否开发了某种新产品、建立了某项领先的生产线、在行业当中取得了哪些明显的成就？

商业计划书是企业发展的一个里程碑，包括成立公司、做出产品、产品测试、第一批发货、单位价值目标、企业基本建设、获得主要的订单和第二次发货等。

（2）企业的财务状况。

在公司介绍部分需要简单介绍你的企业的财务状况，如从企业创立到目前为止资金的来源状况、主要财务人员和各自的财务责任；本项目需要多少钱、干什么用。此部分需要简单介绍，具体的企业财务情况要在后边的财务部分详细描述。

（3）产品和服务。

如果产品或服务比较简单和容易理解，就可以合并在企业描述部分。如果企业的产品或服务技术性很高或具有革命性改进，最好把这部分内容单独作为一部分。创业者需要非常详细地描述清楚企业的产品或提供的服务。要写出产品的技术特点，但如果产品特别多或服务项目特别多，不需要面面俱到。在这种情况下，可以把它们总归成几个类别分别描述。还要写上企业未来要研究和开发的产品或要提供的服务，以及企业准备什么时候开始生产这些产品或提供这些服务。

（4）专利和许可证。

接下来要阐述企业的商标、专利、许可证或版权等方面的情况，写明这些是否还在保护期之内。如果你有许多商标、专利、许可证或版权，没有必要把它们全部列出一一介绍，只要写出数量和种类就可以。有时为了表示更有说服力，也可以从中挑选出少量几个最有代表性的或最有知名度的商标、专利等给予简单明确的介绍。

3．行业分析

对自己所从属的行业进行分析是企业经营的前提条件。在写商业计划书时需要做一番调查研究，收集信息后进行客观的分析，然后在商业计划书中重点突出分析结果。

1）分析行业和企业

一个企业必须知道自己与其他企业的相同之处和不同之处，对自己所在的行业有深刻的了解和正确的认识，有助于了解影响自己企业的各种因素，找到影响企业成功的因素。

（1）企业和行业。

行业是指所有提供相似产品或服务的企业以及与这些企业密切相关的其他企业、供应系统和销售系统等共同组成的一个产业系统，一个企业可以同时处于几个不同的行业，如生产纺织助剂的企业，既可以属于纺织行业，也可以属于化学工业行业。

你的企业可能从属于一个或几个不同的行业，无论你的企业从属于一个行业还是几个行业，你都要研究这些行业，找出对你的企业发展影响最大的问题。

（2）行业的规模和增长率。

企业是行业中的一个部分，行业的变化必然影响企业的发展，要特别注意你所归属的行业的发展情况，找到适合企业发展的机会，比较你所归属的行业的增长率与国民生产总值（GDP）增长的关系，可以有助于了解你的行业的健康状况。有关行业发展的情况，可以通过行业出版的年鉴或国家发表的有关报告获得。

在中国，信息发展仍然不十分发达，不能满足企业发展的需要，有时一些具体信息很难获得，在这种情况下，你在商业计划书中，可以根据同行中最大的公司的情况对企业所归属的行业的规模和增长率做一个大致的估计。

一般国外的大公司都有自己的网站，可以通过互联网收集它们的信息，包括它们的年度报告。收集大公司的年度报告还可以学习许多有用的东西，如组织结构、管理方式、财务管理、产品开发和市场分析等，把通过各种渠道收集到的信息经过整理后，填入表格有助于撰写商业计划书。

如果创业企业的数据与整个国家的平均水平统计数字有明显的区别，就需要在商业计划书中对这些区别进行特别的说明，阐明数据的根据。

（3）行业的成熟度。

行业的发展不是静态的，随着时间的进展，行业会产生明显的变化。一般来说，行业的发展经历 4 个阶段：初始阶段、扩张阶段、稳定阶段、下降阶段。

① 初始阶段：在这个阶段，市场为企业提供良好的发展机会。这时，市场竞争比较小，企业的主要工作是开拓市场和培育市场。企业在这个时期进入市场的优势是，能够以较小的广告投入获得顾客的认知，企业有一种先入为主的优势。但是，在初始阶段，市场还很不稳定，新的产品或服务能否成功，还难以确定。投资者这一阶段的投资冒有很大的风险，但是也可能获得巨大的回报。投资这个阶段企业的投资者需要有很大的勇气和特殊的眼光。企业需要重点阐述产业发展的趋势，和自己的产品或服务在这个趋势中的位置，用充分的市场分析打动投资者。

② 扩张阶段：经过一段时间后，顾客开始认识并开始接受新的产品和新的企业。这时市场迅速发展，但是还不成熟。在扩张阶段，同一行业的各个企业都在发展生产、进入市场，彼此之间的竞争不是非常激烈。投资者在这个阶段进行投资，风险比较小，容易获得比较可靠的回报，多数作风比较保守的投资者倾向投资处于这个阶段的企业。处于这个阶段的企业相对来说比较容易获得资金。

③ 稳定阶段：在这个阶段，企业的发展接近顶峰，增长开始变缓，销售处于稳定的平台状态。在这个阶段，市场趋于饱和，企业之间的竞争处于最激烈的状态。同行业之间的各个企业拼命在日趋饱和的市场中尽量争取扩大市场份额，企业大量投入广告，争取

中间顾客群体的认同。投资者在这个阶段进行投资多采取比较慎重的态度,企业需要用充足的数据证明自己有足够的市场份额,带来良好的回报。

④ 下降阶段:由于技术的变化、社会的变化、人群的变化或是外国企业的竞争,有些企业开始被社会淘汰或在竞争中被淘汰出局。企业在这个时期只有采用新的技术,推出新的产品或服务才有生路。如果企业应对有方,有足够的科研开发力量,或者有足够的资金购买新的技术,推出新的产品,企业则可以进入新一轮的发展,赢得投资者的青睐。处在这个阶段的企业需要重点突出在研究发展方面的成就和市场发展计划来说服投资者,让他们相信你是有希望的。

2)描述行业的发展和经济大环境

(1)创业企业和经济领域。

经济领域范围很广,包括企业所在行业的总体经济情况。你的企业可能属于其中的一个领域或几个领域,在商业计划书中很难面面俱到地详细分析你所从属的所有领域,但是至少应该知道你所从属的主要的经济领域过去的发展情况和未来的预期。

(2)经济循环的敏感性。

有些行业明显地依赖于国家或国际的经济情况,人们很难认识到当整个经济不景气时行业的脆弱性。那些有赖于其他企业才能生存的企业,如办公用品、技术设备等在经济危机时也必然受到冲击。但是有些企业则正好相反,它们的发展逆经济危机周期变化而变化,越是经济危机它们的生意越好。特别是专门从事企业破产的律师行业,越是经济危机,它们的生意越是兴隆,有些行业则对经济循环有很强的抵抗力,受经济危机影响很小,如廉价娱乐业、必需消费品和食品行业等。

投资者一般常从以下几个方面分析经济循环对你的企业的影响,企业要认识到自己企业对其他企业的依赖性、如你的企业位于一个明显依赖于某一个产业或某一个大企业的小社区,当经济循环影响到这个产业或这个大企业时必然会涉及你的企业。

3)其他影响企业发展的因素

除了上述因素影响行业的发展,从而关联到企业的发展以外,还有很多自然的或人为的因素影响企业的发展。下面就对商业计划书中需要重点说明的几个方面加以介绍。

(1)季节的影响。

有些行业受季节变化影响很大,在撰写企业报告的财务情况部分时,特别是企业的现金流动时,一定要考虑季节因素对你的企业销售情况的影响,尤其是对销售额和现金支出的影响。同时,还一定要考虑购买材料的支出与销售产品回款之间的时间差。在考虑从购买零件或原料支出到产品销售回款之间有几个月的时间差时,还必须考虑银行利息对这个时间差的影响。在准备这部分内容时,最好详细地按照影响你的企业的各种季节列出表格进行分析。

(2)科学技术变化的影响。

在今日的世界,科学技术的变化深刻地影响到每一个行业。如果你的企业受科学技术变化影响很大,在商业计划书中一定要写明科学技术对你的企业的影响,以及说明所在企业采取什么措施去应对科学技术的变化,你们是怎么利用科学技术为提高企业的经济效益服务的等。如果你们需要资金经常购买先进设备,在撰写商业计划书的财务情况这部分内容时应该加以说明。

（3）国家政策和法规对企业的影响。

所有企业都或多或少地受到某些行政法规、执照和证明等的影响，有些企业特别受到政府行政法规的影响。政府机构包括从中央到地方的各个层次，在阐述政府政策法规对企业的影响时需要把政府的各个层次，各个层次之间的相互关系都必须考虑到。

在撰写商业计划书时，必须阐明政策法规和利益团体对你的企业的影响。如果政府的政策法规和利益团体对你的企业发展有积极的影响，更需要大加笔墨突出正面意义，特别突出这些政策法规如何为你的企业创造发展机会。

（4）供应和销售渠道。

供应和销售渠道是决定你的企业成功与失败的重要因素。在撰写商业计划书时需要介绍你的企业的供应和销售渠道，并且阐明与你的企业的关系程度，是高度、中度、低度，还是可以自己控制。

（5）财务特点。

企业分析中最重要的部分是财务特点，特别是对于新企业来说，财务特点显得更加重要。企业的财务特点具有行业差异性，不同的行业财务特点不一样。

在分析完上述所有情况之后，归纳为企业描述、企业发展优势和机会策略等几个方面撰写。分析现状、发展趋势和产业特征有助于保证企业获得成功，虽然每个企业各有特点，但是同一行业的企业的基本特点是一样的，企业家需要了解大环境才能获得成功。

4. 目标市场分析

正确定义目标市场，是商业计划书中重要的一部分。了解目标市场可以更科学地制定市场销售策略以及开发新产品或服务，还可以预测未来的销售和利润情况。在撰写目标市场部分时，主要集中在对市场的描述、市场变化趋势和销售策略几个方面。投资者最关心的是你的产品或服务一定要有足够大的市场，你是否清晰地了解你的机会和限制。投资者要求企业确保产品或服务有足够的市场，企业要充分了解自己的市场机会和局限性，必须向投资者证明自己有清晰明确、触手可及的目标市场。

在定义目标市场时，特别需要定义你的市场区隔。一定要有一个清晰明确、有意义的市场区隔，否则目标市场将毫无用处。市场区隔给出明确的和有意义的全部市场成分，以及给出你的目标市场的全部特点。任何产品或服务都不可能包罗万象，所以关于市场区隔的定义一定要表现出明确的特点来。

1）怎样正确地定义目标市场

在定义目标市场时，需要调查在你定义的范围之内，有没有足够的顾客群足以支持你的生意。正确地定义目标市场，必须满足下述几个条件。

（1）市场是可以定义的。市场要有明确的界限，没有界限的市场必将因包括所有的人而变得毫无意义。企业必须根据某顾客群与其他人群相区别的特点来定义市场。潜在的顾客都具有某些共同的、可以与其他人群相区别的特性。一旦定义目标市场之后，企业马上就要估计市场的规模和变化趋势，评估竞争对手的特点，着手进行市场调查研究。

（2）市场具有销售意义。定义市场的特点必须与购买相联系才有意义。

（3）市场要足够大。目标市场定义的顾客群体还必须足够大，可以支持企业的生存和发展。企业要长期生存,需要可持续发展的项目,投资者不喜欢很快就饱和的市场。

(4)市场具有可接触性。即你所定义的市场一定要切实可行。

(5)不超过顾客的承受力。价位一定是在这个目标市场的顾客可以承受的范围之内。

2)怎样描述市场规模和变化趋势

明确目标市场的特性之后,就需要评价市场的规模和评估市场的发展趋势,找到在不久的将来有可能影响市场规模和顾客消费行为的因素。

(1)市场规模。

企业在进入市场之前必须确定市场一定要大到可以维持企业的生存,并且在将来还有足够的发展空间。一定要向投资者阐明你的企业有足够的发展前途可以使他们的投资有利可图。一般说来,投资者喜欢既不太小,也不太大的市场规模。一般企业未必要做科学的市场调查,但是你需要通过直觉和观察来确定市场规模,需要有足够的数据来支持商业计划书,以说服投资者。

投资者通常对小规模的零售且现有效益很好的企业不太重视具体数据,但对于新创的企业则比较重视市场调查数据。有关目标市场规模的数据可以从各种信息资源途径获得。

(2)市场变化趋势。

市场未来变化趋势与市场规模同样重要。只有了解市场变化趋势的企业才能保证在激烈的市场竞争中长盛不衰;反之则必将在激烈的市场竞争中被淘汰出局。

预测未来市场的变化可以从对现在市场的分析着手,它可以有助于企业制定现在和未来的市场销售策略。企业可以预先做好准备应付未来的变化,对现在种种因素加以综合分析,从而推断将来的变化。预测未来与分析现在不同,预测未来可以根据人口变化和顾客行为等看得见的变化分析。研究市场变化趋势可以从人口增长率、生活习惯、科学技术的发展、新的爱好、收入增加情况和消费习惯等方面入手。

企业可以从以下一些因素中得到预测本企业市场规模和未来变化的参考依据。

① 你的企业现在的目标市场规模大概有多大?

② 你的目标市场的增长率是多少?

③ 你的目标市场的结构现在是什么样?它正在经历哪些变化?

④ 什么因素影响顾客的购买力和敏感性?这些因素有什么变化趋势?

⑤ 你的顾客对产品的使用正在发生哪些变化?

⑥ 社会价值正在经历哪些变化?它们对产品或服务有什么影响?

⑦ 什么因素影响顾客的需要?这些因素有什么变化趋势?

⑧ 顾客怎么改变使用产品或服务的习惯?

3)怎样突出市场导向

在申请投资时,定义你的市场的性质和规模是关键性要素。许多投资者要求企业必须具备市场导向,企业一定要深刻地了解自己的市场。通常投资者愿意把钱投给市场导向的公司而不是技术导向或产品导向的公司。

市场导向的企业需要跟着市场走。它们必须随时根据市场的变化,改变广告方式和广告内容、改变包装、改变销售结构,有时甚至需要改变产品或服务的特点等。从长远的观点看问题,市场分析可以为企业节省资金。在决定选择销售方式时(如广告、展览、讲座和技术交流等),必须先确定目标市场。

市场分析与制订市场销售计划不同。市场分析可以使你明确和了解顾客,市场销售计划告诉你如何接近顾客。全面了解顾客是企业成功的基础。企业成功与否依赖于企业的产品或服务是否能够满足顾客的需要和愿望。

明确市场的性质和规模是商业计划书的关键部分。企业要想从外界找到资金,必须把企业的性质转向市场导向的方向上,企业的广告、销售结构,甚至产品或服务的特点等都要做相应调整。从长远来看,企业需要有可靠的市场分析来明确企业的具体方向。

市场分析不同于市场计划,前者可以使企业明确自己的顾客和了解顾客的具体需要,后者告诉企业如何接触到企业的产品或服务,如果直接接触到最终使用者,则企业的顾客是最终使用者。如果中间还要通过批发商、零售商和业务代理等中间环节,则企业的顾客就不仅仅是最终使用者,所有中间环节和最终用户都是企业顾客。由于中间环节和最终用户的地位不同,他们的要求也不同,企业对他们必须区别对待。突出市场导向的描述,应该包括以下一些基本内容。

(1) 人口统计描述。

在撰写目标市场时,要包括人口统计的信息。人口统计是描述顾客群的最基本、最客观的指标。人口统计信息是目标市场的最显著特性,并在制订市场销售计划时特别有用。人口统计资料一定要有实际销售意义,在描述人口统计资料时一定要与你的产品销售有关。人口统计信息必须与顾客对你的产品或服务的兴趣、需要和购买能力有关。

(2) 地域描述。

地域描述是目标市场部分最容易的部分。地域描述主要是提供有关销售你的产品或你的服务范围的地域情况。地域描述要尽可能具体,包括你的市场是一个具体的社区还是整个城市,或一个地区,或一个省,或国家和一个大区,或全国,甚至全世界。另外,还要考虑人口密度,是城市,还是郊区,或是农村。你的销售地点是在大商场里,还是在市中心,或是商业区,或是工业区,或是其他什么地方。如果你的产品与天气的温度或季节有关,还要定义诸如气候、温度和季节变化等地理环境方面的特点。地域对企业选择生产地点也有意义。除了交通和通信等原因外,有时地域的名称对企业也有重要意义。

(3) 顾客生活方式的描述。

在商业计划书的目标市场部分需要描述顾客的生活方式。在企业经营过程中,经验和本能方面能够对顾客的要求和兴趣有一定的了解,如果在这个基础上再做一番市场调查,更有助于了解顾客的生活方式和企业的经营方式。调查顾客的生活方式可以包括许多方面,不同的企业要结合自己的产品或服务有针对性地调查。

有关顾客生活方式的描述,可以从供应商那里获得信息。在进行顾客生活方式的市场调查时,还可以研究这些人最喜欢看的杂志。通过这些调查研究,就可以建立一个关于你的顾客一周活动的全景图像。你应该把你的所有顾客看成一个整体,然后再决定采用哪些传播媒介方式接近目标市场。

(4) 心理描述。

除了上述的各种客观可见的特性以外,顾客的心理因素对购买产品和服务也起着重

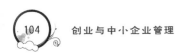

要的作用,了解顾客的消费心理有助于制订适当的市场销售计划。

企业购物也同样存在消费心理因素,另外,企业主要领导人的心理也会直接或间接地影响企业的购买行为,了解顾客的消费心理可以更有针对性地制定市场销售策略,进入市场。

5. 市场竞争描述

在撰写"市场竞争"这部分时,特别要提供以下几方面的内容。

(1) 市场竞争方面的描述。

(2) 市场分割和市场占有率。

(3) 你在市场竞争中的地位。

(4) 阻碍新产品或服务进入市场的因素。

(5) 商业机会。

因此,创业者需要把握以下方面的内容。

1) 怎样了解对手

《孙子兵法》上讲"知己知彼,百战不殆"。企业常胜不败之道在于知己知彼和顺应潮流。优秀的创业者必须时时了解市场上的竞争对手,知道他们是谁,他们在做什么,他们是怎么做的。

在撰写商业计划书时常见的现象之一,是许多新创业的企业家往往低估市场现有的竞争对手,他们缺少对竞争对手的了解,很多企业家自认为天下无敌,甚至认为没有竞争对手。而有经验的投资者看到这种商业计划书之后一定会扔进垃圾桶。他们认为这样的企业或者没有真正地进行市场调查;或者不了解怎么搞企业经营;或者它们的产品或服务根本就没有市场。那些没有竞争的产品,一定是市场不接受的产品。

在市场竞争中,既不要害怕对手,也不要轻视对手。市场调查研究是一项科学工作,在分析对手情况时一定要头脑冷静,不能带有感情因素。客观评价竞争对手可以更好地了解你的产品或服务,还可以给投资者留下好印象,让他们看到你经营企业的实力,还有助于你在竞争中让顾客看到你与对手的区别。

你的竞争对手会很多,在撰写商业计划书时要集中在你的目标市场范围内,只分析那些与你有相同目标市场的竞争对手。在分析竞争对手时,要集中在以下几个方面。

(1) 谁是你的主要竞争对手?

(2) 你们在什么方面有竞争?

(3) 你们之间的区别在哪里?

(4) 谁是你将来的竞争对手?

(5) 新的竞争对手进入市场的障碍是什么?

2) 怎样确定你在市场竞争中的位置

产品或服务的质量是在与竞争对手的较量中不断改进的。如果你想成为胜利的竞争者,你就必须了解你的竞争对手。只有在市场竞争中时时建立一个强大的竞争观念,才能确保你的竞争位置;只有在与竞争对手的较量中,企业才能发现自己在市场竞争和企业内部经营方面的优势和劣势。

每个企业都希望顾客只买自己的产品,不买竞争对手的产品,但是有许多因素影响顾客购物。顾客的消费心理和消费习惯是各式各样的，任何一个企业都不可能独占市场，你的产品或服务只能是整个市场大潮中的一朵浪花。

分析市场竞争应该包括两个组成部分：一部分是对产品价钱、服务和地点等因素的分析；另一部分是对竞争对手内部力量的分析。

3）怎样充分评价市场竞争

在市场竞争上，你有两类竞争对手：一种是具体而特异的对手；另一种是一般性泛泛的对手。前者是狭义的对手，第二种是广义的对手，他们是广义上可以影响你的市场销售的各种竞争对手。

详细的表格可以作为附件列在商业计划书后边。在充分评价市场竞争时，重点需要分析以下几个方面。

（1）影响顾客购买的因素。

影响顾客购买产品或服务的因素很多，在这里仅选择最主要的一些因素供撰写商业计划书时考虑。

① 产品或服务的特点。

② 顾客的额外支出。除了产品的价钱以外，顾客对有些产品还需要支付额外费用。

③ 产品或服务的质量。

④ 产品的耐久性与维修保养。

⑤ 产品的形象、风格和外观价值。

⑥ 企业与顾客的关系。

⑦ 企业的社会形象。

（2）内部操作因素。

有些企业内部操作因素可以增加市场上企业间的竞争，主要包括以下方面。

① 资金来源。企业获得资金的能力是决定企业有没有足够的实力保持竞争优势的最重要的因素。

② 新产品、新技术开发潜力。企业能否不断研究和开发新产品，改进现有产品的质量等。这是决定企业是否具有可持续发展的重要因素。

③ 市场预算。广告和其他促销能力。

④ 通过大量生产从而降低单位产品成本的能力。

⑤ 管理效率。

⑥ 增加产品种类的能力。

⑦ 战略伙伴。

⑧ 企业文化。

（3）市场占有率。

市场的占有率也一定会随着时间的变化而变化，不论它们的市场占有率是多少，它们总是市场竞争的重要部分。企业特别需要拿出时间研究那些市场占有率高的公司情况，特别是必须认真对待那些在自己目标市场占有率大的企业。要下工夫研究这些企业，确定你的企业与它们的区别。

（4）如何取得足够的市场占有率。

一般情况下，市场往往被几个大公司所垄断，新的企业很难挤进去。新企业在准备商业计划书时必须提供翔实可靠的资料，证明你的商业计划书是实际可行的。

在分析市场占有率时重点要集中在瓜分市场的几个主要大企业上。你需要从以下一些方面入手，分别研究这样一些因素。

① 这几个主要公司各自占年销售额总数的百分比，各自占产品销售单元总数的百分比，以及市场瓜分的趋势（增加或减少）。

② 哪个或哪些公司在历史上曾经占有过领导地位？

③ 在过去3年里，哪些公司的销售持续稳固增长？

④ 从市场总体来看，竞争程度是增加，还是降低或是稳定不变？

⑤ 这些研究结果最好用图表表示出来，便于一目了然。除此之外，还需要简单地描述这些瓜分市场的大公司的基本情况。在分析竞争对手时可以从具体的个别公司入手或把公司分类进行比较。

（5）阻碍竞争对手进入市场的障碍。

阻碍竞争对手进入市场的障碍是进行市场分析的一个最重要的因素，这也是投资者最感兴趣的方面之一。在撰写这部分内容时，要特别突出地指出有哪些因素阻碍你的竞争对手的产品进入市场。通常阻碍新的竞争者进入市场的主要因素如下。

① 专利。

② 巨额启动资金。

③ 技术含量高、生产难度大、工艺复杂、条件要求严格的产品，使竞争对手很难进入市场。

④ 市场已经饱和将使新的企业很难再涉足这个市场。

⑤ 市场在不断变化，上述种种因素也将随着时代而变化，因此，需要认真地分析这些因素的变化。

4）怎样分析未来的竞争

除了认真分析现在市场竞争以外，还要对未来市场变化趋势做一些有科学根据的预测。在商业计划书中要考虑未来可能的竞争对手，目前的竞争对手可能的发展变化等。预测未来5年市场竞争情况必须要根据现在的市场情况，整个产业的变化趋势和国家的政策做出合乎逻辑的推论。

对投资者来说，他们对新的小公司的产品或服务最为担心，所以他们对新的小公司持格外谨慎的态度。由于缺少了解或缺少过去的信息，在破产时没有多少财产可以抵债，所以对那些需要资金创业的创业者，更需要加倍努力撰写商业计划书。

6. 市场营销策略描述

任何一个风险投资家都十分关心新产品或者服务的未来的市场营销策略，因为市场营销极富挑战性，它设计的好坏可以充分展示创业者对市场的认识和营销能力。风险投资家希望了解企业的产品从生产现场到达最终用户手中的全过程。因此，在商业计划书中，企业的市场营销策略应该说明以下的问题：营销机构和营销队伍；营销渠道的选择和营销网络的构建；广告策略和促销策略；价格策略；市场渗透与开拓计划；市场营销中意外情况的应急对策等。

1）市场营销的要素

（1）市场计划和销售策略。

不能找到顾客就不能生存是企业经营的最基本原则。好的市场计划就是要能够接近顾客，激发顾客的购买欲望，最终把顾客的购买欲望变成购买现实。

一旦定义你的目标市场之后，就要估计其规模和发展趋势，分析竞争对手的情况，探查市场和制定销售策略。投资者认为，在进行市场渗透时应该把一个大市场进行区隔，有目的地制定市场销售策略。

在设计市场策略时最好聘请市场顾问、广告代理人和公共关系顾问等方面的专家一同参与设计，他们可以根据专业方面的背景帮助你突出重点，提高效率。

（2）市场和销售并重。

市场和销售虽然紧密相连，却是两个不同的概念：市场是通过传达某些信息促进顾客对产品或服务的了解；销售是直接把产品或服务送到顾客手中。

在阅读商业计划书时，投资者总是把审查市场计划放在第一或者第二的地位，他们要知道企业是否有一个实际的和有效的市场计划把企业的产品或服务送到顾客手中。

在介绍市场计划时，应该突出市场和销售并重的原则，清楚地阐述产品或服务的传播途径以及优势。顾客对产品服务最关心的是他可以从你的产品或服务得到什么好处，而不是产品的特性。好的信息传达方式可以使顾客买你的产品或服务，而不是你把产品或服务卖给顾客。

（3）市场宣传。

当明确了你将要向顾客传达什么信息之后，下一步就是要阐明你如何向顾客传播这些信息，如何接触到未来潜在的顾客，采取什么方式进行市场宣传等问题。

2）顾客需要什么

产品或服务能否成功，关键在于其是否能够满足顾客的需要。顾客对产品或服务的需要主要反映在以下几个方面。

（1）功能。你的产品和服务如何满足他们的各种特殊需要。

（2）自我感觉。你的产品或服务如何满足他们要体现个人价值、社会地位等需要。

（3）使生活方便。体现在你的产品或服务如何让人们使用更方便，更能节省时间等。

（4）对未来生活的影响。在我国城市家庭中兴起的钢琴热、计算机热和英语热等，是因为许多家长已经意识到钢琴、计算机和英语等对子女未来发展产生的影响。

（5）有效的服务和安全感。顾客对产品或服务需要有安全感。顾客买了之后是否可以得到妥善的售后服务。

（6）对家庭经济状况的影响。企业生产产品或服务还需要考虑当顾客买了产品之后对整个家庭经济状况有什么影响。即他们是否由于购买了你的产品或服务而加重家庭的经济负担，你有没有什么办法帮助他们既能购买你的产品或服务，又不会增加很多负担。这种考虑与你的目标市场定位和营销策略密切相关。

企业应该清楚自己的产品或服务如何满足顾客的这些需要。在向顾客传达信息时一定要集中突出一项或两项最能满足需要，或两项最能刺激顾客购买欲望的方面。

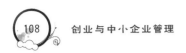

3）适当引用间接信息

间接信息常常比直接信息对顾客更有影响力，商业计划当中需要适当引用间接性的信息来增加企业在顾客心目中的分量。

4）市场策略

不同的企业有不同的市场策略，各个企业都有各自独特的与顾客接触的方法，典型的市场策略包括以下几种。

（1）广告。广告是十分有效的传播工具。打广告不要看可以传达到多少人，而应该确保广告可以正确地传达到真正的顾客，传达到你的目标市场。

（2）建立固定的老客户。对消耗性产品，建立固定的长期顾客十分重要。有了固定的长期顾客，第一，可以建立一个固定的销售基础，保证他们能不断从你的企业购买产品或服务；第二，对老顾客购买的产品或服务提供附加产品或服务，或提供新一代的产品或服务，让老顾客买更多的东西。

（3）提供附加选择。企业在提供基本产品或服务的同时，提供许多附加的选择产品或服务供顾客挑选，从而扩大销售。

（4）技术转让。为了更好地在某一地区推销产品或服务，企业可以采用向该地区的企业提供有偿技术转让的方式，通过该地区企业的发展，从而达到多销售自己产品或服务的目的。

（5）发放许可证。许多经营良好，信誉卓著的企业通过让别的公司使用其名字、商标等方式，迅速扩大市场占有率。特许经营企业用自己的品牌、信誉和优秀的经营方式等，以发放许可证的方式占领市场。

（6）建立经销商或代理商。企业可以自己建立经销渠道，也可以通过与现有的销售网络建立经销关系，由经销商或代理商帮助推销产品或服务。

（7）建立联盟。建立联盟是许多生产类似产品的企业联手进入市场的一种好方法。

（8）投资相关企业。

5）销售结构

企业的销售结构直接关系到制定市场策略。如何最后接到顾客的订单，顾客掏腰包购买产品或服务包括两个主要部分：销售能力和销售过程。对投资者来说，他们并不十分注意这部分的具体细节，只要有一个简单扼要的介绍就可以。但是，在商业计划书中一定要显示你对销售结构的成分和环节有清晰的了解。

7. 企业经营描述

这部分的重点是描述企业的日常经营情况，突出描写企业如何用理论与实践相结合的原则经营。这部分内容在商业计划书中要非常具体而实际，包括如何管理库存，如何进行设备更新等内容。

彻底计划企业的经营需要制定分开的经营手册或程序手册。这个手册应该描写整个管理经营方面的每一个细节，包括生产、销售和服务等各个方面。如果过分描写经营的细节，不但没有必要，而且显得没有效率，特别是在申请投资时更是如此。

一个企业成为胜利者的最关键之处，是建立经营标准，即企业的领导人知道怎么去干他们想干的事情，企业的每个管理人员都知道企业管理的整个程序。良好的企业经营是企业取得成功的关键,良好的企业经营使企业可以在激烈的市场竞争之中常胜不败,可以克服企业发展中经常遇到的问题。

1) 经营部分应当描述的内容

由于每个企业的特点不同,所以针对你的具体的商业计划书要做出富有个性的描述。对于从事制造的企业,销售渠道是主要困难,所以这类公司在商业计划书中要用一定的篇幅讲清如何建立销售网,通过什么销售渠道进入市场;对于零售企业,销售不是问题,所以不需要在商业计划书中过细地描述这方面的问题;对于主要依靠从事新技术开发的企业,或主要利用新技术进行生产的企业,需要突出描写有关技术开发或技术应用方面,如果这些技术在你的行业中处于领先地位,或这些新技术可以明显地提高企业的竞争地位,则需要突出描写这些技术的重要意义。

谈到经营必然涉及财务,在商业计划书中有关企业的经营部分需要简单介绍一些财务方面的数据,详细的财务情况将需要专门的章节描述。对准备成立的新企业,则需要描述启动资金方面的情况。

设备本身的情况对企业的持续发展有重要意义。在评估企业设备和其他硬件设施时,不必把所有的设备一一陈列,只需要检查那些企业生产最重要的设备,给予描述即可,重点放在那些对你的企业最有利的方面。

(1) 地点。

关于企业的地点,要介绍与生产和销售有关的任何地点,包括企业的总部所在地、零售店的地点、分支机构所在地和销售中心等,还需要介绍任何可移动的设施。同时,还要介绍相关地点面积的大小,包括各种场地的面积(如办公室、店面、生产场地和发货场地等)。另外,还要介绍车辆进出通路、进货和卸货场地、仓库、陆地和航空运输及其必须设施等。

(2) 租赁。

介绍租赁时要描述租期的时间和方式,以及付款方式。

(3) 设施改造和维护。

在商业计划书中还要描述有关设施改造的情况,现有设施在将来是否需要改造或更新。如需要改造或更新,还要写明由谁来支付这些费用、支付的方式等。

费用方面要包括气、水、电等的价格,以及是否随季节或生产量的高低而变化等情况。还要列出打扫卫生的开支,以及设备维修和保养的开支等。对那些采用节能设备的企业要特别突出自己企业使用节能设备的情况,强调自己企业的优越性。

2) 生产部分的描述应该包括的内容

无论是什么行业,每个企业都有生产过程。在介绍有关生产这部分内容时,重点介绍企业如何组织和开发生产力。与其他公司签订生产合同,通过外协生产部分零部件是一种提高生产效率的好方法。外协方式可以大大减少企业在基础设施和设备方面的投资,减少流动资金的投入。

不仅加工制造业如此,许多服务业也存在外协的情况,它们也可以把部分服务内容通过外协方式运作。

(1) 如何运用新技术。

在进行分析时,特别需要企业运用新技术的情况。科学技术的发展必然对生产、信息处理和库存控制等产生积极影响。使用计算机、机器人、光扫描或其他新设备可以降低成本和增加产量,以增加企业的利润。如果你的企业通过采用新技术取得了上述效果,应该在商业计划书中突出显示采用高新技术对企业的正面作用。

对主要靠开发或利用新技术的企业,技术是这些企业的心脏,高新技术直接决定这些企业的生存。投资者需要知道有关这些技术和如何使用这些技术方面的详细信息,所以对这些主要依靠技术生存的企业在商业计划书中还要专门加一小节描述有关技术方面的情况。这个小节可以用"技术"作为标题,描述有关企业所采用技术的基本概念、技术特点、科学性,以及技术在生产上的实际应用情况等。商业计划一定要提供一些有关技术方面必要的数据,但是要注意在提供信息和数据的时候要适可而止,防止泄露企业的商业机密,那些有可能泄密的资料一定不要写进商业计划书。

如果从银行或某些对技术缺少了解的投资家那里申请投资,不必要写得太详细,只需要泛泛地做一个简单介绍就可以。如果商业计划书只是为了达到内部交流的目的,则应该尽可能地详细,可以包括敏感的技术情报,但是一定要格外小心,确保机密不会外泄。

(2)生产部分主要应该包括的内容。

① 劳动力。关于劳动力方面需要这些内容:企业需要什么样的员工? 各种员工需要多少? 企业如何使用这些员工? 上级主管的命令如何传达到员工? 命令传达途径如何? 你们是否雇用临时劳动力?

② 生产率。生产率是衡量企业为了生产某一产品或服务需要的时间和人数的指标。税率与企业的利润直接相关。如果你可以在短时间内生产更多的产品或服务,则花在工资、机器设备和厂房设施上的每一元钱可以创造出更多的利润。在商业计划书中要介绍你们采用什么方法增加效率而又不降低产品和服务的质量。

③ 生产能力。生产能力反映的是就企业目前设施、设备和员工的情况而言可以生产多少产品或服务的能力。如果你有多余的生产能力,说明利用现在的设施、设备和员工,你有能力生产出多于现在销售量的产品或服务。

多余的生产能力表示对现在的设施、设备和员工的一种浪费,说明你花了多余的钱购置设备和雇用员工,但是这部分多余的能力并不生产任何产品或服务。

在商业计划书中需要提到企业能不能找到什么办法利用或减少这些多余的生产能力。如果接近或达到最大生产能力,则需要阐述你们准备如何扩大生产能力,保证企业的持续发展。

④ 质量控制。企业采用质量控制就是要确保每一项产品或服务都保持相同的标准。包括定期常规检查整个生产过程,对产品随机取样进行抽查,对员工进行质量管理方面的培训和奖励项目,进行顾客意见调查等。

⑤ 设备和办公用品。在商业计划书中还要列出企业的主要设备和设施,包括生产设备、交通工具、厂房设施、商店设施和办公用品等,还要写明是否租赁,是否分期付款等。描述设备和设施的状况,是否可以继续使用,或需要技术改造,或需要维修,如果需要更新,需要写上预定时间。

3)库存控制的描述应该包括的内容

(1)库存管理。

建立一套库存控制系统,增加从销售到生产,再到采购等环节之间的信息流动。

这种信息流动可以减少主观猜测成分，可以知道自己的销售情况，通过信息流动使库存保持在合理的水平。由于计算机技术的广泛应用，许多企业已经或正在实施零库存计划。

（2）库存管理的方法。

库存管理的方法之一是"及时"质量管理系统。这个概念的重点是把库存保持在一个仅可以满足交货期的水平，这样的库存全部取决于良好的信息交流和与供应商的良好关系。在执行库存管理系统交流时需要信息管理系统（MIS），通常信息管理系统通过计算机网络实现信息交流和管理，包括向供应商订货、库存量、顾客的订货和销售记录等。

在商业计划书中需要讨论如何评价和记录库存。通常有两种方法记录库存：一个是后进先出的工作方法，即最后进来的产品，最先出去；另一个是先进先出的方法，即最先进来的产品，最先出去。采取其中哪个方法与税收有关，所以在决定采用哪个方法之前应该先与财务专家商量。

4）供应和销售的描述应该包括的内容

供应商和销售的方法是决定企业是否可以健康发展的基本条件。企业应该尽量与他们搞好关系，建立一种战略伙伴的关系，让他们觉得你们是在商场中可以双赢的伙伴关系，而不仅仅是单纯的买卖关系。

（1）与供应商的关系。

一定要避免只与一个供应销售商打交道。供应商—生产企业—销售商是一种链式关系，从事生产的企业必须与几个供应商和销售商同时打交道。但是，在与供应商打交道时，不要仅仅考虑价钱因素，还要考虑产品质量和交货期等因素。要根据你的具体要求综合考虑这些因素，选择你可以与之良好交流的供应商，确保他们能够了解你的具体要求，可以持续满足你。

（2）与销售商的关系。

企业要想生存必须建立良好而可靠的销售渠道，如果你的产品需要通过批发商或中间商销售，一定要慎重选择这些中间环节。选择中间环节是企业经营的重要决策。

选择中间销售商的好办法是征求顾客和零售商的意见，从他们那里了解把产品卖给他们的销售中间商的信誉，以此作为选择中间商的重要参考依据。

5）完成订货和售后服务的描述应该包括的内容

企业做出产品，接到订单只是完成了一半工作。还要确保你的顾客能够收到他们需要的产品或服务，还要保证产品的质量要高，服务要好。这样还不够，你的产品或服务还必须跟上时代的潮流和社会的变化，你必须学会让顾客满意。从整个销售过程来看，完成订货是现在销售的一部分。售后服务是将来销售的一部分。

（1）完成订货和售后服务。

顾客对服务的要求越来越高，他们期望能够得到他们想要的任何服务，希望受到有礼貌和公平的对待。因此，越来越多的企业重新组建销售队伍，按照以顾客为中心的原则制定市场销售策略，一切以满足顾客的要求为出发点从事企业的经营。

改善经营，提高服务的重要方法是对员工进行培训，要制定相应的政策和具体的措施，检查你所提供的各种售后服务。好的售后服务注重发展与顾客建立长久的关系。

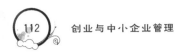

（2）评价完成订货的程序。

企业需要检查自己完成订货的程序。企业从开始接受订单，到准备物品，再到发货，最后到运输的各个环节都要逐一检查评定，确保各个环节之间信息通畅，合作无误。

研究和开发的描述应该包括哪些内容？一个企业必须不断创新才能发展。企业要持续树立站在创新顶峰的经营思想，无论以什么样的形式，企业应该永远把研究和开发放在企业经营的重要位置上。企业应该不断检查计划，了解市场变化，特别应该注意那些可以影响你的产品、服务和价格的各种因素的变化。企业的主要领导人一定要重视研究和开发，并且要有主要领导人亲自负责新产品的研究和开发。

6）财务管理的描述应该包括的内容

财务管理是企业管理的关键。企业应该建立一种固定的程序，确保可以快速和准确地控制财务信息。账单要尽快寄出，对欠款和呆账要建立追踪系统。应该可以很容易地查找付账目录，并且把财务记录定期上交给企业主要领导人，需要及时让企业的决策人了解公司的财务状况，建立可以随时查询销售和开支等方面信息的系统，而不能仅仅依靠每月的报表。

如何防止员工贪污、盗窃和滥用企业资财是企业非常难以处理的一个问题，制止这些问题需要企业各个部门彼此之间的互相配合，在企业中建立一个安全保证系统。

企业应该建立一个财务管理系统，作为常规信息资源和反馈资源，尽可能把整个信息管理系统建立成精简高效率的管理系统。

企业要有一套有专人负责的财务管理系统。个人都十分清楚地了解自己的职责和权利，一旦发生问题时，可以很快地发现问题和解决问题。对新成立的企业或准备成立的企业，要提供启动资金预算计划。

7）其他经营问题的描述应该包括的内容

根据企业的规模和性质，可能还有其他经营方面的问题，如员工的安全、环境保护、与政策和政府法规打交道、保险、进出口等事项。

（1）安全和健康。在安全和健康方面主要描述企业采取什么措施保护员工的安全和健康。

（2）有关保险和法律方面的问题。在市场经济社会，有关保险和法律方面的问题是企业经营所必须面对的重要问题。特别是当中国加入 WTO 之后，不但要面临中国国内的诸多有关保险和法律方面的问题，而且还要面临更多的国际交往方面有关保险和法律方面的问题。企业的领导人应该知道自己的企业都需要哪些方面的保险（如灾害险、事故险、责任险和汽车险等），还要知道各项保费是多少。企业的领导人应该清楚地知道，企业所面对的法律问题，如果企业内部没有专门的法律人才，企业领导人应该明确是否需要聘请法律顾问等。

（3）涉及环境保护方面的问题。企业生产关于环境方面所需要的法律问题，如执照、许可证等。管制企业生产的各种政府法规、影响企业经营的环境法规；保护环境的措施、其他涉及环境保护方面的问题。

8. 企业组织结构描述

1）怎样描述企业内部的人事情况

企业的成功直接取决于人的素质，即人是决定企业成败的第一因素，人是企业经营的心脏。投资者在决定投资项目时重点看企业的人员素质情况。他们知道企业员工,特别是管理团队人员的素质、经历、能力和人格特点等比技术、产品或服务等更重要。特别是从长远的观点看问题,人的因素更为重要。

因为这个原因,投资者在读商业计划书时往往首先看管理部分,而且特别认真、仔细地分析企业的主要管理人员的合格程度。他们不仅要看主要管理人员是否有足够的经验和能力,还要看企业的内部组织结构是否可以充分发挥管理人员的才能。在撰写商业计划书时,要在企业和管理部分多下工夫,认真评价企业内部的人事情况,分析优缺点,对企业主要领导人员更要突出描述他们的情况,向投资者显示企业内部有良好的组织结构。企业的运作机制可以充分发挥每个员工的积极性,特别是可以充分发挥领导班子成员集体的管理优势。

在准备有关企业管理部分的内容时,应该把重点集中在两个方面:第一,企业管理的主要领导人员的情况;第二,企业的管理结构和管理风格。

2)怎样描述企业的管理团队

在介绍管理团队时,应该考虑以下一些人员:主要领导人、董事会成员、顾问委员会成员以及企业在今后需要增加的领导人。

(1)主要领导人。

企业最重要的人物是企业的创始人,对于刚刚成立的公司更是如此。无论创始人担任什么主要位置,或是退居二线,都要在商业计划书中描述他们的技术和资格,投资者特别看重企业主要领导人的经历和能力。必须以充足的资料向投资者显示你有足够的能力为他们赚钱。在商业计划书中需要重点介绍以下方面的人员。

① 企业的决策人。包括总裁、首席执行官、总经理、常务副总裁,分公司或分支机构的第一把手。

② 负责生产的主管。包括主管生产的厂长、技术科长、总工程师、主管生产的副总裁、技术总监等。

③ 负责商场和销售的主要领导。包括主管销售的副总裁、销售科长和销售总监等。

④ 负责人事和负责培训的负责人。包括人事科科长、人力资源部部长等。

⑤ 研究和开发方面的负责人。包括研究和发展部总监、研究室主任、企业发展部部长和首席科学家等。

⑥ 其他参与企业经营决策的人员。

在介绍企业的管理人员时,必须从管理者的成功经历、是否适应职位要求、是否可以指导和激励员工、是否团结等几个方面考虑,当然,也不能刻意回避管理团队可能出现的缺点。

(2)董事会和顾问委员会。

投资商一般要了解董事会股东的组成和各自的投资比例情况。商业计划书可以通过表格列出董事会成员和他们在企业的投资情况,以及他们的专业背景。

有许多专业人士为企业的发展提供许多有价值的服务。这些人具有专业知识,对企业的发展发挥着重要的作用。商业计划书中应该对这些对企业有特殊价值的人员作一个简短的描述,重点介绍他们对企业的作用。企业可以设立顾问委员会利用这些人的知识和技能,顾问委员会可以起到一个不是董事会的董事会作用。一个企业应该从几个方面聘请专业人员作为编外顾问,如律师;财务顾问;管理顾问;市场销售顾问;设计顾问和行业专家。

在聘请外籍顾问和专家时需要考虑以往一些因素,并且建立专家管理档案。档案内容主要包括个人或机构名称、有关个人或机构的简单介绍、他们擅长的领域、他们的主要客户,特别是那些成功的企业;企业需要他们的原因等。

3) 怎样描述需要增加的管理人员

投资者十分重视领导班子的情况,企业经营的好坏主要在领导。如果企业的领导班子有空缺,在商业计划书中必须向投资者反映目前企业领导班子空缺的实际情况和引进人才的计划,并且写出对领导人才的具体要求。

在考虑人才引进时,不但要考虑具体的工作职能,还需要考虑整个领导班子的平衡情况。在引进人才时,应该写出具体情况,如职位、资格要求、大约需要引进的时间、需要起的作用、工资待遇和福利等。

4) 怎样描述报酬和激励机制

这部分内容需要描述企业如何建立一套有效的奖励机制,通过报酬、福利或其他方式激励员工奋发向上。在介绍企业的报酬和奖励机制时,要充分体现按劳取酬的原则,向投资者显示企业的报酬和激励机制是一整套合理、公平的机制。在撰写这部分内容时,要选择重点简单介绍。

5) 怎样描述管理结构和管理风格

企业的组织结构和管理风格决定企业的每日工作环境和企业的未来。需要从风险投资公司寻找资金的企业有必要对自己的组织结构和管理结构,如机构设置、人员设置和员工职责等方面进行重新审查,检查企业是否达到最佳运转状态。

在讨论管理结构和管理风格时,撰写者应该侧重于如何管理企业,如何做决定,权力如何使用等。

同时,还要介绍如何创造良好的企业文化、想让员工对企业有什么样的感觉,当企业制定目标或政策时员工有什么反映等。

（1）管理结构。

在商业计划书中需要用一定的笔墨介绍企业如何发挥人力资源的优势。在检查组织机构时,企业的领导人通常按照正式的组织结构关系决定如何管理员工,如何确定每个人的工作职能。在检查机构时需要考虑以下一些问题。

① 责任应该如何划分。

② 经理有哪些职责和权限,哪些经理应该负责哪些员工。

③ 产品或服务是通过生产线还是团队作业完成,每个员工是负责一部分工作,还是一组员工负责许多工作。

介绍管理结构最好的办法是通过图表组织结构的关系。可以用两个图表表示:一个图表显示责任,另一个图表报告和管理关系。可以用一点文字对每个方框的关系作一个简单的描述。

（2）管理风格。

企业的管理风格应该加强企业文化。企业的管理风格包括以下一些主要因素。

① 明确的政策。

② 人际交流。

③ 肯定员工的成绩。

④ 员工影响企业的能力。

⑤ 公平。

9. 长期发展计划和退出计划描述

企业的长期计划是商业计划书的最重要部分之一,也是投资者最感兴趣的部分之一。风险投资的核心是投资风险,投资者期望在一种充满风险的投机活动中获得高额的利益回报。风险投资者与商业银行家不同,风险投资者会对风险做出估量并敢于投资高风险的项目。他们追求的是在风险中把握机会,因此风险投资者十分看重企业的发展计划和撤出计划。他们最关心的是什么时候退出,如何撤出,风险何在,回报多少等问题,所以在商业计划书中应当做出明确的解答。

一个好的长期发展计划应该包括这样几项内容:目标、发展策略、发展的里程碑、经营风险和合理的撤出计划等。

1)企业发展目标的描述

制定目标的要点在于具体和实际,并且需要有实实在在的证据支持,否则难以取得投资者的信任。企业在书写具体长期发展计划时可以从下述几个方面入手。

(1) 简单扼要的概述。

(2) 职工数目。

(3) 店面数目、规模。

(4) 年销售额。

(5) 纯利润。

(6) 产品或服务的种类和数量。

(7) 其他。

除了以上量化的目标之外,也可以为企业的发展设定一些看得见的里程碑,从投资者观点看,这方面的内容表明创业者的确仔细关注了企业的运营,并且已经为企业的未来发展制订了清晰的计划。这些里程碑最重要的是:新企业的正式组建完成产品或服务设计;完成产品原型;雇用的员工;与分销商和供应商达成协议;进入实际生产;初次销售与交付等。[①]

2)企业发展策略的描述

为了证明上述目标的实际可行,企业要列举出为达到目标所采取的策略和具体行动,以及对具体市场所采取的不同优先顺序。典型的策略有以下几种。

(1) 市场渗透。指的是引进新的产品或服务,挤进现有的市场。

(2) 市场改善。通过加强企业现有的市场,改善现有产品或服务的质量,增加销售额和利润率。

(3) 市场扩张。增加产品的种类或类型,经营多样化,增加销售网点,提高销售量等。

---

① 王海东,李晓永.论商业计划书在投资策划中的应用.专题探讨,2004(3):26

（4）市场集中。缩减产品或服务的种类，特别是低利润的产品或服务。集中精力到高利润的项目。

（5）市场转向。企业根据市场的变化，改变现有的经营项目。

3）风险评估的描述

如果企业能够预见生产和销售产品或服务的各个环节上有可能出现的各种潜在性危险或问题，并且制定相应的应变措施，则可以把风险降低到最小程度。投资者并不在乎企业有风险，他们是否投资是根据他们对风险和回报的评价来做决定，所以风险评估是商业计划书中必要的一节。风险评估的内容应该包括各种风险可能出现的外界环境，即什么时间在什么地点可能出现什么风险，还要分析这种可能的风险对企业生产和销售将产生什么影响，以及影响程度如何等。更重要的是，需要阐述企业针对可能出现的风险将会采取什么样的措施化险为夷。

4）撤出计划的描述

所谓撤出计划就是如何把投资者的投资以资金的形式归还给他们。投资者是企业的股东之一，他们的利益与企业的经营直接紧密相关。投资者要求企业在申请投资的同时就事先明确阐明他们的投资到底最后如何转变成现金，因此撤出计划成为商业计划书的重要内容之一。企业可以根据各自的情况制订各种各样的撤出计划。一般来说，投资者只对以下几个方面的撤出计划感兴趣。

（1）股票上市。投资者期望企业未来可以公开上市，即 IPO（Initial Public Offer），进入股票交易市场。投资者把股票在股市出售后，可以转而投资另外的企业，继续成为原始股股东。如此重复达到快速积累资金的目的。

（2）企业被收购。如果不能做到股票上市，投资者希望企业将来有机会被其他企业收购。他们可以在出售企业的同时出售股票，其获利方式与股票上市的情况基本相似。

（3）企业收回股权。被投资的企业在一定时间后回收投资者股份是投资者另外一种撤出方式。

（4）股权转让。投资者也可以在适当的时候把手中的股份转让给另外的投资者。

（5）与其他企业合并。这种方式也类似于企业被收购。投资者可以在交易过程中向新的企业出售手中的股票。

能否成功退出是投资商最关心的问题。很多创业者只想到了如何拿到投资人的钱，而没有想到投资人应该怎么退出，以及创业者如何在企业运营过程中去保障投资者的利益。这一点想到了，商业计划书将得到更高的分。投资者实际关心的是如何让资本能够尽快升值，所以他们最关心的是企业怎么帮助他们实现这个目的，至于采取什么方式是次要的。因此，在商业计划书中，一定要以让人信服的方式，向投资者阐明你能帮助他们以最快的速度把钱变成更多的钱。

10. 附录

保证商业计划书的正文是要点和简洁的证据，是把必不可少的佐证资料放在附录里。这些附录可以做成另外一个文件，这样商业计划书就不会显得又厚又长、令人望而生畏了。而且这些资料应只包括有用的、能用的相关信息，不要迫使读者在各页之间来回翻查。佐证资料可以包括如下内容。

（1）主要管理者的个人简历。

（2）详尽的预测。

（3）报纸杂志的剪辑。

（4）公司简介和项目说明书。

（5）市场调查资料。

（6）项目选址的地图。

（7）行业专家的报告。

（8）按顾客分类的销售资料（例如主体客户分析）。

（9）产品成本资料。

（10）财产估价证书和租约的细节资料。

（11）专利的具体情况和技术规格。

（12）已经审计的财务报告。

商业计划书虽然包含了如此多的内容，但是也并不表明商业计划书一定是长篇大论。相反，在有些情况下，简要的商业计划书更可能打动投资者，也更可能成为创业者指导创业管理的"指南针"。①

最后需要说明的是，商业计划书是否能够产生预期的效果，除了计划书本身的品质以外，还受到其他一些配套环节的影响，这些环节包括商业计划书的包装设计、商业计划书的陈述等。任何一个环节的把握，对于投资者接受计划书都有着极大的影响，创业者必须以极大的耐心和细心来面对每一个环节。

本章小结

商业计划书是对即将进行的创业活动的整体描述，本章首先描述了商业计划书的意义以及在写商业计划书之前应当做的准备工作，接着描述了商业计划书的要素与各部分内容的撰写方法，让读者能够更加全面细致地懂得使用商业计划书。

思考问题

1．创业前编制商业计划书有哪些好处？商业计划书有哪些具体用途？

2．商业计划书中必不可少的要素有哪些？其中最核心的要素是什么？为什么？

3．长度不同的商业计划书分别用于什么场合比较合适？

4．向投资者陈述商业计划书要注意哪几方面？如何向投资者陈述一页纸的商业计划书？

---

① 刘静.风险投资商业计划书及其编制的研究.武汉理工大学学位论文,2002

第4章　创业起航

创业的过程，实际上就是恒心和毅力坚持不懈的发展过程，其中并没有什么秘密，但要真正做到中国古老的格言所说的勤和俭也不太容易。

——李嘉诚

学习目的

1. 理解创业团队的创建意义。
2. 明确如何进行创业选址及其重要性。
3. 掌握企业注册及成立的程序和要求。
4. 了解知识产权保护的内容。

引　言

"80后"草根富豪：那些出身寒门的创业者①

福布斯最近出炉了"中美30位30岁以下的创业者"榜单，美国方面，社交网站Facebook CEO马克·扎克伯格领衔的一帮"80后"让榜单充满了互联网的味道；中国方面，"富二代"、国内顶尖名校毕业生与"海归"让榜单的"高富帅"特征明显。但记者注意到，上榜的30名中国新贵中也有少数几位是出身平凡、甚至贫寒的邻家男孩，他们能在创业路上取得今天的成绩，殊为不易。

为了探究邻家男孩儿们的成功经验，本报记者采访了红遍神州的桌游"三国杀"的创作者黄恺，以及"孔明灯大王"刘鹏飞，听他们讲述自己五味杂陈的创业历程。

谈财富

"兴趣是最重要的。前几天我见了几位跟我一起上榜的创业者，他们中的不少人都持我这种心态。比如北京铁血科技的创始人蒋磊，他创办铁血网就是因为自己从小酷爱军事，现在获得成功，是建立在个人兴趣基础上的水到渠成。"

"桌游业的竞争会越来越激烈，我毫不介意。大家一起把这个蛋糕做大，是好事。我不大喜欢考虑钱的问题，钱不是人生的最终目标，但钱的确是解决温饱和发挥才华的基础。"

人物简介

黄恺，26岁，福建福清人，父母均是卫生学校的老师，2008年毕业于中国传媒大学动画学院游戏设计专业。

成就：大学二年级时创作桌游"三国杀"，使之成为中国当代第一个走红的原创桌游，并长盛不衰。2008年与朋友创立游卡桌游文化发展有限公司，任首席设计师。

当下的都市青年喜欢玩桌游，桌游种类繁多，最红的当数"三国杀"。6年前，一名20

---

① 资料来源：张强. 广州日报. 2012(5)

岁的大二学生创作了这个长盛不衰的桌游。他叫黄恺,虽然今年只有 26 岁,却是国内桌游创作界最资深的"元老"。

黄恺出生于 1986 年。在黄恺的记忆里,父母向来都很支持他的兴趣爱好,他的画画爱好始终没被"扼杀"。

从小就爱编游戏

黄恺一辈子都不会忘记,念初中时班主任叫他妈妈去参加过一场特殊的家长会,人称"坏孩子家长会",这对身为教师的妈妈来说,无疑是奇耻大辱。黄恺也知耻而后勇,从此发奋学习,成绩排名一跃迈入年级前列,并保持稳定,从此没再回归"坏孩子"行列。客观上,这保住了他日后考取游戏专业并以此为业的梦想。

黄恺当时怎么就成了"坏孩子"了呢?原因只有两个字:贪玩。他从小兴趣广泛,在众多爱好中,有一项特别另类:编游戏给伙伴玩。

早在念小学时,黄恺就成了玩伴中的"怪人",他喜欢组织一群小朋友玩游戏,但多数情况下,他并不亲自参与,而只是站在一旁看朋友们怎么玩。他在旁观时总是琢磨这么一些问题:大家为什么爱玩这个游戏?游戏规则哪里吸引人?有没有改进的余地?

玩伴们玩的游戏中,有不少是黄恺原创的。他会手绘一张区域性地图,给地图上的每个国家分配同等"兵力",通过掷骰子相互"交战",决出胜负。他儿时就对三国题材有着浓厚的兴趣,编制三国互抢城池的游戏,供玩伴们玩。等到上初中后,黄恺不再天马行空地自娱自乐,他开始利用课余时间研究日本经典游戏《游戏王》,并一笔一画地临摹了上千张游戏卡,自给自足。2004 年,黄恺参加高考。父母一度想让他去学医,但他的眼里只有画画和游戏。最终,他考取了中国传媒大学动画学院游戏设计专业。2006 年夏天的某一天,黄恺跟朋友去北京一家老外开的"桌游吧"玩"杀人"游戏——这个经典桌游当时刚刚在国内兴起。黄恺玩得津津有味并深受启发,他想借鉴类似原理亲手编个游戏出来,创作冲动强烈。

经过不断的研究和完善,黄恺的"三国杀"雏形出炉,取名为"三国无双杀"。他自制了一批游戏卡,2007 年上半年开始在淘宝上开店销售。

自制"三国杀"开网店卖 这款桌游红遍大江南北

开店之初,黄恺每月的销量都只有个位数,单件售价六七十元。不过,在为数不多的买家中出现了他的"伯乐"——清华大学计算机专业博士杜彬。从虚拟世界到真实世界,两人成了好朋友,相谈甚欢。黄恺最终成了"甩手掌柜",把网店业务交给杜彬打理,自己一头埋进设计工作。

见妈妈日子过得清闲,杜彬就征用她老人家做免费劳动力。黄恺和杜彬在电脑上设计好一平方米大小的图片大版,送到喷绘店喷绘,再把喷绘图贴到卡纸上,最后由杜彬的妈妈用切纸机把大版分解为一张张游戏卡。一年下来,他们总共卖出了 100 多套,不算多,也不算少。到了 2008 年年初,他们找到一家印染厂,印制了 5 000 套游戏卡。这一次,游戏卡上的三国人物形象全部出自黄恺的个人创作,"三国无双杀"从此进化为"三国杀"。这批原创游戏卡很快就被卖完了,"三国杀"开始走红。"三国杀"之后的爆炸式走红,或许与他们参展赠送有关。2008 年,他们携"三国杀"参加上海的一场展会,向前来参观的客人送出了几百套。当年年底,这款桌游迅速在北上广走红,并在全国传播。黄恺认为,这几百套外赠的游戏卡或许点爆了口碑传播的爆炸点。时至今日,正版"三国杀"已累计卖出了近千万套。根据目前的市价,基础版售价39元每套,典藏版售价七八十元每套,毫无疑问,这款桌游给年轻的黄恺带来了源源不断的财富。然而,市面上"10套'三国杀'中,有7套是盗版的",据估算,目前散布在民间的真假"三国杀"共有3 000多万套,"三国杀"已成为一个产业。由于游戏卡制作的门槛并不高,盗版侵权成了最让黄恺、杜彬头疼的问题。

深受盗版侵权之苦　把年轻人拉离电脑

2008年,黄恺、杜彬等人共同出资成立了北京游卡桌游文化发展有限公司,公司专设一个部门,负责发现盗版线索,联系工商部门打击。但盗版"三国杀"像野草一样,"野火烧不尽,春风吹又生",打完这个造假窝点,下一个造假点又冒出来了。

黄恺就像个"一曲成名"的歌手,由于第一首作品太成功,日后想突破自我难度极大。他说,他并不会给自己施加"突破自我"的压力,游戏创作不仅要靠努力,也取决于灵感,以后是否能创作出比"三国杀"更成功的桌游,目前还不得而知。短期内,黄恺会把主要精力放在完善"三国杀"上,他希望这款桌游能给玩家不断带来新的游戏乐趣。

短短五六年时间,以"三国杀"为代表的桌游已成为不少都市青年休闲生活的重要项目。黄恺认为,这是好事,因为玩桌游时,人与人之间是面对面沟通的,它把年轻人从网络的虚拟世界中拉回到真实的人际关系中,把他们从电脑屏幕中解放出来,去过一种健康的生活方式。有人称黄恺为中国原创桌游的"元老",他对此一笑了之。事实上,中国的桌游传统源远流长,麻将和围棋、象棋其实都是桌游,只是中国人更喜欢用"棋牌"来称呼它们罢了。他把自己目前取得的成功归因于"天时地利"。饱受诟病的网游业在衰落,都市青年对网游日益厌倦,对现实世界的社交有了更强烈的需求,桌游恰恰搭建了这样一个社交平台。

谈财富

"我从小树立的人生目标就是要让家里人过上好日子,现在我的目标实现了。我在老家办了厂,哥哥姐姐都不用再外出打工了,在家帮我管厂子。哥哥那些年打了10年工,只存下1万多元,现在他开上了奥迪车。妈妈吃了大半辈子的苦,我总对她说:'花钱随便花。'"

"'小胜凭智,大胜凭德。'这是我的座右铭。只有有德之人才能成就一番事业,创业者必须有情有义。我的7家工厂现在共有400多名专职员工,还有许多老家的乡亲在种地之余兼职为我的工厂做零活,人均月收入1 000元以上。我认为,农民最好能在老家就业,方便照顾老人、小孩。"

"我感谢命运的安排,感谢自己曾经吃过的那些苦。作为创业者,我才刚上路。"

人物简介

29岁,江西宁德人,出身于贫寒农家,父亲早逝,2007年毕业于九江学院商学院。

成就:毕业后怀揣5元闯义乌,凭借吃苦耐劳和勤于钻研,先后创立7家工厂、投资7家工厂,成为"孔明灯大王"、"十字绣巨头",年产值上亿元。

一位出身寒门的"80后",只用了5年时间,就从负债5万多元华丽转身为亿万富翁,这不是小说,而是发生在刘鹏飞身上的真实故事。

刘鹏飞出身在江西宁都的一个农民家庭,有 2 个姐姐和 1 个哥哥,一家 6 口居住在一栋破旧的黄泥房里。穷人的孩子早当家,从上小学开始,刘鹏飞回家的第一件事就是干农活,再做作业。

刘鹏飞早熟,上高中后,家境成了压在他心头的一块大石头,他纠结于一家人的生计,时常咬牙告诉自己:以后要让一家人过上好日子。有时候,他会在夏日午时跑到烈日下呆呆站立,任由暴晒;他会在傍晚跑到田地里,任由蚊子叮咬不逃避。他认为,像他这样的穷孩子,只有吃得苦中苦,今后才有可能在社会上立足。

不够学费怎么办?"钱生钱"后再报到

2002 年,刘鹏飞第一次参加高考,成绩不理想,虽然上了二本线,但他对录取院校不满意,没去报到。为了赚钱复读,他南下广东找工作,四处碰壁。干苦力赚了点钱后,他回家复读了半年,再次参加高考。这一回,成绩反而比头一年更差了。最终,他被江西九江学院商学院录取,他决定去报到。家里培养出了个大学生,本是件大喜事,但 7 000 多元的学费让一家人一筹莫展。一家人东拼西凑,只凑了 4 000 多元钱。此时,在广东待过半年、领略过商业魔力的刘鹏飞作出了一个大胆的决定:向学校申请推迟一个月报到,用这 4 000 多元钱去"钱生钱",自力更生把学费赚出来。新生报到后得购置生活用品,他认为校园里大有商机。于是,刘鹏飞用那 4 000 多元血汗钱采购了一批脸盆、水桶和锁具,在大学校园里摆起了地摊,一个多月后,不仅学费凑够了,还略有盈余。在积累了一定的经验和人脉后,他实现了"产业升级",做起了"旅行社生意"。他拉来几个要好的同学、师弟帮忙,在校园里召集学生组建旅行团,包车到庐山等景点旅游,投资回报率上了个新台阶。

远离北上广"高地"怀揣 5 元闯荡义乌

不过,刘鹏飞的 4 年大学校园生活并非一帆风顺,其间,他的家庭遭遇了一次重大的变故:父亲得癌症去世了,治病期间欠下了 5 万多元债务。2007 年夏天,刘鹏飞要跟大学校园说再见了。他学的专业是金融学,同学们都齐刷刷地进银行等对口单位捧铁饭碗,能力强、有门路的甚至在北上广等大城市找到了不错的工作。刘鹏飞却不想随大流。因为与小商品有缘,刘鹏飞很早就开始关注"小商品之都"浙江义乌。毕业后,处于无业状态的他马上启程奔赴义乌。到达义乌后,身无分文的刘鹏飞步行找到了一位在义乌打工的朋友,暂时安顿了下来。第二天,他就开始走街串巷找工作,最终被一家外贸公司聘为销售员,包吃包住,月薪 1 400 元。

"不明飞行物"开启创业路　真诚的"假公司"打动客户

某天晚上,他和朋友到街上散步,不知怎的,路人们都驻足仰视天空。刘鹏飞抬头一看,只见空中飘着几个发光物体,疑似"天外来客",让他惊奇万分。但很快有人向他说明:那是市民放飞的孔明灯。第二天,刘鹏飞花了一整天的时间走访小商品市场,寻找卖孔明灯的档口。调查结论让他激动不已:在这个全世界最大的"小商品海洋"里,销售孔明灯的商户寥寥无几,但供不应求,商机巨大。他向原先的老板提出"融资"建厂,老板没理会他,他就批发了少量孔明灯到公园摆地摊零售。刘鹏飞还开了家网店,专卖孔明灯,用他的笔记本电脑"空手套白狼"。他手头并无存货,等客户下单后,他才到市场上采购、发货。一个月下来,他竟然赚了 3 000 多元。这还没完,一个大单从天而降:一家温州的贸易公司有意把一笔 20 万元的业务交给他,但这家公司提出现场考察刘鹏飞的"公司"。

这可把刘鹏飞急坏了,他所谓的"公司"其实就是他住的出租屋,由一个位于6楼的洗手间改造而成,月租600元。刘鹏飞四处打听,找到了一间简陋的办公室和一座小厂房,临时租用一天,想在温州客户到访时"演一出戏"。

打造成"低门槛王国" "小打小闹"年产上亿

几天后,客户如约而至,刘鹏飞却突然后悔了。他鼓起勇气,把自己的"阴谋"向客户和盘托出,岂料取得了意想不到的效果。客户不仅没有拂袖而去,反而深受感动,他认为刘鹏飞是个好小伙,信得过。孔明灯的生产难度并不大,刘鹏飞用一个月的时间组织起了生产,按质按量地完成了这笔业务,净赚了10万元。这,是他人生的第一桶金。挖到第一桶金后,刘鹏飞的事业上了快车道。半年后,他的销售额累计达到了300多万元。时至今日,灯具厂的年产值已达3 000多万元。目前,中国市场上1/4的孔明灯产自他的工厂。灯具厂只是刘鹏飞众多工厂中的一家,从2007年至今,他总共创立了7家工厂,并入股了7家别人管理的工厂。刘鹏飞最新创立的工厂生产荧光板,目前年产值已超1亿元。当福布斯公司到他的公司调研时,他谦卑地说:"中国'80后'创业者开的高科技公司比比皆是,我从事的行业门槛都很低,都只是小打小闹,见笑了。"但最终,他凭借坚忍的草根创业精神,入选了榜单。

创业机会出来了,商业模式确定了,接下来就该进入创业的实际操作阶段了。在这个过程中,有很多复杂而烦琐的事情等着创业者去做,为了让创业者能够很好地应付这些事情,本章将介绍创业过程中的一些基本知识,包括创业团队的组织、创业区域和环境的选择、企业类型和法律形式的选择、企业的登记注册和行政管理以及与创业相关的法律、法规。

本章的内容结构图如图4-1所示。

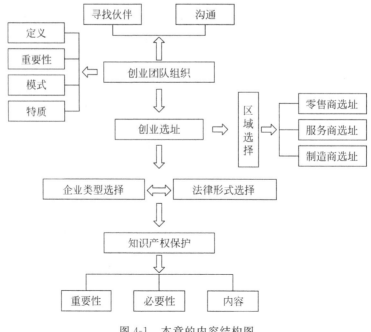

图4-1　本章的内容结构图

4.1.　创业团队的组织

现代创业活动已经不是一种纯粹追求个人英雄表现的行为,相反,成功的创业个案大都与是否能有效发挥团队运作密切相关。对于任何一个有发展后劲的创业企业而言,无论是创业者、创业经理人还是创业企业家,他们的个人才能总是有限的,都需要别人经验和能力的补充。许多调查显示,团队创业成功的几率要远远高于个人独自创业。

4.1.1　创业团队的定义

许多专家学者对创业团队进行了定义解释,但是,迄今为止,创业团队还没有一个大家公认的、比较权威的定义。大部分专家学者只是从某个方面或创业团队的一些特性方面对创业团队进行了简单的描述。

肖克(Shonk)(1982)认为,团队是包含两人或两人以上,必须协调一致,以完成共同任务;亏克(Quick)(1992)则认为,团队最显著的特征是"团队成员都能将团队目标的完成列为最高的优先地位,团队成员是各自拥有专业的技能,相互支持对方,很自然地合作,且能很清楚及公开地与其他成员沟通"。阿尔德(Alder)和海克曼(Hackman)(1987)认为,团队由一些因任务而相互依存、相互作用的个体组成,团队总是置身于一个更大的社会组织系统中,每个团队成员认可自己归属于该团队,外部人员也视这些个体为该团队的一员;哈普(Harper)认为,团队是指因组织中的正式关系而使各成员联合起来形成的,在行为上有彼此影响的交互作用,在心理上能充分意识到其他成员的存在并有彼此相互归属的感受和协作精神的集体;我国学者孙本初认为,团队是一个具有高度信任的团体,成员间相互支持合作,以每个人本身相辅相成的才能,共同为团体的使命及共同目标而努力,成员之间讲求沟通、意见参与、共同为绩效的设定及达成贡献才华。

在具体的产业和环境中,创业团队的含义又有不同。例如,依据我国台湾的产业环境状况,郭挑村(1998)对创业团队的定义稍作修正,认为创业团队是指两个或两个以上的人,他们共同参与创立企业的过程并投入资金。[①] 伯里格(Bollinger),赫普(Hope)和犹柏克(Utterback)(1983)发现高科技产业的创业团队具有下列共通性:首先,创业团队往往是 2～5 人的团队组合,而非个人式的创业;其次,创业团队创业前的经验能迅速且高度地移转至新的事业;最后,创业团队以专业技术为取才之标准。布鲁勒(Bruno)和耶吉(Tyebjee)(1985)通过对美国硅谷的高科技公司的研究,发现其创业团队一般有以下特质:首先,大部分创业团队在某些重要的职能领域上严重欠缺经验,尤其是以财务机能为最;其次,对工程方面很有经验,对于行销方面的机能也具有普通或专精的经验;最后,一般是 2～4 人的团队组合。

综合各学者的观点,我们认为可以从两个层面理解创业团队。狭义的创业团队是指

---

① 王柏胜,温肇东. 创业团队文献回顾. 中国台湾,2001(3):34

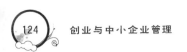

有着共同目的、共享创业收益、共担创业风险的一群经营新成立的营利性组织的人,他们提供一种新的产品或服务,为社会提供新增价值。广义的创业团队不仅包含狭义的创业团队,还包括与创业过程有关的各种关系伙伴,如风险投资商、供应商和专家咨询群体等,他们在新创企业成长过程的某个阶段中起着至关重要的作用,同时也为社会提供了一定的新增价值。

4.1.2　创业团队的重要性

许多研究和实践都证明了团队工作方式能够有效提高企业绩效。1988 年,Venture 杂志对 100 家在 IPO 前三年表现最好的企业做调查,发现其中有 56％是创业团队创业,且团队成员都还在,其余的 44％不是由个人创业就是只剩下一个团队成员。T-test 发现创业团队比非团队创业来的成功,包括在股价的表现,尽管在营收、净利并未达到显著差异的水准。罗比斯(Robbins)(1996)认为,在企业中采用团队形式至少有以下几方面的作用。

(1) 能促进团结和合作,提高员工的士气,增加满意感。

(2) 使管理者有时间进行战略性的思考,而把许多问题留给团队自身解决。

(3) 提高决策的速度,因为团队成员离具体问题较近,所以团队决策的速度比较迅速。

(4) 促进成员队伍的多样化。

(5) 提高团队和组织的绩效。

很多研究报告也显示,创业投资公司都认为创业团队在创业的过程中是很重要的。针对投资者的调查显示,有将近一半没有成功的投资案是因为创业团队的关系。越来越多的证据表明,一个好的管理团队对于风险企业的成功起着举足轻重的作用,是企业通向成功的桥梁。在新型风险企业的发展潜力(以及其打破创始人的自有资源限制,从私人投资者和风险资本支持者手中吸引资本的能力)与企业管理团队的素质之间有着十分密切的联系。

新创立的公司既可能是一个仅仅为创始人提供一种替代就业方式,为几个家人和几个外人提供就业机会的公司,也可能是一个具有较高发展潜力的公司。两者之间的主要不同点之一在于是否存在一支高素质的管理团队。一个团队的营造者能够创建出一个组织或一个公司,而且是一个能够创造出重要价值并有收益选择权的公司。当然,并不是说没有团队的风险企业注定会失败,但可以说要建立一个没有团队而仍然具有高成长潜力的风险企业却极其困难。

总之,一个好的团队对于创业企业的成功具有重要影响,主要表现在以下几个方面。

(1) 所有的风险投资家都十分重视团队的作用。一个创业企业要吸引风险资金的投入,就必须要有一个好的创业团队。正如赛伯乐(中国)创业投资管理有限公司董事长朱敏在被问及“在行业、团队、技术、商业模式等多种要素中,最看重被投资对象的哪些因素”时,毫不犹豫地回答:“团队肯定放在第一位。”有了风险资金的投入,创业企业的生存率会大大提高。那些快速成长的创业企业,一般都有一个好的创业团队。创业企业的发展不仅与团队的存在与否有关,而且与团队素质的好坏有重要关联。风险投资家们不仅越来越重视团队的素质,而且还积极参与创业团队的建立和创业团队的改进。

（2）在企业的创业过程中,创业者经常面临各种各样的压力,有时会感到孤独,有时还会觉得紧张,有问题时找不到合适的人商量等。为此,合适的团队成员在创业企业的发展过程中能够起到积极的作用,这些团队成员在一起不仅能够减轻互相之间的创业压力,而且有助于促进对创业企业发展进程中各种深层次问题的思考。中国有句俗语,"三个臭皮匠顶个诸葛亮",讲的也是这个道理。前面已经讲到,风险投资家十分看重创业团队及其团队成员的素质,这些潜在投资者的态度十分明确,他们认为创业企业的管理质量是他们决定在一个新企业投资与否的唯一重要因素,而企业的管理质量取决于创业团队的素质。

（3）由于创业团队往往拥有各种不同专业知识和不同实践经验的人才,能够满足创业企业对多种人员的需求,所以一支好的创业团队比一个企业家更能够增强创业企业的优势。一支创业团队的存在,能够保证创业企业管理的连续性,因为一个创业企业如果只有唯一的创业企业家,那么他的离开将会对这个创业企业产生破坏性的影响,甚至可能导致企业的倒闭。但是,一个创业企业如果有一个创业团队的话,那么某位团队成员的离开对创业企业产生的影响就不会那么大。再者,一个强有力的创业团队能够使创业企业的理念得到充分发挥,俗话说"众人划桨开大船",集体的智慧是无穷的,一支好的创业团队,它的团队成员会努力从各个不同角度、不同方面去诠释企业的理念,让企业的员工、顾客、潜在投资者和银行家等能够更好地去理解企业的发展理念,从而把大家的力量积聚起来,共同为企业的发展服务。广东南海联邦家私集团在长达 20 年的过程中创业团队始终没有分散,就是因为在企业发展过程中处理好了制度、情感和利益的关系,在这个过程中团队各个成员自身也不断取得突破,保证了企业目标的高度一致。

【创业实践案例】

联邦家私：20 年不散的宴席

2004 年 10 月 28 日,广东南海联邦家私集团迎来了 20 年的庆典,相对于平均寿命不过 2.9 年的中国民营企业,20 年的联邦连当初创业时的 6 个股东仍原汁原味地保留着。20 年的联邦为什么在壮大中没有分裂？20 年的联邦 6 位股东为什么在成长中没有走散？

1. 创业：目标一致

1984 年 10 月 28 日,联邦集团前身广东南海盐步联邦家具厂成立。王润林、何友志、杜泽荣、陈国恩——这 4 个小时候就在一起玩的朋友聚在一起,他们要干一番事业。小小的家具厂让这几个朋友走得更近了,不过,他们之间的关系还是发生了一些变化,朋友之外多了一层股东关系。然而,4 个农民出身的人还是不知道这个企业怎么才能办好。仅仅几个月后,联邦就出现危机——销路不畅,产品积压,还欠了银行近 10 万元的贷款。

于是,另一个被他们称作"桦哥"的儿时玩伴儿——杜泽桦被他们请出山来。那时的杜泽桦担任着一家藤器厂厂长，是当时广州荔湾区最年轻的厂长，参加过中国第一期厂长经理培训班，正是意气风发之时。杜泽桦成为联邦的"老大"不久，企业便摆脱了困境，初现生机。随后，同样有着藤器厂工作背景的另一玩伴儿——郭泳昌也毅然加盟。

联邦的6人组合，杜泽桦评价为：朴素、简单、正派，没有野心，没有排斥，在性格上互补，为了生计走到了一起。儿时的友谊和成人后的相互信任，是这支团队合作的纽带。然而，一个总裁加5个副总裁，这样的团队仅仅依靠友谊能够维持下去吗？

在当时没有技术入股概念的情况下，杜泽桦没有投入资金便进入了联邦，而其他股东都是有资金入股的。之所以能够被请入联邦，杜泽桦认为"信"在当中起着至关重要的作用。杜泽桦认为，"信"有多重含义：一是指相信、信赖。二是指"人言"为"信"，要讲诚信、讲信用。作为从小一起长大、知根知底的6个玩伴儿，这两点彼此是可以做到的。三是指威信。在加盟之前，杜泽桦坚持：联邦命令要单一，任何人不能以个人意志用事。在联邦公众利益面前，任何个人的利益或委屈都要让路。这个规矩是杜泽桦为自己，也为联邦定下的。杜泽桦认为，办企业与行军打仗一个道理，只有命令单一了，这个仗才能打胜。

既有彼此掏心的信赖，又有有诺必践的诚信，同时又能自觉形成权威中心，联邦第一道情意"箍"算是上紧了。

2. 规则：统一价值

无规矩难以成方圆，尽管当时还没有"公司法"，联邦还是仿效西方的股份制制定了联邦的公司章程。经过几次小调整之后，达成了6个股东的股份基本平均的君子协定，避免了产权不清的陷阱。但为了避免群龙无首的另一个陷阱，又规定股东会表决时，杜泽桦拥有两票，其他一人一票。这样也保证了公司决策层在投票时相左的意见不会票数相等。此后，6个人的朋友关系和股东关系更加水乳交融，联邦的制度在悄悄凝聚着团队。

处理好分配关系，是经营一个团队的关键，杜泽桦认为，分配包括责任、权力、名誉、地位、金钱与物质。如果分配制度不成熟，企业的向心力将大打折扣。而在这个环节上，杜泽桦强调：无论是公司的人力资源组织架构，还是岗位权限表，重点是实行责、权、利的高度对等。

在分配利益关系图谱中，联邦坚持了先顾客、后员工、最后股东的秩序，这样就有了联邦分配三原则：第一，当企业的利润微薄时，先保证经营者的利益，风险由投资者承担；第二，在公司推行资产经营责任制，使经营者的收益与可量化的经济指标挂钩；第三，实行年薪制。杜泽桦进行分配平衡的一个手法是，从每个部门的收益中拿出20%由集团的最高决策层作面上的平衡，根据完成考核的情况进行分配。这样管理层就既有压力，又能得到相对更公平合理的利益分配。

分配原则实际上也是联邦给管理层上紧了第二条"铁箍"。联邦大部分的收益都用于公司的发展，真正分配给股东的钱很少。

3. 成长与成功：加重合作的砝码

联邦的壮大不可避免需要引入包括用人机制的现代企业的相关制度体系，然而在这样的过程当中受到挑战的不仅仅是每个团队成员的工作能力,也包括成员心态的转变。

随着联邦的快速发展,股东担任的管理职务、能力与水平力不从心,联邦股东身份与高级经理人身份同时兼任的核心体制受到挑战。这时,职业经理人进入联邦高管层,联邦面临中国民营企业共同的挑战性问题———股东给经理人打工。1992 年,武汉市家具工业总公司的总经理石松加盟联邦,成为集团市场部总经理,股东何友志任副总经理。拉开了联邦"股东为员工打工"和"管理老板"改革历程的帷幕。1999 年,绩效考核时,股东郭泳昌负责的装饰工程部亏损,工资只拿了 80%,奖金分文皆无。看到别的副总能拿到几十万元的奖金,郭还是有些情绪,不服气,先找联邦常务副总王润林,没有谈拢,最后找到杜泽桦,杜泽桦没有让步。一个星期后,郭想通了,让出了总经理的位置。

到 2004 年时,联邦已经有 4 个主要单位的总经理为职业经理人,有 4 位联邦的股东成为经理人的下属。而在联邦 7 人组成的董事会中,6 名原始股东只有 4 位还是董事会成员,另外 3 名董事则是后来招聘进来的专业人员,而且都是外地人。这场革命最终形成了联邦的所有权与经营权分离,原始的股份制嬗变为现代企业制度。

20 年的发展,联邦团队经历着自我完善,另外来自市场的力量也在时时考验着这支团队的稳定,也使企业发展步入一个又一个里程碑。

刚开始的联邦从一个简陋的家具小作坊开始,很快由制造藤椅转向主流的木制家具。

1986 年,联邦举办的"90 年代家私展望"首开行业大规模展览的先河,引发市场轰动效应。

1990 年,联邦家私设计展与广东电视台等 5 家媒体合作举办,这也创造了联邦客户120 天排队购货的纪录。联邦"产品设计领先———市场造浪———批量生产"的商业模式让联邦斩获颇丰,品牌形象得到提升。

同时,以联邦品牌为依托的加盟连锁店也得以发展,联邦在商业领域一路高歌。

市场的成功稳固着联邦团队,但各种诱惑还是时时盯着可能出现的裂缝。联邦股东层还是一度出现小裂痕,但个别离开的股东很快又回到联邦。

4. 裂变:为了更长久的合作

联邦未来可能面对的挑战更加残酷,形势更加严峻。20 年精诚合作的联邦团队将开始产生裂变,只有主动的变革才能保持企业的成长。

2004 年 10 月 28 日,联邦迎来了 20 周年的庆典。而联邦发展史上的"二次变革"已经拉开大幕。2004 年 9 月 6 日,联邦与深圳一家咨询公司签订协议,着手计划联邦组织架构的重新调整。杜泽桦认为,联邦的组织架构还是针对 2001 年亏损时搭建的垂直结构,现在这种架构已经不适应市场的需要。

新的联邦集团将成立产品创新中心、营销中心、制造中心和物流配送中心 4 大中心,分管 11 个业务部门。在杜泽桦的计划里,集团公司以品牌、资本为纽带,各个业务部门将独立经营核算,更多的经理人将变为企业家,这意味着以联邦名义又将产生新的股东阶层,而这一次联邦充当了大股东。

在运动中合作,并非为了合作而合作,或许正是联邦团队 20 年精诚合作的理由。

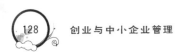

4.1.3　创业团队模式

综观各种创业团队,资金、技术、伙伴在团队组建过程中发挥了重要的作用,又因各自有所侧重,从而形成了不同的创业团队模式。[①]

1. 资金主导型的创业团队

许多创业者都认为资金问题是困扰他们创业的最大问题。风险投资家捂紧钱袋、银行惜贷如金的现实情形让创业者们有点手足无措。没有资金,创业者们空有一腔抱负,一身本领,却陷入"英雄无用武之地"的境地。如果资金问题一旦解决,他们就如虎添翼,可以振翅高飞了。也许并不是所有的创业者和所有的企业都会幸运得到资金,亚信正是得到了天使的亲吻,幸运的和天使一起振翅高飞了。

资金主导型的创业团队要克服两种误区:一是仅仅有资金就想创业,这样的出发点不完全正确,资金只有跟好的项目或者事业机会结合才可能取得创业成功,否则可能会造就"败家子",还有些企业在"二次创业"中为以前积累的资金找出路而操作失败也是由于这方面的原因;二是创业的时候忽略资金这个资源,而迟早使自己的事业得不到资金支撑而走向失败。

2. 技术主导型的创业团队

技术主导型创业是一些创业者凭借技术(可能本身就是一个项目)创业,他们可能掌握了世界最尖端的东西,但是他们往往在市场营销、经营管理等方面考虑不周,例如技术以及其产品的市场适应性;技术转化为生产能力或者产品的可行性以及成本、周期和人员管理等。只有克服了这些问题,技术主导型创业团队才无后顾之忧,真正发挥它的优势。

百度就是这样一个典型的技术主导型企业,具备搜索技术背景的李彦宏在百度的创立过程中始终发挥核心领导人的作用,百度公司所招募的技术人员大多是具备创新能力并且具有成功梦想的年轻人,他们能够一起为了探索客户最佳的技术解决方案彼此合作。百度在营销方面也进行了很长时间的探索才找到了适合国内用户的竞价排名服务,这在一定程度上表明了百度公司的领导人在营销方面的功力不足。

3. 资本、技术联合型的创业团队

"资本+技术"的团队模式在现今看来是一种最完满的组合,能让资本和技术的作用发挥得淋漓尽致。一个成功的公司,其资本运作和技术运作一定同样成功,二者不可偏颇。一个公司有充足的资金,却缺乏好的技术与项目,就会停滞不前,很难再进一步发展,早晚会被淘汰。有良好的技术,却没有资金,公司的生存就会受到威胁。

4. 平等型创业团队

平等型创业团队的成员各个方面的积累比较均衡,没有明显的差距,他们能够在企业发展过程中寻找到自身的价值并充满自信,各个成员主要是以自身的管理能力或技术

---

① 编辑组. 海归创业团队在中国. 中国留学生创业,2007(4)

背景为依托加入团队。

　　e 龙公司就是这样一个企业,1999 年 5 月,张黎刚、唐越、黄飞燕和陈人忠 4 个人共同创立了 e 龙公司,旨在继新浪网、网易和搜狐等第一批做新闻资讯点之后,创立中国自己的消费网站。有融资经验和渠道的唐越任董事会主席,张黎刚任首席执行官,斯坦福学电子工程出身的陈人忠任副总裁兼技术总监,曾在国际数据集团(IDG)任业务经理的黄飞燕任副总裁兼市场和销售总监。他们配合默契,从创业至今,e 龙网的访问量一直以每天 200% 的速度在增长。

　　美国人阿兹里娜 • 杰夫(Azriela Jaffe)在《合伙还是单干——成功合伙的 8 个秘密》一书中讲道:"在合伙过程中的每一步,婚姻和商业合伙之间的相似都是显而易见的。诸如在对你的伴侣没有足够的了解或未能解决冲突时就匆忙进入一场婚姻,这类致命的错误也表明了商业合伙如何会失败;另外,令人满意的、幸福的婚姻对于建立成功的商业合伙也是鼓舞人心的启示。问题的关键是要了解和承认商业合伙是一种亲密的关系,它也许像许多婚姻一样的复杂,有收获和挑战。如果不像对待你的婚姻那样对待你的商业合伙,你就很有可能陷于那些证明合伙是如何'不可能'成功地发展企业的案例之中。"

　　平等型的创业团队需要成员之间有非常好的合作基础和建立非常信任的关系,否则就会形成各种派别,最后分崩离析。

4.1.4　成功团队特质

　　许多成功的创业家在企业创建一开始就会组建一支强有力的团队,在创业的过程中,也非常重视创业团队的建设,以便最大限度地发挥集体作战的优势,无论是刚开始组建还是经过后续的建设,成功团队也拥有其典型的特征即成功团队的特质。所谓成功的团队,即是"正确的人"在一起时才能够保证所从事的事业能够取得较高的成功概率,虽然我们不可能将成功团队的标准制定出来,但是从经验出发,许多学者还是对何谓成功团队进行了观察并总结出了许多共同的特点。下面介绍几种有代表性的观点。①

　　(1) 莱维塔(Leavitt)及简(Jean)(1995)提出"热烈凝聚的团队(Hot Group)"的概念。这一团体名称意味着这是其具备朝气蓬勃、高绩效、成员全心投入等特点,团队成员在面临刺激而富挑战性的任务时充满了信心与斗志。团队的主要特征如下。

　　① 团队的成员专注于他们的任务。

　　② 团队的成员感觉他们能设法独立运作,但却非完全受限于组织预定的目标。

　　③ 团队的结构依任务需求变迁极为快速,规模通常很小。

　　④ 团队的组成是开放而富弹性的,只要一群人有重叠的兴趣跟共同的价值观,就可以组成一个热烈凝聚的团体。跨越组织层级或跨部门的沟通或联结是经常发生的。

　　⑤ 团体成员皆具有高度的智力并且正直,彼此交换意见,充分表达己意,常会出现激烈的论战,不轻易达成共识,目的只为求得最佳解决之道。

---

　　① 王柏胜,温肇东. 创业团队文献回顾. 中国台湾,2001(3):50

⑥ 热烈凝聚团体的成员的情感是浓厚的,包括领导者与成员之间能够相互支持,成员沉醉于富于挑战性的任务中,甚至愿意牺牲个人的利益。

(2) HR杂志(HR Magazine)于1995年提出,高绩效团队应该具备以下7项特质。

① 目标:团队成员对于团队的任务与目标有共同的信念,并且清晰而明确。

② 灌能:团队成员对于团队克服障碍、实现美景的能力具有信心。

③ 弹性:团队成员可根据任务的情境,调整执行与维持任务的功能,每一个人的优点都能经由辨识与协调而充分发挥。

④ 关系与沟通:团队成员毫无恐惧地自由表达意见、想法与感受。充满了信任、接纳与共同体的感觉,团队凝聚力极高。

⑤ 最佳生产力:高绩效团队必能产出优异的成果。

⑥ 肯定与欣赏:团队的领导者或是组织必须能肯定团队全体及个别成员的贡献,而团队成员则对曾经身为团队一分子并能提供个人贡献的美妙经验满怀感激。

⑦ 士气:团队成员对于团队的工作充满热忱,每一位成员皆以深为团队的一分子为荣。

(3) 凯尔(Carr)(1992)在《团队力量》(*Teampower: Lessons from America's Top Companies on Putting Teampower to Work*)中认为,一个成功的团队有如下8项特性。

① 支持团队合作的共享价值(Shared Values That Support Teamwork):对互信、共识、尊重和合作等价值信仰不渝。

② 清楚而有价值的目标:团队的建立本就有其目标存在,而唯有此项目标值得去努力时,团队才有成功的可能。

③ 每位成员都很重要:团队需要每位成员贡献自己的才能,如此才能达成团队的目标,所以每位成员都很重要,而且要尽其所长。阿里巴巴创始人马云认为,团队就是不要让另外一个人失败,不要让团队任何一个人失败。

④ 对目标的承诺:成员对团队目标的真正承诺要去达成,是团队行事的基础,也是团队成功的必要条件。

⑤ 目标明确而可衡量:团队目标必须明确,使成员了解如何去达成,而目标若要有意义,基本上对其结果必须要有一个明确可衡量的指针。

⑥ 直接、迅速、可靠而有效地对团队做回馈。

⑦ 团队为主的奖酬系统:组织一般都以个人绩效为奖酬的标准,但一个成功的团队应有一套以团队绩效为衡量标准的奖酬制度,避免打击士气。

⑧ 强固的个人及团队的能力必须兼备:团队成员本身必须具备良好的才能,由具有不同技能的不同成员相互合作,才能累积形成团队的能力,发挥团队的综效。

由此可见,成功的团队都拥有明确并愿意为之奋斗的目标,以及团队成员积极向上的奋斗精神,并且依靠一套可持续制度来进行激励与约束。

4.1.5　创业团队的组建与激励

1. 创业团队的组建

创业团队的组建没有统一的模式,但一般而言有两种情况比较常见。一是某位创业者有了一个好的创业思路或者找到了一个好的商机,打算创办一家企业,在接下来的时间里陆陆续续有一些感兴趣的合作者加入组成团队。二是有一群人因为创业的共同愿望,大家一起找到了一个创业的思路或发现了一个商机,然后在一开始就以共同的友谊、经验为基础组建起一支完整的团队。

苏曼(Shuman)等人研究认为,很多创业团队是由朋友、亲戚、原先的同事或校友所组成的。这样的创业团队能通过原有关系网络来进行创业。吉莱 N. 钱德勒(Gaylen N. Chandler)和斯蒂文 H. 汉克斯(Steven H. Hanks)(1998)在对 13 个创业团队进行了分析以后发现,其中有三个团队分别由大学同学、在同一企业共过事的同事和曾经一起创过业的朋友组成,另有两个团队由家庭成员组成,一个团队由夫妻和房东组成。也就是说,所有这些创业团队都是通过原有社会关系网络组成的。当然,也有很多创业者或团队不希望通过原有的网络来寻找创业团队成员。戴波 H.(Deborah H.)和威廉 R.(William R.)(2000)发现,创业团队成员创业前的友情越是深厚,就越能快速完整地组建创业团队,团队依靠隐性契约而不是显性契约的程度就越高,成员投资于创业的个人资产也越多。[①]

如果一个创业团队的成员能够为创业者起到补充和平衡的作用,相互间能够互补协调,这样的团队将会在应付企业遇到的危机、变化时表现得十分从容。那么,影响创业团队组建的主要因素有哪些呢?

1) 企业的创始人

建立一个什么类型的团队取决于商业机会的性质和企业创始人的能力、作用。在企业的初创阶段,企业的创始人通常都担任很多职务。在团队的组建过程中,就需要企业创始人对自身有一个精确的分析。如果企业创始人在技术方面具有很强的能力时,那么在团队组建时就需要吸引营销、财务方面的人才加入团队,使新加入的团队成员与企业创始人之间的能力能够互补。作为企业的创始人,需要对创业战略进行准确的评价,这是建立创业团队的关键步骤。因为企业创始人必须考虑建立创业团队是否必要,创业企业的定位是什么,是否打算把创业企业发展为一个更具潜力的企业,需要对创业企业已经具有的资源,包括拥有人才的情况、专业技术、技能、实战业绩、关系网络和其他资源进行具体评价。当新企业的建立一切准备就绪时,企业创始人还需要进一步考虑创业企业必须具备什么条件才能获得成功,在什么时候需要什么样的人才等。一个成功的创业者是一个乐观的现实主义者,它会想方设法提高企业的工作绩效,努力弄清楚自己知道哪些问题,不知道哪些问题,并能够实事求是地对待有关问题。

企业创始人在组建团队时需要考虑的问题主要体现在人才方面。

(1) 企业是否已经拥有掌握了与行业、市场及技术有关的知识和经验的人才,创始人自身在某些特定领域的优势对创业企业的成功是否具有关键作用。

(2) 企业是否已经拥有企业发展必须的关系网络,已有的关系网络能否为企业的发展带来竞争优势,企业是否还需要这方面的人才。

(3) 创始人自身的人格魅力是否能够吸引各方面的一流人才,能否有效地协调团队

① 王飞绒,陈劲,池仁勇. 团队创业研究述评. 外国经济与管理,2006(7):20

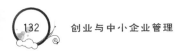

成员之间的关系。

（4）创始人决定抓住商机进行创业的原因是什么，创始人的目标和收获期望值是什么。

（5）创始人自身对将要做出的牺牲和贡献是否明确，是否已经做好了准备，其中涉及的风险有多大，面对风险能否做到安然自若，是否需要找一个与自身风险导向不同的团队成员等。

2）创业的商业机会

在组建创业团队的过程中需要考虑的第二个因素就是企业的商业机会。建立一个什么样的团队取决于企业创始人与商业机会之间的匹配程度，以及企业创始人计划以什么样的速度和措施来推进企业的发展。一般而言，大多数创业企业都会考虑依靠自身的资源来寻求企业的发展，常常是在企业能够负担得起的情况下才会考虑招募团队其他成员以组建一支完整的创业团队。如果创业企业准备寻找风险投资或其他的合作投资者支持，那么越早组建创业团队，创业企业的价值就会越高，团队成员的利益就会越大，因此，企业创始人在创办企业的过程中就要时刻考虑团队成员的利益和需要。

为此，企业创始人在面对企业的商业机会，准备组建创业团队时需要考虑的问题主要是如何使创业企业最终获得成功。

（1）对所确定企业业务的附加值和经济利益是否已经做到成竹在胸，十分明确；创业企业打算如何从企业的业务中获取经济利益，是否已经有了合适的合作者。

（2）对影响创业企业获得成功的关键变量是否已经十分明确，需要采取什么办法，通过什么人去做工作，才能对这些关键变量产生积极的影响，促使企业获得成功。

（3）企业创始人为了把握住商业机会是否已经拥有或已经得到所必需的关键因素，包括投资者、法律顾问、银行家、顾客、供应商和各有关的管理部门等，在这些关键因素中，企业创始人还需要哪方面的帮助。

（4）企业创始人对企业业务应该注重哪方面的竞争优势和竞争战略是否已经十分清楚，什么样的人能够胜任推行这一战略或优势的重任，创业企业是否已经有了这样的人选。

3）企业的外部资源

在组建创业团队的过程中需要考虑的第三个因素就是企业的外部资源。一般而言，通过获取外部资源可以弥补创业企业某些人员方面的空白点，包括董事会成员、会计师、律师和咨询顾问等。根据经验，在企业的初创阶段，税务和法律方面的专家最好以兼职的方式聘请。而创业企业在发展过程中所需要的其他方面的专业技能，因专业性太强，其外部资源往往只需要一次或只在某一阶段才有需求，或者这些需求对创业企业经营的关键业务、经营目标、经营活动来讲并不重要，那么根据经验，比较恰当的做法就是聘请咨询顾问。但是，如果某项专业技术对于创业企业而言是必不可少的，而且企业创始人又不具备这项技术，在短期内还无法学会，那么创业企业就必须聘请一个或几个这方面的专家。对于企业的外部资源，企业创始人在组建创业团队时需要考虑的问题主要体现在两个方面：一是对那些专业性强、具有一次性特点的专业知识或者是通过请兼职人员提供的专业知识的重要性，企业创始人是否十分清楚，这一点非常关键。二是对创业企业而言,如果从外部获取专业技能是否会泄露创业企业的商业机密,从而导致创业企业错失商业机会。

4）企业的价值观与发展目标

企业价值观与发展目标的准确定位对于组建一支优秀的创业团队至关重要。在任何一个创业企业里,都需要建立起一种良好的创业氛围和创业环境。尽管这种良好的创业氛围和创业环境是由企业创始人通过鼓励先进、鞭挞后进、尊重团队成员贡献等一系列措施逐步建立起来的,但是,如果企业创始人能够在一开始就把那些认同企业价值观和发展目标的人选入创业团队,将有利于创业企业良好创业氛围和创业环境的形成。那些成功的创业企业,其个人的目标和团队成员的整体目标往往能够很好地结合起来,企业的目标能够得到团队成员的大力支持。这种个人利益和部分利益、整体利益之间的一致性是企业价值观的本质所在。因此,企业创始人在组建创业团队时必须要考虑团队成员之间价值观的一致性,对企业共同价值观和发展目标的认同感。在这个前提下,企业创始人对哪些人适合哪个关键岗位、哪项关键任务,每个岗位的职责、每项任务的要求都必须十分清楚,力求把企业中能力的重复、职责的重复降到最低。但是企业的关键任务、关键问题常常不可预测,经常会发生原定人选没有完成预定任务,另由他人完成的情况。为此,在创业团队里始终保持一种责任共担、信息共享、适度松散灵活的氛围,有利于发挥团队成员的个体优势和灵活性,提高企业制定决策的效率。同时,企业创始人在考虑企业价值观问题时,还需要考虑每一位团队成员的周围是否有人在支持他,这关系到企业在困难时期创始人是否需要担负起鼓励、支持团队其他成员的责任;关系到团队成员都具有什么样的企业价值观、是否与企业的发展目标一致等。要建立起一家成功的企业,团队成员之间必须真诚团结、目标一致,都能够全身心地投入创业企业的工作中去。团队成员之间还需要达成一个共识,那就是企业的创建和发展是一个动态的过程,团队成员之间的分工、责任与任务随着企业的发展需要进行必要的调节。团队成员之间需要互相信任,企业创始人如果不信任他人就无法使企业获得成功,但是,如果企业创始人盲目的信任同样也不会取得成功。

2. 创业团队的激励

创业企业的团队激励机制主要有物质激励和精神激励。物质激励包括股票、薪金、补贴和奖金等,精神激励包括实现个人的发展和个人的目标,掌握发展自主权,培养管理技能使自己能担当起企业里的某一角色等。同时,不同的团队成员对物质激励的理解也有所不同,这取决于团队成员的个人价值观、个人的发展目标和愿望,有的团队成员追求长期资本收益,有的团队成员则偏向于短期的资金安全和短期资金收益。

团队激励机制对于创业企业的长期持续发展具有重要意义。企业创始人为团队设立的激励机制应该起到提高创业团队的积极性,使团队成员能够更好地把握企业商机的作用。这种激励机制必须贯穿于建立团队、增强创业氛围、培养团队有效性的整个过程中。一个创业企业能否吸引到所需要的高素质团队成员并留住他们,这在很大程度上取决于企业能够给予他们的物质报酬和精神报酬,即团队的物质激励和精神激励。团队成员的技能发挥、经验积累、敬业精神、风险意识和对创业企业的关心程度等都是通过合理的报酬制度,即通过团队的激励机制来实现的。

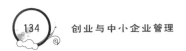

1) 激励制定的影响因素

在创业企业发展的各个阶段,创业团队的激励机制应体现出灵活性,不同时期的激励应有所不同。对于团队成员的自我发展机会和自我实现机会这种精神激励应贯穿于企业发展的全过程,而对团队成员的物质奖励则应在企业发展的不同阶段有所不同,物质奖励对于团队的所有成员来讲都是至关重要的。在创业企业发展的早期阶段,企业能够给予团队成员物质奖励的能力是有限的,企业创始人在一开始就必须仔细而全面地考虑企业的总体情况,立足于企业发展的全过程去制定团队激励机制。这个全面的奖励制度必须要能够保证企业具备长期支付报酬的能力,不会出现团队成员在贡献水平提高的情况下企业没有能力加薪,也不会出现在有新成员加入时企业付不出薪水的情况。

企业的外部创业环境对创业企业建立的激励机制也会产生重要的影响。一方面,企业和外部投资者之间的权益分配会影响到团队成员所能获得的权益份额;另一方面,创业企业所制定的激励机制也将影响到投资者和其他人对企业的可信度,他们会通过企业的激励机制来判断创业团队的敬业精神。特别是企业创始人不能够太过贪婪,过分强调自己的控制权,把创业企业的大部分所有权都揽在自己手里,而是要与团队成员一起共同努力创造一份更大的事业,并与团队成员一起共同分享这份伟大的事业。为此,企业创始人必须十分明确,把握住一个好的商业机会,建立起一个好的创业团队,与团队成员实行分散持股、财富共享,要远比掌握企业的控制权、拥有企业的大部分所有权重要。

由此看来,企业创始人制定团队早期激励机制的关键任务就是为创业团队合理地分配企业的所有权。同时,企业创始人还必须十分重视制定激励机制的程序,在创业企业内形成一种良好的创业氛围,要让所有的团队成员都感觉到自己为企业所做出的贡献必须要对得起企业给予自己的物质奖励和精神激励。创业团队的每一个关键成员都必须致力于为企业建立一个最佳的激励机制,使这个激励机制能够尽可能公平地反映所有团队成员的责任、风险和为企业做出的贡献。一个好的激励机制能够体现出特定的企业目标,能够有助于团队成员实现个人的价值。

2) 物质激励的运用

关于创业企业的物质激励问题,即团队成员之间的报酬分配问题,没有现成的有效公式可以套用,也没有一个固定的有效答案。但是,企业创始人在制定报酬分配制度时必须要注意以下几个关键问题。

(1) 不能搞平均主义。平均主义分配方式所包含的风险和潜在的危险很大。一般情况下,不同的团队成员对企业的贡献不可能完全一样,那么企业制定的报酬分配制度就应该合理地反映出这种差异。为此,应该根据每一个团队成员为企业贡献价值的大小制定差异化报酬分配制度。

(2) 要体现工作业绩。对于企业而言,不管团队成员的努力程度如何,最终都必须体现在工作的业绩上。这里的业绩是指团队成员在创业企业早期发展的整个过程中所表现出来的业绩,而不是这一过程中某一阶段的工作业绩。对于创业企业而言,在企业成立后的几年时间里,每一个团队成员所做出的贡献都会发生变化,有的贡献程度变化会很大。如果企业的报酬分配制度不能体现出这种变化,那么这个创业企业很快就会因为这种不合理的报酬分配制度而土崩瓦解。为此,创业企业制定的报酬分配制度必须要能够反映出团队成员工作业绩的大小和工作业绩的变化状况。

（3）要有灵活性。一方面，对任何一个团队成员来讲，在某一固定的时间段内，无论他做出的贡献有多大或多小，这种状况都会经常随着时间的变化而发生改变，而且团队成员的工作业绩甚至与预期的会有很大的出入；另一方面，对任何一个团队成员来讲，都有可能会因为某种原因而被替换掉，离开创业企业，这样，就要招聘新成员补充到团队中去。为此，创业企业在制定报酬分配制度时就应该体现出这种灵活性。目前，比较灵活的报酬分配制度主要有股票托管、提取——定份额的股票备日后调整等，这样的激励机制有助于使团队成员产生一种公平感。

（4）要考虑某些特定方面的价值。提出创业思路的团队成员，尤其是当这个团队成员提供了极为重要的商业机密、某方面的特定技术、对产品和市场进行的调研，那么在制定报酬分配制度时这位团队成员的贡献应当予以考虑。由于制定一份能让人接受的商业计划，特别是能够吸引投资者投资的商业计划，需要花费某些团队成员很多的资金和时间，为此，在制定报酬分配制度时这些团队成员在这方面的贡献应当予以考虑。有的团队成员在企业成立时把大部分个人净资产投资于企业，这在企业失败时要承担巨大的风险，牺牲一定的个人利益。同时，还要投入大量的时间和精力，拿他们自己的声誉去冒险，一直接受较低的薪酬，这种敬业的精神和承担的风险在制定报酬分配制度时应当予以考虑。如果团队成员为创业企业带来的工作技能、工作经验、良好的工作记录以及在营销、金融和技术等方面的社会关系，对创业企业而言至关重要而且来之不易，那么团队成员的这些工作技能、经验、业绩记录和社会关系在制定报酬分配制度时也必须予以考虑。由于团队成员对创业企业获得最后成功所起的作用十分重要，为此，在制定报酬分配制度时团队成员的作用应该予以重视。

（5）要考虑激励的时机。许多创业企业在企业发展的早期就制定出报酬分配制度，并在企业创立时就加以实施，以激励团队成员一开始就积极为企业作贡献。但是，在企业创建过程中经常会发生一些变故。以创业企业的股权分配为例，一旦股票分配方案确定下来，团队成员的相对持股地位就会保持稳定，然而，拥有大量股份的创业团队成员在企业建立后不久就可能会因为表现欠佳被替换掉，或者是因为某个团队成员有了更好的个人发展机会要退出企业，或者是因为某个团队成员在意外事故中丧生。出现任何一种情况，创业团队都要面临团队成员所持股份发生变动的问题。由此看来，物质激励的时机就非常关键。那么，有什么办法能够保证既可以在企业的初创时期就对团队成员进行物质激励，又不至于使企业创始人的权益发生损失或者被冻结？前面提到过的股票托管就是一种好的办法。股票托管是指创业企业将团队成员认购的股份交由第三人托管，并在托管期（一般为期4年）满后交付给受让人，这有助于培养团队成员为促使企业成功而长期奉献的敬业精神，也为团队成员之间在合作不成功的情况下提供了一种文明的离开方式。在托管期间，企业创始股东可以通过工作来赚得分给他们的持有股份，如果有团队成员决定在托管期满前离开企业，则必须以原先认购时的价格（价格通常很低甚至是免费的）把股份全部售还给企业。在这种情况下，团队成员在离开企业时就不能拥有任何股份，也不会获得任何意外的资本收益。

（6）在企业初创时期实行低薪。团队成员的月薪、股票期权、红利及其他福利都可以用来作为反映工作业绩变化的手段,运用这些手段的能力在一定程度上取决于企业发展的程度。由于薪水、红利、福利都会吞噬企业的现金,而在创业企业获得持续的盈利能力之前,需要大量的现金用于企业的经营和发展,所以,现金的支付就会制约创业企业的成长。因此,在一般情况下,创业企业成立的前几个月,团队成员的薪水必须维持在一个较低的水平,甚至不发薪水,至于红利和其他福利就根本不作考虑。就企业发展的实际情况而言,只有创业企业顺利实现盈亏平衡后,团队成员薪水的提高才会增强企业的竞争力。在创业企业具备持续多年的获利能力后,才可以考虑提高企业的红利和其他福利,在此之前,保持较低的红利和福利有利于促进企业的发展。

4.2. 创业选址

据香港工业总会和香港总商会的统计,在众多开业不到两年就关门的企业中,由于选址不当所导致的企业失败数量占据了总量的50%以上。面对复杂的市场状况,如何科学合理地进行选址就变得非常重要。也有人指出,创业者在研究公司地址时投入的越多,找到最适合公司发展的场所的概率越高。由此可见,虽然地址不是创业成功的内因,但创业地址的选择对创业有非常重要的影响,因此不论在什么时候,创业者都必须尽可能地营造和追求适宜于企业发展的最佳环境。

4.2.1 选择区域

哪些地区最适合新创企业的发展,这是创业者首先应当考虑的,特别是当直接选择城市会出现某些障碍时。在地区层面上选址要求创业者必须在最广泛的层面上进行,即考虑所有应当考虑进去的因素。一般来讲,地区选址应当考虑的因素主要如下。

1. 政府的服务水平

北大商业评论杂志于2005年为评选出中国最适合企业发展的城市进行了一项针对中国企业家的调查,评选范围包括港澳台在内的中国47座主要城市,调查的对象涉及国内2 881家企业。从调查结果来看,中国企业家在选择投资地点时最看重政府服务水平,但是政府服务水平却是企业家评分最低的一项。政府服务水平主要包括办公效率、灵活变通性以及政策透明性等指标。[1]

2. 地区发展趋势

一般国家会以地区为单位来制定发展战略和政策,市场的规律也会使得发展的界限突破城际的范围而扩展至其他地方。所以在地区的选择上要综合考虑哪个地区是正在快速发展的地区并且有最大可能发展起来。主要包括如下指标。

(1)人口状况,包括人口总数量、人口密度、人口增长的速度、人口的增长结构如何。

---

[1] 何志毅,何潇,涂铸.寻找中国最适合企业发展的城市.北大商业评论,2005(4):64

（2）居民收入增长，即居民可支配收入是否一直在增加。

（3）本地区的投资增加情况，本地区的投资增加值以及有哪些类型的企业打算在本地投资建厂或建设其他类型的场地。

（4）本地区的商业氛围如何。

3. 接近市场的程度

当运输成本相对成品价值较高时，选择接近目标市场的厂址对生产型企业就至关重要了。接近顾客是保持竞争力的必要条件。服务型企业往往发现接近顾客对公司是必不可少的。假如企业从事修理某一特定行业的机械设备，就应该靠近该行业集中的地方。企业越是专业化，或者向消费者运输产品的成本越高，在选址决策中，接近市场就越有可能显得至关重要。

4. 接近原料产地

在考虑体积或重量因素的情况下，接近供应商可以加速物流速度和减少仓储成本。成品和原材料的价值、运输成本及其独特功能这三个因素相互作用，共同决定企业到底需要离原材料供应地多近。

5. 选择劳动力供给充足的地方

创业者在选址时要知道本地区有多少潜在的劳动力以及有多少劳动力符合本企业的知识和技能要求。具有特殊技能要求的公司是公司要重点考虑的因素，这些劳动力需要公司花费更大的成本和精力才能够获取。一些地方为了招商引资的需要，而夸大宣传本地区的劳动力供给状况，创业者要避免受到倾向性的招商资料的影响。

4.2.2 零售商与服务商的选址

零售和服务企业成功的基础是拥有稳定的客流量。因此，这些企业在选址时，必须考虑目标消费者的便利和偏好。以下是零售和服务企业在选址时需要考虑的重要因素。

1. 顾客的数量和质量

通过商圈调查，对商圈内顾客的消费能力和商业动向予以分析。零售商与服务商考虑潜在经营场所时最为重要的标准也许就是在营业时间内经过该地段的潜在的消费者的数量。

商圈内家庭和人口的消费水平是由其收入水平决定的，因此，商圈人口收入水平对地理条件有决定性的影响。家庭人均收入可通过入户抽样调查获取。例如，北京西郊某商厦在立地之初，就对周围商圈 1～2 公里半径的居民按照分群随机抽样的方法，抽取出家庭样本 2 000 个。经过汇总分析，这 2 000 户居民中，人均月收入 500 元以下的占 10%；500～1 000 元的占 20%；1 000～1 500 元的占 20%；2 000 元以上的约占 10%。由此说明，该地区居民大都系工薪族家庭，属于中等收入水平。

企业在选择立地时，应以处于青年和中年层顾客，社会经济地位较高，可支配收入较多者居住区域作为优先选址为佳。

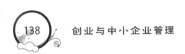

2. 交通状况

商场选址必须调查交通情况,要考虑距离车站的远近、道路状况、车站的性质、交通联结状况、搬运状况及流动人员的数量和质量等。一些高档的消费场所也需要调查物业当中及周边是否包含足够数量的停车位,这也是很多消费场所失去顾客的无奈因素。

3. 周边的商业氛围

在选址时也需要考虑周边地区是否有同类或配套的消费场所,有时候消费场所共同扎堆就形成了一个圈子,能够利用集群的优势来吸引大批量的顾客,而配套的消费场所的存在则是方便消费者的重要因素,这也正是大型购物中心的优势所在。当然,也有某些消费场所需要与其他竞争者进行隔离以创造另外的消费环境,这都是根据消费的类别来进行安排的。

4.2.3　制造商的选址

关于制造商的选址,除了需要考虑一般的选址因素之外,以下几个方面的因素也需要考虑在内。

1. 自然条件

每个工厂对于用地的面积、地形、工程地质、水文地质条件,用水的数量、质量,"三废"的排放与处理,供电、供热、运输、协作等方面都有特定的要求,选择厂址时应当尽量满足。因为上述条件的满足程度,直接对基本建设工程量、投资额和建设期限以及投产后经常的营运费用和环境条件都有很大的影响。

2. 交通情况

有些制造商需要把厂址建在铁路旁,其他一些制造商仅需要有保障的货车运输服务即可。假如大批量地购买原材料会产生规模经济,那么厂址应该设在接近铁路的地方。有时大宗货物需要驳船运输,厂址就需要靠近可通航的河流或湖泊。运用多种运输方式(联运)会大大增加运输成本,使所选厂址变得不可行。

3. 国家和政府相关要求

厂址应符合国家和政府在国防、安全、卫生、防震和防火等规范的要求。重要工厂的厂址应尽可能远离重要的战略目标,远离重要的风景区和历史文物保护区,避开自然目标显著、带有指示方位的地物;工厂不应布置在水库的下游地带,或决堤时可能遭淹没的地区,应布置在具有良好通风及采光条件的地段上;在山区、丘陵区应尽量避免把工厂布置在谷地、窝风地带;生产易燃、易爆等危险品的工业、仓库区及总仓库等应配置在城市的外围和盛行风向的下风侧,并应在沿河的码头、桥梁、船舶修造厂及其他企业等的下游侧。

4. 对周围生态环境的影响

工厂选址时,应充分结合自然地理特点,尽可能选择在能进行大片绿化的地区,以便构成大片绿色空间,以利于消除污染、改善环境,防止和减弱人为的和天然的灾害。

具有"三废"污染的工业,不宜布置在市区,应位于城镇盛行风向的下风侧和河流的下游,同时必须考虑工业对周围环境、农牧业、渔业可能产生的不利影响。在城市市区和居住区内,只允许配置居民生活所必需的、无害的、不需要与居住区建立卫生防护地带的工业。另外,需要进行污染处理的企业选址尽量选择有相应配套的工业区,否则企业就需要耗费巨资单独建设这样的设备。

5. 考虑卫生及保鲜要求

配置在同一工业区内或相邻的工业,其相互间不应有妨碍卫生及对产品质量不良的影响,尤其是食品工业与化学工业,应分别布置在不同的工业区中。

在食品工业制造厂选址时,蔬菜和水果应尽量在采摘地附近装货,海鲜必须在养殖场地边上加工和装货。应当以能否便捷地获取鲜活商品来决定这类制造商的选址。必需的设备、保鲜操作、运输状况,以及其他特殊的要求也应确保执行到位,否则就会造成不必要的损失。

6. 土地利用因素

工厂选址时,应充分注意节约用地,尽量利用荒地、薄地,少占或不占良田好土。在一个工业区内,企业与企业之间除留出必要的卫生防护地带外,应尽可能集中紧凑地配置,以节约用地和厂外工程管线的投资,并便利企业与企业之间的生产协作。

4.3　企业的类型和法律形式

不同类型和法律形式的企业,可能面临不同的法律、法规与政策,需要采取不同的管理结构和模式。

4.3.1　企业的类型

企业是依法设立从事生产、流通和服务等活动,以其生产的产品或提供的劳务满足社会需求以获取赢利的经济组织。企业是社会经济的基本单元,根据不同标准可以划分为不同的类型。具体内容如表 4-1 所示。

表 4-1　企业形式划分

划分标准	企业类型
经营性质	工业企业、商业企业、农业企业、金融保险企业、交通运输企业、邮电企业、房地产开发企业、餐饮服务企业、中介服务企业等
组织形式	个体企业、合伙制企业、股份制企业
经济成分	国有企业、集体企业和私营企业
资源密集程度	劳动密集型企业、资金密集型企业、技术密集型企业
规模大小	小型企业、中型企业

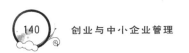

在此,具体介绍一下企业按企业组织形式不同进行的划分。按企业组织形式不同,可以将企业划分为个体企业、合伙制企业和股份制企业。

(1) 个体企业:是指由个人出资经营管理的企业。个体企业的特点是盈利自享、风险独担。个体企业是企业发展的雏形,一般经营规模不大。当企业发展到一定经营规模时,企业的组织形式就会发生变化。

(2) 合伙制企业:是指由两个以上投资者共同出资,共同经营管理的企业。合伙制企业的特点是盈利共享,风险共担。

(3) 股份制企业:是指由一定数量的股东投资,由股东大会决定经营机构进行经营的企业或公司。股份制企业按照股东承担的责任不同分为有限责任公司和股份有限公司。

作为一个创业者,了解企业类型有利于认识企业的性质,有利于清楚地知道应该创建一个什么样的企业。

4.3.2　企业的法律形式

前面介绍了企业的类型,接下来介绍一下企业法律形式方面的知识,在此基础上分析创业者如何选择企业的法律形式。

1. 企业法律形式概述

公司法律形式,也称公司形式、公司的组织形式、公司的法定种类、公司的法定类型,是指公司在法律上的组织形态,它主要根据公司股东对公司债务是否负清偿责任以及所负清偿责任的程度来决定的。我国企业的法律形式有多种,主要包括个体工商户、个人独资企业、合伙企业、中外合资企业、中外合作企业、外商投资企业、国有独资企业、无限责任公司、有限责任公司和股份有限公司等。

开始创办的企业一般都是小型企业,从工商部门统计数据来看,个体工商户、个人独资企业、合伙企业和有限责任公司4种企业法律形式是我国当前创办企业最常见的企业法律形式。对于初次创业的创业者来说,登记注册的企业法律形式基本上是以上4种。下面重点介绍这4种法律形式。

1) 个体工商户

(1) 个体工商户的概念。

个体工商户简称个体户,是指生产资料归个人或家庭所有,以个人或家人的劳动为基础,劳动成果归个人或家庭占有和支配,在法律允许的范围内,依法经核准登记、从事工商业活动的个人。

(2) 个体工商户的字号名称。

个体工商户的字号名称在申请登记管辖机关范围内同一行业中不得重名。个体工商户的字号名称一般应体现所属行业,字号名称前冠以区县地名,直接冠用市名的须经市级工商行政管理部门核准后方可使用。

个体工商户的字号名称不得使用的有如下几种。

① 外国国家(地区)名称。

② 国际组织名称。

③ 以外国文字或汉语拼音组成的名称。

④ 以数字组成的名称。

⑤ 对国家、社会或者公共利益有损害以及有碍社会道德风尚和精神文明建设的名称。

（3）个体工商户组成形式和民事责任的承担。

个体工商户可以个人经营，也可以家庭经营。个人经营的，以个人全部财产承担民事责任；家庭经营的，以家庭全部财产承担民事责任。除以上形式外，个体工商户也可以个人合伙形式经营，即由两个以上公民自愿组成，共同出资，共同劳动经营，但从业人数须在限定的人数以内。我国法律规定，个体工商户的从业人数不得超过 8 人。

（4）个体工商户的经营期限。

经营期限是指营业执照的有效期限。个体工商户营业执照的有效期限是 4 年，个体工商户临时营业执照的有效期限是 6 个月，具体起点时间是营业执照的批准日期。

2）个人独资企业

（1）个人独资企业的概念。

个人独资企业是由一个自然人投资，财产为投资人所有，投资人以其个人财产对企业债务承担无限责任的经营实体。个人独资企业是西方市场经济国家中数量最多的企业组织形式，由于投资者对企业债务承担无限责任，风险较大，企业不够稳定，大多属于中小型企业。

（2）个人独资企业的设立条件。

① 投资人为一个自然人，而且只能是中国公民。

② 有合法的企业名称。个人独资企业不能使用"有限"或"公司"字样。个人独资企业的名称可以是厂、店、部、中心和工作室等。

③ 有投资人申报的出资。设立个人独资企业的投资人可以用货币出资，也可以用实物、土地使用权、知识产权或者其他财产权利出资。投资人可以个人财产出资，也可以家庭共同财产作为个人出资。以家庭共同财产作为个人出资的，投资人应当在设立登记申请书上予以说明。

④ 有固定的生产经营场所和必要的生产经营条件。

⑤ 有必要的从业人员。

（3）个人独资企业的法律特征。

① 个人独资企业不是企业法人，不具有独立的法律人格，它的财产与投资者的个人财产没有任何区别，投资人就是企业的所有人，以其个人全部财产对企业债务承担无限责任。

② 投资人对企业经营管理拥有控制权和指挥权。尽管个人独资企业可以聘用经理或其他经营人员，但经营的最高决策权仍属于投资人。投资人有权决定企业的停业、关闭等事项。

③ 在组织结构形式上，个人独资企业是由个人创办的独资企业，其投资者是一个自然人。国家机关、国家授权投资机构或者国家授权的部门、企业、事业单位等都不能作为个人独资企业的设立人。

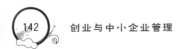

（4）个人独资企业的经营方式。

个人独资企业的经营方式是指经登记机关核准登记的个人独资企业经营活动所采用的方式或者方法。一般有自产自销、代购代销、来料加工、来样加工、来件装配、零售、批发、批零兼营、客运服务、货运服务、代客储运、装卸、修理服务和咨询服务等。代理销售、连锁经营是新产生的经营方式。

（5）个人独资企业可以从事的业务行业。

个人独资企业是私营企业，凡是个体工商户和私营企业可以从事的行业，个人独资企业均可从事；凡是国家禁止个体工商户和私营企业从事的行业、经营的商品，个人独资企业也不得从事和经营。

（6）个人独资企业对投资人出资的规定。

个人独资企业是无限责任形式的企业，企业投资人不仅要以其出资对企业承担责任，还要以个人的其他财产承担无限责任。《个人独资企业法》规定，设立个人独资企业只要有投资人申报的出资即可。个人独资企业的出资额由投资人自愿申报，投资人不必向登记机关出具验资证明，登记机关也不审核投资人的出资是否实际缴付。个人独资企业投资人应当在申请设立登记时明确是以个人财产出资还是以其家庭财产作为个人出资。根据《个人独资企业法》规定，法人不能作为个人独资企业投资人。

3）合伙企业

合伙企业是两个或两个以上的合伙人为共同经营而共同出资、共享利润和共担风险的组织体。

（1）合伙企业的概念。

合伙企业是指依照《中华人民共和国合伙企业法》在中国境内设立的，由各合伙人订立合伙协议，共同出资、合伙经营、共享收益、共担风险，并对合伙企业债务承担无限连带责任的营利性组织。

合伙企业是一种古老而富有生命力的共同经营方式，它以自身的特点和优势大量存在于世界许多国家的诸多行业之中，许多国际知名的大企业在创业阶段甚至已经成长为大规模企业后都采用了合伙企业的组织形式。

（2）合伙企业的主要特征。

① 合伙企业不是法人，合伙人之间通过签订合伙契约，规定各合伙人在合伙中的权利和义务。

② 合伙人是"人的组合"，合伙人丧亡、破产或退出等都影响到合伙企业的存续。

③ 合伙人对合伙企业的债务承担连带无限责任。合伙人以个人所有的全部财产作为合伙债务的担保。一旦合伙企业的财产不足以清偿其债务，债权人有权向任何一个合伙人请求履行全部债务。

④ 合伙人原则上均享有平等参与管理合伙事务的权利。除非契约另有规定，每个合伙人均有权对外代表合伙企业从事业务活动。

（3）合伙企业的设立。

合伙企业的设立应具备如下条件。

① 有合伙企业名称。合伙企业在其名称中不得使用"有限"或者"有限责任"字样。

② 有经营场所和从事合伙经营的必要条件。①有两个以上合伙人,并且都是依法承担无限责任者,人数上限没有限定。合伙人只能是自然人,不能是法人。②有书面合伙协议。合伙协议应当载明的事项有:合伙企业的名称和主要经营场所的地点;合伙目的及合伙企业的经营范围;合伙人的姓名及其住所;合伙人的出资方式、数额和缴付出资的期限;利润分配和亏损分担办法;合伙企业事务的执行;入伙与退伙;合伙企业的解散与清算;违约责任。

③ 有各合伙人实际缴付的出资。可以是货币、实物、土地使用权、知识产权或其他财产权利出资,甚至可以用劳务出资。对出资的评估作价可以由合伙人协商确定,无须验资。

4) 有限责任公司

(1) 有限责任公司。

有限责任公司是指股东以其出资额为限对公司承担责任,对公司的债务承担责任的法人企业。

(2) 有限责任公司的组织机构。

① 股东会。有限责任公司股东会是由全体股东组成的权力机构。

股东会行使下列职权:决定公司的经营方针和投资计划;选举和更换董事,决定有关董事的报酬事项;选举和更换由股东代表出任的监事,决定有关监事的报酬事项;审议批准董事会的报告;审议批准监事会或者监事的报告;审议批准公司的年度财务预算方案、决算方案;审议批准公司的利润分配方案和弥补亏损方案;对公司增加或者减少注册资本做出决议;对发行公司债券做出决议;对股东向股东以外的人转让出资做出决议;对公司合并、分立、变更公司形式、解散和清算等事项做出决议;修改公司章程。

② 董事会。有限责任公司设立董事会。董事会是股东会的执行机构,由 3~13 名董事组成。董事会设董事长 1 人,可以设副董事长 1~2 人,董事长为公司的法定代表人。股东人数较少和公司规模较小的有限责任公司可以只设 1 名执行董事,不设董事会。股东会会议由董事会召集,董事长主持,董事长因特殊原因不能履行职务时,由董事长指定的副董事长或者其他董事主持。

董事会对股东会负责,行使下列职权:负责召集股东会,并向股东会报告工作;执行股东会的决议;决定公司的经营计划和投资方案;制订公司的年度财务预算方案、决算方案;制订公司的利润分配方案和弥补亏损方案;制订公司增加或者减少注册资本的方案;拟订公司合并、分立、变更公司形式、解散的方案;决定公司内部管理机构的设置;聘任或者解聘公司经理(总经理,以下简称经理),根据经理的提名,聘任或者解聘公司副经理、财务负责人,决定其报酬事项;制定公司的基本管理制度。

③ 监事会。有限责任公司中经营规模较大的,设立监事会,其成员不得少于 3 人。监事会应在其组成人员中推选 1 名召集人。

监事会由股东代表和适当比例的公司职工代表组成,具体比例由公司章程规定。监事会中的职工代表由公司职工民主选举产生。有限责任公司数较少和规模较小的,可以设 1~2 名监事。

董事、经理及财务负责人不得兼任监事。监事的任期每届为三年。监事任期届满,连选可以连任。监事会或者监事行使下列职权：检查公司财务；对董事、经理执行公司职务时违反法律、法规或者公司章程的行为进行监督；当董事和经理的行为损害公司的利益时，要求董事和经理予以纠正；提议召开临时股东会；公司章程规定的其他职权。

④ 经理。有限责任公司设经理，由董事会聘任或者解聘。

经理对董事会负责，行使下列职权：主持公司的生产经营管理工作，组织实施董事会决议；组织实施公司年度经营计划和投资方案；拟订公司内部管理机构设置方案；拟订公司的基本管理制度；制定公司的具体规章；提请聘任或者解聘公司副经理、财务负责人；聘任或者解聘除应由董事会聘任或者解聘以外的负责管理人员；公司章程和董事会授予的其他职权。经理列席董事会会议。

总的来讲，有限责任公司的优点如下。

(1) 有限责任公司容易组建。

(2) 有限责任公司一般采用董事单轨制。

(3) 有限责任公司的股东风险较小。

有限责任公司的缺点如下。

(1) 公司的信用程度不及无限责任公司。

(2) 有限责任公司易产生投机倾向。

(3) 筹集资本和转让资本较难。

与个人独自及合伙企业相比，设立有限责任公司的条件更为严格，承担的社会责任也更加复杂。但是有限责任公司却能够拥有更大的规模，适合现代化大生产的需要。

2. 企业法律形式的选择

前面介绍了企业类型及企业的法律形式，对于创业者来说有了一个比较全面的了解。创业者创建一个什么样的企业，怎样选择适合于自己意愿的企业法律形式，还要从多方面考虑。一般来讲，企业选择法律形式应该考虑如下几个因素。

1) 资金充足情况

对于有限责任公司，我国法律规定资本最低限额为 3 万元；一人有限责任公司为 10 万元，公司资本可以用货币、实物、工业产权、非专利技术、土地使用权出资，但不能以其他方式出资。个体工商户、个人独资企业、合伙制企业对注册资金实行申报制，没有最低限额要求。

鉴于这些情况，创业者在选择企业法律形式时就要考虑自己创业资金的准备情况，当资金充足时，可以考虑创办有限责任公司；资金不足时，可以考虑从其他三种企业法律形式中选择一种，待企业发展壮大以后，还可以根据自己的实力重新创建、注册新的公司。

2) 税负因素

国家为了鼓励一些行业的发展或者限制一些行业的发展，在制定税法时，分别采取了不同的法律规定，由于企业规模大小不一样、行业不一样，企业的税负也不一样。创业者在创办企业初期一定要考虑企业的税负。

国务院宣布，从 2001 年 1 月 1 日起对个人独资、合伙企业停征企业所得税，只对其投资者的生产经营所得征收个人所得税。由于投资经营的行业不一样，导致不同形式的经济组织间税负不同。通常情况下,不同的行业需要缴纳不同的税种。例如,从事工业和商业活动的,要缴纳增值税(有的还要缴纳消费税);从事建筑安装、交通运输和社会服务等的,要缴纳营业税等。有些税种,因为组织形式不同,有的经济实体就不需要缴纳,例如个体工商户、个人独资企业、合伙企业不用缴纳企业所得税。税负对于一个企业来说,产生的影响是非常大的,在经营过程中,企业经常涉及纳税问题,所以企业在创办初期就应该进行纳税筹划。

3) 法律对创办企业名称和行业的要求

根据《企业名称登记管理实施办法》的规定,个体工商户、个人独资企业、合伙企业不属于法人,所以非法人不得使用属于法人字样的名称,如"有限"、"有限责任"和"公司"等。个体工商户、个人独资企业、合伙企业可以在"厂"、"经营部"、"店"和"工作室"等字样中自由选择。

对于从事某些产业的企业,法律上会给予一定的组织形式的限制,例如对于一些专门职业(律师等)被要求以合伙方式组成,其原因可能包括道德或者管理上的因素,如执业时对于客户的无限赔偿责任,基于信任的职业特点等。此外,例如银行、保险等金融事业,亦基于特殊的行业特质或者管制要求,法律要求必须以公司的形式进行组织。

4) 经营风险

企业法律形式不同,在经营过程中所承担的风险也就不同。有限责任公司比私营企业风险要小。因为有限责任公司对外承担有限责任,不会以企业以外的个人资产抵债;而承担无限责任的私营企业,如个人独资企业、合伙企业,一旦经营失败,不但要以企业的全部资产作抵债,同时企业以外的个人资产也要用于抵债。合伙企业的合伙人也要承担无限连带责任。鉴于这种情况,创办企业要权衡利弊,充分考虑经营风险。

5) 技术因素

创业者往往掌握着不同的专业技术,所注册的企业如果符合注册高新技术企业的条件,可以充分利用国家对高新技术企业政策的扶持,注册高新技术企业,使你的企业更快地发展起来。在我国,各省、市、地区对高新技术企业划定的条件不完全一样,创业者一定要了解当地对高新技术企业的规定。

4.4　知识产权保护

在我国,由于现代工商业发展的历程比较短暂,法律、法规长期处于不健全的状态,从而导致我国知识产权保护意识淡薄,盗版、假冒等蓄意侵犯知识产权的行为十分常见。即使在加入 WTO 几年之后,我国的知识产权法律、法规也进行了相关的完善,然而与国际标准相比,知识产权的重要性仍然远未被企业和人民群众所认识。我国企业还需要进一步加强知识产权保护力度,牢固树立知识产权的注册登记和保护意识。

4.4.1　知识产权保护的必要性及重要性

在我国经济发展的现阶段,知识产权保护的意识亟待加强,当前知识产权的重要性

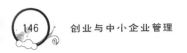

集中体现在以下方面。

1. 基于知识经济时代背景的价值

以知识产权为基础发展起来的知识经济是以智力资源为依托，以高技术为支柱产业，不消耗或少消耗短缺资源，具有可持续发展、人和自然的协调、全球化特征的经济。随着时代的进步，知识产权已经成为企业最有活力、最有竞争性、具有最大增值效应的资产。现代资本的扩张，是管理、技术、资金的综合扩张。而知识和资金的结合，成为资本市场运作的最活跃因素。知识产权将会像以往经济形态中的普通产品一样被开发、生产和销售，同样也会出现作假、盗版等情形，因此，企业应当在新的时代背景下像保护以往产品的质量一样保护知识产权。

2. 中国企业培养竞争力的一项重要素质

在我国，人们并没有把知识产权真正作为财产权来看待，只注重有形财产的积累与保护，却忽视了对知识产权的保护，这是观念问题。知识产权保护意识的缺失使得我国企业在发展到一定程度不得不面对这些对企业极其重要的问题，特别是我国企业在开拓国际市场时更加受到这方面基本素质的制约。我国企业知识产权保护意识薄弱的原因如下。

（1）中国企业整体知识产权保护处于不利状况，在一定程度上弱化了企业坚持知识产权保护的信心。由于知识产权制度的保护不利，造成市场缺乏公平有序的原则，增加了企业自主创新的成本，使企业对知识产权的期待变得消极。

（2）中国企业对知识产权本身认识不到位。许多企业负责人对知识产权的内涵及重要性认识不到位，其对财产的观念始终停留在短期的收益上，认为企业最重要的目标是盈利，知识产权只是一种工具，无论是否是属于自主拥有的，只要能够为盈利服务就可以随便拿来使用，这样不仅不能够很好地保护企业自身的知识产权，对侵犯其他机构的知识产权也没有清醒的认识。

（3）知识产权的作用没有得到充分地体现。对知识产权作用的体现主要表现在对企业盈利的贡献程度上，然而知识产权的作用并不是如此直接地体现出来。还需要经过市场的确认才能够实现。例如商标，在企业使用自己商标的时候并未充分发现商标对企业的重要性，然而一旦被他人所盗用和侵犯时，影响到了企业的盈利，商标的保护才具有更加现实的意义。或者在企业发生侵犯其他机构的知识产权而得到其他机构的诉讼时，企业才会意识到知识产权确实是一项实实在在的权利。

由此可以发现，知识产权保护意识的提高受到法制环境、企业认知等因素的影响，中国企业知识产权保护制度的有效执行和企业意识的提高需要一个提升的过程。

3. 中国适应 WTO 规则与经济全球化需要

近年来，全球因知识产权侵权所造成的损失每年达上千亿美元。从国家利益的角度观察，知识产品的无形性和可复制性，使得知识产品不能像有体物一样在空间上进行占有，从而排斥他人未经允许的利用。正是如此，各国才逐渐颁布知识产权法，以禁止非法使用他人的技术、作品和商标等知识产品。为克服知识产权法的地域性与知识产品的全球传播性之间的矛盾，国际社会经历了一个从双边安排到多边条约的过程，使公约成员基于一定的保护标准,相互保护对方的知识产权。世界知识产权组织(World Intellectual Property Organization,WIPO)于 1967 年 7 月 14 日在斯德哥尔摩成立并签署了《成立世界知识产权组织公约》,该公约于 1970 年 4 月 26 日正式生效。1974 年 12 月,世界知识产权组织成为联合国的一个专门机构,我国于 1980 年 3 月 3 日加入该组织。截至 2000 年,参加该组织的国家和地区有 175 个。目前,国际版权公约的基本原则可归纳为如下几条。

(1) 国民待遇原则。即若作者为一缔约国国民,不论其作品在哪个国家出版,或作品首次在某一缔约国出版,该作者在其他缔约国中均享有各缔约国给予其本国国民作品同等的保护。

(2) 自动保护原则。《伯尔尼公约》规定:凡缔约国的作品不需办理任何手续,就可以在其他缔约国内受到保护,这就是自动保护原则。但世界版权公约则对著作权保护的取得规定了要求履行的手续,如缴送样本、注册登记、登记启事、办理公证文件、偿付费用或该国国内制作出版等。作为版权保护的条件,经作者或著作权所有人授权出版的作品的所有各册,自首次出版之日起,须在版权栏目内醒目的地方标出©符号,注明著作权所有人的姓名、首次出版年份等。世界版权公约规定,只要履行了这些手续,就被认为履行了缔约国国内法所规定的手续,就能在所有缔约国内享有公约的保护。

(3) 独立保护原则。某个缔约国的作品,在另一缔约国依该国法律受到保护,不受作品在原属国的保护条件约束,前面提到的两个公约均采用此原则。同时规定:任何作品如在首次出版 30 日内,在两个或两个以上缔约国内出版,则视为在上述缔约国内同时出版。

1986 年,关贸总协定第 8 轮乌拉圭回合谈判时,知识产权被列入多边谈判的议题。1995 年 7 月 1 日,《与贸易有关的知识产权(包括假冒商品贸易)协议》(又称 TRIPs 协议)签订生效,服务贸易和知识产权保护问题被列入多边协议。

为了提高我国知识产权创造、保护、管理的能力,我国于 2008 年 6 月颁布实施了《国家知识产权战略纲要》,并提出及时修订专利法、商标法和著作权法等知识产权专门法律及有关法规。

提高我国企业保护知识产权的意识以及适应国际规则的能力,需要我国法制环境的改善和执法水平的提高,对我国企业形成强有力的推动,才能够在短时间内快速加强企业知识产权保护的力度,减少因知识产权保护不利而导致技术和经济方面的损失。

4.4.2　知识产权的内容

随着知识经济和经济全球化的加快,知识产权已成为当今各国及企业发展的博弈的重要手段,知识产权的状况及其发展态势将直接影响到国家和企业的竞争力。正如施乐公司的 CEO 托曼所言:“管理知识产权将使公司创造更多的财富,只有善于管理知识产权的企业才能取得成功。”可见,知识产权管理已经成为现代化企业管理的重要组成部分。

　　在我国,由于现代工商业发展的历程比较短暂,法律、法规长期处于不健全的状态,从而导致我国知识产权保护意识淡薄,盗版、假冒等蓄意侵犯知识产权的行为十分常见。即使在加入 WTO 几年之后,我国的知识产权法律、法规也进行了相关的完善,然而与国际标准相比,知识产权的重要性仍然远未被企业和人民群众所认识。我国企业还需要进一步加强知识产权保护力度,牢固树立知识产权的注册登记和保护意识。

1. 专利

1) 专利相关概念

　　专利这个词有两层含义,一层是指专利证书或专利权;另一层是指获得专利的发明创造,也就是专利技术。如果个人或者单位拥有了发明创造,经过专利机构的审查批准,授予专利证书,该发明创造就成了专利技术。

2) 专利权的三大特点

　　(1) 专有性:也称"独占性",是指专利权人对其发明创造所享有的独占性的制造、使用、销售和进出口的权利。也就是说,其他任何单位或个人未经专利权人许可不得进行为生产、经营目的的制造、使用、销售、许诺销售和进出口其专利产品,使用其专利方法;或者未经专利权人许可为生产、经营目的的制造、使用、销售、许诺销售和进出口依照其方法直接获得的产品。否则就是侵犯专利权。

　　(2) 地域性:根据《巴黎公约》规定的专利独立原则,专利权的地域性特点是指一个国家依照其本国专利法授予的专利权,仅在该国法律管辖的范围内有效,对其他国家没有任何约束力,外国对其专利不承担保护的义务,对其一项只在我国取得专利权的发明创造,专利权人也只在我国享有专利权或独占权。如果有人在其他国家和地区生产、使用或销售该发明创造,则不属于侵权行为。搞清楚专利权的地域性特点是很有意义的,这样,我国的单位或个人如果研制出有国际市场前景的发明创造,就不仅仅是及时申请国内专利的事情,而且还应不失时机地在拥有良好的市场前景的其他国家和地区申请专利,否则国外的市场就得不到保护。

　　(3) 时间性:是指专利权人对其发明创造所拥有的法律所赋予的专有权只在法律规定的时间内有效,期限过后,专利权人对其发明创造就不再享有制造、使用、销售、许诺销售和进口的专有权。至此,原来受法律保护的发明创造就成了社会的公共财富,任何单位或个人都可以无偿使用。

　　专利权的期限,各国专利法都有明确的规定,对发明专利权的保护期限自申请日起计算一般在 10~20 年不等;对于实用新型和外观设计专利权的期限,大部分国家规定为5~10 年。我国现行专利法规定的发明专利、实用新型专利以及外观设计专利的保护期限自申请日起分别为 20 年、10 年。

　　(4) 无形性:专利权是无形的,不少人往往把专利权的这一特点视为其保护对象——专利权保护的技术,其实无形性是专利权本身。否则,如对商标来讲,其对象是图案,显然不是无形的。

　　专利权的维护主要通过专利法来规定和保障。专利法是调整在申请、取得、使用、转让和保护发明创造专利过程中所发生的多种社会关系的法律、法规的总称。专利法所要解决的主要问题是发明创造的权利和归属与发明创造的利用问题。

3）专利分类

（1）国内专利。

我国专利法规定的专利包括发明专利、实用新型专利和外观设计专利。授予专利权的发明和实用新型，应当具备新颖性、创造性和实用性；授予专利权的外观设计，应当同申请日以前在国内外出版物上公开发表过或者国内公开使用过的外观设计不相同和不相近似，并不得与他人先取得的合法权利相冲突。

对下列各项，不授予专利权。

① 科学发现。

② 智力活动的规则和方法。

③ 疾病的诊断和治疗方法。

④ 动物和植物品种，但生产方法除外。

⑤ 用原子核变换方法获得的物质。

发明专利权的期限为 20 年，实用新型专利权和外观设计专利权的期限为 10 年，均自申请日起计算。

（2）国际专利。

国际专利分类（International Patent Classification，IPC）是世界各国专利机构都采用的专利分类方法，它对于专利检索几乎是必不可少的工具。

IPC 按 5 级分类：部、大类、小类、主组、分组。部以下的分类会阶段性调整、增加，从而形成新的 IPC 版本。因此，专利检索时既要细化分类以缩小范围，又要顾及临近分类专利以免遗漏。

IPC 形式为：部（1 个字母）、大类（2 个数字）、小类（1 个字母）、主组（1～3 个数字）/分组（2～4 个数字）。例如，专利"自动人造花叶"（ZL94230987.1）的 IPC 为 A41G1/00，专利"双排电话按键盘"（ZL01257183.0）的 IPC 为 H04M1/23。其中，外观设计在国外属于设计（design）范畴，因此采用另外的分类方式。

于 1996 年生效的新的关贸总协定规定，任何由外国公司提出的申请都将与美国公司有同等待遇。过去，如果有一个外国公司与美国公司同时提出申请，只要能够证明美国公司这个创意在外国公司提出专利申请的日期之前，美国公司就会获得这项专利。但现在这个规定则完全根据提出专利申请的公司，包括外国公司，开始该创意工作的时间。由于有这个变化，创业者尽可能早地准备公开文件将显得更加重要。

2. 商标

1）商标的概念

商标是一种可视性标志，包括文字、图形、字母、数字、三维标志和颜色组合，以及上述要素的组合，均可以作为商标申请注册。商标的标识还应具有显著特征，易于辨认，消费者可以据此把该商标标示的产品或服务同其他商标标示的同类产品或服务区别开来。

1983 年 3 月开始实施的《中华人民共和国商标法》及其实施细则，在商标注册程序中的申请、审查和注册等诸多方面的原则，与国际上通行的原则是完全一致的。为适应改革开放和经济形势发展的需要，更有效地打击假冒商标、制止商标侵权行为，切实保护商标注册专用权。中国于 1993 年又分别对《商标法》及其实施细则进行了修改,扩大了商标的保护范围,除商品商标外,增加了服务商标的注册和管理的规定。在形式审查中增加了补正程序,在实质审查中建立审查意见书制度,方便了商标注册申请人,这同关税与贸易总协定达成的《与贸易有关的知识产权协议》要求全部吻合。国家工商行政管理局还发布《商标印制管理规定》、《商标使用许可合同备案管理办法》等一系列规章制度。

2) 商标的特征

(1) 商标是具有显著性的标志,既区别于具有叙述性、公知公用性质的标志,又区别于他人商品或服务的标志,从而便于消费者识别。

(2) 商标具有独占性。使用商标的目的是区别与他人的商品来源或服务项目,便于消费者识别。所以,注册商标所有人对其商标具有专用权、独占权,未经注册商标所有人许可,他人不得擅自使用;否则,即构成侵犯注册商标所有人的商标权,违反我国商标法律规定。

(3) 商标具有价值性。商标代表着商标所有人生产或经营的质量信誉和企业信誉、形象,商标所有人通过商标的创意、设计、申请注册、广告宣传及使用,使商标具有了价值,也增加了商品的附加值。商标的价值可以通过评估确定。商标可以有偿转让,经商标所有权人同意,也能够许可他人使用。

(4) 商标具有竞争性,是参与市场竞争的工具。商品生产经营者的竞争就是商品或服务质量与信誉的竞争,其表现形式就是商标知名度的竞争,商标知名度越高,其商品或服务的竞争力就越强。

3) 商标注册

在中国,商标的注册由国家商标局负责。根据中国商标法的规定,凡是具备商标注册申请资格,需要取得商标专用权的,应当向商标局提出申请注册。申请人要按规定的商品类填报使用商标的商品类别和商品名称;要向有关商标管理机关提交注册申请书、商标图样;按规定要缴纳一定的商标注册费。外国人提出申请的,还应提交国籍证书和代理委托书。我国商标实行"一件商标一件申请"和"申请在先"原则。商标注册的申请日期以商标局收到申请文件的日期为准。各申请人还应按商标局的通知,按期递交第一次使用商标的日期的证明。收到注册申请文件后,商标局对商标注册申请进行初步审查,认为符合商标法规定的,予以公告。如认为不符合商标法规定的,驳回申请,不予公告。对初步审定的商标,自公告之日起三个月内无人提出异议或经裁定异议不能成立的,商标局给予核准注册并发给申请者商标注册证,并予以公告。

3. 版权

版权,又称著作权,包含以下人身权和财产权:发表权、署名权、修改权、保护作品完整权、复制权、发行权、出租权、展览权、表演权、放映权、广播权、信息网络传播权、摄制权、改编权、翻译权、汇编权以及应当由著作权人享有的其他权利。

中国的著作权法于 2002 年进行修订并于 2002 年 9 月公布实施。著作权的管理工作由国家版权局主管。作品一经创作完成无论是否发表,自动享有版权并受法律保护,版权保护作品的表达形式,不保护作品反映出的思想方法,观点和事实本身。版权登记的目的是确认作品的版权归属,为将来发生纠纷时取得证据,各级版权局及其指定机构负责办理。

4. 商业秘密

根据《中华人民共和国反不正当竞争法》规定,商业秘密是指不为公众所知悉的,能为权利人带来经济利益,具有实用性并经权利人采取保密措施的技术信息和经营信息。它主要包括商业工作规划、计划,重要商品的储备计划、库存数量、购销平衡数字,票据的防伪措施,财务会计报表;军用商品的库存量、供应量、调拨数量、流向;商品进出口意向、计划、报价方案,标底资料,外汇额度,疫病检验数据;特殊商品的生产配方、工艺技术诀窍、科技攻关项目和秘密获取的技术及其来源,通信保密保障等。商业秘密应具有不为公众所知悉、能为权利人带来经济利益、实用性、经权利人采取了保密措施这 4 个要素。

大多数创业者只拥有相对有限的资源,因此他们明知不设保护措施的后果却没有余力去想方设法保护他们的构思、产品或服务。这会为将来带来严重的问题,因为除非创业者采取预防措施,否则合法地获取竞争性信息非常容易。例如通过商务展示、短期雇员、媒体访问或信息发布等方式很容易了解竞争性信息。

创业者需要思考,如何设置保护措施以防止重要信息的外泄,以及提高雇员的保密意识以防止不必要的信息泄露。

本章小结

创业者在创业的过程中不可避免地会遇到行政手续、选址设计和法律、法规等方面的问题,本章从创业实务操作的层面出发,阐述了创业者应当如何开始进行组建团队、成立法人实体以及选择经营场所等操作知识,使读者明白成立企业过程中的具体操作方法。另外,也介绍了我国一些相关的法律、法规以及知识产权方面的维护,让读者懂得如何确保企业守法经营以及利用法律手段维护自身的合法权益。

思考问题

1. 成立一个公司要进行哪些登记和注册? 要依据哪些法律、法规进行操作?
2. 创业企业选址需要注意哪些方面? 不同类型企业选址的标准有何不同?
3. 知识产权包括哪些内容? 对不同性质的企业知识产权的重要性有何不同?

本章案例

创新工场 5 位创业者 2011 创业感悟

导读:对创业者来说,2011 年是一个最好的创业时间,也是一个最坏的创业时间。最好是因为,这一年,移动互联网开启了新一轮产业大变革,百花争鸣的趋势愈演愈烈;最坏是因为,电子商务的过山车行情揭开了资本寒冬的序幕,很多创业企业提前过冬。

然而无论最好还是最坏,对于创业者来说,成功的核心要素始终不曾改变。他们依靠敏锐的嗅觉,发现创业的引爆点;凭智慧和勇气,规避可能存在的风险乃至出奇制胜引领行业潮流。

回顾这一年,哪些事情让创业者感触最深?是创业的艰辛还是前进的喜悦?在腾讯科技昨日举办的♯微论坛♯上,创新工场孵化的 5 家创业公司的 CEO——应用汇的罗川、布丁的徐磊、知乎的周源、杀价帮的彭林及安全宝的马杰,分享了他们 2011 年的创业感悟。

他们在这过去的一年里出奇制胜,改变游戏规则,颠覆市场乃至引领行业潮流。

1. 应用汇 CEO 罗川:小团队创业需要专注

这一年发生的变化非常大,我觉得最重要的可能是两件事情,两个词,一个叫放下,另外一个叫舍得。放下就是放下自己过去的那些所有的,不管是身份也好,光环也好,还是过去的历史也好,通通放下,然后把自己想象成一个非常简单的创业者,这是一个心态上的改变。那么舍得呢?就是你要舍弃很多,舍得这个词更多的是对你所进行的服务而言。过去我都是在大企业,大企业一开始嚷嚷着要做大平台,你肯定得做一个大的平台之后,才能让老板满意,才能让公司满意。

但是作为小的创业公司就不一样。我开始跟应用汇的同事们在一块儿工作时,大家也有很多的想法。因为移动互联网刚刚开始,很新,Android 市场这个事也是苦活累活,很多人出现动摇情绪,说我们要不要做一个游戏运营,我们要不要做一个 PC 助手,最后这些想法都被我"灭掉"了。我为什么要"灭掉"这些想法?最重要的原因就是小团队必须要专注,你一定要把很多东西舍了,才能得到。这个电子市场虽然做着很苦,但它也是壁垒,因为大公司要想这么苦下来,不太可能,这样小公司才有活下去的理由。

互联网我经历了有十多年了,最重要的是"剩"者为王,最后能够剩下来的就是王。这个"剩"者为王,你怎么能够坚持下来?就是你一定要把你自己做的服务产品化和产业化,你一定要跟大伙儿绑成一体。你死了,别人也死得很难看,这就比较麻烦。

比如现在的应用汇用户量不是非常大,但如果应用汇真的不玩了,包括知乎、杀价帮、布丁都少了推广平台,它们也觉得很可惜。所以我们存活的价值就在于帮助大家能够成功,这样这个企业"剩"者为王的可能性就大很多。

我心态最大的变化是以前都是在台上跟大家握手,现在变得主要是跟各种大佬们,比如见到"雷布斯",赶紧迎上去,跟他们握手,贴近一下关系,这在以前是不会的。

这个听起来觉得有点凄惨,但其实不是这样。创业还是有很多很快乐的事情。最快乐的事是什么呢?就是能按照你自己想象的方向去做。要按照你自己的方向去做也不容易,因为你要"灭掉"很多别的想法。跟你一起创业的人,他们也有自己的方向,你怎么去做耐心细致的思想工作,让这个团队能够聚到一起,让方向非常专一,其实是个很有意思的事情。

当然你可以凭权力,老板说这么干就这么干,或者你引诱他,你要不完成这个指标,都拿不着奖金。但现在你没有这样的权威,就要靠你的智慧和经验,还有你的沟通能力,才能把这个事情做好。我觉得最快乐的时候,是把自己的想法终于兜售给了另外一个有狂热思想的人,这时我就感觉到特别快乐,这是创业里头最有乐趣的一件事。

创业最快乐的事是能按照你自己想象的方向去做。要按照你自己的方向去做也不容易,因为你要"灭掉"很多别的想法。

2. 布丁 CEO 徐磊：创业是一种生活方式的选择

创业以后的这一年有一个基本状态，现在一天要干以前七天，甚至一个月的活，拿的工资没有以前缴的税多。创业其实是一件苦事，没有那么多光环。创业不是一件容易的事，为什么还有这么多创业者？或者说总有一种按捺不住的创业冲动？

我觉得很多公司发展到一定阶段，它很难提供给你一个合适的环境，因为每个公司规模越来越大，它要靠制度的流程。制度是应该有，制度是什么呢？就是一种防范风险的工具，所以公司到了一定的规模，就必须要有制度。

作为个体来说，你想在一些框架下去做一些创新一点的事情，或者出格一点的事情，没那么容易。其实我的第一个公司，我也待了九年，前四年干得就跟打了鸡血一样，没日没夜地工作。但是慢慢发展到一定的阶段，公司进入正轨了，各方面抗风险的需求就会越来越强，你可做的事情就会越来越少。所以我慢慢发现自己没有锋芒、没有棱角了，每天就是按部就班去完成。所以我在离开的时候就告诉自己，如果再不离开，可能就被自己惯懒了，三十多岁就把自己惯懒了，是挺可怕的事情。这个时候我就觉得我应该给自己找一些能让自己兴奋起来的事情。

今天挺凑巧，我们在办公室的时候，有另外一个伙伴在工作时就说，我现在工作好多，列了一长溜的表，排着队要干，但是他觉得很兴奋。这样的人，才能适合去创业。

创业不是适合每一个人都应该去干的事情，我曾经也说过一句话，如果你愿意把自己打游戏、或者打麻将、或者唱歌跳舞抽烟的这种精力都放在工作上，那你是适合创业，如果你觉得你的生活应该多姿多彩，应该朝九晚六，应该每天有一段时间去打打球，有一段时间看看电视，也是一种非常正常，或者说大多数人应该过的生活。但是创业是一种需要破釜沉舟、义无反顾的生活姿态，不管你是领导者，还是早期团队的联合创始人也好，其实你们要付出的、牺牲的非常多，但是还是有这么多人创业，就意味着创业是一件让人热血澎湃的事情。人的一辈子，可能需要有一段这样的记忆，我的第一个公司给我留下了四五年这样的记忆，我的第二个公司现在才一年，我觉得今天的记忆，可能跟我以前，甚至已经超过了以前的那种感觉。

创业以后的这一年有一个基本状态，现在一天要干以前七天，甚至一个月的活，拿的工资没有以前缴的税多。

3. 知乎 CEO 周源：创业是一个自我修正的过程

第一次创业和第二次创业，我的变化是非常大的。我第一次创业是一个什么情况呢？我是一个控制欲特别强的人，怎么讲？这个产品是什么颜色，多大，从这样的事情到公司三个月做什么事情等所有的事情我都要决定。

我现在回过头去想，我发现其实当时我自己变成了公司的一个瓶颈，所有都需要你来做的话，你就变成了公司的一个天花板，其实你一个人是做不到的。

从知乎开始，我发生了一个很大的转变。第一点，就是足够信任团队和队友，把非常专业和他们更擅长的事情交给他们去做，这样才有可能把自己的事情做好，这是我个人一个很深的体会。

正好昨天我在知乎上看到一个媒体人在线，我当时提了一个问题，因为我以前做过媒体,我说为什么记者写稿的时候,到最后一天往往都很痛苦,对方是这么回答的,他说往往都是写到最后一天才发现这个稿子没价值,所以就痛苦,又不得不写。

我当时看完以后,挺有感触的,怎么讲?创业者的心态他可能是反过来的,当你看到一个事情它很难,或者很痛苦的时候,你通常不会觉得那个事有问题,你通常都是觉得自己有问题,觉得自己没有做到位,他痛苦的来源是不一样的。

所以我过去最深的一个体会就是,你如果真的要做到位,你就得不断地改变,你每天改变1%,你一年就改变37倍,如果你能做到这一点,那你一年下来你就不会痛苦。

创业者要足够信任团队和队友,把非常专业和他们更擅长的事情交给他们去做,这样才有可能把自己的事情做好。

4. 杀价帮 CEO 彭林:创业需要韧性

2011 年对于我来说,是人生中最关键的一年,我也希望各位网友今天能有一些收获回去。我今年最大的一个感触是,创业非常重要的一点就是韧性,当然有理想就不用说了,今天来到这儿的人都是有理想的人。这个韧性我觉得分几个层面,不是说能吃苦就叫韧性,首先最基本的一点,个人荣辱是不是能够放得下?

比如说我们每天跟同事,跟好朋友晚上喝酒聊天的时候,骂社会,骂领导,骂公司,骂环境,最后喝到高兴的时候,把酒瓶子一摔,说老子出去创业的时候,绝对比他们强,我相信这个场景在每个人身边都发生过。但是第二天早上一想到别人叫我这个总,那个总,觉得还不错。这个时候,个人的荣辱是不是能放下?对于很多创业者,很多人能够放下。

第二点,自己生活的由奢入俭。比如说以前我去成都,那是什么待遇级别,那都是车接车送,成都的各个娱乐场所都已经很清楚了,你自己创业怎么办?住一个特别偏远的小房子,成都那个地方晾衣服一个礼拜都不带干的,这种变化,大家是不是能够适应,能够接受?

其实这个韧性很多人也能够挺过来,但是下一步呢?涉及家人的责任,比如说你老婆,你孩子是靠你养的,你自己的荣辱可以放下,假如说有一天,你老婆怀孕了,马上住院了,这时候我找老婆说,我们员工工资发不下去了,你借我几万块钱吧,这种话你能不能张开口。尤其是家里对你那些期盼,你能不能放得下,这个层面确实很难达到。但是做到这一点的人也有不少,为什么?

你心里面有一个理想,有一个信念在支撑你,你可以把这些东西都做到。但当你这个理想受挫了,你的方向被投资人抨击了,投资人说你这个想法不对,你从一开始就错了,我不会给你钱的,你的团队这时候突然受到打击,大家的想法都变化了,这时候你还能不能有韧性,你还能不能坚信自己做的是对的,还能不能把这件事情坚持下来?这背后是有很多辛酸的。

所以说今年这样一个转变,我觉得对于大家来说,是非常好的事情,现在正好是大浪淘沙的时候,我坚信自己不会是那粒沙子,不会被踢出去。所以不管未来创业环境多差,我觉得能够剩下唯一的那家企业就是我,如果大家有这样的心态的话,今天的收获就很大。

现在是大浪淘沙的时候,我坚信自己不会是那粒沙子,不会被踢出去。

5. 安全宝 CEO 马杰：准备好，创业会很顺利

我做了很多年关于互联网安全方面工作后的一个感觉就是发现，在个人用户安全方面，包括我的前公司瑞星在内的多家公司，做了很多的推动工作，并且最后在几个特定的安全事件，比方说红色代码，晚期的"熊猫烧香"等等这些事件的推动下，用户认识到了安全的重要性。网站本身呢，它是一个发展的过程，前些年应该说网站安全很重要，现在网站挣钱了，这才真正重要了。在这个前提之下，大家才能逐渐意识到在这上需要进行安全的投入。我之所以创业来做这个网站安全这块，也是做了很多年安全之后，我个人的一个感觉网络安全这块，是一个成长很好，但现在又没有领导型的企业的这么一个地方。并且我们又适时地看到了很多问题，本来我想大家对这个问题的认识过程，可能还需要稍微再长一点这个周期，这次几家公司在密码问题上所暴露出来的安全性上的严重缺乏，使得这一天稍微早一点的被大家意识到了网站本身安全的重要性，现在是全民改密码。

通过这个事件体现出来即使像我们这种大型的社区，或者大型的论坛，它们都缺乏很多基础的安全性的建设工作。我觉得这次这个事件是一个灾难，同时也是一个好的事情，让我们互联网公司意识到安全的重要性。

相比其他公司，我们融资很顺利，为什么很顺利呢？是源于我们一贯做事的风格，所有的事情都想好，都准备好，它应该很顺利。

我可以说说简单的故事，我们做这个事情的想法，我也想过很多年，包括业内的很多人也都聊过天，以前瑞星的董事长也聊过，但是因为对原有的产品和公司结构的很多影响，所以很难推行成功。跟开复聊得比较顺利，他很支持我们，然后我就去做这个商业计划。看我好几个月都没动静，一直到我约定的这个期限的前几天，我才把商业计划拿出来，之前我其实一直在想，在思考一个问题，在做很多准备。当我拿出来的那天，所有的东西都是一次通过，我们算的各种费用，到需要融多少钱，基本上都是一次通过。所以整个过程没有任何的意外，这个可能是做了　些准备工作吧，所以刚才你说的那个问题，我无从回答。这可能也是因为做企业级产品养成的一种习惯吧，把事情想清楚，做稳妥。

我想我们团队做这个事情，有一个很朴实的，但是也很狂妄的一个梦想，我们做了这么多年的计算机，有幸做到了计算机发展这么快的行业里面来，有幸能做到安全这个行业里面来，我们能在这个计算机发展历史上，能在互联网发展的历史上，或者能在安全发展的历史上，留下我们自己的一些痕迹吗？我们做一辈子，或者说做安全的人，找工作真的很容易，我们在这儿也可以干，在那儿也可以干，我们想要做什么，想要做成一点什么？我想我们很多人还是想最终能做成一点什么事情。

我想我们还是热血中年吧，希望能做成一点真的能改变这个世界的什么样的事情，哪怕从一些很小的角度上。

第5章 创业与中小企业融资

> 让资本说话的企业家不会有出息,最重要的是你让资本赚钱,让股东赚钱。
>
> ——马云

学习目的

1. 了解企业融资的相关理论。
2. 理解我国企业融资方式及特点。
3. 了解企业价值评估的内容及意义。

引 言

"视美乐"面对资本的惆怅

曾被誉为中国第一家高科技学生创业公司的视美乐,如今几乎销声匿迹。视美乐的创始人之一徐中对外公开表示:"我们几个人当初满怀理想创立了视美乐,希望三五年能够上市,20 年能发展成为中国的索尼、爱普生。现在,公司已不是当初所想象的样子了,我们几个都转变了方向,可以说是壮志未酬。"

1999 年 3 月,王科、邱虹云和徐中组队参加了清华大学第二届学生创业计划竞赛,并作为最优秀的 5 个团队之一参加了全国大学生创业计划竞赛的决赛,获得了金奖。同年 5 月,视美乐诞生,注册资金 50 万元,邱虹云任公司总工程师,王科任总裁,徐中任总经理。其核心技术为多媒体超大屏幕投影电视,被专家称为"具有革命意义的产品"。

创业初期视美乐急需大笔资金的注入,因此他们开始了艰难的融资工作。2000 年 4 月 25 日,视美乐公司与青岛澳柯玛集团有限责任公司共同组建北京澳柯玛视美乐信息技术有限公司,注册资金 3000 万元,双方各占 50% 的股份。原视美乐公司的主要技术人员全部进入澳视公司。

如今,青岛澳柯玛集团控股澳视 70% 的股份,三位视美乐创始人只作为小股东存在,相继退出了公司管理层。对于过去的创业经历以及后来的退出,这些曾经的创业大学生都不愿意再谈。而随着澳柯玛侵占上市公司资金案发的伤筋动骨,视美乐也从此一蹶不振。

我国企业在创始阶段,基本都在为资金发愁。国家的贷款政策比较严格,风险投资成了他们最佳的选择。但是风险投资介入的目的非常明确,就是索取回报,分享股权是最常见的要求。这样一来创业者们就应该考虑:有没有必要为了眼前的一点投资把企业的命运交到别人的手中。资金可以给企业解决困难,带来短期内的形势好转,但是也可能使企业丧失自主权。在没有对企业的未来做出完整规划的时候,为了眼前利益而融资,很容易丧失企业管理经营的主动权。最初澳柯玛收购视美乐,可能是件皆大欢喜的事情,这也是澳柯玛这样的大企业多元化道路上的一部分。但是从现在的结果看,这是一个双输的结局。

　　本章的内容结构图如图 5-1 所示。

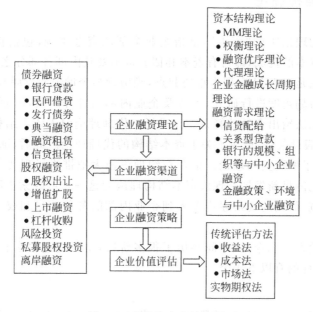

图 5-1　本章的内容结构图

　　资金对创业者的重要性显而易见,成立公司,购买设备,租赁厂房和办公室,招聘员工,偿付债务,开发市场,广告宣传,各种商务应酬,所有活动都需要有大量资金的支持和协助。对缺乏自有资金的创业者来说,是否拥有融资渠道和融资能力,是决定其创业能否成功的关键。有时在技术或者某些生产细节问题尚未解决时,首先解决资金问题,是进一步开展创业活动的前提。实践中,某些创业者在完成创业概念开发阶段的任务后,便进入融资阶段。初次融资成功后,再从事创新活动。

5.1　中小企业融资的理论基础

　　融资,顾名思义就是资本的融通,其定义也有广义和狭义之分。广义的融资是指资本在持有者之间流动、以余补缺的一种经济行为,因此,广义的融资是一个资金双向互动过程,它包括资金融入和融出两个同时存在的方面。狭义的融资主要是指资本的融入,也就是我们通常所说的资本来源。本文所讨论的融资是狭义的融资。中小企业融资是以中小企业为资金融入者的融资活动,它是指中小企业从自身生产经营现状及资金运用情况出发,根据企业未来经营与发展策略的要求,通过一定的渠道和方式,利用内部积累或向企业的投资者及债权人筹集生产经营所需资金的一种经济活动。

　　在具体探讨中小企业融资实践之前,先来了解一下融资的理论。本文主要介绍三种

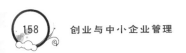

具有代表性的中小企业融资理论，分别是资本结构理论、企业金融成长周期理论和融资需求理论。

5.1.1 资本结构理论

企业资本结构理论中的"资本"，是指企业全部的资金来源，包括自有资金和负债。资本结构指全部资本的构成，即自有资本和债务资本及其内部各部分之间的比例关系。

资本结构理论是以 MM 定理为重要起点，经历近半个世纪而发展起来的。由于 MM 定理纯粹从资本市场角度进行研究，不涉及企业内部的各种因素，因而对于现实中存在的各种融资形式无法给出合适的答案。在委托—代理理论引入资本结构的分析以后，放宽了 MM 定理的假设条件，形成了关于资本结构的代理理论。此后，随着不完全契约理论的引入，又形成了融资契约理论。融资契约理论极大地推进了现代资本结构理论，是现代资本结构理论的最新发展。现代资本结构理论的这一发展线索表明，对资本结构的假定条件越来越宽，研究的视角逐步深入到企业内部的各种信息和权利，因而也越来越贴近经济现实。

资本结构理论发展到今天，中间经历了很多阶段，也出现过很多有代表性的理论观点，其中最具代表性的有以下 4 个。

1. MM 理论

现代经济学对企业融资结构的研究，始于莫迪格莱尼（Modigliani）和米勒（Miller）提出的 MM 定理。

MM 定理是建立在 5 个假设的基础上，分别是无税收、公司股息政策与企业价值无关、公司发行新债务不会对已有债务的市场价值造成影响、无破产成本及资本市场高度完善。在这 5 个假定条件下，莫迪格莱尼和米勒推出了 MM 定理的两个基本结构：一是企业为实现财务管理目标的努力和投资者实现目标利益的努力相互制约，使企业为实现市场价值最大化的努力被投资者追求投资收益最大化的措施所抵消。因而，任何企业的市场价值独立于其资本结构。二是在考虑了债务风险的因素后，进一步推演出在无债务和债务水平较低的情况下，企业改变资本结构可以改变股权收益率，而且，这种变化随着企业负债率的提高而线性增加。

由于上述假设条件只能在理论上存在，在现实中难以满足，两位学者随后对其进行了修正，放松了无税收假定，证明了在存在企业所得税的条件下，通过调整企业资本结构，可以改变企业的市场价值，即通过增加债务资产比例，可以增加企业的市场价值。

虽然 MM 定理与现实还存在一定的差距，但是它具有里程碑式的意义，它将以往人们对资本结构的投资政策、融资政策与股利政策的规范研究，转向了可选择的投资政策、融资政策和股利政策对企业价值会产生什么影响的实证研究。其方法论上的这种创新改变了经济分析在资本结构问题上的作用，为以后的期权定价、股票市场的有限最优以及公共财政和宏观经济学的应用奠定了基础。

2. 权衡理论

权衡理论通过放宽 MM 理论完全信息以外的各种假定，研究在税收、财务困境成本、代理成本分别或共同存在的条件下，资本结构对企业市场价值的影响。权衡理论的代表人物有罗比切克（Robichek）、梅耶斯（Mayers）、考斯（Kraus）、鲁宾斯坦（Rubinmstein）和斯科特（Scott）等人。

权衡理论认为，公司价值不会随负债率增加而越来越高，当负债率达到一定程度后，企业面临的财务风险越来越大，导致破产成本越大。同时，由于破产风险加大，代理人做出次优决策的可能性增加，代理成本会更高。这两种成本会抵消债务抵税带来的收益，导致企业价值不会随负债率的增加而越来越高，而是在一定阶段达到最高值，转而进入下降阶段。因此，权衡融资理论认为，企业在构造长期资本来源的组合时，存在着一个最佳的资本结构，企业应该按照事先测算的最佳资本结构来选择资金来源及配置各种不同性质的资金。

权衡理论进一步解释了现实中公司资本结构与公司价值的关系，在相当长的时间里它主导了资本结构理论的发展，成为公司资本结构理论的主流。这期间，学术界普遍认为，权衡的作用使得公司确实存在着唯一的最佳资本结构。

3. 融资优序理论

融资优序理论放宽了 MM 理论完全信息的假定，以不对称信息理论为基础，并考虑交易成本的存在，融资优序理论的主要代表人物是梅耶斯（Mayers）。

融资优序理论认为，在完善的资本市场中，如果不存在税收、破产成本以及代理成本的影响，那么，企业市场价值将与其资本结构无关。梅耶斯在《企业知道投资人所不知道信息时的融资和投资决策》一文中，以信息不对称理论为基础，提出企业融资存在一种"啄食顺序原则"，认为由于所有权和经营权的分离而产生委托代理关系，因为利益不同，内部经营者和股东之间的信息不对称原因，企业的融资顺序上就形成了一个优序策略，即首先为内源融资；其次是债务融资；最后是权益融资。

融资优序理论得到了很多学者的理论和实践验证，例如，1989 年 Baskin 从交易成本、个人所得税和控制权的研究角度证明了内部资金优于外部资金，负债融资优于权益性融资；我国学者陈晓红、黎璞（2004）以长沙市中小企业为样本，通过样本数据的统计分析，发现中小企业的"强制优序融资"现象比较明显。

4. 代理成本理论

代理成本理论是由詹森（Jason）和麦克林（Maclean）提出的，该理论首次将委托代理关系引入到资本结构的分析框架中，是继 MM 定理之后发展起来的现代资本结构理论的一个重要代表。代理成本理论认为，和企业融资有关的代理成本主要有两类，一类是由权益资本融资产生的代理成本；另一类是由债务融资产生的代理成本。

权益资本的代理成本是由于股东与经理之间的利益冲突而引起的。股东希望自己的利益最大化，即企业价值的最大化，而经理人希望的是自己利益的最大化，当经理人的利益与股东利益不相一致时，就会引发冲突。债务融资的代理成本则是由于债权人和股东之间利益冲突引起的。债权人为了维护自己的利益，就必须对企业进行监督，防止包括债权侵蚀问题、资产替代问题等的出现，同时作为企业的股东因债券持有者的限制而影响到其经营决策，并影响到其收益的实现。代理成本理论认为，公司的债务代理成本与权益代理成本权衡的结果产生最优的筹资结构,即在债务与外部所有者权益的最佳结合处,总代理成本最小,公司价值最大。

因此,企业在选择融资时,必须考虑债务融资的代理成本和股权融资的代理成本,以使其所承担的代理成本最小,使所有者承担的总代理成本最小的债权与股权比例就是最好的资本结构。

以上4个理论对解释不同时期不同国家的公司资本结构状况起到了积极的作用,但是这些理论完全是在资本市场有效性的假设下针对一般企业提出来的,其中关于企业特征的假设往往与中小企业有着很大差距。因此,如果将其作为资本结构的准则,简单的拿来套用到具有特殊企业特征的中小企业身上作分析比较,必然缺乏一定的实效性。因此,有必要在分析中小企业特征的基础上来建立中小企业融资的理论框架,这对揭示中小企业的融资需求来说也是十分必要的。

5.1.2　企业金融成长周期理论

20世纪70年代,韦斯顿(Weston)和布里格姆(Brigham)根据企业不同成长阶段融资来源的变化提出了企业金融成长周期理论。该理论把企业的资本结构、销售额和利润等作为影响企业融资结构的主要因素,并把企业金融生命周期划分为初创期、成熟期和衰退期三个阶段。后来,根据现实情况的变化,韦斯顿和布里格姆把企业的金融生命周期扩展为创立期、成长阶段1、成长阶段2、成长阶段3、成熟期和衰退期6个阶段。企业金融成长周期理论对企业在这6个阶段的融资来源以及所存在的风险进行了详细论述[①](具体内容如表5-1所示)。

表5-1　企业不同阶段的融资来源和潜在的问题

阶段	融资来源	潜在问题
创立期	创业者自有资金	低资本化
成长阶段1	以上来源＋留存利润、商业信贷、银行短期贷款及透支、租赁	存货过多、流动性风险
成长阶段2	以上来源＋来自金融机构的长期融资	存在金融缺口
成长阶段3	以上来源＋证券市场上融资	控制权分散
成熟期	以上全部来源	投资回报趋于平衡
衰退期	金融资源撤出,企业并购、股票回购和清盘等	投资回报下降

资料来源：Weston & Brigham,1978

企业金融成员周期理论认为,在企业的创立期,企业融资的来源主要是创业者的自有资金,此阶段资本化程度较低;在企业的成长阶段1,企业融资的来源除了自有资金外,还有留存利润、商业信贷、银行短期贷款及透支、租赁等,但此阶段存在存货过多、流动性风险问题;在企业的成长阶段2,除了有成长阶段1的融资来源外,还有来自金融机

---

① 康晶. 成长型中小企业融资的理论与实证研究. 吉林大学博士学位论文,2007:30～31

构的长期融资,但此阶段存在一定的金融缺口;在企业的成长阶段 3,除了有成长阶段 2 的融资来源外,还在证券市场上融资,但存在控制权分散问题;在企业的成熟期,则包括了以上的全部融资来源,但投资回报趋于平衡;在企业的衰退期,金融资源开始撤出,企业进行并购、股票回购及清盘等,投资回报开始下降。

此后,美国经济学家伯杰(Berger)和尤德尔(Udell)对韦斯顿和布里格姆的企业金融成长周期理论进行了修订,把信息约束、企业规模和资金需要量等作为影响企业融资结构的基本因素来构建企业的融资模型,得出了企业融资结构的一般变化规律,即在企业成长的不同阶段,随着信息约束、企业规模和资金需要量等约束条件的变化,企业的融资结构也随之发生变化。处于早期成长阶段的企业,其外源融资的约束紧,融资渠道窄,企业主要依赖内源融资;而随着企业规模的扩大,可抵押资产的增加,资信程度的提高,企业的融资渠道不断扩大,获得的外源融资尤其是股权融资逐步上升。

5.1.3　融资需求理论

融资需求理论是从中小企业的融资需求、为中小企业融资服务的金融中介和从融资环境角度分析中小企业的融资问题,主要理论包括信贷配给理论、关系型贷款、规模匹配理论、金融加速器理论(即金融政策和金融环境)对中小企业融资的影响等。

1. 信贷配给理论

信贷配给是由于信贷市场上借贷资金在一定利率水平上供小于求而造成的。即贷款人贷出资金并不完全依靠利率机制而是通过资金的有选择分配而形成的市场非出清的供求均衡。均衡信贷配给指不是由于货币当局对利率上限的管制,而是出于银行的利润最大化动机,而发生的在一般利率条件和其他附加条件下信贷市场不能出清的现象。

斯蒂格利茨(Stiglitz)和维斯(Weiss)指出,均衡信贷配给产生的基本原因是由于信息不对称导致的逆向选择和道德风险。当面对贷款的超额需求时,银行为了避免逆向选择,不会用提高利率的办法来出清市场,而是在一个低于竞争性均衡利率的水平上对贷款申请者实行配给。信贷配给理论认为,由于银行与企业之间的信息不对称会引起逆向选择和道德风险,因此银行倾向于给那些能够提供规范透明信息的企业放款,有些借款者尽管愿意支付较高的贷款利息,但是由于不能提供规范透明信息,而被银行排斥在信贷市场之外。

2. 关系型贷款

关系型贷款是银行基于长期和多种渠道的接触所累积的关于借款企业及企业主的相关信息而做出的贷款决策。在关系型贷款下,银行的信息积累既可以通过平时办理企业的存款、结算和咨询业务而附带取得,也可以从企业的利害相关者,例如股东、债权人、员工、供应商和顾客等,以及企业所在的社区获得。关系型贷款依据难以量化和传递的"软信息",部分地弥补了中小企业因无力提供合格财务信息和抵押品所产生的信贷缺口,有助于改善其不利的信贷条件。我国学者陈晓红、黎璞(2003)在对我国中小企业融资的研究过程中发现,关系型融资模式适用于中国经济转轨时期的中小企业融资。

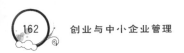

3．规模匹配理论

斯特拉恩(Strahan)和韦斯顿(Weston)在 1996 年的研究过程中发现,银行的并购规模与中小企业贷款比率之间呈倒 U 形的非单调函数关系。具体来讲,就是向中小企业的贷款比率随银行并购后的资产规模出现先增加后减少的现象。这项研究证明了中小企业贷款与银行规模之间存在很强的负相关关系。此外,有些学者对中小企业贷款与银行规模之间的关系进行了实证研究,Peek 和 Rosengren 在 1996 年通过对美国 20 世纪 80 年代中后期的银行合并的实证研究后发现,大银行对小银行的吞并或大银行之间的合并行为减少了对中小企业的贷款。两年后,Berger 对美国中小企业的融资问题进行实证分析,进一步验证了 Peek 和 Rosengren 关于"大银行之间的合并行为减少了对中小企业的贷款"的观点,同时,还发现了新的现象,即小银行之间的合并增加了中小企业的贷款。

有些学者对中小企业融资与银行组织的关系进行了分析,Berger 和 Udell 对银行组织结构与融资倾向进行研究后指出,大银行组织机构庞大,有广布的网络和人才,在获取公开信息、使用标准贷款合约为信息规范、透明的大中企业提供贷款方面具有优势;而小银行因其地域性和社区特征,可以长期与中小企业保持密切关系以获取各种非公开信息,因而在向信息不透明的中小企业提供贷款时具有优势。

基于以上理论,我国学者林毅夫、李永军从我国劳动力丰富、资本稀缺的要素禀赋出发,认为解决中小企业融资困难唯一的方法是大力发展中小金融机构。

4．金融加速器理论

关于金融政策、金融环境与中小企业融资的关系,盖特(Gertler)和吉克瑞斯特(Gilchrist)在对制造业小企业的经验研究中发现,小型制造业企业不仅直接对利率反应敏感,而且还深受经济周期的间接影响,因此,货币紧缩对小企业的影响要远大于对大企业的影响。泰勒(Taylor)认为,金融自由化不会导致资金供给总量的增加,由于较高的交易成本和风险、抵押品的缺乏以及历史渊源等,使得小企业在获取正规部门的贷款时仍将面临着诸多的限制。因此,综合考虑,小企业的融资困境在金融自由化背景下不仅不会得到改善,反而可能有所恶化。

5.2 中小企业融资的方式与特点

企业的融资方式多种多样,按照不同标准可以划分为内源融资和外源融资、直接融资和间接融资、债权融资和股权融资等。本节主要从股权融资和债权融资方面来介绍中小企业的融资方式。

5.2.1 债权融资

债权融资属于有偿使用企业外源资金的一类融资形式。其主要特点是以企业自身的信用或第三者的担保,取得资金的使用权利,并承诺按期还本付息。债权融资的基本形式有银行贷款、民间借贷、发行债券、典当融资、融资租赁和信贷担保融资,其中银行贷款是我国中小企业融资的重要渠道,是中小型企业长期资本的主要来源。其他几种也是中小企业资金的有效来源,下面将对它们进行介绍。

1. 银行贷款

在我国,个人向银行贷款是一件相当难的事情,即使贷款给创业者,也需要创业者提供一些资料:经营说明及经营策略;管理能力综合评价;资本要求;个人经济状况;融资计划与现金流量表;投资报告书;贷款申请书。目前,中国工商银行、中国农业银行、中国银行和中国交通银行 4 大商业银行,中国光大银行、民生银行、招商银行和上海浦东发展银行等中小型商业银行,以及各级农村信用社是一些创业者获得银行贷款的重要来源。商业银行不提供股权资本,主要是提供短期贷款,但也提供中长期贷款和抵押贷款。

目前,在社会主义市场经济体制构架逐步建立的条件下,中小企业利用商业银行的融资渠道,主要有三种方式:一是银行抵押贷款,直接贷款给企业。二是对个人的抵押物贷款和消费信用贷款,贷给企业股东个人。三是担保的信用贷款,主要贷给附属于大企业、为大企业提供服务和配套产品的中小企业。

企业可以通过采取以下策略来争取银行贷款。

(1) 正确认识银企合作关系。

(2) 挑选合适的银行。

(3) 树立自身良好的形象。

(4) 规范企业财务管理。

(5) 密切关注银行动向,掌握融资信息。

此外,一定要避免认为只有银行是企业获取资金的渠道,应开放思路,拓展融资渠道。

2. 民间借贷

民间借贷也称为"草根金融",是指个人与个人之间;个人与企业之间的融资,是产生和生存于民间的融资行为。当前我国民间借贷主要有低利率的互助式借贷、较高利率的信用借贷、不规范的中介借贷、变相的企业内部融资等方式。民间借贷需要注意的内容环节:借前的融资风险、借入金额、资金期限;借中的借据齐全、利率不能超过法定利率、避免借贷无效、担保行为的规定、妥善保管借据以及借后的正确处理利率争议、掌握诉讼时效等。

民间借贷具有手续简单、时效性强、灵活、投资者自我约束和激励大的特点。但民间融资也存在一些问题,在我国,民间融资缺乏最基本的法律保障,只能在关系密切互相了解和信用关系良好的个人间进行。同时,大量的事实表明,大部分民间借贷一旦超出应有的监管范围,超出基层政府机构或者企业机构的范围,就立即会失去控制,变成毫无保障的高风险投资,甚至变成纯粹的欺诈活动。

3. 发行债券

债券是债务人为筹集资金而向债权人承诺按期交付利息和偿还本金的有价证券,债券只是一种虚拟资本,其本质是一种债权债务证书。企业在选择发行债券时需注意的环节:选择对企业最有利的债券。企业可以通过采取选择债券品种、确定债券票面金额、确定合理的债券利率等策略来选择有利于自己的债券;成功地发行债券,包括债券发行方式、发行债券的优势两个方面。

我国相关法律规定,企业发行债券须满足以下几个主要条件。

(1) 股份有限公司的净资产额不低于人民币 3000 万元,有限责任公司的净资产额不低于人民币 6000 万元。

(2) 累计债券总额不超过公司净资产额的 40%。

(3) 最近三年平均可分配利润足以支付公司债券一年的利息。

(4) 筹集的资金投向符合国家产业政策,本规则规定募集资金投向必须是技术含量较高的产品。

因此,对于中小企业来说,发行债券具有难度大的特点。正因为如此,当前我国中小企业发行债券融资的空间很狭小。

中小企业取得发行债券的政策难度虽然较大,但还是有一些企业通过发行适合自身的"短期融资券"获得了所需要的资金。据统计,自 2005 年 5 月至 2007 年 3 月,已有 228 家企业累计发行 363 只短期融资券,累计发行面额 4704.4 亿元。2006 年,企业通过短期融资券实现融资占其全部直接融资总量的 43.6%。短期融资券具有咨询中介服务费用很低的优势,同银行贷款比,发行短期融资债券可以节约近 1.47% 的费用。

4. 典当融资

典当是以实物为抵押,以实物所有权转移的形式取得临时性贷款的一种融资方式。这种"以物换钱"的融资方式,只要顾客在约定时间内还本并支付一定的综合服务费(包括典当物的保管费、保险费和利息等),就可赎回典当物。

在中国近代银行业诞生之前,典当便是民间融资的重要渠道,在调剂余缺、促进流通等方面起了相当作用。在近年的企业融资中,典当融资以它特有的优势重新拥有了市场,逐渐发展成为中小企业融资渠道的有益补充。典当融资对借款人的资信条件要求低、贷款用途限制较少、手续简便、灵活、可以满足急需,是中小企业,个体工商业主和居民个人的快捷融资渠道。但典当贷款也具有自身的一些缺点,其缺点主要有:除贷款月利率外,典当贷款还需要交纳较高综合费用,包括保管费、保险费、典当交易的成本支出等,因此它的融资成本要高于银行贷款,这一点需要提醒企业予以注意,事先需算一算账。

5. 融资租赁

融资租赁又称资本租赁,是指租赁双方签订租赁协议,由承租方提出所需租赁的设备等固定资产,出租方出资并代为购买,然后交由承租方使用并定期收取租金的租赁活动。对于租赁双方来讲,出租方一般是专门从事租赁活动的租赁公司,所从事的融资租赁业务实质上是一种金融活动;承租方则主要是为更新设备或新建生产线,由于资金不足而从租赁公司租入设备,所进行的实质上是一种融资活动,只不过与融物相结合。

企业申请融资租赁必须具备以下条件。

（1）具备独立法人资格，信用状况良好，领导班子素质过硬。

（2）企业经营状况和财务状况稳定、良好。

（3）至少交付相当于融资额 20％～30％的保证金。

（4）项目产品有市场，适销对路，项目投资回报率高，承租人有能力按期交付租金。

与其他融资方式相比，融资租赁具有以下显著的优势特征。

（1）融资与融物相结合，可保证承租企业较快地获得资产的使用权。

（2）租约稳定且租赁期长，可降低租赁公司的投资风险。

（3）租赁双方信息充分沟通，有利于建立投资融资双方良好的信用关系。

融资租赁的这些优势使其尤为适用于我国当前的中小企业融资。因为目前我国中小企业可选择的外部融资渠道主要应是银行贷款，而中小企业贷款难的一个主要原因是担保问题，而中小企业由于用于担保的资产有限、外部提供的担保又不到位，很难从银行取得贷款，融资租赁在一定程度上可以解决这一问题。因此，融资租赁的发展能够在很大程度上缓解我国中小企业融资难的问题。

6. 信贷担保融资

中小企业信用担保融资是指由中小企业信用担保机构与债权人约定以保证的方式为债权人提供担保，当被担保人不能按合同约定履行债务时，由担保人进行代偿承担债务人的责任或者履行债务的融资方式。

信贷担保融资具有以下特点。

（1）信贷担保对中小企业的条件相对宽松。信贷担保融资对中小企业贷款的审核遵循为中小企业提供支持的原则，并不完全是全盘看重财务指标。

（2）银行和担保机构对中小企业通过信贷担保体系贷款，可以减小风险，控制损失。

（3）相比于自我积累，信贷担保资金到位快速、便捷和资金量大。

（4）信贷担保贷款从短期到长期都可以提供，可以满足对中小企业的多种需求。

我国的中小企业信用担保直到 1999 年才正式启动，但由于它具有以上这些优势，经过十多年的发展，现已为我国中小企业融资提供了积极的推动作用。截至 2005 年年底，全国设立各类中小企业信用担保机构 2914 家，筹资 3237 亿元。但是因为发展时间短，信贷担保体系中还存在着许多问题需要进一步的完善和发展。

在中南大学商学院调研组于 2006 年对浙江省的信用担保进行的一次实地调研中发现，由于担保实力弱、运作不规范、监管难到位、银行不积极、政策不配套等原因导致信用担保业务拓展难、经营风险高和盈利空间低，从而造成信用担保业发展难的现状。具体存在的问题主要表现在以下几个方面。

（1）政策性担保与商业性担保难以共存。

（2）担保机构高度分散，机构规模较小。

（3）从业人员以兼职为主，人力资源素质不高。

（4）政策性担保经营目标很难选择。

（5）担保费率过低，资金放大倍数不够，担保机构盈利状况令人堪忧。

（6）风险控制措施较少，政策性担保代偿偏高。

（7）协作银行过少，担保机构承担的责任过大。

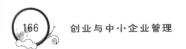

（8）信用担保相关的法规建设滞后，监管主体模糊。

5.2.2　股权融资

中小企业股权融资是指中小企业在金融市场上发行产权证券，出让部分股权，资金不通过金融中介机构，而直接借助股票等金融工具，从投资方流向融资方，资金供给者作为股东享有相应的企业控制权的融资方式。按照融资渠道，中小企业股权融资可以分为内部股权融资和外部股权融资，前者主要来自于留存收益转股本；后者可分为上市、私募融资及风险基金和产业投资基金融资。中小企业股权融资一般是指外部股权融资。

与传统融资方式相比，股权融资方式具有以下一些优势。

（1）稳定性好。股权融资筹集的资金具有永久性，没有到期日，任何股票持有者不得退股，只有公司清算时才予以偿还，增强了企业的负债能力，财务状况大大改善。

（2）无负担性。股权融资没有固定的股利负担，股票投资者的回报取决于企业的盈利情况，利大则多分，公司可视经营需要灵活改变股利分配。

（3）流动性强。股东虽不能从公司抽回投资，但是在股票市场上可以随时转让买卖，也可以继承、抵押，从而优化公司的资本结构和现金流，流动性强使得股票作为一种重要的融资工具而不断发展。

（4）风险性小。股权融资本身就是一种风险分散与补偿机制风险小，一次筹资金额大，是公司筹措债务资本的基础。战略投资者的进入还会产生协同效应，壮大企业实力，提高企业资信水平和知名度。

股权融资的形式主要有股权出让融资、增资扩股融资、股票上市融资、杠杆收购和风险投资等几种方式。其中由于风险投资的重要性，本章将单列一小节进行介绍。

1. 股权出让融资

股权出让融资指中小企业出让企业的部分股权，以筹集企业所需要的资金。企业在选择股权出让融资时需注意以下环节。

（1）慎重选择股权出让对象。企业可以根据以下几个方面选择股权出让对象：企业发展战略及其长期发展目标、企业股权稀释及其管理权的分散、企业盈利方式及其利润分配方式、新的投资者对未来企业发展的影响。

（2）确定股权出让比例。企业可以选择保持控股权或出让控股权。

（3）合理确定出让股权的价格。企业可以通过净资产值定价法、现金流贴现法、净资产倍率法和市盈率评估法等定价方法来合理确定出让股权的价格。在实际股权出让中，股权定价要综合考虑多种因素，既要考虑到每股的净资产值，同时也要考虑企业所在的行业是处于什么时期。

增资扩股融资与股权出让融资类似，具有共同点，均是为筹集资金，吸引直接投资，引入新的投资者的过程。从这一点上说，股权出让融资与增资扩股融资具有相同的优点与缺点，在增资扩股融资部分将详细介绍。

2. 增资扩股融资

增资扩股融资是中小企业根据发展的需要，进行扩大股本融进所需资金。与股权出让融资类似,按扩充股权的价格与股权原有账面价格的关系划分,股权出让融资可以划分为溢价扩股和平价扩股。另外,从增资扩股的资金来源形式划分,增资扩股融资还可以分为内源融资形式的增资扩股(即通常所说的集资)与外源融资形式的增资扩股(私募)。

增资扩股具有以下一些优势。

(1) 增资扩股、利用直接投资所筹集的资金属于自有资本,与借入资本比较,它更能提高企业的资信和借款能力,对扩大企业经营规模、扩大企业实力具有重要作用。

(2) 增资扩股、吸收直接投资不仅可以筹措现金,而且能够直接获得其所需要的先进设备与技术,这与仅筹集现金的筹资方式相比较,更能尽快形成生产经营能力。

(3) 企业根据其经营状况向投资者支付报酬,企业经营状况好,可向投资者多支付一些报酬;企业经营状况不好,就可不向投资者支付报酬或少付报酬,比较灵活,没有固定支付的压力,所以财务风险较小。

同样,增资扩股也具有一些自身的缺点,主要表现在以下两个方面。

(1) 支付的资本成本较高。由于投资者要分享企业收益,因此,资金成本通常较高,特别是企业经营状况较好和盈利较强时更是如此。

(2) 容易分散企业的控制权。采用增资扩股方式筹集资金,投资者一般都会要求获得与投资数量相适应的经营管理权,这是接受外来投资的代价之一。如果外来投资者的投资较多,则投资者会有相当大的管理权,甚至会对企业实行完全控制,对中小企业的原有管理者构成威胁,这是增资扩股的不利因素。

中小企业在采取增资扩股融资时,必须对有关优点和缺点全面考虑。综合考虑企业自身特点,从企业发展战略的高度,确定具体的融资策略。此外,在采用增资扩股融资时,还一定要注意相关的法律、法规规定,确保操作程序和有关依据合乎法律规定,融得合法资金。

3. 股票上市融资

股票上市融资是指股份有限公司通过对公众发行公司的股票以获得资本的融资方式。对于企业来讲,上市也可能会是风险资本退出的主要方式。通过向公众公开发行股票,风险资本将所持有的股票卖给公众同时获得最终的投资回报。

公司上市主要有买壳上市、海外上市和国内上市三种形态。买壳上市是指拟上市企业以有偿方式取得对已上市企业的控制权并将自己的主营业务转移到该上市公司,达到上市目的;海外上市是指国内企业利用自己的名义向境外投资人发行证券进行融资,并且该证券在境外公开的证券交易所流通转让;国内上市是指国内上市的中小企业可以选择主板市场或中小企业板市场。境外上市有操作时间短、再融资方便、有利于规范企业内部操作等优势。

当前,我国中小企业在境外上市有以下几个特点。

(1) 境外上市的途径多样,注册离岸公司的现象十分普遍。

(2) 大部分企业是以低于国内市场平均水平的市盈率发行招股。

具体来讲,当前我国中小企业上市有 6 种方式:国内主板、国内中小企业板、中国香港创业板市场、新加坡"新交所二板"、美国创业板市场和英国 AIM 上市。在以上 6 条主要上市途径中,值得我国中小企业考虑的资本市场是国内中小企业板市场、中国香港创业板市场和美国创业板市场即纳斯达克市场。

在我国,公司股票上市首先需要经过国务证券监督管理机构核准,然后再报交易所核准上市。股票上市交易申请经证券交易所批准后,上市公司应当在上市交易的 5 日前公告经核准的股票上市的有关文件,并将该文件置备于指定场所供公众查阅。公司股票发行上市过程中除了需要与证券监督管理机构、交易所之间进行衔接之外,更重要的是选择相关的中介机构辅助公司进行上市的相关准备工作并进行相应的实际操作。在股票发行上市的过程中,参与的中介机构有证券商、会计师和律师,这其中起重要作用的是证券商。证券商是发行上市工作的总设计师,负责总体方案的设计、安排工作进度、协调会计师和律师工作,协助企业处理与政府机关或其他机构之间有关上市的问题。

因此,上市工作的开展,以证券商的先期进入为第一步,证券商通过拟上市企业的审慎调查,可以尽早发现上市过程中可能遇到的障碍,并通过总体方案的设计达到解决问题的目的。另一方面,总体方案的实施离不开会计师和律师的配合,财务和法律是总体方案的两个支柱,缺少任何一方,都将会影响到整个上市进程。因此,会计师和律师的选择最好能参考证券商的意见或者请证券商代为寻找,以便在上市工作中中介机构能充分配合,加快工作进度。

材料:主要资本市场比较

表 5-2 主要资本市场主板上市条件比较

国家/地区	中国内地主板	美国主板	新加坡主板	中国香港主板
实收资本	不少于人民币 3000 万元	无具体要求	无具体要求	无具体要求
营运记录	三年以上	三年以上	三年以上	三年以上
盈利要求	近三年净利润累计超过 3000 万元人民币,且无一年亏损/或近三年现金流量净额累计超过人民币 5000 万元或收入累计超过 3 亿元。且最近一期末不存在未弥补亏损	三年盈利,每年税前收益 200 万美元,最近一年税前收益为 250 万美元/三年累计税前收益 650 万美元,或最近一年 450 万美元/最近一年总市值不低于 5 亿美元且收入达到 2 亿美元的公司,三年总收益合计 2500 万美元	过去三年税前利润 750 万新元,每年至少 100 万新元,或最近两年累计税前盈利 1000 万元新币	近三年纯利总额达 5000 万港元,其中最近年度须超过 2000 万港元/上市时市值至少为 20 亿港元,最近一年净利润为 5 亿港元以上/市值至少为 40 亿港元,最近一年净利润至少为 5 亿港元
最低公众持股量	一般为 25% 以上;若股本总额超过人民币 4 亿元为 10% 以上	不少于 250 万股;有 100 股以上的股东人数不少于 5000 名	25%股票至少有 1000 名股东持有,大于 3 亿新币比例减至 10%	一般占公司已发行股本至少 25%
证券市场监管	有待规范并与国际接轨,政府对本国企业实施保护	机制成熟,监管力度强,市场化程度高,处罚严厉		机制成熟,监管力度强

表 5-3 主要资本市场创业板上市条件比较

比较项目	中国内地创业板(预估)	美国创业板	新加坡创业板	中国香港创业板
实收资本	不少于人民币 2000 万元	盈利企业净资产要求为 400 万美元以上,非营利企业净资产要求在 1200 万美元以上	无具体要求	无具体要求
营运记录	须具备两年业务记录,发行人最近三年主要业务和管理层没有发生重大变化,实际控制人没有发生变更	盈利企业无要求,无盈利企业要求三年以上	有三年或以上连续、活跃的经营记录,所持业务在新加坡的公司,须有两名独立董事;业务不在新加坡的控股公司,有两名常住新加坡的独立董事,一位全职在新加坡的执行董事,并且每季开一次会议	必须显示公司有两年的"活跃业务记录"
盈利要求	最近 1 个会计年度净利润均为正数	要求有盈利的企业以最新的财政年度或者前三年中两个会计年度净收入 40 万美元;对无盈利的企业没有净收入的要求	并不要求一定有盈利,但会计师报告不能有重大保留意见,有效期为 6 个月	不设置盈利要求
最低公众持股量	公开发行的股份达到公司股份总数的 25%以上	发行股票的 25%以上,有盈利的企业公众的持股要在 50 万股以上,无盈利企业公众持股要在 100 万股以上;有盈利的企业公众持股量在 50 万～100 万股的,股东人数要求在 800 人以上;公众持股多于 100 万股的,股东人数要求在 400 人以上。无盈利的企业股东人数要求在 400 人以上	公众持股至少为 50 万股或发行缴足股本的 15%(以高者为准),至少 500 个公众股东	股票于上市时至少必须达到 3000 万港元且须占已发行股本的 20%～25%
最低市值	无具体规定	无要求	无具体要求	无具体规定,但实际上在上市时不得少于 4600 万港元
市场监管			全面信息披露,买卖风险自担	全面信息披露,买卖风险自担

资料来源:作者根据相关资料整理

4. 杠杆收购

杠杆收购是指某一企业拟收购其他企业进行结构调整和资产重组时,以被收购企业的资产和将来的收益能力作为担保向金融机构举债,或发行高利率、高风险债券筹资向股东购买企业股权的行为。

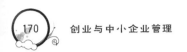

杠杆收购具有以下一些特征。

（1）用于收购的借入资金占收购资金总额的70%～80%，其余为自有资金。企业重组后公司总负债率为85%以上。

（2）目标企业将支付其自身售价。

（3）债权人只能向目标企业求偿，并购企业除支付少量资金外，不承担偿债义务。

虽然当前我国杠杆收购尚未被各方面普遍认识和接受，更缺乏法律依据的保障，但杠杆收购在国外已被证实是一种行之有效的收购融资工具。

在选择杠杆收购时，不管是实施杠杆收购的企业还是目标企业都要满足一定的条件。首先，实施杠杆收购的企业需要满足以下几个基本条件：经营状况稳定，收益水平高；具备一流的资本运作能力和经营管理水平；拥有一定的市场竞争优势；企业财务状况好；整合计划周全、合理。其次，杠杆收购目标企业需要以下条件：具有较好的组织管理层次和专业技术人员；企业具有极大的潜在价值；资产易变现、物质资产宜作贷款抵押物或存在无形资产可评估；现金流比较稳定；资产负债率较低，流动资金比较充足；企业产品需求稳定，市场前景较好。

杠杆收购筹资可以采取借款融资、资本结构调整和杠杆收购控股公司等财务模式来进行。

 5.2.3　风险投资

1. 我国风险投资行业现状

风险投资在我国是近几年随着社会主义市场经济体制和科研体制改革的深入发展才崭露头角的新生事物。自1985年9月国务院批准成立中国第一家风险投资企业"中国新技术创业投资公司"以来，一些省市纷纷建立了各自具有特色的风险投资公司，积极开展风险投资的实践活动。

成思危认为，风险投资在我国的发展一共分为如下三个阶段。

（1）急速发展阶段。即在1997年年底到2001年年底期间，我国风险投资机构从53家增加到246家，管理的资金总量从53亿增加到405亿，这一段可以说是风险投资蓬勃兴起的阶段。

（2）缓慢发展阶段。从2002年开始，在世界经济发展减缓和国际风险投资退潮的影响之下，中国本土的风险投资受到冲击而下降，但是由于中国经济的快速发展引起了世界的瞩目，所以境外的风险投资确实在这几年内仍然在增加，从总体上来讲发展比较缓慢。

（3）复苏及快速增长阶段。随着我国经济持续快速的发展和全球风险投资的复苏，我国的风险投资从2006年开始呈现出快速的增长，其中2007年风险投资金额达到398.4亿，将近2006年的3倍，2008年上半年风险投资在我国继续高速增长。

据国家统计局预测，2007年中国GDP的增长率将达到11.5%。尽管抑制股市泡沫、通货膨胀等呼声不绝于耳，而国家也确实出台了很多紧缩性的货币政策，在一年之内6次加息、9次上调存款准备金。但宏观经济形势的利好在很大程度上助长了中国风险

投资行业的爆发性发展。同时,在这一年,风险投资行业所处的政策环境也得到了进一步完善。2007 年 2 月,作为《创业投资企业管理暂行办法》配套政策的《关于促进创业投资企业发展有关税收的通知》正式出台。据此规定,自 2006 年 1 月 1 日起,创业投资企业采取股权投资方式投资于未上市中小高新技术企业 2 年以上(含 2 年),符合条件者,可按其对中小高新技术企业投资额的 70％抵扣该创业投资企业的应纳税所得额。2007 年 6 月 1 日,新修订的《中华人民共和国合伙企业法》也正式生效,新法对被美国证明为风险投资机构最适合的组织形式——有限合伙制提供了法律保障。

在经济、政策双重利好的形势下,2007 年中国风险投资表现异常活跃,募资和投资活动频繁发生,风险投资的概念也逐渐被大众所熟知。在整体高速发展的情况下,风险投资行业内部也进行着结构调整,资金来源、组织结构和投资偏好等都有所变化。

据中国风险投资研究院统计,2007 年度中国风险资本规模与投资总量呈现井喷式增长,共有 109 家风险投资公司扩资或募集新的基金,筹资金额达到 893.38 亿元人民币,为上一年度的 4 倍以上。投资总额超过 398.04 亿元人民币,投资项目数高达 741 个。2007 年,实现增资或新募集基金的内资机构为 83 家,募集金额为 197.53 亿元人民币。本土资金中,来自政府资金的比例由 7.4％提高到 34.57％,但政府角色由直接投资者转变为间接投资者。截至 2007 年年底,内外资风险投资机构所管理的投资中国内地的风险资本总额高达 1205.85 亿元人民币,超过 2006 年度调研中管理资本总额的一倍以上。

综上所述,我国风险投资虽然起步较晚,但发展速度很快,表现异常活跃。风险投资行业的不断完善和日趋成熟,为创业者的风险资本融资提供了前所未有的机遇。

2. 风险投资概述

风险投资是指以股权、准股权或具有附带条件的债权形式投资于新颖、未经试用技术项目或未来具有高度不确定性的项目,并愿意为所投资项目或企业提供管理或经营服务,期望通过项目的高成长率,并最终以某种方式出售产权取得高额中长期收益的一种投资方式。与传统金融服务不同,风险投资是在没有任何财产抵押的情况下,以资金与公司创业者持有的公司股权相交换。投资是建立在对风险者持有的技术甚至理念认同的基础之上的。风险投资的对象大多是处于初创时期或快速成长时期的高科技企业,如通信、半导体、生物工程和医药等。风险投资具有高风险、高收益的特点。风险投资业务的失败率一般高达 70％～80％,政府一般无力参与这类业务,银行等金融机构以传统的运作方式为标准也不愿或不敢涉足这类业务。[①]

在现实环境中,投资者往往是某些风险投资公司的投资人,他们携带着创业投资基金选择自身认为有发展潜力和盈利能力的投资对象。对于创业者来说,除了资金以外,风险投资者往往能够给予公司发展方面极其宝贵的指导和所需资源。对于创业者来说,有必要了解一下风险投资以及与适当的风险投资人接触,这可能会带来意想不到的收获甚至是改变自身创业的命运。

风险投资一般具有以下基本特征。

---

① 刘贵斌.我国风险投资研究述要.光明日报,2008-02-09

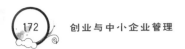

1）高风险性

风险投资的对象主要是刚刚起步的中小型高新技术企业,投资目标常常是"种子技术"或构想创意,处于初始设计阶段,尚未经过市场检验,能否转化为现实生产力,有许多不确定因素,失败的几率很大。有些项目在进行一段时间后被证明在现有条件下难以成功。有的项目在立项时是先进的,但到完成时别人已捷足先登获得了专利或抢占了市场,或者出现了更好的替代产品,或者市场需求发生了变化,从而失去了意义,不得不放弃。有的科技成果本质上是成功的,但受传统观念的约束,尚不能被市场接受,从而难以取得预计的效果。因此,高风险性是风险投资的本质特征之一。

2）高收益性

风险投资是一种着眼于未来的战略性投资,风险背后蕴含着巨额利润,即预期的高成长、高增值。风险投资项目一旦成功,能够生产出性能优良、价格便宜、被市场普遍接受的产品,获得巨大的市场份额或开拓出新的市场空间,获得丰厚的投资回报。风险投资之所以经受很长时间考验,并没有因为高风险而衰落,反而越显蓬勃发展之势,关键是其具有风险损失补偿机制。风险投资所追求的收益一般不是红利而是在风险资本退出时的资本增值,即公司上市时以 15 倍以上的市盈率套现,获取高额回报。预期的高成长、高增值是其投资的内在动因,高收益性在风险投资过程中充分体现出来。

3）高投入、低流动性

许多具有重大意义的科技项目需要很高的投入才可能获得成功,如集成电路、核电站、航天器、通信设备、生物技术和基因工程等项目,没有相当大的资金投入,就不可能见到成效。风险资本往往在高新技术企业创立初期就投入,此时企业往往出现亏损,随着科技开发成功和产品市场的不断开拓,此时竞争者不多,产品能以高价格出售,可获得高额利润。当产品进入成熟期,生产者逐渐增多,超额利润消失,此时就要清理资产,撤出资金去从事其他新项目投资。往往通过企业上市,在资本市场将股权变现收回投资、获取回报,继而进行新一轮投资运作。若出口不畅,将导致撤资困难、风险资本的流动性降低。

4）高技术性

风险投资大都投向高技术领域,向那些新创立的、有巨大发展潜力的高科技性质的企业或产业投入权益性资本,以承担高风险为代价来追求高收益。高技术产业由于其风险大,产品附加值高,因而收益也高,符合风险投资的特点,因此成为风险投资的重点领域。在向高技术企业投入资本的同时,也参与企业项目经营管理,与企业结成一种风险共担、利益共享、一荣俱荣、一损俱损的关系。风险投资者要参与企业管理,自身素质要求很高,必须掌握现代科技、金融投资和企业管理等方面的知识,具有丰富的实践经验。

风险投资是典型的股权融资形式,与其他股权融资方式不同,风险投资更注重企业发展的未来,而不仅是企业当前的财务状况和资产规模。对中小企业来说,风险投资为企业长远发展提供市场化的资金支持,减少了创业者所承担的风险程度,防止高成长企业中的风险向银行过度集中。

从所投资的企业来看,获得风险投资的企业 28％是种子期企业;53.6％是成长期企业;18.4％是成熟期企业。一般来讲,风险资本属于中长期投资,其投资时间通常是 3～7

年。因此,创业资本也被称为"有耐心和勇敢"的资金。这些资金主要来源于一些敢于承担风险并有能力承担风险的机构和个人投资者,其运作主要通过融资、投资、管理增值和资本退出 4 个阶段进行。

首先是融资,风险资本要通过募集资金来获取自身的原始投资资本,不同的经济环境下风险资本的募集对象和方式有所不同,在我国,创业投资资金主要来源于政府投资、企业投资、科研单位自筹资金、外国投资、机构投资者和富裕的个人投资者。第二阶段是选择企业,融资后接下来就是选择企业进行投资。风险投资主要的投资方向为早期或创始期的企业,这些企业大都具备高科技、高成长性、连锁和特许、网络技术和电子商务、良好的管理团队等特征。第三个阶段是管理增值,风险投资者通过参与管理、分段投资、复合式金融工具和合同制约等方式指导企业,以达到公司增值的目的。最后是退出,风险资本的退出主要通过市场化的资本退出机制进行,根据所投资企业的发展状况可以采取上市、转让、回购和清算 4 种方式退出。

企业要获得风险投资资金的支持,需要直接向风险投资机构进行申请或通过从事此类业务的中介机构来获取。而要获得风险资本,企业项目本身有好的盈利预期和前景;包装好的商业计划书;培育优秀的创业团队。

3. 风险资本融资过程

企业要获得风险投资资金的支持,首先需要选择风险投资人或机构。在选择风险投资人或机构时,需要注意以下几点。

1) 确定哪种风险投资基金符合企业的需要

首先,查阅风险投资公司名录,看看哪些公司离企业最近。由于风险投资公司喜欢向附近的公司投资,因此选择附近的公司会节省很多的时间。企业应该让风险投资公司觉得找到了一个专家和合作伙伴。其次,当企业看重了一家风险投资公司以后,下一步是要全面调查公司的商业信誉。企业可以向本地的律师和会计人员咨询这些公司的情况,也可以翻阅这些公司的信用报告,了解它们的信用度。这一切都是为了选择一家好的风险投资公司,以保证这家公司不会在投资后就马上撤资。

2) 相关准备

投资者一般先通过考察新企业的推荐人来评价创业计划,如果他们认识的推荐人很出色,那么会快速浏览一下创业计划。也就是说,投资者通过浏览创业计划的概要来了解企业的情况如何,将要进入什么市场,它们满足的市场需求是什么和提供什么样的产品和服务。投资者通过这样的快速浏览淘汰 95% 他们所收到的创业计划。投资者对剩下 5% 的创业计划进行更加正式的调查,寻找那些值得作为投资对象的创业企业的特征。那么投资者想要寻找什么呢? 风险投资者在选择投资对象时,往往首先看创业团队如何;其次是商业模式;还有就是产品与市场。

在创业团队方面,投资者看重创业者与创业团队的素质,特别是创业者与创业团队的诚信。"创业团队一旦被发现在诚信上有问题,基本上百分之百的 VC(Ventwre Capital)都会拒绝投资",这几乎是所有 VC 的共识。例如,软银赛富投资(SAIF)合伙人吴俊平说:"假如做经济调查发现了任何的问题,特别是发现了道德上有问题,我们基本上是推掉";集富亚洲总经理周政宁表示,投资人之所以如此重视诚信,是因为初创公司除了团队什么都没有,诚信实际上是做人的基本要求,"如果你连基本的要求都不能满足,我觉得你做人都很失败"。此外,对创业团队的真正筛选还在于经验。投资者寻找他们认为能够创建企业的创业者,这通常意味着他们偏爱那些曾经创办过和经营过企业的人,以及那些对要进入的产业有着丰富从业经验的人。

在商业模式方面,投资者寻找那些能够证明企业机会的价值和创业者获取这种价值的能力的证据。一般来说,这些证据包括容量大的市场、产品接受度、适当的战略、保护创业者的知识产权不被模仿的措施、精心设计的生产计划和具有吸引力的产品描述等。

3) 与风险投资公司的谈判

一旦投资者十分确信他们应当向新企业投资,他们会对有关新企业的信息进行尽职审查。审查一般包括对以下三个方面的调查:新企业的市场、商业模式和知识资本;企业的法律实体——组织形式、董事会、专利和商标;融资记录——企业的财务报表。在进行更加详细的调查以及提供详细的商业计划之前,双方应当签订保密协议以使双方在谈判过程中避免不必要的误会和担心。

如果新企业通过了尽职审查,那么投资者将和创业者就投资事宜进行谈判。这个谈判一般关注作为投资回报的投资者将获得的股权数量。尽管创业者很期望得到投资者的资金支持,但是也不能盲目满足投资者的要求,否则就会导致像视美乐那样的失败结局。因此,在与风险投资者进行谈判时,要尽量维护企业自身的利益。创业者应该记住,风险投资者可能会遇到很多项目,但很少有值得投资的项目,如果你的项目能够吸引风险投资者,你就已经通过了第一道障碍,因此对自己的项目要有信心,要相信自己有讨价还价的能力。此外,创业者还可与其他投资人讨论你的项目,这样将有利于加快谈判的速度,并有助于尽快结束谈判。

4) 风险资本合作协议确定

投资方确定投资意向之后,会与企业进行投资协议的最终确定,投资协议主要涉及以下三方面问题的确定。

(1) 公司治理安排。

在信息不对称的情况下,通过一定的制度安排来协调风险投资方与企业管理层之间的关系,以防止企业管理者以风险投资方的损失为代价来谋求自身利益的最大化。在治理方面,投资方会采取以下方式保证对企业的控制权。

① 进入董事会。投资方一般会要求取得一个董事会席位来参与公司的重大经营管理决策并对管理层进行监督。

② 表决权分配。由于对企业的表决权并不一定取决于其股权的性质或数量,因此,投资方会要求企业给予一定的表决权或对重大事件的否决权来保证自身利益。

③ 管理层期权与股权。投资方一般都希望企业在一定的时期之内保证企业收益和价值的最大化,并以此为条件来转让一定的股权给管理层,达到自身"投资——增值——退出"的目的。比较极端的情况就是签订"对赌协议",迫使管理层来保证企业一定的增长速度。

(2) 风险资本投入方式确定。

即风险资本以何种方式投入到企业当中。从投资方的角度来看,选择资本投入方式最关键的问题是要确保投资的变现、对投资的保护和对企业的适度控制。资本投入方式的两种最极端的选择是纯普通股投资和纯债务投资安排，单独采取其中任何一种方式对双方来讲都很难达成一致。因此，在现实当中，风险资本的投入方式一般都是综合了债权、股权甚至期权的混合投资方式。通常所设计的投资组合方式包括优先股、可转换债券和附购股权债。[①]

（3）企业的价值及股权结构。

在投资协议中会对企业的价值评估结果进行说明，并根据价值评估结果与各投资方的投入额度计算出企业的股权结构。

从以上论述可以看出，风险投资作为最具市场化特征的投资方式，对于企业的考察是所有投资方式中最为客观和严格的，即使如此，风险投资也是所有投资方式中最为冒险的一种方式，相对应的投资回报率也可能最高。

5.2.4　私募股权投资

1．私募股权投资的概念

私募股权投资（Private Equity，PE），翻译成中文的有私募股权投资、私募资本投资、产业投资基金、股权私募融资、直接股权投资等，主要是指通过私募形式对私有企业，即非上市企业进行的权益性投资，在交易实施过程中附带考虑了将来的退出机制，一般通过上市、并购或管理层回购等方式，出售持股获利。有少部分 PE 基金投资已上市公司的股权（如 PIPE），另外，在投资方式上有的 PE 投资如 Mezzanine 投资亦采取债权型投资方式。

广义的私募股权投资为涵盖企业首次公开发行前各阶段的权益投资，即对处于种子期、初创期、发展期、扩展期、成熟期和 Pre-IPO 各个时期企业所进行的投资，相关资本按照投资阶段可划分为风险资本（Venture Capital）、发展资本（Development Capital）、并购基金（Buyout/Buyin Fund）、夹层资本（Mezzanine Capital）、重振资本（Turnaround Capital）、Pre-IPO 资本，以及其他如上市后私募投资（Private Investment in Public Equity，PIPE）、不良债权（Distressed Debt）和不动产投资（Real Estate）等（以上所述的概念也有重合的部分）。狭义的 PE 主要指对已经形成一定规模的，并产生稳定现金流的成熟企业的私募股权投资部分，主要是指创业投资后期的私募股权投资部分，而这其中并购基金和夹层资本在资金规模上占最大的一部分。一般来讲，私募股权投资没有上市交易，所以没有现成的市场供非上市公司的股权出让方与购买方直接达成交易。而持币待投的投资者和需要投资的企业必须依靠个人关系、行业协会或中介机构来寻找对方。

可以说，凡是在一家企业上市前所涉及的股权投资都属于私募股权这一投资产业，相对于风险投资，私募股权投资面向更大范围的投资对象并进行更加频繁的资本运作来获得高额的稳定回报。

在此，针对一般性的私募股权投资资金，即投资上市前企业的投资基金进行进一步

①　张景安.商业计划.北京：中央文献出版社，2001

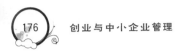

的论述。

2．私募股权基金运作方式

1）资金募集

私募股权基金资金来源广泛，最大的资金来源是富有的个人、风险基金、杠杆并购基金、战略投资者、养老基金和保险公司等。

在发达国家资本过剩的大背景之下，投资基金需要在全球范围特别是以中国、印度为代表的新兴市场寻找出路。私人股权投资基金有其独特的基金募集机制。例如，要建一个 10 亿美元专门针对中国市场的私人股权投资基金，经过路演筹齐资金后，基金就进入了封闭期。基金封闭并不意味着境外投资者已经把这笔钱放到了这个中国基金的账号上，而是给基金管理者一个 10 亿美元规模的不可撤销的投资承诺。基金管理团队决定投资项目时，才会要求资金到账。

2）资金投放

私募股权基金投资企业一般不谋求控股，企业管理团队有足够的动力，同时有很大的压力。私募股权基金一般情况下占有公司股份不超过 30％，他们只需要在董事会占有一席，但是要求拥有一票否决权，这就意味着他们不想参与企业的日常经营，但是希望严格控制企业的发展方向。事实上，由于私募股权基金的人员少，尤其是 Partner（合伙人）这一级别的人员很少，所以他们很少有时间去干涉企业的日常经营管理。据统计，平均每一个 Partner 每周只有几个小时的时间可以去监控已经投资的项目，所以从他们的投资哲学看，他们希望管理层承担足够的压力去经营，同时也给予管理团队更多的激励政策。

与国内企业项目投资相比较，私募股权基金投资项目有严格的投资领域、项目的收入和盈利规模、项目发展阶段有严格的规定，在投资前有一整套的项目考察、评估、风险分析程序，并采用组合投资、分段投资、多种股权投资机制来控制未来的风险。

私募股权投资基金投资一个项目的风险 50％以上可以通过投资前的评估和尽职调查找出来，除了几个有限的特例外，他们很少在企业的一开始就开始投资，但这时候主要就看管理团队的素质，他们一般在企业进入高速成长期和扩张期时进入公司，通过提供企业发展必要的资金，并提供必要的增值服务，他们会在企业上市后套现退出，因此不会过分关心企业或者产业的长期发展。一般私募股权投资的考察要点和标准主要包括如下方面。

（1）行业的投资价值。是看这个企业在所在领域和市场内是否处于产业发展 S 曲线的高速发展期。如果是太早，则整个行业还没有起来，风险太高；如果处于后期，市场没有成长性，利润很低，几大巨头占据了主要的市场份额，企业之间更多的是兼并和收购。

（2）企业（项目）的以往业绩。私募基金投资项目需要看过去 3 年的业绩和未来3～5年的收入和盈利预测，这主要用于衡量企业的收入和利润要求能不能达到标准？企业的成长性够不够？资本进入后是否可以达到所要求的价值增值？

（3）企业（项目）的竞争壁垒。所投资项目是否有足够的竞争壁垒，可以让它领先于其他同类型企业，私募基金对项目投资是希望加大项目的竞争壁垒，以期取得更大的收获。

国内企业投资项目的目的是通过控制优质企业进行资本放大,便于资本运作和市场运作,经常利用优秀企业进行融资担保,为企业未来发展带来很大风险;私募基金投资企业的目的很纯粹,是通过投资高成长性企业,推动其快速上市,实现投资的退出,以实现投资的高额回报。

私募股权基金投资项目,尤其是投资处于成长期项目基金失败率很低,年平均回报率高于 20%,甚至超过 30%。有些顶级的基金号称所有的投资百分百成功,他们都是有成功的案例可查的。

3)操作模式

"我们一般不选择直接投资中国企业的本土实体,而要对企业进行改制,通过成立海外离岸公司来控制境内的实体公司。"凯雷亚洲风险投资基金(Carlyle Asia Venture Fund)董事总经理兼亚洲增长资本团队负责人祖文萃这样说。

此即"海外曲线 IPO",俗称"红筹上市",其一般操作流程是:境内企业在海外设立离岸公司或购买壳公司→将境内资产或权益注入壳公司→以壳公司名义在海外证券市场上市筹资。这样,私募股权投资基金对中国的投资和退出,都将发生在管制宽松的离岸。

通常离岸公司设立在英属维京岛、巴哈马、开曼群岛、百慕大群岛和巴拿马等世界著名的避税岛。这些避税岛对当地注册公司每年只收取很少的年费,豁免所得税、资本利得税、公司应付税和印花税。

海外曲线 IPO 还有很多好处。

(1)可以绕开国内严格的资本与外汇管制。

(2)通过收购、注资、换股,境内企业股权为海外公司所控制,成为法律意义上的外商投资企业,可享受相应优惠待遇。

(3)也是对于私募股权投资基金来说最有意义的一点——通过海外上市公司可实现所持股份的全流通,并可在离岸注册地简便地办理有关股权转让退出等资本运作。同时,境外公司累积盈余可以无限制地保留。

除了在离岸设立壳公司,国际私人股权投资基金一般还要在境内设立一个由离岸公司控股的境内外商全资子公司,负责国内实际的商业运作,包括与欲投资的中国企业之间签署协议、交易合作等经营活动。有了这些合法化的经营活动,才能使这个外资公司产生源源不断的盈利,并通过"母子"纽带,将境内资产的收入和利润合法地导入境外控股母公司。

尽管这种结构安排显得累赘,却能使被投资公司实现海外上市。尤其对于那些受限制行业,这样的构造更是必不可少。例如盛大网络,由于监管部门规定互联网提供商的经营牌照必须掌握在中国公司手里,那么构造上述通道来引渡资产,就成了不可或缺的安排。

4)盈利模式

私募股权投资基金的完美闭环操作,是以股权投资方式进入企业,以其专业技能帮助企业提升内在价值,并实现成功上市;最终在合适时机以股权转让、售卖等方式退出企业,从而获得原始投资的高倍增值。

大多数私募股权基金以优先股(或可转债)入股,通过事先约定的固定分红来保障最

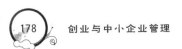

低的投资回报,并且在企业清算时有优先于普通股的分配权(中国的《公司法》尚未明确优先股的地位,投资者无法以优先股入资)。

另外,国外私募股权融资的常见条款还包括卖出选择权和转股条款等。卖出选择权要求引资企业如果未在约定的时间上市,必须以约定价格回购引资形成的那部分股权,否则投资者有权出售公司,这将迫使经营者为上市而努力。转股条款是指投资者可以在上市时将优先股按一定比率转换成普通股,同享上市的成果。

私募股权投资基金行业唯一的考核指标就是投资回报率,上一轮的投资业绩对基金的下一轮融资起决定性作用。在中国,投资的回报率基本要求在 25%～30%左右。如果到不了这个水平,境外资金就失去流入的动力了。

5)退出模式

公开上市(IPO)——海外风险私募基金退出的最佳方式。IPO 是指海外风险私募基金通过被投资公司股份的公开上市,将拥有的私人权益转换成公共股权,在获得市场认可后,转手以实现资本增值。通过 IPO,投资可以得到相当好的回报。

(1)股权转让。海外私募股权基金通过股权转让的方式实现退出应该具有实际意义。这类交易模式比较适合企业所处行业比较朝阳、企业成长性较好且具有一定盈利规模,但因种种原因不够上市要求和条件或在短期之内无法尽快上市的被投资企业,股权转让可以通过自有的渠道完成,如促成不同投资机构之间的股权转让,也可以借助专业机构如投资银行、证券公司的收购和兼并部门完成。目前,有越来越多的国际战略投资人和上市公司愿意收购中国境内的企业,无论是以内资方式还是外资方式的股权都可以通过这种方式变现。

(2)管理层回购。在接受海外风险私募股权基金投资之后的企业成长到一定规模后,管理层回购将是退出的一种选择。同时,由于目前国内管理层通过信托等方式融资渠道的拓宽,在不涉及国有资产前提的基础上的管理层回购将越来越盛行。

(3)清盘。对于投资后的企业,如果遇到经营不善,或管理团队发生重大变动,或受到市场和环境的重大不利影响,海外私募股权基金只能选择清盘的方式以减小并停止投资损失。

3.私募股权基金融资过程

一般机构典型投资流程如下。

1)申请融资

向投资基金机构申请融资没有统一的格式。建立新企业或扩展现有的企业均可直接与基金企业取得联系。最好的方法是先阅读有关材料,之后呈交投资建议书。

2)项目评估

在取得初步联系和经过投资机构初步审议之后,投资者会决定是否进一步对企业进行调查和评估。投资机构会组成相应的项目小组与企业进行接洽并进一步对企业的经营状况进行评估。

为了控制风险,投资机构通常要求被投资企业拥有优质的管理,特别是对于专门进行财务投资的投资机构来说。另外,在企业的经营记录、企业规模方面也需要达到投资机构的标准。最终根据调查,投资机构会对企业的预期投资回报率和投资退出方式进行预先的论证和评价,再决定是否进行投资。

3)投资方案设计、达成一致后签署法律文件

投资方案设计包括估值定价、董事会席位、否决权和其他公司治理问题、退出策略、确定合同条款清单并提交投资委员会审批等步骤。由于投资方和引资方的出发点和利益不同,双方经常在估值和合同条款清单的谈判中产生分歧,解决这些分歧的技术要求高,所以不仅需要谈判技巧,还需要会计师和律师的协助。

退出策略是投资者在开始筛选企业时就十分注意的因素,包括上市、出让、股票回购和卖出期权等方式。上市是投资回报最高的退出方式。由于国内股票市场规模较小、上市周期长、难度大,很多外资基金都会在海外注册一家公司来控股合资公司,以便将来以海外注册的公司作为主体在海外上市。

4)监管

一旦拨付资金后,投资机构将密切监督企业的投资运行情况,定期与企业负责人进行磋商,派出现场专家小组实地访问被投资企业。

同时要求被投资企业提供关于企业发展情况的定期报告,以及可能严重影响投资企业的所有因素的情况,包括提交由独立公共注册会计师审计过的年度财务报表。

统计显示,只有 20%的私募股权投资项目能带给投资者丰厚的回报,所以投资者一般不会一次性注入所有投资,而是采取分期投入方式,每次投资以企业达到事先设定的目标为前提。实施积极有效的监管是降低投资风险的必要手段,但需要人力和财力的投入,会增加投资者的成本,因此不同的基金会决定恰当的监管程度,包括采取有效的报告制度和监控制度、参与重大决策、进行战略指导等。

投资者还会利用其网络和渠道帮助合资公司进入新市场、寻找战略伙伴以发挥协同效应、降低成本等方式来提高收益。另外,为满足引资企业未来公开发行或国际并购的要求,投资者会帮其建立合适的管理体系和法律构架。

 案例

小肥羊私募

2005 年 6 月,3i 亚太区董事王岱宗偶然发现中国餐饮业存在巨大的投资潜力,这促使他马上开始联系小肥羊财务总监卢文兵。在此前,小肥羊在高速发展的同时,也在以上市为目标逐步推进财务规范化,经过一段时间的推行已经达到了一定的效果。

3i 请来了国际快餐连锁企业汉堡王(Burger King)的前任国际业务总裁尼什·堪基瓦拉(Nish Kankiwala)在北京与小肥羊管理层会面,针对困扰小肥羊连锁的诸多问题展开讨论,表现出帮助企业发展的诚意。3i 对小肥羊进行外部审计和财务尽职调查之后,发现小肥羊在纳税和内控方面都很规范,他们对结果也十分满意。

双方此后的接触和谈判总体上进行得较为顺利。2005 年 12 月底,3i 和小肥羊签订投资意向书协议,请来安永会计师事务所对小肥羊进行审计,又请另一国际会计师事务所毕马威做财务尽职调查,而调查的结果好于 3i 的预料。当然,在 3i 和小肥羊的谈判中,也常有在重大问题上双方各执一词的情况。在公司的估值上,小肥羊的管理层和 3i 的代表经过多次谈判才达成妥协。在管理层的激励机制上,3i 采用可转换债券的方式对

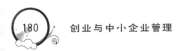

小肥羊进行投资。

小肥羊之所以能够快速取得国际资本的认可,很重要的原因在于企业的治理结构非常清晰,财务管理非常规范,这正是国际投资者所看重的。

5.2.5 离岸融资

离岸融资是专门针对离岸公司的一种融资业务,是对以往多种融资方式的有益补充。在介绍离岸融资之前,首先来了解一下离岸公司。

1. 离岸公司

世界上一些国家和地区(多数为岛国)近些年纷纷以法律手段制定并培育出一些特别宽松的经济区域,这些区域一般称为离岸法域。而所谓离岸公司就是泛指在离岸法域内成立的有限责任公司或股份有限公司。如英属维尔京群岛、纽埃岛、巴哈马群岛、塞舌尔群岛、巴拿马共和国和毛里求斯共和国等,允许国际人士在其领土上成立一种国际业务公司。当地政府对这类公司没有任何税收,只收取少量的年度管理费,同时,所有的国际大银行都承认这类公司,为其设立银行账号及为其财务运作提供方便。通常情况下,这类地区和国家与世界发达国家有很好的贸易关系。无论在上述任何一个国家或地区注册的海外离岸公司,均具有高度的保密性、减免税务负担、无外汇管制三大特点,因而吸引了众多商家与投资者选择海外离岸公司的发展模式。离岸公司与一般有限公司相比,主要区别在税收上。与通常使用的按营业额或利润征收税款的做法不同,离岸地区的政府只向离岸公司征收年度管理费,不再征收任何税款。而且几乎所有的离岸地区均明文规定:公司的股东资料、股权比例和收益状况等,享有保密权利。而"离岸"的含义是指投资人的公司注册在离岸法域,但投资人不用亲临当地,其业务运作可在世界各地的任何地方直接开展。

根据离岸公司的定义可知,离岸公司具有以下几个特征。

1) 地域特征

离岸公司必须在特定的离岸法域成立,这是离岸公司的地域要素。世界上各大洲都有许多著名的离岸法域,这些法域主要是一些岛国,当地为了吸引投资,改善当地经济发展,都特别制定离岸公司法,以鼓励世界各地资本到其当地注册,对于企业的营业所得免除或者收取少量税赋,每年仅收取一定的管理费。

2) 法律特征

离岸公司成立的法律依据必须是离岸法域专门的离岸公司法规范,这是离岸公司的法律要素。例如,在英属维尔京群岛,当地规范离岸公司的法律是《维尔京国际商务公司法》;而在开曼群岛,则为《开曼群岛公司法》第7章下的豁免公司规范。

3) 资本特征

一般而言,离岸公司的注册资本来源于离岸法域之外的投资者的投资,或者说离岸公司的投资者或设立人具有非当地性,这是离岸公司的资本要素。从各国创设离岸公司法的目的来看,其本质是为了方便境外投资者的资本运作。而从实践来看,由来自离岸地外的投资者(包括自然人和法人以及其他经济组织)和资本设立的公司构成了离岸公司的主体部分。

4)运营特征

离岸公司不得在离岸法域内经营,或者说离岸公司是排除其在本土经营的公司,这是离岸公司的运营要素。几乎所有的离岸公司法都规定,一旦发现离岸公司在离岸法域内与其他公司签订商业合同,那么当局就将撤销该公司的离岸地位。离岸公司的注册地在离岸法域境内,而其主要经营管理活动都在所注册的离岸法域之外进行,离岸公司由此具有了注册地和经营地相分离的特征。这种分离有时不仅体现在公司的投资者不具有离岸法域自然人或法人的身份上,还体现在其董事、经理等公司的高级管理人员一般也不是注册地的居民上。

2. 离岸融资概述

在目前人民币不断升值,国家货币政策从紧,各银行纷纷收紧信贷规模的大环境下,由于离岸业务针对以上情况可起到很好的规避作用,业内对离岸业务的关注度达到了空前的高度。而很多的企业老总对离岸业务的认知,也从原来的税务安排和外汇自由的层面,提升到了方便企业资金融通、规避企业运作风险的高度。离岸融资正逐渐浮出水面,成为企业国际市场运作的重要融资渠道之一。

所谓离岸银行业务,是指银行吸收非居民的资金,服务于非居民的金融活动。2002年,中国人民银行核准4家股份制商业银行(深圳发展银行、上海浦东发展银行、招商银行、交通银行)全面开办离岸银行业务。根据这一规定,如果某中国企业或自然人,在境外设立公司,即可在此4家任一银行开立离岸账户,进行灵活的财务管理。而此账户属境外账户,与本国居民开立的国内账户是严格不同的。这样,中国企业即可利用其离岸账户,进行灵活的资金融通。

离岸融资之所以越来越受到企业的青睐,主要有以下几方面的原因。

(1) 2005 年之前,境内企业如果给离岸公司融资提供担保,需要逐笔报外管局审批,而现在只要在外管局批给银行的总体对外担保额度内,银行可为境内母公司向符合条件的境外子公司提供融资性担保,中间环节更加简化。这一点客观上为企业通过离岸进行融资,打通了政策通道。

(2) 离岸的美元借贷成本相对更低。国际金融市场美元利率持续下降,使美元借贷成本较人民币低,企业更愿意通过离岸、在岸联动业务进行离岸融资。这一点在融资额较大时,体现得尤为明显。

(3) 最为重要的一点是,随着宏观调控的深入,人民币从紧政策的进一步贯彻,各家银行的贷款额度都有非常严格的控制,企业的人民币贷款越来越难。而由于中国充裕的外汇储备,离岸外汇头寸较充裕,通过离岸进行融资相对要更加容易。

所以,当前在企业遇到融资瓶颈时,正越来越多地通过将离岸公司捆绑境内母公司的授信,在离岸银行申请贷款。而同时,境内企业也可以通过境外窗口企业获得境外贸易的融资支持。离岸银行业务正在中国企业走出去的过程中,发挥着越来越重要的作用。当前,资金链普遍紧张的企业,在银行境内融资和民间借贷之外,借助离岸市场解决资金问题的做法已经"暗流汹涌"。除此之外,国内离岸银行融资业务也呈现出快速走暖迹象。

5.2.6 中小企业不同发展阶段的融资特点

根据企业融资的金融成长周期理论可知,中小企业在不同发展阶段的潜在风险、融资需求和融资能力各不相同,不同阶段所需资金有不同特点,不同渠道的融资对不同时期的偏爱程度也有所不同。因此,创业者必须从战略的高度对企业各个阶段的融资问题拟定整体性规划,并根据自身所处的阶段有针对性地开展融资活动。任何一个企业从提出构想到企业创立、发展到成熟,存在一个成长的生命周期,一般可以分为种子期、创建期、生存期、扩张期和成熟期。

1. 种子期的融资特点

在种子期,企业对资金的需求主要体现在企业的开办费用、可行性研究费用、一定程度的技术研发费用,因此总体而言资金的需求较少。但是由于此阶段资金来源有限,风险较大,风险承担的能力有限,创业者没有任何销售的收入,资金相对匮乏,因此主要依靠创业者自己或朋友亲戚的资金资助。

在这个时期,如果创业者的创意或科研项目十分吸引人,很有可能吸引被西方称为"天使"的个人风险投资者。尽管个人风险投资者提供的资金可能不多,但其丰富的阅历和经验能够为创业者们提供很好的建议和勾勒未来的蓝图,这一点对于初出茅庐的中小企业创业者而言甚为重要。此外,中小企业的创业者也可以向政府寻求一些资助。种子期的主要成果是样品研制成功,同时形成完整的生产经营方案。

2. 创建期的融资特点

一旦产品开发成功,中小企业的创业者为了实现产品的经济产业价值,将着手成立公司并进行试生产。在这一时期,资金需求量较大(数量由项目和企业的规模决定),资金主要用于购买机器、厂房、办公设备、生产资料、后续的研究与开发和初期的销售等。只靠创业者的资金往往是不能支持这些活动的,并且由于没有过去的经营记录和信用记录,从银行申请贷款的可能性也甚小。

这一阶段的融资重点是创业者需要向新的投资者或机构进行权益融资,这里吸引机构风险投资者是非常关键的融资内容。因为此时面临的风险仍然十分巨大,是一般投资者所不能容忍的。更为重要的是,由于机构风险投资者投资的项目太多,一般不会直接干预企业的生产经营活动,只会特别强调企业能够严格按现代企业制度科学管理、规范运作,在产权上也要求非常明晰,这一点从长远来说对企业是很有好处的,特别是对未来的成功上市融资。

3. 生存期的融资特点

经历了创立期的发展,企业逐步形成相关的能力,产品和服务日渐得到市场的认可,产品和服务的销售收入增长迅速,创业企业必将开始实现规模运营,加大营销力度,扩大市场的份额和规模,这些对生存期企业来说都是至关重要的。因此,生存期需要大量的资金,用于市场推广。然而,由于产品刚投入市场,销路尚未打开,产品造成积压,现金的流出经常大于现金的流入,因此,企业在这一时期会面临资金困难的问题。

为此,企业必须非常仔细地安排每天的现金收支计划,稍有不慎就会陷入资金周转困难的境地中。同时,还需要多方筹集资金以弥补现金的短缺,此时融资组合显得非常重要。由于享有一定的商誉,拥有一定的资产可以抵押或者关联企业的担保,在这个时期融资渠道相比而言较为通畅。除了股权融资外,也可选择债务融资等,这可视企业的具体情况而定。

4. 扩张期的融资特点

在扩张期,企业产品得到市场认可使其产品销售得到迅速增长,市场占有率的迅速提高给企业带来了高额利润,企业的生产能力不断追加。这时期需要大量的资金用于进一步开发和加强行销能力。处于该时期的企业的生存问题已基本解决,现金入不敷出和要求注入资金局面已经扭转。与此同时,企业拥有较为稳定的顾客和供应商以及比较好的信用记录,取得银行贷款或利用信用融资相对来说比较容易。

总的来说,这一时期的融资渠道较为顺畅,可选择的方式很多。原始的股东如果能出资当然最好,但通常情况下是需要引入新的股东。此时,企业可以选择的投资者相对比较多,可根据企业的具体情况而定。需要提醒的是,这一阶段融资工作的出发点是为企业上市做好准备,针对上市所需的条件进行调整和改进。

5. 成熟期的融资特点

在成熟期,企业已有自己较稳定的现金流,对外部资金需求不像前面的阶段那么迫切。成熟期的工作重点是完成企业上市的工作。中小企业的成功上市,如同鲤鱼跳龙门,会发生质的飞跃。企业融资已不再成为长期困扰企业发展的难题。因此,从融资的角度看,上市成功是企业成熟的标志。同时,企业上市也可以使风险投资成功退出,使风险投资得以进入良性循环。由于国内主板过高的门槛和向国有企业、大型企业倾斜的政策,中小企业、民营企业比较适宜在二板市场上市,这也和二板市场主要针对中小企业的市场定位是相符合的。目前来看,中小企业在二板市场上市比较多,但主要集中在美国的纳斯达克市场和中国香港特别行政区的创业板市场,而我国内地的创业板市场虽已起步但仍需发展和完善。

5.3 我国中小企业融资的问题与策略研究

我国企业融资30多年来走过的是一条与世界上大多数国家企业融资完全不同的发展道路。1978年以前,财政拨款一直是企业融资的主渠道,这也是企业改革的起点;最初的改革结果就是20世纪80年代中期的"拨改贷",由银行向企业提供包括流动资金在内的"全额信贷";进入20世纪90年代,开辟了证券市场的融资渠道;1995年颁布的《票据法》为商业信用提供了依据;直到1999年,新修订的《宪法》确定了非公有制经济是我国社会主义市场经济的重要组成部分,意味着所有企业财产均受国家的法律保护,这就为企业自我积累机制的形成奠定了最终基础。这些体制上的特点决定了其运行上的特点:资金运用低效率的状况并没有根本改变,仍过分强调间接融资,忽视直接融资的作用,企业资金来源渠道单一化的局面也没有根本改变等。另外,由于我国中小企业自身规模小、经营风险大、信用能力低,一般的资金所有者和金融机构都普遍采取谨慎原则,这又形成了与国内大企业差异明显而与国外中小企业相同的一面,即融资难。

5.3.1 我国中小企业融资现状

20 世纪 90 年代中期开始,为缓和中小企业融资难的状况,中国政府采取了一系列旨在促进、支持中小企业融资的政策安排。全国各大金融机构也纷纷采取相应措施,积极创新金融产品和服务方式,加大对中小企业的支持力度。例如,继 2008 年 3 月份银监会下发了《关于在从紧货币政策形势下进一步做好小企业金融服务工作的通知》,要求商业银行向小企业信贷业务倾斜后,银监会即将在近期对商业银行的执行情况启动一次摸底调研,由银监会监管一部具体牵头,覆盖全体商业银行。

由银监会监管一部牵头,可以看出监管层对"大银行怎么服务小企业"的重视。这些安排在一定程度上缓和了中小企业融资难的问题,但是相对于中小企业的急剧增长需求还远远不够。在融资方面,国内的大多数中小企业仍然处处"碰钉子",中小企业融资难的问题依然十分突出。世界银行的一份调查显示,我国私营中小企业发展的资金源约 50%～60% 来自于业主资本和内部留存收益,公司债券和外部股权融资等直接融资不到 1%,银行贷款在 20% 左右。佟伟(2005)的研究表明,我国中小企业业主资本和内部收益留存分别占资金来源的 30% 和 26%,不到 1% 的外部股权融资比例基本与现实吻合,相比美国 18% 的外部股权融资比例差距很大。目前,大多数中小企业主要依靠传统的内部融资方式滚雪球式发展,中小企业主要通过内部股份募集、红利转股本等途径募集中长期资金。实证研究也表明,由中小企业成长性特点所要求的外部股权融资得不到满足,只能用内源融资代替长期负债支持企业成长,弥补外部股权融资的不足。

总体说来,随着当前经济环境的日益变好,中小企业融资难的问题在一定程度上得到了缓和。经济环境变化主要包括宏观政策环境逐渐趋好、我国体制变革和世界产业结构调整为中小企业带来机遇及"入世"带来的机遇,这些都为我国中小企业融资带来了契机。但是,我国中小企业融资还存在许多问题,主要表现有以下几个方面。

1. 过分依赖内部资金,融资渠道狭窄

中小企业作为我国社会经济发展的重要组成部分,当前其融资来源主要来自于企业主要所有者的投入和企业自身的积累。在由德国 IFO 经济研究所、国家信息中心中经网、国务院发展研究中心企业家调查系统及国经中小企业发展研究中心等联合调查 1500 家 500 人以下企业中发现,在企业权益性融资来源结构上,自有资金积累的比例高达 72.27%。[①] 我国学者李扬在 2001 年对 352 家中小企业的主要管理人员进行问卷调查后发现,被调查的中小企业融资结构中所有者资金和保留盈余分别占 36.7% 和 21.3%。

---

① 张捷. 结构转换期的中国中小企业金融研究. 北京:经济科学出版社,2003. 38

在股权融资方面,在美国占据重要地位的"天使"资金、风险基金和公众资金(上市股票)等,在我国基本为零;在债务融资方面,我国能得到的信贷资金种类也非常单一,而企业发行债券基本是空白。[①]可见,我国中小企业的融资主要靠所有者的内部资金,而且融资结构也很单一。

此外,通过对浙江省 30 家科技创业企业融资方式的实际调查,在科技创业的开创期,创业企业融资以创业者自筹为主,个人存款占很高比例。从资金来源的性质看,很大部分是从个人存款和从亲戚朋友处获得。

2. 间接融资渠道处于困境

现阶段,我国中小企业间接融资面临的困境,主要表现在以下几方面。

1)银行贷款难

银行贷款是我国中小企业间接融资的主要途径。然而,由于体制方面的种种原因,加上受"抓大放小"思想的影响,我国的商业银行一直以来把国有大中型企业作为主要的服务对象,忽视了与中小企业之间的业务沟通和联系。虽然中小企业对银行较为依赖,但其从银行得到贷款的份额较少,贷款比重也偏低。正是由于规模小的特性使得中小企业向银行贷款受到一定阻碍,冯云(2005)对我国企业规模、成立年限与贷款难易程度进行了研究(如表 5-4 和表 5-5 所示),研究表明了银行在中小企业贷款决策上受到企业规模与企业成长年限等硬性因素的制约。

表 5-4　企业规模与银行贷款(100%)

企业规模	<50 人	51~100 人	101~500 人	>500 人
拒绝次数比例	78.92	57.87	44.8	24.4
银行贷款比例	5.4	20.6	22.6	47.1

数据来源:冯云.中小企业财务管理中存在的问题[J].内蒙古科技与经济.2005(7)

表 5-5　企业年龄与银行贷款(100%)

企业年龄	<2 年	2~4 年	4~5 年	5~8 年	>8 年
拒绝次数比例	72.44	49.07	46.97	45.79	34.98
银行贷款比例	1.2	5.2	17	25.3	36.1

数据来源:同表 5-4

中小企业获得银行贷款,不仅存量比重低,而且增量也趋缓,在有的地区和有的时候,甚至为负增长,特别是为数众多的新生中小企业,更难以申请到银行贷款。而且,银行对中小企业的中长期贷款少。据湖南省统计局在 2004 年所做的"对衡阳市部分中小企业信用与融资情况的调查"的报告显示,金融单位向企业发放的中长期贷款中,中小企业的贷款比例为 38.29%,大企业的贷款比例为 61.71%,中小企业比大企业低了 23.42个百分点。而中小企业最需要的正是中长期贷款。

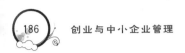

2）政策担保机构融资功能作用有限

担保是整个中小企业融资体系中的重要环节,中小企业融资离不开担保,但是我国担保业的现实情况却不理想,担保机构在中小企业融资中发挥的作用十分的有限。2003年年底,中国人民银行结合中日合作项目《中国中小企业金融制度改革调查》,对我国北京、浙江、广东和陕西等地区的中小企业作问卷调查后发现,平均有76%的样本企业没有和任何的担保机构建立过信用担保关系,而在获得信用担保的样本企业中,担保贷款余额仅占全部贷款余额的6%,担保机构基本上没有发挥实际性的作用。而且,我国中小企业获得担保的条件也十分苛刻。信用担保机构为了防范风险,在充分了解企业的业务和盈利能力后,通常会要求将企业及业主本人的全部资产作为反担保条件,这让相当多的中小企业对担保望而却步。另外,目前我国担保机构整体上的信用放大倍数过低。根据人行调查报告,从全国水平上看,目前银行可接受的担保机构放大倍数在5倍以下,西部地区放大倍数在1倍。这意味着当担保机构的担保规模达到其资本金的5倍,就很难再进一步地扩大业务规模。而国外的情况是,美国50倍,日本60倍。业务规模不能有效地扩大,担保行业在中小企业融资中的作用自然就难以发挥。

3）间接融资渠道过于单一,租赁融资、典当融资等较适应中小企业的非银行融资工具发育程度不高

目前,租赁融资在国外是较为普遍的一种融资手段,但与国外相比较,我国租赁融资的业务量还很小,在资本市场中所占的份额不及美国的1%,约为韩国的10%。从全国情况看,典当行主要集中于少数大城市,特别是省会城市,行业地区布局不合理,对于目前广泛分布于小城镇的中小企业,典当融资还没有被广泛得利用。

3. 直接融资渠道狭窄

我国市场经济体系建设刚刚起步,经济社会化水平很低,还未形成一个多层次的、能够为广大中小企业融资服务的资本市场。虽然我国"二板市场"即中小企业板市场2004年已经启动,可是还很不成熟,许多问题亟待解决,因此所发挥的融资功能有限。因此,我国当前缺乏为中小企业直接融资的有效渠道,造成了对中小企业的有效供给资金不足。主要表现在以下几个方面。

1）股权融资和债权融资阻力重重

在股权融资方面,我国一些中小企业已经开始通过股份制改造,发行股票直接融资,以及通过收购股权、控股上市企业和买壳上市等手段融通资本,但不论是通过什么方式或渠道,能够争取到这些机会的必定是那些规模较大、技术或产品比较成熟、经营管理较好、经济效益较佳、发展前景较好的高新技术产业和基础产业类中小企业,在相关法律和上市规则不作大幅修改的前提下,已上市或拟上市的中小企业,都称得上是中小企业中的大企业,而大部分的中小企业很难获得上市资格,民营中小企业更被政策性地排斥在资本市场之外,无法到资本市场通过股权融资的方式获得发展所需要的资本。债券融资也是向社会直接融资的一种方式,但从目前的情况来看,由于受发行规模的严格控制,特别是对中小企业不利的额度要求,我国中小企业很难通过发行债权的方式直接融资;另一方面,国家规定企业债券利息征收所得税后,更影响投资者的积极性,再加上中小企业规模小、信用风险大等自身特点,结果使实际中的中小企业仅有的发行额度也很难完成。

2）风险投资刚刚起步，符合市场经济行为的风险投资机制还未建立

由于没有通畅的退出机制，缺少高额的利益回报，风险投资在我国一直处于一个尴尬的境地，中小企业具有极大的融资需求，而投资机构却担心无法获得正常的回报。一些风险投资公司不得不把风险资金放到证券市场的短期炒作上，要么去"摇签"，申购新股；要么就是去二级市场炒作。风险资金很难进入真正的创业中的小企业。

5.3.2 我国中小企业融资策略

我国中小企业普遍缺乏融资渠道，除了一些经济和技术实力强大的国有企业外，大部分中小企业还不具备自由选择融资方式的能力。在这种状况下，融资方式选择成为中国中小企业成长壮大的必由之路。最近一项调研表明，融资方式选择是影响中小企业倒闭的一个重要因素，其中因缺乏融资方式造成企业倒闭占样本总数的 68.6%。因此，对于我国中小企业而言，如何选择融资方式，怎样把握融资规模以及各种融资方式的利用时机、条件、成本和风险，对企业的生存和发展都至关重要，企业在融资之前需要进行认真分析和研究。各个不同的企业，以及一个企业在不同的发展阶段，在融资方式和融资规模的选择上都会不同。但是，无论采取何种融资方式或规模，都要在符合一定的融资原则的前提下进行才能保证企业健康发展，这种融资原则就是企业进行融资时的融资策略。我们认为，我国中小企业开展融资时主要有以下几个融资策略。

1. 融资总收益要与融资风险相匹配

虽然创业型中小企业对资金的需要很迫切，但是创业者在选择融资时必须考虑融资的风险。创业型中小企业处于企业发展的初期，面临的各方面风险都比较大，企业在融资时应首先测算融资的最终收益有多大，然后列举出企业可能遇到的风险因素，并用经验预测这些风险一旦转化为损失，损失到底有多大。如果预期的融资最终收益大于这些损失，并且企业能够接受这样的损失，那么企业融资行为是可行的，这样也就基本达到了融资收益与融资风险相匹配。

2. 选择最佳的融资机会

中小企业在决定开展融资行为后不能急于实施，要等待有利的融资机会。所谓融资机会，是指由有利于企业融资的一系列因素所构成的有利的融资环境和时机。企业选择融资机会的过程，就是企业寻求与企业内部条件相适应的外部环境的过程，因此有必要对企业融资所涉及的各种可能影响因素进行评价与分析。一般来说，要充分考虑以下几个方面。

（1）企业要主动、积极地去寻求并及时把握住各种有利融资机会。由于企业融资机会是在某一特定时间所出现的一种客观环境，因此，在大多数情况下，企业实际上只能适应外部融资环境而无法左右外部环境，这就要求企业必须充分发挥主动性，积极地寻求并及时把握住各种有利时机，确保融资获得成功。

（2）企业融资决策要有超前预见性。由于外部融资环境复杂多变，创业者要能够及时掌握和了解国内外的宏观经济、行业等各种外部信息，合理分析和预测能够影响企业

融资的各种有利和不利条件，以及可能的各种变化趋势，以便寻求最佳融资时机，果断决策。

（3）企业在分析融资机会时，要全面考虑各种融资方式所具有的特点，并结合企业自身的实际情况，适时制定出合理的融资决策。

3. 企业融资规模要合理

由于企业融资需要付出成本，因此企业在筹集资金时，首先要确定企业的融资规模。一方面，如果企业筹资过多，可能造成资金闲置浪费，增加融资成本；还可能导致企业负债过多，使其无法承受，偿还困难，增加经营风险。另一方面，如果企业筹资不足，则又会影响企业投融资计划及其他业务的正常开展。因此，企业要综合考虑企业对资金的需要、企业自身的实际条件以及融资的难易程度和成本情况，来确定企业合理的融资规模。

为了确定合理的融资规模，企业可使用经验法和财务分析法进行分析。所谓经验法，是指企业在确定融资规模时，首先要根据企业内部融资与外部融资的不同性质，优先考虑企业自有资金，不足的部分即为应从外部融资的数额。此外，企业融资数额多少，通常要考虑企业自身规模的大小、实力强弱，以及企业处于哪一个发展阶段，再结合不同融资方式的特点，来选择适合本企业发展的融资方式。财务分析法是指通过对企业财务报表的分析，判断企业的财务状况与经营管理状况，从而确定合理的筹资规模。由于这种方法比较复杂，需要有较高的分析技能，因而一般在筹资决策过程中存在许多不确定性因素的情况下运用。使用该种方法确定筹资规模，一般要求企业公开财务报表，以便资金供应者能根据报表确定提供给企业的资金额，而企业本身也必须通过报表分析确定可以筹集到多少自有资金。

4. 尽可能降低融资成本

一般来说，在不考虑融资风险成本时，融资成本是指企业为筹措资金而支出的一切费用。它主要包括融资过程中的组织管理费用、融资后的资金占用费用以及融资时支付的其他费用。

企业融资成本是决定企业融资效率的决定性因素，对于中小企业选择哪种融资方式有着重要意义。由于融资成本的计算要涉及多种因素，具体运用时有一定的难度。通常情况下，各种主要融资方式的融资成本的排列顺序依次为财政融资、商业融资、内部融资、银行融资、债券融资和股票融资。这仅是不同融资方式融资成本的大致顺序，具体分析时还要根据具体情况而定。例如，财政融资中的财政拨款不仅没有成本，而且有净收益，而政策性银行低息贷款则要有较少的利息成本。对于商业融资，如果企业在现金折扣期内使用商业信用，则没有资金成本；如果放弃现金折扣，那么，资金成本就会很高。再如，对股票融资来说，其中发行普通股与发行优先股，融资成本也不同。

5. 制定最佳融资期限

企业融资按照期限来划分，可分为短期融资和长期融资。企业做融资期限决策，要充分考虑到融资的用途与企业的风险性偏好。

从资金用途上来看，一般来说，如果融资是用于企业流动资产，宜选择商业信用、短期贷款等各种短期融资方式，因为流动资产具有周期快、易于变现、经营中所需补充数额较小及占用时间短等特点；如果融资是用于长期投资或购置固定资产，则适宜选择长期贷款、租赁融资和发行债券等各种长期融资方式，因为这类用途要求资金数额大、占用时间长。

从风险性偏好角度来看，在融资期限决策时，企业的风险偏好有中庸型、风险规避型和风险爱好型三种类型。风险中庸型的企业对波动性资产采用短期融资的方式筹资，对永久性资产则采用长期融资的方式筹资。这样，企业既可以避免因资金来源期限太短引起的还债风险，又可以减少由于过多的借入长期资金而支付的高额利息。风险爱好型的企业用长期资金来满足部分永久性资产对资金的需求，余下的永久性资产和全部波动性资产，都靠短期资金来融通。风险爱好型融资的特点是具有较大的风险性；风险规避型的企业不但用长期资金融通永久性资产，还融通一部分甚至全部波动性资产。当企业处于经营淡季时，一部分长期资金用来满足波动性资产的需要；在经营旺季时，波动性资产的另一部分资金需求可以用短期资金来解决。风险规避型融资的风险相对要小很多。

6. 合理保持企业控制权

在本章开篇时已经提及过，资金可以给企业解决困难，带来短期内的形势好转，但是也可能使企业丧失自主权。企业在筹措资金时，经常会发生企业控制权和所有权的部分丧失，这不仅直接影响到企业生产经营的自主性、独立性，而且还会引起企业利润分流，使得原有股东的利益遭受巨大损失，甚至可能会影响到企业的近期效益与长远发展。

企业的控制权主要包括机构设置权、重大决策权以及利益分享权利。例如，发行债券和股票两种融资方式相比较，增发新股将会削弱原有股东对企业的控制权，除非原股东也按相应比例购进新发股票；而债券融资则只增加企业的债务，并不影响原有股东对企业的控制权。

因此，在考虑融资的代价时，只考虑成本是不够的。当然，在某些特殊情况下，也不能一味固守控制权不放。例如，对于一个急需资金的小型高科技企业，当它在面临某一风险投资较低成本的巨额投入，但要求较大比例控股权，而此时企业又面临破产的两难选择时，一般来说，企业还是应该从长计议，在股权方面适当做些让步。

此外，在以上融资策略的基础上，企业还应该选择有利于提高竞争力的融资方式。例如，股票融资，通常初次发行普通股并上市流通，不仅会给企业带来巨大的资金融通，还会大大提高企业的知名度和商誉，使企业的竞争力获得极大提高。因此，进行融资决策时，企业要尽量选择那些最有利于提高竞争力的融资方式。

5.4 创业企业价值评估

企业不管采取何种渠道进行融资一般都会涉及价值评估问题，例如，选择银行贷款，银行需要明确企业所抵押物品的合理经济价值，即使纯粹赋予企业一定商业信用额度，银行也需要评估凭借这种商业信用企业能够获取多少贷款是合理的；选择风险投资，投资人或投资机构会对企业价值进行全面的评估并与企业所有者讨价还价确定双方可接受的企业价值数额。创业企业价值评估的难度相对较大，在评估过程中，评估参与者的

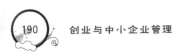

主观判断因素也会起很重要的作用，因此，创业者既需要了解影响创业企业价值评估的因素，又需要了解科学的评估方法。

5.4.1　创业企业价值评估概述

根据我国 2005 年发布的《企业价值评估指导意见（试行）》中所下的定义，企业价值评估是指注册资产评估师对评估基准日特定目的下企业整体价值、股东全部权益价值或部分权益价值进行分析、估算并发表专业意见的行为和过程。在企业价值评估中，企业是作为一个经营整体并依据企业的未来收益能力来评估的，其评估对象是企业的全部资产，包括有形资产和无形资产，所反映的是其生产经营能力和持续获利能力。因此，企业价值评估强调的是从整体上计量企业全部资产的评估价值。创业企业价值评估是企业价值评估的一个分支，其评估的是创业企业的整体价值。[①]

作为企业价值评估的一个分支，创业企业价值评估除了具有一般企业价值评估的性质外，还具有自身的特殊性。

- 整体性。有些创业企业技术含量并不高，也许只是一项创新，但其具有广阔的市场前景和优秀的管理团队，这就是创业企业的价值所在。
- 咨询性。企业价值评估结论是为创业企业相关业务提供的专业化意见，该意见可以为投资者或者创业者决策提供依据，其本身并不具有强制实施的效力，评估人员只对评估结论本身合乎职业规范要求负责。
- 综合性。主要表现为对创业企业价值评估是一种多学科和方法、经验综合运用的工作过程。
- 预测性。创业企业的成立时间短、缺乏历史数据，其价值的评估只能靠未来"预期"收益来确定，因此无法进行精确评估。
- 无形性。创业企业的特征决定了无形资产将在其价值中占很大的比例，有的甚至只有无形资产。

创业企业价值评估的上述特征决定了在采用传统评估方法进行评估时，会遇到一些突出的难点。

5.4.2　创业企业价值评估的影响因素

评估一个新创企业，虽然情况的不同会有一定的变化，但投资者一般都会从主观因素和客观因素两个方面去加以考察。

1. 客观因素

投资者主要考察的客观因素有以下几个方面。

（1）外部宏观经济形势。包括国际宏观经济形势和中国自身经济发展的态势，尤其是后者。如果外部宏观经济形势比较好，投资者的投资意愿就比较高，创业企业更可能

---

① 吴颖婷. 创业企业价值评估研究. 广东工业大学硕士学位论文，2007：24～27

得到相对高的价值评估。

（2）一个国家和地区创业的活跃度、创业企业发展的态势，以及相应创业企业对创业资本的需求程度。

（3）创业资本的供给。创业资本的供给多，创业企业的外部融资自然相对容易，在进行外部股权融资时候企业的价值相对比较高；反之则相反。如果商业银行信贷的可得性比较高，创业企业对外部股权资本的需求也会相应减少。

2. 主观因素

投资者主要考察的主观因素有以下几个方面。

（1）作为创业资本需求方的创业企业，对创业资本需求的迫切程度会对企业价值评估有很大影响。企业在其发展的不同阶段对资金的不同需求，当新项目机会转瞬即逝时，企业可能迫切需要项目启动资金；当企业在产品被市场初步接受后，创业企业融资最大的压力可能是出现企业现金流枯竭的时候。

（2）作为创业资本供给方的创业投资商的声誉及其可能给创业企业带来的增值服务也会影响投资者的谈判力量，对创业企业最终的投资方股权分配产生重大影响。

（3）创业企业管理团队的经验和能力。创业企业管理团队的经验越丰富、能力越强，则创业企业成功的概率越大，投资者的投资风险越小，企业的估价就越高。

（4）创业企业所在行业市场的潜在商业价值大小。潜在的市场越大，则企业的发展空间越大，企业的估价就越高。

此外，还有创业企业的发展阶段及其相应的风险。创业投资机构对不同阶段的创业企业有不同的投资回报预期要求。

5.4.3　创业企业价值评估的方法

由于创业企业具有的特点，其评估的难点及传统企业价值评估方法的种种限制，决定了传统的评估方法不适用于创业企业价值评估。Hayes Abernathy（1980）就认为，传统评价方法不仅会导致创业企业价值的低估，而且在当今高度不确定性的市场环境下不能完成对创业企业的正确评价。对于创业企业价值评估，实物期权法已经引起越来越多学者的关注和研究。

1. 传统的企业价值评估方法

在传统金融理论中，有许多关于企业价值评估方法，在我国一般运用成本法、市场法和收益法评估企业价值。

1）成本法

主要是指重置成本法，分别求出企业各项资产的评估值并累加求和，再扣减负债评估值，得出整体企业资产评估值的一种方法。其中，各项资产的评估值要根据评估对象的具体情况选用适宜的评估方法求出。

成本法的评估值反映了企业的有形投入，包括有形资产和无形资产，反映了企业资源禀赋和资信能力。但是，成本法不能反映企业的无形投入（包括人的智力、管理能力和知识)、不能反映企业组合资产的价值,也不能反映企业的未来盈利能力和发展机会。所以,无法反映创业企业的发展潜力和真实价值。对于创业企业来说,由于有形资产比重小、无形资产比重较大,一般不适合用成本法。但在特定条件下,即从创业投资者的角度,以及创业失败时的清算,可以用成本法来评估。主要考虑到以下几个原因。

(1) 创业企业都是新创办的,经营历史短,各项资产的组合价值比较低,一定程度上可以忽略不计。

(2) 创业投资机构(公司)对创业企业有正的外部性,创业投资者以实物资产和管理增值服务作价入股或者以种子资金投资创业企业,并不能完全反映创业投资家对创业企业的全部价值,而且创业投资的目的是从创业企业的成长中获得利益,与创业企业形成利益共同体。

(3) 初创企业创业失败,表明创业企业的创意或成果存在缺陷,用成本法评估企业价值容易被投资者接受。

2) 市场法

是指根据替代原则,将待评估企业与近期市场交易中类似的企业进行对照与比较,以后者的既知价格为基础,经过类比分析、适当修正而得到被评估企业最可能实现的评估价格。其基本思路是:一个理性的投资者在一个公开透明的市场上购买一项资产的价格,绝对不会高于有相同效用的替代品的价格。运用市场法需要满足如下条件。

(1) 必须存在一个企业交易完善活跃的市场,而且这个市场已经有一定的历史,以便有充足的有关企业价值方面的信息资料。

(2) 市场上必须存在与被评估企业情况相类似的企业,即要有可比较的参照物。

(3) 被评估资产的市场参照物的经济、技术参数可以获得。

市场法具有较好的客观性和可验证性,但也具有很大的局限性。首先,市场法要求有一个企业交易完善活跃的市场,没有这个市场,应用市场法所需要的参照物、技术参数和交易中的各种经济信息都是难以获得的。即使收集到了,所获得的交易资料的可信度和可用性也是有限的,而且这类市场波动较大,这些都将影响技术商品评估的可靠性。其次,市场法需要在交易市场上要存在一个与待评估企业相类似的企业的参照物,而由于创业企业都是新兴企业,在其行业可能就此一家,很难找到行业、技术、规模、环境及市场都相当类似的可比企业,即使在同一行业类型的企业中,其基本商业特征也不相同,在这种情况下采用其他企业的信息就比较困难,尤其是我国资本市场还不成熟。

3) 收益法

收益法是通过预测企业的未来预期收益主要形式是现金流的现值总和来确定被评估企业的价值,即任何企业资产的价值等于其预期未来全部现金流的现值总和。在实际工作中,收益法也是进行企业价值评估和项目价值评估的最常用方法。运用收益法需要满足一些条件,首先,被评估企业的未来预期收益可以预测并可以用货币衡量;其次,与企业未来预期收益相联系的风险报酬可以估算出来。

收益法较全面地考虑了影响收益的各种因素,例如市场预期收益、市场风险等,较准确地反映了企业的现值。与投资决策相结合,应用收益法评估出的企业价格容易为供求双方所接受。但这一方法的应用暗含了如下的假设。

(1) 项目投资不能推迟,所有投资在期初或某一个时刻必然发生。而事实上,对于创业企业来说,风险特高,创业者在投资的时间选择上存在很大的灵活性,可以提前或推迟投资,选择最有利的投资机会。

(2) 只要投资已实行,项目在投资期内就一直运行,不存在中途取消的可能。而事实上,投资者可以通过分析投资达到中途退出投资的目的。

(3) 在整个收益期内折现率不变。这样就忽视了国家财政货币政策、税收和通货膨胀等外部不可控因素对折现率的影响。因此,收益法并不适合用于估计灵活性要求高的创业企业价值评估。

2. 实物期权法

传统的价值评估方法都忽略了创业企业所拥有的期权价值,假定投资者只能进行一次投资,忽略各阶段投资之间的联系,因而造成了创业企业价值被低估。正如海耶斯·爱伯纳思(Hayes Abernathy)(1980)所说,传统评价方法不仅会导致创业企业价值的低估,而且在当今高度不确定性的市场环境下不能完成对创业企业的正确评价。对于创业企业价值评估的方法,目前学者比较认可的是实物期权法。

1) 实物期权的概念

实物期权的概念最初是由美国麻省理工学院的斯图尔特·迈尔斯(Stewart Myers)在 1977 年提出的。他指出,一个投资方案所产生的现金流量所创造的利润,来自于目前所拥有资产的使用,再加上一个对未来投资机会的选择。也就是说,企业可以取得一个权利,在未来以一定价格取得或出售一项实物资产或投资计划,所以实物资产的投资可以应用类似评估一般期权的方式来进行评估。同时,又因为其标的物为实物资产,故将此性质的期权称为实物期权。因此,实物期权是相对于金融期权而言的,其标的物不再是股票、债券、期货和货币等金融资产,而是某项投资项目或企业等实物资产。

2) 实物期权法的内容

运用实物期权方法评估创业企业价值,关键在于分析创业企业中所包含的期权价值。主要体现在如下几方面。

(1) 现在的投资能为今后开发生产原有产品的后续产品创造机会。

(2) 现在的投资可能创造未来市场机会的把握和生产规模的扩大。

(3) 现在的投资中包含未来停止继续投资的可能。

3. 现在的投资中包含未来停止继续投资的可能

所以,创业企业价值应当包括如下两部分。

(1) 创业企业的内在价值。即创业企业期初投资后未来时期产生的现金流以一定的贴现率折现所得出的净现值,其值取决于三个因素:预期现金流;贴现率(它不仅反映了货币的时间价值,而且反映了现金流动的风险程度);现金流发生的时期。这部分价值可以由净现值收益法求得。

(2) 期权价值。这部分价值就是用传统的方法被低估的那部分价值。综合两部分价值,创业企业的价值用公式表示为:

$$V = Npv + C$$

式中：V——创业企业的评估价值；

　　　Npv——创业企业的内在价值；

　　　C——创业企业的期权价值。

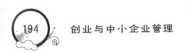

本章小结

资金对创业者来说意义重大，而创业者普遍都无法提供创业中所需资金，因此需要进行融资，融资的结果在很大程度上决定了创业的成败。本章介绍了创业企业融资的一些基本知识，以帮助创业者开展创业融资。首先，本章从理论角度对融资进行了解释；其次，介绍了中小企业的一些主要融资方式以及中小企业各发展阶段的融资特点，让创业者对创业企业各阶段的资金需求有所了解。接着，在此基础上，就目前我国中小企业融资所存在的问题进行了分析，并提出了相应的应对措施。最后，就创业者在融资过程中所要面临的创业企业价值评估进行了介绍，告诉创业者创业企业价值评估的常用方法以及可能影响创业企业价值评估的一些因素，从而使创业者能够选择对企业最有利的价值评估方法和评估时机。

思考问题

1. 创业企业为什么要进行融资？分别从理论和实践两方面进行阐述。
2. 在我国现阶段情况下，创业企业在发展初期重点应该考虑哪几种融资方式？
3. 中小企业融资的主要方式包括哪些？
4. 为什么传统的企业价值评估方法不适合创业企业的价值评估？

本章案例

分众传媒融资及并购案例分析①

分众传媒（Focus Media）成立于 2003 年 5 月，目前已是中国最大的数字化传媒集团，旗下拥有商业楼宇视频媒体、卖场终端视频媒体、公寓电梯平面媒体、户外大型 LED 彩屏媒体、手机无线广告媒体、互联网广告平台、分众直投商务 DM 媒体及数据库营销渠道等媒体网络。

分众传媒所打造的数字户外媒体、互联网广告及手机广告整合数字化传播网络正日益成为中国都市生活中最具商业影响力的主流传播平台。

1. 公司管理团队

江南春　董事局主席

1995 年本科毕业于华东师范大学中文系汉语文学专业。2003 年创立分众传媒，颠覆了人们传统的媒体观，是中国提出生活圈媒体理念第一人。江南春在国内广告业拥有

---

① 龙耀资本.分众传媒并购基本数据研究.http://www.dbcapital.com.cn

丰富经验,曾在大三时成立永怡传播,主要从事广告代理服务,到 2000 年,永怡传播营业额已突破 1 亿元。2003 年 5 月,江南春创办分众传媒,并带领分众传媒成功登陆纳斯达克。

虞锋　联席董事长

1991 年获得复旦大学哲学硕士学位,2002 年获得中欧国际工商管理学院 EMBA 学位。2003 年创办聚众传媒。2006 年 2 月,分众收购聚众后,虞锋加盟分众传媒,并出任联席董事长。

谭智　首席执行官

谭智毕业于吉林大学计算机科学系,1987 年获得美国马萨诸塞州伍斯特理工学院计算机科学博士学位。谭智自 2008 年 3 月担任公司首席执行官。谭智具有丰富的企业管理和运营经验,2002—2004 年,谭智担任香港 Tom 集团高级顾问;1999—2002 年,谭智任中国领先的电子商务网站 8848.net 公司首席执行官;1999 年,出任微软(中国)公司副总经理;此前担任 UTStarcom 公司中国区高级副总裁。

吴明东　首席财务官

吴明东拥有哥伦比亚商学院 MBA 学位及纽约大学学士学位,自 2005 年 2 月起就任公司首席财务官。

2004 年 1 月至 2005 年 1 月期间,吴明东担任港湾网络有限公司董事、首席财务官;2003 年 5 月至 2004 年 1 月期间,担任瑞澜联合通信有限公司代理首席执行官;2001—2003 年期间,担任瑞杰顾问有限公司合伙人;2000—2001 年期间,担任美林证券(亚太)有限公司科技投资银行部副总裁;1996—2000 年期间,任职于雷曼兄弟有限公司全球通信科技媒体部。

陈从容　首席运营官

陈从容毕业于浙江大学新闻系,自 2006 年 12 月起就任分众传媒首席运营官。此前于 2005 年 5 月加入分众传媒任首席营销官。

1998~2004 年期间,陈从容相继担任凤凰卫视分公司总经理,国际广告总监和华东区总裁,成功地开拓了公司在浙江和华东地区的业务,其所带领的团队历年获得最佳销售团队奖,并荣获公司颁发的个人杰出贡献奖;1990—1998 年期间,担任啄木鸟(中国)服饰有限公司销售副总裁。

2. 分众传媒融资历程

2003 年 6 月,软银中国和维众创投共同投资分众传媒 100 万美元,投资人包括维众创投的余蔚。

2004 年 3 月,维众创投、鼎晖投资、TDF Capital、DFJ ePlanet、中经合、麦顿资本和招商局富鑫等联合投资分众传媒 1250 万美元,投资人包括维众创投的余蔚;鼎晖投资的吴尚志;TDF Capital 的汝林琪;DFJ ePlanet 的符绩勋;中经合的张颖;麦顿资本的楼云立;招商局富鑫的陆耀中。

2004 年 11 月,维众创投、高盛和 3i 三家联合投资分众传媒 3000 万美元,投资人包括维众创投的余蔚,高盛和 3i 的许晓峰。分众传媒上市前融资历程一览表如表 5-6 所示。

表 5-6　分众传媒上市前融资历程一览

时间	融资金额	投资公司
2003 年 6 月	100 万美元	软银中国、维众创投
2004 年 3 月	1250 万美元	维众创投、鼎晖投资、TDF Capital、DFJ ePlanet、中经合、麦顿资本、招商局富鑫
2004 年 11 月	3000 万美元	维众创投、高盛、3i

2005 年 7 月 13 日,分众传媒在美国纳斯达克成功上市,成功募集资金 1.7 亿美元。2007 年 12 月 24 日,分众传媒正式被计入纳斯达克 100 指数,这是第一个被计入纳斯达克 100 指数的中国广告传媒股。

3. 分众传媒并购过程

伴随着分众传媒成功上市的是中国出现了更多"类分众"的企业,《中国户外广告业发展蓝皮书》显示,中国目前已经有近 6 万家经营企业,并且 98% 以上为民营企业,他们占据一定的地域来拦阻分众继续扩张,也在一定程度上蚕食了分众的客户和其他资源。由于户外广告具有规模性的特点,即覆盖的范围越广,具备相应的竞争优势,因此分众传媒在这个领域不得不开展频繁的并购行动,而且几乎都是以 100% 收购来获得目标对象的。另外,分众传媒也为自身拓展了另外一块核心业务——网络广告,并先后收购了艾瑞、科思世通和恒询广告等已经在业内具有一定影响力的网站。分类传媒并购一览表如表 5-7 所示。

表 5-7　分众传媒并购一览表

时间	并购对象	涉及金额	设计股权	所属行业
2005 年 9 月	沈阳分众传媒	N/A	70%	户外媒体
2005 年 10 月	框架传媒	1.83 亿美元	100%	户外媒体
2006 年 1 月	聚众传媒	3.25 亿美元	100%	户外媒体
2006 年 3 月	凯威点告	3000 万美元	100%	手机广告
2006 年 8 月	ACL	280 万美元	70%	户外媒体
2007 年 3 月	好耶广告	2.25 亿美元	100%	户外媒体
2007 年 5 月	艾瑞咨询	900 万美元	100%	网络营销
2007 年 6 月	科思世通	2800 万美元	100%	网络营销
2007 年 7 月	广州恒询广告	350 万美元	100%	网络广告
2007 年 8 月	网迈广告	1200 万美元	100%	网络营销
2007 年 8 月	北京嘉华恒顺	1600 万美元	100%	网络广告
2007 年 9 月	酷动传媒	800 万美元	70%	网络广告
2007 年 9 月	创世奇迹	2000 万美元	70%	网络广告
2007 年 10 月	江畔传媒	680 万美元	100%	网络广告
2007 年 12 月	玺诚传媒	3.5 亿美元	100%	户外媒体
2008 年 1 月	炎黄健康传媒	500 万美元	20%	户外媒体

每一次大规模收购都获得了市场的认同,宣布并购聚众之后,分众股价一日内飙升 14.6%,并购国内最大的互联网广告代理公司"好耶广告",当天的股价则上涨 5.9%,收

购玺诚传媒则再次推动股价上升 3.71%。尤其是对于聚众的并购,使得分众股价从每股 30 多美元上升到每股 50 美元以上,分众也得以从焦头烂额的竞争中脱身,开始考虑更多的战略和并购问题。

成功的并购推动着分众股价的上扬,高股价则反过来增强了分众的并购能力(分众在并购中大量使用了增发的股票而非现金)。2005 年 7 月上市之初,分众传媒的市值仅有 7 亿美元。短短两年时间,分众用于收购的资金(包括股票增发)已经超过 12 亿美元,而公司市值也一路水涨船高至 70 亿美元。在经过 2007 年年中的一拆二拆股之后,分众股价目前在 60 美元左右徘徊。

2008 年 1 月 22 日,分众传媒和日本电通宣布成立互联网广告公司"电众数码"。江南春表示,将整合分众传媒旗下的互联网广告公司,建立一个基于互联网广告领域的整合营销系统,未来不排除将其独立上市的可能。

在眼花缭乱的融资与并购过程中,分众传媒也成为越来越成熟并且有自身战略转向的一家公司。分众正在通过自身的业务整合使自身变为能提供统一解决方案、把自己锤炼成专业的户外广告解决方案品牌的角色,即使外界并没有感受到这样的转变迹象,然而分众已经悄悄地坐定中国户外传媒第一把交椅。

第6章 创业型中小企业的管理

> 长期的成功只是在我们时时心怀恐惧时才可能。不要骄傲地回首让我们取得已往成功的战略,而是要明察什么将会导致我们未来的没落。这样我们才能集中精力于未来的挑战,让我们保持虚心学习的饥饿及足够的灵活。
>
> ——IBM总裁 Gerstner

学习目的

1. 了解企业成长的主要理论。
2. 理解企业不同成长时期的管理重点。
3. 理解家族企业的管理技巧。

引 言

全国中小企业管理现状调研

国家发展和改革委员会中小企业司与中国企业联合会研究部在各省(区、市)中小企业管理部门的支持下,从2005年12月起共同对我国中小企业管理现状进行了一次全国性的问卷调查。这次调查共发放"全国中小企业管理现状调查问卷"10 000份,收回有效问卷3339份。从回收的有效问卷看,所调查的对象涵盖了不同地区、不同所有制类型、不同行业和不同规模的中小企业,总体来讲,所填报的企业属于经营状况较好的企业。

本次调查所得的主要结论如下。

(1) 大多数中小企业的组织结构选用职能层级型,多数中小企业内部各部门之间沟通情况良好。

(2) 多数中小企业经营管理者经常接受培训,但对员工经常进行培训的中小企业比例偏低。

(3) 多数中小企业总经理持有股权,中小企业总经理持股比例与其任职稳定性具有正相关关系。

(4) 少数中小企业的关键员工持有企业股份,部分中小企业关键员工的离职率较高。

(5) 大多数中小企业制定了发展规划并对多元化经营比较谨慎。

(6) 多数中小企业虽然制定了各项工作标准和制度,但是基础管理比较薄弱,需要进一步加强。目前许多中小企业对于制度的落实往往流于形式,例如,虽然大多数中小企业建立了岗位责任制,但是完全做到"纵向到底,横向到边,事事有人干,人人有专责"的中小企业比例仅占27.02%,以上数据说明,中小企业基础管理工作还比较薄弱,需进一步加强。

（7）大多数中小企业还不太善于采用现代管理方法和手段来提高企业管理水平。

（8）多数中小企业已开始运用信息化管理手段，但信息化应用的层次不高。

（9）多数中小企业的产品覆盖全国市场，但只有少数中小企业的产品和服务是全国知名品牌。

（10）多数中小企业劳动合同管理的意识还比较薄弱。

（11）多数中小企业财务状况良好。

（12）多数中小企业认为现有的管理咨询服务不能满足企业的要求。

（13）多数中小企业认为提高企业管理水平需要企业提高经营者和员工的素质、加强基础管理、建立与健全激励约束机制。

从以上的调查结论中，可以窥见我国中小企业暴露出的管理问题，我国企业在短时间内能够发展到如此规模，当中必然积累了深刻的问题，更加需要科学管理论的指导，需要不断地进行总结和反思。

本章的内容结构图如图 6-1 所示。

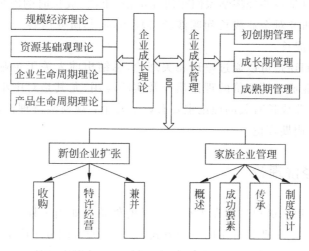

图 6-1　本章的内容结构图

一个企业创建起来之后，创业者首先面临的就是如何使新创企业成功地成长起来，这就需要创业者对创业型企业不同时期的管理有一定的认识和了解。彼得·德鲁克认为："创业需要与现行管理方式不同的管理。但和现行的管理方式一样，创业也需要有系统、有组织、有目标的管理。"每一个企业都存在着自身的生命周期，都存在着一系列各具特征的发展阶段，本章将基于企业成长理论特别是生命周期理论将企业成长过程划分为三个阶段：初创期、成长期和成熟期。主要从这三个阶段探讨新创中小企业的管理问题，另外也将就企业成长中的一些特殊问题：新创企业扩张、家族企业管理进行探讨，以期能找到新创企业成长管理方面的一些规律。

在探讨新创中小企业各个阶段的管理之前，有必要介绍一下企业成长理论以及企业各阶段划分的标准及依据。

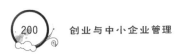

6.1　企业成长理论

美国康柏计算机公司,从诞生起,仅用了4年时间,便从小企业规模一举进入美国500家最大工业企业之列,打破了美国苹果公司挤入美国500强所用时间(5年)的纪录。此后,以年销售额几亿美元的水平为新起点,又用五六年的时间,于1994年成为全球最大的个人计算机生产商,年销售达到148亿美元。康柏公司,其从无到有、从小到大、从大到巨大的成功事例,足以称为一个光彩四溢的企业成长典范。

我们中国有句古话:"不进则退。"一个失去成长性的企业,也就失去了前途,其后的命运不是每况愈下,衰败倒闭;就是艰难挣扎,苟延残喘。当前,国内外对企业成长的研究都很欠缺,我国国内在企业成长的原创性理论研究方面还是一片空白,企业成长的原创性思想都还是源于国外,而且,国外关于企业成长的研究也不是直接的。从主流经济学来看,企业成长只是一些经济学家们在研究价格、市场、成长时的附带品;在管理学领域,尽管企业战略研究对企业成长问题涉及得较多,但其研究内容与体系的侧重点并没有特别针对企业的成长。

尽管如此,我们还是可以通过整理相关理论,总结出前人关于企业成长研究的相关结论,用以指导企业成长性评价的理论研究及实践应用,尤其是对中小企业成长性内涵的确定。当前与企业成长有关的理论主要有以下几个:规模经济理论、企业的资源基础观理论和企业生命周期理论。

6.1.1　规模经济理论

规模经济理论思想最早体现在古典经济学的创始人亚当·斯密所提出的分工理论中。亚当·斯密认为,企业是分工的组织方式,企业内的劳动分工降低了生产成本,使企业获得了规模经济收益;企业之间的社会分工导致市场规模的不断扩张,为企业创造了专业化生产的条件,这进一步促进了企业内劳动分工的深化。社会分工与劳动分工相互作用增强了企业的规模经济收益,促进了企业规模的不断扩大。此后,马歇尔(Maxieer)(1890)和斯蒂格勒(Stigler)(1975)秉承了亚当·斯密(Adam Smith)的观点,努力把规模经济决定企业成长这一观点与稳定的竞争均衡条件相协调,他们从不同的角度,在不同程度上对分工、专业化、企业规模、企业成长之间关系的研究进行了深化。

在新古典经济学中,企业只是一个生产函数,作为一般均衡理论的一个组件,企业内部的复杂安排均被抽象掉,"代表性企业"概念排除了实际企业之间存在的各种差别,因此该理论中存在独立的企业成长理论。但从对企业静态的最优规模分析中,可以总结出该理论关于企业成长的观点:企业成长就是企业规模调整,即对成本最小化目标的追求促使企业不断调整产量以达到最优规模,或者说从非最优规模走向最优规模。

钱德勒是规模经济理论的集大成者,他认为,产量的增加使人类在历史上第一次获得了大量的规模经济和范围经济。应用新技术的大制造厂能以比小制造厂低的单位成本生产。为追求持续的增长,企业可采取横向一体化、纵向一体化、打进外国市场以及多种经营进入新的产品系列等方式。1917 年,美国比较大的 200 家公司绝大多数进入综合的大量生产和批发行业。第一次世界大战后,美国现代工业企业继续以上述方式进行增长,到 1930 年,这些企业的资产规模和 1917 年相比大多都有很大的扩大,从 1930 年到 1948 年,它们甚至以更大的比率增长。

6.1.2　企业的资源基础观理论

基于资源基础观的企业成长理论是当代西方管理领域中正在迅速发展的一种理论,它集中探讨企业成长的实质,研究了企业资源与竞争优势之间的因果关系,并把资源看成是企业竞争优势的根本源泉。

以派若斯(Penrose)(1959)为代表的资源基础观学者将企业视作由一系列生产性资源组成的集合,企业内部的未利用资源是企业成长的基本条件,由企业拥有的内部资源状况决定的企业能力决定了企业成长的速度、方式和界限。企业不与任何特定的市场或技术相关联,给定适当的资源,它就能够“生产出任何一种满足市场需要或创造市场需求的产品”。该学派认为,企业成长就是企业生产性资源的增加和利用能力的增强。有些学者进一步指出,光靠资源无法保证企业持续成长,企业还必须有将各种资源整合在一起的能力。这样,诸如性别、年龄、受教育程度、创业强度和从业经验等企业家个人特征因素,企业管理团队的规模、结构和经验等管理能力因素,以及企业的物质资源状况等企业层面因素,都成为了企业内部成长机制的重要内容。

我国国内一些学者对资源基础理论也有较深入的研究并得出了一些观点。杨杜分析了构成企业成长理论核心的规模经济、成长经济和多样化经济,以及它们的结合状态——复合经济之后,提出了二维成长模型。他认为,企业成长包括量的和质的成长,企业成长表现不仅仅是一种单纯的数量扩张,还必须包括质的变化,特别强调了未充分利用的资源是企业成长的源泉。张林格对企业竞争能力资源与企业规模的关系及竞争能力资源与事业结构即多元化的关系进行了研究,并在杨杜的二维成长模型基础上提出三维企业成长模型,在三维模型中添加了企业竞争能力这个维度。他认为,竞争能力与企业规模的关系呈 S 形曲线,随着规模扩大,竞争能力逐渐提高,超过一定最优规模后,竞争能力递减。竞争与事业能力呈 X 形关系。随着多元化向专业化转变,规模效益提高,竞争能力逐渐提高,当多元化超过一定程度时,竞争能力下降。周三多在杨杜研究成果的基础上将企业成长的过程总结为:单一产品—主导产品—多元化经营的过程,认为企业的成长过程遵循专业化—多元化—归核化的路径。

6.1.3　企业生命周期理论

企业生命周期理论是对企业成长的最为直接的研究。该理论的突出特点是划分中小企业的生命周期阶段,分阶段对中小企业的成长进行研究。该理论认为,企业像生物有机体一样,也有一个从生到死、由盛转衰的过程。西方管理学者们 20 世纪 90 年代以来,分别从不同的角度探讨如何延续企业生命,使其成为"长寿公司"的企业生命周期理论,对造就国内生命型企业有着深刻的现实指导意义。美国爱迪思研究所创始人伊查克·爱迪思(IChak Adizes)博士于 1989 年提出了企业生命周期理论,其核心是通过将"内耗能"转化为"外向能",引发企业管理创新从企业内部到企业外部的扩散。1995 年,美国学者弗朗西斯·高哈特(Francis J Gouillart)和詹姆斯·凯利(James N Kelly),又把企业生命周期形象地称为"企业蜕变"过程。

1) 企业各阶段的划分

关于企业生命周期阶段的划分,比较典型的是将企业生命周期划分为初创期、成长期、成熟期和衰退期 4 个阶段。企业的成长就是企业从初创期开始,依次向成长期和成熟期的过渡。爱迪思认为,企业的生命周期包括三个阶段 9 个时期(如图 6-2 所示)。

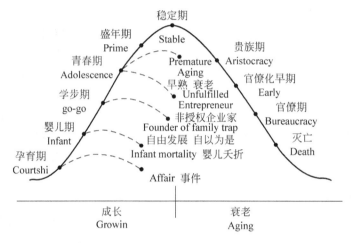

图 6-2　爱迪思的企业生命周期曲线

(1) 成长阶段:包括孕育期、婴儿期、学步期。

(2) 再生和成熟阶段:包括青春期、盛年期、稳定期。

(3) 老化阶段:包括贵族期、官僚化早期、官僚期(含死亡)。

也有学者提出更加具体的各阶段分配组成,认为企业生命周期变化规律是以 12 年为周期的长程循环。它由 4 个不同阶段的小周期组成,每个小周期为 3 年。如果再往下分,一年 12 个月可分为 4 个微周期,每个微周期为 3 个月。

2) 企业成长各阶段的特点

企业生命周期理论基本展示了企业由小到大再到终止所经历的全过程,以及在这个过程中,企业在规模、经营目标和管理制度等方面所发生的变化。

在企业的初创阶段,人力、物力和财力都比较薄弱,在市场上尚未站稳脚跟;产品方向和发展速度都不稳定;管理制度不健全;无章可循和有章不循的现象同时存在,管理水平较低。

企业进入成长期后,经营者已积累了比较丰富的管理企业的经验,企业职工增加,技术水平提高;企业形成了自己的主导产品,而且已经得到用户的承认,企业可以大批量生产;企业规模扩大使管理变得复杂起来,这一时期企业的规章制度得到了完善,一些先进的管理办法也逐步在企业中得到采用,管理组织结构也发生变化。

经过高速发展阶段后,企业就进入了成熟阶段。这一时期企业的主要特征是发展速度减慢但效益提高。同时,企业形成了自己的经营理念和经营哲学,培育了具有本企业特点的企业精神,在公众中树立了良好的企业形象。但这一时期由于企业已具有雄厚的财力,竞争力强,市场压力较小,这些因素造成企业的创新精神减退。

蒂蒙斯认为,在一个企业成长的各个阶段,总会经历危机或障碍,其将企业成长分为创建前阶段、创建和生存期、成长初期、成熟期、收获期/稳定发展阶段 5 个阶段并基于蒂蒙斯模型总结出各个阶段所面临的危机。[①]

1. 创建前阶段(创建前的 3 年)

1) 创业者

(1) 关注焦点:企业创始人是否是一个致力于公司建设的真正创业者,还是仅仅是个发明家、技术爱好者或者其他?

(2) 销售:创业团队是否具备企业经营所必需的销售和签约技能,是否按时完成计划?

(3) 管理:创业团队是否具备必要的管理技能和相关经验,是否有一两个领域负担过重?

(4) 所有权:是否就所有权和权益分配达成了关键性决议,创业团队成员是否完全赞同?

2) 商机

(1) 关注焦点:企业的经营真正是受用户、客户和市场驱动的,还是受创造欲所激发的发明驱动的?

(2) 客户:是否根据具体的姓名、住址和电话号码进行了客户确认,是否对购买水平进行了估计,业务是否仅仅停留在设想阶段?

(3) 供应:是否了解获得供应品、零部件成本、利润和交付周期,是否了解关键人员?

(4) 战略:进入战略是毫无目的的,还是有恰当定位和目标的?

3) 资源

(1) 资源:是否已经确认了所需的资本来源?

(2) 现金:企业的创始人是否已经耗尽了现金和自有资源?

(3) 企业规划:创业团队是否已将企业规划制定妥当,还是在进行之中?

2. 创建和生存期(第 1～3 年)

1) 创业者

(1) 领导层:最高领导的地位是否已经得到认可,还是创始人仍在争夺决策权或坚持在所有决定上的平等地位?

(2) 目标:创始人是否共同拥有一致的目标和工作风格,还是一旦起步随着压力的增大就出现冲突和分歧?

---

① ［美］杰弗里·蒂蒙斯,小斯蒂芬·斯皮内利利著,周伟民,吕长春译. 人民邮电出版社,2005.359～360

（3）管理：创始人是否已经预见到了企业由做到管理到放手（决策权和控制权）的转变，这种转变是企业按时完成计划的必要条件，是否为此做好了准备？

2）商机

（1）经济因素：是否能按时完成给予客户的经济利益和回报？

（2）战略：公司是否仅有单一产品，并且不指望有所发展？

（3）竞争：市场上是否有原本未知的竞争对手和替代品出现？

（4）分销：按计划及时获得经销渠道是否存在意外情况和困难？

（5）资源。

（6）现金：企业是否由于没有制定企业规划（包括财务规划）而过早地面临现金危机？

（7）时间表：企业规划的预算和时间估计是否与实际有明显偏差？企业是否有能力根据计划按时配置资源？

3. 成长初期（第 4～10 年）

1）创业者

（1）做还是管理：企业创始人是否仍停留在做的阶段，还是已经进入根据企业规划对结果进行管理？创始人已经开始对关键问题下放权利了，还是依然保持对所有重大问题的决策权？

（2）关注焦点：企业创始人的观点是停留在操作层面的，还是同时正在进行着一些战略层次的认真思考？

2）商机

（1）市场：是否按计划准时取得重复销售收入和新客户销售收入，是由于与客户的有效沟通，还是出于工程技术、研发或规划小组的努力？公司是否在保持其直接销售优势的基础上不断向市场导向转变？

（2）竞争：客户的流失，或者没有完成销售计划是否被简单地归因于价格或质量，而忽视了客户服务因素？

（3）经济因素：销售毛利是否开始萎缩？

3）资源

（1）财务控制。会计和信息系统以及控制（例如对订单、存货、账单编制、收取货款、成本和利润分析、现金管理等的控制）是否跟得上企业发展的速度，是否能及时发挥作用？

（2）现金：公司是否处于现金短缺的状态——或濒临现金短板，是否没人关心企业的现金流，没人关心会在什么时候？

（3）联系：公司是否建立了持续发展所必需的外部联系网络（例如与董事、联系人等）？

4. 成熟期（第 10～15 年及以上）

1）创业者

（1）目标：企业的合作伙伴在控制权、目标、基本伦理和价值观上是否存在冲突？

（2）健康状况：企业创始人的婚姻、健康或情感是否出现危机迹象（例如外遇、吸毒、酗酒,或者与合作伙伴或配偶发生争斗或争吵)?

(3)团队合作:企业发展到管理者阶段,是否形成了为"大目标"奋斗的团队建设理念,还是仍在公司控制权上冲突不断,甚至有可能导致分裂。

2)商机

(1)经济性因素/竞争:企业顺利发展至这一阶段的产品和/或服务是否由于产品/服务的更新换代、竞争者的钩心斗角、新技术的产生或来自境外的竞争而在经济上遭受无情的打击,以及是否已有了相应的应对计划?

(2)产品延伸:公司主打新产品的上市是否失败?

(3)战略:公司是否在高速成长的市场上由于缺乏战略性的界定(例如在何种情况下应该对上级有所取舍),而盲目地对任何商机都抓住不放?

3)资源

(1)现金:企业是否又面临现金短缺的困境?

(2)发展/信息:是否由于信息系统、培训和培养新经理计划的滞后而使企业的成长失去控制?

(3)财务控制:财务控制制度是否仍落后于销售?

5. 收获期/稳定发展阶段(第 15~20 年及以上)

1)创业者

(1)继任/所有权:处理管理权更替和棘手所有权问题(特别是处理家族内部的所有权问题)的相关机制是否已经落实?

(2)目标:企业合伙人之间是否在个人目标、财务目标以及财产问题上出现冲突和分歧? 企业创始人中是否已有人感到厌倦或疲惫不堪了? 他们是否正在试图改变某些观点和做法?

(3)创业热情:不断识别和追求商机来创造新价值的热情是否有所减缩? 是否开始出现热衷于追求势力范围、地位和权力的迹象?

2)商机

(1)战略:企业中是否有创新精神和振作精神(例如,目标设定为靠投产不到 5 年的新产品或服务完成公司一半的销售收入),还是开始出现懒散气氛?

(2)经济性因素:核心的经济性因素和商机的持久性是否遭到破坏,从而导致企业的盈利性和投资回报降低。

3)资源

(1)现金:现金短缺问题是否通过增加银行借款和财务杠杆融资的手段得到了解决,因为企业创始人不愿意,或者不能同意放弃股权?

(2)会计:是否已经考虑到并着手解决会计和法律问题,尤其是与企业财富积累、不动产和税务计划有关的方面? 收获概念是否已成为长期发展规划的一部分?

6.1.4　产品生命周期理论

产品生命周期理论是美国哈佛大学教授雷蒙德·费农(Raymond Vernon)于 1966

年在其《产品周期中的国际投资与国际贸易》一文中首次提出的。费农认为,产品生命是指市上的营销生命,任何产品都和生物有机体一样,有一个诞生—成长—成熟—衰亡的过程。而这个周期在不同技术水平的国家里,发生的时间和过程是不一样的,期间存在一个较大的差距和时差,正是这一时差,表现为不同国家在技术上的差距,它反映了同一产品在不同国家市场上的竞争地位的差异,从而决定了国际贸易和国际投资的变化。为了便于区分,费农把这些国家依次分成创新国(一般为最发达国家)、一般发达国家和发展中国家。

借助产品生命周期理论,可以分析判断产品处于生命周期的哪一阶段,推测产品今后发展的趋势。正确把握产品的市场寿命,并根据不同阶段的特点,采取相应的市场营销组合策略,增强企业竞争力,提高企业的经济效益。

典型的产品生命周期一般可以分成介绍期(或引进期)、成长期、成熟期和衰退期 4 个阶段。不同的时期产品的收益状况不同,需要企业进行的营销努力也是不同的。在产品开发期间,该产品销售额为零,公司投资不断增加;在引进期,销售缓慢,初期通常利润偏低或为负数;在成长期销售快速增长,利润也显著增加;在成熟期,利润在达到顶点后逐渐走下坡路;在衰退期间,产品销售量显著衰退,利润也大幅度滑落。由此形成了产品生命周期的曲线,如图 6-3 所示。

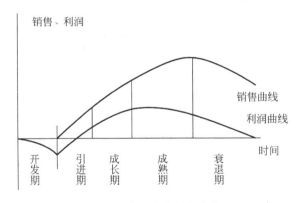

图 6-3　产品生命周期曲线

总体来看,上述理论分别代表了关于中小企业成长性内涵的几种不同角度或观点的阐述。规模经济理论强调企业量的成长,即产品销售额、资产额和人员等方面的规模的扩张,为达到这些成长目标,企业可采取横向一体化、纵向一体化和多元化等并购手段。资源基础观理论强调企业以内部资源和能力的不断积累为基础的成长;企业生命周期理论则强调企业在规模增长的同时其产品、技术、市场、管理制度、创新和企业文化等方面的相应变化;产品生命周期理论则更加确切地表明产品在市场上经历的一系列客观的发展变化过程的规律。

企业在刚刚准备创办时,创业者对企业的远景有自身的理解和描绘。随着企业经营时间越来越长,企业也越来越接近自身所追求的远景,同时企业的发展规模越来越大,企业的经营需要兼顾的要素越来越多。对远景的不断接近和对企业管理平衡的努力,几乎是伴随着企业发展的两条最明显的线条。

6.2 企业成长管理

创业型中小企业成长各个时期具有各自不同的特点,各个时期的管理也会不同。本节主要从市场营销、产品与技术、人力资源、财务、组织结构、品牌和时间等方面讨论创业型中小企业成长三个阶段的管理。

6.2.1 初创期管理

创业初期的企业往往处于高风险期,抵抗内、外部风险的能力都很弱小。因此,企业在创业初期管理的主要任务是设法保证自身的存活,管理的重点主要有如下 4 个方面。

(1) 市场销售。没有市场就意味着企业没有生存空间,在打开市场之前,企业的经营是无法走入正轨的。

(2) 技术与产品管理。有了市场,就要设法去满足市场的需求,提供符合客户要求的产品和服务,否则现存的市场也会萎缩丧失。技术与产品是企业的核心竞争力所在,也是企业生存的根基。

(3) 财务管理。虽然这时的财务管理还很不完善、不系统,但创业者必须予以高度重视。因为发现了赚钱的机会,关键就要看投入了,很少有人是筹足了钱才开始创业的,多半是"滚动开发",创业者要不断地想办法。

(4) 人力资源管理。除了创业的核心团队外,初创企业很难招到和留住高水平人才,因为前途未卜,这时关键是营造吸引人才、培养人才、使用人才、尊重人才的机制和氛围。创业者在创业初期应积极加强管理经验、知识资本尤其是人力资源的积累,为企业的未来发展蓄积人力优势。

除了以上 4 个方面外,在企业的初创期还要重视企业组织模式的选择和企业风险的管理。企业运作的每个环节都可能面临巨大风险,弄不好会全军覆没,因此要建立应急机制,把风险控制在企业可承受的范围之内。创业者还要根据自身的实际情况,尽快选择并确定能保证创业企业有良好发展前景的合适的组织模式。

1. 市场与销售管理

没有市场也就意味着企业没有生存的空间,因此,新创企业在创业初期必须好好进行市场和销售管理。只有市场打开了,企业才有存在的意义。在创业初期,市场和销售管理主要强调了企业在年度市场计划中反映企业效益的关键变量。这些关键变量包括市场份额、分销、促销、定价、顾客满意度和销售额。

1) 市场份额

市场份额的确定以明确的市场定义为前提,否则,很难确定企业所占的市场份额。但创业者仍可以通过一些行业刊物了解整个行业的销售额,然后,创业者就可以通过计算企业销售额占行业销售额的比例来确定本企业的市场份额。如果企业只在有限的地区开展业务,可以直接查到地区内的销售额,如果无法找到有关销售额的数据,也可以通

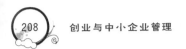

过本地区顾客人数占整个市场顾客人数的比例估计出销售额。

如果企业面临一个新兴市场,竞争者也正极力进入该市场,或者市场扩展迅速,这时控制市场份额非常重要。如果市场以20%的速度增长,而企业的销售额只增加了10%,那么创业者就需要给予足够的重视,除非这是因为很多新竞争者也进入市场,降低了单个企业的份额。此时,创业者必须同时考虑销售额等其他变量。

2)销售额

如果新创企业配有专门的销售人员,创业者有必要了解下列的销售数据。

(1)人均每周销售访问次数。

(2)人均每份销售合同金额。

(3)每次销售访问或每笔交易的平均成本。

(4)每个销售人员完成交易的数量。

(5)每个销售人员未完成交易的数量。

(6)每个销售人员联系的客户数。

(7)销售总成本。

上述每一项都能随时反映出销售人员的工作情况。这些数据发生变化,创业者必须采取相应的措施,防止发生更严重的问题。

3)分销

在创业企业进入市场时,往往主要的市场渠道已经被领先者所占据,并成为其继续领先市场的优势之一,新进入者要打开市场局面则是非常困难的。因此,创业者需要进行渠道上的创新,或借助有效的渠道资源,或者给予首批分销商足够的优惠条件,或者采取创新的渠道策略。例如在2004年,刀郎的总经销大圣公司利用正版和盗版双渠道策略最大限度地将其唱片进行销售,从而在有力打击盗版的同时使刀郎的音乐专辑能够获得突破性的销量。

4)促销

对于初创期的营销人员来讲,低成本的广告应当是其考虑的营销工具,许多创业者就是依靠富有创意的低成本广告来打动市场,获得第一批顾客。创业者也应当了解促销战略的有效性,首先需要知道的是顾客的购买动机。是因为报纸上刊登的广告促使顾客购买,还是电视广告或广播广告?是因为折扣券,还是因为展销台?是因为价格便宜,还是因为黄页广告?著名的在线旅行服务商携程网在创业之初就是利用免费会员卡的形式吸纳了大量的商务顾客,并利用有效的顾客群获得酒店、航空公司的最低协议价格,从而在一开始就获得了稳定的顾客群体。

5)顾客满意度

市场调研对于判断现有顾客的满意度极端重要。创业者可以通过顾客免费垂询电话、电话投诉或投诉信取得这些信息。创业者还必须认真对待所有的投诉,并进行跟踪了解,以确保顾客满意。一些公司利用意见箱发现问题、识别新的经营构思。

在新创企业运营初期,有效的市场和销售管理有助于创业者提前发现问题,并采取相应的措施确保经营目标的实现。企业在快速成长阶段常常会出现一些严重的市场和销售问题。这是因为在成长过程中,企业管理环节较薄弱,资源缺乏,创业者很难全面了解日常运营中的关键变量。但企业可以依靠分工管理避免出现严重问题。携程网在一开始创建时就采用了呼叫中心＋会员卡营销的方式,强大的呼叫中心保证了持续的顾客满意度,使得公司能够与顾客保持良好的沟通。

 案例

刀郎：街头营销路线图

2004 年,刀郎的第一张个人专辑《2002 年的那一场雪》仅中国内地销量高达 270 万张,创下单碟销量记录。2004 年年初,广东大圣文化传播公司作为全国总经销与刀郎合作时承诺保底 5 万张的销量,而当第二张专辑还在制作时,大圣公司给出的保底数达到 500 万张,后来第二张专辑仅中国内地销量就已超过 500 万张,打破了前一张专辑的记录。

在外人来看,刀郎的走红似乎就在一夜之间,然而这背后却有着极大的营销内涵。除了独具特色的产品定位外,其在定价、渠道和终端上的表现都可圈可点。刀郎走红的意义绝对不止于他本人,更为重要的是他开拓了一个更广泛的新市场,让人们看到中国内地大量二三线市场的巨大潜能,而寻找更具原生态、更本地化的艺人和音乐也成为不少唱片公司新的音乐制作方向。

首先,刀郎专辑畅销的核心因素离不开其歌曲的定位,这就是为大众阶层所喜闻乐见,代表他们的血肉筋脉,而这正是与近年来洋化歌曲和精英歌曲最大的不同。刀郎以独特的音乐风格——阳刚、粗犷、质朴,深入民间,从日常生活中汲取营养的歌词,反映和体现了大众阶层的内心生活,成为丰富他们生活的精神食粮。而实际上,对音乐的需求,大众阶层和精英阶层一样旺盛。而这一市场近年来的音乐缺失,成为刀郎走红中国的核心所在。在刀郎的音乐里,人们发现音乐原来可以如此接近生活。而这也正符合了时下人们对于自然的回归心理。

其次,街头营销方式对刀郎歌曲起到了有力的传播作用。最初,在核心市场及主流传播渠道,刀郎遭到了冷遇。按照以往的销售经验,专辑的全国总经销首先直奔北京和上海这两座国内唱片消费的核心城市。然而,这两地的音乐圈不认可,电台也不愿意推介,这意味着这张唱片无法获得最便捷的宣传渠道。不得以,大圣公司决定放弃一类城市,到二三类城市去发展。

在青岛闹市区,找了两家守着路口的唱片店,让他们每天播放一段时间,很快就收到了效果。在广州最繁华的北京路,为唱片店免费派送播放碟,持续播放。往路边一些时尚的美发店派送了大量的播放碟,让他们每天都能播出一段时间。在两个多月的时间里,大圣公司的业务员带着几万张免费的播放碟在全国范围内展开了一次“地毯式的店面销售”。3 月份,青岛、海南、重庆、成都和温州等城市开始大量要货。二类城市的预热最终带动了北京等大都市消费群体对刀郎的关注和热情,自此,一场由下而上的娱乐营销终于打通了中心城市市场。

最终低价格和双渠道策略使刀郎的专辑发售渠道达到最大化。制作之初保密工作做得相当不错,歌曲推出之时,发行方通过低价策略来打击盗版市场,致使盗版商无利可图。进一步,发行方还通过与各地发行商的合作,采取利用盗版渠道来推销刀郎正版唱片的特殊方式,进一步打击和挤压盗版商。这种"双管齐下"的发行方式,在国内十分少见,但其所起到的作用却是深远而独一无二的,不仅迅速挤占了盗版商的销售通路,也有力地打击了盗版。

一位营销界专家这样解释刀郎"用盗版唱片带动正版销售"的营销策略:这是一种类似传统产品市场上通过大规模促销来启动市场的策略,不需要太多的广告传播,仅仅靠低价的促销就可以快速启动市场,扩大产品的市场占有率,当然,其前提就是商品本身的品质要过硬。

2. 技术与产品管理

有了市场,创业者就要设法去满足市场的需求,提供符合客户要求的产品和服务,否则现存的市场也会萎缩丧失。

创业者常常以自己所掌握的技术进行创业,技术与产品是企业的核心竞争力所在,也是企业生存的根基。但是很多创业者所拥有的技术并不是完整的技术,或者说技术还不完善,创业者的技术需要在生产或营销的运作过程中逐步完善。其实,对于一个现代的创业者,仅仅是把一项开始创业的技术在产业中实施还远远不能使创业走向成功。由于技术在迅速地进步,因此,创业者将创业的技术实施的同时,就必须考虑技术再创新的问题,或进一步的产品开发;否则,很可能还没有收回创业投资,技术或产品就已经落后或失去了竞争力。

以技术创业的创业者,不能满足于技术带来的一点点成果上,必须时刻关注技术与市场的发展动态,不断地研究与开发新产品,改进与提高技术与管理水平,才能使企业健康成长。当今时代,技术与产品的生命周期日趋短暂,不保持持续创新很快就被淘汰出局。因此,新创企业必须高度重视技术与产品的管理。

3. 财务管理

初创阶段的企业往往具有如下特点:资金需要量大;产品的销路相对狭窄;利润额较低(甚至是负数);人员雇用较为精简;存在一人身兼数职的情况;在中国往往表现为家族式生产。针对初创阶段的这一特点,新创企业在初创阶段制定财务管理制度上可以相对简化,但不能没有制度。主要注意以下几点。

(1) 针对企业资金需要量大的情况,设计合理的筹资渠道。尽量使用自有资金,以降低成本。

(2) 在产品销路相对狭窄的时候可以将财务管理的重点放在"利用有限的资金拓展业务"上来。对于企业的销售预算应做到较为详细,可以以"周"为单位。小的企业甚至可以以"日"为单位,预计产品销售数量、价格、可能发生的销售费用、产品储存费和订货费等。

(3) 利润额低是绝大多数新创企业所面临的共同问题,企业可以将重点放在支出的监督上,将有限的资金运用到企业经营的关键之处,便可取得事半功倍的效果。

(4) 在人员雇用上,我国的不少企业在创业期是亲戚、同学或朋友一起经营的,出于业务需要有些会雇用几名员工。这时企业的人员结构较为简单,在进行员工及自身工资核算时只要做一个简单的规定,明确各自的职责、收入标准、是否有加班费和外勤补助等,一般不会过于烦琐。

（5）不少企业初创阶段在技术上的投资往往不多。企业如果预计几年后要更新设备或做其他投资以提高技术水平,应及早做个预算。从每月的收入中划出一部分作为准备金,做到未雨绸缪。

总而言之,万事开头难,企业在开创初期最好将各项财务管理的制度制定齐全,如钱、账如何管理,物资如何登记保存,支出控制权的确定等,防止不必要的浪费。在以后的经营中如果再遇到新的问题,可以再将这些制度不断加以完善。

4. 人力资源的管理

尽管在创业初期的经营管理中,一切都可能是创业者说了算,同时创业者还必须独挡几面:可能既是总经理又是销售主管、财务主管或许还充当着技术总监,但企业的经营活动还是必须由组织行为来完成,独角戏最后的结果可能是你唱你的,员工们各干各的,这就需要两三个骨干。由于高新技术企业的员工素质较高,更多的是发挥人的智力潜能,这就要求你左右手的身份不是分工明确的管理者,他们的作用是表率,代表了一种工作态度和工作效率。这时围绕着你的创业经营核心,你的创业热情、忘我工作和管理思想,首先就可以影响他们,并在企业内部形成一种氛围,这就是企业文化形成的基础。

创业者在左右手的选择上,一方面,要具有技术和管理能力、与企业发展共进退的创业激情;另一方面,要注意与你在工作方式、专业技能等方面的互补性。

1）管理者的选择

管理效率的高低受制于两个关键因素。一是管理体制;二是管理人员的素质。当管理体制一定时,管理者素质的高低就是决定性因素。选任优秀的管理者是实施管理的前提。

对于创业初期的企业,一般说来技术部、生产部、市场部（包括营销与原材料供应）、财务部和行政部（兼人力资源、公共关系等管理工作）的主管是非常重要的。一个优秀的技术主管能够使创业技术不断完善并不断创新、不断开发出新产品;新创企业,由于资金的有限性,常常是生产条件不完善,生产人员也没有更多的经验,但是,对于创业者来说,还必须生产出与市场在位者相同甚至更好的产品。在这种条件下,特别需要一个非常优秀的生产主管——既经验丰富又敬业负责。对于创业,更为关键的就是市场营销问题,所有的创业者最为关心创业项目的市场问题:再好的技术或产品,如果卖不出去,也没有任何意义。从某种意义上说,市场营销是创业成功的核心关键。因此,创业者一定要选择一个非常有营销头脑、又有丰富经验、身体好、人品正、对新创企业忠诚的人做营销主管。财务主管不可忽视,对于刚刚创立的小企业,财务主管常常是创业者的亲戚、朋友或同学,一个好的会计和出纳很重要;原料供应也应当受到重视。除了这些供应、生产、销售、资金的有效管理外,还需特别提醒创业者,要选一位非常优秀的行政主管,肩负起办公室、公共关系和人力资源等管理任务。

2）薪酬激励机制

对于创业初期的企业来说,由于企业对资金的需求巨大,创业者们多数是由共同的理想追求和价值观而走到一起并开始创业的。所以在激励制度中,目标激励和精神激励的比重要大于物质激励的比重。

新创企业一般具有较大的风险,因此可以在物质激励中引入风险机制,主要可以采用股权、期权激励机制。企业收益分配中除了货币收入形式以外,还可以实行股权、地权分配机制,其具体方法如下。

(1) 收入股份化。在考核的基础上,企业经营者将自己的部分收益转化为企业股份。

(2) 设置管理股。让经营者以企业股份的形式享受企业经营收益。

(3) 设置股份期权。使企业员工享有在未来某一时期,按照确定价格购买企业一定股份的权利。

(4) 技术人才的技术专利、专有技术可以作为出资的一种形式入股。采用这种方式同时还可以保证创业企业的资金处于比较充足的状态。

同时,创业初期的企业还要正确运用情感激励。培养企业人才对企业的忠诚和信任,包括对人才的尊重、理解与支持、信任与宽容、关心与体贴。在新创企业中,由于对人才的运用通常是跨部门的、综合性的,所以企业要充分认识并承认人才的价值,充分承认他们的劳动。

3. 人员培训机制

适合于新创企业的技术、营销、管理和生产等员工,不像百货商店里的商品,可以根据需要随时得到,而是根据企业的需要进行技术、销售、生产、管理和操作等专门化知识与技能的培训,思想观念的矫正、身心素质的提高、敬业精神与团队精神的培养等,都需要企业进行长期不断的培训。

企业员工培训,是人力资源管理的重要组成部分。新创企业的培训,要建立在人力资源规划的基础上,根据发展的需要,进行各种各样的学习与教育。

 案例

新浪:多重博弈下的公司治理

新浪的高层人事调整又一次受到业内的关注。由于在之前的 7 年时间里,新浪一共换了 5 任 CEO,这使得业界对新浪的人事调整极为敏感和关注(如表 6-1 所示)。

表 6-1　新浪历届 CEO 名单

任届	姓名	起任时间	离任时间
第一任	沙正治	1999 年 4 月起	1999 年 9 月止
第二任	王志东	1999 年 9 月 3 日起	2001 年 6 月 4 日止
第三任	茅道临	2001 年 6 月起	2003 年 5 月止
第四任	汪延	2003 年 5 月起	2006 年 5 月止
第五任	曹国伟	2006 年 5 月 8 日起	至今

此次受关注的起因是新浪 2008 年 3 月份宣布任命原销售总监杜红为 COO(首席运营官)并撤销销售总经理以及华南分公司总经理职务设置,免去张雨销售总经理兼华南分公司总经理职务。另外,有关执行副总裁兼总编辑陈彤离职的传闻也愈演愈烈,有消息称陈彤与 CEO 曹国伟存在较大分歧,将要离职。但陈彤已否认上述传闻,并表示不会离开新浪。

随后在 4 月 1 日,新浪公司再次宣布,原董事长段永基全面退出新浪,不再担任新浪董事会董事以及在董事会的一切职务。同时,汪延将出任代理董事长,任命即时生效。新浪此次人事地震告急。

一直以来,人们习惯于将新浪跟同一年登陆纳斯达克的搜狐和网易放在一起比较,从而得出新浪管理层持续动荡,投资方跟企业创始人、管理层之间矛盾突出的印象。诚然,新浪跟搜狐和网易的确有很多相同的地方,例如都是中国第一代门户,主营业务都是网络媒体,都曾经获得过国际知名创投机构的投资等。

但是,很多人都有意无意地忽略了一个至关重要的"细节":新浪从一开始就不是一个跟搜狐和网易一样纯粹由创业者主导,并按照典型的创业投资逻辑发展起来的企业。

1993 年 12 月,段永基执掌的四通公司投资 500 万港元给王志东等人,帮助后者创建了四通利方,四通由此也给自己赢得了"天使投资人"的美誉。然而,新成立的四通利方当中,四通持有 80% 的股份,王志东等人合计拥有 20% 的股份(由于法律、分配等方面的原因,这一部分股份在很长一段时间内甚至都没有能够落到实处)。因此,王志东既不是一个纯粹的创业者,也不是一个纯粹的职业经理人,而是混合了创业者和职业经理人这两种基因。

在新浪这样的股权结构下,王志东等创始人在新浪的身份更加接近于联想的柳传志和 TCL 的李东生,而不是搜狐的张朝阳和网易的丁磊。

在外部看来,好像是公司一开始就伴随着内部斗争的基因存在才导致了一次又一次的人事变动,以至于新浪的内部人士不得不一再向外部解释这是一种正常的人事调整。

由于身处发展迅猛异常的互联网行业,王志东等人不得不为新浪的扩张不断地进行融资。从 1997 年 10 月开始到 1999 年短短的 2 年间,新浪就完成了 3 轮融资和一次大的合并。联系最初的股权结构,结果是,新浪的股权随着一大批投资者和创业伙伴的进入而变得极其分散。

现任 CEO 曹国伟认为,股权的分散不是导致新浪出现人事频繁变动的关键原因,理由是美国大多数公司都是股东比较分散的架构。然而,这种观点却相对来讲站不住脚,美国大多数公司的股权结构确实跟新浪一样比较分散,但是美国很多公司的股权结构都是在一个相对较长的时间内自然演化的结果。这使得这些美国公司能够相对稳定地管理架构以及支撑其运转的文化。但是反观新浪,由于是在极短的时间内就形成了高度分散的股权机构,因此其管理架构往往是多方博弈的结果并且缺乏足够成熟的文化作为润滑剂。

但是在多方参与博弈的情况下,往往很难在短时间内找到一个为参与各方真正满意的平衡点。更多的时候往往是,博弈各方好不容易刚刚达到一个相对的平衡状态,就又开始了新一轮的博弈。

新浪的历史就是多方博弈模型下的一个典型例证。沙正治、王志东、茅道临、汪延都不过是新浪 CEO 宝座上的匆匆过客。曹国伟也是在 CEO 的位置上还没有坐满 2 年,就传出了被"军阀"陈彤"逼宫"的消息。

通常情况下,股权分散或者所有者缺位往往会给管理层实施所谓的"内部人控制"提供巨大的空间。进一步来讲,如果"内部人"之间的矛盾激化到了一定程度,殃及池鱼(董

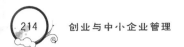

事会)的情况也就很难避免。

然而,对于此次段永基离开新浪,业界均给予了高度评价,认为段永基作为非互联网业内人士,其果断离开和退出将给新浪带来新的发展空间,将给其他的专业人士更多的操作余地。无论如何,我们将有理由相信,这次调整更加意味着新浪在公司治理上的成熟和优化,更能够比前几次的调整起到积极和长远的影响。

6.2.2　成长期管理

中小企业经过前期的奋斗,并且取得一定的成果之后,企业的经营基本步入正轨,业绩也能维持相当的水平,这时就进入创业的成长期。这一时期是企业高速发展的时期,企业在市场上站稳脚跟,管理上基本进入规范化,而生产规模和市场扩大、员工增加、各种物的流动和信息的流动却在迅速增加。在这一时期,企业的主要工作任务就是进行管理基础的建设,计划、组织、协调、领导和控制等基本管理职能的逐步健全,管理职能的分工逐步专业化,面临的主要问题就是企业的管理能否及时跟上企业高速发展的步伐。在这一时期,创业者应注意以下几方面的管理。

1. 人力资源管理

受限于企业的资源,通常新创企业都没有专门的人力资源部门专职负责对员工招聘、员工培训、绩效考核和激励机制方面的管理和评价。一般这些工作大部分都由创业者本人或其他一两个核心人员来承担。随着企业进入成长期,在人力资源管理上需要进一步加强,尤其是需要做好企业的人才引进和团队建设工作。

1) 人才引进

由于企业在成长阶段具有营业额增加、利润额增加和企业资产增值等特点,专业技术人员和部门管理人员需要从量上加以补充。同时,内部分工的专业化程度提高,使企业对新增员工素质方面的要求提高,以适应企业向更高发展阶段过渡。但此时,企业内的原有成员不但不会考虑从企业退出,还会在经营者的支持下进一步抢占关键部门的其他核心位置。外部人才的引进不仅不会得到中层管理人员的重视,反而容易遭受到内部成员的抵制。经营者在此阶段往往不愿引进外部人才,主要是担心影响原有成员的积极性,进而影响企业的效益,但实际上在此阶段引入外部人才的时机和效果较好,既可能产生新的经营或管理成效,又有提示原有成员面临人才竞争压力,促进其加快提升自身素质水平的作用。同时,此时吸纳的外部人才往往在组织内层级位置较低,尚不能构成对原有成员的权力制衡,即使在工作中与伙伴成员发生矛盾或冲突,对企业正常运营造成的不良影响也比较小,有利于伙伴成员和外部人才彼此逐步在思想上相互容纳和工作行为中磨合,为企业发展壮大后的管理体制科学化早做准备。在具体引进时应注意如下问题。

(1) 基础层面人才引进。企业主要应从满足基本工作层面需要的角度引进外部人才,立足于执行层人员的引进。

(2) 岗位安排侧重一线。将引进人才主要安置于设备使用、维护与管理岗位和生产、销售、行政方面的基层岗位，提高一线工作人员的实力水平。

（3）承担基础工作职能。主要作为基本技术、具体业务的操作者，从事具体业务和一般行政性事务工作，落实完成企业安排的各种基础性日常工作。

（4）选择条件适当。应该选择年纪较轻、具有一定的知识水平、工作经历和经验，有基本的工作适应能力的人员，要求基本素质略高于企业内部家族成员、能够作为一般工作人员接受并完成企业交付的工作任务。另外，企业尽量选择哪些需求满足程度清楚、个人追求与企业要求一致的人才。

2）团队建设

团队建设是保证新企业成功的必要环节之一。现实当中常见的现象是，当企业进入"成长阶段"的时候，它遇到了严重的危机——尽管新企业成功地建立了良好的市场，并找到它所需要的财务结构及财务制度，但企业无法继续正常成长。因此，企业的创始人与领导人必须重视团队建设，否则一段时间以后企业必定会产生管理危机。事业成长过于快速，一两个核心成员人已无法应付这种局面，企业需要的是一个管理团队。如果公司此时还未组成一个管理团队，企业就无药可救了。解决这种危机的办法就是企业在适当的时候有步骤有计划的着手进行团队建设的工作。

（1）进行团队建设要理顺公司的业务模块和业务流程，每一个或几个关键模块或流程可以组建一个团队，同时要定义出团队中每一个岗位的职责和它收集信息及输出信息的渠道及标准。即使是两个人做同一项工作，也要定义出各自的工作职责。

（2）建立团队间信息沟通的方法和标准，并且制定出团队协调人的工作职责。在团队中，公司的高层领导居于决策团队中的成员。另外，需建立一个机动团队，负责各团队间的协调和资料收集整理，并对信息进行过滤后，向决策层提出参考建议。决策层提出的决策直接向各团队发出（而不通过机动团队发出）。

（3）在公司内部宣传团队建设的重要性及未来团队管理时的工作方式，让员工对团队建设产生浓厚的兴趣。同时要做好中层管理者的工作，因为团队建设的最大冲击是中层管理者，可以通过采取增加和稳定中层管理者薪酬等方法对他们进行安抚。

（4）组建团队，一般采取公司任命和员工民主组建相结合的方式。在团队的构成上，要注意成员能力和性格的互补性，并将每个人放在最合适的岗位上。

团队建成之后，要有半年左右的观察期，要有专门的人员负责对每个团队进行观察，遇到问题及时处理，并完善相关的管理制度。

2. 组织结构的调整

企业的目标和任务有两个方面：一方面是追求企业资源的增加，从而实现规模上的成长；另一方面，企业也在进一步实现管理的规范化，进一步寻求资源的优化配置和企业能力的提升，从而实现企业质的成长。在新创企业初期，企业的规模较小时，其组织结构可以相当简单。但在企业的成长期，随着企业规模的扩大企业不断面临组织危机，建立分权的组织结构是企业成长的必然要求。在这一阶段的后期，企业的组织结构将面临由集权的直线职能制向分权的事业部制转变，有的企业也可能倾向于调整为超事业部制或集团控股制。在组织结构的创新过程中，合理划分企业的各个层级的责、权、利关系，充分调动中层和基层的积极性是组织创新成败的关键。

下面两种组织结构形式适合成长阶段规模迅速扩大的企业。

1）事业部制组织结构

事业部制组织结构又称"联邦分权制"，最初由美国通用汽车公司总裁斯隆于1924年提出，目前已成为大型企业、跨国公司普遍采用的一种组织结构。事业部制组织结构是在总公司领导下设立多个事业部，各事业部都有各自独立的产品和市场，实行独立核算。事业部内部在经营管理上拥有自主和独立性，其突出的特点是集中决策，分散经营，即总公司集中决策，事业部独立经营，它是一种分权式的组织结构。事业部在大多数情况下可以按产品、地区来划分，其基本结构形式如图6-4所示。

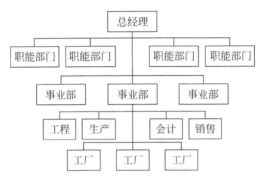

图6-4　事业部制组织结构图

事业部制组织结构实现了集权和分权的有效结合。各事业部在总公司的领导下分散经营，使最高层领导者摆脱了日常繁杂的事务，集中精力做好企业的战略决策和长远规划；各事业部独立经营，能够积极地开发产品、开拓市场，增强了组织适应市场的灵活性和适应能力。同时，这种结构还有利于组织内在各事业部之间开展积极的竞争，提高他们的工作积极性，并有利于培养和训练高层管理人员。事业部制组织结构的不足是内部机构重复，使机构庞大，人员编制过大。此外，由于各事业部在产品和市场上具有较大的经营独立性，容易产生本位主义，各事业部之间协调困难。

2）超事业部制组织结构

20世纪70年代，美国和日本的一些大公司又出现了一种新的管理组织结构形式，即超事业部制（又叫"执行部制"）。是在事业部制组织结构的基础上，在组织最高管理层和各个事业部之间增加了超事业部这样一级管理机构，负责管辖和协调所属各个事业部的活动，使领导方式在分权的基础上又适当的集中（如图6-5所示）。这样做的好处是可以集中几个事业部的力量，共同致力于某方面的业务研究与开发，以产生更加协同的管理效果。

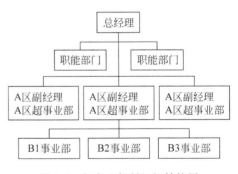

图6-5　超事业部制组织结构图

超事业部制可以更好地协调各事业部之间的关系，甚至可以同时利用若干个事业部的力量开发新产品和业务。减轻公司总部的工作负荷，通过超事业部强化了对各事业部的统一领导和有效管理。但增加了需要配备的人员和支付的各项费用。超事业部制这种组织机构形式,对规模非常大的公司尤为适宜。

3. 市场销售策略

在企业成长过程中,市场策略对企业取得长远成功是至关重要的。在竞争性极强的市场中,企业需要不断开发新产品和新服务来保持其竞争力。这是一个不断完善的过程,它建立在顾客不断改变的需求和竞争性市场信息的基础上。为了获得这些信息,新创企业可通过市场调研,或是通过创业者或其销售人员同客户直接联系获得。一些创业者发现,同销售人员打交道非常具有启发性,常会有新产品的灵感产生。

在小型规模的新创企业中,由于缺乏人员和资金,企业并没有开发新产品正式流程。而在费用很少或几乎不发生费用的情况下,许多大学可以以市场研究课程的学生研究项目的形式提供小企业参与市场研究的机会。

在企业的成长阶段,产品的销量迅速扩大,市场占有率和市场增长率都在大大地提高。企业生产规模扩大,成本降低,利润迅速增长,企业和产品的知名度都迅速提高。由于有大规模的生产和利润的机会的吸引,新的竞争者进入市场。他们引入新的产品,因而进一步扩大了市场。竞争者日益增加,导致分销网点数目的增加。在需求迅速增长的同时,产品价格维持不变或略有下降。促销费用对销售额的比率不断下降。

鉴于产品在成长阶段的这些特点,公司为了尽可能长地维持市场成长而采取下列营销战略。

(1) 公司改进产品质量及增加产品的特色和式样。

(2) 公司进入新的细分市场。

(3) 公司进入新的分销渠道。

(4) 公司广告在目标上从产品知名度的建立转移到说明消费者接受和购买产品上。

(5) 公司在适当时候降低价格,以吸引要求低价供应的另一层次价格敏感的购买者。

当一个公司在推行这些市场扩展战略之后,会大大加强其竞争地位,但是这些改进措施会增加成本。公司在成长阶段面临着究竟是选择当前的高额利润还是选择高市场占有份额的问题。如果把大量的钱用在产品改进、促销和分销上,公司会在市场上获得优势地位,可是要放弃获得最大的当前利润,而这一利润公司有希望在下一阶段得到补偿。

4. 财务管理

新创企业在进入成长阶段时表现为一种不断扩张的趋势,这时的企业在财务管理方面很可能将面临以下一些问题。

(1) 原有的生产规模无法满足客户的需要,企业面临购买新设备,扩大生产能力的问题。

(2) 企业需要保持更多的流动资金,以确保随着订单增加而增加原材料费用及日常开支。

(3) 企业要雇用更多的员工,很大一部分用于销售推广。

(4) 企业的机构可能要进一步细分,特定的工作由专人来完成。

(5) 需要考虑如何筹集更多的资金,为企业长远发展作进一步打算。

（6）企业也许会在其他省市建立销售网点，或建立分企业。

（7）企业很可能由于经营业绩不错，资产雄厚吞并一些与自身生产有关的企业。

以上这些问题是成长阶段新创企业所面临的主要问题，有些企业由于规模较小，可能会面对其中几个问题；而有些企业由于经营规模较大，甚至会面对更为复杂的情况。当然，所有的问题并不是一下子涌到企业经营者面前的，而是随着时间的推移，随着生产经营的进行逐步呈现出来的。作为一个有远见的经营者，很有必要在这之前做一个较为合理的先期规划，这就需要建立一套适合成长阶段的新创企业发展的财务管理制度。

这套制度并非推翻原有的一切，而是在原有的基础上进行修改完善，主要表现在以下几个方面。

1）制度完善

原有的制度也许对于成长中的企业就显得过于简单了。在企业的创办初期、产品引入的早期，个别制度只是一个雏形，但在企业发展到一定规模就需要加以完善。随着企业的成长，产品种类会有所增加，数量与规模也会变大，原有的制度可能会造成货发出而没入账或者有的货款无法收回等现象。因此，就要将采购、入库、出库、记账几个环节协调好，保证每一笔业务及时记录，防止企业出现私盗产品、原材料的事情发生。

现金的管理更是如此，"管账的不管钱，管钱的不管账"这种方式肯定是正确的，即使是再好的兄弟、朋友合伙的企业，权责也要明确。

应收、应付款的管理要渐渐地提上议事日程。随着企业业务量的增加，很多企业都选择赊销的方式。市场经济讲求效率，有时只要对方说要货，企业的货马上发出，合同可以以后补签（这种操作当然不符合正常的手续）。这样无疑会增加应收账款无法收回的可能性。这时，有效的信用管理可以帮助你在扩大销售与减少损失之间找到一个平衡点。对客户建立档案，定期间访客户显得尤为必要。

人员的管理也与财务管理紧密结合。对员工要支付培训费用、工资奖金、分红和差旅费等。不少企业对销售人员采用承包制的方法，每年每个销售人员设置一定限额，包括所用的差旅、公关和住宿等费用，剩下多少都是自己的。这种方法对销售人员有一定激励作用，可以较有效地督促销售人员节约成本，扩大销售。但这种方式对其他员工无法采用，对税务局也无法交代。因此，企业在这时应考虑建立一种能力与奖金挂钩的模式，成绩好的员工给予一定提成，成本控制好的员工（如会计人员）也适当的给予奖励。

2）筹资管理

从前面的问题中可以看出，成长中的企业所面临最大的难题就是资金短缺。"缺钱"包括两方面：日常资金周转不灵；企业长远发展资金缺乏。生产规模要扩大，流动资金要增加，办分企业或销售网点要钱，并购其他企业也要钱。这时筹资管理可就不再那么简单了。企业要选择正确筹资渠道，尽可能降低成本，又要筹到钱，如果不事先规划就会出现经营困难。

3）投资管理

企业进入成长期以后，经营者脑海中往往会涌入很多的构想，如开拓国际市场、引入先进设备、创造更多社会效应、扩大全国影响及建立全国销售网点等，这些投资计划都是好的,但是要一次都摆在财务人员或经营者面前,他们只能是摇头。对一个企业而言,资金是有限的,有限的资金如何正确运用到一个或几个项目中去,以保证最高的收益率,这就是投资管理要做的。

对成长性的企业而言,保持资金的流动性是首要的任务,很多大企业就是在这一点上吃了亏,如我国第一大房产中介创辉租售在开拓全国市场过程中就造成了严重的资金链断裂,从而导致公司经营陷入困境。此时,需要将不同项目的投入、产出做一个比较,选取收益率最好的项目。

对于企业的全部资金要留有余地,一部分用于投资;另一部分用于日常经营。如果投资的资金占用了企业的日常经营所需资金,则会对企业的日常运作产生影响;相反,若过于谨慎保留过多的流动资金,则会降低企业的投资回报率。因此,保持合理的流动性是企业应当考虑的问题。

以上的分析,对企业成长阶段所面临财务管理问题及应选择的方面有所提及,而具体的规章制定,还要由各企业根据自己企业所处行业发展状况及自身经营规模确定。

 案例

创辉租售"极端进化"导致资金链断裂

2007 年创辉租售资金链风波,引起了各界广泛的关注,这个一向自誉为中国第一大房产中介的企业,在中国房地产市场逐步回归理性的过程中,却越加采取了不理性的扩张方式,从而加剧了其走向崩溃。自 2006 年房地产市场调整以来,创辉租售已经经过了几年的高速发展期,但是却离其全国第一大中介的位置还有一段距离,特别是在北京、上海等地还未进行实质性的扩张,为了加速进入这些发达城市,创辉在资金上采取了极具风险的融资方式。

1. 独特的"监管奖励"

首先针对客户,创辉公司鼓励下属的房产经纪人劝说买方把定金、首付或者尾款先打到公司的账户,每笔交易员工可以拿到一定数额的奖励。一笔二手房交易从决定购买、付定金,到签订购房合同再到过户,最后办理产证至少要一个月。而二手房资金的监管一直是个难题,这正好被创辉租售钻了空子。而客户也更愿意相信一个中立的机构。按照一般的二手房买卖流程,定金和首付款留在中介账户中的时间在 10 天左右,而尾款停留在账户中的时间更长,至少有 20 天。

这个表面上号称"替客户监管资金"的账户,其实是以个人名义开设的。其在银行开的账户是对私账号,账户名分别是公司的两个高层主管。这样的设置,让挪用客户资金有了可能。

2. 取消员工工资,要求入股共同发展

创辉公司 2007 年 12 月 20 日的《关于员工工资收入转持股准备金的说明》文件显示,创辉员工可通过存入"准备金"的方式持股,即意味着首先拿出至少 1 万元的资金存入公司对公账户。

按照创辉公司网站的公开数据显示,现在已经发展成为拥有 1500 多家分公司、

20 000 多名员工的集团公司,以 2 万名员工每人 1 万元的最低基数计算,创辉此番工资"股权"名义下至少可以获得 2 亿的现金流。

名义上,公司提出对员工的入股资金进行审核,表示只有优秀的员工才能购买公司股份。但实际上可以买股权的不仅仅是员工,员工介绍的亲戚、朋友和客户都可以买。创辉有关高层亦坦言在目前非常时期推出员工工资入股计划,实际上也是公司高层多方考虑的为帮助公司渡过难关的战略性举措。

与此同时,创辉还推出被称为"独立经纪人合作制"的经营模式,即房地产经纪人与创辉由传统的雇用关系改变为合作关系,员工可自愿申请解除劳动关系,办理离职手续后,再与公司签订合作协议,而工资则由原来底薪加提成的模式,改为无底薪高提成的激励机制,提成比例最低为 35%。

另外,创辉在门店租金、采购资金上大范围拖欠及占用商铺和上下游的资金,通过各种方式拓宽自身的现金获取渠道。然而,如此费尽心机的"融资"还是不能满足其大举扩张的步伐,而其对资金的管理也缺乏科学合理的规划,最终陷入了严重的现金流危机。

5. 品牌管理

当企业步入成长期时,提高品牌的认知度、强化顾客对品牌核心价值和品牌个性的理解是企业营销努力的重点。建立品牌认知,不仅仅是让顾客熟悉其品牌名称、品牌术语、标记、符号或设计,更进一步的是要使顾客理解品牌的特性。目前中国的众多产品是有知名度,但品牌认知度整体上十分低,即顾客对国产品牌的整体印象远不如对国外品牌的认知度高,很重要的原因是企业没有传递给顾客一个清晰的,能满足顾客需求的核心价值和品牌个性。要提高品牌认知度,最重要的途径是加强与顾客的沟通。顾客是通过各种接触方式获得信息的,既有通过各种媒体的广告、产品的包装、商店内的推销活动,也有产品接触、售后服务和邻居朋友的口碑。因此,企业要综合协调地运用各种形式的传播手段,来建立品牌认知,为今后步入成熟期打下良好基础。建立、提高和维护品牌认知是企业争取潜在顾客、提高市场占有率的重要步骤。

成长期的企业由于资源相对于消费需求的多样性和可变性总是有限的,不可能去满足市场上的所有需求,因此企业必须针对某些自己拥有竞争优势的目标市场进行营销。品牌定位是企业为满足特定目标顾客群的,并与产品有关联的独特心理需求为目的,并在同类品牌中建立具有比较优势的品牌策略。通过锁定目标顾客,并在目标顾客心目中确立一个与众不同的差异化竞争优势和位置,连接品牌自身的优势特征与目标顾客的心理需求。在当今这个信息过度膨胀的社会里,只有有效地运用定位这种传播方式和营销策略,才能使品牌在激烈的竞争中脱颖而出。这样,一旦顾客有了相关需求,就会开启大脑的记忆和联想之门,自然而然地想到该品牌,并实施相应的购买行为。

不管是对于新建企业还是现有组织,组织文化和氛围是企业组织得以更好应付成长问题的关键。应用组织氛围理念对大型企业绩效所做的研究得出了两大结论。首先,一个组织的氛围会对业绩产生十分显著的影响。其次,组织氛围是由人们对组织的期望以及关键管理人员的实践和态度共同形成的。

6.2.3　成熟期管理

企业从初创发展,最终将走向成熟。成熟阶段对企业而言是事业发展的顶峰,生产经营都渐渐步入了正轨。此时,企业生产经营的特点表现为以下几个方面:原有产品的市场销售变化已趋于平缓;利润率保持在一个相对稳定的水平;相应的管理制度已成体系;人员的岗位相对固定;员工数目增多;分工进一步细化;渐渐树立起企业形象,并有品牌意识,逐渐打出自己的品牌;资金的回流量逐渐增多,开始归还长期债务;投资主要集中在固定资产维护、改造上。在经营者看来,似乎企业已经走到了发展的最高峰,然而很多成熟阶段的大型企业恰恰是在这一阶段陷入困境甚至出现危机,为什么呢?

(1) 企业进入成熟期后,很多企业呈现出故步自封的状态,不肯多迈一步。原因很简单,认为原有成绩的取得是极不容易的,现在投资风险性很大,最终企业以一种固有的状态发展。但是,另一方面,经济运行的脚步并不会因为一个企业走入成熟阶段而停滞,随着新创企业的崛起,它们进入这一市场加入竞争行列。这时,企业会发现自己企业产品的市场占有率在下降,为了和其他企业竞争,一方面不得不降低价格;另一方面成本的限制又自然浮现。而如果企业的规模不足以对整个行业产生影响时,就很容易在竞争中被新生的企业所挫败。

(2) 有些企业在进入成熟期后,就得了所谓的大企业病,有的甚至有过之而无不及。主要表现在人浮于事。机构设置也是一层套一层,总经理、副总经理、部门经理、区域经理和组长等从企业最高层到普通员工和顾客之间的距离越来越长。企业原有的高效经营已逐渐被低效经营代替,部门之间的分割使信息在企业内部都无法正常流动,部门之间扯皮的事情时有发生。这时的管理者也许会有种“人在江湖,身不由己”的感觉。

另外,进入成熟期的企业,其产品也许将面临升级换代的问题。如现在的通信行业,各国都在研制 3G 甚至更高的通信技术,这一行业动态将意味着 2G 通信设备和产品将遭到淘汰,下游的各厂商将受到重大影响。

进入成熟期,一切都步入正轨,顾客的特定需求固定下来,市场占有率也会相对固定,销售量由加速增长变成减速增长,利润增长率开始下降。故步自封只能加速衰退,企业需要对取得成功的关键因素深刻反省,探讨改变竞争规则的可能性。无论是寻求新的细分市场、发展产品的新用途,还是业务模式、营销模式的重新组合都可能为企业开辟一个新的利润增长点。

这样看来,成熟阶段的企业如果不改进,不创新的话,企业将走向衰落。新创企业在成熟阶段应注意以下几个方面的管理。

1. 战略规划管理

为了扩大企业的规模,随着新创企业不断发展和走向成熟,同时做到管理好并且成功地扩大新创企业的规模非常困难,企业需要不断加强管理并不时注入新的企业创业精神。创业者需要客观地评价自己在管理方面的能力,找出扩大企业规模的方法,并且在必要时聘用专业人员来掌控企业。

企业可以通过以下方式来扩大企业的规模。

　　1）合资企业

　　随着企业经营风险日益加大，市场竞争加剧，企业经营失败增多，各种形式的合资企业开始逐渐盛行。合资企业并不是一个新概念，它已经在相当长的一段时间内被新创企业用于迅速扩展经营规模。

　　什么是合资企业？合资企业是一个包括两个或更多合伙人的独立的企业个体，有时被称为战略联盟，通常包括各种各样的参与者，如大学、非营利性组织、企业和政府部门等。

　　一些大型跨国企业也常常采用建立合资企业的方式来拓展业务，如通用汽车和丰田、通用电器和威斯汀豪斯这些巨人之间也都发展了合资企业。为了进入国际市场，不同国家的企业之间的合资企业也在不断地建立，成立合资企业已经成为一个创业者进入国际市场的有效手段。一旦两家企业建立了密切的合作关系，创业者应该考虑其潜在合作者的道德伦理。

　　2）收购与兼并

　　进入成熟期的企业拥有充裕的现金流及较强的筹集资金的能力，可以利用这一优势在市场上收购新生的企业来保持自身的强势地位，通过收购与兼并之类的资本运作方式可以使企业迅速获得某方面的竞争优势，从而延续企业的高速发展。

2. 组织和人员管理

　　新创企业进入成熟期后，实现了管理的正规化并进入了有序的运转。经过一段时间的发展，随着企业规模的进一步扩大，组织层次不断增加，组织的文牍主义逐渐盛行，过多的规章条例的副作用逐渐暴露，企业将面临僵化和教条主义的危机。由于此时企业的资源比从前更加丰富，而企业对资源的利用效率远未达到应有的程度，因此"质"的成长是这一阶段的主要问题。为解决这一问题，企业又将开始新一轮的组织创新。这一阶段企业组织创新的重点是组织的柔性化和弹性化，从前比较僵化的组织文化会阻碍组织的创新。因此，本阶段组织创新的第一步工作是对组织文化的创新，在组织内部打破固有的僵化气氛，解放组织成员的观念，为其他的创新活动创造良好的条件。在组织创新的后期，还要对组织成员的观念进行"再冻结"，以巩固创新的成果。在组织结构和职权分配上，企业更加注重谋求集权和分权的均衡，并更大范围地组建项目小组，更多地采用矩阵制以加强组织的灵活反应能力。有的企业也可能根据实际要求，对组织的整体构架进行根本的创新，在大企业内部实行"小企业化"的管理或者采用立体多维制的组织结构。在组织结构创新的同时，有些企业也可能全面改造自身的业务流程，通过业务流程重组，实现企业组织的柔性化。这一阶段的组织创新，各方面的创新行为相互渗透、相互影响。组织在文化、人员观念、组织结构、管理制度、职权划分和业务流程等方面的创新往往交织在一起，使得组织创新活动比从前的任何一个阶段更加复杂和微妙。

　　进入成熟阶段之后的企业，战略目标的要求使企业对一般执行层次的人力资源数量需求相对弱化，对能够参与决策的高层次资源需求力度明显增强。经营者开始感觉到缺乏高级专业人才和管理人才对企业发展的迟滞作用，受家族成员中人才资源局限和企业内部一时无法选拔出足够数量高管人员的影响，经营者希望适时在外部市场上找到符合企业需要的、有实践经验的高级专业人才，随时引进这类人才，以成为能够辅佐主要经营者的优秀经营管理者或经营管理者群体,加强企业中、高层经营团队建设。而目前国内经济处于转型期,此类人才作为稀缺资源往往供不应求,多被少数经营规模较大、相对待遇较高、工作氛围较好的企业吸纳。私营企业经营者一方面要注意提高自身的鉴别能力,尽量从企业内部选拔;另一方面也要注意调整、完善企业薪酬和激励制度,形成对内外部人才的吸引力。对企业发展切实需要的人才,必须在合理选择、果断引进、充分授权、有效激励方面采用有针对性的办法。特别要注意防止人才招不来,或是招来之后留不住的现象出现。在引进策略选择方面,注意如下问题。

(1) 主要引进中、高层级人才。有计划、有针对性地引进一些在大公司工作过的职业经理人。引进的外部人才通常进入企业中、高管理层,促进企业形成管理团队。受人才素质和企业业务侧重应用方面的影响,在人才中级与高级的层级区分方面相对模糊,大部分人才随企业某方面特定需要参与特定决策工作,少部分引进人员仍属于执行层。

(2) 安排到分管局部业务或市场的负责岗位。岗位安排侧重选择分管几个分公司、部门工作的企业副总经理;分公司经理;生产作业部、产品或业务研发部、市场营销部、行政办公室、财务部的部门经理。

(3) 要求承担经营管理职能。这些人才可以参与政策、制度与经营方案制订,负责完成某方面的任务指标,部署并指挥、协调相关部门的工作,协助主要经营负责人完成企业特定阶段的总体指标,同时也要求他们承担相应的责任。

(4) 选择专业能力突出者。这个阶段要尽可能吸纳管理意识强、专业能力或特点突出,具备较高的知识层面与技能、经验水平的人。他们应该拥有高级专业或管理层级的职务经历,具备较强的实战能力。

(5) 强调职业方向认同。要侧重选择那些对企业发展目标清楚,业务结构和资源构成清楚,未来需求满足趋势清楚和个人职业定位清楚的人才。被引进者应该具有明确的职业发展方向感。

3. 市场营销管理

新创企业进入成熟阶段后,产品销售量达到最大,市场占有率也达到最大,市场增长率非常小。产品的知名度处于最小化,由于利润的驱使,很多竞争者进入市场使得竞争非常激烈。这一阶段在众多竞争者之间往往发生广告战和价格战。

处于成熟期的企业可以实行以下几个营销战略。

1) 市场改进战略

市场改进战略就是从品牌使用人数量和每个使用人的使用率两方面来增加产品销售量,一个公司可以通过以下三种方法来努力扩大品牌使用人的数量。

(1) 转变非使用人。公司通过努力把不使用产品的人转变为该类产品的使用人。例如收音机货运服务成长的关键是不断寻找新用户,说明他们相信空运比陆地运输有更多的好处。

(2) 进入新的细分市场。例如"强生"产品公司曾经把它的婴儿洗发剂成功地推销给了成年人使用。

(3) 争取竞争对手的顾客。公司可以通过努力,吸引竞争对手的顾客试用或采取它的品牌。

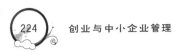

企业也可以通过以下策略让顾客提高使用率。

（1）增加使用次数。公司可以努力使顾客频繁使用该产品。如高乐高的营销人员应努力劝说除了在早餐时间放心饮用外，还可在一般场合饮用。

（2）增加每个场合的使用量。公司可以努力使用户在每次使用时增加该产品的使用量。如牙膏制造商可以把牙膏管的口开大点，每次挤出来的量就多。

（3）新的和更多种类的用途。公司应努力发现该产品的新用途，并且使人们相信这有更多种类的用途。如某酱油生产商可以告知消费者，该产品有多种用途，不仅可以炒菜时用，还可以在凉拌菜里用，在各种菜肴里都可以用。

2）产品改进战略

创业者还可以通过努力改进产品的特性，来吸引新用户和增加现行用户的使用量，保持产品旺盛的生命力。产品改进战略有如下三种具体的形式。

（1）质量改进战略。质量改进战略的目的是注重于增加功能特性，如耐用性、可靠性、速度和口味等。这种战略有效的范围是：质量确能改进，买方相信质量改进的说法和要求较高质量的用户有一个足够的数量。

（2）特点改进战略。其目的是注重于增加产品的新特点（例如尺寸、重量、材料、添加物、附件等），扩大产品的多功能性、安全性和便利性。例如，苹果公司所推出的超薄笔记本式计算机引发了广大用户对笔记本的喜爱。

（3）式样改进战略。其目的在于增加对产品的美学诉求。定期引进新的汽车模型是式样竞争，而并非是质量或特点竞争。在包装食品和家庭用品上，一些公司注重颜色和结构的变化，以及对包装式样不断更新，把包装作为该产品质量的一个延伸。式样策略的优点是每家厂商可以获得一个独特的市场个性，以召集忠诚的追随者。但是，式样竞争也带来一些问题。第一，难以预料是否有人和哪些人会喜欢这种新式样。第二，式样改变通常意味着不再生产老式样，公司将冒失去某些喜爱老式样的顾客风险。

3）营销组合改进战略

企业主还应在寻找刺激成熟产品销售的方法中对营销组合的非产品因素提出以下问题。

（1）关于价格，削价会吸引新的用户吗？利用什么方法或途径来削价？是不是用提高价格来显示产品质量较好的方法更为有效？

（2）关于分销，公司在现有的分销网点上能够获得比较多的产品支持和陈列吗？公司能够渗透比较多的销售网点吗？公司的产品能够进入某些新类型的分销渠道吗？

（3）关于广告，广告费用应该增加吗？广告语应该修改吗？宣传媒体是否该更换？广告时间、频率是否该变动？

（4）关于销售促进，公司应采取何种方法来加快销售促进——廉价销售、舍去零头钱、打折扣、提供赠品？

（5）关于服务，公司能够加快交货时间吗？公司能提高售后服务的质量吗？公司能对客户提供更多的帮助吗？

从以上几个方面考虑，并推出最有利的营销组合分案，对成熟阶段的企业销售是有好处的。但是，营销组合的改进很容易被竞争者模仿，尤其是减价、附加服务和大量分销渗透等方法。因此,创业者还需加强对企业品牌的管理。

4. 成熟期的品牌管理

企业进入成熟期,产品在市场已经站稳了脚跟,但由于竞争者的大量加入和产品的普及,竞争变得尤为激烈。因此,企业应该根据成熟期的市场、产品、竞争特点,提高企业品牌的忠诚度,进行适当的品牌延伸。

品牌忠诚度是顾客对品牌感情的量度,反映出一个顾客转向另一个品牌的可能程度,是企业重要的竞争优势。它为品牌产品提供了稳定的不易转移的顾客,从而保证了该品牌的基本市场占有率。因此,培育品牌忠诚度对企业来说至关重要,"最好的广告就是满意的顾客",如果企业能在创业期和成长期注意宣传该品牌,并提供给顾客一个完整的从选择原材料,到为顾客提供售后服务的一系列责任的价值体系,在企业和顾客之间建立融洽的关系,那么,企业在成熟期可运用顾客对该品牌的忠诚来影响顾客的行为。顾客的品牌忠诚一旦形成,就会很难受到竞争产品的影响。品牌忠诚是品牌资产中的最重要部分,品牌资产最终是体现在品牌忠诚上,这是企业实施品牌战略的根本目标。然而,消费者的品牌忠诚绝不是无条件的,它根源于企业对该品牌严格的品质要求。

品牌延伸是将现有成功的品牌用于新产品或经改进的产品上的一种策略。品牌延伸并非只借用表面上的品牌名称,而是对整个品牌资产的策略性使用,是企业实现品牌无形资产转移、发展的有效途径。采用品牌延伸,企业不仅可以保证新产品投资决策的快捷准确,而且有助于减少新产品的市场风险,节省新产品推广的巨额开支,有效地降低新产品的成本费用。通过品牌延伸,企业可以强化品牌效应,增加品牌这一无形资产的经济价值和核心品牌的形象,提高整体品牌组合的投资效益。尤其在新技术环境条件下新延伸的品牌,不仅在时间上可以根据市场变化迅速推出与之相适应的产品,而且改变了传统品牌以往单纯依靠自我的力量发展和延伸品牌的策略,与其他行业在技术应用、市场推广和新产品开发方面共同寻求产品创新联合发展的道路,以图摆脱单纯价格竞争的桎梏,适应新经济环境下市场的变化。汇源果汁品牌经过多年的积累,在此基础上又推出延伸的品牌——汇源奇异王果饮料等同类产品,使得其品牌线有效拓宽。

企业在成熟期会有竞争者的大量涌入,通过建立品牌组合,实施多品牌战略,能尽可能多地抢占市场,避免风险。实行多品牌,可以使每个品牌在顾客心里占据独特的、适当的位置,迎合不同顾客的口味,吸引更多的顾客,能使企业有机会最大限度地覆盖市场,使得竞争者感到在每一个细分市场的现有品牌都是进入的障碍,从而限制竞争者的扩展机会,有效地保证企业维持较高的市场占有。但是企业实施多品牌,有可能会面临跟自己竞争的危险,抢自己原有品牌所占的市场份额。然而事实证明,即使企业自身不实施多品牌竞争策略,也会面临大量竞争对手的攻击,因此总的来说多品牌的成功能够大大巩固企业的领先地位。

5. 财务管理

成熟期的财务管理主要以改进和控制为主,并能够根据企业的战略安排进一步有效安排财务支出,做到风险与回报的平衡。针对成熟阶段企业的状况,可以选择以下的财务管理方式。

（1）节约成本。成熟期企业产品销售基本稳定,产品售价可能不变或有所下降,这时降低成本有助于保持企业原有的利润率。财务管理人员首先要考虑的是,是否所有的支出都是必要的。

（2）有效控制员工的工资。经营者要本着"员工对企业有多少贡献,领取多少报酬"的原则。也有很多企业为吸引人才采用高薪战略,以保证在这个时期企业运营的稳定。

（3）保证企业研究开发费用。企业要进行"二次创业"就必须有一定的资金做保障,对于比较有把握的研究与开发要敢于花费资金进行支持。但是对于新的研发项目一定要做好管理上的管控,保证支出能够有相应的成果产生,否则企业就有可能失去发展的方向。

（4）重视企业的财务信用。成熟期的企业由于信用好,盈利高,融资相对要容易很多。这时企业应更注重自身的信用,防止由于经营不善造成信用危机。投机式的做法对成熟阶段的企业而言已不再适用。

由此看来,进入成熟期的企业在运营方面面临着许多新的挑战,需要企业领导者转变观念,及时突破和转型;否则企业就有可能一直走下坡路,最终走向灭亡。

6.3　新创企业的扩张

不管是处于初创期,成长期,还是成熟期的企业,为了生存或发展的需要,有时往往需要进行进一步扩张,以获得规模经济效应,从而提高企业的市场竞争力。新创企业的扩张一般有以下三种形式:收购、兼并和特许经营。

6.3.1　收购

企业收购(Acquisition)是指一个企业通过收买股票或股份的方式,取得另一个企业的控制权或者管理权。企业收购的结果,可以是收购企业拥有目标企业的全部股份或股票,而将其并吞;也可以是拥有目标企业较大部分股票或者股份,从而达到控制企业的目的;还可以是指拥有目标企业少部分股票或股份,只成为目标企业的股东之一。从产权经济学角度来看,在收购行为中,卖方企业仍保留着形式上的法人财产权,买方企业只是通过全部或部分终极所有权的购买而获得对卖方企业全部或部分法人财产的实质控制。

收购现有企业是企业扩大规模、增强实力、提高效率的一种重要手段。自20世纪八九十年代以来,收购尤其是跨国收购成为企业寻求规模经济和战略转型的重要手段。跨国公司在经济全球化进程中扮演着越来越重要的角色,其庞大的规模和雄厚的实力左右着世界经济的发展,它们往往成为收购的主导者。对于中国企业来说,收购是提高竞争力、走国际化战略道路、获得竞争优势的一条重要途径,我国的企业收购也经历了阶段性的发展并将逐步走向成熟,跨国收购成为中国吸引外商投资的重要方式,而我国企业也逐步开展海外并购,谋求国际化发展。商务部国际贸易经济合作研究院刚刚完成的中国企业对外直接投资研究报告显示,近年来中国企业对外直接投资(FDI)方式中,跨国收购呈现增长势头,战略性投资正在成为企业海外发展的新途径。2004 年 12 月,中国最大的PC 厂商联想集团斥资 17.5 亿美元收购了 IBM 个人计算机事业部,使国际舞台上的中国企业日益受到各方瞩目。中国企业跨国收购趋势表明:随着中国市场越加开放和全球企业并购活动的进一步活跃,中国企业正在开启其国际收购新时代。另外,在中国的现代企业发展中,政策性的战略调整、国有股减持,原国有股股东有计划、按比例出售股票也成为收购的一种更为标志性的现象。

收购现有企业是创业者扩大企业规模的一种有效方法。收购主要涉及两个主体,一个是收购方;一个是被收购方。从收购方来讲,一般都是出于增强生产经营的稳定性,优化产业机构、产品结构和资本结构,拓展企业经营范围等方面的动机,做出收购的决策。对于被收购方来讲,一般都是出于资金困难,企业经营陷入困境等原因而不得不考虑出售。

根据交易目的和参与各方情况、投入资金量、购入公司类型的不同,收购可有各种各样的形式。虽然收购一个企业的一个重要问题是在价格上达成一致,但是除了价格谈判之外,成功地收购一个企业有大量的事情要做。实际上,价格只是整个企业收购一揽子交易的一部分,一揽子收购交易的结构安排对于交易的成功比实际的价格更重要。

从战略角度来看,新创企业必须注意的是保证企业总体经营的一贯性和业务的相对集中。无论购入企业是成为整个企业的核心,还是满足拓展企业能力所需,例如销售渠道、销售队伍或生产设备,创业者必须保证它能够融入现有的总体发展战略和发展方向。收购其他企业要注意以下几个方面。

(1) 自身的整合能力评估。在开始任何收购活动之前,客观的自我评价尤其重要。即使创业者采用新思路,高质量管理,由于其他一些因素难以矫正,企业经营依然不可能成功。

(2) 防止重要员工流失。当企业易主时,核心成员会随之离开,这可能会为企业带来灾难性的影响,这在服务业尤其明显。为防止这种现象的出现,在收购进行过程中,收购者最好能与全体员工面对面交流,并告诉员工他们对企业的未来非常重要,尽量说服他们留下,并采取积极的奖励措施。例如,长虹在收购美菱的过程中采取了冷却的方式处理矛盾,避免了管理人员大量离职给企业带来的损失。

(3) 收购价格过高。由于被收购企业的知名度、客户基础、市场渠道及原料供应网络等因素,企业实际收购价格很可能被高估。特别是当两家以上的企业参与竞购时,通常价格都会被抬高。此时创业者需要估计收购所带来的投资回报是否值得继续提高收购价格,使投资和收益趋于合理。

(4) 已有的市场营销基础。通常被收购企业价格的最重要因素之一是其已经建立的营销渠道、销售格局和客户基础。已有的原料供应商、批发商、零售商、生产商的剩余都是创业者的重要资产。如果这些都已经到位,创业者就能够集中于对企业进行改造优化和扩大企业规模。

案例

长虹对美菱:"战略合作"式的收购①

　　一项并购是否真正成功,很大程度上取决于能否有效地整合双方企业的人力资源。不成功的交易在整合期间就会露出端倪。2005年,长虹对美菱的收购似乎是彩电巨头们涉足白色家电领域少有的成功案例。在长虹入主美菱时,美菱冰箱在国内处于行业第四位,年销量在100万台以内。而之后仅半年业绩增长50%以上,2006年和2007年连续实现业绩高增长,业绩稳居行业第二。自与长虹携手以来,无论是内外销量还是产能、研发力度、销售渠道和服务网络都实现了质的提升,充分得到了业界的肯定。

　　在长虹对美菱实施收购时,美菱似乎已经成为冰箱行业的皮球,任人踢来踢去。之前被格林柯尔收购后业绩未见好转,以至于最终亏本转售给长虹,交易发生时无论是外界还是美菱内部都对企业的未来发展存在极大的疑虑。

　　长虹对美菱采取了"战略合作"式的收购政策。针对美菱确定了三个不变:领导班子不变、核心产业不变、经营的基本理念不变。目的就是尊重美菱在专业领域多年的积累、尊重消费者与市场。从2005年11月长虹与美菱战略合作两年多来,美菱基本保留了团队人员。2005年11月,长虹集团与美菱集团大股东正式签订收购协议后,原长虹华北区销售总经理王勇第一时间被调往美菱任常务副总经理一职,另两个副总裁主管采购及财务,总裁一职仍由美菱原来的人留任。三个月后,美菱总裁及营销总监相继辞职,王勇升任美菱电器总裁,而王勇在长虹时的得力助手秦塘宗被调至美菱出任营销总监。这种作法有别于其他并购企业在并购过程中自上而下、一锅端的人事变动,保证了企业的平稳过渡。

　　在内部管理方面,王勇上任之后最主要的变化就是召开月度经营分析会,在会上要公布月度各个部门的经营业绩,特别是市场一线的销售业绩,并要求参与会议的公司部长级以上干部进行评价或者提出意见,这打破了以往只有高层才有权知道公司整体销售情况的局面。在2006年元月的月度经营分析会上,王勇提出了2006年全年销售200万台、保三争二的目标。对此有人曾公开唱反调,甚至有人出于担忧而选择了离开。在这点上,王勇没有妥协,同时也是为了将员工的注意力转移到具体的经营目标上,也将长虹带有霸气的文化植入美菱,在经营上让美菱团队建立重拾信心的勇气。这个目标后来被证明是完全可行的,而美菱在经过之前几年的徘徊不前,已经导致企业上下信心不足。

　　在人员的整合方面,新的管理团队执行了冷冻原则,即对于那些不太优秀、不太配合的员工,也没有做太大的调整,采取"将矛盾先放一放"的处理方式。这样一来,美菱员工的主要精力、注意力都聚焦到市场上去,避免了一些激烈的冲突。事实上,在经历了"嫁娶、离婚、待字闺中、重新出嫁"的一系列焦灼状态之后,美菱员工最希望的是稳定和收入的增长。

　　王勇接下来对美菱进行了营销架构上的调整,将原本全国26个办事处改为分部独立运营,这项决策有利于提高决策效率和员工的积极性。之前美菱也进行过类似的改革,但未见成功。首先从5省6个分部进行试点,试点的营销负责人都来自长虹原华北区域。长虹的6名营销人员带领的分部在短短三个月之内就实现了业绩的大幅提升,这

---

　　① 侯雪莲,张裕光.除了经营,非原则性问题都能妥协.中国经营报,2008年4月19日

给了美菱营销系统足够的信心来推进这项改革。

美菱安徽大区总监、合肥分部总经理崔联兵认为,美菱在营销架构改革上一直是"摸着石头过河",边摸索边实践,由于太多的不确定因素导致推行过程不够坚决,遇到困难就退回去了。而长虹有成功的经验,所以改革很坚决、不瞻前顾后,最重要的是之前承诺的政策最终全部落实,得到了员工的充分信任,从真正意义上"解放了生产力"。

6.3.2　兼并

兼并(Merger)又称吸收合并,企业的兼并,通常指在市场机制作用下,通过产权交易转移企业所有权的一种方式。经过兼并之后,企业的法人资格不需要经过清算而不复存在,或者转移与被转移的双方或多方的法人资格均不复存在。从产权经济学角度来看,兼并是企业产权的一次彻底转让,买方企业无论从实质上还是形式上都完全拥有了卖方企业的终极所有权和法人财产权。

创业者为什么要兼并? 如下表所示,兼并战略有防御性和进攻性之分。兼并可以处于保证企业生存、保护企业免受竞争威胁、实现企业多元化经营和扩展企业经营规模等多方面的原因。当出现技术过时,失去市场或原材料供应,财务状况恶化等情况时,兼并可能是保证企业生存的唯一有效办法,兼并可以防止市场被竞争者侵占,企业现有产品被创新产品代替,或使企业处于毫无保障境地的吞并。兼并可以推动企业的多元化经营,为企业提供市场、技术、财务和管理能力进一步发展的机会(如表6-2所示)。

表 6-2　兼并战略分类

防御性◀─────			─────▶进攻性
企业生存需要	抵御	多元化经营	得益于
资本结构恶化	入侵目标市场	防止衰退周期	市场地位
技术过时	低成本的竞争	消除季节性需求影响	技术优势
失去原材料供应	他人的产品革新	经营国际化	财务状况
市场的丧失	恶意吞并	经营策略多样化	管理天赋

利用兼并进行企业扩张反映了世界经济发展的要求。在当今经济全球化、市场一体化、资本证券化的世界经济大潮中,企业兼并活动成为一道亮丽的风景线。企业兼并是一种企业快速扩张的市场经济手段,促使企业在市场经济手段下分化与重组,催生了大型企业、跨国公司的壮大和发展。强强联合打造出的航空母舰更是令人叹为观止,如波音兼并麦道、美国花旗银行兼并旅行者公司,其兼并总额达数百亿美元。迄今为止,世界范围内已经经历了4次大规模的企业兼并浪潮,而今更大规模的第5次浪潮仍在如火如荼的进行之中,企业兼并已经日益成为一种普遍的经济现象。

随着我国加入WTO,中国经济与世界经济全面接轨,中国企业也将直面全球范围的竞争。全球性兼并是历史的大趋势,中国经济要迅速同国际接轨,中国企业要参与全球竞争,也必然要顺应这个潮流。通过有效的重组来扩大规模,提高企业竞争力逐渐提上了中国企业和企业家们的重要议事日程。

兼并作为一种企业外部扩张型战略,在谋求企业生存与发展过程中起着非常重要的作用,但它并不是万能的,它不一定能够给企业带来效益的急剧增长。相反,如果管理不当,它还有可能使企业背上沉重包袱。

6.3.3 特许经营

为了企业能够高速成长,创业者必须通过两种选择来实现,一是建立企业自己的新经营机构,这将使企业面临筹集资金的挑战。另一种选择就是特许经营,通过特许加盟商来获得发展所需要的大量资金。

1. 特许经营的概念与发展状况

特许经营是指特许经营权拥有者以合同约定的形式,允许被特许经营者有偿使用其名称、商标、专有技术、产品及运作管理经验等从事经营活动的商业经营模式。特许经营涉及两方面的经营主体,提供特许权的人称为特许权授予人或特许人;购买特许权的人称为受许人。我国商务部 2004 年第 25 号《商业特许经营管理办法》第二条定义为:商业特许经营是指通过签订合同,特许人将有权授予他人使用的商标、商号、经营模式等经营资源,授予被特许人使用,被特许人按照合同约定在统一经营体系下从事经营活动,并向特许人支付经营费。

自从美国胜家公司开创了特许经营,特许经营的发展已经有了多年的历史,显示出强大的生命力。美国未来学家,《大趋势》的作者约翰·奈斯比特(John Naisbitt)预言:特许经营将是人类 21 世纪的主导商业模式。中国的部分学者也认为,特许经营将成为21 世纪中国的主流商业模式。特许经营是当今世界上非常盛行的企业扩张和个人创业途径之一,是一种高效益的经营方式。

目前,特许经营以各种形式存在于世界上 90 多个国家,并且在继续增长。20 世纪90 年代,在特许经营的发源地美国,特许经营每年的销售额都在 8 000 亿美元左右,占美国商业销售额的 2/5。到了 21 世纪,特许经营的销售额更占到全美商业销售额的 50%。特许经营造就了可口可乐、麦当劳、肯德基、柯达这样的企业巨人,其中麦当劳在全世界119 个国家和地区开设了 26 800 多家餐厅。我国引入特许经营较晚,但在短短十多年的时间得到迅猛发展,市场潜力巨大。从 1987 年美国快餐企业肯德基将第一家中国门店和特许经营的概念同时带入中国,中国目前已发展成为众多特许经营体系的国家。不但已有多家国际知名的特许经营组织取得了显著的业绩,我国本土的许多经济组织也以特许经营的形式对我国市场进行了卓有成效的开拓。根据中国连锁经营会统计,到 2000年年底,我国已拥有 410 个特许经营系统;2002 年年底,中国的特许经营体系突破 1 000个;仅仅一年之后的 2003 年年底,数量达到 1 900 个;截至 2005 年年底,中国特许经营体系增至 2 320 个,加盟店总数为 168 000 个,是全世界拥有特许经营体系最多的国家。特许经营在中国正处在高速的发展期,已经进入到 50 多个行业,并且在向更多的行业包括电子商务、生产资料流通和再生资源回收等领域进行渗透。已经有越来越多的企业认识到特许经营的魅力所在,我国特许经营可谓方兴未艾。为了进一步规范特许经营行业的经营行为,我国政府于 2007 年正式颁布实施了《商业特许经营管理条例》,在一定程度上遏制了恶意圈钱、随意收费等不良经营行为。

虽然不同国家、不同组织对特许经营有不同的定义，但一般而言，特许经营有如下特征。

(1) 特许经营是特许人和受许人之间的契约关系。

(2) 特许人将允许受许人使用自己的商号、商标和(或)服务标记、经营诀窍、商业和技术方法、持续体系及其他工业和(或)知识产权。

(3) 受许人自己对其业务进行投资，并拥有其业务。

(4) 受许人需向特许人支付费用。

(5) 特许经营是一种持续性关系。

2. 特许经营的种类

特许经营的种类，有如下三种类型。

(1) 经销商关系，在汽车制造业中最多。生产商利用特许经营权销售系列产品，经销商作为生产商的零售点，有时他们还要完成生产商分配的定额。当然，同任何特许经营关系一样，他们也从授予人提供的广告宣传及管理帮助中获益。

(2) 提供名字、品牌形象以及经营方法，如麦当劳、肯德基及花园饭店等。这是最普遍的一种类型。

(3) 提供各式服务，如猎头公司等，所得税准备公司以及房地产经纪人等。这些专营企业已建立较为响亮的名字、信誉和经营方法。有些行业如房地产业，特许证持有人事实上是先成立并运营企业，然后申请成为特许经营组织的一员。

3. 特许经营的优势

1) 对于特许者的优势

对特许者来说，特许经营给特许者带来的利益主要有如下方面。

(1) 特许者可以降低经营成本，提高经营管理水平。一方面，特许经营企业采取的合作模式使得特许者无须处理日常的分店问题，而能够集中精力于改善经营管理、开发新产品、做好后勤工作等综合管理问题上来，提高了经营管理的水平。另一方面，强大的分销网络保证了特许者拥有大规模的采购能力，更能够取得供货商的最大优惠条件，降低经营成本。

(2) 特许者可以在资金有限的情况下迅速扩张规模。由于将新开店的费用转嫁到加盟商身上，加盟商拥有分店的所有权，特许者提供企业的品牌、经营模式等一系列的支持即可。因此，特许者扩张企业规模不受资金的限制，这种扩张方式可以大大提高企业成长的速度。

(3) 被特许者对经营更加关心，有利于整体事业的发展。由于被特许者是加盟店的真正拥有者，加盟店的经营好坏与其切身利益密切相关。被特许者需要通过努力付出来保证企业经营的收益。

2) 对于被特许人的优势

对被特许者来说，特许经营带来的利益可归纳为如下几方面。

(1) 被特许者可以直接使用著名的商标或服务，节省创建企业和品牌的成本。通常情况下，特许经营总部已经建立了良好的公众形象和高质量的商品服务体系，具有较高的品牌知名度,能让产品或服务更容易地进入其他独立企业不易触及的市场,并使消费者信任和接受。被特许者加盟了特许组织,就可以分享这些无形资产,提高自己的知名度和美誉度,迅速稳固市场地位。同时,一个新产品从研究、开发到上市,需要投入大量的资金,但被特许者可以直接从特许者那里得到已经成功的产品,这就使被特许者大大节省了创业的成本。

(2) 被特许者可以得到特许者的经营指导,提高创业成功的概率。在很多情况下,取得一个特许经营的资格就意味着被特许者牢牢拥有了稳定的财富来源。特别是运行良好的特许经营企业能够给特许者带来成功率极高的经营事业,在经营的同时能够得到特许者的系统管理培训甚至是实时的指导,这些支持措施可以保证特许经营事业的成功。

(3) 被特许者可以获得特许总部的经销区保护和更广泛的信息来源。特许经营总部通常实行区域保护的方针,这将保证被特许者在本区域的经营中在同类品牌中是排他性的,不存在恶性竞争的问题。另外,特许经营总部也会在企业发展、行业信息方面进行深入的研究并及时反馈给加盟店,帮助加盟店采取应对措施以避免经营风险。

另外,对于消费者来讲,通过特许经营的快速辐射短期内就可以享受到更加优质的服务,因此特许经营的优势是非常明显的,这也难怪特许经营刚一进入中国就成为企业普遍的经营模式。

6.4　家族企业的管理

无论是在全世界还是中国范围内进行统计,家族企业都是最普遍的组织形式。家族企业需要一套与其相对应的管理理论和方法来指导,至少在中国,这样的理论与方法的重要性还未被充分认识到。在此,针对家族企业的概念、作用与管理制度进行阐述。

6.4.1　家族企业概述

1. 家族企业的界定

国内外学术界对家族企业进行了大量研究,并形成了许多观点,但关于家族企业的定义目前尚未达成共识。目前,经常被学者引用的主要有以下 4 种定义。

美国管理学家钱德勒(Chandler)在对大量家族企业进行实证研究的基础上,对家族企业的定义是:"企业创造者及其最亲密的合伙人和家族一直掌有大部分股权。他们与经理人员维持紧密的私人关系,且保留高阶层管理的主要决策权,特别是在有关财务政策、资源分配和人事选拔任命方面,这种现代工商企业可以称为企业家式或家族式企业。"

哈佛大学唐纳利(Robert G. Donerly)教授认为,同一家族至少有两代参与这家公司的经营管理,并且这两代衔接的结果,使公司的政策和家族的利益与目标有相互影响的关系,且满足 7 个条件中的某一个或数个条件,即可构成家族企业。这 7 个条件如下。

(1) 家族成员凭借他与公司的关系,决定个人一生和事业。

(2) 家族成员在公司的职务影响他在家族中的地位。

（3）家族成员以超乎财务的理由，认为其有责任持有这家公司的股票。

（4）家族成员正式参与公司管理，他的行为反射出这家公司的信誉。

（5）公司与家族的整体价值合而为一。

（6）现任或前任董事长或总经理的妻子或儿子位居董事。

（7）家族关系为决定继承经营管理权的关系。

我国台湾学者叶银华根据以前学者的研究，从证券市场上市公司的角度提出了以"临界控制持股比率"作为识别的主要因素，认为具备以下三个条件就可以认定为家族企业。

（1）家族持股比率大于"临界持股比率"。

（2）家族成员或具有"二等亲"以内之亲属担任董事长或总经理。

（3）家族成员或具有"三等亲"以内之亲属担任公司董事席位超过公司全部席位的一半以上。

我国大陆学者潘必胜认为，当一个家族或数个具有紧密联盟关系的家族拥有全部或部分所有权，并直接或间接掌握企业的经营权时，这个企业就是家族企业。

具体到我国的实践中，我国家族企业大多是以下两种情况：一是完全以血缘关系对企业实行全面控制，产权高度集中于家庭成员；另一种是家族成员或家族企业对公司实行控股，公司的管理制度虽然根据法律规定的现代公司制度所设定，但公司的实际运作体现家族意志。

2. 家族企业的作用

无论是在发达国家还是在发展中国家，家族企业都大量顽强地生存和发展着。根据克林·盖尔西克（Kelin E. Gersick）等人的研究，在全世界所有企业中，由家庭所有或经营的占到 65%～80% 之间。在《财富》500 强企业中有超过 1/3 的企业可以被看做是家族企业；世界上最成功的一些企业就是从家族企业发展而来的，而且有的仍为创业的家族或是后来继承的家族控制着，如强生、福特、洛克菲勒、沃尔玛、杜邦、宝洁、摩托罗拉、惠普和迪斯尼等。戴勒沃（Delavan）、威尔斯科西（Wisconsin）等人研究表明：美国 90% 的企业可以被界定为家族企业，家族企业创造了 50%～60% 的 GDP，提供了将近 80% 的新增就业岗位，而且其业绩也比其他形式的企业要好。在欧洲超过 70% 的企业为家族所有或家族控制。

改革开放以来，在我国以荣氏企业为代表的中国家族企业却经历了一段公私合营的曲折历程，使家族企业正常演化的规律被人为地打破，几乎步入绝境。直到改革开放后，中国家族企业才以个体私营企业为载体，在国有体制边缘重新艰难地萌生，并以不可阻挡之势发展成为国民经济的重要组成部分。据有关数字统计，家族企业占民营企业的 90% 以上。

由此可见，无论是在西方发达国家还是在中国内地，家族企业都是企业存在的主要形式，在社会经济的发展中起着举足轻重的作用。从某种意义上来说，关注中国的家族企业，就是关注中国的未来。理性地分析家族企业生存和发展过程中存在的问题，引导家族企业不断突破自身发展的局限，打造百年企业，是经济和管理界学者的重要责任。

3. 家族企业的问题

家族企业的管理已经成为世界性的管理问题，据美国一所家族企业学院的研究显示,约有 70% 的家族企业未能传到下一代;88% 的家族企业未能传到第 3 代,只有 3% 的家族企业在第 4 代及以后还在经营。麦肯锡咨询公司研究结论是:家族企业中只有 15% 能延续三代以上。由此,"富不过三代"似乎是家族企业的宿命。

20 多年来,中国家族企业以飞速发展力求走完发达市场经济中家族企业几十年甚至上百年走过的路。我国家族企业的寿命则更短,据《中国民营企业发展报告》蓝皮书统计,全国每年新生 15 万家民营企业,同时每年又能死亡 10 万多家,有 60% 的民企在 5 年内破产,有 85% 的在 10 年内死亡,其平均寿命只有 2.9 年,而九成以上民企是家族企业。在现阶段的经济发展背景下,我国家族企业继续提升自身的管理能力和生存概率。根据中国企业联合会的调查研究,认为中国家族企业的问题至少有以下几方面。

1) 管理者的能力与意识跟不上企业的高速发展

成功的家族企业背后,一定要靠出色的管理能力来支撑和延续。由于过去中国私营企业的创业者主要依靠个人的成功欲望和胆识,把握住了我国由计划经济向市场经济转型的特殊历史机遇,将企业创办起来并取得了一定的成就。然而,这些成长起来的企业大多都依赖于企业的创始人,将企业的风险承担都放在主要领导人的身上,一旦企业的领导人出现问题,则企业就可能面临生存的危机。例如我国著名的高科技企业华为公司,创始人任正非在企业当中战略决策地位和巨大的影响力至今无人能够替代。然而事实证明,随着华为公司国际化程度的提高,企业领导者已经在某种程度上影响了企业的快速发展,这也使得这家企业面临着严重的接班人问题。

2) 企业管理规范化受到家族关系的制约

先天产生的血缘关系以及地缘关系深刻影响着企业的管理,而有些家族企业的领导者对这些问题刻意回避或者没有合理的办法来协调好这些关系,导致企业一直难以向规范化的方向迈进。同时,即使在企业主为家族企业的管理而建立、健全了相应的管理制度之后,负责制度贯彻的人却因怕得罪家族内成员而"打折",使制度流于形式,这对企业发展的危害将是致命的。

3) 企业人力资源及经营者继承问题浮现

当企业成长到一定规模时,就需要突破家族成员的圈子而引入外部的专业人才,这需要家族企业领导者打破狭隘的家族观念和不信任感,充分接纳和授权外部人才来管理企业,企业领导人的观念和经验受到挑战,很多家族企业就是因为无法在这方面突破而导致企业经营状况衰败。而对继承者的有效安排也决定着企业的基业是否长青,企业能够在管理者的安排上坚持任人唯贤的原则,使家庭成员的继承不影响到企业的正常经营,也是我国家族企业所面临的突出矛盾。

4) 发展中未处理好与利益相关者的关系

家族企业与其他企业一样,在发展过程中都需要借助相关利益者的资源和能力。然而相对来讲,家族企业成员内部的利益指向更加明确和狭窄,当企业创业者在追求家族导向的利益同时没有处理好与其他合作方的关系,陷入关系困境当中。而企业在发展过程中若能够处处考虑外界的利益,甚至能够坚持利他的经营理念,这将使得企业发展前途更加有利。如我国早期的荣氏家族企业,在发展自身的同时也很好地兼顾了国家利益,创造了双赢的发展格局。

5）宏观环境制约着家族企业的正常演化

由于我国经济转轨的路径是在计划外发展新的经济形式,使得出现双轨制的遗留问题,市场化程度受到宏观政策体制的制约未能发挥应有的作用。市场经济中的新矛盾和原有体制转型中的老问题交织在一起,制约着家族企业的正常演化和发展。其主要表现如下。

（1）观念和认识上仍然滞后,对家族企业的发展持怀疑态度。

（2）对以家族企业为主体的私营企业政策环境仍然不平等,在市场准入、资源获得方面都受到程度不等的歧视,私营企业财产权得不到法律保护,企业家的人身安全和名誉安全得不到保障。

（3）政府没有建立起以创造公平竞争环境为目标的管理体系,对私营经济的鼓励、支持、引导政策和规范工作还难以到位。

（4）家族企业发展缺乏外部资本市场的支持,家族企业向银行间接融资难,上市直接融资更难。

（5）"三乱"不止,不少政府部门把以家族企业为主体的私营企业作为摊派各种费用的对象,甚至在地方财政收支难以平衡的情况下,将一些行政管理费用转嫁给私营企业。

6.4.2　家族企业长盛不衰的必备要素

能够使家族企业获得成功的因素很多,可能包括家族庞大的关系网络、严密的选人和传承制度、经济环境的利好等方面,但是从长远来讲,家族企业需要经历的各种变迁使得任何一种外部因素都不能保证家族的长盛不衰。但是某些无形的优势却能够保证家族企业能够在其他因素发生变化的境况下依然能够生存下来,甚至更加强大。

阿斯攀家族企业大会的创始人戴维·波克曾列出了成功的家族企业所必需的几项素质:价值观共享、权利共享、传统、求知欲、家族行为,以及紧密的家庭纽带,[①]这几条黄金法则至今仍被许多人所认同。

1. 价值观共享

家族成员能够在金钱、事业和家庭等方面达成共识,拥有共同的价值观念。这些价值观念保证了家族世世代代能够保持和谐,家族成员都能够拥有这些价值观保证下的优良素质。即使没有共同的奋斗目标,成员之间也不会产生激烈冲突和矛盾而导致家族关系破裂。家族成员对企业的经营保持良好的一贯性姿态,企业才可能健康持久地发展。如我国香港家族企业李锦记100多年以来一直倡导"思利及人"的核心价值观,成为我国家族企业长盛不衰的典范。

2. 权利共享

权利共享也就是保证让某领域内有专长、能力和知识的人来管理企业,按每个人的专长来划分责任是对每位家族成员的才华和能力表示尊重。

3. 传统

家族企业的传统能把家族成员联系在一起,是上一代领导人与下一代领导人之间关

---

①　[美]斯卡泊莱·N.M,齐曼拉·T.W.著楼尊等译,小企业的有效管理(第7版),清华大学出版社,2006:592

系的纽带。但是,如果传统成为企业变革的障碍,创立者就必须把握好传统。关键是要
选择能为企业积极行为提供坚实基础的好传统,同时注意不要束缚企业的未来发展。

4. 求知欲

求知和发展的欲望是任何成功企业的特征,对于家族企业也至关重要。如果一个家
族企业能一直对新思想、新工艺敞开大门,就会减少被时代淘汰的风险。所以,目前这代
领导层必须创造条件让年轻人参与决策,吸收新观念。在很多情况下,一个正式的家族
委员会就是促进家族成员提出新主意、新思路的有效机制。比家族委员会更重要的是培
养一种家族成员相互信任,开诚布公地表达自己的观点、想法和意见的氛围。事实证明,
公开讨论新主意是一种使许多家族企业保持竞争优势的宝贵传统。

5. 家族行为

能玩在一起的家族所经营的家族企业才可能会团结。在企业之外共同度过的美
好时光为家族成员在工作时形成的关系创造基础。如果在家族中增添一些生意以外
的活动,成员之间的关系就会在另一块天地发展。一个家族中不应强迫其成员在"一
起玩",相反,应该创造出一种气氛,欢迎每个成员参加到有趣的家族活动中。这些精
心策划的活动范围应广泛,把所有的家族成员都包括进去。最终,信任、尊重、坦诚和
团结将促使各个成员真诚地交流,对每个真正的关心和呵护,而这些都会渗透到工作
关系中去。

6. 紧密的家族纽带

紧密的家族纽带是从一对一的关系中发展起来的。共度美好时光传递着这样一种
信念:家族企业不仅仅是一个企业,还是一个相互关心、朝着共同目标奋斗的集体。家族
企业在亲属间创造的纽带是坚强而有人性的。安达信家族企业中心的总裁罗斯·南阁
认为,如果家族企业中始终拥有爱、信任和尊敬,将是非常强有力的。如自从 2007 年开
始,香港新鸿基地产郭氏三兄弟之间矛盾逐步升级,终于导致在 2008 年老大郭炳湘被迫
退出公司,在经营方面对公司造成了一定的负面影响。

以上几点,都是从无数家族企业的成长与灭亡的经验教训中所总结出来的,它们不
一定概括了家族企业长盛不衰的所有因素,但却是家族企业成功的必备因素,同样适合
于我国的家族企业。

6.4.3　家族企业的传承

家庭或家族企业的传承,一直是企业管理、社会学及财富管理领域的热门话题。与
外界形成鲜明对照的是,大多数家族企业内部似乎一直对此类话题讳莫如深,究其原因
也许是认为谈论生死不吉利;也许是害怕引起家庭纷争;也许是对权力的贪恋;也许是对
交班以后全新生活的惧怕。然而无可争议的是,要想顺利完成交接工作,现任领导需要
指定一份传承计划,否则企业将面临在下一代垮台的危险。传承计划也能够让企业主把
税收等问题对企业、财产以及继承人财产的影响降至最低点。

1. 家族企业接班规划应考虑的目标

现任领导需要经过一系列的计划以及对计划的管理来实现顺利的交班。对于不同的领导人来讲,制定传承计划的出发点和目标可能会大不相同。一般认为,制定家族企业接班目标的最大挑战在于平衡家庭、企业和个人财富三者之间的关系。

(1) 从家庭的角度出发,家庭成员间的感情维系依赖的是血缘、忠诚和关爱。因此,企业的接班安排应该尽量公平对待所有的家族成员。

(2) 从企业发展的角度来讲,企业长期价值最大化的实现离不开报酬同绩效挂钩基本原则。因此,家族企业的接班安排应该尽量任人唯贤。

(3) 从财富保值的角度看,家族企业既是家族成员幸福生活的物质保障,又是整个家族精神荣耀的源泉。因此,接班安排应该既要注重长期逐步套现并降低财富缩水的风险,又要尽可能长时间地维持家族对企业的实际控制权。

换言之,以家族感情为中心的接班计划,追求的是家族成员对企业所有权和经营权的同时占有;以企业为中心的接班计划,强调在家族保留企业所有权的情况下经营管理的职业化选择;而以财富管理为中心的接班计划强调的是家族放弃企业的经营管理权,尽可能延长控制权,以便逐步套现所有权(如表 6-3 所示)。

可见,在大多数情况下,这三种不同出发点所对应的目标是相互冲突的。家族企业接班提前规划的目的,就是让企业主有足够的时间来思考如何在它们之间寻求平衡。

表 6-3　家族企业接班规划时应考虑的目标

家庭	企业	财富管理
1. 家族领袖的选拔 2. 避免家族成员间的内讧 3. 避免家族成员间的互相仇恨 4. 维持家族的社会地位 5. 保障每位家族成员的基本生活、医疗和教育所需 6. 家族成员的职业发展	1. 企业的长期发展 2. 家族对企业的实际控制要求 3. 家族对企业的管理介入程度	1. 家族财富的保值 2. 流动性需求规划 3. 遗产分配计划 4. 遗产税负管理 5. 慈善事业管理和家族核心价值观的维护

麦肯锡公司的调查研究认为,长盛不衰的家族几乎无一例外地以任人唯贤这一原则为最高的指导;其次才是家族关系;对财富的保值增值则作为家族企业长期追求的目标。当然,家族企业的传承计划首先会包括对家族下一代成员的培养和考核,因此传承计划几乎从很早就已经由企业领导人开始构思并进行计划。

 案例

浙江西山泵业被强制解散案例①

2007 年浙江西山泵业解散一案,为中国家族企业的传承提供了负面的案例教材。

在温州,浙江西山泵业有限公司是一家具有一定知名度的家族企业。2001 年 7 月,

---

① 陈东升. 浙江西山泵业被强制解散的前尘后事. 法制日报,2007-07-23

这家公司董事长吴加兴遇车祸突然去世后，因为亿元遗产纠纷，吴加兴的妻子陈春华与吴加兴的儿子吴小虎，在三年多时间内打了8场官司，最终浙江省高级人民法院终审判决解散浙江西山泵业有限公司、上海西山泵业有限公司。

1980年，受当时温州家庭企业蓬勃发展大环境的影响，吴加兴主动离岗，办起了家庭工厂。几经拼搏，至2001年7月，吴加兴在温州、上海办有多家企业，资产总值超亿元。2001年7月27日晚上8点多钟，吴小虎驾驶轿车，载着父亲吴加兴等人从上海返回温州途中，在浙江省嘉兴市境内发生车祸，结果吴小虎负伤，吴加兴送医院经抢救无效死亡。

吴加兴生前既未对自己的财产有明确的处分，也未进行过分家析产，因此，吴加兴溘然离世后，遗产纠纷陡然出现。原来，吴加兴与前妻生有一男一女。1986年春节，离异后的吴加兴带着11岁的儿子吴小虎，与陈春华组建了新家庭，并于第二年生下第二个儿子吴云茫。

因此，吴加兴的死亡使公司一下子跌到了危机的边缘。其子吴小虎在极短时间内将公司牢牢控制，在两年内没有召开董事会，使得陈春花等人的股东权利无法履行。2003年，陈春华、吴云茫与吴加兴之女吴少红作为原告，将浙江西山泵业有限公司董事长兼总经理吴小虎告上温州市中级人民法院，提出分割资产等要求。在近一年时间里，吴氏家族内部矛盾因为资产的争夺而显得更加不可调和，也致使西山泵业公司后来经营过程中屡屡出现内部问题。

从2003年7月开始，双方多次发生冲突，浙江公司向瓯海区电业局报告，要求注销企业用电，造成浙江公司磁性分公司不能正常经营生产。三年来，陈春华、吴云茫母子未能查阅公司会计账簿，两公司年年有利润，但从未向股东分红，自己的法定股东权利被剥夺。2004年10月，吴小虎还以其妻子的名义在上海申报设立上海加兴泵业有限公司，把浙江公司、上海公司的资金、专利和部分产品转移至该公司，极大地损害了股东的权益。

2006年4月6日，陈春华、吴云茫母子再次向温州市中级人民法院提起诉讼，称鉴于浙江西山泵业有限公司、上海西山泵业有限公司已经处于僵局状态，请求法院判令解散这两家公司。法院经过多次调节依然无法让双方矛盾和解，最终法院判决浙江西山泵业公司、上海西山泵业公司强制解散。

2. 家族企业传承成功实现的步骤

1）制定合适的策略

在对自己的实际情况和企业接班的目标完全了解的基础上，企业主要会同相关利益各方一起着手制定实现这些目标的策略。具体而言，这些主要包括以下几点。

（1）选拔接班人的标准和程序的制定。

家族企业接班策略中，最重要的内容就是制定选拔接班人的一系列考核标准和决策程序。对于确认谁是最佳继承者，关键在于建立一整套关于业绩、学识、学历和能力等因素的评判标准。尽管血缘裙带是家族企业接班规划中最自然的起始点，但是，经过家族各成员联合预设的标准和程序却可以避免完全任人唯亲所带来的灾难性后果。

企业主们选择继承者时，需要考虑如下因素。

① 让所有的家族成员明白，他们并不一定要进入企业做全职工作。家庭成员们的人

生目标、抱负和天赋等是他们职业选择中最重要的。

② 不要想当然地认为继承者应该是家里人。仅仅因为是家族成员并不能保证他一定是一位优秀的企业领导人。

③ 要让家族成员有机会先到其他企业去工作,让他们直接了解管理企业是怎样一回事。替别人家工作有助于他们增长才干,树立自信心,加强他们加入家族企业的决心。

④ 在选择继承人时应尽量让兄弟姐妹们都参与。这样可以缓和他们之间落选后的尴尬气氛。

(2) 对潜在或选定接班人的培训。

在美国,几乎每一个家庭的孩子都有从小利用课余时间打工换取零花钱的经验,而富人的孩子一般会被安排在家族企业实习来培养对企业的兴趣和荣耀感。实习只是观察和发现下一代经商潜能的第一步,更重要的还在于将初定或者选定的接班人放到家族企业以外的其他领域获取作为普通员工的经历,然后再回到家族企业的不同部门进行管理技能和领导力的轮岗培训,从而逐步树立其在员工和家族成员中的威信。国外家族企业对子女培养的这种智慧在国内也慢慢盛行,比较有远见的民营企业家都非常注意对子女的培养,如娃哈哈企业集团创人宗庆后、方太集团创始人茅理翔都有计划地对子女进行各方面的培养以适应将来的传承职位。

(3) 对非接班人家族成员的安抚及限制他们参与企业经营管理的措施制定。

毋庸置疑,一旦接班人选定了,落选的其他家族成员的情绪和积极性将受到一定的负面影响。常见的错误是,为了安抚这些落选者,一些企业主又将他们提拔到更为重要的岗位上,授予他们更大的权力和报酬,这反过来又让接班人的威信和自信受到了损害。因此,家族企业接班策略中必须明确以何种方式的利益刺激来抚慰和挽留落选的家族成员,但同时又必须明确规定以何种措施来限制他们在家族企业中的势力膨胀和对接班人正常工作的干扰。

对企业员工预期和适应交接班的培训计划。家族企业接班策略的另一个重要内容,是制订一套确定接班人前管理员工对企业接班的预期的方案,这样可以避免员工们的无端猜测导致军心涣散。同时,还必须有一套确定接班人后如何培训企业员工来适应新的领导人的计划,从而尽快确立接班人的权威。

(4) 企业主退休以后的生活和社会活动安排。

很多七老八十的企业主仍然恋权的原因就在于习惯了劳碌生活的他们对退休可能带来的空虚和失落的极端恐惧。所以,企业主在制定家族企业接班策略时必须首先梳理清自己的生活喜好和慈善事业等社会活动目标,并确定自己以何种程度继续过问家族企业的决策事务。如果安排得不够充实,在交班后不能适应落差巨大的退休生活的企业主很有可能对接班人产生妒忌情绪,甚至重新夺回家族企业的控制权,让接班计划泡汤。

(5) 交接班的时间触发标准的制定。

何时将实际控制权和经营权交到接班人手中,是一个非常有争议的话题。学术上的研究表明,交接班的发生意味着以市值衡量的企业价值开始步入下降通道,因此,交接班的发生应该是越晚越好。但是创始人的过度恋权往往会让长期生活在其阴影下的圈定接班人产生对垂帘听政的恐惧和厌恶而主动退出，从而让企业接班计划半途而废。

实践中，多数交接班的触发点为掌门人丧失行为能力或者过世，而这也就是为什么那么多家族企业接班失败的原因所在，浙江温州市重点企业西山泵业的解散纠纷案正是这种安排的负面案例。正常交接班触发点应该为掌门人退休之时，这样交权者可以有充分的时间和精力将接班人扶上马后再送一程。

2）选择适当的工具来执行策略

企业主在制定了家族企业接班策略以后就要采取一系列的行动来将它们付诸实施。这些行动既要求企业主和利益相关各方的通力合作，又要求企业主在律师、会计师、税务和财务咨询师等职业人士的指导下设计和利用一些法律和市场工具来辅助。下面简要介绍一下企业接班规划中比较常用的三种工具。

（1）设置分类表决权股种。

对于那些希望通过上市来筹措资金或以更公允价格套现但又不想失去对企业的控制权的家族企业来说，设置表决权不同的股票种类可以有效保证家族成员对企业的控制权。

（2）购买人寿保险。

部分将全部身家投放在家族企业中的企业主们，在过世时往往给继承者们留下数额较大的欠税。这就意味着，他们不得不将流动性极差的企业股权低价出让，甚至必须将整个企业变卖或者清盘，从而导致财富的大幅缩水和家族企业接班计划的破灭。如果企业主能够以自己作为被保人来向保险公司投保，则自己过世时保险公司的赔付金可以被用来支付遗产税，从而让家族企业得以保全。

（3）买卖协议。

有一些未上市企业的股权由两个或以上数目的人共同控制，如果一个控制人丧失行为能力或者过世，其拥有的投票权将落入受益人手中，这就意味着原有股东们对公司的控制力有可能被削弱。例如，儿子或者女儿过世可能导致其持有的投票权落入儿媳或女婿等外人手中。为了解决这一问题，共同控制人可以签订一份协议，如果一方丧失行为能力或者过世，另一方可按照事先约定的价格将其持有的股份买断。为了克服可能出现的流动性困难，协议各方还会相互以对方为被保险人来购买人寿保险（如图6-6所示）。

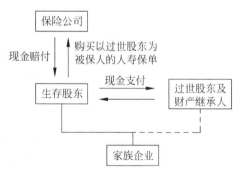

图6-6　利用人寿保险产品的买卖协议示意图

除了股东之间的买卖协议以外，还有一种公司同股东间的买卖协议，即当一位股东丧失行为能力或者过世时，公司有权回购其持有的股份。同样，公司也可以通过购买人寿保险来降低流动性风险。

无论是公司同股东还是股东之间签订买卖协议，更能让双方接受的办法是买卖投票权。具体的操作方法是将股票设置成有投票权和无投票权的A、B两种股类以后，在买卖协议中加入公司或者生存股东将过世股东所持股份转换成无投票权股种的权利。这种安排的优点在于既能让家族企业的控制权完全留在家族内，又能让过世家族成员的继承人分享企业可能的后续成果。

3）动态监测接班策略的执行情况，并及时做出必要的修正

家族企业接班并不是简单的一次性行动，而是一个冗长而又繁杂的过程。因此，企业主应该在执行接班策略的过程中动态监控自身、家族、选定接班人及企业的最新发展变化，定期检讨接班策略的内容和适当性，确保接班策略的与时俱进。

总之，接班人问题是所有家族企业主无法回避的人生和事业上最大挑战之一，只有勇敢面对、全面规划、有效执行策略的人，才能确保家族财富的顺利传承。

6.4.4　家族企业相关制度设计

家族企业制度设计主要是治理制度的设计，以往的事实表明，家族企业在长期的发展过程中，不一定非要使用家族内部的成员管理企业，因此家族成员必须了解和掌握家族治理方面的方法。[①]

1. 股权结构设计

优秀的家族企业主要采用两大类股权安排，即分散化股权安排和集中化股权安排。

1）分散化股权安排

所谓分散化股权安排，就是让尽可能多的家族成员持有公司股份，不论其是否在公司工作。分散化股权安排很少遇到阻力，因为所有家族成员都是平等的，无论他们在性别和智慧上有什么不同。股权分散的家族企业在管理人员的选择上有两种安排：委托家族成员管理和委托外部专业人员管理。

（1）委托家族成员管理。采用这种方式的家族企业认为，家族内部成员比外聘人员更适合管理企业。在这种模式下，一般由股东通过协商选出 3～5 名家族成员担任企业的管理工作，并对企业的债务负完全的责任。家族议事会可以作为第三方，就领导候选人的管理能力进行评估。由于这几个家族成员负责保证所有家族持股者的利益增值，因此董事会成员由他们挑选。董事会根据合伙人在提高公司市场筹资、资产回报、净利润或者在其他客观的经营目标上的表现，来决定合伙人的报酬。

其他家族成员则不担任企业的管理工作，他们只通过间接的方式了解和参与企业的经营，对公司的债务承担有限责任。将经营权集中在一小部分家族成员手中，按照绩效给付报酬，可以有效防止家族内部问题干涉公司的日常管理，维护家族的声望，保持家族与重要外部社会关系的联系。

（2）委托外部专业人员管理。在这种操作方式下，家族只扮演政策制定者的角色，日常经营管理则交给外聘的专业人员。这种方法在一定程度上可以保护家族制企业免受控制企业的家族成员的伤害，同时也保护这些成员不受彼此的伤害。这种管理体制安排如下。

---

① 曾忠禄，易正伟. 家族企业长寿之道. 企业管理，2002(10)

家族议事会提名董事会,董事会内家族成员的比例根据公司的章程决定。董事会中也包括一些能干的家族之外的人员,包括某些成功的大公司的高级管理人员。为保证董事会与公司高级管理层站在一起,董事会成员的酬劳与公司的业绩挂钩。类似于上市公司的治理方式,董事会任命首席执行官(是或不是家族成员皆可)。采用这种方法,家族企业就和其他非家族控制的公司一样,不再面临权力交接的问题。能干的家族成员可以在家族企业中工作,但对其并没有特殊的照顾。在决定其雇用和升迁时,他们与其他非家族成员在地位上是平等的。这种治理结构有助于防止家族矛盾扰乱公司的运作。除了解决交接班时出现的矛盾外,这一结构还可以使家族制企业避免人才缺乏的制约,使企业有可能进入更高层次的竞争。

股权分散最主要的缺点,是当消极的家族成员不满意他们所获的红利时,他们可能会出售股份,从而影响家族对公司的控制。

2）集中化股权安排

集中化股权安排是只对在家族企业中担任管理者职务的家族成员分配一定的股权,要求家族成员经过一定的筛选过程进入企业管理层,家族议事会对担任管理职务的成员进行严格的评估,成员在上任后才得到相应的股票。

这种方法可以保证家族企业管理者对公司也承担相应的风险。另外,由于此类家族企业的少数股东基本上都在企业任职并领取薪金,所以这些股东会将本来用以发放红利的收入保留在企业。

在家族企业里担任行政职务的家族成员,也就是股东,任命他们自己队伍里的一些代表和部分能干的外部人员进入董事会。董事的选拔事先已定有标准,例如,他们应该是顶尖商学院的教授和有经验的金融界管理人员。董事会提名首席执行官,并确定选拔家族成员进入企业管理层的标准。

这一做法的主要问题,一是偏向于家族的少量成员,可能牺牲其他成员的利益;二是企业需要有资金收购没有担任管理职务的家族成员的股份或补偿他们失去的权益,而有的企业可能没有这么多资金。但是这种安排的好处大于弊病。首先,由于所有权和管理者的利益连在一起,决策程序可以加快。其次,由于家族成员只有经过争取才能成为股东和管理者,企业可以保持创业者当年的企业家精神。最后,由于对担任管理职务的家族人员进行严格的评估,家族制企业可以更好地吸引外部经理人,因为他们更愿意在一家根据绩效提升雇员的企业工作。

3）外部持股

前面介绍的两种股权分配方法重点在家族内部如何安排股权。这两种方法都能确保家族对企业的控制。但需要说明的是,家族控制并不等于100%的控制。为了筹集资金或留住关键的人才,企业有时候需要让出少数股权。例如美国的沃尔玛,在20世纪70年代股票上市时,家族仅控制77%的股权,另外23%则成为公众股。法国的阿迪斯技术公司家族控股是90%,另外有10%则分配给关键的员工。

2. 家族议事会制度

不管股权结构设计采用哪种方法,都需要建立家族议事会,这也是成熟家族企业的重要标志。家族议事会是家族做重大决策的委员会,负责解决组织、战略计划等重大事件,调解家族成员间的纠纷,对重大问题如员工雇用、股权转让和红利分配政策等进行协商,并达成一致。此外,家族议事会还将通过组织各种有助于家族成员团结的活动,将家族的价值观念传给下一代。提高家族成员共同的价值观,并且向年青一辈的家族成员解释家族创始人采用某种治理结构的原因。

家族议事会一般由所有成年家族成员组成,如家族较大则通过选举方式选出所有家族成员利益的代表组成议事会。家族议事会为充分履行其职责,必须定期召集家族会议。家族会议应召集所有家族成员,以便就某些问题充分广泛地征求意见,并加深家族成员,特别是年青一代家族成员对企业的认识和理解。如李锦记家族所建立的家族委员会主要就家族成员以及企业治理方面的问题进行沟通,其家族培训职能也发挥了家族成员内部具有传递价值观念、培养下一代接班人的作用。

3. 外部董事制度

大多数家族企业规模都比较小,内部缺乏某些专业知识常常是个大问题。许多中小企业不会做或做不好市场分析、战略研究和长期规划,也没有规范的管理系统。聘请外部董事填补了这种空白,虽然价格可能很昂贵,并且可能因为内部意见不合而造成决策冲突,但事实证明,聘请外部董事能够帮助企业有效改善管理状况。外部董事具体的工作内容如下。

(1) 审阅企业的长远目标。

(2) 审阅目标实现的战略或计划。

(3) 参与重大资源分配的讨论。

(4) 参与重大财务决策的讨论,包括资本投资或资本运作的决策。

(5) 对公司的兼并、收购、剥离计划提出建议。

(6) 高层管理人员的绩效评估、继承或薪酬安排等。

选择外部董事不等于公司总经理可以放弃对企业运作的积极管理。外部董事增加了企业决策的知识来源,但外部董事的咨询或建议不能代替企业家自己的决策。外部董事的来源可以是优秀的大公司的中高层管理人员;大学有关专业的教授,或离退休的专业人员。家族企业需要物色合格的外部董事并说服他们接受公司的邀请。

 案例

李锦记的家族成员议事管理

香港李锦记是世界知名的调味品品牌,从 1888 年创立以来,李锦记已经走过了 120 年的漫长岁月,至今传承至第四代。今天的李锦记已经有了一套成熟的家族企业管理制度和经验,家族成员所组成的董事局已经从企业的运作层面抽离出来,将企业交给有能力的 CEO 来管理并做到充分授权。家族主要进行接班工作的计划和实施,确保企业与家族都能够延续健康地发展。

事实上,"分家"在李锦记的历史中也曾经出现。为了不再重蹈"分家"的覆辙,四年前,李锦记建立了一个沟通的平台——家族委员会。它下设李锦记集团、李锦记健康产品集团、家族办公室、家族投资基金和家族培训等。这个委员会的核心成员有 7 人:李文达及太太,以及 5 个孩子。家族委员会每 3 个月开一次会议,每次会议持续 4 天。在家族委员会上不谈经营,而主要研究的是家族宪法、家族价值观以及第三代、第四代和第五代的培训内容。企业是家族的一部分,例如家族委员会每 3 个月开一次会,每一次开 4 天,一年有 16 天时间家族的成员在开会。另外,家族定期举行集体旅行,保持成员间的关系和睦。

除了家族委员会,李锦记还制定了严格的"家族宪法",其中对接班人有三条特别的规定:不要晚结婚、不准离婚、不准有婚外情。尤其是后两条,是作为进行参政议政的必要条件。具体讲就是,如果有人离婚或有婚外情,那将自动退出董事会。关于第五代的接班问题,在"家族宪法"中也作了明确规定:欢迎他们进入家族企业工作;第五代家族成员要先在家族外的公司工作 3～5 年,才能进入家族企业;应聘的程序和入职后的考核必须和非家族成员相同。

对家族成员沟通的有效管理保证了李锦记顺利的传承过渡,保障了李锦记品牌的长盛不衰。

本章小结

能否对创建后的企业进行有效管理决定着创业的最终成败,本章首先介绍了企业成长相关的主要理论,重点分析了企业发展和演变的生命周期理论,使读者对企业的发展有长远的认识并能够根据企业发展的不同阶段选择不同的战略。

创业者需要明白企业在初创期、成长期和成熟期如何进行管理,本章主要从人力资源、财务、市场和品牌等方面进行分析。创业初期的企业往往处于高风险期,企业在创业初期管理的主要任务是设法保证自身的存活,重点做好 7 个方面的管理工作。在组织结构选择、人力资源管理、市场与销售管理、技术与产品管理、财务管理等方面需要做好。成长期是企业高速发展时期,生产规模和市场扩大、员工增加、各种物的流动和信息流动迅速增加。管理制度逐步健全,职能分工逐步深化,这一时期要注意人力资源管理、组织结构调整、市场销售策略制定、财务管理、时间管理和品牌管理等方面。步入成熟期之后,企业的一切都进入正轨,在这个时期就要防止企业发展停滞不前最终进入衰退阶段。

除了常规的成长过程之外,企业还可以通过其他的管理方式进行扩张,本章主要阐述了企业收购、兼并和特许经营在企业扩张过程中的运用。

家族企业是当今世界上最普遍的企业组织形式,历来在整个经济发展过程中的作用都不可忽视。然而我国家族企业的管理却存在着许多问题,普遍还没有建立起成熟的家族企业管理和运行机制,特别是治理机制和传承机制。家族企业的领导人应当通过对企业文化、治理结构、管理制度、人员选拔及培训等方面的加强来保证家族企业的长盛不衰。

思考问题

1. 一般企业的发展可以分为哪几个阶段?不同阶段的战略设计应当注意哪些内容?
2. 企业初创期和成长期最需要关注的管理问题是什么?为什么?
3. 新创企业扩张应当注意哪些问题?如何评价扩张的决策对企业的影响?
4. 好的家族企业在管理上有什么共同点?

本章案例

王老吉,"防火"让自己火起来①

王老吉凉茶发明于清道光年间,至今已有 175 年,被公认为凉茶始祖,有"药茶王"之称。到了近代,王老吉凉茶更随着华人的足迹遍及世界各地。

20 世纪 50 年代初,王老吉药号分成两支:一支归入国有企业,发展为今天的王老吉药业股份有限公司(原羊城药业),主要生产王老吉牌冲剂产品(国药准字);另一支由王氏家族的后人带到香港。在中国大陆,王老吉的品牌归王老吉药业股份有限公司所有;在中国大陆以外有凉茶市场的国家和地区,王老吉的品牌基本上为王氏后人所注册。加多宝是位于东莞的一家港资公司,由香港王氏后人提供配方,经王老吉药业特许在大陆独家生产、经营红色罐装王老吉(食健字号)。

2003 年,来自广东的红色罐装王老吉(以下简称红色王老吉),突然成为央视广告的座上常客,销售一片红火。但实际上,广东加多宝饮料有限公司在取得"王老吉"的品牌经营权之后,其红色王老吉饮料的销售业绩连续六七年都处于不温不火的状态当中。直到 2003 年,红色王老吉的销量才突然激增,年销售额增长近 400%,从 1 亿多元猛增至 6 亿元,2004 年则一举突破 10 亿元。究竟红色王老吉是如何实现对销售临界点的突破?让我们把镜头拉回 2002 年。

1. 割据一方

红色王老吉拥有凉茶始祖王老吉的品牌,却长着一副饮料化的面孔,让消费者觉得"它好像是凉茶,又好像是饮料"——这种认知混乱,是阻碍消费者进一步接受的心理屏障。而解决方案是,明确告知它的定义、功能和价值。

在 2002 年以前,从表面看,红色王老吉是一个活得很不错的品牌,销量稳定,盈利状况良好,有比较固定的消费群。但当企业发展到一定规模以后,加多宝的管理层发现,要把企业做大,要走向全国,他们就必须克服一连串的问题,甚至连原本的一些优势,也成为困扰企业继续成长的原因。而这些所有困扰中,关键有以下几个问题。

1) 当"凉茶"卖,还是当"饮料"卖

在广东,传统凉茶(如冲剂、自家煲制和凉茶铺等)因下火功效显著,消费者普遍当成"药"服用,无须也不能经常饮用。而"王老吉"这个具有上百年历史的品牌就是凉茶的代称,可谓说起凉茶就想到王老吉,说起王老吉就想到凉茶。因此,红色王老吉受品牌名所累,并不能很顺利地让广东人接受它作为一种可以经常饮用的饮料,销量大大受限。

另一方面,红色王老吉口感偏甜,按中国"良药苦口"的传统观念,广东消费者自然感觉其"降火"药力不足,当产生"祛火"需求时,不如到凉茶铺,或自家煎煮。

而在加多宝的另一个主要销售区域浙南,主要是温州、台州、丽水三地,消费者将"红色王老吉"与康师傅茶、旺仔牛奶等饮料相提并论,没有不适合长期饮用的禁忌。加之当地在外华人众多,经他们的引导带动,红色王老吉很快成为当地最畅销的产品。企业担心,红色王老吉可能会成为来去匆匆的时尚,如同当年在浙南红极一时的椰树椰汁,很快

---

① 成美行销. 王老吉,"防火"让自己火起来.《哈佛商业评论》中文版. 2004(11)

又被新的时髦产品替代，一夜之间在大街小巷消失得干干净净。

2）无法走出广东、浙南

在两广以外，人们并没有凉茶的概念，甚至调查中消费者说"凉茶就是凉白开水吧？""我们不喝凉的茶水，泡热茶。"教育凉茶概念显然费用惊人。而且，内地的消费者"降火"的需求已经被填补，大多是吃牛黄解毒片之类的药物。

作为凉茶困难重重，作为饮料同样危机四伏。如果放眼到整个饮料行业，以可口可乐、百事可乐为代表的碳酸饮料；以康师傅、统一为代表的茶饮料、果汁饮料更是处在难以撼动的市场领先地位。而且红色王老吉以"金银花、甘草、菊花等"草本植物熬制，有淡淡中药味，对口味至上的饮料而言，的确存在不小障碍，加之3.5元/罐的零售价，如果加多宝不能使红色王老吉和竞争对手区分开来，它就永远走不出饮料行业列强的阴影。这就使红色王老吉面临一个极为尴尬的境地：既不能固守两地，也无法在全国范围推广。

3）企业宣传概念模糊

加多宝公司不愿意以"凉茶"推广，限制其销量，但作为"饮料"推广又没有找到合适的区隔，因此，在广告宣传上也不得不模棱两可。很多人都见过这样一条广告：一个非常可爱的小男孩为了打开冰箱拿一罐王老吉，用屁股不断蹭冰箱门。广告语是"健康家庭，永远相伴"，显然这个广告并不能够体现红色王老吉的独特价值。

2. 重新定位

再次定位的关键词是：传承、扬弃、突破、创新。

2002年年底，加多宝找到成美（广州）行销广告公司。加多宝的本意，是拍一条广告片来解决宣传的问题。可成美经过认真研究发现，王老吉的核心问题不是通过简单地拍广告可以解决的（许多中国企业都有这种短视的做法）关键是没有品牌定位。红色王老吉虽然销售了7年，其品牌却从未经过系统定位，连企业也无法回答红色王老吉究竟是什么，消费者更不用说，完全不清楚为什么要买它——这是红色王老吉的品牌定位问题。这个问题不解决，拍什么样的广告片都无济于事。经过深入沟通后，加多宝公司最后接受了建议，决定暂停拍摄广告片，委托成美先对红色王老吉进行品牌定位。

加多宝并不了解消费者的认知、购买动机等——如企业曾一度认为浙南消费者的购买主要是因为高档、有"吉"字喜庆。为了了解消费者的认知，成美研究人员在进行二手资料收集的同时，对加多宝内部、两地的经销商进行了访谈。

研究中发现，广东的消费者饮用红色王老吉的场合为烧烤、登山等活动，原因不外乎"吃烧烤时喝一罐，心理安慰"、"上火不是太严重，没有必要喝黄振龙"（黄振龙是凉茶铺的代表，其代表产品功效强劲，有祛湿降火之效）。而在浙南，饮用场合主要集中在"外出就餐、聚会、家庭"，在对于当地饮食文化的了解过程中，研究人员发现该地的消费者对于"上火"的担忧比广东有过之而无不及，座谈会桌上的话梅蜜饯、可口可乐无人问津，被说成了"会上火"的危险品（后面的跟进研究也证实了这一点，发现可乐在温州等地销售始终低落，最后"两乐"几乎放弃了该市场，一般都不进行广告投放）。而他们评价红色王老吉时经常谈到"不会上火"，"健康，小孩老人都能喝，不会引起上火"。可能这些观念并没有科学依据，但这就是浙南消费者头脑中的观念，这也是研究需要关注的"唯一的事实"。

这些消费者的认知和购买消费行为均表明，消费者对红色王老吉并无"治疗"要求，而是作为一个功能饮料购买,购买红色王老吉真实动机是用于"预防上火",如希望在品尝烧烤时减少上火情况的发生等,真正上火以后可能会采用药物,如牛黄解毒片、传统凉茶类治疗。

再进一步研究消费者对竞争对手的看法,则发现红色王老吉的直接竞争对手,如菊花茶、清凉茶等由于缺乏品牌推广,仅仅是低价渗透市场,并未占据"预防上火"的饮料的定位。而可乐、茶饮料、果汁饮料、水等明显不具备"预防上火"的功能,仅仅是间接的竞争者。同时,任何一个品牌定位的成立,都必须是该品牌最有能力占据的,即有据可依,如可口可乐说"正宗的可乐",是因为它就是可乐的发明者。研究人员对于企业、产品自身在消费者心智中的认知进行了研究。结果表明,红色王老吉的"凉茶始祖"身份、神秘中草药配方、175年的历史等,显然是有能力占据"预防上火的饮料"的。

由于"预防上火"是消费者购买红色王老吉的真实动机,显然有利于巩固加强原有市场。是否能满足企业对于新定位的期望——"进军全国市场",成为研究的下一步工作。通过二手资料、专家访谈等研究,一致显示,中国几千年的中药概念"清热解毒"在全国广为普及,"上火"、"祛火"的概念也在各地深入人心,这就使红色王老吉突破了地域品牌的局限。

至此,尘埃落定。首先明确红色王老吉是在"饮料"行业中竞争,其竞争对手应是其他饮料;品牌定位——"预防上火的饮料",其独特的价值在于喝红色王老吉能预防上火,让消费者无忧地尽情享受生活:煎炸、香辣美食、烧烤、通宵达旦看足球……

这样定位益处有如下 4 点。

1) 利于红色王老吉走出广东、浙南

由于"上火"是一个全国普遍性的中医概念,而不再像"凉茶"那样局限于两广地区,这就为红色王老吉走向全国彻底扫除了障碍。

2) 利于形成独特区隔

同时,王老吉的"凉茶始祖"身份也是"正宗"的保证,是对未来跟进品牌的有力防御,而在后面的推广中也证明了这一点。肯德基已将王老吉作为中国的特色产品,确定为其餐厅现场销售的饮品,这是中国大陆目前唯一进入肯德基连锁的中国品牌。

3) 将产品的劣势转化为优势

(1) 淡淡的中药味,成功转变为"预防上火"的有力支撑。

(2) 3.5 元的零售价格,因为"预防上火的功能",不再"高不可攀"。

(3) "王老吉"的品牌名、悠久的历史,成为预防上火"正宗"的最好证明。

3. 利于加多宝企业与国内王老吉药业合作

正由于红色王老吉定位在功能饮料,区别于王老吉药业的"药品"、"凉茶",因此能更好促成两家合作共建"王老吉"品牌。目前两家企业已共同出资拍摄一部讲述创始人王老吉行医的电视连续剧——《药侠王老吉》。

广告公司在提交的报告中还明确提出,为了和王老吉药业的产品相区别,鉴于加多宝是国内唯一可以生产红色王老吉产品的企业,宣传中尽可能多地展示包装,多出现全名"红色罐装王老吉饮料"。

由于在消费者的认知中,饮食是上火的一个重要原因,特别是"辛辣"、"煎炸"食品,因此广告公司在提交的报告中还建议在维护原有的销售渠道的基础上,加大力度开拓餐饮场所,在一批酒楼打造旗舰店的形象。重点选择在湘菜馆、川菜馆、火锅店和烧烤场等。

凭借在饮料市场丰富的经验和敏锐的直觉,加多宝董事长陈鸿道当场拍板,全部接受该报告的建议,果断下令立即根据品牌定位对红色王老吉实施全面大规模的推广。

"开创新品类"永远是品牌定位的首选。一个品牌如果能够将自己定位为与强势对手所不同的选择,其广告只要传达出新品类信息就行了,而效果往往是惊人的。红色王老吉作为第一个预防上火的饮料推向市场,使人们通过它知道和接受了这种新饮料,最终红色王老吉就会成为预防上火的饮料的代表,随着品类的成长,自然拥有最大的收益。

4. 广告传播

希望使品牌占领消费者的情感,就需要在洞察其心理需求的基础上,运用各种传播手段把产品的价值点无失真地传递到消费者的心智中。

明确了品牌要在消费者心智中占据什么定位,接下来的重要工作就是要推广品牌,让它真正地进入人心,让大家都知道品牌的定位,从而持久、有力地影响消费者的购买决策。

成美为红色王老吉制定了推广主题"怕上火,喝王老吉",在传播上尽量凸显红色王老吉作为饮料的性质。在第一阶段的广告宣传中,红色王老吉都以轻松、欢快、健康的形象出现,强调正面宣传,避免出现对症下药式的负面诉求,从而把红色王老吉和"传统凉茶"区分开来。

为更好地唤起消费者的需求,电视广告选用了消费者认为日常生活中最易上火的5个场景:吃火锅、通宵看球赛、吃油炸食品薯条、烧烤和夏日阳光浴,画面中人们在开心地享受上述活动的同时,纷纷畅饮红色王老吉。结合时尚、动感十足的广告歌反复吟唱"不用害怕什么,尽情享受生活,怕上火,喝王老吉",促使消费者在吃火锅、烧烤时,自然联想到红色王老吉,从而购买。

红色王老吉的电视媒体选择从一开始就主要锁定覆盖全国的中央电视台,并结合原有销售区域(广东、浙南)的强势地方媒体,在 2003 年短短几个月,一举投入 4000 多万元,销量迅速提升。同年 11 月,企业乘胜追击,再斥巨资购买了中央电视台 2004 年黄金广告时段。正是这种急风暴雨式的投放方式保证了红色王老吉在短期内迅速进入人们的头脑,给人们留下一个深刻的印象,并迅速红遍了全国大江南北。

在地面推广上,除了在传统渠道的 POP 广告外,配合餐饮新渠道的开拓,为餐饮渠道设计布置了大量的终端物料,如设计制作了电子显示屏、灯笼等餐饮场所乐于接受的实用物品,免费赠送。在传播内容选择上,充分考虑终端广告应直接刺激消费者的购买欲望,将产品包装作为主要视觉元素,集中宣传一个信息:"怕上火,喝王老吉。"餐饮场所的现场提示,最有效地配合了电视广告。正是这种针对性的推广,消费者对红色王老吉"是什么","有什么用"有了更强、更直观的认知。目前餐饮渠道业已成为红色王老吉的重要销售、传播渠道之一。

在频频的促销活动中,同样注意了围绕"怕上火,喝王老吉"这一主题进行。如最近一次促销活动,加多宝公司举行了"炎夏消暑王老吉,绿水青山任我行"刮刮卡活动。消费者刮中"炎夏消暑王老吉"字样,可获得当地避暑胜地门票两张,并可在当地度假村免费住宿 2 天。这样的促销,既达到了即时促销的目的,又有力地支持巩固了红色王老吉"预防上火的饮料"的品牌定位。

同时,在针对中间商的促销活动中,加多宝除了继续巩固传统渠道的"加多宝销售精英俱乐部"外,还充分考虑了如何加强餐饮渠道的开拓与控制,推行"火锅店铺市"与"合作酒店"的计划,选择主要的火锅店、酒楼作为"王老吉诚意合作店",投入资金与他们共同进行节假日的促销活动。由于给商家提供了实惠,红色王老吉迅速进入餐饮渠道,成为主要推荐饮品,同时加多宝可以根据现场的特点布置多种实用、有效的终端物料。在提升销量的同时,餐饮渠道业已成为广告传播的重要场所。

这种大张旗鼓、诉求直观明确的广告运动,直击消费者需求,及时迅速地拉动了销售。同时,随着品牌推广进行下去,一步步加强消费者的认知,逐渐为品牌建立起独特而长期的定位——真正建立起品牌。

红色王老吉的巨大成功,根本原因在于企业借助了行销广告公司的力量,发现了红色王老吉自身产品的特性,寻找到了一个有价值的特性阶梯,从而成功地完成了王老吉的品牌定位。对中国企业而言,没有什么比建立品牌更重要的了。而要建立一个品牌,首要任务就是品牌的定位,它是一个品牌能否长久生存和腾飞的基石。

第7章　政策与环境

完善支持自主创业、自谋职业政策，加强就业观念教育，使更多劳动者成为创业者。

——十七大报告

学习目的

1. 掌握我国中小企业的政策体系内容。
2. 理解创业文化的内涵及其对经济发展的意义。
3. 明确如何利用孵化器和集群发展中小企业。

引　言

市场、立法与政策拷问民营企业生存难题

2007年年底，最让中小民营企业头疼的问题，莫过于新劳动合同法实施大限的临近。自2006年以来，从珠三角、长三角到环渤海，中国经济最具活力的三个发动机连续发生了大量中小企业倒闭、停工半停工事件。除了劳动合同法本身之外，一系列宏观经济波动如人民币汇率上升、通货膨胀出现和通货紧缩政策实施等状况也为这些企业的关停行为推波助澜。

在中国民营经济最为发达的浙江温州市，这起冲击波的作用格外明显。2008年4月底，温州市中小企业协会对本市企业的调查报告认为，20%的温州中小企业目前已经处于关、停、半停工状态，甚至倒闭。《瑞安市实施劳动合同法工业经济形势分析》报告显示，瑞安市三大主导行业、六大传统产业，绝大部分属于劳动密集型行业，其中20%已经关停，制鞋业已经有1/3歇业。除了关停之外，瑞安中小企业的外迁速度继续加快，瑞安市服装商会的一份报告指出，诸多休闲装、内衣企业及少部分西服企业纷纷往常熟等地迁移。调查报告也明确指出，劳资大幅度调整，原材料和能源涨价以及宏观调控趋紧加快了企业生产成本的提高。

首要的是原材料和能源涨价。根据前述报告对瑞安9个行业的调查，企业家给出的数据是，能源、原材料普遍提价年平均在10%以上，最高提价在30%以上。其中钢材提价10%以上，铜提价16%，化工品价格上涨1.2倍，有色金属上涨23%，橡胶上涨23%，PVC树脂每吨提价200元以上。而与此同时，产品价格提价其幅度也不过提3个百分点左右，因此企业的利润空间越来越小，甚至走到零的境地。

其次是宏观调控产生的成本。调查数据显示，2008年宏观调控货币从紧，银行利率指数同比平均超过25%，有的企业反映同比已经超过40%。参与调查的31家企业因利息负担，2008年需多支出3550余万元，其中年利息多达100万元以上的就有长城、云顶、华尔达和金石等13家企业。

　　除利息之外,人民币升值带来的成本损失也让企业负担进一步加重。调查显示,2008 年若人民币兑换美元突破 7 元后,其中 22 家出口企业预计同比要损失人民币收益 4 150 万元。此外是出口退税,按出口退税平均下降约 4 个百分点计算,31 家企业中涉及 17 家出口企业,预计减少收入 4 000 余万元。

　　令人意外的是,调查报告还认为,国家宏观调控趋紧加重企业社会负担。报告说,各种扶贫、赞助等支出,仅参与调查的 31 家企业就支出达 1 760 万元,平均每家企业 57 万元左右,最少的 20 万元左右,最多的达 300 万元。

　　对于这轮冲击波下的民营企业夭折,有人认为是政府打压中小企业的发展而存留大企业的生存,也有人认为是政府挤压中小企业对员工的剩余价值。一个比较明显的现象是,民营企业劳资纠纷以及企业对政府立法和发布政策的合理性产生了怀疑甚至抗议。

　　参考:被掩盖的病理:温州中小企业倒闭真相调查. 浙商网(www. zjsr. com)

　　一个创业的过程包括了与捕捉机会和创建新组织相关的一切活动,这个过程是动态的、不连续的,并包括了很多前提变量。创业的过程及结果都要受到很多内外部条件的影响,这些内外部条件的组合就是创业环境。因此,创业环境对创业是至关重要的,创业者应该对与创业有关的政策与环境有所了解。本章将对这一部分知识进行详细介绍。

　　本章的内容结构图如图 7-1 所示。

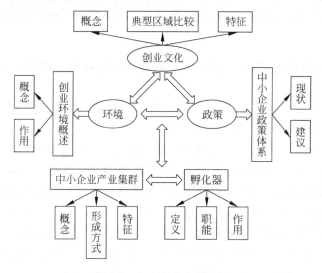

图 7-1　本章的内容结构图

7.1　创业环境概述

　　创业环境,是指围绕企业的创业和发展而变化,并足以影响或制约企业发展的一切外部条件的总称。一个地方的创业环境一方面指影响人们开展创业活动的所有政治、经济、社会文化诸要素；另一方面指获取创业帮助和支持的可能性。创业环境是这些因素相互交织、相互作用、相互制约而构成的有机整体。

7.1.1 创业环境的概念

一些学者对创业环境的界定进行了探讨，其中盖特勒（Gartner）（1995）从个体、组织、过程和环境 4 个维度描述了新企业创建框架，认为创业环境由资源的可获得性、周边的大学及科研机构、政府的干预及人们创业态度等因素组成。关于创业环境的概念，我国许多学者进行了研究并形成了许多观点。归类起来，当前我国学者对创业环境概念的观点大体上有以下三种。

1. 平台论

持这种观点的人认为，创业环境的内涵是指政府和社会为创业者创办新企业所搭建的一个公共平台。创业环境实际上就是创业活动的舞台。

2. 因素论

持这种观点的人认为创业环境是指创业过程中各种因素的组合。例如，杨武斌认为，创业环境是指围绕创业企业成长而变化，并能够影响创业企业成长的一切外部因素的总和。城市创业环境是一系列概念的集合体，是各种因素综合的结果。科技创业环境，是指与科技型企业的创业活动有关的直接或间接的外部影响因素的总和。

3. 两者论

持这种观点的人认为，创业环境实际上就是人们创业的外部条件，它是由综合因素构成的整体。

总体上来说，在这三种观点中，我国国内学者普遍偏中"因素论"，这是因为因素论能够为创业环境评价指标的构建提供理论思考。

从创业环境的概念中不难看出，创业环境是由若干环境要素构成的。很多学者对创业环境构成要素进行了具体研究并形成了很多观点，例如，哈格（Hunger）、考西（Korsching）和尤克（Auken）（2002）认为，创业环境要素主要由必要性的环境要素和支持性的环境要素组成，其中必要性的环境要素包括自然环境、技术环境、融资环境和人才环境，支持性的环境要素包括制度环境、文化环境和社会资本。同时，GEM 中国报告中对创业环境构成要素有一个较明确的界定，其概念模型认为，创业环境包含 9 个要素，即金融支持、政府政策、政府项目支持、教育与培训、研究开发转移、商业和专业基础设施、进入壁垒、有形基础设施、文化与社会规范。内亚威利（Gnyawali）和福格尔（Fogel）认为，创业环境由政府政策和规程、社会经济条件、创业和管理技能、对创业资金支持和对创业的非资金支持 5 个要素构成，在这 5 个一级要素的下面，还设计了更加详细的 28 个子要素。他们认为，外部环境对初创企业的生存和成长有很强的影响力，而创业环境应该是创业过程中多种因素的组合。另外，相关学者还具体研究了区域创业环境构成要素，如萨克森年（Saxenian）（2000）通过对硅谷地区移民创业者研究，探讨了当地的创业环境构成要素，主要包含以地区网络为基础的工业体系、密集的社会网络、开放的人才市场和地区的社会文化氛围等。[①]

7.1.2　创业环境的作用

企业的创业过程并不仅仅依靠某一方面的推动,也不仅仅是某一种因素作用的结果,它的运作需要环境各方面的支持。如果说创业企业是从一粒"种子"开始萌芽并成长为国民经济的重要支柱,那么它赖以生存的"土壤、阳光和空气"等环境因素则起了重要的作用。

环境如何影响创业,其理论基础主要有两种:一种是资源依存理论,另一种是种群生态学理论。资源依存理论认为,由于组织不可能从内部生产所有的必要资源,所以任何一个企业组织都处于一种与环境因素相交易的关系。新企业的创建、生存和发展与其获取可预测的、稳定的必备资源的能力有直接关系(莫耶斯(Moyes)和维斯德(Westhead),1990)。种群生态学理论是以组织群落作为分析单位,通过检验企业的、特别是初创企业的"出生"和"死亡"率来研究进化和选择。该理论认为,组织的生存和发展不仅依赖于必要资源的可获得性,而且也与取得合法化和具备市场竞争能力密切相关(斯拜特(Specht),1993)。

具体来说,创业环境对新创企业的作用主要表现在以下几点。

(1) 创业环境能够指导创业者的创业。创业可以被看成是一个开放的系统,创业活动和其所处的环境是相互作用、相互影响的。新企业获取资源以及在市场上竞争都离不开其所处的环境背景。通过对创业环境的研究,以了解创业环境为什么能影响创业活动,从而为创业者评估自己的创业能力和环境因素提供一定的理论参考。

(2) 创业者熟悉创业环境,能够规避创业风险,从而提高创业的成活率。当前我国所出现的创业企业成活率低的原因,除了创业者自身的能力有限、创业资金不足等因素外,更重要的是创业环境的影响,如政府服务意识不高、法制环境不健全、社会服务化程度低等。所有这些,严重影响创业企业的生存和发展。因此,通过对创业环境的研究,阐明创业环境是如何影响创业活动的,从而规避创业风险,提高创业的成功率。

总之,环境是创业的舞台,任何创业活动都必须依靠环境的支持,在环境的提供下进行。离开了环境,一切创业活动都会成了空中楼阁,纸上谈兵。创业者应该在对所处的环境进行充分了解、分析和判断的基础上进行创业活动。

7.2　我国中小企业政策的体系

无论在任何国家,政府及其相关的机构都是自然资源和社会资源最有力的掌控主体,也在最广泛的层面上影响着企业和社会的各方面。政府在名义上作为全体人民以及各个社会团队的管理者和服务者,其制定和实施法律、法规和各项政策的依据与企业既

[①]　崔启国. 基于网络视角的创业环境对新创企业绩效的影响研究. 吉林大学博士学位论文,2007:28~29

有共通的一面也有差异的一面,这也决定了企业必须关注和研究政府的法律、法规制定、政策走向特别是经济规划方面的信息,以掌握自身发展的主动权。

中小企业政策是指在一定时期内为促进本国(本地)中小企业成长发展而由政府制定的各类宏观公共政策和措施的总称。通过政策来促进中小企业成长是世界上发达国家政府的通行做法。我国政策在这方面也有所作为,但依然需要不断完善、不断创新。[①]

7.2.1　我国中小企业政策的现状

自 20 世纪 80 年代以来,我国政府专门用来扶持中小企业成长的政策措施主要有 7 项,其中计划类政策一项:星火计划和火炬计划;基础设施或基地类有三项:生产力促进中心、技术市场和中小企业孵化器;投资基金类一项:科技型中小企业技术创新基金;中介机构一项:中小企业信用担保体系;其他政策一项。20 多年来,国家通过实施火炬计划等政策措施,成功地引入了高新区、孵化器、创业投资、创新基金和软件园等政策工具。下面将对这 7 项政策措施进行简单介绍。

1. 计划类政策

1) 星火计划

星火计划旨在通过扩散先进技术、提供先进的技术装备和培训人员等方式促进乡镇企业的健康成长。这一计划从 1986 年开始实施,一直持续到现在。

2) 火炬计划

火炬计划是国家科技部在 1988 年开始推出的另一项旨在促进高新技术产品开发及商品化、产业化的政策。火炬计划的实施如同星火计划一样,除了具有显著的经济效益以外,还为经济结构的调整及高新技术产业开发区的创建奠定了基础。

2. 基地类政策

1) 生产力促进中心

生产力促进中心又称为中小企业技术创新中心,是国家科技部在 1993 年出台《关于建立生产力促进中心的若干意见》之后在各地组建的基础设施,旨在组织科技力量向广大中小企业提供技术咨询、技术诊断、技术转让和技术培训等项服务。截止到 2007 年,我国的生产力促进中心发展到 1 425 家。其中,1 309 家生产力促进中心共服务企业 154 867 家。[②]

2) 技术市场

自 1985 年开始,我国政府以及国家科委部门相继出台了多项关于技术市场的有关政策。多年来,进入技术市场进行交易的以中小企业为主。近几年,我国的技术市场年均成交额已达 500 亿元,签订技术合同 28 万多项。实践证明,技术市场已成为广大中小企业技术创新不可缺少的重要基础设施之一。

3) 中小企业孵化器(高新技术创新服务中心)

自 1994 年国家科委发布了《关于我国高新技术创新服务中心工作的原则意见》以

---

①　万兴亚. 中小企业成长原理与方略. 北京:人民出版社,2005(2):94~97

②　数据来源:《2007 年全国生产力促进中心统计报告》科技部火炬中心生产力促进处,2007

来,截止到 2002 年,我国各种类型的中小企业孵化器已超过 200 家。据悉,到 2010 年,全国各类孵化器数量将达 1 000 家,孵化场地总面积 2 500 万平方米。

3. 投资基金类政策——科技型中小企业技术创新基金

1999 年 6 月 25 日,由我国政府设立的科技型中小企业技术创新基金正式启动。经国务院批准设立的科技型中小企业技术基金,是一项专门用于促进中小企业技术创新活动的专项基金,首期经费总额 10 亿元人民币。根据中小企业和项目的不同特点,创新基金分别以借款贴息、无偿资助和资本金(股本金)投入等不同方式支持科技型中小企业的技术创新活动。

创新基金的设立主要体现了政府的政策导向,通过这一举措(引导投入)来促进中小企业的技术创新和成长。

4. 中介机构——中小企业信用担保体系

中小企业信用担保体系的建立可以缓解中小企业资金短缺的矛盾。自从 1999 年 6 月,国家经贸委发布了《关于建立中小企业信用担保体系试点的指导意见》以来,我国已有 28 个省、自治区和直辖市开展了中小企业信用担保试点。截止到 1999 年 12 月底,通过政府预算拨款、资产划拨、会员风险保证金和企业入股等方式筹集到担保资金 40 多亿元。中小企业信用担保体系的建立为中小企业解决"资金难题"提供了一种可供选择的融资渠道。

5. 其他政策

除了以上几项专门以中小企业为干预对象的政策之外,还有一些对中小企业发展有影响的,但未明确指出干预作用对象的政策法规,主要有以下几方面。

1) 财税金融政策

在税收方面,比较典型的有高新技术企业(产品)认定、企业技术中心认定等,一旦通过政府的认定就可以得到税收方面的优惠。在金融支持方面,我国政府近年来通过引导和鼓励银行等金融机构加强和改善对中小企业的资金支持,开发符合中小企业的金融理财产品。另外,也加快发展中小企业投资公司和创业投资企业,同时鼓励中小企业上市融资。鼓励设立创业投资引导基金,建立健全创业投资机制,引导社会资金流向创业投资企业。

2) 政府采购政策

中央财政部于 2006 年和 2007 年出台了相关的政策办法,明确要求各级政府优先采购自主创新产品和技术,并制定产品目录供政府采购行为的参考。甚至规定擅自采购进口产品的行为当受到追查和处罚。

3) 教育培训政策

政府广泛组织和参与对创业人员和中小企业的相关培训活动如标准化知识培训、创业知识培训、知识产权保护培训和融资上市培训等。同时规定各科研机构和职能部门定期发布相关市场数据和信息,帮助企业掌握经营的科学性。

以上政策对我国中小企业的发展起到了很大的促进作用,但是与其他发达国家相比,我国的中小企业政策还远远不够,而且在实施过程中还存在许多问题。例如,宏观管理不到位、微观行政干预行为过多、服务跟不上、收费项目多等问题还普遍存在,需要进

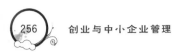

一步完善。

7.2.2　我国中小企业政策的完善建议

为了更好地促进我国中小企业的发展壮大,针对我国中小企业政策目前所存在的不足,现提出以下完善建议。

1. 建立和健全中小企业的行政管理机构

我国政府应尽快建立对全社会中小企业统一管理的机构,规范中小企业管理。其职能应定位为:制定、起草促进中小企业发展政策、法规,协助中小企业获得融资,为中小企业提供财政支持、管理咨询、信息服务、技术支持和员工培训等。尤其要强调的是,作为专门的管理机构,应对不同所有制的中小企业实行一视同仁的政策,不仅在认识上,而且在实践上要彻底解决"唯成分论"的问题,拆除所有制的篱笆。除国家法律和政策明令禁止的以外,允许中小企业尤其是民营中小企业自主选择经营范围和经营方式,变事前监督为事后监督,简化中小企业市场准入的审批程序,促进中小企业之间的平等和共同发展。

2. 规范中小企业的税费制度

在中小企业的运营资金困难的情况下,沉重的税费负担已经使许多企业的生产经营雪上加霜,规范中小企业的税费制度刻不容缓。

(1) 要加快清理、规范和完善当前的税收政策,建立起明确以中小企业为受惠对象的统一的税收优惠政策。在以基本不牺牲大企业的利益和维护市场经济效率为原则,对中小企业进行适当的税收倾斜。

(2) 要加紧清理针对中小企业的不合理收费,切实减轻中小企业负担。要加大清费立税的力度,积极转变政府职能,有效建立起公共财政制度,加强人大、群众和舆论监督,斩断伸向中小企业的乱收费黑手。

3. 建立扶持中小企业发展的政府采购制度

在国外,许多中小企业发达的国家和地区往往都通过向中小企业扩大定货的形式来直接扶持它们的发展。政府作为商品和劳务的大额消费者,其采购制度对中小企业的影响较大。在我国,随着政府行为的日益规范化,公共物品的采购制度和公共工程的招标制度已经基本建立起来,但实际运作中仍然有许多不规范和需要完善的地方,常常向大企业倾斜而忽视中小企业的合同份额。因此,我们要借鉴国外的良好经验,通过立法的形式,规定政府采购合同要划出一定比例的份额留给中小企业,或者规定在大企业中标的政府合同中要有一定比例的分包合同划给中小企业。

4. 加强财政对构建中小企业社会化服务体系的支持

由于我国按市场行为运作的专业化服务组织还很不健全,为广大中小企业提供的优质服务还很有限。因此,加快政府主导的综合性服务组织建设,充分发挥其在信用担保、筹资融资、创业辅导、技术支持、信息咨询、市场开拓、人才培训、经营管理和国际合作等领域对中小企业的支持作用就十分必要。为此,必须加大政府财政的支持力度,以满足这一迫切要求。当前,针对中小企业融资难的突出问题,尤其需要财政在中小企业创业基金、创新基金、风险投资基金和信用担保基金等方面加大投入力度。

5. 扩大财政对中小企业改革的配套支持

中小企业的改革是加快我国中小企业发展的重要举措,但是改革可能伴随债券债务变更、职工下岗分流现象。前者往往造成国有资产的一定流失和银行债权难以完整收回及不良资产增加,后者往往因为社会保障制度不全而影响社会稳定,而这些正好是财政可以发挥积极作用的地方。因此,在中小企业改革过程中,扩大财政的配套支持力度必不可少。一方面,财政要进一步增加国有资产的坏账冲销额度,为加快国有企业改革创造条件;另一方面,财政要加大对社会保障体系建设的投入,加快建立起养老、医疗、生育、失业保险制度和贫困救济制度,为加速推进企业改革,创造良好的外部环境。

6. 适度加大对中小企业的财政补贴制度

财政补贴是政府为使中小企业在国民经济和社会发展的某些方面充分发挥作用而实施的政府援助。受财力制约,财政补贴往往是有限而非普惠的,其功能在于引导。从国外的情况看,财政补贴的目的主要是鼓励中小企业增加就业机会、促进中小企业科技进步、鼓励中小企业出口以及实现某些特殊的目的。从我国的情况来看,面对庞大的就业压力、企业薄弱的技术创新能力、加入 WTO 的严峻挑战以及加快实施西部大开发的战略需要,在财力允许的条件下,适度加大对中小企业的财政补贴力度更显必要。

7.3 区域创业文化

在一定的区域中,创业活动发生的频率、创业者所表现出的行动倾向、当地人对于创业的态度等都共同构成了本区域的创业文化。当区域文化与创业活动之间产生越来越深层次的互相影响关系时,也就产生了本区域的创业文化。创业文化影响着本区域的创业活动和经济发展方向。因此,许多学者对创业文化进行了长期而持续的研究。

7.3.1 创业文化的概念

创业文化研究的开山鼻祖韦伯(Webber)在《新教伦理与资本主义精神》(*Protestantism and the Spirit of Capitalism*)(1930)一文中最早将创业和社会环境联系起来,他认为新教主义的兴起鼓励了勤劳、节俭和为积累物质财富而奋斗等精神,这又反过来促进了资本主义的发展。受韦伯的影响,许多学者发现在某些特定的文化下更容易产生创业家,某种特定的文化必然培育某种特定的创业行为与方式,所以他们将文化看做是创业的决定因素。我国学者曹威麟等人认为,创业文化指在创业活动的过程中,人们普遍表现出来的思想意识、价值观念、基本态度、行为方式及其相应创立成果的总和。并指出创业文化包括 4 个方面的含义,分别是民众与创业有关的思想理念和精神状态、人们特定的创业行为、各种有关成文或不成文规范所隐含的社会态度以及在创业实践诞生出来的新的

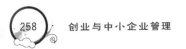

组织、产品和服务。①

辜胜阻,李俊杰在《区域创业文化与发展模式比较研究》一文中认为,创业文化包括创业的价值体系和创业环境系统两个方面。创业价值体系可以从微观和宏观两个层面来考察。从微观层面来看,创业文化包括民众的创业文化价值体系,表现的是民众与创业有关的思想理念、价值标准和精神状态,即民众个体创业精神和创业价值观。民众的创业文化价值体系由6个重要因素构成:致富欲望、创业冲动、风险观念、流动偏好、吃苦精神和合作意识。从宏观层面来看,创业文化包括支持创业的社会意识,即社会对待创业的认知态度以及社会创业和创新氛围。社会的创业态度主要是社会对创业活动的认可与支持以及对创业失败的认识态度,鼓励冒险和宽容失败是其重要内容。创业和创新氛围主要是崇商敬业的商业传统、守信守法的信用观念和开放的思维模式。创业环境系统主要包括与创业和创新精神相关的宏观环境体系,包括创新体系、产业基础、企业制度、金融支持、社会网络和中介服务等。

由于文化概念本身内容丰富且具有多层次的特点,所以创业文化也不可避免地具有多层次的特点。由于研究的领域、范围不同,创业文化的含义也不尽相同。因此,有学者认为,如果以研究领域为参照系来划分,创业文化的概念至少有三个层次的含义。②

(1) 从人类学意义上来说,人类区别于自然界和动物界的一切对推动社会发展有益的社会活动和文化成果,都可以称为创业文化。从这个意义上说,在人类社会发展的各个阶段,不同地域,不同组织,不同层面,都有程度不同的创业活动存在。在人类的社会活动中,创业文化表现为创业过程和创业结果,而创业的结果又表现为创业的物质态势和创业的精神态势。

(2) 从经济学的意义上来说,创业文化是特指人们在创建实业、创办企业的过程中所形成的思想意识、价值观念和经营理念等方面的内容。它是一种鼓励开拓创新、积极向上、不断进取的文化。从这个意义上说,创业文化能够激励创业者积极创办事业,成为创业的主体,并对社会经济的发展产生巨大的促进作用。

(3) 从社会学意义上来说,创业文化是指个人或群体在创造物质价值、精神价值从而获得财富的过程中所形成的观念形态、价值标准和道德规范等。包括适应现代社会发展需要的文化理念、适应市场经济体制需要的文化道德等。主要是指观念精神形态,它是一种与时俱进的文化,是先进文化的重要组成部分。

7.3.2 创业文化的特征

文化是随着时代的发展而发展的。反映社会进步方面,能够不断激发人们积极投身创业实践的文化,是我们需要加强建设和发展的先进的创业文化。今天,对中国先进创业文化的一些基本特征进行一番前瞻性的分析研究,对于振兴中国创业文化是十分必要的。根据文化发展具有继承性与时代性的普遍性质和社会经济发展的基本趋势,创业文

① 曹威麟,张丛林,袁国富. 论中国创业文化的振兴与繁荣. 江淮论坛,2002 (5):42
② 苏庆良. 延边林业创业文化建设研究. 延边大学硕士学位论文,2007:6

化具有以下特征。

1. 地域性特征

创业文化是建立在地理环境、经济和历史传统等基础上的一种思想观念，是组织的自然环境和人文环境相互融合而生成的一种商业生态系统，因此具有较强的地域特色。真正的创业文化须依托于本土文化，植根于家乡文化厚土，才有旺盛的生命力，才能有广阔的群众基础。经过长期积淀的地域文化往往使人们的心理形成定式，成为人们思维和行为方式的主导力量，因此不同国家和地区的文化差异会造成人们创业意识和创业精神的不同。例如，美国硅谷的创业文化是鼓励创新、容忍失败；日本的创业文化是崇尚合作、勤奋工作；温州的创业文化是吃苦耐劳、具有大市场观念和品牌意识。

2. 务实性特征

创业文化以人为本，以创造财富为实践过程，与经济、政治紧密联系。注重现实的务实性是市场经济社会的基本品格，这就要求我们的创业及创业文化，尊重历史，尊重经济社会发展的规律，从现实出发，注重实际效果，注重人们生活质量的提高，把握世界经济与文化发展的最新潮流，进行经济文化产业的整体优化与提升。这种文化不是只追求文化的纯理论价值，而是将理论与实践紧密结合起来，以形成推动社会发展的新型生产力。务实的创业文化不是让人们安于现状，只过上温饱的生活，而是开发灵智，调动民力，使每个人的创业热情得到激发，使物质文明和精神文明不断提高。

3. 前瞻性特征

人的追求永无止境，只要人们追求财富的脚步不停止，创业文化就不会停留在一个水平上。真正的创业必须是有前导的意识，发展的眼光，善于从人类社会发展的趋势中捕捉前进的方向，善于在总结过去的经验教训的基础上立足于现实，进行前瞻性的思考。因此，无论从决策制度上还是制定工作方案的安排上，无论从经济社会发展理论的提出和战略的制定上，还是从产业政策和社会制度的安排上，都要进一步从具体的规划实施和工作方案上，体现出科学的预见性、正确的判断力和决策的合理性。

4. 系统性特征

创业文化是社会发展意识和人本意识的综合体现，是一种涉及方方面面的各种要素的整体框架和统一体系。具体来说，首先，反映在发展指标上创业文化不仅要以经济增长和经济发展为基础，更要考虑到人的素质的提高、社会环境的优化、生态平衡的维持和精神生活的满足。这里的创业不仅是单纯的经济产业，而是一个反映人的全面发展程度、自我实现程度和精神追求境界的全新概念。其次，创业文化反映在人生追求和社会价值上，就无法用金钱来衡量，而提升人的生活态度，变成人们普遍的精神追求，使人们意识到生活就是广泛的创业，既为满足衣食住行而创业，又为开拓生活境界而创业，使创业文化成为中华民族文化的重要组成部分，为中华民族的伟大复兴提供文化精神的支撑。

5. 时代性特征

当今的时代是一个知识创新、科技飞速发展、思想争胜的时代，只有具有深厚的精神底蕴、开拓进取的创业文化,才能在市场经济与全球化体系中永远立于不败之地的基础,才是信息时代与知识经济发展最可靠的文化保证。作为先进文化的组成部分,创业文化适应现代化经济建设的需要,在推动生产力发展的同时,构成了支撑整个社会体系的文化支柱。它要求我们将自然经济类型的文化、计划经济类型的文化提升和转化为适应全球化发展的市场经济类型的文化。

7.3.3　我国典型区域创业文化的比较

由以上分析可知,创业文化具有地域性特征。不同地区会有不同的创业文化,不同的创业文化又影响着该地区的创业活动和特点。在我国,北京、上海、江苏、浙江和广东的创业活动最为活跃,这些不同的区域文化对创业家和创业方式是否产生不同的影响呢?本小节将以辜胜阻、李俊杰对我国北京的中关村、温州和深圳这三个典型地区所进行的案例研究来探讨不同地区的创业文化。

辜胜阻、李俊杰通过对北京的中关村、江苏的温州和广东的深圳三个典型地区的案例研究,总结了这三个创新与创业结合的比较好的地区的创业文化和发展模式。他们认为,中关村创业文化是建立在产学研基础及其校园研发文化基础上的科技人员创业文化;深圳是具有强烈的开拓意识和创业精神的移民创业文化;温州则是"人人都要当老板"的农民企业家创业模式。他们主要从致富欲望、创业冲动、吃苦精神、流动偏好、冒险精神和合作意识 6 个方面对三个地区的创业文化进行比较[①](如表 7-1 所示)。

表 7-1　中国三大典型区域创业文化的比较

区域	中关村	深圳	温州
文化内核	科技人员创业文化	来自各地移民创业文化	农民企业家创业文化
致富欲望	强烈改善收入的欲望	移民的求富求荣梦想	强烈的致富发家热情
创业冲动	科技人员创造性的释放	竞争激烈、高效的创业激情	争当老板,敢为人先
吃苦精神	废寝忘食搞研发	吃苦、搏命的拓荒精神	既能当老板,又能睡地板
流动偏好	技术和研发人员流动	人才"流进来"、流动创业	"走出去",四海为家
冒险精神	勇于打破铁饭碗	"敢闯精神"	不惧市场风险
合作意识	产学研的合作传统	重视产业链的分工合作	"扎团"创业,共生共荣

1. 致富欲望

致富欲望是创业的动力。20 世纪 80 年代初,改革的浪潮冲击着北京的科研院所,民营科技公司的收入是国营企业和研究所收入的 10 倍以上,科技成果产业化的经济效益激发了科研人员的致富欲望,一批业务骨干勇敢地辞去公职,下海创办高科技企业。深圳由一个荒凉的渔村变成一个发达的现代城市,人口由 20 世纪 80 年代初的 30 余万发展到 400 多万。这其中绝大部分是移民为了寻找致富理想自发迁移而来的。来深圳打工、创业的人们各自寻梦,强烈的求富求荣欲望,将深圳塑造成为一个充满活力的创业城市。

---

① 辜胜阻,李俊杰. 区域创业文化与发展模式比较研究. 武汉大学学报,2007(1):6~9

温州人血管里流动的是创业的热血,拥有空前的创业发家热情。温州百姓不依靠国家投资,也不依靠外资,甚至不需要政府的动员,在强烈的创业致富欲望和冲天热情驱使下,家家户户自觉投身于创基立业的进程中。

2. 创业冲动

创业冲动与创业的文化沃土相联系。中国三大区域创业文化有较强的地域性和区域特色,其相似之处在于,其文化核心都有着深厚的崇商敬业的商业文化传统,这种崇商敬业的创业氛围的商业文化沃土,最有利于区域创业、创新活动的发生。中关村在传统计划体制下,科研院所吃"大锅饭",科技人员的聪明才智得不到充分发挥。沿海发展的示范作用,促使人们强烈地渴望将自己的成果转化为现实的生产力,通过创办企业,施展自己的创造力。一项调查表明,中关村创业的绝大部分科技人员,其创业动因是为经济发展做贡献、寻求用武之地(如表 7-2 所示)。深圳给人印象最深的就是积极开拓的创业精神。人们喜欢竞争,不安于现状,高昂的创业激情使深圳的生活和工作节奏明显快于内地。他们信奉"时间就是金钱,效率就是生命"。深圳的市场环境吸引了大批年轻企业家前来创业,他们独立进取的人格使深圳经济朝气蓬勃,形成灵活、高效、充满活力的创业人文环境。温州人以"千军万马办企业、千家万户搞生产、千山万水找市场"的创业冲动,形成了以民营经济为特色的创业模式。温州人是勇于创业而又坚韧不拔,有炽烈的企业家精神和自主自强意识。他们争当老板而又不断开拓,具有超前的创新意识、强烈的领先意识和创业激情。温州人敢为天下先,敢争天下强,"宁为鸡首、不为牛后",在创业上争先恐后。

表 7-2　中关村科技人员的创业动因

创业动因	比例/%
为社会经济发展做贡献	70.3
寻求用武之地	58.8
为增加本人经济收入	28.1
为科研成果寻找出路	25.9

资料来源:于维栋. 希望的火光——中关村电子一条街调查. 北京:中国人民大学出版社,1988. 90

3. 吃苦精神

三大区域创业文化的重要特点是都有吃苦耐劳、艰苦创业、不断进取、永不言败的创业冲动和吃苦耐劳的品质。中关村第一批创业人员工作条件十分艰苦,往往是十多个工作人员挤在一间 20 多平方米的房子里,废寝忘食搞研发。据当时的一项调查显示,有90% 的科技人员每天平均工作 8 小时以上,平均每天工作 10 小时以上的占 48%,工作12 小时以上的占 17%,甚至少数人每天工作 14 小时以上。深圳在开发初期,艰苦的环境和生活条件使深圳人养成了艰苦奋斗、吃苦耐劳的拓荒精神。他们在工作中崇尚务实,不空谈,"实干兴邦,空谈误国"是深圳人响亮的口号。深圳的创业历史,正是一部伟大的拓荒史,创业者居无定所、食无定规,尝尽艰辛,这种搏命和拓荒精神成就了深圳的发展,也使"拓荒牛"成为深圳精神的象征。温州创业家务实而不取巧,踏踏实实地做实业,有超常的市场意识和经营头脑。温州人能进能退,"既能当老板,又能睡地板";既能享受最好的,又能承受最差的;自豪不自满,昂扬不张扬;专注于有竞争力的制造业。他们特别能吃苦,特别能创业,吃苦耐劳的精神非常强。

4. 流动偏好

人员流动带动信息的流动和技术的外溢,是区域创业和创新的显性知识和隐性知识传播的重要途径。中国三大区域的人力资源流动偏好都很强,所不同的是中关村人员的流动主要是技术人员和研发人员的流动,其流动方式也主要在本地企业之间。有的企业发生裂变,技术人员脱离原有企业创办新企业的情况不断发生,人们"跳槽"十分频繁。例如,2004 年中关村科技园区企业员工总体流动率达到了 34.21%。深圳创业文化的特色是创业者"流进来",依靠本地良好的产业组织体系、完善的制度保障和良好创业环境的拉力不断吸引外来人员创业。在深圳的创业者,大都经过在深圳漂泊异乡打工的闯荡经历。他们到处寻求创业机会,流动性很强。统计表明,在全国流动人口总数中,在省内流迁的人口中广东地区占全国的 11.04%,在省际间流迁的人口中广东地区占全国的 41.39%。而温州创业文化特色是"走出去",创业者离土又离乡,通过不断流动寻找商机创业。温州人受海洋文化的影响,形成敢于离土又离乡、四海为家、到处闯荡的优秀品质。温州人的创业足迹遍布全国、走向世界,在全国各地有 160 多万温州人在创业,世界各国有 40 多万温州人在闯荡。

5. 冒险精神

敢冒风险的意识,是创业家和企业家最优秀的品质之一。Hofstede 的研究指出,一个国家的文化具有较强风险回避倾向,对区域创新的影响是负面的。中关村的科技人员下海创业,要告别计划经济下按部就班、稳定安逸的"铁饭碗",是需要很大的冒险精神和勇气的。深圳的重要经验就是"敢闯","敢闯精神"就是强烈的拼搏精神和冒险意识。温州的创业家勤劳而又敢于冒风险,有特别敏锐的洞察力,善于发现市场潜在的需求,有鲜明的吃苦冒险品格。温州人敢冒险,在新市场的开拓、开发上,是风险偏好型的,不惧市场风险。他们既有模仿力又有渗透力,已把市场建到国外去了,如在意大利、巴西、美国、荷兰和俄罗斯等国家都有温州人办的市场。

6. 合作意识

合作意识是成功创业的关键。中关村的创业者有效地整合高校和科研院所的科技资源,充分发挥企业在科技产品创新和市场化中的作用,形成产、学、研密切合作的传统,产生了诸如北大方正、清华同方这样的优秀创业型企业。在竞争中合作是深圳创业精神的核心内容之一,也是激励深圳人锐意进取、拼搏创业的内在动力。移民来自五湖四海,共同的经历使人际间产生了宽容、和睦、团结、互助的人文关怀。在创业活动中,深圳人不会因"肥水流到外人田"而眼红,而是重双赢,合作精神是深圳创业文化的重要因素。温州人既重竞争又重合作,重视创业者之间"扎团"和产业的"扎堆"效应,重双赢,求共生共荣。温州出"群商",企业采取群落式的发展格局。温州人具有"帮带"的特点,即一个人在一个地方发现了市场机会,就会有三亲六眷、朋友老乡尾随而来,规模越做越大,占领当地市场。温州的产业也具有集群基础,产业扎堆给温州带来较大的集群效益。

总之,这三个区域创业文化的形成背景、创业价值观和创业风格都各不相同,从而形成了具有各自特征的创业文化,但其创业文化都是本区域创业和创新活动最根本的支撑,也是区域经济发展模式形成的最重要基础。区域创业文化是区域经济发展的"软实力"和"软环境",对区域经济发展模式起着重大的影响。

7.4 孵 化 器

　　国际上一般将孵化器统称为企业孵化器或技术孵化器,如北美国家多采用这种称谓。但由于各国国情及产业政策的不同,组织机构的性质、运作方式的差异等种种原因的存在,企业孵化器的称谓也多有不同。比较常见的几种有:孵化中心,如位于悉尼的澳大利亚科技园区孵化中心;创新中心,欧洲国家一般将之称为"创新中心";在我国一般把企业孵化器称为高新技术创业服务中心。

7.4.1 孵化器的定义

　　尽管目前世界孵化器很多,而且已经在国家、地方的经济发展中扮演了重要角色,但迄今为止孵化器还没有形成一个统一的定义,不同的国家对企业孵化器有不同的理解,从不同的角度对企业孵化器进行了表述。

　　联合国开发计划署在《经济发展中的企业孵化器——在发展中国家的初步评价》的报告中将企业孵化器描述为:企业孵化器是一种受控制的工业环境,这种环境是专为培育新生企业而设计的。在这个环境中试图创造一些条件来训练、支持和发展一些成功的小企业家和成功的企业。美国国家企业孵化器协会(NBIA)认为,企业孵化器是通过一系列企业支持资源和服务加速创业公司成长和成功所设计的经济发展工具,其主要目标是生产财务上能自立的成功企业。

　　我国的企业孵化器所孵化的创业企业绝大部分是科技型企业,因而,企业孵化器在我国一般被称为科技企业孵化器。我国政府部门和学者从我国实际出发对科技企业孵化器的概念也进行了不同的诠释。

　　我国科技部在 2000 年 4 月出台的《关于加快高新技术创业服务中心建设与发展的若干意见》中,把孵化器定义为:以促进科技成果转化,培训高新技术企业及企业家为宗旨的社会公益型科技服务机构,是高新技术产业开发区的技术创新基础,是高新技术创业服务体系的核心部分,是技术创新体系的重要内容,是培育高新技术企业和企业家的学校,是解决科技与经济结合,培育新的经济增长点的有效手段。

　　在我国学术界的研究中,颜振军认为,科技企业孵化器是一种专为扶持新建小企业特别是新建科技型小企业而设计和运作的体系,该体系包括建筑和设施、一支精干的管理服务团队、与小企业生长相关的社会资源的有效组合。李志能认为,科技企业孵化器是通过提供一系列创业企业发展所需要的管理支持和资源网络,帮助和促进创业企业成长和发展的经济发展手段或企业运作形式。企业孵化器围绕创业者和创业者创办的企业两个要素运作,其作用集中体现在帮助创业企业的创立和成长、防止新技术外流并吸引外部资源的流入、系统地组织各种资源支持创业企业。景俊海认为,科技企业孵化器是指创业企业聚集的含有中小企业生存与成长所共享服务的系统空间环境。

孵化器具有很多的类型,从服务对象来分,有社会孵化器和企业内孵化器;从主体来分,有政府或社区主办的、有企业主办的、有学术机构主办的和多元主体混合的孵化器;从经营目的来看,有非营利性的和营利性的孵化器;从在孵企业的类型来分,有混合型孵化器、专业孵化器和国际孵化器等。近年来,孵化器的组织形式不断演化发展,出现了虚拟孵化器、连锁孵化器和创业孵化集团等。

7.4.2　企业孵化器的职能和作用

1. 企业孵化器的职能

简单地说,孵化器的功能是通过孵化器的资源整合,提供各种服务,帮助新创企业将其拥有的科技成果产业化。企业孵化器的功能在不断深化,创建初期往往只是提供孵化场地和公用设施。随着企业孵化器的不断发展,其孵化功能也在不断深化,对在孵企业的服务能力也在不断增强。

总体来说,企业孵化器一般要实现以下功能。

1) 创业服务

这是孵化器的基本功能,是为创业者的创业活动提供各种支持服务。通过向创业企业提供研发、生产、经营的场地和通信、网络与办公等方面的共享设施,进行系统培训,并提供咨询服务,在得到政策、融资、法律和市场推广等方面支持的同时,降低创业企业的创业风险和创业成本,提高企业的成活率和成功率。

企业孵化器为创业者提供良好的创业环境和条件,帮助创业者把发明和成果尽快形成商品进入市场,提供综合服务,帮助新兴的小企业迅速成长、壮大、形成规模,为社会培育成功的企业和企业家。

2) 非赢利职能

作为扶植小企业的创立和发展的组织机构,企业孵化器一般不以赢利为目标,而是以推动科技成果转化,繁荣社会经济和解决就业问题等社会效益为目标。其主要活动是以较低租金向小企业提供场所、设备;优惠地向小企业提供技术、咨询、信息以及资金等一些服务,以帮助小企业解决开办初期的各种问题。由于没有赢利目标,企业孵化器一般只通过租金和服务费来得到补偿,并要求自收自支,收支平衡,或略有盈余。

国外孵化器一般是由政府、社区、大学、经济发展机构、房地产开发商或其他组织来创建。孵化器本身虽然是非赢利机构,但也是各类主办机构实现自身目的的有效手段,为营利性机构如风险投资公司搭建了一个可以进入的平台。风险投资公司通过企业孵化器寻找投资对象,在企业的创业阶段与技术发明人和技术所有者合作,共同经营,共担风险,其目标在于共同分享未来的回报。随着高新技术领域竞争的日趋加剧,越来越多的风险投资基金热衷投资于科技推进型企业孵化器。这部分由创业基金投资的孵化器从建立伊始就带有明确的赢利目的,因此构成当前孵化器组织发展的一些新特点和新趋势。

3）政府职能

孵化器的政府职能包括推动社会科技进步、促进地方经济发展和增加就业机会三个方面。首先，企业孵化器是政府向科技主体提供服务的一种组织载体，通过孵化器，政府可以支持、引导和扶持科技市场中的主体，从而达到推动社会科技进步的目的。其次，促进地方经济的发展。一方面，作为一个企业孵化器的所在地，该地方的税收、就业和经济景气程度都会有明显的提高；另一方面，孵化器机制通过对高新技术项目"引入—孵化—毕业—输送"一条龙服务，会给地方带来新的经济增长点。此外，孵化器还能产生巨大的无形资产，例如，如果某地区争取到国家级创业中心的命名，那么该地区就获得了招商引资、吸引人才、扩大项目的一笔无形资产，同时也会为该地区的企业带来更优惠的融资，并创造了减免税等更宽松的生存环境。最后，孵化器本身作为新生企业的"摇篮"，在成长过程中能够持续吸纳劳动力，起到缓解我国就业压力的作用。

2. 企业孵化器的作用

企业孵化器在小企业特别是高新技术型小企业的形成和发展中起到了重要作用，极大地支持了科技企业的生长。例如，孵化器使我国科技成果转化率由全国平均 30％上升到 70％，企业成活率达 80％以上。孵化器的作用主要表现在以下几个方面。[1]

（1）孵化了大量的科技型中小企业，为国民经济的发展和产业结构的调整做出了贡献。

（2）提高了科技成果转化的成功率与存活率，为促进高新技术的产业化做出了贡献。

（3）作为中小企业的培养基地，企业孵化器创造了大量的就业机会，为保持社会的稳定做出了贡献。

（4）转变了科技人员的观念，营造了创业的氛围，为社会培育出一大批优秀的科技创业者和企业家。

（5）吸引了大量的海外学子回国创业，提高了国家的人才素质和国际竞争力。

（6）促进了国际科技的交流与合作，与国外的科学园区以及科技企业孵化器建立了多种形式的合作关系。

7.4.3　企业孵化器的运作流程

企业孵化器对创业企业进行孵化时，一般要经过入驻企业的选择、入驻企业的孵化、孵化企业的毕业和对毕业企业的跟踪服务 4 个运作阶段。

1. 入驻企业的选择

企业孵化器成功的标志是孵化企业的成功。因此，入驻企业的选择非常重要。首先，企业孵化器在正式选择入驻企业之前，需要确定选择孵化企业的标准。然后，当创业企业向企业孵化器提出孵化申请，并提交有关孵化项目技术经济可行性的论证文件、相

---

① 林强，姜彦福. 中国科技企业孵化器的发展及新趋势. 科学学研究，2002(4)

关证明材料、拟创办企业的基本情况、创业团队成员及其履历等材料后,企业孵化器对照入驻标准,通过问卷调查、技术评估、金融分析、项目评估、商业分析及创业者综合评估等多种手段对申请企业进行考察,最终确定是否接纳。

2. 入驻企业的孵化

孵化阶段是企业孵化器成功的关键,在这一过程中,企业孵化器围绕孵化企业开展各项活动,以提高孵化企业的素质,不断拓宽服务的内容和质量,帮助孵化企业成长壮大。服务内容从帮助企业构想、研究、开发、生产、销售以及企业的包装、上市的全过程服务,到这一过程所需要的资本、行政、物业、市场和会计等各个方面的服务。

3. 孵化企业的毕业

孵化期满,企业孵化器会根据孵化企业的技术开发和生产经营情况,对其做出毕业、续孵、育成或者无效等处理。目前,国内外还没有统一的孵化企业毕业的定量标准,一般考虑这样几个方面:孵化时间、成果商品化状况、市场状况、管理的规范化程度以及资金状况等。达到毕业条件的孵化企业可以毕业离开,并继续享受跟踪管理服务;虽未达到毕业条件,但有较大发展潜力的孵化企业,根据需要可以续签孵化协议;对未达到毕业条件,但有一定的发展,基本能维持运作的孵化企业,若没有继续孵化的必要,则按育成处理。对于没有发展,无力支撑下去的孵化企业,作孵育无效处理。

4. 毕业企业的跟踪

孵化企业毕业之后,企业孵化器的孵化任务并没有完全结束,企业孵化器还会对他们进行跟踪管理与服务。企业孵化器的成功与否与其所孵化的企业直接相关,毕业企业也是企业孵化器的一个品牌,企业孵化器对毕业企业进行跟踪管理,一方面是要为毕业企业进一步提供成长所需的服务,如依靠孵化器的网络关系继续帮助提供咨询和寻找合作伙伴,使毕业企业更好、更快地成长;另一方面,对毕业企业的跟踪管理服务还是企业孵化器完善自身评测系统、完善整体服务的一个有机组成部分。

7.5 中小企业产业集群

产业集群已成为当代经济发展中一个普遍现象,经济发达国家的产业集群现象十分明显。如聚集在美国硅谷、波士顿 128 公路微电子产业集群;聚集在底特律汽车制造业集群。传统产业集群仅意大利就有威尼斯玻璃器具业群;比耶拉、普拉托的毛纺织;都录、皮亚琴察的自动化设备;萨斯奥勒的瓷砖等产业集群闻名世界。至于德国的索林根刀具业群、印度班家罗尔地区的软件业、英国的剑桥工业园、法国的索菲亚、以色列的特拉维夫地区等亦是尽人皆知。

在产业集群浪潮席卷全世界的同时,我国中小企业集群也有了一定的发展。我国中小企业集群发展比较好的地方有浙江、江苏、广东和福建等东南沿海城市。我国传统产业的中小企业集群在浙江最为典型,当地称之为特色产业区或"块状经济"。目前浙江已形成产值超过亿元的企业集群 300 多个,其中 10 亿元～50 亿元的 90 多个,50 亿元～100 亿元的

10 多个，超过 100 亿元的有 4 个。高新企业也形成了以中关村为代表的高新技术企业集群，为中国经济注入了新的生机和活力。除北京中关村 IT 业高新企业集群外，各地形成的高新企业集群还有广东东莞的电子信息企业集群、上海浦东新区外高桥保税区的微电子信息企业集群、张江高科技园区的生物医药企业集群、广东佛山的陶瓷企业集群和台州的精细化工企业集群等。

中国中小企业集群虽然有了较快的发展，但与发达国家成熟的企业集群相比，中国目前的企业集群还处于浅发展阶段，其发育成长的环境条件并不完善，还存在着层次低、产业链条短、创新能力不足的弱点。

7.5.1 中小企业集群的概念

中小企业集群是一个在学术界广泛引用的概念，然而，迄今为止，产业集群尚没有形成一个统一的定义。由于对中小企业集群考察的角度不同，学者们对中小企业集群的定义也是有所区别的。

经济学家亚当·斯密从分工的角度对中小企业集群进行描述，他认为中小企业产业集群是由一群具有分工性质的中小企业为了完成某种产品的生产而联合形成的群体。分工和专业化使一个人或组织从事尽可能少的不同职能的操作，从而提高劳动生产率。迈克尔·波特（Michael Porter）从国家竞争优势的角度对中小企业集群进行描述，他认为中小企业产业集群是某一特定产业的中小企业和机构大量聚集于某一特定地区，形成的一个稳定、持续的竞争优势集合体，成员包括提供零部件等上游产品的供应商，下游的渠道与顾客，提供互补产品的制造商，以及具有相关技能、技术或共同投入的其他产业的企业，还包括提供专业的培训、教育、信息、研究与技术支持的政府或非政府机构，如大学、质量标准机构和短期培训机构。新制度经济学家威廉姆森（Williamson）从生产组织形式的角度对中小企业进行了研究，他认为中小企业产业集群是基于专业化分工和协作的众多中小企业集合起来的组织，这种组织是介于纯市场组织和科层组织之间的中间性组织，它比市场稳定，比层级组织灵活。

以上几种产业集群的定义由于研究的角度不同，所得出来的概念内涵的侧重点也不同。但是它们之间也存在以下一些共同处。

(1) 普遍认同中小企业产业集群是一种有生命力的经济现象，中小企业产业集群是以企业间和产业间的相互关联为特征的，而且普遍强调集群社会关系网络的作用。

(2) 大部分中小企业产业集群的定义都提到了产业集群的地理范围。

(3) 中小企业产业集群的研究者们克服了以往孤立分析单个企业和产业的局限，而着眼于从企业和产业之间的联系来进行研究。

根据以上的分析，可以对中小企业产业集群做出以下定义：中小企业产业集群是在某一相同的产业及其相关领域中，大量联系密切的中小企业以及相关支撑机构，如行业协会、金融机构、职业培训和科研机构等，在某一特定区域的高度集中，形成结构完整、外围支持产业体系健全、具有灵活机动等特性的有机网络体系，并形成强劲、持续竞争优势的现象。

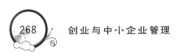

7.5.2　中小企业集群的特征

通过对中小企业集群概念的研究，可以看出，中小企业产业集群一般都具有以下特征。

1. 组织结构完整

基础设施、集群企业、社会资本、中介服务机构及规制管理机构这 5 大主体之间通过千丝万缕的利益关系组成柔性创新网络组织。它们的共同作用使该产业集群成为一个有机的经济网络，包括贸易网络和非贸易网络。其中，基础设施是支撑产业集群发展的硬件设施。集群企业是技术创新的主体，社会资本是集群支撑其发展的软件条件，中介服务机构是指为产业集群企业服务的金融、保险、运输、教育、培训、研究所和行业协会等机构。服务的本地政府部门、技术检测与监督机构等。

2. 地方关联性特征

中小企业产业集群强调经济主体的地方联系，是指经济行为深深地嵌入到区域的社会、文化和政治等关系中。地方关联性是产业地方化的重要标志，也是形成产业竞争优势的力量源泉。事实上，一个区域内各种传统、宗教、历史习惯，及在此基础上形成的价值观和人与人之间的关系，本身就是一种社会资本。这种社会资本既是联系各种生产要素的纽带，也是组合这些生产要素过程中降低交易费用的重要途径。因此，根植性从根本上强化了集群的竞争优势，显现了生产活动的独特性及随之产生的产品和服务的特色性。

3. 系统开放性特征

集群是一个与外部环境高度互动的开放的网络系统，而不是一个封闭的自给自足的系统。它既允许集群内的行为主体退出，又欢迎集群外符合集群化发展要求的行为主体的进入，使集群网络处于动态的组织更新状态，使网络常变常新。信息化时代集群形成的网络可以也应该纳入到全球网络之中，形成全球与地方之间的国际网络体系。

4. 地域内企业和生活空间集中性特征

企业在地理上的集中是产生外部规模经济的基础，是集群作为一种地域经济现象存在的条件，正是地理上的集中性使人们观察到了集群现象。

由于大量集群的存在，世界版图形成了色彩斑斓、块状明显的"经济马赛克"。大量中小企业，在大城市的近郊区或中小城市镇集合成群，空间上的接近使经济活动高度密集。根据在欧洲各工业区所做的实地调查，企业之间相距从 1 公里（市中心）到 100 公里不等，而且大约每 10 平方公里 50 家企业。

5. 集群创新特征

成熟的产业集群具有良好的知识转移机制，能加快技术知识传播，集群化使企业学习新技术变得容易和低成本。中小企业集群竞争优势的取得，一个很重要的原因在于以企业间密切交流、信任和合作为基础的高效的知识转移速度和效率，从集群知识转移主体、集群知识转移意境、集群转移内容、集群知识转移媒介为集群企业营造了良好的知识转移机制和转移通道,通过企业之间的专业分工和协作,将知识转移至相关企业,再经由其成员企业的模仿而提高整个中小企业集群区的竞争力。

6. 生产专业化特征

在现有可考察的产业集群中,大多内部专业化程度较高,迂回生产方式明显,因地缘、血缘、亲缘和朋友关系而形成的社会资本较丰厚,一些产业集群具有一定的深度与广度,发展颇为成熟,表现出较强的集群效应。而且,由于产业集群是由众多相互关联的企业围绕某一特定领域集聚发展而形成,因此集群发展方向始终是产业链纵向与横向的拓展,逐步形成一条更长更粗的产业链条。

7.5.3　中小企业集群的形成方式

中小企业集群的形成方式多种多样,没有固定和统一的模式。我国学者陈雪梅、赵珂在对中小企业集群形成原因分析的基础上,把中小企业集群的形成方式分成以下三类。[①]

1. 以家族关系和共同的文化背景为基础而形成的中小企业集群

这类企业集群是以血亲、姻亲关系或同乡、同窗或师生关系为联结纽带而形成的,主要通过企业相互间的信任与承诺而维持企业间专业化分工与协作关系。在意大利的每一个中小企业集群内,一般都有良好的传统与文化作为最重要的社会基础,其核心内容就是信任与承诺。我国浙江、台湾地区也存在以这种方式形成的中小企业集群。

2. 由大企业改造,分拆而形成中小企业集群

经济学原理指出,企业规模的扩大一方面会带来规模经济效应;另一方面也可能产生规模不经济。当企业规模扩大到由其内部组织生产所带来的边际收益等于它排斥市场和其他企业组织资源配置的边际成本时,企业边界就确定了。如果在此基础上企业规模再扩大,其经济效益就递减,所以对规模不经济的大企业,按照生产、供应和销售等环节或生产与服务相区分的原则进行改进、分拆,就成为中小企业集群形成的方式之一。这种方式的典型代表是 20 世纪 90 年代克罗地亚造船业中小企业集群的形成。

3. 由跨国公司对外投资形成的中小企业集群

"第二次世界大战"后,跨国公司直接投资是战后资本输出的最主要形式,跨国公司对一国的投资往往会集中于某一个地区,特别是享有优惠政策的经济开发区,在客观上就必然形成大批跨国公司投资成立的企业集中于某一固定区域的中小企业集群。研究表明,跨国公司的外国附属或合资、合作公司集中于某一区域形成企业集群对跨国公司的生产经营会带来比分布的投资更大的益处。中小企业集群能够比零星分布的企业提供更多的价值,更具有国际导向,更能适应被投资国的政治经济环境。鉴于上述原因,跨国公司对外投资而形成的中小企业集群便成为中小企业集群形成的一种形式。这类中

---

①　谯薇. 中小企业集群论. 成都:四川大学出版社,2006:67~70

小企业集群有美国电子通信公司在新加坡、马来西亚投资而形成的电子元件企业集群，以及日、韩汽车制造公司在英国投资形成的专门从事新型汽车开发的中小企业集群等。

目前，中小企业集群除了以上三种比较常见形成方式外，还存在其他几个常见的形成方式，分别是以中小企业协会等中介服务机构为组织主体而构建的中小企业集群、大学科研机构与企业间协同作用形成的高新技术中小企业集群以及以大的制造企业为核心，通过分级下包制度而形成的中小企业集群。

1. 以中小企业协会等中介服务机构为组织主体而构建的中小企业集群

这种企业组织结构可使中小企业自创业及发展时，得到技术、机器设备、原料、市场（订单）、人力和资金等方面的支持，尤其是民间协会在中小企业资金的融通周转中对集群更是扮演了重要角色。此外，全球化竞争的压力使中小企业面临许多考验，中小企业独立发展难免力量薄弱，而借助中介服务机构组成中小企业集群，则可强化企业间的彼此合作，避免相互恶性竞争，降低外部市场的不确定性，提高企业生存与发展能力。我国台湾的一部分中小企业集群就是经该方式而形成的。

2. 以大的制造企业为核心，通过分级下包制度而形成的中小企业集群

大的制造企业主要集中生产关键性的产品，而将一些较为成熟的产品，小批量生产的零部件以及子系统的生产以签订合同的形式下包给厂商，第一级下包厂商又可下包给第二级的下包商，以此形成以大制造企业为核心的多层中小企业下包商构成的中小企业集群。如日本汽车中小企业集群的形成推动力主要就是下包制度。

3. 大学科研机构与企业间协同作用形成高新技术中小企业集群

高新技术产品的研制需要大量的资本，这是中小企业所难以承担的。另一方面，中小企业对高新技术产品的快周期的灵活适应性又为这类企业的生存开拓了新的领域。其结果就促使了以某所大学或科研机构为核心的中小企业集群的形成与发展。在这种合作群体中，大学或科研机构为众多的中小企业提供可转化为商品的新技术成果和具有新产品、新工艺开发才能的科研人员以及设计人员。众多中小企业则为大学科研机构提供资金以及科研人员和毕业生进行实习的场所。这一形成模式最著名的例子是美国的"硅谷"。在硅谷不到 500 平方公里的土地上，聚集的生产性和服务性中小企业总数达8000 多个，它们与著名的斯坦福大学一起构成了从高技术产品的研究、设计、生产以及人才招聘、风险资本、法律服务和广告营销等互相配套的中小企业集群。

本章小结

在第 4 章介绍企业经营实务的基础上，本章从政策与环境的外部因素角度对企业的创业环境进行了描述。首先介绍了创业环境的相关理论知识和我国针对中小企业的政策现状。其次将区域环境与创业文化这两个互动性的要素结合，介绍了创业文化的概念和特征，并理论联系实际就我国典型区域的创业文化进行了比较分析，使读者有更加生动的了解和认识。最后介绍了创业企业生存和发展的几种典型环境，包括孵化器、科技园区和中小企业产业集群的产业发展机制，使读者更深刻地认识到如何根据外部经济环境和国家政策等方面选择适合企业自身成长的有利环境。

思考问题

1. 我国有哪几种典型的创业文化？其形成的必然因素分别是什么？

2. 企业孵化器对创业成功的影响有哪些？企业应当如何选择符合自身发展的孵化器？

3. 中小企业集群的形成方式有哪些？试概括我国主要企业集群的形成方式。

本章案例

浙江"原生型"企业集群与广东"嵌入型"企业集群的比较①

1. 浙江"原生型"企业集群

在浙江，专业化的中小企业集群十分普遍，浙江经济连续多年的超常规增长与其企业集群的贡献分不开，浙江企业集群的良性发展铸造了浙江的竞争优势。

一般认为，浙江的中小企业集群属于"原生型"，即浙江中小企业集群的发展较好地结合了本地的要素禀赋优势和历史文化因素，其发生发展经历了一个自然选择与演化的历史过程，具有很强的生命力和发展潜力（金祥荣，朱希伟，2002）。从形成原因看，浙江民间传统手工业的发展和繁荣的商业历史，古典心态和东方式的人文环境，以血缘、亲缘和地缘为纽带的人文网络和"宁做鸡头不做凤尾"的传统心态使得相互依存的中小企业集群得以萌芽（李永刚，祝青，2000）。同时，改革开放、培育市场的制度条件以及市场竞争条件下的生存选择使得具有网络特征的中小企业集群得以迅速形成。从结构特征看，浙江中小企业集群是以专业性市场为依托，以专业化分工为基础，以专业化产品为主业，生产性中小企业子群落与商贸服务性中小企业子群落并联耦合。在浙江任何一个功能完备的中小企业群落都是由这两个子群落共同构成，中小企业与大群落两极对应特征极为明显（罗若愚，2002）。

浙江"原生型"企业集群有其自身的发展和演化过程。（表 7-3）从专业分工发展过程来看，浙江中小企业集群的专业性分工经历了三个发展阶段，即生产的专业化阶段、生产工艺专业化阶段以及生产服务专业化阶段。从规模变化来看，企业集群采取了两种不同的扩张模式。在集群形成的初级阶段，主要采取了原值膨胀的发展模式。随着企业集群进入成熟壮年期，它的发展方式也从"原位膨胀"转向"异地孵化"，即在一个不同的通常距离较远的地理空间上孵化出与自身同质的新的企业集群，以突破原生区位上的发展限制，开辟新的更广阔的发展空间（罗若愚，2002）。从制度变迁来看，可以将其演化过程区分为"集体企业制度以求创业准入"、"集体企业＋戴红帽子＋少量个体企业以减少所有制轻视"、"集体＋个私＋部分股份制企业"、"股份制＋个私＋少量集体企业"4 个发展阶段。

---

① 刘友金. 中小企业集群式创新. 北京：中国经济出版社，2004：200～206

表 7-3　浙江"原生型"企业集群的演变过程

创新模式 的演进阶段	诱致性制度创新的演变	区域集聚弥补规模经济 不足模式	创新要素不求所有、但求所用模式
第一阶段	集体企业制度以求创业准入	乡村集市,以降低企业的销售费用	高薪聘请科技人员,如星期日工程师等。"不求所有,但求所用"
第二阶段	集体企业+戴红帽子+少量个体企业以减少所有制轻视	发展特色块状经济,以范围经济来弥补规模经济不足	购买使用技术、重用有贡献的科技人员
第三阶段	集体+个私+部分+股份制企业	以专业市场为中心的空间集聚型企业集群	技术入股、构建自己的科研与产品开发机构,形成"内养外联"创新机制
第四阶段	股份制+个私+少量集体企业	以产业组织为主要形式的企业集群	集群内完整创新链(研究开发—柔性专业化—市场开拓)构建

资料来源:汪少华、佳蕾,浙江省企业集群成长与创新模式研究[J],科研管理,2003(1)

2. "嵌入型"企业集群

　　与浙江"原生型"企业集群不同,广东的中小企业集群最突出的特点是"嵌入型"企业集群。特别是广东专业镇的发展,更是表现出典型"嵌入型"企业集群的特征。广东专业镇的形成主要是通过政府规划和引导,依靠广东的地线优势、政策优势、低成本优势吸引外来企业直接投资,建立外向型加工制造业基地,并且逐渐形成了产业集聚规模。

　　根据广东省科技厅副厅长马宪民 2002 年在浙江宁波召开的《全国首届产业集群研讨会》上的有关介绍,广东省现有 500 多个产业群——专业镇,广东省各区镇的经济规模与集群经济正相关,走出了一个有特色的"小企业、大产业","小商品、大市场"的经济发展道路。

　　广东省 1999 年启动专业镇发展计划,批准 46 家专业镇试点,其试点的目的主要是探索以下重要问题。

　　(1) 政府、大学共同制定专业镇发展计划,推动产业升级。

　　(2) 为专业镇建立特色服务网络,使中小企业获得技术开发的信息与途径,获得社会网络。

　　(3) 使中小企业获得创新优势,降低过去广东中小企业单纯对低成本优势的依赖。

　　广东省专业镇发展计划中政府的作用并不是直接办企业而是搭建集群平台,具体体现在如下方面。

　　(1) 政府出面,请专家进行领导层设计和产业群规划。

　　(2) 确定发展方向——专业化(有特色的)、品牌化、国际化。

　　(3) 按照规划的要求,进行基础设施(硬环境)建设,省、市、镇投入的比例为 1∶10∶100。

　　(4) 制定配套政策,营造良好的软环境。

　　(5) 通过引导中介的服务,整合各种资源。

　　广东专业镇在推动广东省经济发展中所起的重要作用如下。

　　(1) 有效地促进了创新。原来单个中小企业,遇到产品设计就要送到香港,设计的周期比较长；现在建立了专业镇，可在专业镇内自行设计，而且只要几天甚至几个小时就可以设计出来。

（2）推动了地方可持续发展。原来单个孤立的中小企业是"点—点"的单打独斗，现在专业镇中的中小企业是"点—面"的群体作战，创新的根基在专业镇上，或者说创新植根于专业镇的区域创新网络之中，实现了产业的本土化、人才的本地化、市场的国际化。

（3）创新平台使中小企业在创新资源获取方面站在与"大企业"的同一起跑线上。

（4）成为高新技术改造传统产业的重要途径。专业镇加快了运用高新技术改造传统产业的速度，提高了生产效率和效益，其结果"生产一件内衣比生产一台电视机的获益更大"。

（5）加快了小城镇建设。以"小企业，大集群"为依托，实现"小城镇，大战略"。

（6）是解决"三农"问题的有效途径。专业镇的建设，为解决"三农"问题找到了一条很好的实现途径。

广东外向型企业集群的形成经历了 4 个阶段：试探性阶段、发展阶段、企业集群形成阶段和走向成熟阶段。经过这 4 个阶段的发展，投资主体逐渐多元化、规模逐渐增大、数量增多，并且投资的重点也逐渐由劳动密集型产品向技术密集型产品发展，凸显出产业升级的趋势（杨建梅、冯广森，2002）。

然而，广东的嵌入型为主的企业集群难以形成根植性，表现在这些外资企业对当地相关产业前向、后向关联效应差，没有完全把当地企业纳入其产业链中，外生型企业在当地的集聚是所谓的"复制移居链"，即一些有着产业联系的上下游生产企业"一窝蜂"地相继前来投资办厂，以维持原来的生产联系。造成集群内那种独特的地方性文化特征的发展演变弱，约束力小，因而根植性差，这种企业集群架构具有"可迁移性"或"可复制性"，当区位条件发生变化时，容易形成空洞化。

3. 两种类型企业集群的比较及其启示

根据前面的分析，可以看出浙江"原生型"企业集群与广东"嵌入型"企业集群的明显不同特征。下面从形成过程、产生条件和表现特征等 5 个方面对此做一些归纳和比较。

从形成的过程来看，浙江"原生型"企业集群：

（1）是以自发形成为主。

（2）是在既定的制度下生存，并能适应制度的变化，在制度缝隙中生长，同时又内在地推动了制度的变革。

（3）是以企业的内生衍化为集群的主要扩张模式。

而广东"嵌入型"企业集群：

（1）是以政府主导建立为主。

（2）是首先构建适宜集群生长的制度环境，或者说先进行制度创新，然后构建集群模式，引导集群的形成。

（3）是以企业的外部加入为主要扩张模式。

从产生的条件来看，浙江"原生型"企业集群：

（1）是要有开明的地方政府。

（2）是以特有的人文环境、商业传统为背景，以血缘、亲缘和地缘关系为纽带。

（3）在形成初期要有相对较大的本地市场为基础。

而广东"嵌入型"企业集群：

（1）是要有开拓型的地方政府。

（2）是要科学、合理、系统的规划和引导，要有市场基础。

（3）是要以完善基础设施（硬环境）和配套的政策措施（软环境）为先导。

从表现的特性来看，浙江"原生型"企业集群：

（1）起步的速度相对较慢，形成过程相对较长。

（2）群内企业的产业关联性强，集群聚集效应大，聚集功能强。

（3）集群比较稳定，根植性强。

而广东"嵌入型"企业集群：

（1）起步的速度相对较快，形成过程相对较短。

（2）群内企业的产业关联性弱，集群聚集效应稍差，聚集功能稍弱。

（3）集群具有可"迁移性"，根植性较弱。

从浙江"原生型"企业集群与广东"嵌入型"企业集群的比较中可以得到这样一个重要的启示。

（1）企业集群的产生是有条件的，这种条件可以是自然发展成熟的，也可以是人为创造的，因此企业集群的形成过程可能是"原生型"的，也可能采用"嵌入型"的方式。

（2）政府在引导企业集群的形成过程中不是无能为力，而是大有作为的。但这种政府不是一般的政府——要么是开明的政府，如浙江，政府不直接干预企业，但给企业发展开绿灯，在市场经济的大门还未完全敞开之前，能巧妙地留出企业集群自然生长的制度缝隙；要么是开拓的政府，如广东，地方政府充当专业镇（集群）萌芽和发展的"第一推动力"，通过平台建设，创造性地实现"政府搭台，企业唱戏"。

（3）自然成长的"原生型"企业集群的根植性强，当专业镇这样一种"嵌入型"企业集群进入良性发展轨道以后，就要慢慢弱化政府的作用，"过河拆桥"，让企业自由"游泳"。从而使"嵌入型"企业集群的内部结构和产业网络通过市场机制进行自然优化和重构，促使"嵌入型"企业集群从"人工培植"向"自然成长"过渡。

最后值得指出的是，通过对浙江"原生型"企业集群与广东"嵌入型"企业集群的比较，也为其他地区发展传统型企业集群，引导传统型产业的中小企业集群式创新提供了重要的可供借鉴的经验。（表7-4）

表7-4　浙江"原生型"企业集群与广东"嵌入型"企业集群的比较

	浙江"原生型"企业集群	广东"嵌入型"企业集群
形成的过程不同	自发形成为主	政府主导建立（人工培植）为主
	在既定的制度下生存，并能适应制度的变化，在制度缝隙中生长，同时又内在地推动了制度的变革	首先构建适宜集群生长的制度环境，或者说先进行制度创新，然后构建集群模式，引导集群的形成
	以企业的内生衍化为集群的主要扩张模式	以企业的外部加入为集群的主要扩张模式

续表

	浙江"原生型"企业集群	广东"嵌入型"企业集群
产生的条件不同	有开明的政府	有开拓型的政府
	以特有的人文环境、商业传统为背景,以血缘、亲缘和地缘关系为纽带	有科学、合理、系统的规划和引导,有市场基础
	在形成初期有相对较大的本地市场为基础	以完善基础设施(硬环境)和配套的政策措施(软环境)为先导
表现的特性不同	起步的速度相对较慢,形成过程相对较长	起步的速度相对较快,形成过程相对较短
	群内企业的产业关联性强,集群聚集效应大,聚集功能强	群内企业的产业关联性弱,集群聚集效应稍差,聚集功能稍弱
	集群比较稳定,根植性强	集群具有可"迁移性",根植性较弱

第 8 章

大学生创业

在教学与科研中树立追求一流的意识,在无数的诱惑面前把握科学和研究的关系,自由制订研究计划,积极寻求工业界的合作,保持一个相互渗透的环境,以及坚持研究的开放性。这就是斯坦福大学的成功之道。

——斯坦福大学校长卡斯帕尔,1998

学习目的

1. 理解我国大学生创业的特点。
2. 掌握大学生创业的过程。
3. 思考我国创业教育的实施方式。

引 言

我国大学生创业先锋①

全国大学生创业第一人李玲玲：没有失败的女老板

创业回放——1999 年 7 月,华中科技大学新闻系大三学生李玲玲因高杆喷雾器和防撬锁两项专利从武汉世博公司获得 10 万元创业风险基金,并注册成立天行健科技开发公司。李玲玲以专利入股,占公司 40％的股份,出任公司董事长兼总经理。于是,她便被媒体称为中国第一个获得创业基金的大学生、全国大学生创业第一人。公司创办后,因为内部利益关系错综复杂,最终李玲玲与投资方合作破裂,公司也随之宣告倒闭,李玲玲的创业因此失败。

现状概述——天行健公司破产后,李玲玲于 2000 年创办了自己的网站中国大学生创业网,同年 5 月,注册成立了武汉海纳科技有限责任公司,任总经理。目前,公司生产规模小、产量满足不了订单的局面困扰着她,但创业之路她会坚定地走下去。

大学生休学创业第一人鲁军：蓄势待发的餐馆小老板

创业回放——1999 年 7 月 18 日,鲁军作为清华大学经济学专业硕士研究生申请休学获得批准,成为中国第一个休学创业的大学生。1999 年 8 月,在获得第一笔私人投资后,他正式创立北京易得方舟信息技术有限公司,任总裁。2000 年 5 月,公司又成立了北京易得方舟中文在线信息技术有限公司。易得方舟鼎盛时网站的日页面浏览量突破 300 万,注册用户达到 15 万。但到了 2000 年年底,易得方舟账上只有几千元。到了 2001 年 9 月,鲁军已经无力交纳每个月 12 万元的服务器托管费,宣布放弃网站,离开了易得

---

① 创业财富:大学生创业先锋们,现在好吗?. 中国教育报,2006 年 06 月 28 日

方舟。

现状概述——关于鲁军没有确切消息,据有关媒体透露,他在北京经营一家餐馆,并准备从事与媒体相关的业务。

上海大学生创业第一人傅章强:身价千万的老总

创业回放——1998 年年初,傅章强还是上海海运学院研究生二年级的学生。他租了一套两室一厅的房子,投资两万余元,置办了三台计算机,开始了创业的历程。当年 12 月,他靠申德宝公司出资 100 万元这笔初始风险资金,悄悄地在浦东正式注册了必特软件有限公司,成为申城大学生创业第一人。1999 年 6 月,乘上海浦东软件园首期工程结束招商之际,他抓住机会成为第一家谈判单位,并签订了入园协议,2000 年 3 月成为第一家入驻浦东软件园的公司。2001 年 11 月,公司通过上海市高新技术企业认定。

现状概述——傅章强仍然是上海必特软件公司的董事长兼总经理。公司总资产从注册时的 100 万元增长到 2 000 多万元,拥有了上海必特信息技术有限公司、上海必智软件有限公司、上海必特数码科技有限公司、福建必特软件有限公司 4 家控股子公司,并在北京、广州和武汉等重要城市设有分支机构。公司计划出售逾 30%的股份,以筹集资金为公司在新加坡证券交易所申请上市做准备。

……

总体来讲,中国这些大学生创业先锋们成功的少,失败的多,但比这些大学生创业成败结果更为重要的是他们曾经勇敢地尝试过。他们创业过程中积累的丰富经验与深刻教训也将是现代大学生们的宝贵财富;他们那“做中国的微软”、“年轻没有失败”的豪言壮语,敢为人先的精神将对千千万万大学生创业起到巨大的榜样示范和指导作用,大学生创业需要他们的经验教训,更需要他们这样的勇气和精神。

本章的内容结构图如图 8-1 所示。

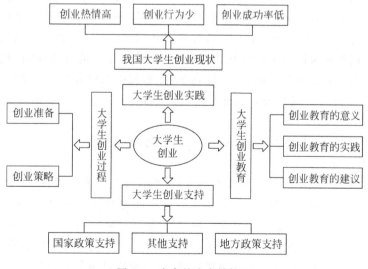

图 8-1 本章的内容结构图

8.1 大学生创业实践

　　大学生创业发展最快、最好的要算美国,现在大学生创业已成为美国经济直接驱动力之一。据麻省理工学院(Massachusetts Institute of Technology,MIT)1993年的一项统计显示,该校的毕业生已经创办了4000多家公司;自1990年以来,该学院的毕业生和教师平均每年创办150家新公司,仅1994年这些公司就雇用110万人,创造了2 320亿美元的销售额,对美国特别是对马萨诸塞州的经济发展做出了重要贡献。据美国波士顿银行(Bank of Boston)1997年发表的《MIT:冲击创新》(*MIT*:*The Impact of Innovation*)报告显示,如果把麻省理工学院的校友和教师创建的公司组成一个独立的国家,那么这个国家的经济实力将排在世界的第24位。斯坦福大学(Stanford University)是另一个典型。据统计,美国硅谷60%~70%是斯坦福大学的学生和教师创办的。斯坦福大学较完善的创业教育措施,造就了斯坦福师生在硅谷中活跃的创业力量,1986—1996年,硅谷总收入中至少有一半是由斯坦福大学师生创办的企业创造的。由此可见,大学生创业在美国已经非常成熟,并已成为该国经济发展不可或缺的重要组成部分。

　　我国大学生创业起步较晚,中国大学生创业的历史可以追溯到改革开放之初,而广泛的大学生创业则是在1998年5月清华大学举办的被誉为"比尔·盖茨的孵化计划"的"大学生创业设计竞赛"之后才迅速发展起来的。经过这么多年的发展,当前我国大学生创业表现出以下几方面的特征。

1. 大学生创业热情很高

　　继1998年清华大学举办的"大学生创业设计竞赛"之后,1999年3月,由团中央、中国科协、教育部、全国学联主办的"挑战杯"全国大学生创业计划竞赛轰轰烈烈地展开;1999年年底,上海也开展了首届"亿唐杯MBA创业计划大赛"。此外,1999年前后也是网络企业发展的高峰,创立网络企业的各种资源比较易于实现,商界对网络企业也较为追捧。一时间创业成为社会关注的焦点,扬起了无数大学生的理想风帆,从而在全国范围内掀起了大学生创业热潮。随后,我国在2002年起引入创业教育。2004年4月后创业教育在国内各高校正式启动,出现了从中央到地方各高校全面重视大学生创业的热潮。

　　我国大学生创业热情的高涨归纳起来主要有两方面的原因。

　　1) 大学生自身的原因

　　连续几年高校扩招使高等教育进入了由"精英教育"向"大众教育"转变的过渡时期。随着大学扩招后毕业生的迅速增加,大学生就业难问题日益突出,用人单位又大多数希望应聘者有过工作经验,毕业生就业压力越来越大。国家"十五"重点课题"高等教育规模扩展与劳动力市场"课题组对2005年的大学毕业生进行的大规模问卷调查显示,大学生毕业时真正签约者只有33.7%。面对这种压力,选择自主创业成为了一条就业出路。此外,还有一部分大学生为了实现自身价值,使个人价值得到更大的发挥,从而达到理想彼岸的金光大道,也选择自主创业。

2) 创业环境变化的原因

自 1999 年年末通过的《中华人民共和国个人独资企业法》掀起了中国第三次创业浪潮至今,国家对大学生创业的支持在不断加强,各种机构组织的创业大赛也越来越多。教育部出台政策,热情鼓励高校毕业生自主创业、灵活就业。劳动与社会保障部、人事部纷纷出台政策为大学生创业排除制度障碍;财政部、国家体改委等部委先后为高校毕业生从事个体经营提供优惠政策;相应地,各级地方政府为大学毕业生创业制定了一系列优惠办法;各高校也积极为大学生创业创造支持条件。种种政策激励和优惠进一步激发起了大学生的创业热情。总体而言,创业环境较过去更为有利。

在这两个原因的推动下,我国大学生创业的热情不断高涨,创业热潮一浪高过一浪。

2. 大学生真实创业行为少

尽管当前我国大学生创业热情很高,但是创业意愿与真实的创业行为之间差距较大。美国创业周的主办者考夫曼基金会对中美大学生的调查显示,美国大学生中想创业的人数达到 70%,实际创业的人数占到 20%,而中国大学生中,想创业的人达到 80%,但是,真正创业的只有 0.01%。根据我国首个大学生创业指数报告"2007 大学生创业调查及创业指数研究报告"显示,目前上海在校大学生普遍反映出较高的创业热情,怀有创业梦想的学生比例超过七成,大学生的创业热情指标达 61.2 分。然而,将创业梦想落实到行动中的大学生却不到一半,大学生创业准备分值仅为 48.2 分(各分值按照满分百分制换算),这说明大学生创业仍然存在眼高手低的情况。

我国大学生出现的这样一种眼高手低的创业现状是由多方面原因所导致的。概括起来,主要包括以下几方面的原因。

(1) 社会经验不足。社会经验的不足是目前在校大学生创业最大的瓶颈,虽然现在的大学生掌握了一定的理论基础,有一定的知识和技能,但是大学生毕竟身处校园,不能很好地了解市场规律和法则,同时又欠缺实际的经营管理能力和各种理财能力,在真正创业实务操作方面无法应付。

(2) 资金的缺乏。创业资金的缺乏也是制约在校大学生进行创业的一个重要原因。大部分大学生没有经济基础和经济来源,同时大学生在集资方面又欠缺经验,故常常导致"巧妇难为无米之炊"的局面。

(3) 创业与学业的矛盾。创业必须付出大量时间和精力,因此在创业过程中必然会影响当前的学业,有一部分人正是考虑到了创业会影响学业,因此,为了学业而放弃了创业。

(4) 家里的压力。家长的反对也是作为阻碍在校大学生创业的一个原因。在一般的父母观念中,他们辛辛苦苦送孩子读大学都是为了将来能找到一份体面、稳定的工作,为家里提供资金支持,而不是去从事高风险的创业。

总之,尽管目前我国大学生创业的热情很高,但是由于以上这些原因,最终真正进行创业实践的大学生很少。

3. 大学生创业成功率低

大学生作为创业大军中的一个特殊群体,他们拥有比较高的文化水平,容易接受新鲜事物,各种羁绊也较少,所以创业能够轻装上阵。但相比之下,由于涉世不深,缺乏各种经验,资本积累薄弱等原因也容易导致大学生创业的夭折。就目前来看,大学生创业的成果并不是十分乐观的。在已经进行了创业的大学生中,首次创业成功的比率是非常低的。据不完全统计,2006年我国创业企业的成功率只有30%多,而在创业大军中,大学生创业成功率仅为2%~3%,只占到了成功创业企业的一成,远低于一般企业的创业成功率。

我国大学生创业成功率普遍偏低是多方面原因造成的,既有缺乏经验、创业观念和资金困境等内在原因,也有政府政策执行力不强、创业教育不足等外在原因。在曾春水、丁兆明等人的一次调查中发现,对于创业的最大障碍,49.8%的学生认为是经验不足、缺乏社会关系,另有34.2%的学生认为是资金不足。

除了以上这些原因之外,还有一个重要的原因就是大学生创业素质的欠缺。创业素质是使经营事业取得长期成功的内在保障,据中国劳动关系学院的《创业素质调查》问卷调查显示,学生群体最大的创业素质问题反映在如下4个方面。

(1) 专业素质偏低,对于专业知识不够了解且并未主动继续加深学习。

(2) 知识面窄,缺乏实际的操作能力。

(3) 追求功利性,缺乏足够的上进心。

(4) 忽视心理素质的培养,过分强调知识灌输和专业技能教育。

这些都成为大学生创业成功率低的因素。

8.2 大学生创业支持

8.2.1 国家和地方政策支持

随着大学生就业形势的严峻和国家对大学生创业的重视,近年来中央政府和各地方政府又出台了一系列扶持大学生创业的优惠政策,从创业资金、创业环境、创业手续和创业培训等诸方面给予大学生创业者政策上的扶持。无疑,国家政策的驱动仍是大学生创业环境不断改善的最重要原因之一。

1. 国家政策支持

为了鼓励和支持大学生创业,国家出台了许多重要政策,采取了不少重大举措,特别是十六大以来,国家为大学生创业制定了许多新的政策。主要表现如下。

(1) 2002年,教育部、劳动与社会保障部、人事部等出台了鼓励和帮助大学生自主创业、灵活就业的政策,同时加大了户籍管理、人事管理和社会保障等领域的改革,以便与大学生创业机制相配套。

(2) 2003年5月29日,国务院办公厅下发《关于做好2003年普通高等学校毕业生就业工作的通知》(国办发[2003]49号),其中第四条规定:"鼓励高校毕业生自主创业和灵活就业。凡高校毕业生从事个体经营的,除国家限制的行业外,自工商部门批准其经营之日起 1 年内免交登记类和管理类的各项行政事业性收费。有条件的地区由地方政府确定,在现有渠道中为高校毕业生提供创业小额贷款和担保。"

(3) 2003 年 6 月,国家工商总局下发《关于 2003 年普通高等学校毕业生从事个体经营有关收费优惠政策的通知》后,上海、天津、重庆、黑龙江、辽宁、吉林、安徽、江西、福建、广东、广西、陕西、甘肃和新疆等省市自治区纷纷出台了类似政策,后来又陆续出台了优惠贷款的政策。

(4) 2003 年 6 月 26 日,财政部、国家发改委为切实落实国办发〔2003〕49 号文件精神,鼓励高校毕业生自主创业和灵活创业,下发《关于切实落实 2003 年普通高校毕业生从事个体经营有关收费优惠政策的通知》,凡高校毕业生从事个体经营的,除国家限制的行业(包括建筑业、娱乐业以及广告业、桑拿、按摩、网吧、氧吧等)外,自工商部门批准其经营之日起 1 年内免交登记类和管理类的各项行政事业性收费。有条件的地区由地方政府确定,在现有渠道中为高校毕业生提供创业小额贷款和担保。

2. 地方政策支持

为支持大学生创业,地方各级政府也出台了许多优惠政策,涉及融资、开业、税收、创业、培训和创业指导等诸多方面。对打算创业的大学生来说,了解这些政策,才能走好创业的第一步。例如,上海市对大学生创业的优惠政策有:应届大学毕业生创业可享受免费风险评估、免费政策培训、无偿贷款担保及部分税费减免 4 项优惠政策;从 2006 年起,上海市政府将连续 5 年,每年投入 1 亿元用于大学生科技创业基金,帮助"学生老板"厉兵秣马;上海还设立了"天使基金",大学生创业最高可获"天使基金"30 万。海南省高校毕业生从事个体经营者,可全额免交个体工商户注册登记费等 18 项收费项目。湖南对从事个体经营的高校毕业生,三年内免交登记类、管理类和证照类的各项行政事业性收费。广州对从事个体经营的高校毕业生,免交有关管理类、登记类和证照类行政事业性收费共 26 项。辽宁设立"高校毕业生创业资金",毕业生可获创业贷款担保 5 万。重庆毕业或在南京上大学的重庆学生,不需任何抵押、担保,即可获得不高于 5 万元的创业贷款。除了以上这些省市,还有许多地方也都出台了各种优惠政策,以支持和鼓励大学生创业。具体见资料:我国部分地区大学生创业优惠政策。

 案例

我国部分地区大学生创业优惠政策①

上海市

1. 大学毕业生创业 4 项优惠政策

根据国家和上海市政府的有关规定,上海地区应届大学毕业生创业可享受免费风险评估、免费政策培训、无偿贷款担保及部分税费减免 4 项优惠政策,具体包括:

(1) 高校毕业生(含大学专科、大学本科、研究生)从事个体经营的,自批准经营日起,1 年内免交个体户登记注册费、个体户管理费、经济合同示范文本工本费等。此外,如果

---

① 各地大学生创业优惠政策总汇. 世界经理人,2007 年 12 月 18 日

成立非正规企业,只需到所在区县街道进行登记,即可免税3年。

（2）自主创业的大学生,向银行申请开业贷款担保额度最高可为7万元,并享受贷款贴息。

（3）上海市设立了专门针对应届大学毕业生的创业教育培训中心,免费为大学生提供项目风险评估和指导,帮助大学生更好地把握市场机会。

2. 每年1亿助"学生老板"科技创业

从2006年起,上海市政府将连续5年,每年投入1亿元用于大学生科技创业基金,帮助"学生老板"厉兵秣马。2005年3月,市政府启动大学生科技创业基金。每年5000万元,连续三年投入1.5亿元,支持创业种子尽快"破土"。截至2005年年底,共有172个项目获得创业基金资助,受助总额达2475.4万元,注册成立公司110多家。据基金会负责人介绍,从2006年起,大学生科技创业基金的总量进一步扩大为每年1亿元,由新成立的基金会负责运作,组织协调大学生科技创业工作。

3. 大学生创业"天使基金"最高30万元

大学生开办企业可获5万元~30万元支持,即使奋斗失败也无须赔偿损失。为了激发"天之骄子"的创业激情,申城专门设立了大学生创业"天使基金"。

"天使基金"将根据学生的申报计划,严格评估学生创业项目,然后确定实际支持金额。这笔资金将以股权形式投入到学生企业中,获利部分将成为创业者的利润,而一旦创业失败也无须学生还款。

在创业之前,专门机构还将对学生科技创业者进行创业培训,使其迅速拥有"老总"素质,相关部门还将为大学生免费提供代理工商注册登记、纳税申报和发票管理等服务。

北京市

从2006年5月起,除拥有北京《再就业优惠证》的人员外,持有北京户口的未就业大学毕业生想要从事个体经营或自主、合伙创办小企业自筹资金不足的,也可申请小额担保贷款。

为了让更多的人群享受就业优惠政策,在原有享受范围的基础上,北京首次将城镇低保人员、残疾失业人员、农转居人员和大学生等纳入了优惠政策的适用范围。

大学生毕业后有创业要求的,只需带着自己的学历证明和北京市户口,到户口或经营所在地的社保所申请即可。

重庆市

重庆毕业或在南京上大学的重庆学生,不需任何抵押、担保,即可获得不高于5万元的创业贷款。为降低贷款风险,此类创业贷款的年基准利率一般在现有利率基础上上浮15%~20%左右。副市长陈刚透露,大学生创业贷款,其年限一般在1年左右。

重庆5项优惠政策鼓励大学生创业和就业。

（1）大学毕业生从事个体经营,1年内可以免缴行政事业性收费。

（2）凡自愿到重庆市工作的毕业生,只要与用人单位签订就业合同,不受学校、专业、学历和生源的限制。

（3）半年以上未就业有固定户口的大学毕业生可在其户口所在地居委会登记,申请

3 000～4 000元人民币的银行抵押和担保贷款。

（4）自谋职业的毕业生，根据本人意愿，可将户口和人事档案暂存就读学校2年或由市大中专毕业生就业指导中心存管2年，存管期间免收档案管理费。

（5）加强毕业生就业指导，引导大学生转变择业观念。

另外，重庆转为直辖市以来，进入各类高校的重庆学生越来越多，全市各高校在校生人数也较直辖初增加了约1倍。为适应大中专生就业形势的变化，重庆市近两年先后推出了大学生自主创业小额贷款、对本地和外地生源平等开放就业资源及就业市场等措施，为大中专毕业生创造了更多的就业机会。据统计，全市近两年毕业的大学生中，有4.2%的人选择了自主创业。更具体的信息可到当地税务机关或者劳动局咨询。

天津市

满怀创业激情的大学毕业生在天津不必为注册资本等难题担忧了，该市出台的一系列优惠政策将帮助其尽快实现"老板"梦。

由天津市工商局制定的大学生创办私企优惠政策包括：放宽注册资本缴付标准与时限、允许毕业生以人力资源和智力成果投资入股、放宽私企经营范围、工商部门上门为企业服务等。

据介绍，天津市工商部门允许创办私营企业的应届高校毕业生分期缴付注册资本，以生产性和零售业务为主的商业性公司，首期出资5万元以上并提交相关证明和承诺书即可获得营业执照；而咨询服务性公司首期出资2万元以上即可。

同时，该市允许具有管理才能、技术特长或者有专利成果的毕业生以人力资源和智力成果向私营企业投资入股，最高可达注册资本的20%。如以高新技术成果入股，经有关部门同意，其所占份额可占注册资本的35%。

湖南省

如果你是高校毕业生，现在还没有就业想自己创业，不要为创业条件缺乏太过忧愁。据了解，湖南省劳动和社会保障厅下发《关于进一步做好高校毕业生就业有关工作的通知》中规定：从事个体经营的高校毕业生，可享受三年内免交登记类、管理类和证照类的各项行政事业性收费的优惠政策。对自愿到湘西地区及县级（含县级）以下基层自主创业的高校毕业生，其自筹资金不足的，可申请小额担保贷款。对从事微利项目的，贷款利息由财政承担50%，逾期不贴息。

《通知》明确要求全省各地劳动保障部门主动配合相关部门，落实高校毕业生就业有关扶持政策。《通知》还要求各地公共就业服务机构设立高校毕业生专门服务窗口，提供免费政策咨询、职业指导和职业介绍服务。

大学生想做小老板，还将有机会得到一些实际指导。按照省劳动和社会保障厅的部署，对希望参加创业培训的，由各地相关部门组织其参加"创办你的企业（SYB）"创业培训班，并提供创业项目、开业指导和融资服务等配套服务。对经过创业培训合格的学员，省劳动和社会保障厅要求将其纳入当地创业服务体系，提供项目开发、专家指导和小额贷款等"一篮子"服务，帮助他们成功创业。

福建省

2006年，"福州大学新楚大学生创业助力工程"正式启动，该工程由福建省经济贸易委员会、福州大学、福州福大自动化有限公司联合实施,自动化公司董事长陈新楚先生出资 1000 万元人民币,对福州大学学生进行创业投资。

据介绍,省经贸委将组织专家为大学生提供免费创业培训,目前已有 1 784 名本科生、研究生报名参加创业培训班。

前期培训后,学校将从中挑选 1 503 人参加企业实务等方面的培训,如企业基础管理、财务控制等,之后进入实训阶段。福大自动化科技有限公司将设立创业实验室,选派管理、科技管理、技术人员,为这 1 503 名大学生设立一个创业项目库。创业团队或个人进行创业前的模拟运作,同时由相关专家,结合创业计划、市场前景,对各创业团队或个人集中培训或个别指导。

最后,再根据各团队的表现,由自动化公司确定创业投资项目,给予每个创业项目 8 万元~10 万元的首期资金支持。此后,福州大学、自动化公司还将给予跟踪指导。

江西省

江西省规定,高校毕业生灵活就业或在非公有制单位就业,免费进行劳动合同鉴证,3 年内免费提供档案管理,并享受社保代理服务;自愿到县级以下基层事业单位和各类中小企业、非公有制单位就业,符合相关条件的,3 年内免职业资格证书工本费、劳动争议仲裁费和职业技能鉴定费等 8 项行政事业性收费。

对从事个体经营且符合条件的高校毕业生,可享受不超过 5 万元的小额贷款,贷款期限最长不超过 2 年。对符合条件合伙经营的,可以根据人数和经营规模扩大贷款规模;对从事属于国家支持发展的服务业、餐饮业和商贸业项目,可享受财政贴息 50%。参加创业培训享受一次性创业培训补贴。

浙江省

1. 减免行政事业性收费

高校毕业生从事个体经营的,且工商部门注册登记日期在毕业后 2 年以内的,自工商部门登记注册之日起 3 年内都可免交有关登记类、证照类和管理类的收费。

2. 可申请小额担保贷款

为引导和鼓励高校毕业生面向基层就业,自愿到欠发达地区及县级以下的基层创业的高校毕业生,从事个体经营、自主创业或合伙经营与组织起来就业的,其自筹资金不足时,可向当地经办银行申请小额担保贷款。对从事微利项目的,贷款利息由财政承担 50%,延期不贴息。小额担保贷款期限一般不超过 2 年,若确需延长的,由借款人提出延期。小额担保贷款的利率按人民银行公布的同档次贷款基准利率执行,不得向上浮动,具体还款方式和结息方式由借贷双方商定。

鼓励和支持高校毕业生到当地农村经济组织、企业工作,或承包当地的农业经济、科技项目,或以技术入股等形式参与创办农业产业示范园和农村经济专业生产合作社,或合作创办其他企业以及自主创业等,各级政府和部门要给予政策或其他方面的支持。

3. 能享受免费就业服务

高校毕业生毕业后 6 个月内未就业的,可申请失业登记。经失业登记后,就业服务机构将为其提供免费的职业介绍、职业指导和创业指导等就业服务。参加见习培训的大中专(技校)毕业生,有条件的地区会给予一定的补助,大中专(技校)毕业生可按当地补贴标准领取补助。

4. 人事劳动保障无后顾之忧

浙江省规定,对于高校毕业生以从事自由职业和短期职业、个体经营等方式灵活就业的,各级政府都要提供必要的人事劳动保障代理服务。在户籍管理、劳动关系形式、社会保险缴纳和保险关系接续等方面要提供保障,消除灵活就业毕业生的后顾之忧。

5. 在校大学生创业学籍可保留 1~3 年

针对大学生想创业也想取得学历的问题,浙江省《关于加快提高自主创新能力建设创新型省份和科技强省的若干意见》文件规定,学校将为创办民营科技企业的创业学生保留 1~3 年的学籍。

广州市

广州市物价局 2006 年下发的有关通知称,对从事个体经营的高校毕业生,免交有关管理类、登记类和证照类行政事业性收费共 26 项,免交或按最低标准交纳有关经营服务性收费,特别是政府定价和政府指导价的经营服务性收费项目共 16 项,两类相加共 42 项。除国家限制的行业(包括建筑业、娱乐业以及销售不动产、转让土地使用权、广告业、房屋中介、桑拿、按摩、网吧、氧吧等)外,高校毕业生从事个体经营的,且在工商部门注册登记日期在其毕业后 2 年以内的,自其在工商部门登记注册之日起 3 年内凭毕业证享受相关收费优惠政策。

8.2.2　其他支持

1. 举办创业计划大赛

国家、地方政府和高校还通过举办创业计划大赛来鼓励和帮助大学生创业。例如,由团中央、中国科协、教育部、全国学联联合举办的"挑战杯"全国大学生创业计划大赛。事实上,各省在此之前都要进行创业大赛,以选出参加全国的创业项目。同样,各高校为了参加省、国家的比赛,都要在学校内部进行初步比赛。除了"挑战杯",各地区和高校还都有各自的创业计划大赛,例如,由共青团湖南省委、湖南省学生联合会、湖南省电信公司共同主办的"中国电信杯"湖省大学生创业计划大赛;由大连市团市委、市科协等联合举办的"动感地带杯"大连市第四届大学生创业计划大赛;由合肥工业大学举办的"工大高科技"大学生创业计划竞赛;由团市委、市学联主办的"高富杯"上海市大学生创业计划邀请赛;由共青团上海市委员会、上海市科学技术协会、上海市教育委员会和上海市学联举办的"张江高科杯"上海市大学生创业计划大赛;由共青团江苏省委、江苏省科学技术协会、江苏省教育厅、江苏省学生联合会主办的"K-Park 挑战杯"江苏省大学生创业计划竞赛。除了这些,在全国各地还有许多各种各样的创业比赛在如火如荼地开展着。

国家、地方政府和高校举办的这些创业大赛不但激起了大学生的创业热情,而且为大学生的创业提供了一个实践平台。给了大学生一次难得的锻炼机会,一次演练机会,它让学生及时认识到创业的艰辛,提前感受社会,深刻理解社会对大学生素质的要求。

大学生能够从中获得创业所需的经验、知识和创业素质。

2. 开展创业培训、提供创业空间

中央、地方政府和高校除了继续原来的有助于大学生创业的活动如创业计划大赛等外,在形式和方式上又有了许多新突破,也越来越有效和务实。概括起来,主要有两种类型:一种形式是开办创业培训班(或创业培训营)、创业学校。就地方政府而言,上海走在了最前面。2003 年,上海市劳动和社会保障局推出了在校大学生创业培训项目,凡在上海市高校具有创业意向的大学生(大专二年级以上、本科三年级以上)均可报名参加。不久,60 名在校大学生抱着"把创业当作一种择业"的信念,走进了位于商业技术职业学院的创业培训班。这是由上海市政府实行补贴、学员免费入学的首个大学生创业培训班。而就高校而言,江苏大学、上海交通大学则走在了最前面。为了培养和提高大学生的创业意识,增强其创业能力,2002 年 11 月,江苏大学大学生创业学校成立,首期创业培训班也顺利开学。主要招收本校二年级、三年级,具有一定科技创新基础的学生,创业学校学制 1 年。同时,为了培养女大学生的创业意识并增强其创业能力,2003 年,上海交通大学专门成立了"女大学生创业培训营",培训对象为该校三年级以上的女大学生。二是提供店铺。2003 年,江苏无锡商业职业技术学院在校门前街道开办了国内大学中第一条真正意义上的"大学生创业街"。"大学生创业街"有 19 个由在校大学生开办的店铺,包括广告设计公司、照相馆、牛扒屋、饰品店、理发屋、租车行和水果吧等,总营业面积达 700 多平方米。据了解,无锡商业职业技术学院还准备在塘山校区再开辟大学生创业街。

8.3 大学生创业过程

8.3.1 大学生创业的准备

1. 大学生创业意识和创业精神准备

这里所说的创业意识是大学生对创业实践认知、分析、判断和认同的程度。大学生需要在正确的引导下认识当前的就业形势,突破传统意义上"就业"的思维定式,使"创业"成为生存、发展和价值实现的首选项。在此基础上,综合分析,对未来生涯进行合理的规划,确定创业方向。创业精神是激发大学生创业冲动的源泉,是支撑大学生创业活动的灵魂。拥有创业精神,可以让大学生在创业过程中信念坚定、目标明确、意志顽强,一步一步走向成功的彼岸。当代大学生最需要具备的创业精神包括开拓创新精神和敢于冒险并敢于承担风险的精神。

有志于创业的大学生可以从以下几个方面进行创业意识和创业精神的准备。

1) 培养心理承受能力

创业是一条赚钱之路,这是大家所公认的。但是,商场如战场,有赚就有赔,既要有吃苦的思想准备,还要有承担失败的心理准备。

缺少吃苦耐劳精神,是大学生创业最大的缺陷。创业过程中,必然伴随着成功和失败。大学生由于年轻,接触社会较少,思想还未完全成熟,热情有余而吃苦精神不足,缺乏坚强的意志,不懂得对创业进行理性思考,往往是出现问题后头痛医头,脚痛医脚,没有长远计划。偶尔成功洋洋得意,趾高气扬,不及时总结经验;遭遇失败垂头丧气,怨天尤人,容易互相扯皮推诿责任,不懂得吸取教训。[①]

对于大学生来讲,一旦选择创业,就意味着将面临各种风险,除了与其他创业者一样的市场风险、经营风险和机会成本风险等之外,大学生创业还将面临不一样的家庭风险:家长供孩子读书已属不易,如果选择创业,不但不能马上为家里提供资金支持,而且还可能需要家里提供创业资金,如果创业失败,承受的压力可想而知。因此,作为创业者的大学生,必须培养肯吃苦、不怕累,有毅力、锲而不舍的心理素质,勇敢面对所出现的风险。此外,创业成功的毕竟是少数,对于刚从象牙塔出来既无经验又无资金的大学生来说,创业成功率会更低。因此,有志于创业的大学生除了要有面对风险的思想准备外,还要有承担失败的心理准备。

2) 树立正确的创业观念

当前,绝大多数大学生的创业是属于生存型创业。据统计,我国约 85% 的大学生是由于找不到工作,或找不到自己理想的工作才萌发了创业的念头,再加上各种大学生创业优惠政策的推波助澜,最终步入创业实践中。

创业是个人开创自己的事业,其动力应该来自内心对事业成功的信念,而不应是在外界压力下走投无路的选择。比尔·盖茨开创微软,并不是他求职受挫后的冲动之举。我们可以相信,大学生如果无法容忍求职过程的辛酸,也一定无法战胜创业过程中的艰难。我们在大学生中提倡的,不应该仅仅是创业的举措,更应该提倡创业的精神,即那种不怕累,肯吃苦,敢为天下先的精神。换句话说,大学生为别人打工,也是积累资金、技术和经验的过程,也可以视为自身创业的开端。做不好打工仔的人,也很难做好老板、很难创业成功。

此外,大学生还要克服万事俱备再去创业或者自己具备全部企业的物质再去创业的错误观念。如果那样,没有人能去创业,因为不可能有一个具备上述全部创业者全部特质的人。有志于创业的大学生,应该在正式创业之前就开始为之准备,因为创业机会只会眷顾那些做好准备的人。打算毕业后创业的大学生,在校期间就应该开始准备,而不是毕业后才开始。

3) 在思想上和精神上锤炼自己

要树立自信、自强、自主、自立意识。自信就是对自己充满信心,相信自己有能力,有条件去开创自己未来的事业。自信赋予人主动积极的人生态度和进取精神,相信自己能够成为创业的成功者,尤其在遇到失败和挫折时更需要自信。自强就是在自信的基础上,通过企业的实践,不断增长自己各方面的能力,进一步磨炼自己的意志,建立起自己的形象,敢说敢当,敢作敢为,不贪图眼前的利益,永远进取,使自己成为强者。自主就是具有独立的人格,具有独立性思维能力,不受传统和世俗偏见的束缚,不受舆论和环境的影响,能自己选择自己的道路,善于设计和规划自己的未来,并采取相应的行动。自主还

① 陈利敏. 大学生创业失败之内因与相关对策. 琼州大学学报,2006(4):43～44

要有远见、有敢为人先的胆略,能把握住自己的航向。自立就是凭自己的头脑和双手,凭借自己的智慧和才能,凭借自己的努力和奋斗,建立起自己生活和事业的基础。

2. 大学生创业的技能准备

如果说,创业意识和创业精神表现为想创业、敢创业,那么创业技能则表现为能创业和会创业。并不缺乏思想和创意的大学生们,真正的"短板"也许就在运作能力上。问题是,基于思想和创意的创业计划即使无懈可击,也只是纸上谈兵,而真枪实弹的"市场上见",要的是真功夫、硬功夫。因此,有志于创业的大学生在学好专业理论知识的同时,必须为创业储备所需的各种技能。

大学生可以从以下几个方面去培养创业技能。

1) 广泛获取创业经验

首先,通过课堂和书本学习创业知识。随着大学生创业热潮的日益膨胀和国家对大学生创业的日益重视,大学都普遍开设了创业指导课,教授创业管理、创业心理等内容,帮助大学生打好创业知识的基础。大学图书馆也提供了创业指导方面的书籍,大学生可通过阅读增加对创业市场的认识。

其次,通过媒体学习创业知识和经验。创业是目前媒体报道的热门领域,无论是报纸杂志、新书、广播电视等传统媒体,还是网络媒体,每天都提供大量的创业知识和信息。一般来说,经济类、人才类媒体是首要选择,比较出名的有《创业家》、《21世纪经济报道》、《第一财经》,以及"中华创业网"、"中国创业论坛"等专业网站。此外,各地创业中心、大学生科技园和留学生创业园等机构的网站,也蕴藏着丰富的创业知识。通过这种途径获得创业知识,往往针对性较强。此外,还可关注一些创业节目和创业比赛,例如,"赢在中国"、"挑战杯"等。从中可以获得大量与创业有关的知识和经验。

2) 培养必需的专业技能

高等院校一直以来都是学术研究、科技成果试验的重要场所,大学生处于学术研究的浓厚氛围当中,所以能够有机会进行比较前沿的技术学习与研究。如果能够在学习过程中积累一定的技术经验或者取得相关的专利认证,则对其创业成功是非常有效的保证。因此,在大学学习阶段,大学生一定要关心当前的技术发展现状及今后的发展趋势,并且能够对某一个特定领域非常熟悉,甚至能够自己动手去进行技术设计以便取得最具创新性质的技术突破。

目前我国各级高等院校响应国家的号召组织开展或组织大学生参与各样技术创新或展览活动,这些活动对于在校学生来讲是很好的技术交流与扩大视野的平台。

3) 培养综合能力

创业涉及方方面面的内容,需要与不同的人和事打交道,因此,对人的能力要求很高,需要创业者具有多方面的知识和能力。例如,从事创业的人既要懂经营,又要善管理;既要能协调处理各方面的关系,又要当机立断,临危不乱,指挥若定;既要能言善辩,又要能谈判公关;既要能开拓创新,又要不怕挫折、困难。因此,创业能力的综合性很强,概括起来,主要有管理能力、组织协调能力、创造能力、经营能力、语言表达能力、判断能力、公关能力、应变能力、分析问题和解决问题能力、把握机遇的能力、谈判能力、心理调适能力等。

因此,有志于创业的大学生要主动去学习各种有助于创业的知识和技能,以培养自己的综合能力,从而使自己在创业时"走得出"、"站得住"、"干得好"。

　　4) 积极参加实践活动,培养创业能力

　　首先,实践是大学生在校期间积累创业经验,培养创业能力的有效途径。所以大学生在校期间要积极参与创业实践活动,如大学生创业大赛、创业计划书大赛等。其次,大学生还可通过参与社团组织活动、创业见习、职业见习、兼职打工、求职体验、市场和社会调查等活动来接触社会,了解市场,并磨炼自己的心志,提高自己的综合素质。第三,商业活动无处不在,大学生平时可多与有创业经验的亲朋好友交流,甚至还可通过 E-mail 和电话拜访自己崇拜的商界人士,或向一些专业机构咨询。这些"过来人"的经验之谈往往比看书本的收获更多。通过这种人际交往途径获得最直接的创业技巧与经验,将使大学生在创业过程中受益无穷。第四,投身于真正的创业实践。在毕业前后进入创业启动阶段,可以单独或与同学轮流租赁或承包一个小店铺,或加工、修理,或销售、服务等,在真刀真枪的创业实践中提高自己的创业能力。这些活动成为大学生步入社会大课堂的第一步,同时大学生在参与实践的过程中,既为他们将来开展创业活动积累了经验,也培养了他们分析问题和解决问题的能力、组织协调能力、管理能力、应变能力、语言表达能力等,也有利于增强大学生的创业意识和创业热情,为大学生提供应对挫折,面对各种困难的心理准备,促进大学创业成功。

8.3.2　大学生创业的策略

　　由前文可知,创业过程包括创业机会、团队组织、选址、公司注册、融资和管理等一系列内容,大学生创业也不例外,也要面临这些环节,每个环节都有相关的管理策略。在此,本文就大学生创业的独特性,重点讨论对大学生创业非常重要的三个环节:创业项目的选择、融资和创业团队的组织。

1. 创业项目的选择

　　大学生创业有几道坎,其中最为关键的因素之一就是发现商机,选准适合自己的项目。从某种程度上说,选准好的企业项目是企业的起点,直接决定着创业的成败。

　　对于大学生来说,创业项目的来源主要有以下三种。

　　(1) 实验及研究成果。实验及研究成果是指高校或各大研究机构自主研究开发的成果。选择这些成果作为创业项目将大大推进研究、教学和企业生产的衔接,加快实验及研究成果的转化进程。

　　(2) 大学生创业构思及创业计划大赛。大学生的创业构思是创业项目的重要来源。现阶段许多机构都在举行大学生创业计划大赛,这不但有利于激发大学生们的创业意识、培养他们的创新能力,而且促进了一些创业构思的诞生,还有利于大学生创业计划的实施。当前,有一些大学生创业公司其前身便是大学生创业计划大赛的小组。

　　(3) 各种发明和专利。发明和专利也是创业项目的重要来源。发明和专利都是具有特创的设想,它如果被开发出来进行产业化生产将会带来巨大的社会财富。现在各个国家为了激励发明创造,都制定了《专利法》来保护发明者,并取得了较好的成效。当然,也并非所有的发明和专利都能顺利地转化为实际的大规模生产,因为要实现产业化还受到许多条件和环境的制约。

大学生在选择创业项目时要切合实际,主要是指创业目标要切合社会需要,切合已经具备的和能够争取到的创业条件的实际,切合创业者自身能力和兴趣的实际。这三个方面任何一个方面产生了脱离实际的问题,都有可能导致创业行为的受挫或创业目标的落空。这是因为任何创业目标的实现,都有其必要的先决条件,那种不考虑创业所必需的先决条件,仅凭着主观想象而确定的创业目标,不仅难以指导创业实践,带来创业的成功,而且还会将创业引入歧途。对创业目标是否切合实际这一科学性问题论证后,还必须对创业目标的可行性予以分析。这是因为任何好的创业目标,都需要通过实践才能变成现实,否则只是纸上谈兵而已。

创业目标的论证方法多种多样,可以向行家个别咨询,可以邀请他人一起讨论分析,也可以自己去察看市场行情等。这是创业决策的必要条件之一,应该花力气去做好。此外,大学生还可以考察了解本专业往届师兄师姐们的创业方向,并把这作为首选。以河南某高校艺术设计系为例,近年来,由于专业特点,学生到中小型家装公司和平面设计公司的较多,对大学生而言即容易了解和积累这方面经验,又容易发挥专业优势走上创业之路。

2. 融资策略

因为资金问题使创业半途而废或根本无法启动,是大学生自主创业失败的普遍因素。其实,创业所需资金无论采用什么方式筹集,攒创业前的"第一桶金"是必要的。如果家庭不能提供一定的资金支持,自己就要考虑在学期间勤工俭学、做兼职或毕业后先到企业打工以积累资金和经验。以下是大学生自主创业的几种常用融资方式。[①]

(1) 银行贷款。部分金融企业推出的对高校毕业生创业贷款业务,可以高校毕业生为借款主体,以其家庭或直系亲属家庭成员的稳定收入或有效资产提供相应的联合担保,对创业贷款给予一定的优惠利率扶持,视贷款风险度的不同,在法定贷款利率的基础上可适当下浮或小幅度上浮。有志于自主创业的大学毕业生可多加关注。

(2) 风险投资。大学生创办高新技术企业可以争取风险投资基金的支持,但能否争取到,主要取决于个人信用保证以及项目发展前景。立志自主创业的大学毕业生可以通过创业大赛、委托专门的投资咨询公司、在网上或其他媒体发布寻资信息寻找投资人。此外,还可以参加创业培训班,在老师的帮助下通过制订科学严谨可操作性强的"创业计划书"来说服风险投资者,甚至可以争取到"大学生创业基金"。

(3) 典当融资。与银行贷款相比,典当贷款成本高、规模小,但具有简便、快捷的优势,因为典当行只注重典当物品是否货真价实,对客户的信用要求几乎为零,适合小额创业筹资。

(4) 股权融资。如果采用出让股权的方式进行融资,则必须做好投资人的选择。在创业初期,大学生创业者应注意引入一些真正有实力、能提供增值性服务与创业者经营理念相近、能够为投资项目提供渠道或指导的投资者,才能有效地支撑企业的成长。大

---

① 吴运霞,刘宇,江晓明. 大学生自主创业的投融资问题. 财经论坛,2006(8):114

学生创业者融资创业的目的,是希望将自己的技术和创意转化为赢利的工具,而投资者比较看重资金的时间价值,因此大学生创业者不宜对眼前的利益过分计较。只有当企业成长到一定规模需要进行二次创业并具备一定的条件时,才能通过直接上市融资获得资金。

(5) 融资租赁。选择融资租赁方式融资,可以使大学生创业者在没有足够资金,或者通过其他方式筹集不到资金的情况下,能完成必要的固定资产投资。

与一般创业一样,大学生自主创业的融资方式有多种,以上仅是常用的几种。选择何种融资方式,应结合投资的性质、企业的资金需求、融资成本和财务风险、投资回收期、投资收益率以及举债能力等综合考虑。

3. 团队组织

团队是指拥有共同目标,并且具有不同能力的一小群人有意识的协调行为或能力的系统,是一种应用广泛、灵活的组织形式。对于大学生创业团队,可以说是由一群具有创新意识、拥有共同目标、有着不同专业知识背景的朝气蓬勃的年轻人组成的一个不可分割的整体。他们往往是围绕一个新的产品项目、新的技术或新的服务思想产生的,即这种团队有一个组织机理:只要某个人得到一项产品或技术专利或一个新点子,他就会去着手组成所需要的团队。他通过自己在大学内的关系网,邀请不同专业的同学加入其团队。

一直以来,在大学生创业计划团队组成上一般采取"自由、自发、自愿"的原则,由学生自由组队。组队时也仅仅考虑成员之间的专业互补。究其原因,一方面学生往往凭兴趣、凭交情进行组队;另一方面很少有人对团队组成进行深入的思考,缺乏对团队"优"、"劣"的定量研究和评价,仅凭经验进行指导,因此实际操作中直接影响了创业计划的成功。

为了打造最佳创业团队,首先在选人方面要考虑到成员的互补。包括年龄互补、知识互补、能力互补、性格互补、气质互补和性别互补等方面。因此,在选择队员时不仅要考虑能力和技能,还要考虑队员的个人偏好和个性。创业团队每一个成员的个性对团队行为都有很大影响。如果队员性格普遍外向、待人随和、责任心强、感情稳定,那将是团队一笔大的财富。如果团队成员很灵活,可以担任彼此的工作,这对团队来说更是一项明显的增值。极大地提高了团队的适应性,使团队之间的依赖性减少。因此,在选择队员时要选择那些具有灵活性的,然后对队员进行交叉培训,让每个创业团队的队员对各方面的知识都有涉及,让他们可以承担彼此的工作,这样使团队的长远绩效得以提高。

其次,大学生创业团队还必须形成共同的愿景和目标。愿景是凝聚团队力量的一个很重要的因素,它就像是一个未来的蓝图,或是一个清楚而令人振奋的目标。在大学生创业团队中,愿景往往由团队的组织者或领头者制定。由于大学生均为年轻人,思想容易融合,而且,大学生创业多抱着尝试、学习的态度,对结果往往要求不高,因此,个人的功利思想较少,较容易形成共同的愿景。尽管团队成员较容易接受团队的共同愿景,但是团队成员加入团队的目的却不尽相同。这就需要团队的组织者或团队中起协调作用的成员尽量去统一团队成员的目标。在倾听、理解的基础上予以引导、激励、调节。同时,在大学生创业团队中往往存在有一个或多个"学长"等核心成员。他们是团队的灵魂,他们的行为及思想直接影响团队其他成员。因此,他们的目标与团队目标是否一致,直接决定团队的目标的一致性,统一他们的目标也就成为统一团队目标的核心。

8.4 创 业 教 育

　　20世纪80年代末,联合国教科文组织在面向21世纪国际教育发展趋势研讨会上,提出了"创业教育(Enterprise Education)"这一新的教育概念。同时把创业教育称为教育的"第三本护照",被赋予了与学术教育、职业教育同等重要的地位。教科文组织指出,从广义上说,创业教育是为了培养具有开拓性的个人。创业教育不同于以往的适应性、守成性教育,而是注重把创业精神和开拓技能的培养提高到学术性和职业性同等重要的地位,通过培养具有开创性个性的人,使他们能更好地适应未来社会需要,更好地为促进社会经济发展和个人生活质量提高发挥作用。创业教育对于培养个人的首创和冒险精神、创业和独立工作的能力以及技术、社交、管理技能非常重要。教科文组织要求高等学校必须将创业技能和创业精神作为高等教育的基本目标,要求将它提高到与学术研究和职业教育同等重要的地位。

 案例

创业教育教什么?

　　《创业邦》杂志 文/李善友:中欧创业中心主任创业学兼任教授、酷6网创始人

　　2011年9月份我加入了中欧国际工商学院,参与创办了中欧创业中心,推出了"中欧创业营"这个创业教育项目。在做创业教育的过程中,很多人曾经问过我一个问题:创业者需要教育吗?创业教育能教什么呀?

　　在讲正题之前,我先讲一个亲身经历的事情。我从南开大学毕业后就直接去了摩托罗拉,那时候的摩托罗拉正处于如日中天的地位,80%的模拟手机市场份额都掌控在摩托罗拉手中。尽管如此,我还是在1997年的时候选择离开摩托罗拉。

　　后来的事实证明我的选择和判断是正确的。在我离开摩托罗拉之后的三到五年的时间里,它开始逐渐走向衰退,取代它的则是靠数字手机赢得市场的诺基亚。诺基亚在过去十几年的鼎盛时期里,贡献了芬兰4%的GDP。我在搜狐做总编辑、在酷6做CEO的时候,诺基亚都是顶尖的广告客户。但是好景不长,诺基亚这个昔日的大佬也已经濒临破产的边缘,取而代之的是风靡全球的苹果iPhone。

　　这些庞大的公司为什么会没落?他们是因为管理不好吗?《创新者的窘境》给了我很大的启发,书中提到:面对新技术和新市场,导致失败的往往是完美无瑕的管理。

　　为什么管理良好的企业会遭遇失败?是因为推动他们发展成为行业龙头企业的管理方法,同时也严重阻碍了它们发展破坏性技术,而这些破坏性技术最终吞噬了它们的市场。领先性企业是在一个主流市场,推行一种成熟的、延续性的技术来占据很大市场份额。当一种新的破坏性的技术出现的时候,往往会有一个新创企业抓住机会,在一个边缘的新兴市场里面应用这种技术。不久,这个使用破坏性技术的企业就会把原来的巨

头给取代了。

所以成熟的企业管理和破坏性的企业管理方式是不一样的。如果说前者叫做"专业化的管理"的话,后者可以称作是"创业式的管理"。很多初创公司在面临混乱和不确定性时,缺乏自信,急于从大公司引进专业化的人才和管理流程,殊不知,有时候这往往是他们走向僵化的开始。

基于此,如果要对创业者做一个创业式教育,我们的想法就是一定要找到适合于创业期的创业式管理模式。

2012 年上半年的时候,我去美国和欧洲的商学院学习,其中有一个商学院是叫百森商学院,是美国在创业教育方面连续 19 年排名第一的商学院。上课时我提了一个问题:"如果一个人没有创业精神的话,是否可以通过你们的课程培养出来?"那个教授很坦率地跟我讲,我们也教不出来。我说,那你们教什么?他说:大公司的背景相对比较成熟,环境比较确定,所以能够进行预测;反之,创业企业则充满了不确定性因素,所以没法预测,也无法给出一套固定的解决之道。我们能够教的只有应对不确定性的创业型的思维和行为方式,这是我们唯一能够教给创业者的。

这可能就是中国古人说的"授人以鱼莫若授人以渔"吧,这也成了中欧创业中心的教育理念。我们很少教人知识性或者理论性的东西,我们更重视繁华背后的商业逻辑。比如,无论什么大腕企业家来讲课,都必须带一个他的企业正在发生的"活案例"过来,让我们的学员一起参与讨论和分析,这些都是鲜活的,无法预知未来的,没有正确答案的教材。我们把这称为"案例比理论重要"。大牌投资人过来,不是指点江山,而是与我们选定的学员做一场真实的融资对话,让我们的学员看看投资人如何在短短 30 分钟内提出合适的问题。我们也让学员参与提问,问题往往非常犀利和不留情面,角度刁钻、多样化,我们把这称为"提问比答案更为重要"。因为,决定一个企业能够走多远的,不是创始人个人的解决问题的能力,而是他提出问题的能力,以及他的境界和格局高度。

（资料来源:李善友. 创业教育教什么?《创业邦》杂志,2012 年 11 月。）

8.4.1　创业教育的意义

开展创业教育对于立志创业或存在潜在创业意识的人来讲具有非常现实的意义,尤其是对当代大学生开展创业教育的意义就更为深远。

1. 开展创业教育可以增加大学生的创业信心

刚毕业的大学生接触社会不多,社会经验、工作经验很少,创业信心不足,这是大学生的共性。通过创业教育,可以增加大学生的创业信心。创业成功的例子,创业成功人物的每一件事,都会感染当代大学生,都会激发大学生的创业热情。当然,广泛开展创业教育并非要求大学生一毕业就非去创业不可。创业教育给学生的是一种创业理念,一种创业思维方式,一种创业技巧。有了这种创业理念、思维方式和技巧,可以使大学生终身受益。一旦创业条件成熟,当年的大学生就会信心百倍地加入创业大军行列,成为一个企业家,成为社会就业岗位的创造者。

2. 开展创业教育可以传授创办企业的相关知识

创办企业涉及多个环节多个方面,不仅创业者自身需要具备一定的条件,还涉及资金的筹集、项目的选择、人员的录用、市场的开拓、法律的运用、各项手续的审批及办理等。这些知识恰恰在专业教学课堂上没有讲到,通过开展创业教育课程,可以补上这一课。有了创业知识,可以使大学生更早地产生创业意识,提高创业者自身品质和创业技能,为将来的创业准备好条件。

3. 开展创业教育可以帮助大学生进行创业实践

目前,很多高等学校在开展创业教育的同时,积极组织学生开展创业实践。北京航空航天大学、清华大学等学校,在校园内成立企业"孵化器",为大学生开展创业实践创造了良好的条件,并专门配置创业指导老师,在技术上、业务上指导帮助大学生进行创业实践。创业指导老师有的是高校中专门从事创业教育教学的专职教师,有的是原本校学生大学毕业后在社会上创业成功的企业家。学校聘请这些创业成功的企业家进入校园,对在校生进行创业指导,起到了非常生动的榜样和示范作用。我国高校还在全国范围内进行过"创业计划杯"比赛,每一次"创业计划杯"比赛都是大学生进行创业实践的好机会。在比赛过程中涌现出很多创业高手,某些创业项目被企业购买并开发,为社会、企业带来了可观的经济效益和社会效益。"创业计划杯"比赛已经成为我国高校进行创业教育的一种特殊形式,其参赛学生的数量和影响也不断增大,为我国在大学校园开展创业教育做了有意义的宣传。

8.4.2 创业教育的实践

1. 国外创业教育实践

创业教育是社会发展到一定阶段的产物。创业教育在欧美等先进国家已有几十年的历史,一直深受重视,至今已颇具规模。在美国上百万名学生从小学开始即接受创业教育,还通过"青年商业社(Junior Achievement)"等形式进行实质性的经营活动来增强创业意识、提高创业能力。美国的第一个创业教育课程诞生于1970年,到1980年,第一个本科创业教育专业诞生在百森(Babson)商学院、贝勒(Baylor)大学和南加州大学。1979—1986年间,中小企业与创业课程成长迅速,并蓬勃发展。如今,美国至少有400个学院和大学提供一种或多种创业课程,许多顶尖大学现在提供创业方面的课程和学位。著名的哈佛商学院亦在这一股潮流压力下,将必修的"一般管理学"改为"创业精神管理学"。加州大学洛杉矶分校的创业相关课程更是高达24门,其他如芝加哥大学、麻省理工学院和斯坦福大学等著名大学,目前都在倾力专注于这一领域,以求在新经济的趋势中站稳脚步。伴随着大学课程的增加,由私人咨询公司、社区和行会提供的创业研讨班也膨胀起来。美国大学教育中开展创业教育的方式灵活多样,举行"校园创业计划"大赛就是其中的一种。1983年美国德州大学奥斯丁分校首次举办,此后,斯坦福大学、麻省理工学院等大学每年都举办此类活动。Yahoo、Google等公司就是在斯坦福大学校园创业氛围中诞生并迅速成长起来的。据统计,到2004年,开设创业课程的美国大学和学院已超过 1100 所,其中 50％以上开设并提供了至少 4 门创业方面的课程。美国在探索和实施创业教育过程中,逐步形成了自己的创业教育特点。

（1）注重学生就业观点的转变,促使学生将被动的就业观念转变为主动的创业观念。

（2）注重创业教育有关内容的体验,使学生体验获得创业的感性认识。

（3）注重对教师的培训,要求教师具备一定的创业体验、创业知识和创业技能。

（4）创业教育组织非常活跃。

（5）创业教育得到了社会部分资金的资助。

目前,世界上不少国家都很重视创业教育。除了美国,还有 26 个国家也开展了类似教育。在澳大利亚,大学里的创业教育已经进行了 40 年左右。事实上,创业教育作为培养创造型人才的一个有机组成部分,一些不发达国家也很重视创业教育。肯尼亚在实施创业教育、推动小企业发展方面探索出了一些比较成功的经验。

（1）在学校设立专门的创业教育机构。肯尼亚政府规定,凡是有条件的职业学校都要设立"创业教育研究室"和"小企业中心"。

（2）开发创业教育课程。肯尼亚政府已经开发出了一个创业教育方面的课程大纲。该大纲主要涉及创业和自谋职业、创业机遇、创业意识、创业动机、创业能力和企业经营管理等方面的内容,侧重培养职业学校学生的创业意识和创业能力。

（3）加强创业教育师资队伍建设。政府通过举办创业教育有关课程进修班等形式来加强创业教育师资队伍建设。[①]

2. 我国创业教育的现状

我国的创业教育始于 20 世纪末,至今只有十几年的历史。随着大学生创业热潮的日益膨胀和国家对大学生创业的日益重视,加强大学生创业教育的呼声日益高涨,我国不少高校纷纷设立创业研究或教育中心,开展创业教育和研究工作,在开设创业课程、探索创业教学方法和创业管理研究等方面初步取得了一些成果。1998 年,清华大学成立了中国创业研究中心,开始了我国的创业教育研究及推广工作。当年,清华大学还举办了中国最早的学生创业计划竞赛。竞赛引发的学生创业热潮激发了创业教育需求,有力地推动了我国创业教育的发展。2002 年,教育部确定中国人民大学、清华大学、北京航空航天大学等 9 所大学为我国创业教育试点院校,给予政策和经费的支持,探索我国高校学生创业教育的基本方法和发展模式。在国家的鼓励和推动下,高校也纷纷开展创业教育实践的尝试,清华大学 1998 年在管理学院中率先为 MBA 开设了创新与创业管理方向,还为全校本科生开设了高新技术创业管理课程。厦门大学从 2003 年起就为 MBA 开设创业管理课程,2005 年又推出全校性选修课《大学生创业计划与实践》,该课程已被纳入学校就业与创业指导培训课程模块。2003 年 9 月成立的南开大学创业管理研究中心,为本科生、硕士研究生、MBA 和博士生开设创业与企业成长方面的课程,并且在博士生和 MBA 教学计划中开设了创业管理研究方向。

自此,中国大学校园的创业教育正式起步。2003 年 10 月,教育部在北京航空航天大学举行了首届全国创业教育师资培训班,来自全国各地的 108 所高等院校的 180 多名教

---

① 杨爱杰.大学生创业教育的实现途径探讨.中国教育报,2007(3)

师参加该培训班的学习,各个实施创业教育院校进行了广泛交流。截至 2007 年年底,这样的培训班已经举办了五届,成为我国高校创业教育的重要学习和沟通平台。教育部还组织召开高校学生创业教育工作会议,安排部署高校创业教育工作。

虽然我国创业教育和创业研究呈现出蓬勃发展的势头,高校创业教育活动也正蓬勃开展,但与国外创业教育的发展状况相比还存在较大差距,高校目前的创业教育活动还存在诸多不足,离学生的创业需求相差甚远。主要表现在以下几个方面。

(1) 在定位上,创业教育只局限于创业实务层面。当前学校的创业教育还只局限于组织学生开展"创业计划大赛"、参与"创业设计活动"、实施"本科生科技创新计划"以及开展形形色色的课外科技活动等创业实务层面。部分高校甚至设立了"创新基金",提供了创业中心供学生"孵化"。但是实践证明,由于大学生缺乏必要的创业精神和创业素质,这种轰轰烈烈未上升到理念指导层面的创业实务教育并未对大学生创业起到有效的教育作用。

(2) 在实施上,创业教育与学科专业教育"两张皮"。我国高校目前的创业教育,由于没有融合于学校整体育人的体系之中,与学科专业教育的开展并未形成有机联系,是在"正规教育"之外,利用课外时间进行的"业余教育"。这一舍本逐末、注重形式的做法使创业教育失去了学科专业这一最有力的依靠,致使创业学子们激情有余而内功不足。

(3) 在范围上,创业教育的开展仅局限于少数学生。我国高校的创业教育开始于创业大赛,自开始就刻有极强的精英化痕迹。创业教育关注的是少部分人的骄人业绩,各个学校设立的学生创业机构,无论是大大小小的"创新实验室"、"学生创业俱乐部"、"科创中心",还是面向未来的"21 世纪人才学校",都是精英化的机构,大部分同学因各方面条件的限制而只能成为袖手旁观的"看客"。

高校创业教育之所以存在上述诸多问题,很大程度上归于人们对创业教育认识的误解。创业教育被当成是"企业家速成教育",开展创业教育旨在使学生成为大大小小的"老板",创业教育的成果在于成立大大小小的"学生创业公司"。对创业教育的这一理解,可以从一次对工科院校学生创业的调查中得到印证。该调查发现,部分学生对创业存有偏颇认识:一是对创业作肤浅理解,认为创业就是创办公司,甚至误将勤工助学等同于创业;二是相当多的学生认为创业最缺的是资金,似乎有了资金就能创业,忽视了知识、高新技术产品或全新服务在大学生创业中的重要地位;三是部分学生认为高校是否开展创业教育在于时间宽裕的程度,置创业教育于可有可无的地位,没有认识到创业教育对自身发展的重要性。

8.4.3 创业教育存在的问题及改进措施

针对我国创业教育所存在的问题,特提出以下建议。

1. 组织培养优秀的创业教育师资力量

我国创业教育发展中还有一个关键方面在于组织培养优秀的创业教育师资。由于创业学是管理教育中学科跨越最多、最具综合性的学科,同时也是一门实践性最强的学科,课程以行动为导向,经验引导的体验多于概念规则的讲授,因此,对创业教育的师资要求较高。不仅要求教师具备扎实、全面、深厚的管理基础知识,还要求教师具有相当的实践经验,对教师的教学方法也提出了新的要求。我国创业教育起步较晚,目前大多数创业教育师资和研究人员是从战略、管理、投资、小企业发展等方面的研究转型而来。因此,各高校普遍严重缺乏那些既具有较高理论水平,又有一定的企业管理经验(尤其是创业经验)的师资。这就导致了目前国内大学开展创业教育和研究的能力不足。

因此,国内高校须进一步加强创业教育师资的引进和培养工作。高校可以通过以下几种方式来加强创业教育师资力量。

(1) 制定相应的政策措施,鼓励教师参与企业咨询、创办经营企业以及各种研究活动,增加其管理实践经验。例如,很多美国大学商学院的教授曾经有过创业的经历,并担任过或现在仍在担任一些企业的外部董事,这使得他们对创业领域的实践、发展趋势及创业教育社会需求的变化有良好的洞察力。

(2) 聘请社会上创业成功人士和企业家到校兼任教师。可以从企业及政府中聘请一些既有实际管理工作经验又有一定管理理论修养的企业家、咨询师、创业投资家、政府官员等担任兼职讲师,与高校教师合作讲授一些创业课程。

(3) 通过培训、国际合作、引进短期海外教师等形式加强专业教师创业素质的培养,努力锻造一支符合本校创业教育实际、能够勇于探索创业教育的师资队伍。

(4) 实施创业教育必须走校企结合之路,必须着力塑造一支高素质的双师型教师队伍。

2. 建立合理的创业教育课程体系,培养大学生创业素质

当前我国高校创业教育形式主要有三种:在第一课堂开展创业教育,建立第二课堂开展创业教育,举办创业计划大赛。

具体来说,学校可以从以下几个方面来培养大学生的创业素质。

(1) 学校应该以创业教育的基本价值为标准,精选课程,加强课程的实用性和新颖性,在本专业基础上突出与创业教育密切相关的课程,如开设企业管理、经济法和市场营销学等课程,形成专业课程、创业课程相结合,必修课、选修课相统一的课程结构,创建有创业教育特色的课程体系。

(2) 除了常规的课堂讲学以外,学校还可以采取系列讲座、案例教学、角色模拟和推销活动等教育方式。系列讲座是一个很好的教学方法,它能及时调整教学内容,弥补教材的不足。通过讲座让学生了解市场、认识市场,从而激发其创业意识,完善其创业人格,提高其经受挫折的能力,为其创业做好心理准备。案例教学是开展创业教育的一种基本教学方式。通过系统的学习,学生虽然掌握一定的基础理论和基本知识,但仍然缺乏创业的感性认识。教师要学会运用案例组织教学,组织同学对同一个案例展开讨论,培养分析问题、判断问题和解决问题的能力,使学生在了解和熟悉他人创业经验和教训中增长知识和才干,进而实现开拓思路,激发创业热情的目的,为今后的创业打下良好基础。推销活动有较高的综合性要求,学生利用双休日,选择一定的产品进行推销,可以锻炼他们的能力。开展角色模拟活动,学生以一定的角色参加一个真实公司的活动,担任相应职务,模拟各角色到底应该干什么和怎么干。学生从中能体会到创业的乐趣与艰辛,当然也能体会到成功的喜悦,对学生走上社会迎接挑战是有很大帮助的。

（3）学校可以定时举行创业设计大赛，积极组织、收集富有创意的创业点子并进行评比与奖励，充分发挥学生的想象力、创造力。以班为单位，创建企业公司模拟活动，岗位设置与班级活动参照公司运作。此外，还可以鼓励学生参加各种地方或国家的创业比赛活动。

3. 设立创业风险基金，扶持学生创业

资金问题是制约大学生创业的一个重要因素。大学生创业不仅需要创意，还需要资金，大学生的创意再好，如果没有资金来实施的话，也没有任何意义。没有资金，再好的创新技术也难以转化为现实的生产力。因此，大学生如果能够得到学校资金方面的支持，那将如雪中送炭，将对他们的创业起到巨大的鼓励和推动作用。

学校可以通过设立大学生创业风险投资基金来支持学生创业。学校应该在学生创业的初始阶段给予学生一定的资金支持，同时鼓励并帮助学生利用创业计划多种渠道筹措资金。缺少资金是制约高校毕业生创业的瓶颈，也是部分高校毕业生对创业缺乏信心和热情的主要原因。要想走出高校创业教育目前的困境，就必须建立高校毕业生创业风险基金，这是创业教育能够顺利开展的前提条件，也是必要的成本。

4. 建立奖励机制，激励学生创业

学校可以通过建立一些奖励机制来鼓励学生创业。

（1）学校可以建立大学生创业资格认证制度，通过理论考试、实践考核来认定学生的创业能力。资格认证可分成多层次、多档位和采用学分制等灵活的方式，给学生更多的机会进行认证。

（2）学校还可以建立创业学分奖励制度。学校根据学校课程设置情况和学生公司的评定或答辩，给予学生在相应课程上的学分调整。这样既可以减轻学生创业压力，而且更具有现实性，又符合了学生个性发展和因材施教的教育理念。

（3）学校可以设立成功就业单项奖学金。创业教育也是学校教育的一部分，对于创业才能突出的同学，学校可以给予单独奖励。奖励不因公司的经营状况而取消。

此外，学校还可以实施后续支持制度。对于学生创业成功，同时又可以顺利毕业的学生办的学生公司，学校可以采取"扶上马再送一程"的方法，与政府政策衔接，与给予学生公司一定的运营认定，减免相应的费用和手续，在一年或两年内学生公司可以免费享受学校专家咨询团的援助。为学生公司牵线搭桥，争取社会各类中小企业担保机构资金支持以及政府机构项目的支持等。

本章小结

本章首先介绍了我国大学生创业的实践现状。随着国家、地方政府和高校对创业的鼓励和支持，大学生创业的热潮日益膨胀，越来越多的大学生投入到创业的行列。然而，我国大学生创业的结果并不乐观，还存在着许多有待解决的问题。其次，介绍了国家、地方政府和高校对大学生创业的支持，包括政策支持、举办创业竞赛和开展创业培训等方式。接下来，重点介绍了大学生创业前的准备和创业过程中的一些策略。最后，介绍了

创业教育方面的知识,主要包括创业教育对大学生的意义、国内外创业教育的实践以及我国创业教育所存在的问题和改进措施。

思考问题

1. 你如何看待大学生创业? 自己有没有创业的想法?
2. 你觉得大学生创业最缺乏什么? 如果让你来创业你觉得自己还缺乏什么?
3. 你怎么看待创业与学业的关系? 你对当前的创业教育有何看法?

本章案例

马克·扎克伯格与 Facebook 的成长历程

2008 年,是 Facebook 创办的第 5 个年头,外界公认其市值已经超过 150 亿美元。Facebook 创始人马克·扎克伯格(Mark Zuckerberg)年仅 23 岁,也是他从哈佛退学的第 5 年。

马克出生在纽约市以北富人区威郡郊区的 Dobbs Ferry,并在那里长大。他是家中唯一的儿子,在 4 个孩子中排行老二,父母分别是牙科医生与精神病医师。他在很小的时候就表现出了计算机方面的天资,10 岁时得到了自己的第一台计算机;到上高中的时候,他已经开始自己编程,例如棋盘游戏《风险》(*Risk*)的一个版本。

从新罕布什尔的精英寄宿学校菲利普斯埃克塞特学院(Phillips Exeter Academy)毕业后,他于 2002 年入学就读于哈佛大学,打算在那里专攻心理学。而在哈佛上学刚开始,马克就已表现出成功科技创业者的技术才能、自信与冷酷相混合的独特气质。在读大二期间,喜欢计算机编程的马克想将一份关于学校员工和学生的信息目录发布到互联网上,供更多人查阅,但他的这一要求却被学校一口拒绝了。马克随后当了一回"黑客",闯入学校的一台服务器,将信息和照片全下载下来,传到了他新创建的一个网站上。马克认为这些信息应该被更多的人查阅,而他的想法却无法被校方所理解。一开始马克只是邀请人们到他的网站上,评选哈佛哪个学生最漂亮,在短短几个小时内,他的网站就吸引了几百个访问者。后来,哈佛大学管理部门发现了这个网站,并将它强行关闭了。

黑客事件之后不久,马克就和两位室友一起,用了一星期时间编写网站程序,建立了一个为哈佛同学提供互相联系平台的网站,命名为 Facebook。Facebook 在 2004 年 2 月推出,即横扫整个哈佛校园。在一个月之内,就有 6 000 多个学生到这个网站上进行注册,它的会员数量像滚雪球一样的增加。2004 年年底,Facebook 的注册人数已突破一百万,马克干脆从哈佛退学,全职营运网站。2006 年,马克告诉《福布斯》(*Forbes*)杂志,促使他决定离开哈佛的,是比尔·盖茨 2004 年在他电脑科学班上的一次讲话。盖茨当时鼓励哈佛的学生利用课余时间从事某个项目,而且这也是哈佛一贯的政策。

在退学后不久,马克和他的两位合作伙伴将他们日益壮大的业务从马塞诸塞州的剑桥迁往了加州的帕洛阿尔托,在一所转租的公寓里开始了网站的经营。在那里,与 Napster 一位联席创始人的偶遇,帮助他们赢得了与硅谷融资家、在线转账系统 PayPal

联席创始人彼得·塞尔(Peter Thiel)的会面机会。塞尔最终成为了 Facebook 首位投资人,出资 50 万美元,令 Facebook 顺利起航。马克和他的创业伙伴坚信:开放性、合作以及共享摘要信息将会使世界更美好,这也一直是 Facebook 网站的运营理念。①

对于欧美国家 25 岁以下的年轻人来说,在 Facebook 网站上留下自己的"简介"已经成了一个必需的社交手段。目前,Facebook 网站已经在全世界拥有 6 000 万用户,它正在继电子邮件、手机短信、电话和即时短信之后,成为又一个新的社交联络方法。每个人都可以到 Facebook 上注册,在上面张贴自己的简介、照片和私人新闻。当朋友们同时在线时,就可以通过该网站迅速交换信息。例如,当美国弗吉尼亚工学院 2007 年 4 月发生校园大屠杀惨剧后,许多学生都立即登录,向自己的校园朋友发出警告,并在网上查询朋友们是否安全。

此后网站的发展一直高歌猛进,通过融资使得 Facebook 的成长速度更快,在这个过程中,马克也拒绝了一些对网站实施收购的大公司。2004 年,Facebook 就收到收购的提议,一家名为 Friendster 的网站向马克开价 1 000 万美元,但双方在公司控制权方面没有谈拢。此后,几乎每个主要的互联网公司都看好 Facebook 并意欲对其进行收购。从 2006 年一季度到年终,Yahoo! 将收购价从 7.5 亿美元提高到 16.2 亿美元,依然没有获得马克的同意。2007 年 7 月,互联网巨擘 Google 公司也对外表示愿意收购 Facebook,但是碍于 Facebook 自身独立发展的倾向而搁置。面对外界的种种猜测,马克表示:"我只是想建立一个长期的东西。其他事情都不是我关心的。"

2005 年 5 月,Facebook 获得 Accel Partners 1 270 万美元的风险投资。马克对网站进行了大刀阔斧的改革,大力提升档案页面的友好性。2005 年 9 月,Facebook 推出了高中版。最初,这被定位为需要邀请才能加入的社区,仅 15 天以后,大部分高中的网络不需要密码也可以加入了(虽然 Facebook 账户还是需要的)。到 2005 年年底,Facebook 用户扩展到超过 2 000 所大学和高中。

应用户要求,2006 年 2 月,Facebook 允许大学生把高中生加为他们的朋友。两个月之后,彼得·塞尔、Greylock Partners 和 Meritech Capital Partners 额外投资了 2 500 万美元。5 月,Facebook 扩展到印度的印度理工学院和印度管理学院。8 月,Facebook 的版图又把德国的大学和以色列的高中囊括。

在发展中,Facebook 不断倍增的商业价值让微软这样的巨头也展开了追求。2007 年 10 月 25 日,微软终于以 2.4 亿美元收购了 Facebook1.6% 的股份,这使得 Facebook 的估计市值高达 150 亿美元,仅次于谷歌、eBay、雅虎和亚马逊这 4 大网络巨头。同年 12 月传出消息,香港首富李嘉诚也已投资 6 000 万美元给 Facebook,并且有权再投资另外 6 000 万美元。

Facebook 在伴随着收购声音的发展过程中,创始人马克的身价也是一路高涨,外界估计马克的身价已经达到 30 亿美元。然而,马克却还是保持着原本朴素的生活方式。

马克被人比喻为奇客中的奇客,一直以来,他仍在租房住,床垫就放在地板上。他在 Facebook 总部的办公桌位于夜班开发工程师的旁边,他经常与他们一起通宵达旦地工

---

① 程序人生:Facebook 的 23 岁创始人. http://dev.yesky.com/367/7596367.shtml

作。多数首席执行官早已将开发任务交给他人，但他还在继续为网站开发。是 Facebook 的风险投资支持者们说服他不再开发，而将全部精力集中在经营业务方面。

即便如此，马克展示出了贯彻理想的成熟一面，甚至在遇到更年长、更有经验的顾问的反对时也是如此。公司曾经实行双重报告制度，一半的最高层经理要向另一位高管报告，他最终取消了这一安排，要求 7 名最高层经理都直接向他报告。

当然，再完美的人也有失败的时刻，马克也不会例外。在此之前，马克留给媒体的印象一直是孤独与傲慢，而媒体也似乎对此无可奈何。然而作为一家举世瞩目的公司的 CEO，马克也在反思着自身的失败并且努力的向前进步，以使自己的年轻不会成为公司发展的障碍。2008 年 3 月，在德州奥斯汀 SXSW 展会上，马克首次在公众面前展示了他谦虚的一面。在一次定调问答会上，马克向《商业周刊》的记者承认了自己的一系列失误。特别是在 2007 年 11 月份，马克宣布广告业务计划时曾夸下海口："广告业的下一个百年将发生变革，而今天就是变革的开始。"他在 SXSW 上说后悔自己当初夸下海口，而这个计划的实施使得 Facebook 受到了许多用户和一些机构的谴责。

2008 年 5 月，马克向外宣布计划，要将 Facebook 转变为发布互联网应用软件的平台——一些同时代的人将此举比作盖茨将 Windows 操作系统转变为台式计算机主导平台的战略。此举旨在将 Facebook 打造为互联网用户获得社交应用软件的主要平台。在多次的公众场合，马克带着表演般的风格，希望学习乔布斯那种旁若无人的自信与表达技巧。他在 800 名程序员面前公布 Facebook 战略时，用词经过仔细推敲，还使用了引人注目的图表，虽然显示出了一名 23 岁年轻人在提出新创意时可能会有的紧张，但是马克还是留给了大多数人良好的期望。

马克的成功激励了哈佛大学众多的学生，许多学生也希望通过创办自己的网络公司而像马克那样成功。马克与 Facebook 的成长告诉当代的年轻人，年轻并非致命的短处，只要敢于去实现自己的梦想，那么任何奇迹都有可能出现。

第 9 章

国际创业

我们的原则就是：每一个经理，除了本国话之外，必须会三种
以上的外语……我们不能仅仅把自己看成德国人，我们还是
"国际人"。

——全球第一大啤酒花生产企业巴斯公司
营销总监彼得·巴斯

学习目的

1. 理解国际创业的含义。

2. 了解我国国际创业的环境现状。

3. 明确国际创业企业的经营战略及经营方式。

引　言

关于中小企业国际化的研究

在近些年发展过程中，我国的企业特别是中小企业国际化已经成为越来越普遍的情况。陈晓红、廖蔚雯(2007)近期对中小板上市公司 71 家样本企业的研究表明：

在全球经济一体化的大背景之下，国际市场与国内市场的差别变得越来越小。自改革开放以来，中国经济的开放程度越来越高，国际经济活动在中国经济中的地位日益增强，国际商务活动对于中国经济的增长也越来越重要。但相对而言，中国企业的国际商务活动还是初步的，还有着巨大的发展潜力。同时，越来越多产品的创业企业在生命周期的更早阶段就走出国门。企业平均外销收入比例为 19.3％，18％的企业（共 13 家）外销收入已占到主营业务收入的 50％以上。45 家企业已有直接出口，占样本总量 63％，这部分企业的平均外销收入比例为 29.79％，平均总资产 6.11 亿元，平均主营业务收入 5.03 亿元，企业职工平均人数为 1 076 人，平均技术人员比例17.95％，平均发展历史 9.93 年。

随着经济全球化的步伐逐渐加快，创业活动也将其范围从国内扩展到了国际，并且日趋频繁和复杂。作为一种新兴的社会现象，国际创业在人们的经济社会活动中，将占据越来越重要的地位，其蓬勃发展的趋势符合当今世界的时代特征——创新、变革和全球化，这预示着这一学术领域广阔的发展前景。因此，创业者有必要对国际创业的知识有所了解。

本章的内容结构图如图 9-1 所示。

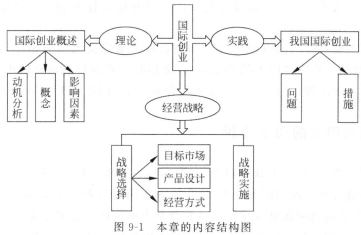

图 9-1　本章的内容结构图

9.1　国际创业概述

在经济全球化、知识经济、网络经济,以及我国已成为 WTO 成员国的大环境下,"国际竞争国内化","国内竞争国际化"已经成为市场竞争的趋势。我国企业必须参与全球化的竞争,因此,企业实施国际创业已经不仅仅是一种战略选择,而且是决定企业未来长期生存和发展的关键。

9.1.1　国际创业的概念

最早提出国际创业概念的是莫洛(Morrow)(1988),他认为,无论对于新企业还是老企业而言,随着技术的进步,对文化理解的逐步深入,使得进入那些原本陌生的市场成为可能。此后,迈道格(McDougall)、奥威尔特(Oviatt)和扎拉(Zahra)把国际创业研究不断系统化和理论化。

迈道格(1989)认为,国际创业是国际新企业的发展或者其从事国际商务活动的起步阶段,这些新企业从其业务的初创阶段便将其经营看做是国际性的。扎拉(1993)则将国际创业定义为在企业进入国际市场时,对企业承担风险行为的本质和结果的研究。瑞特(Wright)和瑞克(Ricks)(1994)强调了国际创业作为一个刚刚兴起的研究主题越来越重要的作用。他们认为,国际创业是一种公司层面的行为,这种行为跨越了国家的疆界,同时注重商务活动与其所处的国际商务环境之间的关系。

2000 年,迈道格和奥威尔特对国际创业的含义进行了进一步完善。他们认为,国际创业是试图在组织内创造价值的跨国界的新方法,是主动变化和风险活动的融合,国际创业具有跨越国界、创新性和前瞻性等特征,其目的是在商务性组织中创造经济价值。两年后,扎拉和盖奥吉(George)也对国际创业定义进行了进一步完善。他们认为,国际创业是在寻求竞争优势的同时,创造性地发现国外市场机会的过程,目的是提高企业的综合绩效水平。这一定义把机会的发现和探索作为创业与其他活动的重要区别。

以上学者主要是运用国际商务理论和创业理论来定义和研究国际创业。简单地讲,国际创业就是一种跨越国界的创业活动,是创业者发现与识别全球市场机会、在全球范围内进行资源配置的过程。在创业研究领域,国际创业属于一个新方向。

9.1.2　国际创业的动机分析

从宏观层面看,在经济全球化以及中国已经成为 WTO 成员的大背景下,企业的国际创业可以提升母国的国际竞争力,这也是企业国际创业的外部动因。从企业层面看,企业国际创业的动因在某种程度上可看做是企业国际创业战略动机的具体化。一般来说,企业国际创业几种较典型的内部动机大致可以归纳为以下几类。[①]

1. 寻求国外市场的扩张

即指以占据和扩大海外产品市场为目的。占有足够大的市场,是确立企业竞争地位、实现盈利和其他经营目标最基本的条件。在开放经济条件下,寻求和占有更广阔的国外市场,同样也是企业国际创业最基本和最普遍的动因。研究表明,企业发展到一定阶段,开拓国际市场的需求就会极为普遍。更为重要的是,国际创业成为企业维持出口市场,不断拓展海外市场,抵制贸易保护主义的有效方式。有不少企业是在通过出口方式开拓市场受到贸易壁垒阻隔时,进行直接投资,在子公司的所在国建立生产基地或工厂,保持或扩大原有市场,这样不仅可以直接利用当地各种资源,同时也可以带动国内母公司的材料、零部件和设备的出口,从而合法地避开了一些国家所设的关税和非关税壁垒。

2. 经营扩大国际资源渠道

在企业的发展过程中,国内资源的相对不足是很大的限制因素。随着经济建设规模的扩大,资源供需的矛盾将日益影响创业的成本。资源渠道动机旨在获得稳定而相对便宜的原料来源。企业通过海外投资办实业,在拥有丰富的自然资源的国家和地区搞合资或独资生产,就可为本国提供原材料,或加工出口、或就地销售,因此突破经营资源的约束,成为不少企业发展跨国投资最直接的动机。

3. 寻求经营效益和高效率

除了上述的动机外,一些企业还表现出跨国扩展经营范围,充分利用其经营能力,提高企业经济效益和经营综合效率的行为特征。突破国家界限、谋求总体经营效率是国际创业企业最基本的经营原则,它反映了高层次的投资追求。例如,不少信托投资公司和制造业公司,有较多的资金和利润积累,在国内进行投资扩展,受到体制、政策以及项目环境等诸多因素的限制,于是便把国外投资作为补充或替代国内投资的重要途径。

---

① 高富贵. 民营企业国际创业战略理论研究. 吉林大学博士学位论文,2006:40～43

4. 寻找扩大化的产品市场网络销售

受这种动机驱使的通常是一些在本国经营十分活跃的中小企业。尽管它们对国际市场缺乏足够的知识和经验,且本身的经济规模和技术实力也不是特别突出,但它们对于寻求和捕捉新的发展机会有较高的积极性。因此,当偶然遇到对外投资的机会,例如外商有意邀请,或者国内外贸企业、劳务企业谋求它们合作参与时,它们通常愿以小额的股本和自己的生产技术经验等参与跨国投资。这类企业的投资,通常最初并没有特别明确的市场占有或资源利用目标,而是希望参与合作投资,为自己在国外设立一个新生点,以此来了解和判断国外市场是否有适合自己发展的机会。

5. 引进先进技术以及学习相关知识

除了利用自身的劳动力和技术优势输出相关的产品之外,对于创业型企业来讲,能够迅速跟上国际先进的技术水平以及系统地学习国际相关领域的技术知识对企业的长远发展是至关重要的。Bartlett & Ghoshal(1987)等人指出,创业型企业在国际运作中学习相关知识必须有一个明确的意图,即明确管理人员要学到哪些知识,对这些知识的潜在重要性进行评估并挖掘可以利用这些知识的途径。理论表明,进行这种系统性的知识学习与整合可以使创业型企业在国际经营中获得更广泛、更深层次、更快速的技术学习。通过不断地学习,企业可以调节国际扩张与技术学习之间的关系。

6. 扩大对外交流,传递信息,扩大国际影响

民营企业在走向国际创业的过程中,在国际市场上可获得广泛的接触和交流机会,可以及时了解国际市场,掌握外部市场信息,开阔眼界,拓宽思路。企业管理人员因此改变了通常惯用的思维方式和心理定式,思想得到解放,善于接收新的管理思想和理念。与此同时,为国内有关企业牵线搭桥,带来联动效应,扩大自身国际影响。

7. 吸引外资,利用外资

融资难是制约民营企业加速发展的瓶颈之一,国际创业可利用其处在国外的有利条件,利用各种融资手段筹集资金。如利用在国外的子公司与东道国的公司搞合资企业。此外,由于国际市场上金融机构众多,融资渠道畅通便利,只要企业资信高、管理好,获得贷款的机会是很多的。因此,国际创业企业的海外分公司或子公司常以其自身的信誉或合作方面的优势,向国际金融机构或所在国的金融与非金融贷款机构筹集资金。目前,国际上灵活多样的融资方式,如"融资租赁"等,为企业国际创业提供了便利。

8. 战略发展的客观要求

持此类动机者主要是大型的国际创业民营企业。它们资金雄厚,技术先进,管理水平高,建立在这些优势基础上的全球战略与多样化经营,决定了其国际创业活动具有多样性、总体优化与策略化等特征。

9. 寻找增长潜力的国际人才,增强企业核心实力

舒尔茨(Schultz)的人力资本理论认为,人力资本积累是经济增长的重要源泉,现代经济增长主要凭借人的质量的提高而实现。在知识化、信息化、数字化、网络化的新

世纪,人才已成为影响企业核心竞争力的第一资源,人才资源配置随着全球经济一体化而日益国际化。目前,我国绝大多数民营企业面临着高素质人才匮乏和人才流失严重的双重困境。通过国际创业,民营企业可以培养造就熟悉国际市场投资、营销、管理的人才,增强企业综合实力。

从以上分析可以看出,在诸多动因的推动下,中国民营企业的国际创业将成为民营企业未来主要的经营活动。特别是对于那些已经具备相当竞争实力的民营企业来说就更是如此。

9.1.3 国际创业的影响因素

企业进入国际市场开展国际创业将面临一个极其复杂和多变的环境,在这种环境中,从事生产经营活动对企业来说是一项新的考验。企业在开展国际创业时,应充分考虑企业内、外部各种因素的影响。在对这些因素进行综合分析的基础上,才有可能成功开展国际创业。

影响企业国际创业的因素有企业外部因素和企业内部因素,主要表现如下。

1. 外部因素

1) 目标国家的环境因素

影响国际创业的目标国家的环境因素主要包括目标国家的政治环境因素、经济环境因素、技术环境因素和文化环境因素等。

(1) 政治环境因素。指国家的政治制度、体制、政府的稳定性以及政府对外国企业的态度和相关的立法等。例如中南美洲局势长期不稳,直接影响外国企业投资,有些国家还制定了专门的外贸立法、反托拉斯法和环保立法等,对国外企业的经营或者在产品性能指标上加以限制,这些都会影响国际创业的开展。

(2) 经济环境因素。指企业在国际创业中所面临的目标市场国的国内经济形势与发展状况,包括目标国 GDP 的变化、利率水平、工资、物价和消费需求等。目标国的经济状况影响企业拓宽整合资源的选择面以及国际创业战略的调整,经济环境的若干因素对进入方式的选择也有很大的影响。

(3) 技术环境因素。指企业在国际创业的目标市场中,生产相关产品的技术水平、国家或行业对研发的投入、新产品及新技术的商品化等。对于该因素的了解,可以为企业制定本土化的研发策略提供依据。

(4) 文化环境因素。主要是指本国和目标国之间的差距。社会文化环境因素始终影响着企业的市场决策行为,国际创业绝不能忽视国外目标市场的社会文化环境因素,如消费者行为、价值观念、生活方式、人口增长与年龄分布、宗教信仰、社会行为规范等。这些因素决定了东道国的消费者能否接受外来文化、外来产品和外来消费观念,以及如何接受等。

2) 目标国家的市场因素

影响国际创业的目标国家的市场因素主要体现在目标国家的市场规模、市场竞争、市场基础结构和要素市场 4 个方面。

（1）目标国家市场规模的大小。目标国家市场规模的大小影响企业国际创业方式的选择,当市场规模较小时,不足以形成规模经济性条件,那么贸易和许可证方式是比较合适的方式选择;反之,当市场规模或销售潜力很大时,则可以采用投资式进入方式。

（2）目标国家的市场竞争大小。目标国家的市场竞争影响企业的竞争行为并决定了行业的获利性,所以,目标国家市场竞争的分析对于国际创业决策同样是重要的。大多数国际创业企业都会面临目标国家市场竞争者的潜在威胁,企业应该时刻准备面对这些威胁,应该意识到谁是竞争者,他们的优势与劣势是什么,以便制订可以实施的有效的营销计划。

（3）目标市场的基础结构。包括交通、通信和港口等基础设施条件和市场营销体系的完备程度。基础设施条件直接影响产品的流通成本、速度、生产进度安排以及企业生产管理;市场营销体系直接影响企业的运营效率。

（4）目标国家的要素市场。目标国家的原材料、劳动力和能源等生产要素的成本及质量与可供性直接影响产品的成本及质量,因此它们对国际创业企业的运营有着直接的影响。此外,企业的外部采购、销售、中间商对生产成本也有重要影响。

2. 内部因素

国际创业企业内部自身的因素也会影响企业国际创业的开展。Oviatt 和 McDougall 研究发现,企业进行国际创业的三个关键内部因素是:企业具有全球视野、企业具有国际业务网络、管理者具有国际经验。我们认为,影响国际创业的企业内部因素主要有以下几个。

1）企业家精神

发现创业机会的个人或群体是保持国际化开拓活力的核心因素,企业家精神和创业者的个人特点(如从事国际商务的经验)与心理特征(如风险偏好)决定了他们对市场机会的观察力和诠释力,影响了创业者的国际化视野。因此,企业家精神在中小企业国际创业的战略决策中往往起决定作用。

2）国际网络关系

国际创业活动嵌入在企业家或企业所构建的国际社会关系网络中。网络关系在以下三个方面影响国际创业行为。

（1）识别和把握国际市场机会,例如通过客户关系进入海外市场。

（2）获取国际创业所需的信息和知识,特别是在初期阶段,及时获取决策所需的市场信息能够加快企业国际扩张的速度。

（3）建立信任关系,与海外合作伙伴缔结战略联盟或实施其他形式的合作战略。

3）企业经营战略因素

企业经营战略会直接影响企业进入国际市场的方式。如果企业实行的是以贸易为主的发展战略,那么贸易式战略就是企业进入目标市场的首选方式。反之,如果企业是为了有效地控制目标市场,或者为了获得当地市场的竞争力,那么投资式进入方式就是企业的必然选择。

4）组织因素

走向全球经营的企业除了必须拥有受欢迎的产品之外,还需要有足够强大的组织运营和管理能力相配套。组织的目的在于通过确定任务与权力关系而实现企业成员的协同努力。因此,组织就是要决定谁做什么和谁应该向谁负责。组织良好的企业可以成功地与比自己强大得多但却没有良好组织的企业开展竞争,甚至战胜后者。在组织良好的企业中,管理者和员工通常得到很好的激励并自觉地为企业的成功而努力工作。因此,选择国际创业战略时,要尤其重视组织因素,可以更有效地配置资源和更高效地使用资源。

5) 规划努力

有效规划是确定如何以有效资源克服未预见到的困难的最有效方法。所有的管理者都要进行规划,并且都要让下属参与规划过程,以便促进他们对工作的理解与投入。规划能够提高企业国际创业过程中适应国际市场的能力并减少损失,进而掌握自己的命运;而战略选择应当被看作是使企业采取主动而不是被动战略的一个正式的规划过程。

6) 资源投入因素

企业在管理、资金、技术、工艺和营销等方面的资源越充裕,承受风险的能力就越大,可供选择的海外市场进入方式就越多。相反地,如果企业拥有的资源有限,就会采用合资企业的模式,以获得必要的资源,或者采用许可经营等不需太多资源投入的形式。麦肯锡公司对中国高科技企业的研究表明,当中国企业的年销售收入超过约 100 亿元时,出口的重要性会显著上升;年销售收入超过 100 亿元的企业,其出口占到销售收入的 48%;而年销售收入介于 10 亿~100 亿元之间的企业,其出口所占比重为 21%。与此同时,成本也会大幅攀升。走向全球化的中国企业必须面临营销成本和劳动力成本上升的情况,前者是因为必须建立品牌认知度并了解陌生消费者的行为方式,而后者则是因为企业开始在低工资的国内市场以外聘用人才。特别是在企业进行全球化的最初阶段,由于企业为提升竞争力而进行大量投资,利润率很可能遭受最大的冲击。但是,随着中国企业开始学会服务全球市场,成本逐步平稳,而且海外销售收入逐步增长,利润率就会上升。[①]

9.2 我国国际创业的问题及对策

9.2.1 我国发展国际创业企业面临的问题

尽管国际创业企业在对外投资中具有相对于大型跨国公司的若干优势。但是,在实际的经济活动中,国际创业企业仍然面临许多因素的制约。主要表现如下。

1. 审批手续繁杂,法律、法规不健全

当前,我国对企业进行海外直接投资的审批标准过严、要求过高,一些小企业,尤其是个体私营企业,不得不依靠借船出海、挂靠经营的方式到国外从事跨国公司经营或兴

---

① 施德方,贝殷高,夏小禹. 中国高科技企业的全球化成本. http://china.mckinseyquarterly.com

办境外投资企业。这不仅造成中小企业的经营困难,也给对外投资的管理带来困难,不利于国际创业企业的成长。同时,我国一些政府部门虽然对企业跨国经营制定了一些法规和政策,但也往往由于不完备、不配套而难以落实;一些政策中甚至存在相互抵触的内容。涉及企业跨国经营的财务、税收、信贷、外汇和统计等方面的制度不适应企业开展跨国经营的需要,且尚无一部公开颁布实施的《对外投资法》,不利于企业依法开展跨国经营和政府依法行使管理权。

2. 融资困难

由于国内的金融机构覆盖范围无法辐射到企业的所有经营区域,开展跨国经营的企业就必须依靠当地的金融机构来进行融资。在国际上的资金主要来源于该国的国家进出口银行。一国对外直接投资企业获得进出口银行的优惠贷款尚且不易,对于中小企业则更加困难。在境外企业融资和用汇方面的问题更为突出。我国在这些方面较多的是限制而无鼓励性措施。很多境外投资企业的投资母体既没有对外担保权和对外融资权,也没有自己的财务公司,从而使境外企业缺乏一个正常的融资渠道。

3. 信息匮乏

与大型跨国公司相比,国际创业企业没有能力对投资国的环境、投资机会以及法规等进行详细的研究,其收集信息的能力也相对较差,信息来源的渠道也较少。由此造成一有投资信息就蜂拥而上的混乱局面,以及由于对虚假信息缺乏识别能力而陷入盲目投资的困境。这就要求我国政府及中介机构提供信息,然而,国内为之服务和支持的信息也是不够的。我国跨国经营信息的主要渠道是我国驻外使馆,这些信息一般都反映到中央有关主管的部委,按行政隶属关系再向有关部门和地方政府传递,基本上是一条单向、封闭的路线。这就使得一些有条件的企业特别是中小企业即使想到境外投资,也十分困难,大大限制了国际创业企业的成长。

4. 战略创新和制度创新不足

国际创业企业的发展战略创新主要应集中在产品方向上。我国国际创业企业普遍存在产品结构不合理、品种雷同、质量低,主要依靠价格竞争开拓市场的情况。结果价格上的恶性竞争又使得一些小企业采取以牺牲质量的方法来降低成本,利润越来越薄,直至无力进行技术创新。国际创业企业在组织制度选择上存在缺陷,人事制度、劳动用工制度等都不适应市场经济的发展。很多企业虽然选择了股份合作制这种企业制度,但从近几年的实践来看,这种制度已经在逐渐失去它原有的优势,其弊端在逐渐暴露。

从产业类型上,可以将向国际市场拓展的国内企业分为以下三类。

(1)以格兰仕为代表的代工型企业,成本是他们的最大优势。

(2)以联想、海尔和 TCL 等为代表的传统行业的自有品牌企业,除了需具备制造优势之外,还要有更强的综合能力和资本实力。

(3)以华为为代表的所谓新兴产业企业,他们在走向国际市场的进程中所面临的阻力最大,因为他们面对的是思科、爱立信、诺基亚、摩托罗拉和西门子等清一色的国际一流企业的激烈竞争。

实际上,正如长江商学院院长项兵在 2003 年所言的那样,中国企业中只有华为一家

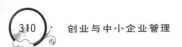

是同时在国际主流产品和国际主流市场这两个方面与国际一流企业展开竞争。因此,华为国际化的难度也是所有国内企业中最大的。[①]

9.2.2　促进我国国际创业企业发展的措施

在促进国际创业企业发展方面,政府起着非常重要的作用。在对外经济贸易合作部对 100 家走出国门的重点企业调查中发现,在企业"走出去"遇到的困难中,有 40% 直接与政府有关,如外汇管理过严、审批渠道不畅、政府支持力度不够大等;另外的 45% 与政府的政策有间接关系,如融资困难、人才缺乏等;而真正的外部环境问题只占到 15% 左右。因此,为了促进我国国际创业的发展,需要政府对国际创业做出重大转变,主要应该从以下几个方面进行。

1. 完善企业海外投资的法律、法规,简化投资审批手续,放松有关限制条件

美国、韩国和日本等一些国家为了鼓励本国企业进行国际创业,通过立法确定境外投资的地位和作用。同时,为了满足本国企业在新的国际投资环境中进行跨国经营的需要,还不断修正相关内容,以帮助本国企业拓展境外市场,促进和保护境外投资企业的合法利益。

目前国际多边的、双边的和各国政府制定的有关国际直接投资的法律、法规已经形成了比较完整的法律体系,对各个国家和地区的境外投资发挥着重要的促进、保护和约束作用。我国应尽快制定相应的对外投资法以及其他法律、法规,积极推进同有关国家商谈并签订投资保护协定和避免双重征税协定。同时,在程序上和条件上对中小企业的审批应有别于对大型跨国公司的审批。可以考虑在项目分类和企业分类的基础上对境外投资申请进行分类管理。另外,在外汇管制、对投资者的征税等方面都应该透明化、制度化。

2. 扩张国际创业企业的生存环境

政府可以从以下几个方面来扩张我国国际创业企业的生存环境。

1) 加快建立国际创业企业技术创新与风险投资基金

扩大国际创业企业的信贷额度,从而为国际创业企业产业结构的改造与产业或产品档次的提升提供支持,降低进入门槛与进入风险。

2) 规范和完善契约关系

鼓励中小企业与大型跨国公司构建网络关系,尤其要鼓励大型跨国公司将产业链中那些劳动密集的环节与中小企业建立合作的契约关系,使中小企业成为其专业化的供应商或零配件商。

3) 建立国际创业企业的社会服务体系

为国际创业企业提供信息服务、经营指导服务、职业培训服务、研发服务、中介服务及咨询服务,降低国际创业企业的生存压力。

---

① 吴建国,冀勇庆. 华为的世界. 中信出版社,2006:42～43

4）建立商业化的投资咨询机构，帮助国际创业企业开展业务

这种投资咨询机构应该是民间的、纯商业运作的有别于研究机构及准政府的贸易促进会等机构。只有咨询公司与企业的投资项目共存亡，他们才有足够的激励机制进行创新并承担风险。

此外，在信息的收集上，应充分利用驻外使领馆、经参处的特殊资源，使其成为重要的信息来源。另外，应加强援外工作，以适应扩大对外投资的需要。长期以来，我国援外项目以建设体育场馆、医院及其他基础设施为主。日本政府在对外援助中，特别注意通过援外项目帮助日本公司打开市场。今后，我国的援外工作也应逐步为我国公司打入国际市场开辟道路。

3. 营造良好的国际创业企业发展的经济社会运行机制

政府可以通过采取以下措施来为我国国际创业的发展营造良好的经济社会运行机制。

1）为国际创业企业制定税收优惠政策

我国政府应该在国内税收法规中规定给予国际创业企业一定程度的减免国内税收的优惠政策。具体来说，用国产的机械设备、技术、半成品以及原材料进行海外投资的企业，应该享受比一般贸易出口更低的出口关税；企业投资开发的国内经济发展长期需要进口的原材料，返销国内时应享受比一般贸易进口更加优惠的关税待遇。同时，在这些海外投资项目中，工作的中方员工可享受个人所得税减免待遇。

2）为国际创业企业制定信贷优惠政策

许多国家政府通过国有银行或其他官方金融机构，向本国境外投资者提供优惠贷款。例如，法国国民银行和外贸银行，对本国境外投资者提供长期对外工业发展贷款，并为对外投资提供长期商业信贷担保。德国的德意志开发公司、欧共体投资银行等机构对境外投资规定，只要投资项目被东道国政府批准，就愿意向投资项目提供贷款，不需要目标国政府的保证和投资者提供担保，对于国际创业企业则更为优惠。我国政府也应该对有市场前景的产业或地区投资项目，通过财政贴息等措施，以优惠的利率为项目提供长期信贷或境外融资担保，从资金上支持国际创业企业的正常发展。

3）建立境外投资保险制度

境外投资保险制度是创业者所在国政府对本国创业者在国外可能遭受的政治风险提供的一种保险制度。美国、英国、挪威、荷兰和德国等主要国家政府规定的保险补偿率为投保人承担。瑞士海外投资保险补偿率为 70%，投保人承担 30%。加拿大和丹麦规定补偿率为 95%。这些国家的经验表明，投资保险制度作为投资资本安全和企业正常经营的保障，能够有效促进本国企业的境外投资和国际化发展。我国应借鉴他们的成功经验，建立健全境外投资保险制度，为国际创业企业的成长提供安全屏障。

此外，政府还应大力推动双边、多边经济合作，签订双边、多边投资促进与保护协定，保护我国国际创业者的利益，这对自我保护能力较差的国际创业企业来说尤其重要。同时，国家应继续积极推动区域间经济合作和建立自由贸易区，为我国国际创业企业提供一个较好的宏观环境，减少风险，提高投资效率。

9.3 国际创业企业的经营战略

企业的经营战略和策略离不开企业自身条件和其所经营的客观环境。因此,国际创业企业经营必须从企业自身条件和其所经营的客观环境出发,制定一套行之有效的经营战略和策略。

国际市场进入战略的规划过程是一个连续的、无止境的过程。任何不满足于本国市场的企业,不论其资源多么有限,都必须规划国际市场的进入战略,而进入国际市场战略的制定也是依据多项反馈信息反复进行的。国际经营战略的选择包括产品设计、目标市场选择和经营方式的选择,这三方面的内容也是相辅相成、互相影响的。

9.3.1 国际创业的目标市场选择

企业一旦决定进行国际创业,接下来就该选择目标市场。构成全球市场的多个国家或地区在人口和市场容量方面存在巨大的差异,这种差异加上各国或地区之间政治制度、经济、社会文化背景的差异,使企业进入国际市场的决策远比本国市场的决策复杂得多。目标市场的选择是要找出销售潜力最大的外国市场。

企业可以综合考虑企业自身的经营战略以及各个国家或地区的市场环境,然后选择企业国际发展最有力的一个国家或地区。各种因素对企业国际创业的影响在前面已经有过详细论述,企业可根据这些影响因素进行选择分析。在进行选择分析的过程中,企业需要注意以下几点。

(1) 所有的国家或地区都是预筛对象。在着手预筛之前,企业还应当勾画出目标产品的消费者或用户的特征,即潜在或实际顾客的个人及单位的各种特征。

(2) 企业还必须依据经济统计资料分析市场潜力指标,找出一组潜在的目标国家或地区。

(3) 要针对行业市场潜力大的国家或地区估计企业的销售潜力。在绝大多数情况下,应选择销售潜力最大的国家或地区作为目标国家或地区。

9.3.2 国际创业的产品设计和选择

企业设计和选择产品是为了找出能够在目标国家市场生存和发展的产品,然后将其确定为目标产品推向目标国家市场,达到既省时又省钱的国际化经营目标。理想的目标产品一般应该具有易被目标国家市场所接受、利润潜力大、可用现有的生产设施进行生产、比较优势、在本国市场上具有很强的竞争力等特点。

进入国际市场的产品策略有多种,不同的目标市场,产品策略也会不同。下面介绍几种典型的国际创业的产品策略。

1. 产品直接延伸策略

产品直接延伸策略是指企业对现有产品不加以任何变动,直接延伸到目标国家市场。这一策略的优点是成本低,不需追加产品研发费用;其缺点是对国际市场的适应性差。这一策略一般适用于知名度高,有特色、质地好的少数产品,如中药、名酒和传统手工艺品等。

2. 产品适应策略

这种策略是指企业更改产品的设计以适应目标国家市场的广泛需要。这一策略的优点是可增加产品对市场的适应性,利于扩大推销,增加总收益;其缺点是要增加费用,提高成本。因此,要对费用和收入进行比较后加以选择。这一策略主要是用于一般性产品。

3. 产品发明策略

这种策略是指企业根据目标国家市场的需要,研制并推出一种全新的产品,去投入目标国家市场。这是一种率先创新的策略,其优点是能够大大提高对顾客的吸引力,减少销售风险,高速打入国外市场,并可获得较好的经济效益;其缺点是所需投资大、费用高、风险大。此策略适用于实力雄厚的大企业。

4. 产品仿制策略

这种策略是根据目标国家市场的需要,通过仿制其适销产品,以达到迅速进入该市场的目的。其优点是没有产品发明花费巨大、条件限制多,能适应国际市场的广泛需要,见效快,成功率高等;其缺点是产品缺乏个性,不具有长期的市场生命力,简单模仿可能会给企业造成困境。

9.3.3　国际创业的经营方式选择

企业进入国际市场的方式是企业或企业产品与最终消费者接触的过程或途径,是企业国际创业的重要内容之一。因此,企业要进入国际市场,就要分析和研究企业进入国际市场的一般步骤,了解各种进入方式的重要特点,比较各种进入方式的利弊,预测进入方式的发展趋势,为企业进入国际市场提供决策依据。本文在此介绍出口、非股权安排和直接对外投资三种常见的国际创业经营方式。

1. 出口

有的企业进行国际创业本身并不参与其在海外市场上的业务和日常管理,而是通过收取佣金或提成的方式来获得有关收益,出口就是这么一种方式。出口就是将在一个国家生产的产品装运并销售给另一个国家的消费者。这是从未有过国际经营经验的企业打入国际市场的最简单方式。在这种方式下,成本较低,风险最小,并能从产品销售中获利。出口一般还可分为两类:间接出口和直接出口。

1) 间接出口

间接出口是指在国内市场上将产品卖给外国的购买者或出口管理公司。在这种情况下,即使产品最终会被装运到国外,但整个交易就好像是在做国内贸易一样。这种出口方式需要创业者所掌握的知识和承担的风险最少。间接出口的另一种方式是通过出口管理公司,如果企业认为自身的优势主要集中于生产环节,则可以采取这种方式开展出口业务;若企业认为自身在销售方面比较擅长,那么就比较适合直接出口。

间接出口是企业涉足国际市场初期常用的方法。这种方法所需的资金投入少,且不必组织自己的海外推销队伍,不必自己与外商签订合同和处理复杂的出口程序,风险小,可充分利用专业性外贸公司长期建立起来的销售网络和信誉,使企业的产品迅速地进入国际市场。

2)直接出口

如果创业者想更多地参与国际业务,可以通过独立的分销商或公司自己的海外销售机构来从事直接出口。独立的国外分销商通常为希望快速进入该国市场的公司销售产品。采用独立分销商的方式会削弱创业者对海外市场的控制,如果创业者不希望这样的话,可以设立自己的海外销售机构,雇用自己的销售人员,派驻市场代表。在刚开始的阶段,创业者可以派一个国内销售人员或雇用一个当地人员作为国外市场的代表。当销售业务扩大到一定水平,就建起自己的仓库。销售达到值得进行投资的更高水平时,就可以在当地建立组装厂。直接出口的优点主要体现在企业拥有生产和经营的主动权和控制权。

国际创业企业要学会利用国家和政府关于出口方面的有力政策。如我国大力推行由出口低级制成品向高级制成品的转变,鼓励高新技术产品的出口。同时,充分发挥劳动力资源和自然资源的优势,增加适销对路的出口商品。在出口退税、出口信贷、出口信用保险等财政和金融手段也为企业出口提供了支持。目前,我国出口企业主要依靠的是低成本的优势,使得国内企业产品在国际上一度风靡,在政府大力推动国内产业升级、抑制过度顺差的背景下,国内企业在近几年出现了转型的趋势,2007年的出口退税政策对服装和纺织企业的影响就是典型的例证。

2. 非股权安排进入方式

非股权安排进入方式也称合同许可进入方式,即许可方同被许可方签订许可证协议,允许被许可方在国际市场使用许可方的知识产权来制造或销售产品,许可方收取一定的费用。知识产权通常包括专利、商标、版权、专有技术以及特殊的营销技能等。这种方式开展国际创业的优点在于风险和费用较低,既可以减少企业的研发费用负担,又可以从技术反馈中获利,同时还可以进入那些对进口和投资都实行严格限制的国家。缺点是在一定程度上对国外市场缺乏控制,容易造就潜在的国际市场竞争者。

这里主要介绍经常发生的三种非股权安排进入方式:授权经营、交钥匙工程和管理合同。

1)特许专营

特许专营是某一公司(特许方)授予国外目标市场国家中独立的公司或个人(被特许方)以某种规定的方式从事业务活动的权利。这种授权可以是允许销售特许方的产品,也可以授权使用其专利、商标、技术或者是一般业务手段。被特许人向特许人支付经营提成费和其他补偿。当创业者没有兴趣通过出口或直接投资进入一个特定市场时,特许经营方式是最合适的了。这种方式风险较低,又是增加收入的方法,因此特许经营方式是创业者从事国际业务的一个很好的手段。

2）交钥匙工程

所谓交钥匙工程，就是指由于发展中国家意识到对制造技术和基础建设的需要，而又不愿意把他们经济中的重要部分拱手让给外国的企业拥有，于是让外国创业者建设一个工厂或其他设施，训练工人操作设备，训练管理人员如何管理，一旦投入运作就交给地方所有者。交钥匙工程是不愿冒较大风险而又想获得国际业务经验的创业者的另一个选择。

3）管理合同

国际管理合同是指公司管理赋予位于国外目标国家某一企业日常经营活动的权利，这些权利不包括进行新的投资，承担长期债务、决定分利政策，改变基本的管理或政策以及改变所有权安排等，因而管理合同仅限于日常经营、负责提供管理技术。对创业者来说，管理合同是既能让他们进行国际市场，又不用进行大笔的股权投资就能盈利的一种有效的方式。许多创业者通过签订管理技术和技能合同成功进入国际业务。

4）合同制造

合同制造是介于许可贸易和投资进入方式之间的一种合同进入方式。企业让目标国家的某家独立的制造商得到某种产品的制造权，随后在目标国家或其他地方销售。为了得到符合自己标准要求的产品，企业一般向当地制造商转让技术和提供技术援助。这些转移可能以双方签订独立的许可贸易或技术援助协议来实现。

3. 对外直接投资

对外直接投资是一种资金、技术、设备、以至经营管理人员的跨越国际的移动。它的核心是国际层面的资源配置，其关键是要寻找一个在国际市场上的最佳生产点与销售点的组合。通过这最佳组合，企业可以充分利用自身的经营资源，发挥其最大的潜能、提高国际市场的竞争能力，实现企业的国际市场营销目标。

设立完全独资的国外分支机构是创业者通过对外直接投资在国际市场开展业务时最喜欢的一种方式，此外也可采用合资和少数、多数股权的对外直接投资方式。

1）购买当地企业少量股份

购买当地企业少量股份能为公司的产品提供原材料供应源或一个可探索的市场。创业者在采取大的行动之前可以用少数者地位在市场中获得一个立足点或经验。另一方面，尽管少数股东并不拥有大多数的股权，但当他拥有对企业经营十分有价值的东西时，他影响决策过程的能力常常远大于其所持的股份。

2）合资公司

创业者进入外国市场采用的另一种直接对外投资方式是建立合资公司。合资公司可有多种形式，最传统的形式是两家公司一起组建第三家公司，在这个公司里它们分享股权。

在以下两种情况下创业者最经常地采用合资公司的方式：当创业者想购买当地的专有知识和已建立起来的市场营销体系或生产设施；当创业者试图快速进入某个市场时。

3）收购国外相关企业

创业者进入国际市场的另一个股权方式是通过兼并收购方式。通过收购方式，创业者能够快速获得管理控制,同时又维持了被收购公司的当地身份。当进入不稳定的国际市场时,一些创业者会先保持只占有少量股权地位,等到有了销售额和利润后,再把权益增加到100%。有时,许多国家关于少数股东权利的规定要求这样做,而且这样做可以减少与当地所有者可能发生的矛盾。

4) 完全购买当地企业

在从事国际业务时,创业者若采用100%所有权方式则可确保对企业的完全控制。如果创业者拥有成功进入一个市场所需的资金、技术和营销技巧,那么就应该采取完全购买的方式。

企业在进行全球扩张时,其所拥有的资源和能力储备对它采用新建企业还是收购现有企业的方式进行扩张具有一定的影响。技术能力较弱的企业会倾向于通过收购现有的技术创新型企业来获得技术,而技术力量雄厚的企业则不必购买现有企业和这些企业拥有的技术,它们更有可能通过自己新建企业来进行全球扩张。

📝 案例

安信地板在巴西

安信是中国第一、全球前十的实木地板生产企业。安信于2003年起陆续建立了巴西AXN木业和巴西MGM木业两家合资公司,月生产能力分别达到1000m³和近2000m³锯材,共聘用当地员工300多人,月销售额均超过150万美元。这么大规模的海外制造型子公司能够在如此短的时间内获得成功,即使对于中国那些赫赫有名的大企业来说也是非常罕见的,而安信2005年的总销售额也只有大约10亿元人民币。

对于安信而言,坚持本土化经营,尊重当地风俗习惯的做法使公司赢得了很大的经营主动性。公司在巴西的300多名员工当中,管理层基本上都是巴西人,国内仅派了7人担任技术、财务、采购部门的协调工作。由于重用当地管理人员,减少了中外双方人员由于文化、信仰和生活习惯等差异产生隔阂与误解,解决了诸多劳动纪律、劳资纠纷等棘手问题。同时公司还积极参与当地各种社会公益活动,如赞助所在地的印第安人国家基金会、在巴西设立木材加工培训中心等。这些举措都受到了当地政府和百姓的欢迎和支持,也使公司很快就融入了当地社会。

2002年起,安信成功购买了巴西西部亚马孙流域近10万公顷(1 000平方公里)的原始森林,作为公司原料供应的后盾。从中国石油巨头们收购海外石油资源和功败垂成就不难知道这样的成绩是多么的不易。为了不伤害当地人的感情,安信收购巴西森林资源也是采取了迂回战略。2002年4月,卢伟光的第二个儿子出生在巴西,并且加入了巴西国籍,卢伟光以监护人的身份取得了绿卡。2003年,卢伟光在巴西投资建起木材生产厂家。2004年4月和11月,卢伟光分两次分别收购了150平方公里和850平方公里原始森林,面积之和相当于一个崇明岛。卢伟光没有忘记他的那些印第安朋友,他在自己的1 000平方公里森林里划出了50公里的地方,无偿送给巴克里部落栖息。他将为印第安人建造10幢房子,还要为印第安人开发旅游项目,宣传印第安人的文化,同时提高他们的生活质量,使他们更好地融入当地社会,与现代文明融为一体。

总之,国际创业的不同经营方式会给企业带来不同的成本、风险和利润。企业对既定目标市场进入方式的选择过程,往往是几种相互抵触的因素综合平衡的过程。创业者要根据自己和公司的优势和劣势来选择进入方式和海外经营模式。一般来说,对于抗风险能力较差的中小型企业来说,采取国内经营—设海外代理—先建海外销售子公司—再建海外生产子公司这种循序渐进的发展形式是最佳方式。

9.3.4　国际创业的战略实施要点

国际创业企业在对经营战略做出选择后,接下来就该是实施了。在实施经营展览时,企业应该注意战略实施的几个要点。

1. 企业经营实行区位优势策略

企业国际经营实际上只是在东道国与本国之间,利用当地自然资源和劳动力进行取长补短的"两地双厂生产",以降低生产成本和提高产品竞争力。因此,国际创业企业在投资区位的选取应该选择那些语言文化相通、地域相近或相连、能够迅速接纳其生产技术和产品的国家和地区进行直接投资,这就是区位优势战略。例如,港、澳、台地区国际创业企业主要集中在祖国内地和东南亚等发展中国家和地区,而对北美和欧洲等发达国家和地区的投资很少。新加坡中小企业的投资 2/3 集中在马来西亚。美国中小企业在国外附属企业或机构平均每家只有 1.6 个,而且主要建立在加拿大和墨西哥。这些都说明,企业国际创业主要实行区位优势战略。

因此,在区位选择上,我国国际创业企业的投资区位应该以周边的发展中国家为主,包括东南亚、南亚与中亚地区。特别是经济上比我们落后一些的正在迅速崛起的东南亚国家,如越南、老挝和柬埔寨等国。对这些周边国家的投资,不但有距离较近,运输方便,文化相对比较接近的优势,而且还能充分利用近年来各国一直在推动的地区间经济合作的协定与协议。例如,大循公河流域经济合作区、东盟 10＋1 自由贸易区、南亚经济合作区、中亚与新疆经济合作区等一系列政府与民间的贸易和投资合作协议。

2. 充分利用国际创业企业集群

国际创业企业集群就是一群自主独立又相互关联的国际创业企业,依据专业化分工和协作建立起来的组织,这种组织的结构介于纯市场和层级两种组织之间,是为了克服市场失灵和内部组织失灵的一种制度性适应。集群化能够带来外部经济,即规模经济存在于行业内部而单个企业的规模仍然可以保持很小。国际创业企业集群通过精细的专业化分工及紧密的协力网络,组织一张紧密的网,对外形成非常具有竞争力的团队,从而提高国际创业企业在激烈的国际竞争中的整体抗风险能力。例如,我国台湾的一些中小企业的投资者在广东的东莞、江苏的昆山、苏州等地创立了台商集中的企业集群。因此,国际创业企业可以采取这种方式,充分利用国际创业企业集群的优势进行国际创业。

此外,国际创业企业还应充分利用目标国建立的经济特区、自由贸易区和开发区等特殊政策形成的小环境的优势,减少自身的投资风险。

3. 加入国际产业分工和协作网络

国际创业企业以其某方面的核心竞争能力可以以最小的代价加入国际产业分工和

协作网络,这是我国国际创业企业进行海外经营的捷径和重要策略。这样可以利用国际网络中的资源潜能,提高我国国际创业企业的国际竞争力;利用技术转移,获得更多的先进技术;利用市场反应能力,提高市场意识和市场运作水平;利用本土化经营,培养大量的技术和管理人才。我国许多国际创业企业在技术密集型项目合作上具有很强的实力,有的具有较高的生产管理水平,具备了与该网络进行大规模生产合作的基础。我国的国际创业企业加入国际产业分工和协作网络,不仅可以迅速发展壮大企业规模,还可以利用网络中的技术、资金和资源优势,在我国建立起现代化的资金、技术密集型产业,使我国的产业经济结构得到调整、升级和优化,促进配套企业的生产协作,带动相关产业发展。

4. 企业经营主要走"当地化"发展战略

中小型企业由于经济规模小,母公司一般无法在国际范围内实现对其子公司的有效扶植,因而子公司对待其母公司的依赖程度都相对较低,这就使得许多中小企业在进行跨国经营时,走所谓"当地化"的发展战略策略。这样能更好地与东道国政府和社会沟通与协调,提高产品"国产化率";满足东道国对一部分先进技术的要求;挖掘东道国的管理资源。因而,东道国较欢迎"当地化"战略。目前,大型跨国公司也正从一切以母公司利用为重的经营战略向"当地化"战略转移。由此可见,中小型企业跨国经营走"当地化"发展战略的必要性。

5. 企业经营应集中在"间隙市场"

所谓"间隙市场",是指大型跨国公司在追求"规模市场"中不愿设计或难以涉足的经营领域。通常"间隙市场"产品批量小、品种多、市场容量有限。中小企业专心关注市场上被大型跨国公司忽略的间隙市场,选择不当可能引起大型跨国公司兴起的市场"角落",为了提供专门化服务来获得最大限度的效益。其目的是充分发挥自身优势,努力开发一个或若干个有利可图的市场,以填补市场需求不足。同时,又最大限度地躲避与大型跨国公司直接较量的风险。这种在"夹缝中生存"的方法较符合中小型企业的跨国经营。

除了以上要点之外,国际创业企业还应该懂得一些国际贸易的知识。国际贸易是企业国际创业初级阶段的主要形式,同时也是企业国际商务活动的主要表现形式,其理论在很大程度上构成了企业国际创业的理论基础。因此,了解国际贸易组织以及它们对国际经营的影响,将有助于国际创业企业分析判断向市场提供哪些有发展潜力的产品。国际贸易组织主要有世界贸易组织(WTO)、北美自由贸易协定(NAFTA)、亚太经合组织(APEC)和欧洲联盟(UE)等。企业在开展国际创业活动时,应该对这些与国际创业相关的国际或地区组织以及国际政策有所认识和了解。

本章小结

国际创业就是创业者跨国际开展商务活动,国际创业包括出口、对外投资等多种形式。国际创业活动已经成为了新成立企业的普遍选择。然而国际创业与国内创业环境在许多方面仍有不同,主要包括经济环境、国际贸易差额、制度类型和政治法律环境等因素,创业者有必要对这些因素进行认识和衡量,保证创业环境选择的合理性。

本章介绍了一些与国际创业相关的知识。首先介绍了国际创业的概念、动机和影响因素,让读者对国际创业有一个全面的了解。接着分析了我国企业开展国际创业所面临的问题,并提出了相应的解决措施。最后,介绍了一些国际创业企业的经营战略,主要包括目标市场的选择、产品的设计和选择、经营方式的选择,并探讨了战略实施中需要注意的一些要点。

思考问题

1. 国内创业环境和国际创业环境在哪些方面有所不同? 创业者首要的考虑因素分别是什么?

2. 我国国际创业企业的经营策略有哪些?

3. 国际创业的方式有哪几种? 企业选择创业方式的影响因素有哪些?

4. 国际创业者如何选择目标市场?

本章案例

温州东艺鞋业有限公司①

温州东艺鞋业有限公司(以下简称东艺鞋业或东艺)的前身,是成立于 1986 年 6 月的温州东风工艺皮鞋厂。当年的东艺,上无片瓦、下无寸土,注册资本只有 4.6 万元,十来个职工,日生产皮鞋 20 多双,产品无名无牌,仅是一个小的家庭作坊。而今天的东艺,拥有 2 万平方米的厂房,固定资产高达 1.1 亿元。今天的东艺,设备上也早已"鸟枪换炮"——投资 3 000 多万元不断地更新设备,使它已拥有 800 多套设备,8 条现代化皮革流水线。

时至今日,东艺鞋业已发展成为年销售额超过 3 亿元的制鞋大企业,产品畅销俄罗斯、东欧各国、日本、韩国、东南亚数国,少量出口美国、约旦、西欧等国,并远销中非、南非等国,成为浙江制鞋行业的最大企业之一,全国制鞋业的出口大户和创汇大户。从新世纪起,东艺鞋业还要在 260 亩的规划土地上建立起新的东艺工业园区,以构筑中国的"鞋都"。东艺的发展目标是做鞋业巨匠,创世界名牌。

一个民营小企业,如何在开展国际营销"攘外安内"中,取得如此骄人的业绩? 宝贵创业经验何在?

1. 东艺的跨国营销:俄罗斯起步,在美国走向成熟

20 世纪 90 年代初,在中俄边贸蓬勃兴起的特定历史环境下,一个纯粹偶然的机会使东艺产品进入俄罗斯市场。

1992 年元月的一天,在香港做了 10 多年贸易的曹家帆先生回温州探亲,顺便到东艺参观。当他看到东艺生产的皮鞋时,禁不住叫了起来:"这么好的皮鞋为什么不出口?"过

---

① 清华. 从 4 万到 3 亿,小民企的跨国之旅. 案例点评,2005(3):78～79

了几天,他回香港时,行囊里便多了几双东艺鞋。回港后,他就与比利时客商联系,比利时商人对东艺皮鞋的品质很满意,当即决定要一批货,转手发往俄罗斯。就这样,东艺皮鞋第一次跨出国门、走向世界。

然而,出口香港剩下的一批大号皮鞋却没有买主,东艺正打算处理掉。不久,东艺鞋业董事长陈国荣捕捉到东北边陲的绥芬河市场急需一批大号皮鞋的信息,而东艺这批鞋完全符合绥芬河客商的要求,陈国荣以最快的速度把这批鞋运到那里,东艺的边贸工作也就从此拓展开来。

那年冬天,东艺为设计出更适合俄罗斯人脚型的皮鞋,陈国荣冒着严寒,多次赴绥芬河,收集了大量的信息,开始酝酿更大的边贸计划。

有一绥芬河的客商偷偷地告诉陈国荣:"为了维护双方利益,不能告诉任何人鞋发往哪里,东艺生产多少,我们要多少,价格高一点也要。"

这一年东艺出口创汇达 130 万美元,此后,与俄罗斯的边贸贸易额迅速扩大。

1994 年夏天,当公司全力以赴赶制订单时,俄罗斯人加尼与王萍突然来到了东艺,他们手里拿着东艺皮鞋的包装盒,问这里是不是有这种皮鞋的生产厂家。当门卫告诉他们是时,他们满脸笑容。最后才知道,由于东艺皮鞋质量可靠,在俄罗斯市场已经有了很高的知名度,这两位商人决定避开中国的中间商,自己上门来联系货物,因苦于语言不通,只好拿着鞋盒"按图索骥"了。从此,装满东艺皮鞋的货柜不间断地发往俄罗斯,东艺从此真正跨出了国门。

东艺公司的领导层深知,在变幻莫测的国际市场上采取主动是何等的重要,在保证俄罗斯市场每年高速增长的同时,东艺并未将目标限定在俄罗斯,而是勇敢地走向更加广阔的市场。从 1996 年到 2000 年,是东艺鞋业抓住一切机会在国际市场上展现自身的时期,凭借过硬的品质和有优势的价格,东艺的品牌认知度在欧美等国迅速蔓延开来。2001 年以后,东艺将战略重点转向美国,与跨国零售集团 PAYLESS 合作,通过了该集团对供应商的资格审查,并与其签订了长期的供货合同,为该集团全球数千家连锁店提供产品,成为温州率先打入美国主流市场的企业。2001 年 3 月,东艺的管理和技术通过了美国鞋业大型垄断企业零售商之一贝达公司层层考察,同年 11 月,东艺鞋业正式与贝达公司签订了供货合同。与贝达公司的合作标志着东艺鞋业的产品终于走上了国际水平。

2. 有效地发挥比较优势:东艺鞋业成功进行国际营销的重要基石

东艺鞋业作为我国的传统产业,与意大利等国先进的制鞋企业相比,不仅没有产品优势,更不具备技术方面的任何优势。东艺打造进入国际市场的有利基础就是,充分发挥比较优势,形成产品在价格方面的直接优势,构造出优越的性能价格比,以此获得国际市场的认可和接受。在俄罗斯市场,东艺鞋业的产品在性能上与其他类似的国际产品相差无几,但其价格却低了一半。东艺的比较优势有如下几方面。

1)劳动力优势

在成品鞋的成本构成中,劳动力成本的比重是最高的,东艺的用工政策是:劳动力 90% "进口",即东艺鞋业的劳动力绝大部分来源于国内西部较不发达地区。双重的劳动力优势,促成了东艺鞋业产品在国际市场上明显的价格优势。

2）产业链优势

主要是指由于行业内的劳动分工而形成的最终产品总成本的降低优势。温州具有生产鞋的悠久历史,早在 400 多年前的明朝嘉靖年间,鹿城的皮鞋就已被列为朝廷的贡品。改革开放以后,温州鞋更是走遍我国大江南北。围绕皮鞋生产,鞋材生产业、生皮加工业、鞋五金配件业和鞋设计业等诸多相关业种发展成熟,温州形成了良好的产业链。由于产业链中各业种相对的劳动分工,每个业种都能达到很高的熟练程度,从而形成了较高的劳动生产率,最终促成了成品鞋价格的下降。东艺鞋业获得的产业链优势,使得产品在国际市场上具有明显的价格优势。

3）规模化优势

主要是指由于大量生产而形成的产品成本降低的优势。作为制鞋企业来说,如何将多品种少批量的生产要求更好地转化为大批量少品种的生产,是获取规模化优势的重要途径。东艺鞋业自创办以来,一方面将产品定位于大众消费,通过积极的营销不断地提高鞋产量;另一方面通过形成拳头产品,最终形成了明显规模化优势。规模化优势使其产品具有明显价格优势。

4）生产专业化优势

东艺鞋业自创办以来,不搞任何多元化经营,将有限的资金充分地投资于制鞋工艺的改进,不仅形成了生产设备的专业化,还形成了生产设备的规模化,直接提高了劳动的生产效率,降低了成本,最终形成了东艺产品在国际市场上的价格优势。这是我国许多传统产业企业进入国际市场的重要途径。

3. 灵活机动的市场策略:东艺鞋业成功进行国际营销的重要方法

企业开展国际营销的基本模式是:先国内、后国外,生产的过剩是导致走上国际化道路的主要动因。然而,东艺的模式是:外销为主、内销为辅,先攘外后安内,创业初始就积极抓住改革开放和国际市场营销机遇,在国际市场上立足,而后再拓展国内市场。这可谓是我国民营小企业开展国际营销的一种创新,其最大特点是灵活机动。

1）不失时机地抓住了国际市场营销机会

东艺鞋业走向国际市场,应该说是从极其偶然的机会开始的。1992 年的一天,一位港商回温州探亲,当他看到东艺生产出来的皮鞋时,禁不住叫了起来:"这么好的鞋为什么不出口呢?"回香港后,这位港商立即与比利时客商联系出口事宜。由于东艺鞋的品质得到了贸易各方的认可,瞬间东艺鞋便获得了出口订单,当年出口创汇就达 130 万美元。尝到了国际市场营销的"甜头",东艺便放弃了国内市场的进一步开拓,专心开始了国际市场的拓展活动。东艺的创新国际营销模式是建立在利润驱动上的,而非建立在通常的寻求过剩产品出路的基础上。这是东艺创业的出发点和归宿点。时至今日,还有人问:你们的生意做得那么大,为什么市场上却见不到一双东艺的皮鞋呢?这一问题也很好地表明了,东艺国际营销创新模式的新就在于此,即外销为主、先攘外。把握好国际市场营销的机遇,敢为人先。

2）积极开展国内营销

多年的国际营销经验使得东艺发现,对于我国传统的制鞋小企业来说,积极地开展国际营销可以充分发挥比较优势,获得较国内市场高的利润。但是国际营销风险确实很大,而国内是一个稳定的大市场,如果把多年来对国外市场的各种营销经验和制鞋先进技术运用于国内市场,无疑将开辟出新的增长点来。从 1998 年开始,东艺重新又开始了对国内市场的开拓,并确立了外销为主、内销为辅,外销寸土不让、内销寸土必争的营销战略。

(1) 启动内销、设计先行。为了使内销工作万无一失,而且达到"一鸣惊人"的目的,产生名牌产品的轰动效应,东艺开拓国内市场首先的工作是从鞋样设计出发,来一个重新对内销产品的认识过程。经过数月的努力,一批批新颖、秀丽、活泼的内销产品展现在国人的面前,并在全国性的展销会和订货会上获得了国内商家的一致高度评价。

(2) 控制内销渠道,实施"千店工程"。在内销时,东艺强调的是对市场的控制。为此,东艺实施了"千店工程",以统一的企业 CIS 为先导,以特许经营、专卖经营、批发经营为市场进入主要手段,统一形象、统一管理、统一经营,形成了良好的市场控制体系。

(3) 加强内销宣传,广而告知于天下。企业统一的 CIS,贯穿于"千店"的商标、装潢、色泽、服饰和广告语等方面,起到了巨大的宣传作用;充分利用各种媒体,扩大了宣传的力度;积极开展各种公共关系活动,与消费者谈知心话、选称心鞋,加深了宣传的效果;一系列的营销宣传工作,都紧紧围绕名牌进行。

经过 3 年的艰苦拓展工作,目前东艺的内销取得了丰硕的成果。东艺产品也被全国保护消费者协会指定为推荐产品,东艺商标还被国家工商局认定为"中国驰名商标"。

故敌有形而我无形,则我专而敌分,我专为一,敌分为十,足以十攻其一也。则我众敌寡,能以众击寡,则吾所与战者约矣。

——孙子兵法

学习目的

1. 了解和灵活运用聚焦战略。
2. 明确客户细分的步骤与要点。
3. 掌握产品定位的方法与工具。

引　言

史玉柱自述:我的营销心得①

1. 最好的策划导师就是消费者

史玉柱:不仅送礼这个概念是这么到老太太那儿聊出来的,我觉得整个过程都离不开消费者。我一直跟公司内部的人强调,最好的策划导师就是消费者。我每出一个广告语,每拍好一个广告,比如像老头老太那个电视广告,我拍出来之后,就把全国分公司经理、总部的骨干全部召集到一起看。最后上不上我有否决权,但是我没有同意权。五六十个人投票,只有2/3都举手了,说好了,才能播。

工具:每周访谈50个消费者。史玉柱公司内部有规定,所有广告部的人,所有搞策划的人,必须要每周访谈50个消费者。史玉柱要求全国各地的分公司经理、总部的部门负责人,每个月都要访谈30个消费者。而且会对这些访谈内容做检查。

2. 消费者访谈要确保真实记录

史玉柱:只要是做消费品的公司,除了扫地阿姨,每个人都应该了解消费者。我们的访谈是这样做的。访谈完了之后,要有一个访谈录,他和消费者的对话,他说了什么,对方又说了什么。这个里面肯定有编的,中国人编剧能力还是挺强的。然后我抽查,每个月来的时候我会抽查3~5个。因为我很了解消费者,谁真的谁假的我能看出来。

工具:访谈作假惩罚法。面对访谈作假,史玉柱的做法是,开全国大会时,拎出来的人让他在台上连讲一百遍,假如他叫张三,就讲100遍"张三没有信誉,张三没有信誉"。下次就不敢了。不过这种做法针对"90后"可能有点儿麻烦。

3. 研究用户的王道:试错

史玉柱:只要是面向消费者的生意,都要研究消费者。这种消费心理,除了靠试错,

---

① 史玉柱. 史玉柱自述:我的营销心得,北京:同心出版社,2013.

还是试错。

工具：伪装成玩家。史玉柱调研用户的方法，就是和玩家聊天。有个什么想法，先是从侧面问他们，当然也不能暴露出自己。史玉柱就说：其他的游戏里，想干个什么什么事，你们觉得这个好不好？其他游戏要推一个什么东西，你们觉得怎么样？他会问10个、20个玩家，做出初步判断。

4. 做产品要集中优势兵力

史玉柱：一个企业有一个主打产品，有一个特别大的产品，就够了。产品能少一个就少一个。少的目的是为什么，目的不是为了偷懒，其实就是毛主席说的这个"集中优势兵力"，集中到一点上去，把精力、人力、物力、财力，全聚焦到一点上去。

工具：只做一件事。史玉柱有个自我的纪律：同一个时间，一定只管一件事，不管两件事。史玉柱做网络游戏时，虽然还是100%的脑白金股东，但决策基本不参与，全力盯征途游戏。

5. 好产品是改出来的

史玉柱：从游戏公司成立到美国纽交所挂牌，用了3年。做《征途》的秘诀在哪儿？为什么我们很快就找到收费的那个点了呢？其实都是靠心血熬出来的，只要你路子对了之后，你就不断地浇灌心血。

工具：每天15个小时的体验。征途游戏刚出来的时候，是很不好玩的一个游戏，非常难玩，史玉柱每天就在里面玩，平均是15个小时在游戏里待着。史玉柱待了两年，外面都没有朋友了，也不用手机。玩的时候发现哪个地方不好，连夜把技术人员叫起来，叫他起来改。

6. 鲜为人知的产品失败：巨不肥

史玉柱：除脑白金外，我们还做了巨不肥。1996年3月份开始做巨不肥。当时就做了一个启动市场方案。这个启动市场方案是成功的，就是做巨不肥大赠送，以活动作为线条进行宣传。后来策略上出了一个问题，市场打开之后，后期的策划没有做，市场打开以后，不知怎么办了。这个产品后来逐渐下滑。

工具：取名字的学问。取一个好名字可以减轻很多劳动量，脑白金名字取得是比较好的，有缺点，优点也很突出。

7. 玩家需求的八字方针

史玉柱：我总结了一个八字方针：荣耀、目标、互动、惊喜。

① 荣耀。玩家来游戏内心深处第一的需要其实是想获得他人的尊重，要获得荣耀，玩家需求的，第一是荣耀；第二是荣耀；第三还是荣耀。

② 目标。任何一个时间节点上，都应该有目标；在任何一个时间节点上，都应该短、中、长期目标三者同时存在。

③ 互动。友情的需求在网游中是存在的，仅次于对荣耀的追求。

④ 惊喜。惊喜其实就是随机性。它的地位是非常高的。没有随机性，网游就没有耐玩性，没有随机性，就没有游戏。

工具：如何让消费者不觉得贵。比如，史玉柱有个游戏，要在刀上镶一个宝石。设计中,这个刀是最极品的刀,需要他花 1 000 块钱。如果直接定价 1 000 块,用户肯定不接受。史玉柱的设计方式是:让他 10 块钱买 1 颗宝石,但镶嵌的成功概率是 1%,其实最后也是 1 000 块钱,但用户容易接受。

8. 一把手要抓细节

史玉柱:为什么一把手要抓细节呢?第一,细节太重要了,尤其是关键环节的细节。第二,模范带头作用。回顾我 20 年的下海生涯,也有上坡和下坡。恰恰这 20 年里有三个时期我是抓细节,自己亲自干的。第一次是 1989 年,没钱没人,公司产品 100% 的代码都是我自己写的,所有广告都是我自己写的。第二次是 1997 年,我们公司失败了,我又放下了架子。包括跑市场,70 多个城市,跑终端,没有上万,但绝对不低于 5 000。第三次就是我接受巨人网络的时期。正因为我不懂网游,所以我才抓细节。

工具:定量管理。对玩家的绝大多数行为要进行统计。每天都会打印出玩家行为分析表。从这些报表中,可以看出游戏发展的趋势,哪些功能是玩家喜欢的,哪些是被抛弃的,哪些是有潜力的。

本章的内容结构图如图 10-1 所示。

	10.3 差异化竞争 打破游戏规则 差异化方法	
10.1 客户细分 集中:做小池里的大鱼 聚焦:满足重点客户关键需求 深入:一寸宽,一里深	中小企业营销战略	10.2 产品定位 PF:产品聚焦 FABE:差异优势 USP(独特的销售主张)

图 10-1　本章的内容结构图

让你痛苦的一定是会让你强大的,经历过这种痛苦的煎熬你会发现自己有成长,最怕的是你方向不明胆子很大,思路不清盲目行动,最后的结果有可能是赔了夫人又折兵。所以学习和思考的时间是为了更好地指导你的行动,毛主席讲过没有理论指导的实践是盲目的实践。没有理论指导的革命是盲目的革命。创业是一条不亚于革命的充满挑战和风险的道路。大家想清楚想明白后再行动你会感觉先慢后快。会少交一些学费。在这一章里,我们要分享的是中小企业营销战略,主要包括三方面内容:第一,客户细分。一定不是自己有几杆枪就要做大众情人,在创业早期的那几年主要服务几个客户就够了。华为在早期也就是把电信这个客户吃透,很多企业都是靠一两个客户起家,服务于小众,才能"做到特别的爱给特别的你";第二,产品定位。针对小众顾客的特定需求来打造全套产品。湖南交泰建材,有六七个产品,到底哪个是为主的呢。一定要选择一个产品来打造品牌,提高客户的影响力。海尔在创业初期花了 8 年时间只做一个产品就是冰箱,靠冰箱打出了海尔的品牌;第三,差异化。整合上游的供应链和下游的营销链,打造成功产品来服务于小众的需求。

很多老板每天头都是大的,总是感觉时间不够用,有太多的问题需要处理,这个时候尤其记住，千万不要眉毛胡子一把抓，一定要思考问题聚焦，一定要把80%的时间和精力花在20%最能产生价值效益的地方。

中小企业的营销战略，核心在于聚焦，聚焦在于重点解决三个问题：第一，谁是我们的客户？毛主席说，谁是我们的朋友？谁是我们的敌人？这是革命的首要问题；在商场如战场的今天，谁是我们的客户？谁是我们的对手？这是经营的主要问题，首要问题没弄清楚，就没有抓到最重要的工作；第二，怎样为客户创造价值？客户不会为你的技术买单，也不会为你的产品买单，除非你的产品技术解决了他的问题，满足了他的需求，最终为他创造了价值他才会买单。明确了目标客户，就要为目标客户创造价值，而且还要让客户感知价值最大化；第三，我们凭什么竞争客户？在市场上会发现，开始感觉自己的产品技术不错，但会有各式各样的竞争对手，大家用各种手段八仙过海。

10.1 客 户 细 分

客户细分就是要聚焦重点客户，满足关键需求。跨越从产品到市场的鸿沟，主要抓两头，一是客户细分，谁是最可爱的客户，他的需求怎么样；一是产品定位，用聚焦来搭建一个营销之桥。从本质上来说，中小企业的瓶颈首先是营销问题，怎么把产品变成商品。让顾客会购买，重复购买，转介绍。有些老板在写商业计划书的时候发现越写越糊涂，这就是任何一个东西要弄明白首先是很痛苦的，所谓"为伊消得人憔悴"，但能够坚持下来攻下这个难关，最后一定会达到"那人就在灯火阑珊处"，就是去坚持突破。

你掏了很多钱买设备，建厂房，通过采购和外协加工，组装成品，不能让消费者掏钱购买商品或是买商品不付钱，你的现金流马上就有问题，创业马上就面临着灭顶之灾。从产品到商品，马克思在资本论中早就说过，产品到商品要经过一个惊险的跳跃，跳不过去，损坏的不是产品而是所有者利益。中小企业都是倾尽所有来投入到自己的事业中，产品是工厂里生产的东西，而商品是顾客掏钱买的东西，初看起来是一样东西，其实顾客关心的跟技术创新者理解的东西可能完全不一样，很多时候搞技术和产品研发的中小企业感觉自己的产品技术非常好，为什么顾客不买呢？

就像流行歌曲唱的，"你知道我爱你有多深？"，顾客却说"其实你不懂我的心"，今天的创业更需要我们对细分市场的目标客户需求有深入细致的理解。过去机会多，只要有胆量，今天做营销要学会唱另外一首歌，要让顾客感觉到"特别的爱给特别的你"，"我是真的懂你的心。"中型企业的瓶颈会表现在管理上，如何从个人驱动到组织驱动的转变，创业瓶颈说到底，最核心要解决的问题是：卖出产品、收回钱。世界上最难的两件事：一是把别人的老婆据为己有；二是把别人口袋里的钱据为己有。

如何跃过产品到商品的鸿沟？创业最大的战略就是营销战略，营销战略主要思考3个相互关联的问题：一是谁是我们的目标顾客？二是我们卖什么给她？三是我们如何才能卖给她？我们先来回答第一个问题：谁是我们的目标顾客？工具是客户细分，通过集中—聚焦—深入三部曲完成客户细分的任务。如何做到？关键靠三步走：集中力量，聚焦要害，深入发展，如图10-2所示。

集中力量　　　　聚焦要害　　　　深入发展

图 10-2　客户细分三部曲

10.1.1　集中:做小池里的大鱼

为什么要集中?因为中小企业的资源非常有限,资金有限,人力物力都紧缺,这个时候如何跨越鸿沟,只有像激光一样,把有限的资源聚焦在一个点上,形成强大的穿透力。

为什么要集中?集中是军事上的第一战略。世界上如果道理讲得清就可以做生意,讲不清就只有战争,今天的中日问题如果能坐下来好好谈谈,可能就能解决好问题,这就相当于国家营销。

战场上强调集中,孙子兵法有讲:我专为一,敌分为十。意思就是我集中有限的资源聚焦在一个点上,竞争对手是分散的,那会是我众敌寡。毛主席的战略是以一当十,战略上藐视敌人,战术是以十当一,重视敌人,毛主席是提倡以弱胜强,以少胜多,但在局部战场上都是以多胜少,以强胜弱。军事天才拿破仑,经常打胜仗,也是这样的思想,兵力总数比别人少,但在每次具体进攻中要比别人强大,在局部地点集中优势兵力,采取闪电般的速度,攻击分散的敌人一举消灭。集中是军事上的第一战略,集中是军队以弱胜强的关键,集中战略在商战中就是聚焦,也是 8020 法则中最大的成功法则。8020 法则即 80% 的精力集中在 20% 的地方。

深思电工在湖南做电工是没什么基础的,却做到了 3 个亿。湖南的企业怎么跟广东浙江福建去竞争,这要沿用毛主席的智慧,不能在城市里搞工人暴动,要在竞争对手最薄弱的地方建立根据地,走农村包围城市的道路。电工做的是乡镇的市场,找县城经销商,做的是农村市场,做了一个决策,把省里的总经销地区经销商全部砍掉,直接把网络下沉到县城,县城经销商服务配送到农村广大的市场。根据农村的特点,也就是农村装修房子安装开关主要靠电工师傅,电工师傅在这个行业的地位相当于处方药的医生。医药行业不是把病患当成客户,而是把开处方药的医生当成客户的。很多时候真正的客户并不是你看到的客户。海福来做汽配的,真正的顾客不是车主,而是修理厂的师傅。

1. 客户细分的四个集中

集中力量就是要定位"做小池里的大鱼",要做到四个方面的集中。

(1)行业集中。深圳卡士牛奶公司,中国牛奶的三大品牌是伊利、蒙牛和光明,但卡士牛奶成为政府接待、白领市场的高端乳品消费市场的首选品牌。因为它定位在高档佐餐饮料,在宴席上有两类人,一种喝酒一种不喝酒,特别是女士在场的时候。所以产品定位为高档佐餐饮料。

(2)区域集中。卡士牛奶集中五年时间开发深圳市场,把深圳做成样板市场和根据地,然后以蓝特斯特法则扩展珠三角市场。蓝特斯特法则是军事上的法则,叫作三角形布局。中国在抗日战争时期,日本在敌占区建一字形碉堡,但很容易被我军攻破,后来用三角形布局,形成一个包围圈,一个地方碉堡被攻击,另外的就能及时支援。市场也是如此。例如把长沙打下来,再考虑株洲和湘潭,这样也是个三角形。这样就可以互相呼应,无论是物流、信息流、人才流都能很好的相互配合。

(3)渠道集中。卡士不找一般的超市便利店来销售,而是一方面,把自己的渠道集中在高档的场所和酒楼。而且买断,不允许竞争对手进入。在超市大卖场面临强大的竞争对手竞争,这样避开了竞争对手的势力范围;另一方面,另辟蹊径开辟了独特的渠道,而且集中在一个渠道上面,很快就能形成影响力。

(4)用户集中。卡士只定位在高档场所酒楼应付不喝酒的那类人,所以它最初的广告语就是"爱我就吻我",用情感的营销路线。这就是做小池里的大鱼,在产品区域渠道用户上集中,在时间空间上集中,在人力物力上集中,只有集中才能形成比较优势。

集中对一个特定的目标群透彻来讲就是对客户的需求进行分类,按照需求分类、客户也就分类了。满足客户的什么需求最好是跟产品的包装特定买点结合起来。如图10-3所示。

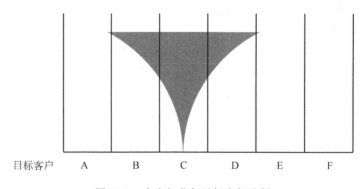

目标客户　　A　　B　　C　　D　　E　　F

图 10-3　客户细分与目标市场选择

根据需求分类和客户分类,找出最大成功可能性,集中到这一点,建立自己的优势和领地。假如有 A、B、C、D、F 六个不同细分市场,但是在早期,或者前面创业的 5～8 年有可能是集中在一个细分的客户群体中,来建立自己的优势和根据地。海尔集中力量花 8 年时间做冰箱,成就海尔在冰箱领域的第一品牌。海尔在中国是大公司,但在美国是很小的公司,海尔刚进入美国市场发现,美国家庭规模越来越少,很多人会使用小型的冰箱,留学生,单身都使用小型冰箱,这就开发了多功能的小冰箱,小冰箱可以做写字台凳子等有很多种用途,这是竞争对手忽视的很小的细分市场。市场经济发展到后面一定是以专业分工为前提的,专业分工的前提就是建立市场细分,没有一个市场是不能细分的了,一定是能够再细分的,一定可以找到小池来做小池里的大鱼。

2. 客户选择的四个阶段

(1)第一阶段:吃软饭。从亲戚朋友,从最有客户基础,最有人脉基础,最需要你产品的客户下手,这样的客户现在不一定是最优质的客户,但是愿意给你机会,这就是第一阶段的客户选择。吃软饭一定时间后要开始突破,就到了傍大款阶段。

（2）第二阶段：傍大款。在行业集中力量不惜一切代价搞定某个有影响力的客户，搞定大客户就有利于开发更多的中小客户。如何傍大款的案例，日本的经营之神稻盛和夫，在 50 年的时间内创造了两家世界五百强，而且挽救了濒临倒闭的日航，这是个传奇的人物，他最早创办的公司叫京瓷，京瓷发展史上的一个最重要的里程碑就是 1966 年在激烈的投标中夺得了向 IBM 提供 2 500 万副氧化铝陶瓷电路板的合同。熟悉计算机历史的人都知道 IBM 的一代名机 360 系列，而 360 系列的电路板全部采用了京瓷的产品。要成为当时在电子计算机行业占有 80％以上销售份额和 90％以上利润份额的 IBM 公司的零件提供商，绝不是一件简单的事情，京瓷当时的精密陶瓷的精度是 1.5 丝（1.5％毫米），而 IBM 的要求是 0.5 丝。在产品批量如此之大的时候这样的精度要求即使在今天都是一个非常严峻的要求，能达到这个要求的企业都不是很多，更不要说是四十多年以前，而且陶瓷产品是烧结成型的，本身精度控制就极为困难。当时稻盛和夫每天都吃住在车间，和其他员工一起解决生产出现的技术问题，经过七个月的艰苦攻关作战，终于得到了 IBM 的合格通知，这份通知也就意味着京瓷成为了世界一流的精密陶瓷企业。我们能够看到这些企业表面的掌声和鲜花，但看不到背后的辛苦与心血，成功人士的皮鞋里面包含的是一双伤痕累累的脚，这就是第二阶段。

　　（3）第三阶段：门当户对。你的资源和能力要与客户的需求相匹配。

　　（4）第四阶段：裁减客户。重点发展优质客户，砍掉不合理的客户，提高客户质量，从数量增长型向质量增长型转变。

　　中小企业在发展阶段有关键几步，是选择难的还是选择容易的，当下的决策决定未来的发展，当下选择容易的事来做，会发现越走越难，当下选择最难的事情挑战，一旦挑战通过，会发现后面的路越走越宽。这就是京瓷如何傍大款的案例，如何在创业初期挑战生产和技术难题，满足最挑剔的大客户的严酷需求，最后成就客户的同时，成就了自己。

10.1.2　聚焦：满足重点客户的关键需求

　　客户细分的第二步，聚焦：满足重点客户的关键需求。所谓关键需求就是客户非常在乎重视的需求，这种要求满足了，客户就能很激动很兴奋。

1. ABC 分析

　　筛选重点客户（按营业额、毛利贡献、客户未来发展前景），集中做好 A 类客户。

　　聚焦就是满足重点客户的关键需求。不是所有的客户都要服务，也不是所有的需求都要满足。这首先要对客户进行 ABC 分析，有多少客户，然后筛选出重点客户，按客户给的盈利额毛利的贡献客户未来的发展前景等指标选出 ABC 三种等级的客户，集中力量做好 A 类客户。

2. 选择 20％客户

　　把精力花在客户身上，打通，做透，抓住，想办法占领 2/3 以上的内部市场份额。

　　这就是假如客户的采购金额有一千万，那要占到 2/3，这样客户就会认为你是他的首选供应商,这个时候跟客户的关系就会更密切,达成战略伙伴关系,竞争对手一时无法瓦解的关系。汽车行业中,国内的奇瑞、比亚迪、吉利他们大部分的发动机用的都是东安动力。

3. 做好80%工作

重点满足20%客户的关键购买要素。聚焦的第三步就是80%的工作要满足这20%的A类客户关键购买要素。聚焦是贯穿在所有公司的方方面面的。

关键购买要素如何去了解把握?用蓝海战略的价值分析图(如图10-4所示)就能表达出来。

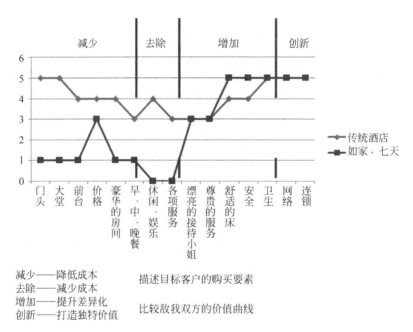

图10-4　蓝海战略的价值分析图

有所为:

· 高度关注床与卫生间。

· 高的住宿质量、有良好家具带来的舒适性、有市中心区位所带来的方便性、同时得到清洁和安全周到的服务。

有所不为:

· 超出"住宿"需求以外的不做。

· 剔除传统星级酒店过多的豪华装饰享受性服务以及娱乐设施。客户的需求在改变,而我们往往对此容易忽视。人的本能就是,门开着却很多人仍会敲门。

· 不设门童,没有豪华、气派的大堂,舍弃投资巨大、利用率低的康乐中心,没有桑拿、KTV、酒吧等娱乐设施。

· 消除星级酒店很多旅客不需要或用得较少的功能服务,如购物区、康乐实施、会议场所等。选址尽量靠近一些商务区和酒店配套比较匹配的地方,周围具有良好的购物、餐饮和娱乐场所。

- 租赁物业而非自建、开业采用"并行策略"而非"串行策略"。快速开业。

有所少为：

- 在保证服务质量的前提下，在非关键的方面也尽可能少为。
- 在人员管理方面，如家每百间房的用人为 30～35 人，远远低于传统高星级酒店的每百间房 100～200 人的配置。
- 只有建占地 50～100 平方米的小餐厅，把更多的空间变成客房，餐厅不对外服务。甚至如果附近有餐馆，干脆就把餐厅省了。
- 对于要住好几天的顾客并不天天更换牙刷。
- 床下没有地板砖。

有所多为：

- 为了增添房间的温馨感，改用碎花的布料；淋浴隔间用的是推拉门；毛巾则有两种不同颜色，便于顾客区别。
- 开展"舒适如家"的活动。
- 如家积极为数十万会员提供额外的增值服务，与具有互补性产品的大品牌进行"异业联盟"，方便商务人士的商旅生活。如家和世界知名汽车租赁公司推出的"租车"服务。

点评：如家酒店的取舍之道

- 重点突出：客房的干净程度、房间的布局、床以及淋浴上突出重点，房价低于传统的三四星级酒店。不设餐厅、桑拿、KTV、大厅等方面上做过多的投资。
- 另辟蹊径：三星追四星、四星追五星，大家都在为追赶竞争对手而指定竞争战略。导致传统的高星级酒店失去了自身的独特性。
- 心动广告：不同的城市，一样的如家。

采用创新战略而不是随意去模仿，另辟蹊径开创了自己的商业模式。

很多企业不能用简单的一句话来体现对特定目标客户的定位，要么听不懂，要么价值定位不鲜明，比较优势不突出，差异化不明显。

10.1.3　深入：一寸宽，一里深

客户细分的第三步，如何在细分领域深入。即一寸宽，一里深。找到一寸宽的地方挖一里深，在这样的细分市场上就能成为第一。要做到深入，分三步走。

1. 客户之师—知其然，知其所以然。

第一步成为客户之师。不仅要知其然还要知其所以然，要比客户更懂得客户的问题和问题的解决方法。要成为客户之师，客户才会服你。例如一个研究生 26 岁破格升为长沙分公司总经理，总经理是 2 亿的销售额，公司 2/3 的人年纪都比他大，刚开始大多数人不服，公司有几个很难拿下的订单被他拿下后，用实力证明自己，后来他把自己的方法传授给团队，赢得了众人的支持。所以师傅不是以年龄来论。早期的电脑系统服务公司是一有订单大家都去抢，每个订单就要投入大量的人力、物力、财力，项目完成后还要一批人进行维护，最后做下来也没有太多利润，新大陆早期不仅做通信行业的业务也做电

力公安等业务,做后样样都做不精,最后痛下决心来聚焦,就是专心把通信行业做深做透,所以经过十年的积累,新大陆成为通信行业领域的专业供应商,成为客户之师,前提是要有长期的积累,专注一个行业领域做自己的方案,这样才能做到比客户更理解客户。

2. 专家之选——建立专家身份和地位,或想办法把专家拉到身边,成为我们的顾问

第二步就是专家之选。在客户心目中建立专家的身份和地位,如果没有专家就想办法把市场上的专家拿到自己身边成为我们的顾问。在 20 年以前,空调的老大是春兰,后来搞多元化,什么都做,而格力只做空调。在和长沙格力董事长研讨中小企业如何突破品牌发展的瓶颈时,很多人期待格力老总跟大家分享格力建立品牌的绝招,结果发现,老总只谈到了两个点,第一就是关注用户体验,创造用户价值;第二就是专业专注的做好产品。这些是大家都知道的事情,但是谁能够坚持 30 年,按这个朴素的道理去做。在一个领域坚持才能成功。从王永庆的传记里可以知道他坚持 50 年每天跑 5 000 米,重要的还是坚持。格力成为空调的专家,坚持好空调格力造,打败竞争对手就是在一个领域内几十年的坚守。现在创业不是机会太少,而是外界的诱惑太多,就像漂亮的姑娘不断出现,怎么抵挡住诱惑,很多时候不是懂道理的问题,而是自律问题。

3. 贴身之战——跟客户泡在一起,把客户的事当成自己的事

第三步就是贴身之战。和客户泡在一起,就像做大客户营销有个说法,要像泡妞一样泡客户,客户是泡出来的,泡是讲究时间、耐心、细心。把客户的事当成自己的事。在 1986 年华为刚创业的时候,任振飞亲自带团队做业务,他提出的理念就是努力让客户感动,把客户当亲人,帮客户搬煤气罐,帮客户练车,帮客户家里接送小孩,帮客户做家政服务等,把客户家里的事当自己的事。在华为工作的感叹就是有时间照顾别人的老婆没时间照顾自己的老婆,有时间照顾人家的家人没时间照顾自己的家人,做事做到这个份上,不成功也难,人心都是肉长的,人都是有感情的动物,当技术和产品不如人家的时候,靠的就是贴心的服务,努力让客户感动。

毛主席有一次和刘少奇、周恩来散步,主席就问怎么样能让猫吃辣椒,猫又不是湖南人怎么会喜欢吃辣椒,周恩来的办法就是猫喜欢吃鱼,把辣椒放在鱼肚子里面,猫把鱼吃进去了也把辣椒吃进去了。主席说,恩来这个办法好是好,但是猫一旦发现鱼肚子里有辣椒下次鱼也不吃了,也就是用欺骗的办法是不能长久的。少奇说我们是干革命工作的,由不得猫不吃,灌也要灌进去。主席说哪里有压迫哪里就有反抗,强制性的办法也不能长久,主席说我们要找到一种让猫心甘情愿还乐在其中的办法。

营销就是要追求这样一种境界,让客户心甘情愿购买你的产品,在使用过程中还乐在其中,这就需要营销的智慧创新。主席的办法就是把辣椒插在母猫的屁股上,让公猫去舔。在客户购买使用产品过程中是个爽字的时候,价格就不是问题了。很多老板说这个行业价格很低,搞促销早死,不搞促销等死。

客户真的很在乎价格吗?为什么三一采购长沙的很多零部件必须让你的价格账期很长,但是采购沃尔沃的底盘,奔驰的主要零部件不仅不能压价,而且还要打预付款,这是为什么呢?

10.2　产品定位

　　关键在于你为客户创造的价值,竞争对手创造不了,又是客户所需要的,解决他的痛苦,带来成本降低,效益增加。这就达到了营销的最高境界,让推销成为多余。如果让产品和服务让客户无法拒接,这就让销售变得更容易,做一般人做不了的事。

　　而怎么为客户创造独一无二的价值呢?

　　解决办法就是产品的价值定位。

　　产品的本质就是先策划好客户购买的理由再设计你的产品,这和很多创业家是相反的,很多创业家是先把技术产品设计出来再考虑怎么搞销售,营销的工作要前移到你的设计阶段,按客户的购买理由来设计产品,产品一经推出让客户感觉到这就是他需要的产品。例如苹果手机,产品设计出来后经过乔布斯的演说万众期待,凌晨三点排队争相购买。

　　想清楚谁是目标客户,目标客户非买不可的理由是什么。

　　这就需要聚焦客户关注的价值。

　　产品定位三步法:一是产品聚焦;二是差异优势;三是独特卖点。做好一个明星产品,形成一个市场口碑。

10.2.1　PF:产品聚焦

　　产品聚焦要同时满足四个要点:第一是解除客户的痛苦,清楚的了解知道要服务的客户面临的主要痛苦是什么,顾客不购买是因为痛苦还不够,痛到不能忍受的时候花多大的代价都愿意解决痛苦;第二是凸显产品优势,在解除客户痛苦方面是有优势的;第三是击中对手的软肋;技术优势要转化为市场优势,优势不是技术本身,而是解决客户痛苦上有优势,同时你的优势又是击中对手的软肋,是对手忽视的点;第四是顺应行业的变化趋势。同时符合这四个要点,购买理由就会很充分。

　　产品聚焦如何做?

1. 以技术优势为切入,选准拳头产品

　　第一种思路是以技术优势为切入,寻找成功产品。

　　每个创业团队都有一定的技术积累。例如华为在 20 世纪 80 年代创业初期,规模小,资金缺乏更谈不上人才。他们的经营策略是先做代理,通过香港的公司代理产品到内地销售,通过代理贸易起家,然后再做研发。将资源配置到一点上,集中优势兵力突破的是数字程控交换器。交换器的设计首先突破的是硬件,中国当时的优势是软件,华为反其道而行之,率先突破设计硬件,从而成为了软件和硬件的优势互补。

📝 案例

　　华为公司创业初期,规模小,资金缺乏。他们就将资源配置到一点上突破集中优势

兵力突破的就是数字程控交换机,交换机的设计过程中首先突破的是硬件,中国当时的设计优势是软件,而华为率先突破的是硬件,从而形成了优势互补。

2. 以客户需求为导向,定制个性产品

第二种思路是以客户需求为导向,定制个性产品。第一种思路如果技术很厉害就用技术切入,如果技术不能就用客户需求切入,通过应用型或整合型的技术来定制个性产品。以新大陆为例,当时着眼于特定客户群体的终端产品的技术创新,聚焦在通信行业,通过聚焦积累,知道背后的规律和门道成为这个领域的专家,在通信领域形成自己的比较优势。为什么个性化产品有市场是因为大企业不愿意做定制化的产品,创业企业就要做大企业不愿做的非标准化,定制化的产品,从而满足客户需求。

案例

新大陆公司着眼于特定客户群体的终端产品的技术创新。他们通过专注,不断积累某个领域(例如通信领域)的 Know How,成为这个领域的专家,形成自己的比较优势。

3. 以公司资源为武器,成就单项冠军

第三种思路是以公司资源为武器,成为一个单项冠军。例如 1992 年的格兰仕,有十多个产品领域,当时聘请了干部学院的教授做管理顾问,一个思路就是先做减法再做加法。就是把除了微波炉的产品都砍掉,只做微波炉,集中有限的资源做微波炉,成就了在微波炉市场上 35% 的占有率,2004 年的时候,其销售额达到 13.5 亿美元,是在国内市场上,卖的产品都是格兰仕生产,成就了在微波炉领域的龙头老大。三一在 1996 年,刚搬到长沙不到两年,在客户价值创造上面,敢于挑战最挑剔的客户,1996 年在北京机场,2002 年香港的 IFC 国际金融大厦。三一不断刷新它的泵送高度,找到一个亮点。平凡的面孔平凡的人一定要在某一点上突出才能让人记住。靠绝活来成就客户成就品牌,做客户心中的第一高度。

案例

格兰仕公司 1992 年,先做减法,再做加法!做全球最大的专业微波炉供应商,全球市场占有率 35%,2004 年销售额 13.5 亿美元。

10.2.2　FABE:差异优势

差异优势如何做?没有比较就不知道差异,差异就是跟对手来比较。
巧妙利用 FABE 法则。

1. F(Features):产品本身的特点

第一步,产品本身的特点是什么,技术型的公司都是讲产品的特点,产品特点对客户来说没太多意义。

2. A(Advantages)：相对竞品的优点

第二步，相对竞品的优点是什么。

📝 案例

海尔品类定位：防电墙热水器。"触电漏电不怕一万就怕万一，一次事故足以令你家破人亡！"，"选购电热水器认准防电墙标志"。海尔只用"防电墙"区隔对手的产品。

海尔防电墙的热水器，触电漏电不怕一万就怕万一，一次事故足以家破人亡。有很多创业家有好的技术和产品，营销里面有两招要综合起来用，一招是恐惧式营销，将如果问题不解决会带来很麻烦的事情的观念传递给消费者，随后给出解决方案。最后海尔防电墙热水器在电热水器市场建立了品类标志。选购热水器认定防电墙标志，这样防电墙热水器区别于市场上的同类产品。所以新的产品也要学会创造一个新的品类的概念，来抢占客户的心智模式。电视上的广告都是三步论，先把痛苦讲出来，再带来解决方案，最后带来的好处，这是研究了顾客心理学的。在产品推广中一定要把产品按特点、优点、有利的证据来对内对外对客户来宣传。

3. B(Benefit)：带给顾客的利益点

第三步是优势带给客户的利益是什么，要用定性定量来分析。定性是降低了成本还是提高效率等，定量就是用数据和事实来说话，即带给顾客的利益。例如浏阳的神力胶水，它的定位是做全球最齐全的胶水公司，然而市场上有三百多个品种的胶水，年销售额为五六千万，销得最多的企业也就三四十万，后来通过聚焦把三百多个品种砍掉十个，聚焦在利润率较高的产品上，改变跟客户算账的方式，一个石材胶，原先按重量来算价格，一公斤价格是多少，后面发现换一种算账方式，按石材胶的面积来算，一个平方的石材，要用 1.5 公斤，而神力只需一公斤，虽然价格贵百分之十，但客户的使用成本能省更多的钱，客户获得赢利。购买价格是一方面，要引导客户看使用价格，带给客户的利益要定性定量用事实说话。

4. E(Evidence)：提供有力的证据

第四步，提供有力的证据让客户相信，国家权威机关的检测，老客户使用的案例，有样板工程，甚至可以现场做实验。所谓好产品自己会说话，1997 年，周文辉在做挑战者机油的时候，搞放空表演，机油漏掉后还能保护好发动机，在东方红广场表演，表演结束后编成小报发给司机，邀请修理厂，修理师傅，汽配店的老板，公证处的公证员，科技厅的领导，教授进行现场直播，最后武汉做汽车美容的代理商直接拿 30 万现金说要做湖北的总代理，长沙本来做轮胎生意的想做这个机油。在做压力锅市场的时候做防爆演示，1993 年，周文辉做迅达燃气灶营销的时候，用燃气灶烧水，在同样的时间内，烧开水，看哪种燃气灶最先把水烧开，当时在安徽找经销商的时候说是毛主席家乡来的，看着毛主席的面子来推广产品，但是他们不买这个账。转而找小的经销商，一拍即合。当时没有费用进商场，打广告。就跟商场经理达成协议，在周末借用他们的广场来做促销活动，打出敢与天下名牌一比高低的横幅，迅达燃气灶有国家专项专利的，和竞争对手相比能够先烧开水。现场设置有奖问答，中国人喜欢凑热闹。很快就里三层外三层围观。当时就像江湖卖艺的感觉。产品确实能够带给顾客利益,用戏剧性的手法让产品自己说话,最能够征服客户和消费者的怀疑之心,产品是最好的广告。

案例

美国的金融信息服务公司,采用客户挖掘模式,先对客户进行升级投资,实际上就是跟客户一起做研发,因为了解客户的任务特点和新层次的需求,设计产品尽可能的适应客户的业务需求,这样的产品就融入了客户的经营活动中,早期的现金流可能是负的,但是几个月以后,一旦客户使用你的产品非常有效,这时候维护客户关系的费用就很低,市场上没有同类产品可以采购的,客户的忠诚度是极高的,营销中开发一个新客户是留住老客户成本的五倍。

案例

从长沙市中小企业服务中心几年的探索可以得到启示,政府在公共服务方面怎样满足中小企业的创业需求,在早期就介入了研发设计阶段,产品升级,突破瓶颈能取得这么好的效果,是因为这个产品市场上没有现成的,而是通过深入研发,跟客户做公益性诊断,管理预评估等,不断研发修正,这个服务于中小企业的产品就变成了市场上绝无仅有的。

10.2.3 USP(独特的销售主张)

USP 就是独特的销售主张,也称之为"卖点"。

1. 高度

产品要向顾客诠释一种承诺,告诉顾客购买你的产品能得到什么利益。也就是要抢占第一的高度,第一次的事情都是终身难忘的。三一重工有一个销售冠军,他有一个习惯就是长沙有什么好玩的好吃的,总是在第一次见面就请客户去体验,这样客户印象非常深刻,营销成本最低,因为第一次开业总会有促销活动。最后达到了以最小的营销投入达到最好的营销效果。营销一定要抢第一。做到第一就要缩小包围圈,在小的层面加好几个定语。例如做木门,可以是中国第一个做榆木门的。

2. 角度

承诺一定是竞争对手无法提出的,独具特色的。搞营销的杨教授,很喜欢书法,给他的定位是营销界的书法家,书法界的营销大师。杂交与跨界让你脱颖而出。

唯一就是角度。女人漂亮可以说漂亮,不漂亮可以说有气质等。没有女人味那也可以像春哥一样,农村里计划生育的广告都以她为主角打出:生男生女都一样。

案例

汽车行业,沃尔沃、奔驰、宝马都是高端的汽车品牌,为什么会在社会上流传这种话呢,就是开宝马,坐奔驰,沃尔沃却最安全。这都是背后企业营销的结果,开宝马就是强调驾驶员的操控性好,坐奔驰就是强调舒适性,沃尔沃就抢占安全的概念,奔驰宝马就不安全吗?产品有很多优点,选取一个优点凸显产品。沃尔沃打造安全的意识要做到两点,相信你是安全的,同时要怀疑别人是不安全的。这个时候如果客户看中安全就是首选沃尔沃。无论是历史还是今天看到的东西,我们看到的都不是真实的,看到的都是利益的主导方让你看到的那一面,所以我们要影响的是顾客的心智模式。很多时候你是什么不重要,你看起来是什么才重要,你在顾客心目中像什么比你真的是什么更重要。如果宝马直接说自己操控性好,没什么感觉。操控性是一个技术语言,要转化为营销语言,技术语言很难懂,而营销语言一说就明白。宝马、奔驰翻译成汉语时也跟产品形象符合。产品一定要跟对手的区别看来,还要抢占顾客的心智模式。

3. 速度

如果没有高度、角度那还有速度,你交货速度更快,响应速度更快,一定能够找到一个点来突出跟对手的不同。独特卖点一定是以顾客为中心的,不是以技术、产品、公司为中心的,让顾客易于理解和传播,很多时候产品和公司一定要基于顾客心中所渴望的东西来传播。脑白金史玉柱的黄金酒,独特卖点是送给长辈的礼品。例如我们在做小家伙果奶的时候,找到小学的班长、少先队长、优秀三好学生免费送给他们,那些没有当班委的小学生就很嫉妒,就想自己买,利用小学生的这种心理来推广产品。史玉柱说最好的营销老师是顾客,只有知道顾客心中的小九九,才能赢得顾客的心。

10.3　差异化竞争

10.3.1　打破游戏规则

公元前 333 年冬天,马其顿将军亚历山大率领军队进入亚洲的一个城市扎营避寒。他听说城里有一个著名的神谕:谁能够解开城中那复杂的"哥顿神结",谁就会成为亚细亚王。亚历山大满怀信心,驱车前去解结。可是,他尝试了几个星期,却无法找到结的两端。他毫无头绪,但又不甘罢休,思来想去,突然顿悟:"我何不自己制定一个解结的规则呢。"于是,亚历山大挥剑一砍,将"哥顿神结"砍开两半,结被彻底"解开"了。亚历山大最终如愿以偿,"亚细亚王"的荣誉光辉四射。向现有的营销规则挑战,你就有可能在创新开拓中拥有自己的"亚细亚王"。

鬼谷子有很多优秀的学生,孙膑和庞涓是师兄弟,在要毕业的时候,鬼谷子给大家出了个毕业论文的题目,就是老师在房间里,有什么办法能够把老师弄到房间外边去。庞涓是大师兄率先出招说,老师我现在准备放火烧屋了,你再不出来就会被烧死,老师没办法只好出来。孙膑说,我的才能不如师兄,我没有办法把老师请出屋外,老师能不能把题目稍微改一下,老师您在屋外,我有办法把老师请到屋内。鬼谷子认为这个问题还是一样的,就出来了,随后孙膑说,老师您已经走出房子了。庞涓要放火烧屋是用强制性的办法,孙膑则是让客户不知不觉的配合自己的思想,采取你要的行动,这将会更持久。

我们凭什么竞争客户，一定要学会打破老大制定的游戏规则，不按现有的牌理出牌。

在武汉读博士的时候有四个同学，一个云南，一个河南，一个湖南，一个湖北。打牌，按不同地方的打牌方式打，当地的赢牌的概率要高。这就是作为后起的创业企业凭什么跟竞争者争夺市场，不要跟着老大的规则走，要创造新的游戏规则。竞争一定要出奇制胜。

如何改变营销的游戏规则？下面提供几种改变的方向供你参考。

1. 打破产品的传统优势

很多产品在市场上的生命已经历了较长的时间考验，大部分消费者已经习惯于接受它的固定的口味和风格，这给新产品的创新上市带来了一定的障碍，就像可口可乐曾经改变老配方遭到消费者的反对一样。但并不是没有改变的机会，因为"萝卜白菜，各有所爱"，通过细分市场，一定有一些消费者喜新厌旧，喜欢尝试新的口味。如果你不挑战传统，另树旗帜，很难夺取老品牌在市场上已经占据了消费者的心智空间。要想打破这种先入为主的优势，你必须首先破坏它赖以存在的土壤，通过制定新的游戏规则，让老品牌的传统优势无用武之地，甚至成为在新游戏规则中的劣势，这是营销战略"未战先胜"的成功。咖喱粉是一种厨房用调料，在日本市场上销售量很大。某食品工业公司的老板浦上，对咖喱粉新品种的开发情有独钟，但是尝试了几种配方之后，并没有尝到成功的喜悦。后来，他挑战规则，开发出跟传统口感大为不同的"不辣咖喱粉"，结果引来一番异议。有人还当面侮辱浦上："你是个白痴！哪有这种咖喱粉呢？"的确，当时的咖喱粉都是辣的，浦上这个"不识时务"的家伙，居然用蜂蜜和果酱调制成不辣的所谓咖喱粉，不是"白痴"，又是什么？世界上的事说来也怪，被同行断言根本卖不出去的"白痴咖喱粉"，上市后居然受到一些讲究口味的人的喜爱，他们认为早就该有这种不同于传统风味的调料了。经过各种公关活动的配合，新口味咖喱粉异军突起，一年后竟成为日本市场上的畅销调料之一。假如浦上一味地从辣味方面去解新调料开发之结，怎么会有异军突起的营销奇迹？

2. 发现新的分销渠道

产品从制造商的生产车间到最终消费者的手中，必须依赖于分销渠道。谁掌握了分销渠道，谁就掌握了市场的主动权！这已经成为众多厂家的共识。分销渠道的作用有如人体中的血管，血管一旦堵塞，人体就会出大问题。每个行业的竞争对手都在使出全身解数，纷纷修筑自己的分销渠道，对现有渠道成员的争夺战更是达到白热化程度。

1997年利盟刚进入中国时，现有经销商不愿意代理利盟的产品，在一个市场的游戏规则——包括折扣、返利和秘而不宣的私人关系已经成形的时候，利盟要想加入，恐怕要献出更多的"血"才能讨好这些经销商，因为渠道经销商们都被其他品牌"洗脑"了。这是一条直线：从产品制造到终端消费者之间，有数不清的可以与之捆绑的 PC 厂商和分销商，但是这条直线已经被其他品牌占领了。到底谁是打印机的目标用户群，利盟在思考，当然是中国日益壮大的家庭用户。那么下一个问题是，谁最贴近这些用户群，除了联想等 PC 厂商之外，有没有其他的渠道可以避开这条"直线"？PC 销售的第一大品牌是联想，第二大品牌——是没有品牌。这显然是一个重要的但被多数人忽略的市场：在拥挤的电脑市场里,每年 30％到 40％的 PC 机是由这里售出的,这些享受 DO IT YOURSELF 乐趣的用户,他们同样是打印机的潜在消费群。找谁合作? CPU 产品,体积小附加值高,而且不用库存和物流,代理商们肯定不会愿意代理打印机产品;找显示器的代理商合作,一拍即合。2000 年,利盟通过兼容机市场的代理渠道,售出了 10 万台打印机。

3. 改变消费者的关注点

同一群体的消费者对同样的产品有不同的利益重视;不同的消费者群体对同样的产品有相同的重视利益。营销人员必须能够通过"同中取异"和"异中取同"来发现目标市场的不同偏好,并引导消费者的购买选择。

上面说到的利盟发现新的渠道,只是设法绕过了现有的市场规则,而要真正打破原有的规则,就必须依靠技术,促使市场改朝换代。当人们更多关注打印机的功能、速度和打印机质量的同时,利盟却费尽心机想要解决一个问题:卡纸。这个问题看似不起眼,但却是中国消费者常常碰到的一个麻烦。国内厂家生产的纸张并不规范,厚薄、含水量千差万别,让中国购买进口或者专用的打印纸张,显然是不现实的。利盟打开中国市场的第一个突破口,就是从解决"卡纸"问题入手。利盟为此专门购买了好几吨中国本地产的纸张运回美国总部,并且在一个封闭的实验室里模拟北京的春夏秋冬,经过反复的失败测试,终于改进生产出第一款针对中国市场的打印机。为了证明自己的打印机对纸张的接受程度,利盟曾经用 6 米长的普通卫生纸打印出中国著名的清明上河图。针对政府用户,利盟还专门开发出可以打印红头文件的打印机产品。

10.3.2　差异化方法

问题:如果有十个男生追一个人女生,而你是第十一个,这其中既有官二代,也有富二代,作为农二代的你怎样去凸显自己,从而赢得女生的芳心呢?

营销讲究创新,而创新的关键在于"差异化定位"。你至少有三种不同的方式来跟你的潜在对手进行区隔:一是定位为女生的娘家大哥,以保护女生的心态,帮她把关与筛选;二是定位为男生的铁杆朋友,以为朋友两肋插刀的心态,为朋友追求女生出谋划策;三是定位为情场战的旁观者,专心学业与事业的打拼,不断磨炼自己的能力,成就一番事业,到时美女自然主动追求你。

菲利普·科特勒写过一本《水平营销》,说到了六种创新的方法,用情人节给情人送玫瑰花为例来讲述如何创新,形成差异化。

第一是替代。都送玫瑰的时候,用其他东西替代。

第二是反转。人人都是情人节送玫瑰,但是你却每天都送,除了情人节。

第三是组合。情人节除了送玫瑰花还送巧克力。

第四是夸张。情人节送 99 朵,或者超大的一朵。

第五是去除。情人节不送玫瑰花,换其他的花样。

第六是换序。情人节不是有追求的人送,而是被爱的人向其倾慕的人送玫瑰花。一般情况都是下级给上级送礼物,但为了体现上级的亲和力,也可以上级给下级送礼物。

哈根达斯的产品差异化。无论是冰淇淋还是月饼,竞争都异常激烈,是属于典型的红海市场,哈根达斯将冰淇淋与月饼混搭在一起,创造一个新品类:冰淇淋月饼,于是,它从硝烟弥漫的红海进入到无人竞争的蓝海,这就是"组合产品创新"的神奇功效。

差异化生存就按这六个方向创新,不按常理出牌。能够达到以小搏大,以弱胜强的效果。只有差异化才有可比性。大家都做的时候要做另类,做小众。例如哈根达斯的例子。哈根达斯价格高,在中国成为小资情调的象征。但赋予了冰激凌新的含义,从而让大家愿意花高价去购买。

✎ 本章案例

竞而不"争":竞网科技的服务驱动战略

前言

成功的企业从来不采用模仿战略,他们都有一个有别于竞争对手、有特色、让对手感到出其不意、并能击败竞争对手的积极的、主动的战略。日本索尼公司创始人盛田昭夫曾写道:"我不销售产品,我创造市场。"这正是企业快速成长之道,是企业维持领先优势之道。在每一个行业,有影响力和控制力的居于领导地位的公司更是如此。

面对互联网高速发展的历史机遇,湖南竞网科技有限公司采取服务驱动战略,提供一系列的服务来加强与客户的联系,借此实施差异化战略,创建竞争优势,成为区域型互联网领先企业。根据全球 IDC 的调查报告显示,2003 年全球网民搜索量为 600 万次/天,2012 年,仅中国网民搜索量已经达到 75 亿次/天。十年时间,数据量暴涨上万倍,带来的不仅仅是庞大的市场,还有无可估量的商机,于是无数神话和传奇让互联网与电子商务的先锋经济特性展露无遗。解读湖南互联网服务旗舰企业——竞网科技有限公司的进化轨迹,我们看到的不仅是互联网的创业奇迹,更看到一家区域网络服务公司如何选择方向,如何造市,如何用人,如何让革命性的互联网创新应用在区域市场落地生根。

规划服务战略:不淘金只卖水

20 世纪 30 年代美国旧金山的淘金热。大批人蜂拥去淘金。这时,有一个人发现淘金现场缺少干净的饮用水,于是他毅然放弃淘金去卖水。几年过去了,大多数淘金者都是失望而归,只有这个卖水的人满载而归。竞网科技的创始人、总经理黄韬谈及竞网的成功,毫不隐讳地说道:"就是因为我们选择了做向网络淘金者卖'水'的人。"这个"水"就是互联网服务。

随着互联网的飞速发展,世界已经变成了地球村,人们每天足不出户便可知天下事,人们对互联网的依赖也是与日俱增,甚至成为社会经济发展的重要渠道。另外,作为国民经济重要组成部分的中小企业,尽管对于促进社会就业、拉动经济增长、调整产业结构、转变发展方式和维护国家安全具有战略作用,但受当前国内外宏观经济环境的影响,普遍存在投融资困难、信息化程度低、市场规模小、创业门槛高等问题,成长面临严峻挑战。

在这种背景下,网络推广作为一种低成本、速度快、针对性强、覆盖面广、不受时间空间局限的新型营销方式应运而生,并在一线城市得到了非常多的运用,展现了相对传统营销非常明显的优势。它的本质就是一种充分利用互联网优势的信息化服务。

湖南有 20 多万家中小企业，如果能有效利用互联网这种新型营销平台，通过信息化提升总体经营管理水平，就能帮助他们在互联网时代把握商机、创新营销，给企业发展提供一条新的思路。黄韬为竞网规划的就是这样一个"战场"。

确立服务策略：扶上马，再送一程

2003 年创立之初，竞网除了为企业提供传统的网络信息服务外，还在不断研究和思考一个问题：企业上网究竟能产生什么价值？2004 年年初，竞网与百度达成合作，成为百度湖南总代理，希望能成为健康网络营销理念及正确网络推广方法的推动者，真正帮助湖南企业用好互联网。

当时的实际情况是，大量的小型网络公司在为企业提供域名注册、网站建设及网络宣传服务。一方面，这些服务造成了众多的信息孤岛，即网站虽然精美但却无人访问，形同虚设，几乎没有商业价值；另一方面，部分企业被一些欺诈性的网络产品伤害，从此对互联网畏之如虎。

面对公司创业初期的生存压力，竞网人没有选择急功近利，而是通过转变观念，形成了以网络营销知识培训促进市场进步的基本思路。2004 年以来，竞网举办了以"效果为王"为主题的企业营销沙龙、以"用网有道"为主题的网络营销实战培训近 1 000 场次，竞网人的身影遍及三湘四水。通过大量市场教育和培训工作的开展，为湖南部分企业特别是小微企业开启了心智，打开了网络时代必须转变营销观念的第一扇窗。

网络营销作为一种成本更低、效率更高、覆盖面更广的营销方式，其关键是要找到一个合适的网络平台以及正确的宣传推广方式。企业网站的建立是第一步，也是关键的一步。在市场开拓中，黄韬发现许多小微企业虽通过培训辅导，被"扶上了马"——有强烈的通过互联网寻找商机的需求，但却苦于没有自己的网站而无法更进一步：一方面，不知道需要建一个什么样的网站；另一方面，当时市场上一个网站的制作费用动则数千上万元，对于创业期的小微企业来讲是一笔不小的开支。

针对这种情况，黄韬意识到，"放活水才能养活鱼"，只有让更多的小微企业通过上网获得效益，竞网才会迎来更大的市场。于是，2006—2007 年间，竞网为 1 000 多家小微企业免费制作了精美、实用的企业网站，帮助他们通过自己的互联网名片，向更多的潜在客户展示和推广自己的产品以及服务，从而把他们"送"上了通过网络营销致富的快车道。

全程服务理念：授人以鱼不如授人以渔

随着网络意识的不断增强，越来越多的企业把营销平台搬到了网上。一些有实力的企业除了老板重视，还配备了专人专项负责网上销售。不过，随着竞争的加剧，许多小微企业的老板反映网上生意也不好做了，咨询和订单都减少了许多。面对这种情况，竞网深入企业进行了调研，发现多数小微企业老板对网络依然只有一个模糊的概念，同时受制于生产管理等日常工作，根本没有学习的时间和习惯，一些好的工具和方法在企业得不到应用。而受企业薪资成本、办公条件等限制，一时之间也找不到合适的网络营销人才为企业服务。

黄韬一直坚定地认为：竞网售卖的不单单是网络推广的产品和服务，更是理念，企业营销的理念。授人以鱼不如授人以渔，服务客户不是给客户解决了多少实际问题就算成功,而是要让客户真正懂得网络营销,用好各种推广工具,教他如何赚钱,只有做到了这一步,才是真正的服务到位。

基于这样的认识高度,面对企业的现实需求,竞网打破行业传统,变被动客服为主动服务,加大投入,在2005年率先建立了营销型客户服务团队,为小微企业提供"一帮一"的顾问式服务。除了及时响应客户使用中的疑难咨询外,积极主动深入客户单位,了解营销需求,引导企业摸索适合自身的网络营销经验,逐步建立较完备的网络营销体系,破解了企业人才储备不足的难题。目前,竞网专职客户服务人员已超过400人。

在"输血"的同时,竞网时刻不忘为企业"造血"才是根本。近4年来,竞网先后举办"网络营销专家认证"培训近50场,为企业培训网络营销实战专业人才近1500多人,真正帮助企业弥补了人才经验不足、专业不够的短板,为企业进一步发展培育和储备了人才。

2009年,湖南竞网营销学院成立,一方面,对企业高级管理人员开展进修培训班;另一方面,从大人才战略出发,积极发展多种形式的校企合作与企业战略联盟,为客户输送高质量人才资源。

另外,竞网还善于顺大势育大市,聚合外部力量,为客户发展营造行业环境。2012年,通过竞网的努力,得益于湖南省经济和信息化委员会以及百度的大力支持,湖南成为了百度"翔计划"全国首批六家试点单位之一。当年,竞网便组织了51场"翔计划"相关活动,覆盖全省14个市州,完成了6183家企业的网络营销培训,扶持1000家企业建立了营销推广平台。

竞网科技创始人、副总经理陈花女士表示,公司计划未来投入更多的资源、更有效的帮扶政策,助力湖南省在十二五期间实现"让全省中小微企业整体网络应用普及率提升至80%以上,为企业输送或培养20000名网络营销人才,帮助1万家企业实现快速发展"的目标。

聚焦"服务价值链":从"竞营销"到"智营销"

从公司成立初期为企业提供网站建设服务,到后来成为百度的湖南总代理,湖南竞网拥有湖南最大的企业网络营销服务团队,以及庞大的客户资源。大多数厂商和产品想在湖南发展,都会首先想到竞网、找到竞网。但十年来,竞网对产品的选择一直相当慎重。

竞网的商道是,无论利润多高的产品,如果不能为中小企业真正创造价值,都会被毫不犹豫地拒之门外。

竞网很早就形成了自己较为完整的服务产品选拔体系——以客户需求为导向,以成本控制为核心,以用心服务为标准,以营销效果为目标。

针对企业需求最大的搜索推广服务,竞网早在2004年即跟百度开始合作,即便在创业之初困难重重,即便投入运营后连续亏损两年多,但仍然坚定地选择持续经营。现在,竞网科技已经成功运用百度推广、百度网盟、百度司南等产品为企业提供720度全方位的推广服务。2012年,竞网荣获百度全国优秀运营团队的第二名。

针对企业刚刚步入互联网,尚无"门牌号码"——域名,竞网携手中国顶级域名注册商,提供性价比高、审核简单、管理高效的域名注册服务。

针对企业对网站稳定性的要求,竞网提供大规模、高质量、安全可靠的专业化的服务器维护、单/双线虚拟空间、数据库空间等网络安全运营保障服务。

2012 年 5 月 23 日,湖南竞网精心策划的 C＋网站产品正式启动售卖。C＋网站产品的推出,必将引领企业网站建设新格局,成为湖南中小企业营销推广的助推器!

竞网在服务的过程中发现,大多数中小微企业老板对于网站定位和认识不清晰,往往认为华丽的页面设计、强大的系统功能、绚丽的 Flash 动画展现,就能够吸引客户,产生流量和订单,而忽视了如何让网站时刻产生营销作用! 据调查统计,客户打开一个网站时间超过 10 秒,就会关闭网站;进入网站,超过 10 秒未看到自己的兴趣点,客户就会转向其他网站;看到了产品和服务,沟通不便捷,感受度不好,客户会流失。客户的问题就是我们的服务方向,竞网有针对地推出 C＋营销推广型网站,帮助企业网站实现浏览速度快、产品展示详细、客户沟通便捷、搜索引擎合理、效果统计及时等方面的理想访问效果。2012 年 12 月,竞网研发的 CMS 系统——“在线建站系统”获得湖南省经济和信息化委员会颁发的软件产品登记证书。近期,竞网又在湖南首创网站管家服务,为网站后期管理和维护提供有力保障,真正实现网站与营销推广无缝连接。

为了帮助企业降低人事成本,解决人员专业能力欠缺问题,提升效益与资金合理运用,竞网开启“双引擎”模式,同时推行“服务外包”和“项目外包”。2012 年 9 月,竞网科技与长沙市旅游局合作,承接了“长沙旅游网”项目,全面运营长沙旅游网。短短的几个月时间,长沙旅游网已经焕然一新,网站页面大幅优化,新闻资讯及时更新,网站排名不断攀升,流量数据成倍增长,技术支持从未间断,品牌效应连续凸显……

2012 年 8 月 31 日,竞网智营销网站(e. hnjing.com)正式上线运营,它积累了竞网近十年建站、推广、运营实战经验的智慧库,集中展现了最具竞争力的互联网产品、优秀的推广营销方法、成功的客户案例、最有效的行业解决方案。全网以竞网独创的“智营销四部曲”贯穿,巧妙引导客户在浏览网页的同时,掌握中小企业网络营销发展的四个必经阶段——建网站(网站产品、IDC 产品)、拉流量(百度推广)、提销量(增值产品)、促发展(智赢服务),每一步都分别对应企业所处的不同网络营销阶段,让企业的营销形式更灵巧,更具智慧。

这同时标志着,竞网服务能力的打造,已经从早期着重于产品单项能力的“竞营销”时代,步入了一体化解决方案的“智营销”时代。

让湖南的企业没有错过搜索营销时代

创立十年,竞网已形成了覆盖全省、近 800 人的服务团队,并帮助全省各地一万多家中小企业建立了基础的互联网营销体系。这些年,竞网在湖南各地开展网络营销研讨会和培训近 1 000 场次,覆盖企业超过 10 万家,用理论知识＋经典案例,帮助湖南企业家认识互联网,建立正确网络营销观念,从而走上了健康的发展轨道。

刘昆,一位典型的“80 后”创业者,湖南沃德福餐饮管理有限公司的老板。2005 年创立了自己的饮品品牌——“奶熊”。将“奶熊”品牌推向全国市场,将加盟业务做到更多区域市场,是刘昆心中的梦想。在竞网营销顾问的专业指导下,2 年网络推广下来,“奶熊”在外省的加盟商从原来的 10 多个猛增到 100 多个,这也让刘昆一下子就尝到了互联网的甜头。但是,营销本来就犹如逆水行舟。随着同行企业都开始竞相使用网络推广,一些全国知名品牌更是大举发力网络营销,竞争的白热化使得"奶熊"的推广成本逐年增加,而网络营销的效果转换反而无法继续提升。遭遇网络营销"瓶颈",刘昆没有"病急乱投医",而是找到竞网求助。通过面对面的访谈,并结合对行业指数和推广数据进行了进一步分析,竞网专家给"奶熊"开出了药方:实施"分阶段重点区域击破"战略,不盲目在全国广撒网、平均投放,应选择行业较热但竞品不强的区域作为首批投放重点,将广告预算集中在这些区域,既确保成本得到有效控制,也能达到各个击破、确立优势、形成对强势竞品合围之势的目的。同时针对奶茶店加盟门槛低,消费人群年轻的特点,专家还建议"奶熊"总部联合全国加盟商,针对大学生人群展开大学生兼职与创业扶持的系列营销计划。专家的建议让刘昆很受启发,果断调整市场策略和推广方案。经过一段时间的实施,获得了较明显的效果提升。现在刘昆的"奶熊"加盟事业已经发展到了全国 26 个省份,公司还会有不同子品牌饮料陆续面世,沃德福健康饮品的概念将继续通过网络营销走向全国。

得益于竞网的服务,依托互联网的平台,像"奶熊"这样成功的企业还有不少:

"2012 年新春,竞网就给我带来了今年的第一个大客户——法国达能集团。"长沙多灵环保科技有限公司总经理蒋浩欣喜地说。网络推广让多灵从一个简单的设备供应商变成一个专业的解决方案提供商。蒋浩谈到:以前我们一年卖 10 多台机器,自从与竞网合作后,2009 年售出 50 多台,2010 年售出 100 多台,2011 年售出 200 多台,2012 年售出500 台……

"我们这家店完全是通过竞网靠网络做起来的!"这是长沙青木视觉婚纱摄影工作室网络营销负责人汪辉,见到编者说的第一句话……在听取了竞网客服人员的建议后,青木视觉开通了百度推广账户并设置了 20 多个与长沙婚纱摄影相关的关键词。"不到一个礼拜的时间,网站流量增加 200%,咨询电话从一天两个,迅速猛增到每天 20 多个,订单成功率量达到 50%,感觉市场一下子就被打开了,这是以前想都不敢想的。现在,网络推广占了我们全年营销推广总投入的 80%,通过百度推广吸纳的新客户占到了客户总数的 7 成,为此特意安排 6 名客服在线处理百度咨询。"

"过去是我们主动找客户,现在变成了客户主动找我们。"通过网络营销获益多多,长沙美艺策划设计有限公司朱增辉对网络营销越来越重视,投入也一年比一年更多,2013年投入网络营销的广告费用高达 150 万元,公司也由原来的 10 多名员工发展到现在的100 多名员工。

"回顾过去九年的竞网之路,我们最自豪的一件事,就是没有让湖南错过一个伟大的搜索营销时代",竞网创始人黄韬说:"因为有我们的存在,因为有我们一直坚守的努力,湖南的经济竞争力,特别是中小企业的营销边界,跨越了地域局限,走向了全国,走向了世界。"

十年间,竞网从员工 6 人扩充到今天的近 800 人团队,从不足 50 平方米的租用办公地到今天拥有近 5 000 平方米的自有物业,客户数量从几个累积到今天的 2 万多家,企业营业额从几十万到今天已达数亿,销售规模实现了超 500 倍的增长;而他们的客户,也已经从当初的拒绝、犹豫、观望,变成现在的离不开。

探究竞网的成功之道,或许能从它的 LOGO 中略窥一二:与员工风雨同舟,携手奔跑;与客户齐头并进,协作共赢。传递出的正是竞网"服务以人为本"的正能量——营销服务以客户为中心,以帮助客户提升竞争力为本;管理服务以帮助伙伴健康成长并作出贡献为本。

诚如黄韬所言:竞网相信,利他者久,竞而"不争"!(特别感谢竞网科技总助李翼先生的友情撰稿,为本书增色不少。)

本章小结

聚焦战略的三个关键词:第一,特定的小众。选择特定的客户,在创业初期不要做大众情人。第二,独特的价值。针对特定的小众最关注的需求和价值来提供你的产品价值。独特的价值有两个,一是解决客户面临的痛苦;二是满足客户心中的渴望。第三,差异化生存。三个关键环环相扣。重点解决三个问题,谁是你的客户,如何为客户创造价值,如何与对手竞争。浓缩起来就是三句话:第一,找对人,找到值得你爱的人。第二,做对事,适合的才是最好的。适合小众最关注、最感动的。第三,说对话,像老婆一样做情人。老婆是理性安全踏实,交易成本最低。情人感性浪漫。跟客户的关系是谈恋爱和结婚的过程,在开发客户的时候要让客户感觉到,你有老婆一样的踏实安全,同时又有情人一样的浪漫。理性是洗脑,感性是攻心。营销的核心思想就是"一个中心、两个基本点"。以客户为中心,满足客户的利益点,刺激客户的兴奋点。

思考问题

1. 谁是我们的客户?
2. 怎样为客户创造价值?
3. 我们凭什么竞争客户?

本章案例

黄金酒品牌定位战略

作为一个刚刚推出的新品牌,黄金酒从一面世就获得了业内和媒体的超高关注度,这不仅因为 2008 年年底各大电视媒体铺天盖地的"送长辈,黄金酒"的广告,还源于五粮液集团和史玉柱巨人投资的双重背书。而这种超高关注更是在史玉柱宣称黄金酒将在 3 个月内为其赚到 10 亿元后掀起最高潮。

黄金酒怎样释义?

黄金酒全名黄金牌万圣酒,为保健食字号产品。该酒由五粮液集团和上海巨人投资有限公司共同打造,根据双方签署的一份长达 30 年的战略合作协议,五粮液集团负责黄金酒产品研发和生产,销售策略和团队执行则由位于上海的巨人投资来完成,巨人投资作为大股东,占收益分配的大头。应该说黄金酒很好的集合了五粮液集团和巨人投资在品牌、技术、资金和营销网络等方面的优势。从产品层面看,黄金酒的酿造者是掌握五粮液绝密配方的中国酿酒大师陈林。黄金酒以五粮液公司生产的浓香型白酒为酒基,这是对传统保健酒采用清香型白酒做酒基的一个改革,从而确保了黄金酒在酒的色香味上更适合大多数消费者对酒的偏好。同时精选老龟甲、天山鹿茸、美国西洋参、宁夏枸杞子、汉中杜仲、关中蜂蜜六味传统药材,来确保其具有滋补保健的功能。

在初次沟通中,成美和大多数人一样产生了一个疑问,作为保健品行业龙头的巨人投资为什么会突然进军酒业?经过此次沟通,成美对巨人投资有了一个全新的认识——巨人投资一直将自己定位为礼品公司而非保健品公司,在五花八门的礼品中他们目前只选择可食用的礼品,由于多年运作脑白金、黄金搭档,在保健品行业积累了不少经验,因此他们会更优先选择可以食用的有保健功能的礼品。众所周知,巨人投资一旦看准一个目标市场后,会狂风暴雨般重兵投入以达成目标,但鲜为人知的是该公司还有一个不成文的惯例——在旗下品牌形成稳健的销量和领先的市场地位后,才会考虑进入下一个新目标市场,而选择进入哪个新市场往往会进行长达数年非常细致的研究和评估,正可谓“审时度势,谋定后动。”从沟通中成美了解到,黄金搭档目前已经步入正常的运转轨道,巨人投资数年前已经在积极寻找下一个新市场,而礼品酒市场成为他们的新目标。在与成美初步接触之前,巨人投资计划在 2007 年年底上市以争夺 2008 年春节礼品酒市场。选择进军酒业,则是源于他们对礼品市场进行多年研究——中国消费者在礼品选择上主要是烟、酒和保健品。其中香烟虽然选择的比率很高,但属于国家垄断行业,巨人投资无法介入。保健食品作为新兴的礼品选择,巨人投资已经拥有两个重磅炸弹:脑白金和黄金搭档,但由于保健食品行业过去无序经营造成行业信任度较低,同时,国家针对保健食品的政策不断出台,使得保健食品的大环境非常不稳定,这些均不利于保健食品新品牌的塑造。而酒作为中国人送礼的传统选择,其礼品市场规模远比保健食品大得多,哪怕在其中细分一小块也是非常可观的。正是出于这个考虑,巨人投资将礼品酒市场作为未来进入的领域。巨人投资在保健食品方面积累了丰富的实战操作经验,在如何与其他礼品酒形成差异的考虑上,他们选择了添加保健功能。

为此,巨人投资还重点研究分析了当年以“送给父亲的爱”诉求赢得市场的椰岛鹿龟酒。虽然目前椰岛鹿龟酒的销售从高峰的 6 亿元下滑至 4 亿元,且市场从全国范围收缩到目前的华东局部,但他们认为主要原因是椰岛鹿龟酒获得市场认可后并没有很好地坚持,而且海南椰岛的企业实力有限,同时多元化经营使其在进行战略追击上存在现实问题。尽管如此,但椰岛鹿龟酒当年的市场反应和目前仍然保留数亿销售额足以说明,用保健酒细分礼品酒市场的方向是可行的。巨人投资在礼品和保健食品市场上拥有多年的成功经验积累和一支 8 千人的队伍,并为推广新品准备了 5 亿元的项目资金,再加上椰岛鹿龟酒的前车之鉴,按常理巨人投资应该可以下定决心大干一番了。然而此时史玉柱却将全部精力转移到了网络游戏业务上(黄金酒业务他只作为大股东而不会参与管理和运营),巨人投资第一次面临着没有史玉柱亲自指导下去开拓全新市场的状况,经研究后他们认为,应该再上一道保险——请一个外脑公司对黄金酒进行品牌定位研究,定位分析用“保健”细分礼品酒市场的方向是否可行,其市场规模是否足够大。

成美接触过不少企业往往会根据上市时间计划来调整上市前期准备工作,而巨人投资则选择为更好进行上市准备工作而推迟黄金酒的上市时间。巨人投资习惯用看似疯狂的投入开拓市场,这造就了史玉柱"史大胆"的绰号,但通过更近距离的接触,才能真切的看到这个人和这个公司身上在战略决策上的异常谨慎,也许正是因为比别人在制定战略时更胆小,所以在战略执行时他们可以更大胆。

　　作为礼品酒,黄金酒送给谁? 首先,黄金酒已经明确是在礼品酒市场进行竞争。从消费者行为学角度来看,消费者赠送礼物,他们赠送的不仅仅是产品实体,而且还包含重要的象征信息,他们要确保通过礼物的种类、价格和品牌这些形式,向接受礼物的对象发送正确的信息。由于赠送礼物的这种特性,不同受礼对象会导致消费者选择不同的礼品预算,并影响礼物品种、品牌的选择。因此成美首先需要确定黄金酒可能会被送给谁,并以此界定黄金酒需要研究的目标礼品市场范围。在礼品市场中,送领导、求人办事等功利型送礼市场较为特殊,此类礼品一般是高价值,注重品牌,品牌能保证礼品的高价格广为人知,而新品牌难以在短期内企及。因此黄金酒作为新品牌主攻亲朋好友间送礼市场。消费者在选择礼品时首先会有一个整体的礼品预算,而决定亲朋好友间送礼预算的关键因素是:受礼者与送礼者关系的亲疏。我们从巨人投资了解到黄金酒由于用五粮液集团的优质白酒为基酒,又加入了精选老龟甲、天山鹿茸、美国西洋参、宁夏枸杞子、汉中杜仲、关中蜂蜜六味传统药材,产品成本已经较高,而中国人送酒的习惯是要送两瓶酒,然后还会搭配一些其他礼品,这意味着送礼的预算相对较高。消费者调查显示,如亲朋好友间礼品预算超过 200 元,主要是送给和自己关系亲近的长辈,包含夫妻双方的父母、叔伯等。因此黄金酒更多会送给和消费者关系亲近的长辈。而作为送礼人一般都是已经有工作的成年人,其长辈的年龄相对处在老年阶段。同时,黄金酒加入 6 味中药材有一定的保健功能,根据消费者观念这种加入中药材的酒更适合送给老年人,如果送青年人就会存在忌讳,等于暗示对方身体不好。因此黄金酒的产品与送给作为老年人的长辈是匹配的。

作为礼品酒,黄金酒进入哪个市场?

　　项目组研究发现,保健酒存在官方和民间两种不同的定义。目前国家标准中并没有保健酒这个产品类别,保健酒具有露酒和保健(功能)食品双重身份,其中露酒属于饮料酒的范畴,官方定义是以发酵酒、蒸馏酒或食用酒精为酒基,加入可食用的辅料或食品添加剂,进行调配、混合或再加工制成的、已改变了其原酒基风格的饮料酒。保健(功能)食品的官方定义:保健(功能)食品是食品的一个种类,具有一般食品的共性,能调节人体机能,适于特定人群食用,但不以治疗疾病为目的。无论从保健食品还是从露酒的定义来看,保健酒都首先是食品,应该具有食品的一般共性,能调节人体机能或具有营养补益的功能,而不以治疗疾病为目的。而在民间消费者将保健酒基本等同于药酒,这是因为过去数千年中,二者统称为"药酒",前者为"治疗型药酒",后者为"滋补型药酒"。但按照国家相关规定药酒属于药品范畴,是以治疗疾病为目的。这两种不同的定义,其实蕴含了作为礼品酒,黄金酒有两种截然不同的推广方向可供选择:一种是将黄金酒定义为是饮料酒,黄金酒应该具备酒的一般共性,消费者选择这种产品是基于酒的基本属性"好喝",是种享受,而保健功能是增加的一个新利益。这就对黄金酒的色香味要求更高,而对其功能的期望相对较低。就像王老吉首先是饮料,具有饮料的基本属性如好喝,解渴等,然后才是"防上火"的功能,消费者只会在想喝饮料时选择王老吉,味道不错还可以防上火,而不会在已经上火后,期望通过喝一瓶王老吉解决上火的症状。另一种是将黄金酒定义为民间理解的保健酒（药酒）。由于传统药酒在消费者头脑中的认知主要是针对疾病的，加之过去不少保健酒宣传过度夸大疗效，将保健酒包装成壮阳补肾、祛风湿甚至包治百病的神药，导致中国消费者将保健酒和药酒混为一谈，消费者选择保健酒主要是基于药品的基本属性：药效，而酒只是产品的一个剂型。这就对黄金酒的配方及所含药材要求更高，而对其是否好喝的期望相对较低，甚至在"良药苦口"的传统观念下，其药味应该更浓。就像广东另外一个凉茶品牌黄振龙的癍痧凉茶，其颜色、口感、销售渠道和包装形式、推广内容都更贴近传统中药茶，消费者只会在解决上火等症状时选择黄振龙癍痧凉茶，而不会在想喝饮料时选择"良药苦口"的黄振龙。这两种不同的方向选择其实是进入不同的目标市场，它不仅影响黄金酒的产品、包装、推广、价格，更是影响黄金酒的市场规模。因此成美分别对礼品白酒和礼品保健食品进行研究。

黄金酒进入传统保健酒（药酒）市场去细分？

从医学角度而言，酒可以把药材中脂溶性、水溶性的有效成分溶出，且药可借酒的通行经络之势，从而提高药效，即药有单独酒或药所不具有的价值。这就是为什么医药科技突飞猛进的今天，用酒浸泡中药材仍被广泛应用的重要原因。保健酒是近年来的新名词，调查显示，消费者能望文生义的说出：药酒、保健酒一个是治疗，一个是保健，如深入了解就会发现在他们的观念中两者选用的药材、饮用情况、制作情况以及成品的功效等方面均一致，而且在消费者的日常言辞中保健酒和药酒可以换用。这意味着消费者观念中保健酒和药酒是混为一谈的，认为都是用酒去浸泡中药材。消费者对于保健酒的观念基本等同于传统药酒。传统药酒在商代就已出现，甲骨文中有"鬯其酒"的记载，这种传统药酒应用延绵数千年至今，很多中国人家中至今都习惯用中药材如枸杞、鹿茸、人参、蛇、海马、杜仲等泡药酒。中国人通过泡药酒、饮药酒，形成了对传统药酒的固有观念并影响了对保健酒的观念，这种观念主要包含几个方面：保健酒更多被消费者看成是药，而非酒。消费者最看重的是药效，他们心目中好的保健酒（药酒）应该是传统中药企业如同仁堂生产的，用的是道地药材，对泡药材的酒则只关注酒精度是否够高（他们认为只有高酒精度的酒才能将药材中有效成分泡出来），闻着要有明显的药味，颜色应该是红色、茶色或金黄色，口感有一点点甜。由于将保健酒看成是药，因此不适宜拿来招待客人和在饭店等公开场合饮用，更多是在家自酌自饮。保健酒（药酒）的功效主要有治疗风湿、肾虚、怕冷、易疲劳、睡眠障碍等病症，由于这些问题主要出现在老年人身上，因此保健酒更多被认为只适合老年人喝，送礼也只适合送给老年人。保健酒（药酒）不能多喝，每次1两左右，但可以天天喝，讲究药效细水长流；由于中国人传统的秋冬进补习惯，自家浸泡药酒的酒精度高又有令身体发热的中药材，因此往往在冬季饮用为多，夏季少有人饮用保健酒。消费者对保健酒的既有观念，对于研究定位非常关键，因为根据心理学中"选择性记忆"的原则——如果推广内容出现与消费者既有观念冲突就会导致信息被大脑排斥，这也是定位理论强调消费者观念难以改变的基石。而通过对消费者观念的研究，成美认为如果将黄金酒定位在保健食品市场中，面临下面几个问题。

首先，强调药效的保健酒更类似于药品，其市场规模相对较小。这一方面，由于对于药品消费者需求为负面需求，存在忌讳能不买就不买，如消费者调查中部分消费者就认为自己长辈身体比较健康或者自己长辈的年纪五六十岁认为还不够年长而不选择送保健酒。另一方面,根据传统观念良药苦口,要强调药效好在突出药味时就难免牺牲酒的口感。消费者送酒无论是送保健酒还是白酒都是送给平时饮酒的人,而且送了保健酒一般就不再送白酒。这对于喜欢饮酒的长辈来说就很矛盾,如果强调药效必然导致口感较差,缺失饮酒的快感,此时,长辈难免会生出抵触心理。从消费者调查情况看,相当部分的消费者不选择保健酒送长辈就是因为担心长辈不喜欢其口味,或曾经送过但被长辈明确告知不希望再送保健酒。消费者在选择礼品送给父母等长辈时,主要根据其生活需要和喜好去选择礼品,送礼主要是图的父母长辈高兴,如果送保健酒无法实现这个目的,这种送礼行为也是难以持续的。

其次,作为保健食字号产品的黄金酒如果强调药效按照传统保健酒营销思路操作,还面临一个保健品行业信任度缺失的现实障碍。尤其是国家目前尚未出台"保健酒"的明确标准,保健酒具有露酒(属于饮料酒范畴)、保健食品双重身份,但露酒行业标准对保健酒来说并不适用(保健酒的原辅料比露酒多出了一种"可用于保健食品"的物品),保健食品的行业标准对保健酒也不完全适用(保健食品的标准缺乏酒的相关规范),这致使保健酒处于无标准的空白局面。由于缺乏统一的生产标准,保健酒行业监管呈现出真空状态,正是这种局面造成过去众多保健酒厂商纷纷夸大产品的功效,将保健酒混淆成能够医治百病的药酒,从而影响了其健康发展。

整体而言,将黄金酒定位在传统保健酒(药酒),并按照保健品的方式去运作,从椰岛鹿龟酒的营销过程来看,其市场规模是可观的。但成美认为这与巨人投资选择进入礼品酒市场的初衷一定程度上相违背——礼品酒市场绝大部分是白酒,其次是红酒,而保健酒在其中所占比例很小(数据支持)。所谓礼品市场中酒排名第二,准确说应该是白酒排名第二,只有细分礼品白酒市场才是其初衷。因此,成美的项目组决定继续对白酒礼品市场进行研究。黄金酒进入饮料酒(白酒)市场去细分? 巨人投资的初衷是希望细分礼品酒市场,其实是指细分礼品白酒市场。白酒是中国独有的传统酒,属世界六大蒸馏酒之一。在中国,将白酒作为礼品已成为一种习俗,在逢年过节时送白酒是最安全的礼品,收礼者不仅可以自己饮用,还可以招待客人或者转送他人。要细分礼品白酒市场,黄金酒首先应该具备白酒的一般共性,即应该满足消费者对白酒的基本需求——好喝。在这个基础上增加保健的新利益从而实现差异化。若黄金酒仅仅强调保健功能,而忽视酒的色香味,是永远无法细分白酒市场的,因为保健和好喝是两种不同的基本需求。幸运的是系出名门的黄金酒在"酒"方面的产品力表现非常好,国家品酒大师沈怡方品尝"黄金酒"后给予了高度评价,入口柔和,饮后口留余香,将保健酒以清香型白酒为酒基的传统改变为以五粮液特有的浓香型白酒为酒基,很大程度上适应了消费者的口感度。消费者调查结果也显示消费者对"黄金酒看上去呈浅浅的琥珀色,清澈透明无明显浑浊,闻上去是典型的浓香型白酒中夹着淡淡的西洋参味,喝着酒香浓郁及其接近于浓香型白酒"都表示高度认同。同时项目组的研究发现,消费者观念中白酒分高度酒和低度酒,其中超过 38 度的白酒称为高度酒,其中真正喝酒的人都是喝高度酒,并认为好酒都是高度酒,高度酒更上档次。高度白酒虽然好喝但消费者普遍认为白酒伤身,对肝肾等不利,尤其是高度白酒对身体伤害更大,高度酒并不适合老年人饮用。成美前期判断,在选择礼品白酒时消费者可能会在保证一定口感的前提下,更倾向于选择一些酒精度低一点的白酒送长辈。但调查显示,实际上更多消费者会根据老人平时的饮酒喜好(包含香型和酒精度)来选择白酒,因此送长辈高度的白酒更为普遍。黄金酒的酒精度为35度,然而因为药材的缘故,消费者的口味测试时均认为酒精度在42度左右,这就一定程度上解决了消费者对于酒口味偏好和健康冲突的问题,也满足了消费者送长辈时希望既健康又好喝的心愿(2010年秋季糖酒会上,黄金酒为迎合市场需求,推出45度和52度两款新品)。同时五粮液集团作为白酒行业的老大,其品牌和研发能力可以给黄金酒最大的信心保证。

经过上述研究,成美认为黄金酒凭借良好的色香味表现,完全可以进入到礼品白酒市场进行细分。对于保健功能的诉求,项目组认为:首先,必须明确保健功能的信息不能脱离"白酒"好喝的属性,这就像功能饮料王老吉在整体上都体现了饮料的属性,好喝、清凉、解渴、时尚、年轻等,再去突出其"预防上火"功能的差异;其次,明确诉求保健功能的目的是要区隔普通白酒。因此在整体上体现白酒的享受下,黄金酒应该利用消费者观念中滋补酒适应人群广的认知,现阶段诉求具有适应人群最广的笼统的滋补功能即可,而无需强调有何具体保健功能。这一方面可避免进一步将市场局限在某一个具体保健功能市场上,另一方面还可以弱化消费者对保健酒固有的认知"药酒",尽量避免治疗药酒针对疾病的联想,从而弱化消费者对黄金酒口感和每次饮用量的担心,并符合消费者对于功能期望相对较弱的现实。如何令消费者接受黄金酒具有保健功能?显然只需要宣传推广酒中含有对滋补药材的信息,就能令消费者感知到保健功能,从而实现与普通白酒的区隔(巨人投资在后来的新闻发布会上直接提出功能白酒的概念)。至此,成美对于黄金酒的定位研究有了更清晰的结论:在礼品市场,送给长辈保健的白酒。这包含三个层面意思:首先,目标是细分白酒市场;其次,黄金酒就与其他白酒的差异在于具有保健功能;最后,这是在礼品市场中专门送给长辈的酒。竞争对手是否占据了该定位?在礼品市场,送给长辈保健的酒。这个定位机会可行与否?必须验证其是否已经被竞争对手占据,因为定位具有唯一性,必须是竞争对手没有占据该定位,即消费者的心智资源未被竞品占据时,该定位才能成立。

目前国内有一定影响力的保健酒主要是劲酒和椰岛鹿龟酒,项目组研究这两个主要竞争对手后认为"送给长辈保健的白酒"的定位并没有被占据。劲酒是目前公认的保健酒领头羊,2007年销售达到17亿元,其现阶段的营销更多是体现了细分餐饮渠道白酒的战略,不仅较少强调药效或保健功能,而且产品的药味较弱,酒色为淡淡的琥珀色,主渠道在餐饮。劲酒正是通过保健这个差异成功抢夺了部分餐饮渠道中低档白酒的市场,可以说劲酒同样是在细分白酒市场。调查显示劲酒主流消费者并非传统保健酒的目标人群老年人,而是30多岁的青年男性,其饮用场合也并非保健酒传统的家中自饮而是餐饮渠道朋友聚会为主。虽然劲酒后来推出了礼品装,但劲酒70%的销售源自125ml的中国劲酒小方瓶装,即其市场并非在礼品市场,因此与黄金酒并非构成直接竞争,也未占据到"送给长辈保健的白酒"。椰岛鹿龟酒将目标市场精准的定义在礼品市场,而且同样是"送长辈",在高峰期达到6亿销售额。但是椰岛鹿龟酒更多是强调"保健功效",广告中诉求内容主要是"腿脚利索多了,晚上不起夜,冬天不怕冷,就是不感冒,睡觉睡得香,气色有多好",而且大量采用报纸软文宣传功效和产品配方龟鹿二仙膏——真鹿茸、真龟板的中药材信息。而产品更是体现了"药酒"特色,酒色偏酱色,药味浓郁,完全忽视了产品中酒的属性。更为可惜的是,椰岛鹿龟酒的推广并没有进行很好的追击,海南椰岛集团就匆匆走上了多元化发展的道路,至今椰岛鹿龟酒成为一个区域性品牌。显然,购买椰岛鹿龟酒的消费者是当成"药酒",送椰岛鹿龟酒更多是在送健康,椰岛鹿龟酒同样未与黄金酒构成直接竞争,也未占据到"送给长辈保健的白酒"。竞争对手并未占据"送给长辈保健的白酒"定位,而黄金酒集合了五粮液集团和巨人投资两大行业巨头的优势,产品很好的平衡了酒的享受和滋补保健功能,因此,成美形成研究结论:黄金酒的品牌定位是"礼品市场,送给长辈保健的白酒"。

定位下怎样的营销整合?

黄金酒的定位"在礼品市场,送给长辈保健的白酒",这就要求黄金酒将普通礼品白酒作为直接竞争对手,因此黄金酒必须在除了保健功能这个独特价值外,尽量贴近礼品白酒,包含产品、价格、渠道和推广各个营销方面。

在产品方面,成美建议黄金酒的包装应该以白酒包装为参考,并体现高档礼品的属性,通过在包装背面体现中药材和突出五粮液集团保健酒有限责任公司的企业名来体现滋补功能。

在价格方面,同样参考送亲近长辈白酒的主流价格,由于是五粮液集团出品并添加了道地中药材,成美建议黄金酒价格应该覆盖尽可能大的市场,因此建议黄金酒的零售价可以略高于送长辈的白酒主流价,而不应高得太多形成明显的价格障碍。

在渠道方面,由于黄金酒细分的是礼品白酒市场,自然铺货应该主要在白酒货架上。

在推广方面,黄金酒需要突出其是一个送长辈的礼品酒,同时体现出酒的享受,还要能清晰的让消费者理解这是一个不同于普通白酒的保健酒,其保健体现在具有滋补作用。显然在一条广告片中要诉求的信息相对较多,因此巨人投资根据其经验决定拍摄两条广告片,一条告知定位为主,一条强调送礼。

在定位传达广告片中,对保健功能的诉求特别需要把握尺度,如前所述,黄金酒需要区隔的是普通白酒,而且国家对于保健食品的广告推广有明确的规范,因此只要告知消费者黄金酒具有滋补功能因此更健康即可。成美建议黄金酒通过所含 6 味中药材来体现其具备滋补功能。同时,五粮液集团的强大品牌力能够给到黄金酒事半功倍的帮助,自然在宣传上应该体现这一事实,从而给消费者信心。

后记:为了试探市场的反应,黄金酒精心挑选了两个区域进行试销。2008 年 4 月,黄金酒开始在山东青岛、河南新乡进行试销。青岛 4 月 25 日开始投放广告,至 10 月中旬累计投入广告费人民币 300 多万元,回款 1 600 万元;新乡 5 月铺货,5 个多月中投入广告 46 万元,回款近 350 万元。在这两个市场中,青岛的主要出货终端是大卖场,而新乡则由烟酒店控制着市场,两者都属于国内典型的白酒市场。试销成功后,巨人投资决定从 2008 年 11 月开始,启动全国市场。2009 年,巨人投资在央视广告招标中投入 1.2 亿元用于黄金酒的广告投放。该年,黄金酒完成销售额 10 亿元。2010 年,巨人投资在央视广告招标中投入 2 亿元,其中 1 亿元用于黄金酒的广告投放。该年,黄金酒完成销售额 13 亿元。

(资料来源:耿一诚,黄金酒品牌定位战略.《哈佛商业评论》中文版.2011 年 4 月.)

第11章 中小企业瓶颈突破

> 在动荡不安的时代,变革是个常态,但是变革是很痛苦的,也是冒险的,但是不变革可能就无法生存。
>
> ——彼得·德鲁克

学习目的

1. 理解中小企业问题背后的症结。
2. 破除"老三观",树立"新三观"。
3. 掌握瓶颈突破的理论、方法与工具。

引 言

中小企业大多是靠抓住机遇,果断行动,敢打敢拼,机动灵活,获得了最初的成功与原始积累。但随着企业发展壮大,市场情况更加复杂,没有系统科学的决策体系,依然仅靠老板拍脑袋决策,难免出现失误,很多企业就输在过分相信过去成功的经验上。对于中小企业而言,一个重大决策失误就可能是致命的。在市场中积累的经验与直觉是非常珍贵的,在市场中具有很强的指导性,在复杂多变的市场中,仅靠经验与直觉难免失误,若能结合科学管理的理论、方法与工具,依靠团队智慧进行科学决策,胜算当然要大一些。

当企业度过创业期,已经进入成长阶段,老板如果一切还只凭经验来做决定,这是非常危险的,此时,需要修炼逻辑思维能力。逻辑就是因果关系,有"因"才有"果","因"没有来,"果"就一定不会出现。面对出现的火苗,你怎么办?尽力把它们逐一扑灭是每个经理的责任,这是一般经理的做法,但效果不大。火苗经常出现,今天的火苗是熄灭了,明天又会再来?你要先了解这火苗背后的根。火苗是"果",什么是"因"?一个"果"今天被你扑灭了,你很高兴,但它的"因"你没有动,或根本不知"因"的存在,明天这"因"又会冒出另一个"果"给你尝尝,准备再灭火吧。经理们每天忙于扑灭火苗,"见招拆招",没有深究"因"在哪里,于是只能疲于奔命。"因"才是应该要深挖的对象,"因"消灭掉了,"果"就不会出现了。

不会有效授权,管理就无法化繁为简。由于忙碌、茫然、盲目,不该做的也做。这时老板开始变得非常焦虑、疑心重重,谁也不相信,怀疑这个,怀疑那个。老板敬业精神可嘉,但老板什么事都管,最后结局就是什么也没管好,大家还满腹牢骚:什么事都是老板干了,要我们下属干嘛?老板太忙于事务性工作,企业不正常,老板要做老板的事,员工要做员工的事。

老板每天都在处理具体问题,难道要基层员工去想:我们的企业应该如何发展吗?看似老板很忙,实则企业效率低下。老板的角色错位,啥都管,啥都管不好。作为老板应该明确:应该干什么,不应该干什么。

企业家关注的是"卓有成效"的方法,而不是"按部就班"的工作,思考才是他的基本工作,领导者要学会脑勤体懒,动脑时间越长,动手时间就越短。

老板必须在决定性时机,巧妙地集中比竞争对手更为强大的资源去攻克当前面临的主要矛盾,这是集中战略的基本含义之一。

老板是否选对了可以为公司付出并达成目标的核心团队,是否做到了充分授权——人事权和财权,给团队成员一个有效分享权利的机制和承诺。

本章的内容结构图如图 11-1 所示。

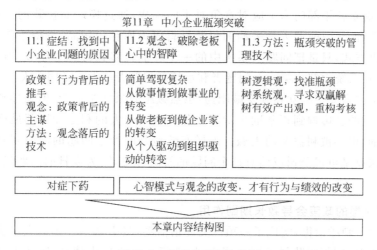

图 11-1　本章的内容结构图

11.1　症结:找到中小企业问题的原因

中小企业在成长阶段往往面临的问题一大堆,在外部环境压力与内部资源制约的双重挤压下,无穷的问题与有限的资源之间的矛盾永远客观存在。以总经理的立场和视角,从企业年度经营目标出发,以价值链和供应链作为管理问题的结构分析工具,从企业可以有所作为和可控的角度,找到制约目标达成的瓶颈,集中力量突破瓶颈,以推动管理改善。

《孔子家语》有言:良药苦于口而利于病,忠言逆于耳而利于行。如何厘清各种问题之间的因果关系、先后次序、轻重缓急和主次矛盾? 考验着老板和团队的智慧和勇气。如果只对问题的症状做解决方案,背后的症结依然存在,同样的问题还是会继续出现;反之,当我们花大气力找准并根除问题的症结,企业就会获得业绩突破。我们借鉴彼得·圣吉在《第五项修炼》和高特·拉特(Gold ratt)博士在 TOC(制约理论)的研究成果,努力揭示出中小企业问题背后的症结,为后续的解决思路提供正确的指引。

11.1.1　政策:行为背后的推手

人是一个趋利避害的动物。上有政策,下有对策。有什么样的政策,就会有什么样的行为。人们会根据政策制定的游戏规则,解读并权衡政策背后的利益、成本与风险,最终选择利益大、成本低、风险小的对策来行动。所以,我们首先得认真检讨一下公司重大政策的设计是否存在行为与结果的背离。

1. 局部最优的政策会导致整体不优

K 公司为了在降低采购成本上做出成果,决定采取大单进货的方式,有效地降低了主要包装材料的采购价格,季度考核时,采购成本降低指标成为亮点,受到老总的表扬和奖励;与此同时,这种措施带来的副作用是大大占用了公司的流动资金,增加了材料的库存,更为严重的是营销部门为了应对竞争对手的挑战,通过换产品包装的策略推出新产品来吸引消费者,导致前期大量采购的包装材料成为库存积压品,不得不降价处理。以上问题的解决方式,只是把问题从系统中的一个环节转移到另一个环节,当事者却未察觉,这是因为在系统中解决第一个问题者和承接新问题者经常不是同一人。

就像当下很多爱美的女孩狂吃减肥药,虽然减肥效果立竿见影,但是导致腹泻,精神不振,甚至严重的会影响到正常的生活和工作。当一个人的利益和局部最优化挂钩时,明知道是错的,也会被利益驱动去做。怎样有效地判断产生问题的原因到底是什么,一个便捷的方法就是审视公司以前对这个问题的解决方案,因为今日的问题经常来自昨日的解决方案。

2. 立竿见影的政策会导致长期副作用

L 公司为了刺激销售,实施了一项巨奖促销活动,吸引众多经销商大量进货,当月销售业绩大幅上升,销售团队得胜回公司之时,老板亲自主持庆功宴,团队为之欢呼雀跃。然而,好景不长,第二个月销售额锐减,为图大奖不惜积压库存的客户怨声载道,纷纷要求公司再一次加大促销力度。

为什么我们喜欢采取立竿见影的政策?因为它能在短期内让我们看到成效:降价促销,销量增加;增加人手,产量增加……;而其副作用的出现往往有一个"时间差"。当产品在市场突然失去吸引力时,公司便更积极地推销,例如投入大量广告、打折促销等。这些方法可能会把顾客暂时拉回来,但在资源有限的情况下,割肉补疮的结果,只能让产品和服务品质衰退。长期而言,公司愈加热衷于广告促销,失掉的顾客愈多。

许多立竿见影的政策,常常在恶果显示之前,出现"形势一派大好"的假象。这种解决方案常可在开始的时候能治好症状,当你自我感觉良好时,可能正错过了最佳的治本时间。随着时间的推移,同样的问题又"卷土重来",而且还会引发更为严重的问题。

3. 顾此失彼的政策会导致利益失衡

M 公司对销售部的业务团队制定了按销售收入提成奖励的政策,提成比例根据三级目标完成情况设定(必保目标提成为 1%,争取目标提成为 2%,冲刺目标提成为 3%)。在利益的刺激下,销售人员使出浑身解数,不管什么客户都开发,不管什么订单都接,表面上销售部一片繁荣,由于没有对客户和订单进行价值排序,导致生产交付不及时和制造成本增加,月度会议上,销售部得表扬,生产部挨批评,生产和销售部门之间矛盾加剧。

中小企业经常陷入鱼与熊掌不能得兼的矛盾之中,面临这种冲突时,总是在"丢卒保帅"策略下做取舍决策。有时,即使是最复杂的两难矛盾,当我们用系统观来看时,便会发现它们根本不是什么矛盾。一旦改用深入观察变化过程的"动态系统思考",我们就能识破静态片段思考的错觉,而看到全新的景象。只要你有耐心,先专注在流程改善上,随后一段时间,品质会上升,成本也会上升;但不久之后,你就发觉有些成本快速下降,数年之内,成本大幅下滑,两者兼得。从长期来看,提高品质与降低成本是可以兼得的。因为只要基本工作流程改善,便能够消除重作、缩减品管人员、减少顾客抱怨、降低售后服务成本、提高顾客忠诚度以及减少广告促销等成本。

11.1.2　观念:政策背后的主谋

既然政策是行为背后的推手,那么,政策的出台又是受什么的影响呢?为什么两个人在观察同一事件后,对事件的描述不一致,注意到的细节不一致,采取的决策不一致,最后的行动也不一致?原因就在于他们内心深处抱持的观念不同。

观念是一个人心智模式的主要表现形式,是指人们长期记忆中隐含着关于世界的心灵地图。心智模式是深植于心灵之中,关于自己、别人、组织以及世界每个层面的各种图像、信念、假设和观念。心智模式是一种根植于内心深处的认知方法和认知习惯,具有思维定式的特征,是人们在成长过程中受环境、教育、经历的影响,而逐渐形成的一套思维行为模式。心智模式一旦形成,将使人自觉或不自觉地从某个固定角度去认识和思考所发生的问题,并用习惯的方式予以解决。任何一个人都有自己特殊的心智模式,这既是教育的功劳,也是此人在特定环境中逐步形成的。心智模式有五个基本问题:怎样看待自己?怎样看待他人?怎样看待环境?怎样看待世界?怎样看待人生?心智模式存在的形式包括观念、成见、习惯、信念和信仰。

观念(心智模式)有三大"顽石":①经验观——自我感觉良好,出了问题归罪于外,墨守成规,习惯成自然,一直都是这样做的;②局部观——见木不见林,局限思考;③成本观——关注和控制短期成本和有形成本,导致长期利益和无形利益受损。

1. 经验观

经验是我们处理日常问题的好帮手,只要具有某一方面的经验,那么在应付这一方面的问题就能得心应手。然而,经验具有很大的狭隘性,束缚了思维的广度。这种狭隘性表现在:第一,经验具有时空狭隘性。任何经验总是在一定的时空范围内产生的,而且往往也只适应于一定的时空范围;一旦超出这个范围,某种经验能否有效,就要打上一个问号。第二,经验具有主体狭隘性。每一个思维主体,不管经验多么丰富,从数量上说总是有限的,他没有经历过的事情总是无穷多的。这样,当他面临自己所从没遇到过的事物或者问题时,他常常会手足无措,如果单凭已有的经验推断,其结果大多是错误的。第三,个人经验在内容上仅仅抓住了常见的东西,而忽略了少见的、偶然的东西。然而,在每一个具体的现实环境中,总会有大量的平常很少见到的、偶然性的东西出现,如果我们仍然用以往的经验来处理,则不可避免地要产生偏差和失误。老板的经验观有三种表现形式,我们用案例来说明。

(1)老板身兼数职,核心团队缺失。N 公司的老板非常能干,且精力旺盛,几任总经理与营销总监干不了多久,就被他赶下了台,找不到称心如意的人选,他干脆把董事长、总经理和营销总监三位一体一肩挑。100 年以前,泰勒在《科学管理》中就明确指出:计划与执行要分开,决策、执行与监督要三权分立。董事长应该是公司最有全局观的人,然而当决策、管理与执行集于一身时,容易出现"屁股指挥脑袋"的现象——明眼人都知道瓶颈在营销环节,老板却不自知,也不愿意承认,自己亲率的工作成了瓶颈,这可是关乎到面子与权威啊。

（2）老板大权在握,权利分享缺失。E 公司是典型的家族企业,老板初中毕业就开始投身商海,从小生意做起,历尽千辛万苦终于积累起上亿资产,员工人数也已突破 300人,老板对财权和人事权看得很紧,仍然坚持财务一支笔审批,每一张发票报销都要亲自签字审核,每一份合同都要亲自过目把关。结果公司内部办一件事,要盖 8 个章子,半天可以办好的事公司内走流程要十天半个月,业务员感叹:在外跑业务,搞定客户难,没想到搞定公司内部的职能部门更难,年销售额 1 亿元左右的公司竟然得了"大企业病",官僚习气很严重。

（3）老板热衷业务,基础管理缺失。E 公司老板是业务出身,做起业务来得心应手,搞定客户是老板多年来养成的兴趣和特长所在。老板的业务能力是创业初期让公司存活下来的核心竞争力,然而,随着市场版图的扩大,队伍和规模都呈几何级数增长,老板此时还热衷于单打独斗的业务战,整天陪客户吃饭喝酒,而忽视了董事长更重要的任务——定战略、搭班子、带队伍,导致战略规划不清,新产品研发滞后,组织效率低下,团队成长缓慢。

2. 局部观

企业在绩效评估上的主要错误观念为:"提升局部效益即能提升整体效益"。然而个别部门绩效的提升,无益于企业整体效益的提升。解决之道为以有效产出(Throughput,T)、存货(Inventory,I)与营运费用(Operation Expend,OE),作为企业整体营运的衡量指标,而不是以传统的成本会计和局部效益来衡量绩效。推动方式就是应用 T,I,OE 的观念重新评估公司的投资、产品与服务,并解决衡量指标上的冲突部分。目标则是增加 T(有效产出)、减少 I(存货)与降低 OE(营运费用)。

追求局部的最优化会让你的决策失真,大多数公司运作方式的特征是,每个部门都认为在系统中,自己部门最重要,当看到政策产生负面效果时,咬定别人应对此负责,一味为自己的部门辩护,不从系统、整体与全局高度来深入探讨问题的症结到底在哪里。

例如,工业品行业客户常见的抱怨包括:不能说到做到,总是不能准时交货;质量不稳定,质量事故频繁;交货太慢,导致客户无法快速响应市场的变化;价格太高(成本高)。那么,客户抱怨的内在因果关系是什么呢? 如图 11-2 所示。

如果生产交付不及时,我们只在生产环节寻找原因是无法真正解决生产准交问题的;如果营销不能达成目标,我们只是以促销来激励顾客和销售人员,也并不能真正改善营销问题;如果产能受限,我们习惯于增加工人或购买新设备;如果资金不够用,银行又贷不到款,很多企业就出售股权引进投资者,结果可能引狼入室,投资者并不关心如何打造百年基业,而是通过快速"包装"上市或找到一个更大的买家将企业卖个好价钱。在复杂系统中,事实真相与我们习惯的思考方式之间,有一个很大的差距。要修改差距的第一步,是要改变因果在时间与空间上接近的观念。问题是什么? 问题背后的原因有哪

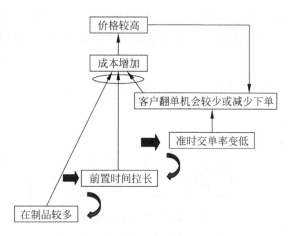

图 11-2　客户抱怨的内在因果关系

些？哪个是导致问题的主要原因？是哪些环节和因素制约了主要原因？必须从系统的整体视角来检视，才不至于患"头痛医头，脚痛医脚"的毛病。

3. 成本观

（1）局部的成本降低，以增加全局成本为代价。追求局部的最优化，在成本观上的体现是降低了局部的成本，却以增加全局更大的成本为代价。很多实例都证明追求局部最优化的危险性，在某些地方节约了成本，但公司总成本被迫大大增加。比如《目标》书中讲的投资机器人，很多老总看完《目标》书后觉得罗哥好像挺弱智，其实自己每天做和罗哥一样的决策，公司在制订年度计划，一方面要求品质部提升品质，另一方面则要求采购部降低采购成本，这是非常危险的做法，除非你知道如何实现？公司提出要降低多少采购成本时，好像你在超市看到一斤苹果需要 10 块，但只有 3 个，心想太贵了，但到路边摊上面写着 10 块一袋，里面有 10 个，但买回去后发现 8 个无法吃，哪里贵？哪里便宜？有点常识的人都不会做这种决策，但在企业运营中做这样决策的人真不少，把公司制订的各部门年度计划放在一起看就知道了。

（2）给员工低工资，可能意味着高成本。大多数企业还是靠低廉的劳动力成本去占领市场。狭隘成本观指导下，企业与员工之间存在着利益冲突，如图 11-3 所示。

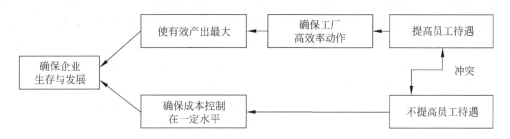

图 11-3　企业与员工利益冲突图

企业传统的算账方式：利润＝价格－成本。价格能不能提高？如果价格不能提高的话，那么企业想多赚钱，老板还有什么招？只有降低成本！

而企业传统的成本计算方式是:成本＝原材料＋人工＋费用＋税金。能否将员工的工资待遇与有效产出挂钩? 有没有一套方法在员工不加班或少加班的情况下,做到准时交货? 如图 11-4 所示。

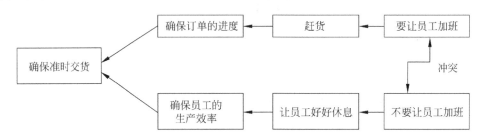

图 11-4 准时交货与员工加班冲突

让我们回顾 100 年以前亨利·福特推行的减时增酬变革案例。1914 年 1 月 5 日,福特宣布了福特汽车公司工人新的薪酬方案:最低日工资从 2.3 美元提高到 5 美元,每天的工作时间从 10 小时减少到 8 小时,另外还有利润分享计划。这是一件违背常理的事:高工资能降低成本吗? 福特认为,能! 秘密就是高效率的方法和员工的积极性。尽管早在 1832 年英国人巴贝奇就认识到了这一点,但没有一个老板赞同并实践这个主张。福特并不知道巴贝奇,但福特从自己的经验中知道,高工资能留住最好的工人,招来更多的好工人,还能使员工干活更卖劲儿,他把这招儿称为"效率工程学"和"利润分享",也就是今天所说的"激励"。

事实上,是福特的管理顾问说服了他这样做的。正如卓别林电影里表现的那样,福特的流水线劳动强度极高,工人不愿意在那里工作,短期行为严重,流动性极大。1913 年,福特工厂每 100 个工作职位就要招聘 963 人次,为此,公司需要不断为新招聘的工人办短期培训班,公司不断增加的各种福利制度也不能留住人。

面对流水线生产带来的工人高流动性,其他企业将其看成是生产常态,把增加的成本转移到产品价格上,转嫁给消费者。彻底的"消费者第一"的信念使福特做出创新之举:大幅提高工资和利润分享计划来减少流动性,降低成本和提高效率。

实行日工资 5 美元后的 3 年中,福特公司利润提高了近 3 倍,从 1914 年的 2 500 万美元增加到 1917 年的 7 000 万美元。实际上,福特公司每新增加的 10 美元利润中,只有 3.5 美元用于给工人提高了工资,其他 6.5 美元都落入福特的腰包,提高工资带来更高的利润率。1918 年,当新方案的强大作用充分展示,人们最后一点怀疑也被一扫而光,福特在董事会上骄傲地说:"一天 8 小时,日工资 5 美元,这是我们最成功的降低成本的方法之一。"

低价格和高工资能带来更高的利润,也就是给别人的越多,自己得到的就越多,这似乎太不可思议、太违背常理了。不要说福特时代的老板不相信,就是现在,亲爱的企业家们,你们相信吗?

11.1.3 方法:观念落后的技术

如果说政策和"老三观"(经验观、局部观和成本观)是导致问题症状长期无法消除的两大症结的话,那么,是否把政策和观念问题正本清源之后,症状就会迎刃而解呢?也许你会质疑,这些道理其实我们都懂,关键在于缺少有效的方法让政策和观念落地生根。

1. 团队难以达成共识

业绩目标未达成,团队对问题识别各执一词,R 公司董事长"清官断不了公司事",只好给经营团队下了最后通牒:如果下一个月再完不成经营目标,总经理必须引咎辞职。总经理被董事长逼得没辙了,再一次召集经营团队商量对策,总经理的解决思路是将压力转移到部门经理,他相信:千斤重担众人挑,人人头上有指标,众人拾柴火焰高。

"我在董事长面前立了军令状,不成功便成仁!各个职能部门的经理给我听清楚了,如何完成本部门的考核目标,你们组织部门人员集体讨论,你们回去针对自己所管辖部门拿出改善方案,把自己那一亩三分的责任田给我种好了。"总经理最后还放出狠话:"在我辞职之前,我将拿起屠刀,先把你们中间拖我后腿的家伙干掉!"

部门经理们如法炮制。销售部经理将任务分解到各区域业务员头上,他同时警告说:"兄弟们如果完不成任务,不仅你们拿不到一分钱奖金,老子还得他妈的卷铺盖走人。"由于将前面两个月未完成任务的部分累计到本月一起算账,业务员是"落雨背湿杆子越背越重",这样一弄,搞得好几个业务员压力很大,心想:"我不可能从家里带钱来为老板白干活吧,形势不对,赶紧闪人,玩不起就溜吧,老子不陪你玩了,此地不留爷,自有留爷处。"

生产部经理老实厚道,他没有采取销售部经理的强盗逻辑,而是使出"求爷爷告奶奶"般的以情动人招式,他对众多一线的工友们一把眼泪一把鼻涕地诉说着。一方面,他通过培训的方式,希望增强工人的质量意识;另一方面,调整绩效考核的指标,加大产品合格率与绩效工资的相关系数。

采购部经理则对能够"欺负"的供应商施加压力:如果因为你们提供的零部件质量问题导致客户投诉所引起的一切损失,必须由供应商全额赔偿,并且终止合作关系……

由于 R 公司团队缺乏在企业上下传播新观念的能力,缺乏将知识转变成可操作的能力;缺乏说服老板同意改变绩效考核方法的能力,所以团队难以达成向上聚焦型共识——团队智慧大于个体智慧,最后只能通过妥协勉强达成向下聚焦型共识——团队智慧小于个体智慧。

2. 问题和资源没有聚焦

W 公司的董事长肖伟最近经常失眠。连续一个多月时间以来,他都在忙着处理"人民内部矛盾",团队成员们也为天天"夜总会"而烦恼。肖伟亲自出面攻关,销售部全体同人费了好大的劲儿才成功开发一个大客户,哪知才供第一批货,客户就投诉产品有质量问题,而公司刚刚处理完一起质量事故;好不容易把生产部和品管部就产品质量改善进行了整顿,狠抓质量。车间工人们因品管部严格检查,影响了他们的计件工资,就有工人带头闹事要提高工资标准,还没来得及处理,竞争对手就挖走了几个熟练的技术工人,人力资源部到处招聘,半个月时间才弄到 12 个工人来参加入职培训,上班没一个星期,就走了一半;提高工资标准和奖励力度,才把工人们暂时安定下来,内部质量管理有了一些起色,外协加工的供应商又开始掉链子了……真是屋漏又逢连阴雨,解决了这头的问题,那头的问题又出现了,大家都在忙于救火,搞得心身疲劳。

同时打两只兔子,可能一只兔子也打不着。中小企业在发展过程中总是存在很多的问题,如果只是被动地应付处理各种问题,不仅劳民伤财,而且效果不彰。怎么办?关键在于要找到企业当前的主要矛盾,集中资源和能力,重点解决它,主要矛盾一解决,次要矛盾往往就跟着解决了,这样才能掌握解决问题的主动权。

正大轻科针对他们目前利润率指标严重偏低的现状,运用所学的方法论,以"逻辑"串"常识"的思路,迅速查找到目前影响利润的瓶颈——"直接材料成本高",并确认以"100天内降低直接材料成本"为突破目标,正大轻科公司以前一直没有充分地认识到设计对成本的影响,认为降低材料成本供应才是关键,以为从设计上很难采取措施来降低成本。经过几天的集中研讨,正大轻科利用团队的智慧集思广益,通过查看 ERP 数据、质检部反馈的质量问题和分析、汇总结果,确认应以设计为源头,严格控制成本,并最终决定:设计部承担降低直接材料与营业额比例的 1.5%,工艺部承担降低直接材料与营业额比例的 1%,供应部承担降低直接材料与营业额比例的 0.8%,制造部承担降低直接材料与营业额比例的 0.3%,仓库承担降低直接材料与营业额比例的 0.4%。

3. 外因没有通过内因起作用

某知名的营销策划公司的领头人物确是一个策划奇才,尤其擅长另类思维,而且口才一流,超级自信,他擅长使用"创新枪",却缺少一把"逻辑枪"(逻辑思维能力和项目管理能力),导致公司虽号称"双枪颠覆",其实缺少另一把至关重要的"逻辑枪",如果客户本身就缺少团队基础和项目管理之功底,破局往往就只能是开局很漂亮,却终究是"烟花"一现,无法持久。

为什么很多咨询公司设计出来看似完美的咨询方案最终难以"修成正果"?咨询公司热衷于贩卖国外管理创新理论与方法,自己都没搞明白成功的诀窍和要害,客户当然更加搞不懂了。

一般的咨询流程是:第一步,提交项目建议书,双方签订合同;第二步,顾问项目组进行内外的调研诊断;第三步,向客户提交诊断报告;第四步,提交咨询解决方案;第五步,辅导实施。这种咨询模式的弊端在于:一是团队难以达成共识,虽然老板极力推进,团队却怀着抵触和怀疑之心;二是咨询机构代替调研诊断、方案策划等关键作业,使得客户团队没有成长;三是没有从目标出发,从瓶颈入手,聚焦资源,集中突破,导致兵力分散,跨职能部门流程不畅,未能形成有效协同;四是团队没有得到有效激励,采取观望态度,等着看咨询公司的笑话。

咨询到最后无法帮客户修成正果,甚至有的咨询公司也只是忽悠客户,往往拿到第一期费用之后,后期项目就不了了之,凭什么说咨询项目做得好,你得有一个数字化的衡量标准,能让客户看得见显著的价值,否则,客户不仅不会来找你做回头生意,而且还会散布你的负面信息。很多中小企业遇到重大的结构性问题时,往往请咨询公司或引入"空降兵"进行战略咨询、人力资源管理咨询和企业文化咨询,采取重新调整组织架构、进行重大人事变动、实施业务转型或转向。由于改善方法是想从整体实施突破,难度大、阻力大,各种资源条件都不具备,大面积展开变革行动,结果伤筋动骨,导致人员流动频繁,业务波动很大,最后被迫半途而废。

　　Q公司曾经花20万元请一家管理咨询公司做人力资源管理咨询项目,咨询公司提供的咨询方案将近十个文本,合同金额的30%尚未进行结算。咨询公司根据一对一的访谈来做岗位职责和绩效考核方案,Q公司根据咨询文本来推行政策,公司内部进行了选择性执行,对老板有利部分执行,执行起来四不像。花费巨资的咨询方案,在执行中公司怨声载道,员工满意度不高,最后打回原形。后来,老板彻底否定咨询成果,发现根本问题是不符合公司的实际状况。咨询公司抱怨:"方案做得很累,客户在方案执行过程中不够配合。"钱花了不少,没得到执行,效果不好,公司变革失败,使得公司领导在员工心目中扣分,以致Q公司董事长一听到管理咨询就火冒三丈,大发脾气:"凡是管理咨询公司找我,一律不见。"当时引进咨询公司的一位副总,也因为此事被迫引咎辞职。

　　当咨询公司向企业提出一套方案,这意味着企业将发生一次变化。咨询方案的执行既会影响一些人的安全感,又会影响一些人的"成就感",因此,人们会本能地提出自己的反对意见或顾虑。

　　任何一次管理改善都是一种变革活动,无论是企业内部发动还是请咨询机构——"外面的和尚来念经",人们都担心管理变革会对自己的既得利益和传统习惯产生冲击,最大的阻力往往来自人们固有的思维方式。除非我们能够迅速识别出核心的错误政策,并能建构新政策,同时不会产生新的破坏性问题;与此同时,我们能建构出可行的实施计划,并拥有专业系统的方法来提升变革的动力、增加变革的压力和化解变革的阻力。

　　企业改善的六步流程:第一步,对企业目标有共识;第二步,对企业的问题有共识;第三步,对问题的解决方案有共识;第四步,对解决方案能起到什么样的效果有共识;第五步,对解决方案可能会出现的副作用有共识;第六步,对解决方案实施过程中会遇到的障碍有共识。只有对改革过程之中,面临各种不同心理状态有充分了解,并针对性地化解掉,改革才能推向前进。以上顺序太重要了,每个步骤不做完,就根本无法进行改善。例如,企业质量问题难以解决,主要是哪个步骤大家没有达成共识呢?为什么由质量部门推广的改善经常是失败的局面,有人的地方就有"江湖",企业"江湖"的逻辑是:每次改善都是一次"变化",每次"变化"对一些人的"安全感"都构成威胁;人们会根据自己的直觉评估所有的改善方案;人们对自己提出的"改善"方案更有兴趣。

　　咨询方案难以落地,除了团队没有达成共识、问题和资源没有聚焦之外,第三个原因是咨询公司以"师爷"自居的导入方法难以让企业接受。一是因为顾问们的咨询方法是直接给出答案,而不是通过提出针对性的问题,让企业团队自己找到问题的答案。没有成功地解决组织的安全因素,中坚力量没有参与,即使有老板的大力支持,项目实施成功的可能性还是非常小;二是因为咨询方案没有预先考虑和化解掉负面效应和执行障碍,人们会根据自己的直觉判断,他们关心的是方案实施条件的欠缺,关心方案实施后可能会带来的负面作用。而这些可能的负面效应和执行障碍,咨询公司没有考虑到,而团队却非常关心。

　　咨询顾问和空降经理人往往抱有这样的幻想:我比你们更专业,我掌握了先进的理论、方法和工具,我有办法解决你们的问题,每当我提出一个方案,你们应该积极拥护才对。其实,人们总是从自己的角度来看待改善方案。如果你听到的是一片热烈拥护声,你反而要担心:这些人是不是具备应有的专业经验?总之,如果没有反对和质疑的声音,反而是不正常的:这些人要么被你电倒了,要么是怀有冷眼看你笑话的目的。

11.2 观念:破除老板心中的智障

11.2.1 简单驾驭复杂

爱因斯坦说:"停留在问题产生的知识层面,是无法解决问题的……白痴都可以让事情变得更复杂,只有智者才能让事情变得简单;事情越简化越好,但不是粗枝大叶。"

彼得·圣吉在《第五项修炼》中提出"以简驭繁的智慧",管理者要学会发现"复杂中的单纯之美"。在面对困难的挑战时,借助科学的方法和工具能看出更多隐藏的双赢解,并能更有系统地将其说明给别人了解。

高德·拉特(TOC-Theory Of Constraints,制约理论的创立者)认为,任何复杂系统都有其固有的简单性,整个系统的绩效通常总由少数因素决定,这些因素就是系统的制约因素,TOC 的运作过程中会指导管理者找出运营中的"瓶颈",由瓶颈的节奏来决定整个工作的节奏。复杂系统中必然只有极少数因素起到支配作用,必须找出那些支配系统的少数因素,并且明白这些因素和所有其他因素之间的因果关系。如图 11-5 所示,系统 A 和系统 B 哪个系统更复杂?

系统A   系统B

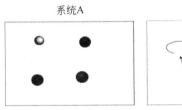

图 11-5　系统 A 和系统 B 哪个更复杂

粗看起来,系统 A 更简单,系统 B 更复杂,真实的情况是恰恰相反。系统 B 看起来复杂,其实各元素之间有明确的因果关系,在一团乱麻之中已经找到其内在固有的规律性。

稻盛和夫认为,身处复杂性之中,精明人只能在局部上不断表现出精明,资源和精力全部消耗在短期的局部的小胜利之中,而从全局和长期来看却是失败的。就像在一个因没有红绿灯而拥堵的十字路口,精明的人能敏感地发现空隙,尽可能往前钻,所有精明人在整体的低效中徒劳地追求高效,无数精明的个体不知不觉地陷入集体性的愚蠢。相反,"笨人"表面看是愚钝、低效率的,也正是由于这种愚钝和低效率,把一些多余的信息和利益诱惑自然地屏蔽了。精明人之所以忙乱、纷争、焦虑和困惑,是由于他们追求太多琐屑的价值而忘了原点的价值。一旦回到原点,回到简单的法则上,很多问题会渐渐不成问题。只有回到原点,我们才能具备把复杂事物简单化、直截了当把握本质的"高远视野"。只有远离自私利己的狭隘心胸,拥有光明磊落的利他心怀,才能拥有这种"高远视野"。

综观世界 100 年企业管理升级历史,都是围绕生产力提升而展开,生产力提升包括三个要素:第一,效益——做正确的事,先有正念;第二,效率——正确地做事,后有正法;前者是"方向"问题,后者是"方法"问题;第三,条件——创造企业内外部管理创新的软环境。

瓶颈总在最上方,老板是组织成长最大的瓶颈,老板的瓶颈又往往受制于他内心的观念。老板要学会把镜子转向自己(正心),倒掉杯中之水(破除陈见),敞开胸怀(容纳别人),多爬几座山峰(换个角度看问题),用多棱镜看世界(系统思考)。企业的转型,首先是老板自己心态和角色的转型。

11.2.2　为什么干?——从做事情到做事业的转变

稻盛和夫的经营 12 条中排在第一条的就是"明确事业的目的与意义"。树立光明正大、符合大义名分的崇高事业目的,要让全体员工与自己风雨同舟,共同奋斗,缺乏大义名分,事实上是行不通的。大义名分就是让员工觉得他的工作有如此崇高的意义,如果一点都没有的话,员工很难从内心深处产生持续努力工作的欲望。大义名分最能激发员工内心的共鸣,获取他们对企业长时间、全方位的协助;同时大义名分又给了经营者足够底气,可以堂堂正正,不受任何牵制,全身心投入经营。

老板的格局与境界取决于他追求梦想的高度,而老板的高度决定着企业的高度。

我们在预评估调研中跟 H 公司董事长座谈,说到 1995 年三一刚搬迁到长沙时,只有不到 1 亿元的销售规模,当时 H 公司也有 3 000 多万元的销售额了,16 年过去了,三一集团接近 1 000 亿元的销售额,H 公司还在 2 亿元左右徘徊。为什么同时创业起步的公司若干年后差距越拉越大呢?原因固然有很多,但其中有一个主要原因是老板做企业的目的与愿景导致企业的各种决策和政策差异很大。三一重工的愿景是:品质改变世界。创始人梁稳根当时下海创业,就是立志要创三个一流:一流的产品,一流的人才,一流的事业,梦想通过创办一家企业做管理试验,经此来证明中国人也可以创出世界级企业,改变世界对中国产品的不良印象。

很多老板走上创业之路,有些是环境所迫;有些是改变自己命运;有些是想实现财务自由。创业者是中国社会宝贵的资源,创业精神是最难能可贵的,社会的进步需要无数创业者去推动,如果创业老板能够进一步修炼成企业家,那就更是中国最稀缺的资源了。而老板与企业家之间在观念上最大的区别在于——是否有赚钱以外的理想追求。

创业解决了第一桶金,实现了自己的财务自由之后,老板们的快乐来自哪里?干企业很艰辛,干实业就更难。如果只满足于金钱带来的感官刺激和享受,如何能引领企业达成更远的目标呢?有很多老板把公司股票上市作为奋斗目标,这其实只是一个阶段性的目标,或许说是手段更恰当,远远没有解决为什么干的命题。人是要有一点精神的。要想让老板赚钱的事情(生意)变得神圣,变得更有意思和有意义,老板干企业的出发点必须神圣,这样才能吸引有神圣感的人。让企业这部"赚钱机器"具有持久的生命力,物化的公司得有精神上的"魂","魂"是什么?魂是老板在精神上有超越赚钱等物质层面的追求，有为社会为人类做出一些有意义的事情，这时老板干的事情才能变成一项值得众人跟随的事业。

老板要找到做企业的灵魂、并守住灵魂。你的灵魂是什么？耐克就是为人们的脚穿上舒服的鞋，从脚上照顾人就做到第一品牌。我为社会提供什么，对人有什么帮助？人的灵魂必须落实到对人提供有帮助的事情上来。企业是老板思想物化的结果。思想就是老板灵魂的体现。企业家有了灵魂就会人心所向，得人心才能得市场。人心所向，就是归属感和认同感。

稻盛和夫把追求员工及其家庭的幸福，作为公司的第一目标，第二目标是为了合作伙伴的员工及其家庭的幸福，第三目标是为了客户，第四目标是为了社区，第五目标才是为了股东。这个目标序列，很大程度上代表稻盛和夫究竟要在公司打造一个什么样的文化市场，这也是实行阿米巴经营最重要的一道关。公司为什么干？不妨请董事长对利益相关者——客户、股东、员工、社会、供应商等排出一个优先顺序来。

40多年来的悟道使稻盛和夫有能力让生意超越眼前的既得利益，看清躲在事实背后的真相，可以让企业家更容易避开错误、获得成功。

为什么干？其实就是解决方向问题，方向明确，你才不会在创业路上迷失。很多人一直在向"钱"奔跑，因为跑得太快，灵魂没有跟得上来，以致遭遇牢狱之灾。"80后"创业榜样李想（泡泡网和汽车之家的CEO）总结创业10年的体会：方向是创业和发展的第一个重要指标，就是你要为什么去奋斗。方向不是目标，目标有终点，而方向永远没有终点。对创业者而言，方向是非常重要的。即使我们很笨，只要坚持一个正确的方向，一直坚持，也会取得不错的成果。有了方向，目标就会更加清晰，也可以更加有效地去管理目标。

11.2.3　为谁干？——从做老板到做企业家的转变

中小企业解决了为什么干的问题，接下来就要着手考虑解决"为谁干"的问题。老板为什么干劲十足，工作就是生活，生活就是工作，没有上班与下班之分，无利不起早啊。因为老板是为自己干。当时毛泽东带领的军队与蒋介石的部队争夺天下，为啥毛泽东的队伍"南瓜汤吃个精打光，打起仗来不要命"，而蒋介石的队伍一遇到生命危险就当逃兵或投诚，反正玩命的不干。为啥？因为共产党的军队是穷人的军队，人民当家做主，号称"人民子弟兵"，军民一起为一个共同的理想而奋斗，所以一家老少全力以赴，当年淮海战役将近200万人民群众当起解放军的后勤部队，使得粟裕的50万兵力与国民党的80万兵力较量，以弱小战胜了强大。

员工有三种工作状态：一是员工以打工仔心态，为老板干。干多干少斤斤计较，老板在场，装着样子干，老板离开，忙着私活干。二是员工以老板心态，为自己干。借助老板提供的平台，积累自己的人脉资源、客户资源，练就真本事，时机成熟就另立门户与老板抢市场。三是员工以事业心态，与老板一起为共同的事业干。上下同心，同甘共苦，创出一片天地来。显然，如果能让大多数员工拥有第三种工作状态，这样的企业将具有极强的战斗力。

大多数中小企业之所以创业十几年,还是一个长不大的"小老头"。能干的员工纷纷离开:要么被竞争对手挖了墙脚,要么拉起队伍抢东家的生意。老板感叹:我这里怎么成了"黄埔军校"? 能干的人才出走,公司老是长不大,根子在哪里? 很多老板在自己创业之前,也是为别人打工,你为什么要离开? 为什么要自己创业? 将心比心就能悟出其中的道理来。你只为自己想,员工当然也只为自己想。

　　为什么老板与经理人之间的信任难以建立并巩固? 老板必须从心底里充分认识到:企业要想发展壮大,一方面,"为什么干"解决共同愿景问题,让赚钱的生意变成有意义的事业;另一方面,"为谁干"解决动力机制问题。对老板来说,一为顾客干;二为员工干。最理想的状态是要达到员工与老板一起为一个共同的理想事业干,不是谁跟谁打工的问题,而是大家都是合作伙伴,共同成就一番个人不能成就的事业。

　　例如,沃尔玛,就是发自内心的要让顾客实现方便、便宜的购物消费;雅诗兰黛就是发自内心的要让所有女人漂亮、优雅、年轻。

　　企业家是通过成就他人而成就自己,由老板的个人英雄主义到团队英雄主义,让更多的职业经理成为拥有强大内在力量、对经营成果负责的事业经理。

　　稻盛和夫用 40 年时间创建了 2 家世界 500 强企业。1959 年,稻盛和夫创立京瓷公司,当时只有 28 个人。第二年招聘了 10 个高材生—高中毕业生,他们工作了一年,突然跑到稻盛和夫那里要求改善待遇,还写下了血书,如果不能保障他们的未来,他们就辞职! 他坐下来,将心比心跟这些员工谈话。谈判持续了三天三夜,最后他把刀子往桌上一拍说:"我要用我的生命做赌注,为了大家过上好日子我会去维护好这个公司。如果我是为了自己的私心杂念而经营公司,你们可以砍死我!"

　　最后,大家总算信服了。说服了那些要辞职的人,却没有说服他自己,稻盛和夫苦思冥想了几个星期以后,终于想明白了:年轻员工是把自己的一生托付给了公司,所以公司的首要目的就是要保障员工及其家庭的幸福。我必须带头为员工谋幸福,这是我的使命!

　　能否变出 1 万个稻盛和夫? 经营目的做了调整,稻盛和夫与员工之间也就明确为一种伙伴关系。创业时 28 个人,他处处冲在第一线,是研发、制造、技术服务等的排头兵。但是公司扩展成了 100 人、200 人、300 人,他再能折腾,再阵阵不落,也忙不过来了。公司经营管理到底靠什么?

　　《西游记》给了他很大的启示。孙悟空一遇险情,就会拔出一把毫毛来吹一吹,每一个敌手跟前便都有一个孙悟空在那里对垒。稻盛和夫就想,我能不能学学孙悟空,也拔出一把毫毛来一吹,每一个业务现场都是稻盛和夫? 稻盛和夫是从一线技术攻关的排头兵起步的,在松风工业快要倒闭的时候,正是他这个排头兵,冒着当"工贼"的风险,不去参加罢工,而是一心研究新产品,结果给公司带来了滚滚订单。他明白,公司的发展,不靠高层管理的高瞻远瞩,也不靠总裁的英明果断,而是靠关键现场的员工,发奋努力把活做到极致。

　　京瓷公司的阿米巴经营,就是一种基于现场的管理会计体系。它将公司组织分为一个个"阿米巴"经营体,而各个经营体,就像是一个一个的中小企业,在保持活力的同时,以"单位时间核算"这种独特的经营指标为基础,彻底追求附加价值的最大化。

通过阿米巴经营的 3 个目的解释,明确阿米巴经营所希望建构的经营体系。阿米巴经营第一个目的是"确立与市场挂钩的部门核算制度";第二个日的是"培养具有经营者意识的人才";第三个目的是"实现全体员工共同参与经营"。

稻盛和夫的经营理念是"敬天爱人"。所谓"敬天",就是按事物的本性做事。这里的"天"是指客观规律,也就是事物的本性。他坚持将正确的事情用正确的方式贯彻到底为准则,提出了 12 条经营原则。所谓"爱人",就是按人的本性做人。这里的"爱人"就是"利他","利他"是做人的基本出发点,自利者生,利他者久。要从"利己本位"转向"利他本位",以"他人"为主体,自己是服务于他人,辅助于他人的。对于企业来说就是"利他经营",这个"他"是指客户。广义的客户包括员工、供应商、社会等利益相关者。要从"企业本位"转向"客户本位",全心全意为客户服务。一切从顾客角度考虑问题,满足顾客要求。只有为客户创造了价值,企业才能从中分享价值。

11.2.4　如何分配？——从个人驱动到组织驱动的转变

很多老板在大会小会上经常说:大家不是为我打工,我们都是合作伙伴,一起干一番事业,大家不要有打工仔的心态,这个公司不是我一个人,是大家的。很多员工却不相信,认为老板又在忽悠大家。为什么会是这样呢？

利益与权力的分配决定工作的驱动力。老板如果只给员工授予责任,责权利却不匹配,最终只能是老板一个人扮演火车头和发动机在单轮驱动,员工则是被动和应付式的,无法发挥出内在的潜能,因为只有他干的活、取得的成果与他的利益息息相关,而且有相应的财权与人事权,这个时候的员工才是"不用扬鞭自奋蹄",团队战斗力才会最大限度地爆发出来,公司才会从个人驱动转变为组织驱动,老板才能从日常事务中解脱出来,有时间和精力去考虑战略性和创新性的大事。

分配什么？分配权力、利益和责任。要学会将权力、责任、利益的制订,执行与考评权放给一线的人。阿米巴经营,就是细分核算单位,把官僚的管理者变成既讲成本又讲效益的经营者。

心里在乎得越多,就越放不开。真正能干成事的老板,就是心里不在乎事,不怕事,放得开,随时做当下最重要的事。

长期以来,理论界和企业界都把企业定义为追求利润最大化的营利性组织,这个定义值得我们反思。如果企业是为老板及其股东追求利润最大化,那员工能有神圣感吗？顾客能长期忠诚吗？以追求利润合理化取代追求利润最大化,在利益相关者(员工、顾客、股东、社会、供应商等)之间找到动态利益平衡,可能让企业更持续健康成长。为什么释迦牟尼创立的佛教存在的时间长？是因为佛教一直抱着普度众生,做对众生有帮助的事。

企业家要坚守自己的灵魂:让别人生活得更好,也就是在某些方面关照人,为人服务。如果老板没有这种长期不懈的修为,再好的方法也无法保证企业的长治久安。

战略解决如何做大蛋糕的问题,机制解决如何分配蛋糕的问题。蛋糕做不大,一切是空话;蛋糕分配不合理,没有谁会全力以赴跟你一起做大蛋糕。老板要在如何做大蛋糕之前,就要与团队一起把分配蛋糕的游戏规则制定出来,让大家清楚地知道:达成目标,我能得到什么样的利益。有些老板总是说:兄弟们,大家好好干,我不会亏待你们的。只有一句口头的承诺,没有制订白纸黑字的利益分配合约;有些虽然也做了书面的方案,但缺少不同层级的设置和足够的激励力度。

分配机制本质上是一种激励机制,要从员工薪酬机制、晋升机制和股份分享机制系统设计,既有足够的上升空间,又有竞争压力。效率优先,兼顾公平,以成果的最终贡献为衡量标准,这个时候老板是否具有利益、权力与名誉分享的理念显得尤其重要。"财聚则人散,财散则人聚",还要加一句,人聚则财聚,人聚与财聚之间的因果关系不能颠倒。

阿米巴经营模式的本质是要解决"复制企业家"的问题:一方面是"经营能力的复制";另一方面是"经营理念的复制"。二者缺一不可,尤以"理念复制"为重中之重。

中小企业的管理一般要经过三个阶段,每个阶段都体现出管理的进化论。第一个阶段是能人管理,也叫人治阶段。表现为老板通过个人的魅力和权威实施管理,老板是公司的第一业务高手,客户资源和供应商资源都掌握在老板一人手中,其他人充其量是打下手和跑腿的。第二阶段是制度管理,也叫法治阶段。表现为公司通过组织设计和岗位分工,各岗位角色拥有适度的管理责权,责权利之间的平衡是靠组织制度来约束和保证。第三阶段是文化管理,也叫无为而治阶段。表现为员工认同公司核心价值观,让员工自己激励和约束自己,没有明显的外在强制。

如果企业不能从能人管理阶段成功跨越到制度管理阶段,企业成长就会严重受阻。老板通常有两种"死法":一是被"累死";二是被"害死"。如何才能实现从能人管理到制度管理的顺利转型呢?

要实现管理方式的软着陆,这的确是一件极具挑战性的任务。随着中国经济的不断发展,中国已经具备了产生自己的企业管理理论和管理模式的土壤。然而,传统的中国式管理强调情理法,这种管理方式带有明显的人治色彩,适于创业初期的草莽阶段,靠老板的个人英雄主义打出一片天地。一旦人马和地盘扩大,老板会越来越感觉心有余而力不足,这个时候,我们非常需要借鉴西方的制度管理,因为西方管理强调法理情,也就是先立规矩,在规矩之下再通情达理。过去张之洞倡导"中学为体,西学为用",我认为要倒过来,遵循"西学为体,中学为用"才是正道。"西学为体"就是以法治制度为基石,"中学为用"就是以中国儒释道兵法等传统文化中的优秀基因为文化,西方制度,东方智慧,中西合璧。

彼得·德鲁克告诉我们如何"做企业",稻盛和夫启示我们如何"做企业家"。导致经济危机的不是经营手法的问题,而是经营哲学的问题。如果不加反省,在物欲横流的基础上继续追求金钱至上,那么由人类构筑的现代物质文明及其发动机(市场竞争机制)都将自行毁灭。多一分对大自然和神灵的敬畏,多一分对内心和良知的追问,自利则生,利他则久。改革开放使无数的中小企业快速做大,为了做得更久,应该是老板"放下屠刀,立地成佛"的时候了,即放下狭隘的"自利之心",植入"利他之心",由老板转变为企业家。

11.3　方法:瓶颈突破的管理技术

如果老板的观念解决了,老板已经深刻认识到要实现三个转变:从做事情到做事业,从做老板到做企业家,从个人驱动到组织驱动。那么,现在的问题是有什么方法推动这三个转变呢? 大道理都懂,但它们是:看起来很美,听起来很好,做起来很难。这些美好的经营理念如何落地?

上面的分析是解决老板的"知",接下来,要解决老板的"行"。知道是一回事,做到是另一回事。知道重要,做到更重要。做到就需要方法和工具的帮助,才能知行合一。

要想经营好一家企业,理念和方法二者缺一不可,而且还应该是能够经得起实践检验的正确的理念和正确的方法。强调实践检验,是因为企业经营首先是一门实践,其次才是一门理论,无法指导企业实践的理论是没有用的理论,不能够落地的理念也是没有用的理念。一个好的企业经营理念和目标是可以让全体员工共享的。然而,现实中往往并不是这样,大部分企业经营理念难以真正传递并让所有员工接受,抽象的语言员工很难理解,也并不知道该如何把老板的想法和自己的实际行动结合起来。所以,企业价值观都成为挂在墙面上的装饰品,没有为企业成长提供应有的推动力。

基于此,为了不让正确的观念成为空谈,长沙市工信委、长沙市中小企业服务中心和效果咨询公司在充分调研企业实际需求的基础上,借鉴 TOC 制约理论、麦肯锡逻辑树、方针管理、教练技术、项目管理和行动学习,结合中小企业的实际情况,集成创新了一套专门用于服务于中小工业企业实现瓶颈突破,改善业绩的简单有效的"瓶颈突破方法论",实现了理念的全面落地。

11.3.1　树逻辑观,找准瓶颈

任何系统的业绩都受制于它的制约因素,任何企业系统内的事物一定存在因果关系;从瓶颈入手,集中力量打歼灭战。

1. 运用"逻辑树",体现逻辑观

逻辑观的应用工具就是麦肯锡顾问公司最常使用的"逻辑树"。逻辑树是将问题的所有子问题分层罗列,从最高层开始,并逐步向下扩展。把一个已知问题当成树干,然后开始考虑这个问题和哪些相关问题或者子任务有关。每想到一点,就给这个问题(树干)加一个树枝,并标明这个树枝代表什么问题。一个大的树枝上还可以有小的树枝,依此类推,找出问题的所有关联项目。逻辑树主要是帮助我们厘清自己的思路,不进行重复和无关的思考。

逻辑树能保证解决问题过程的完整性,它能将工作细分为一些利于操作的部分,确定各部分的优先顺序,明确地把责任落实到个人。逻辑树是所界定的问题与议题之间的纽带,它能在解决问题的团队内达成一种共识。如图 11-6 所示。

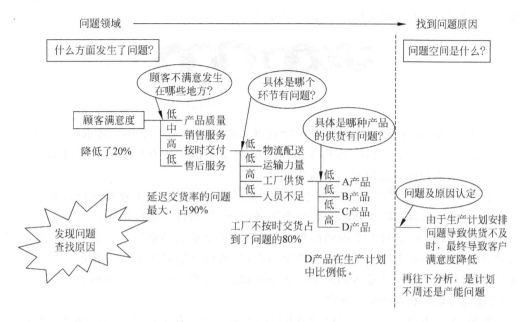

图 11-6　逻辑树

2. 用逻辑串联经验,融合理性与直觉

一个瞎子迷失在森林里,被东西绊倒了,瞎子在森林地面上摸索,发现自己跌在一个瘸子身上,瞎子与瘸子开始交谈,悲叹自己的命运。瞎子说:我已经在这个森林里徘徊很久了,因为我看不见,所以找不到出去的路。瘸子说:我也躺在森林的地上很久了,因为我站不起来,无法走出去。当他们坐着谈话的时候,瘸子突然大声叫起来,他说:我想到了,你把我背在肩上。我来告诉你往哪里走,我们联合起来就能找到走出森林的路。故事里,瞎子象征理性,瘸子象征直觉,我们要学会整合理性与直觉,才能找到走出森林的路。

有人问娃哈哈的宗庆后,"你向市场推出的新产品成功率都比较高,你是借助了专业调研公司的力量吗?",老宗回答:"我从不请市场调研公司,我每年 365 天有将近一半的时间在市场上跑,我有第六感觉,知道哪个时候适合推出什么样的新产品。"很多人以为他在吹牛,其实,这是客观存在的直觉。有丰富经验的企业家大都具有某种敏锐的直觉,他们并非全然以理性方式解决复杂问题,对于一些异样情况,他们依赖第六感,以直觉描绘出事情可能发生的方式,或在似乎不相关的事情之间找出相关性。然而,如何有效整合直觉与理性,我们需要一些专业的方法和工具,逻辑树是一个整合理性与直觉的有效工具。

3. 融合逻辑与经验,找准瓶颈

解决问题的方式选择,有 A、B、C、D 四个答案,你会选择哪一个?

A. 集中对付瓶颈因素;B. 提高所有部门效率;C. 提高非瓶颈因素效率;D. 出现问题再处理。

问题:为什么要集中对付瓶颈环节?

公司是一个系统,将系统比喻成一条由多个环组成的链条,链条中最薄弱的环节,决定着整个链条的强度,该环节就是制约系统效率的瓶颈;强化链条中其他环节,无益于系统效率的提升,除非先解决瓶颈。如图 11-7 所示。

图 11-7　链条的强度取决于最弱的一环

一条 9 个环的链条,其中 8 个环都能载重 1 000 斤,但有一个环只能承担 100 斤,否则就会断裂。A、B 两个选项,你选哪一个? A. 将这条链子所有环节的载重量都增加一倍;B. 集中精力只改善这最弱一环的载重量。

答案显而易见。继续加固链条之中九个坚固的环节对现实中我们的目标并没有什么帮助,链条中最虚弱的那环决定着整个链条的作用;而目光短浅的做法是每个环只能承担 100 斤的链条,共有十个虚弱的环节,即新增了企业的约束因素。企业降低部门剩余能力的做法,事实上增加了企业的约束因素,导致没有增强企业自身在市场上的竞争地位,且恰恰破坏了这种竞争的形势。正确的做法是:修齐补短。集中精力对付关键瓶颈,才能充分挖掘和发挥企业的潜力。

瓶颈,是指阻碍企业业务流程增加有效产出或减少库存和运营费用的环节。瓶颈可能是有形的,也可能是无形的。木桶短板原理:犹如木桶最短的一块木板决定了木桶水位的高度。同样,生产瓶颈就是生产的最短木板,从根本上限制了产能和交期。要实现业绩突破,我们必须找到制约系统整体表现的瓶颈,同时充分利用瓶颈资源,并找到系统整体绩效提升的方法。制约理论(TOC)提出实现持续改善的聚焦五步法:①识别系统制约因素;②决定如何挖尽制约因素资源;③让其他所有环节迁就上述决定;④为制约因素松绑;⑤通过以上步骤,制约因素得到解决,回头从第①步开始下一个瓶颈的突破。如图 11-8 所示。

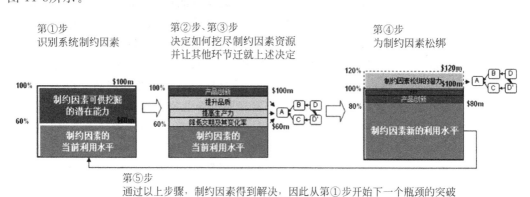

图 11-8　聚焦五步法

11.3.2　树系统观,寻求双赢解

局部改善并不意味着整体改善,局部优化不能用来做决策依据或个人行为的准则,

所有局部行动必须有益于系统整体业绩。妥协的解决方案往往不可能双赢,不是双赢的解决方案往往不可能持久,所有的问题都是冲突造成的。很多管理者大都集中在企业的每个环节、每个步骤、每个程序改善,认为只要所有环节各自能做到最好,整体会有最大改进,其实不然。

应该把企业视为一个系统,首要的就是必须准确理顺系统内各个环节间的互动关系,整个系统才能产生最大效益。否则,只是个别改进每个环节,往往事与愿违,达不到整体效果。企业要将有限资源集中到整个系统中最重要的地方——突破瓶颈,以求达到最大效益。

处理难题的关键,在于找到双赢解。也就是以一个小小的改变,去引起持续而重大的改善。但要找出双赢解不容易,因为它与问题症状之间,在时空上有一段差距。找出双赢解是一种挑战,在挑战中生命也意趣盎然。

11.3.3　树有效产出观,重构考核

有什么样的考核,员工就有什么样的行为。如果公司的考核不科学,员工的行为就会很疯狂。在成本世界里,降低运营费用(Operating Expenses,OE)第一,增加有效产出(Throughput,T)第二。但企业对市场的影响有限,导致库存成为灰色区域,需要一定的库存保障销售,可是太多的库存又会影响企业目标。在有效产出世界里,增加有效产出第一,降低库存(Inventory,I)和运营费用第二。

有效产出是指通过产品销售来获取利润的速度。只计算对系统的贡献增加,不包括原材料。有效产出(T)＝(销售价格－总变动成本)/时间,没有实现销售的成品库存不是有效产出。

系统内当前占用的资金,包括原材料库存、在制品库存、成品库存;扣除折旧后的固定资产(厂房、设备、土地等),库存是负债,而不是资产。以上资源占用资金,产生机会成本和维持库存的费用。营运费用将库存转化为有效产出所花费的钱。如图 11-9 所示。

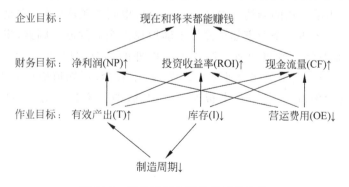

图 11-9　作业指标与财务指标的关系

而制造工厂的实际情况则是:7 道工序,平均产能 3.5 件/天,7 道工序一天内可以完成,每月(22 天)产量多少? 实际交货量＜3.5×22。原因在于,大量时间在等料加工、等待设备,最终结果是各道工序负效应的累加。以有效产出观为指导,重构考核,将产生员

工、顾客与股东三方共赢的局面,如图 11-10 所示。

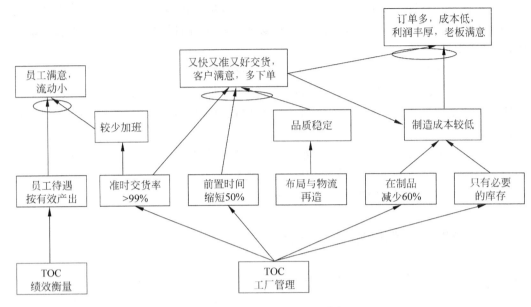

图 11-10　员工、顾客与股东共赢图

本章小结

　　管理者必须用心去彻底了解问题的发生过程和真正原因,需要花较多的时间了解问题症状背后的症结。面对企业内外问题时,因为时间紧张和资源约束,在巨大压力的围追堵截下,管理者往往凭经验和直觉对问题采取"快刀斩乱麻"的方式处理。假如总经理面对一个问题的"火苗",是应该直接消灭"火苗",还是找到引发火苗的源头呢?现实环境下,更多的是采取直接灭火策略,其实最重要的是花时间和精力找到引发火苗的源头——影响企业当前成长的制约因素(Constraint),也叫瓶颈或症结,它是制约企业无法向目标迈进的主要矛盾。企业家如果懂得正确地找出企业的制约因素,集中火力为它松绑,就可以令企业业绩大幅度改善。制约因素以外的环节,只要配合瓶颈的突破行动。不懂瓶颈概念的老板,会很紧张企业所有环节,疲于奔命,不知道应该集中和专注什么,非常辛苦而没有效果,这正是很多老板遇到的困惑,他们不是不努力,只是努力却没有成效。

思考问题

　　1. 如何识别瓶颈?
　　2. 团队怎样才能达成共识?
　　3. 瓶颈突破的关键要素是什么?

本章案例

如何通过系统观找到双赢解？

S 公司面临的挑战性问题在于：2008 年 11 月，产品销量从每月 15 000 台下降至每月销量只有 3 000 台；全年累计亏损 7 000 万元，账面现金流几乎枯竭，已经无法给供应商支付货款。

董事长给团队下达的目标是：产品销售必须提升 50%，实现利润 3 000 万元。

兵马未动，粮草先行。

好在 S 公司自 2008 年 8 月已经导入 TOC 改善项目，准交率有较大幅度的提升，为营销业绩的突破准备了坚实的生产交付条件。

调研发现，S 公司的目标市场有两个：一是整车市场；二是零配件维修市场。要提升公司业绩，得从整车市场和零配件市场分别寻找突破口。

首先，分析零配件市场。客户是各地经销商，从挖掘客户痛苦入手。

经销商的痛苦主要有三点：一是库存居高不下；二是价格竞争激烈；三是畅销品缺货。

如何解决经销商的三大痛苦呢？

团队经过数天的头脑风暴，创意策划出 S 公司的"黑手党提案"：目标是让经销商的配件销售挣到预期的钱，手段是三剑齐下，剑锋直指市场三大软肋：①滞销品退货；②缺货赔钱；③区域独家代理。

其次，剖析整车市场。思路还是从挖掘客户痛苦作为思考的起点，整车市场的目标客户是以通达客车为代表的整车厂商，客户的痛苦是什么呢？

通过与通达客车各阶层人士进行一对一深度访谈与焦点小组座谈，发现客户面临着核心冲突带来的痛苦，如图 11-11 所示。当通达公司盈利变差时，公司就会施加更大的压力要求采购部降低采购价格，采购部迫于压力倾向于优先考虑报价低的供应商；此时，采购部面临两种压力：一是去选择品质、成本与交期（QDS）稳定可靠但价格偏高的供应商；二是去选择品质、成本与交期（QDS）次之但价格较低的供应商。而 A 产品是客车的核心部件，品质至关重要，整车的采购成本 80% 由供应商决定。于是，通达公司陷入两难选择的痛苦之中：一是通达必须满足客户品质和交期需求才能获得发展；二是通达必须盈利，而盈利的必要条件就是控制采购成本。

品质优先还是价格优先？这是一个问题，好像两条路都走不通，这是让客户头痛得无法安睡的难题。当然，要是你能解决客户难以安睡的难题，获得客户的"瓷器活"——大批量订单就不是问题，可是你得有"金刚钻"！

先甭管有没有"金刚钻"，先来理性地分析一下品质还是价格导向两种思路可能带来的后果。咱们先做一个假设：以降低采购成本的价格导向为手段，看能否改善通达公司的盈利率？降低采购成本大致有以下三条途径：

① 集中采购，规模效应带来成本降低。负面效应是 A 产品供应商过于集中，A 产品品种过多，对整车通用化和底盘布置带来不利影响，资源安全风险大。

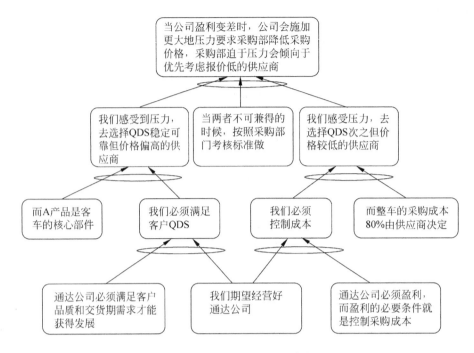

图 11-11　通达公司的核心冲突图

②购买价格较便宜的变速箱。负面效应是便宜的变速箱常常质量不可靠,且交付周期长,中型变速箱不能满足通达车高可靠性要求。

③通达自建网络。负面效应是目前通达的服务网络覆盖面不够,服务备件和服务的不及时造成停运损失。

因价格导向可能导致品质、成本、交期与安全(QCDS)的全面下降,由此带来通达公司市场竞争力下降,订单减少,又会让通达盈利能力下降;当通达公司盈利变差时,公司会施加更大的压力要求采购部降低采购价格,采购部门迫于压力会倾向于优先考虑价格低的供应商或总是采取能降低采购成本的行动,这样推演下去,其后果简直不敢想象,可以肯定的是这样必将进入一种恶性循环之中,如图 11-12 所示。

既然以降低采购成本为手段的价格导向思路行不通,那么品质导向的思路能走通吗?

兄弟,先别太悲观,咱们换个思路谈谈,或许柳暗花明又一村,这里的解决思路有三点:

①总是优先满足客户最关键的需求;

②确保有效产出(T)的增长>运营费用(OE)的增长;

③对采购部 KPI 考核的重点不是降低采购成本,而是获取更多的有效产出(T)。

换位思考,客户最关键的需求是什么呢?

以通达公司为例,它真正追求的是有效产出(T)的增长,接下来的问题就转换成:我们如何才能帮助客户提高有效产出?

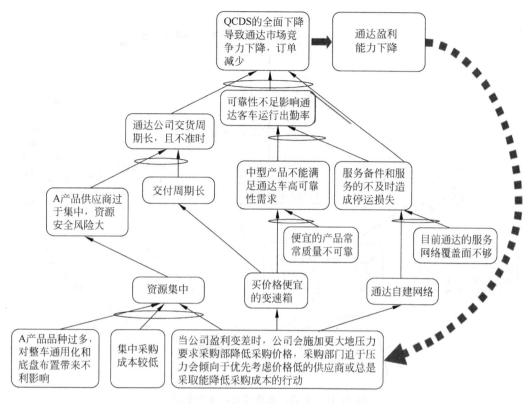

图 11-12　价格导向的负面效应

通达公司有效产出(T)增长的解决方案,如图 11-13 所示。

① 对通达公司建立拉式补货的 0 天供应系统,上线结算,要货有货,库存归我;

② S 公司与通达联合启动通达专项质量改善项目;

这两项改善工作的直接产出是让通达拥有客车市场的核心竞争优势——快速交货。

③ S 公司发动 1 500 个二级代理与通达联合促销通达中型客车;

④ S 公司发动 1 500 个二级代理作为通达的准 2S 服务站,为通达客车提供 2 小时零件到现场的维修服务。

利剑出鞘,四招环环相扣,一起推动通达公司订单大幅度增长,由此带来公司盈利能力大幅度提高的可喜局面。

思路看起来相当棒,难道真的有传说中的"鱼和熊掌可以得兼"的双赢解决方案吗?

双赢,这是大家的理想,但理想能照进现实吗?

不错,上面谈的还只是解决方向,如果你认同,咱们就接着往下分解。

为解决目标市场的核心冲突——品质、价格与交期的矛盾,匹配客户有效产出增长方案的成功实施,S 公司内部必须要做出哪些改变呢? 如图 11-14 所示。

要做沙盘推演,把方案执行后可能带来的负面效应与执行障碍彻底想透,并预先布局(项目实施计划中要有预案准备),这样才能实现好策划让执行变得容易。

高手下棋,走一步看三步。

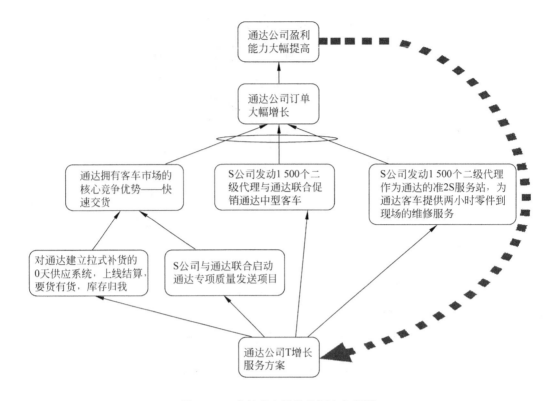

图 11-13　有效产出增长的解决方案图

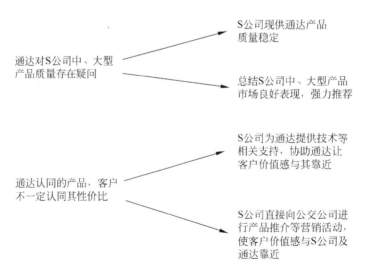

图 11-14　S公司内部改变活动

做营销,你永远要为客户多想两步,争取多做一步。

针对客户的客户——公交公司终端拉动策略

①S公司对产品的技术特点和性能特性更为熟悉,可以给客户传递更加准确和有说服力的信息,促进客户点装,提升S公司产品在通达公司的占有率。

②S公司与公交公司沟通,有助于客户价值感与通达公司价值感的统一,使通达公司销售更加顺畅,也为S公司成为通达战略供应商打下基础。

③有针对性地选择二级城市公交公司,瞄准关键人物设计促销策略,并进退有余(胜可进行有效复制推广,败则只牺牲一隅区隔市场,并无太大负面影响)。

④在与公交公司的沟通中,S公司可直接听取客户诉求,成为客车产品开发与性能提升的输入。

在利益相关者之间,我们都应去努力探求双赢解决方案,力争实现与客户双赢、与员工双赢、与股东双赢、与供应商双赢、与政府双赢。双赢之前首先是个体赢,什么是赢?赢就是需求得到了满足,双赢就是双方需求都得到了满足。既然赢就是需求得到满足,所以识别双方需求就成了首要课题。找到一个既满足客户需求又满足自身需求的解决方案,我们就能建立一种核心竞争优势——让客户无法拒绝、让对手难以模仿,让企业容易执行。

创业辅导方法论

企业家要有很高的情商,要能容人能让利;情商跟建立企业文化也有关系,一家企业最后能不能站稳脚跟,企业文化是最难的,而且是最重要的一环。

——联想创始人　柳传志

学习目的

1. 了解麦肯锡七步成诗法。
2. 掌握创业辅导天龙八部。
3. 掌握问题解决的逻辑方法。

引　言

麦肯锡解决问题七步法

第一步:问题描述

1. 明确企业要解决的基本问题
2. 具体的、有内容的描述问题
3. 清楚列示问题涉及的各方面信息

第二步:问题的分解

1. 为何要进行分解
a. 分解是提出假设的基础:提出假设,搜集资料,分析论证假设,完成咨询报告。
b. 厘清思路:分解区分,设置优先顺序。
2. 问题分解的原则
a. 内容是不是全面充分?
b. 分解后的要素是不是相互独立?
3. 问题分解的方法
a. 不断提出假设,不断进行修正。
b. 寻宝游戏,探寻产生问题的深层次原因:追根溯源,多问几个为什么。
c. 使用树状图分解描述问题:

鱼骨图:原因分析,从问题开始逐步分解,使用推理假设逻辑树解决问题,树的结束点即是原因;

问题图:假设判断,提出假设,寻找论据,证明或否决;

逻辑图:判断相关原因,提出可用"是"或"否"回答之问题,按逻辑排序,找出相关事实,形成各种选择。

4. 对问题的各种因素取舍分析

a. 用 20/80 法则发现关键驱动因素。

b. 不断进行头脑风暴法(Brainstorming)。

第三步：问题的规划

1. 规划中应清楚列示的环节

a. 问题的描述。

b. 问题的假设。

c. 问题的分析。

d. 分析问题所要的资料来源。

e. 对问题各部分的分工和计划。

f. 最终提交的报告。

2. 制订相应的行动计划

第四步：信息的整理

1. 资料的编辑检验

a. 检查资料完整性：分析来源，交叉核对。

b. 核实记录的描述的清晰性。

c. 排除或改正错误。

d. 确认符合资料收集的统一格式。

2. 资料整理分类

a. 按时间分类。表明趋势变化速度，随机和周期性波动。

b. 按部门分类。检查各部门存在问题以及各部门间的联系。

c. 按责任分类。判断具体问题的责任承担。

d. 按结构/过程分类。确定局部变革如何影响整体，对具全局影响的个别单位采取行动。

e. 按影响因素分类。考察影响问题各因素间的关系。

第五步：分析和论证

1. 分析论证的原则

a. 以假设为前提，事实为依据，结构化论证。

b. 尽可能简化分析。

c. 要充分利用团队力量。

d. 对困难要有心理准备。

e. 不要害怕创新。

2. 分析论证的方法

a. 因果分析：不要把问题的结果当成原因，寻找主要原因，一果多因与一因多果。

b. 比例分析：分析因素间存在定性关系，此关系可用比例度量，必须与标准或已知情况比较。

　　c. 标杆比较：确定进行标杆比较的问题，寻找最佳等级的竞争对手，收集标杆数据，比较分析自身与标杆企业的差距，制定缩小差距的方案。

　　d. 趋势分析：关注发展趋势，未来不是过去趋势的延伸，用德尔菲法。

　　e. 模型分析：体现咨询公司实力和特色，以大量知识和项目经验为基础，专有的、差别化的分析方法。

第六步：建议的提出

　　1. 总结问题分析的结果

　　2. 根据结果建立论点

　　按照结构化方式组织论点。

　　3. 推出解决方案的建议

　　针对问题的关键因素制定行动方案。

第七步：方案的表达

　　使用大量的图表清楚生动的表达

　　1. 对问题进行描述——描述问题的性质与内容

　　a. 历史对比图。

　　b. 柱状图。

　　c. 饼状图。

　　d. 散点图。

　　2. 问题分解过程中——描述导致问题的各种原因

　　a. 树状图。

　　b. 鱼骨图。

　　3. 问题分解之后——进一步分析不同因素间的相对重要性，判断哪些是解决问题的关键因素

　　4. 问题的分析论述——用一些模型图说明问题

　　本章的内容结构图如图 12-1 所示。

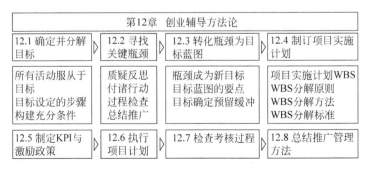

图 12-1　本章的内容结构图

创业辅导就是要用逻辑的结构化方法，帮助创业者厘清条绪，解决问题，达成目标。根据创业辅导的实践探索，我们总结出"创业辅导天龙八部"，具体内容如下。

12.1　确定并分解目标

12.1.1　所有活动服从于目标

企业的运作是一个整体系统，部门目标必须服从企业整体目标；在设定完企业目标以后，应该重新评价企业一切活动在多大程度上促进或者妨碍了目标的实现；企业所有活动都应该围绕企业目标进行，与企业目标无关的活动应尽量减少或禁止。

很多目标可能是矛盾的，这需要企业家一方面抓大放小，另一方面明白一个道理：任何事情只有为自己干时才能激发潜能。确定企业目标，源于主要利益相关者的需求，具体来说，一是基于企业家和股东的期望，二是基于员工的需求，三是基于客户的需求，四是基于竞争的压力，五是基于企业自身的资源条件等进行合理构建。

目标确认是通过年度经营目标、企业战略目标与现状的对比来寻求。年度目标分解由几个分项业务目标的实现所构成。为此，目标达成应该有可量化的指标来衡量。如对目标混淆甚至目标设定错误，企业就很难在短时间内实现瓶颈突破。所谓合理目标，既要具备挑战性，又要具备可行性。教练在辅导过程中发现，个别企业为了获得较好的成绩，有意识地把目标调低到轻易达成的状态，这样的结果将导致企业经营中的瓶颈很容易被表象所屏蔽，好像企业样样都好，违背了创业辅导的初衷。

我们很欣赏泰嘉新材的方鸿董事长为了企业的长远利益，为自己定下极具挑战性的目标——突破中高端产品研发瓶颈，即使遇到教练和专家不理解的情况下，仍然坚持向长期困扰的难题挑战，最终实现质的飞跃，极大地激发了团队的信心，为未来发展奠定了坚实的产品基础。企业不要为了在擂台赛中获胜而设置目标，而应该是基于企业发展的需要，因为不是做给别人看，而是做给自己用的。

12.1.2　目标设定的步骤

只有明确目标，才能明确何去，才能落实何从，才能产生行动。那么，如何才能确定出合理的目标呢？参赛企业的成功经验告诉我们，目标设定可分三步走。

第一步：大胆假设。结合过去完成与未来预期，制定一个挑战性目标。

第二步：小心求证。根据近三年目标达成情况修正大胆假设的目标，或根据自身的要素资源来判断目标的可达成性，以此来优化目标。

第三步：标杆参照。将优化后的目标与主要竞争对手的目标和发展趋势进行对比，再一次优化目标。

通过上下左右的反复沟通和数据测算，综合考虑企业的过去、现在与未来，全面判断企业内外部环境的机会与威胁、优势与劣势，不要沿袭老板用权威将目标压给团队的做法,"理解的要接受,不理解的也要接受",依靠强制分配目标,而没有转化为团队发自内心的认同,在实际执行过程中就会大打折扣。宁愿在商讨目标时,多花一些时间,执行就会更加坚决,先慢后快。目标设定不要 100%,要留有缓冲余地。因为目标是用来挑战的,也是用来达成和激励的。要让团队跳起来,能摘到树上的果子,分享到胜利的喜悦,才能激励团队更好地前行。

12.1.3 构建充分条件

小心围绕目标的达成,构建充分条件。充分条件可以按达成目标的资源条件或价值链、工作流程的逻辑顺序来进行构建,再将每项充分条件作为分项目标进行分解。在构建充分条件时应考虑不重复、无遗漏的原则。充分条件构建"充分"。目标能否实现,关键在于充分条件配置能否到位。某参赛企业的方案定案时,80%的目标寄希望于一个政府大项目的招标成功,显然有点像赌徒下大赌注一样,风险太大,教练建议将大项目分解为四个小项目,一次大招标分成四次小招标,分阶段控制风险,不可将鸡蛋放在一个篮子里。

在确定目标三部曲中,第一步大胆假设后,进入第二步小心求证阶段,我们有两条路径来求证。第一条路径是根据要素资源来判断,要实现这个目标,核实在人、财、物等要素上是否能支撑目标的达成;第二条路径是通过价值链分析来构建目标达成的充分条件。从市场开始(定义客户)、订单的获取(销售)、适应性开发、供应链(采购、生产、物流)与服务等主价值活动,以及人力资源、财务、信息技术等辅价值活动,按优先顺序展开讨论,看充分条件是否具备。在构建价值链充分条件时,牢记以下三个要点。

第一,目标与现状的差距。价值链分析能较好地了解实现目标的充分条件,尤其是对主价值活动的分析,跨职能团队一起就主价值活动的目标与现状之间的差距进行对照,只有比较才有鉴别。

第二,用客观真实数据说话。不凭印象,也不凭谁的地位高,更不凭谁的声音响亮,一切以数据说话,数据面前人人平等,避免很多无谓的争吵和意气用事。擂台赛中,发现很多中小企业的基础数据严重缺乏,平时财务只起到了记账的会计作用,远远没有发挥管理会计的效用,这是中小企业尤其需要补课的地方,在整个公司上下培养起用数据说话的管理习惯,让所有员工养成数字化思维,从定性逐渐走向定量管理,提高决策的科学性。

第三,设定科学的衡量指标。所谓科学,就是该指标能有效地衡量价值活动的贡献率或投入产出率。例如,从价值链职能层面来分析指标的设定,可以有很多不同的指标来衡量,需要企业根据数据的可获得性和企业生命周期的不同阶段来选择。具体指标如下。

① 研发指标:新产品数量,专利数量,新产品产销率,新产品占销售收入的比例,新产品利润率,标准化程度,新产品研发周期。

② 采购指标:准时交货率,合格率,费用降低率,成本降低率,库存周转率,库存产品损失率,合格供应商的采购率,供应商合格率。

③ 生产指标:准时交货率,产品合格率,设备稼动率,劳动生产率,安全事故的次数,废品率,质量等级品率,生产周期,质量损失,制造费用率,万元产值综合能耗,材料利用率,返工率,在制品数量控制。

④ 销售指标:资金回笼率,同比与环比增长率,销售收入,销售利润,销售费用比率,销售税收,广告投入,平均单价,市场占有率,市场开发数量,顾客满意度,顾客投诉率。

从公司整体层面来看,公司级的目标是:现在和将来都能赚钱。那么,公司级的指标可以分三类。一是财务指标:净利润(NP),投资收益率(ROI),现金流量(CF);二是运营目标:产销率(T),库存(I),运行费(OE);三是竞争力指标:质量(Q),交付(D),成本(C)。

指标要有公式,并可验证。例如,车次索赔率:抱怨索赔台数/销售台数,赔款金额/销售收入,转换成相对值;合格率:内部控制质量;成本指标:现金周转率,制造费用,营销费用,采用相对值来衡量,同期成本费用/同期销售额。

指标的设定是用来发现异常的。为什么节约? 为什么超过? 管理者是管趋势的,原因是什么? 设目标干啥? 根据趋势发现异常。

让团队对目标达成共识,这是第一个共识,也是一切工作的起点。

12.2　寻找关键瓶颈

任何一个现实的系统至少存在一个约束,比如制造资源对此别无选择,要么你管理约束,要么约束"管理"你。不管约束是否被认知和管理,它都将影响系统的产出。传统管理的误区在于:企业中每一环节的改善都有助于系统的改善;整个系统的改善等于各环节改善之和;评价"环"的指标:环的粗细或重量;结果:各环节同时要求更多的资源,实现局部最优化。

大多数环节的改善无助于整个系统的改善;系统的改善并不是各环节改善之和;系统的有效产出决定于资源链上的薄弱环节。从全局考虑,关注并改善瓶颈资源;企业的目标只有一个:现在和将来都赚钱。瓶颈识别,可以通过现阶段达成的数据与目标数值之间的差距对比来确认。已经实现数字化管理的企业可以通过逻辑方法快速确认瓶颈所在。认为自身到处都是瓶颈,各个环节都需要改善,是不符合瓶颈确认原则的。

在构建充分条件以分解目标的阶段,用数据说话对比目标与现状之间差距最大的环节就是瓶颈。使用瓶颈识别工具,围绕企业目标按照价值链分析最大短板,使用数据和事实进行判断,而不是经验和权威进行判断——数据和事实本身是共识的基础。

让团队对制约目标的瓶颈达成共识,这是第二个共识。

12.3　转化瓶颈为目标蓝图

12.3.1　瓶颈成为新目标

准确识别制约目标达成的瓶颈后,此时,瓶颈成为新一轮的目标。跨职能团队就要把瓶颈当作公司当前需要全力以赴攻克的难题,为其绘制目标蓝图,让团队对突破瓶颈目标达成共识。明确了瓶颈后,通过目标蓝图构建目标达成的充分条件,通过现状数据和未来努力程度验证目标的可达成程度,使公司上下形成共同奋斗目标。

例如,兴嘉生物公司在瓶颈识别阶段,通过价值链分析,发现制约当前目标达成的瓶颈是营销,此时,利用营销逻辑树来构建目标蓝图,纵向分解到底,横向分解到边,让团队学习与研讨,从而有了明确的逻辑性和条理性。

12.3.2 制定目标蓝图的三个要点

(1) 严格按照营销逻辑树或供应链逻辑树,从上到下、从左到右的逻辑顺序展开研讨;

(2) 目标要量化,不能量化的要标准化,且目标设置要留有缓冲。例如,南方搏云把生产交付作为瓶颈,那么,把目标由"完成率"调整为"准交率",目标蓝图从生产准交率开始,落到价值链上,价值链各环节都要明确目标和实际的对比,找到差距最大的瓶颈工序;

(3) 工作流程深入到三四层次分解的要点力求清楚明白。以工作流程为顺序从订单管理开始分析,明确第四层次要点,并在瓶颈工序上加以工具辅助(标准配置表)。

按照价值链和工作流程梳理充分条件,公司上下对行动的先后次序和重要程度能够达成高度共识。跨职能团队作为行动的主体贡献智慧于行动方案之中,做到了自己制作方案自己执行,共识就会转化为行动的动力,就可以发挥共识的巨大威力。有一家参赛企业的董事长感慨地说:"过去,与副总如何展开营销争论不休;现在,按照营销瓶颈突破逻辑树,大家一切从销售收入提升的目标开始,落实到潜在客户向目标客户转化,目标客户向成交客户转化,成交客户向 VIP 客户转化、VIP 客户向忠诚客户转化的营销价值链上,不再为如何开展营销工作喋喋不休,方向一致,团队力量就充分地发挥出来了。"

12.3.3 目标确定预留"缓冲"

一切从目标出发,所有资源都围绕目标来配置,而目标不仅是用来挑战的,而且也是用来激励的。目标设置不仅要有挑战性,更要有可实现性,而目标实现又受制于不确定的外部环境,因此,目标设定要预留缓冲,考虑到影响目标达成的人力不可控制的变数,可设定三级目标:保守的必保目标,务实的争取目标,理想的挑战目标。不同级别的目标达成,设计不同等级的激励政策。

让团队对目标蓝图达成共识,这是第三个共识。

12.4 制订项目实施计划

12.4.1 项目实施计划(WBS)

完善的计划(P)可以使交付(D)、成本(C)、行动(A)有效率地进行。计划不能只停留在自己的脑子里,计划不但是为了自己,也是为了相关人员能够确认行动而制订出的书面计划,将计划具体化、可视化是十分重要。把目标蓝图 90 度倒转过来,按照项目管理中的工作任务分解法(WBS),在 Excel 表格中逐项填写。项目实施计划(WBS)按照"目标→任务→工作→活动"展开。

12.4.2 WBS 分解的原则

一是横向到边。即百分百原则,指 WBS 分解不能出现漏项,也不能包含不在项目范围之内的任何产品或活动;二是纵向到底。指 WBS 分解要足够细,以满足任务分配、检测及控制的目的。

12.4.3 WBS 分解的方法

从上到下与从下到上的充分沟通。

1. 自上而下的方法

从项目的目标开始,逐级分解项目工作,直到参与者满意地认为项目工作已经充分地得到定义。该方法由于可以将项目工作定义在适当的细节水平,对于项目工期、成本和资源需求的估计可以比较准确。

2. 自下而上的方法

从详细的任务开始,将识别和认可的项目任务逐级归类到上一层次,直到达到项目的目标。

12.4.4 WBS 分解的标准

WBS 分解的标准:分解后的活动结构清晰;逻辑上形成一个大的活动;集成了所有的关键因素;包含临时的里程碑和监控点;所有活动全部定义清楚;学会分解任务,只有将任务分解得足够细,才能心里有数,您才能有条不紊地工作,才能统筹安排时间表。实施计划就是明确工作的目的,优先顺序,整理实施项目;在把握工作目的、期限等 5W2H 信息的基础上,做业务计划;针对问题和目标考虑对策,并反映到计划中。要时刻注意要求解决的问题为什么会发生?考虑问题时要重复 5 次"为什么";考虑好优先顺序(根据重要性与紧急性),采取有效手段及合理的作业顺序;确认计划达到目标的可行性,跨职能团队之间要反复研讨。

让团队对实施计划达成共识,这是第四个共识。

12.5 制定 KPI 与激励政策

从宏观层面看,政府对企业管理升级出台奖励政策,以杠杆效应撬动众多中小企业积极参赛。从微观层面看,企业对参与瓶颈突破的跨职能团队设置了有力的激励政策,以正激励为主,以负激励为辅,极大地调动了团队成员挑战目标的精神。

激励政策及时"兑现"。激励政策不仅仅要有力度,而且要兑现及时。有些企业的激励政策设计思路是"既要马儿不吃草,又要马儿跑得快",自然挫伤了团队的积极性;有些企业平时只发基本工资,奖励要等到年终才发,平时团队就缺少活力。此次擂台赛很多企业在教练的指导下,一改传统的做法,一是额外设定瓶颈突破专项奖金;二是改到年终才发奖为月度及时兑现奖励,极大地激发了团队的战斗力,从而创造了惊人的业绩。

12.6 执行项目计划

按照项目实施计划严格执行,经常有意识地回想工作目的,并且推进工作;随时保持与相关部门的沟通;根据需要,中途向上司报告进展情况;如果情况有变,应重新讨论计划。

1. 全力的资源支持

老板的支持至少体现在两个方面:一是老板全程的亲自参与,尤其是在集中营期间。如果老板不参加集训营,只派团队前往,再由团队做培训的"二道贩子",将对理论、方法与工具的应用与落地带来极大的负面影响,大大地延缓改善的进程;相反,如果老板排除干扰,推掉其他事务,用心参加集训营,将有利于团队尽快达成共识,推动改善活动前行。例如,神力胶水的袁宏伟董事长年近60,本来抱着应付一下政府的号召——让女儿到海选现场打了转,给政府交个差,没想到女儿在海选环节面试与填表过程中就感受深刻,于是决定亲自带领女儿(刚提升为总经理)和营销总监参加集中训练。学习中,坐在离老师最近的位子,边听边做笔记,课后与教练及团队热烈讨论。晚上更是通宵达旦,结合老师所讲的理论与方法,不顾休息亲自操刀起草公司的改善方案。虽然,老爷子习惯于自己动手,不善于调动团队的习惯,我们在此要给以善意的提醒——董事长一定要学会扮演教练角色,让团队多动手,成就团队才能成就组织的事业。但董事长投入的状态不仅感染了团队成员,而且还感染了在场的领导、教练与其他参赛企业。这正是:董事长御驾亲征,核心团队用心投入。二是在方案策划与执行过程中,遇到任何需要与挑战时,老板能积极的调集全公司以及外部供应商、客户、银行与政府等关键的人、财、物资源,能做到"要枪给枪,要人给人",一切都服务和服从于瓶颈突破的中心工作。泰嘉新材的方鸿董事长正是以这种气魄整合所有力量,全力以赴帮助团队突破长期制约公司的高端产品研发瓶颈。

2. 全程的紧盯不懈

领导人的眼光与决心,是变革的条件;领导团队的强势作风与紧盯不懈,这是变革成功的关键。万事开头难,变革开始之初,因为原有的思维方式与习惯都需要做改变,且大大地增加了日常的工作量,加上还涉及权责利的重新分配,阻力是肯定的,如果没有老板的紧盯不懈,变革活动极有可能停滞不前。这时,管理学上的打靶原理可以给我们有益的启示。打靶有两种人,一种从早上开始瞄靶心,然后在那一直不停瞄,说我要打那个靶心,结果从早上瞄到晚上也没有开一枪,而且说:"哎呀,天黑了,明天再开枪吧!"另一种人刚好相反,他早上 9 点半先开第一枪,打离靶心远了点地位置。然后早上 10 点半又开了第二枪,离圆心近了点,但是有点偏西,便要往东边修正。12 点又打第二枪,正中靶心。这说明了一个道理,也就是邓小平提出的"摸着石头过河",因为所有的人对未来都是未知的,没有人知道将来会发生什么,我们要改变,只有先采取行动,之后慢慢修正,最后达到目标。

3. 点评分享会

每月在辅导结束后,于次月统一召开集中讲评会,总结不足,交流经验,围绕结果优化推进方案和方法。在定案工作结束后的集中点评会,主要宣布方案制定与定案阶段优秀方案并作简要说明;在方案执行阶段,通过执行效果显著的参赛企业代表分享成功的经验,让参赛企业互相交流心得体会,激发企业之间互相比、学、赶、帮、超;然后是督导情况通报——企业执行与教练辅导过程中的成功做法总结,存在问题分析与改善建议;最后由教练组专家点评方案策划与执行中的共性问题,并提出改善建议。

12.7　检查考核执行过程

C(Check),检查是否达到目标? 要进行评价与反省;没有达到预期目标时要调查原因。

1. 对结果负责:使我们痛苦的,必使我们强大

多数时候,我们往往会碰到一些看似不可能完成,甚至你认为不合理的任务都会降临在你的头上,而公司正等待着你的结果。这时,你自然的反应可能是反感、排斥、质疑⋯⋯因为当你被要求完成这项任务,并被要求提供结果时,就意味着你正在承担一种责任。所有的人在本性中,都有一个自然的倾向,就是逃避责任。但所有的人要进步就必须通过责任的磨炼,所有成功的执行人才,就是那些对自己有责任感的人。如果责任来临时,请负起责任。千万别逃避,要对自己负责。请记住,使我们痛苦的,必使我们强大! 对结果负责,对自己负责,等待你的才会是成功!

例如,三星开发笔记本电脑要比索尼晚得多。但是现在三星的新产品活力十足,新产品不断,而索尼新产品却是"千呼万唤始出来"。当年,索尼笔记本电脑因为设计精巧而在市场上很畅销。三星为了与索尼的经典产品一比高下,决心开发出比索尼 Vaio 更轻更薄的新款笔记本电脑。于是,三星高层要求研发人员按照比索尼同类产品"至少薄 1 厘米"的高标准来努力。这在当时看来几乎是一个不可能完成的任务,但是三星研发人员经过 8 次反复实验与提高,最终实现了目标。当时主攻技术创新的陈大济(2003 年 3 月被任命为韩国信息通信部部长),带领研发团队接手这项艰巨任务。当初,正值全球经济不景气,其他企业纷纷减缩研发经费,而陈大济和研发人员们却勇敢地承担起责任,并没有因为"这是不可能完成的任务"而放弃努力。因为他们知道,如果实现不了比索尼产品"至少薄 1 厘米"的结果,三星笔记本电脑就超不过索尼,就没有三星的强大! 对结果负责,对公司的责任感,让三星研发人员不断克服技术难题,成功地实现了在别人看来不可能实现的结果。当戴尔看到三星产品后大吃一惊,赶紧派人到三星采购。为此,三星还顺利从戴尔手中得到了 160 亿美元的采购合约,使三星一下成为全球高端笔记本最大的企业之一。

2. 创造短期业绩,及时论功行赏

魔鬼和天使都是在过程中出现,尽管计划到位可能使执行变得容易些,但突破瓶颈的过程一定是异常艰辛的,需要团队排除万难去争取胜利。奉行"海豚哲学"有利于团队始终保持高昂的斗志。训练师训练海豚表演时,他们会拿一个圈教海豚跳过来。他只要做一个动作,吹个口哨,海豚就跳过去了。海豚从圈子一跳过去,训练师就会抓一条鱼,啪的一声扔过去,海豚一下就把它接起来。当海豚有了表现就立刻给予肯定和奖赏。没多久,训练师拿两个圈,给海豚打个招呼,海豚跳过去,再跳回去。因为海豚明白,这次是两条鱼,所以训练师马上就甩过去两条鱼。海豚哲学启示:只要有表现就要及时奖赏。当员工达成某项目标后,如果不加以奖励,那员工工作积极性是要打折扣的。

3. 管理变服务,顾客掌握考核权

销售、生产和采购等业务一线都有明确的数据化考核指标,而人力资源、财务和办公室等二线则缺少数据化指标,前线与后台又相互影响,很多员工觉得不公平,如何解决这个考核不平衡问题?

企业只有两种部门:一是直接创造价值的部门;二是为创造价值的部门提供服务的部门。导入内部顾客概念,改变传统考核方式,下一道工序是你的顾客,各部门互为顾客关系,即每个部门都有明确的服务对象——内部顾客,变管理为服务,即为谁服务,就由谁考核。例如,为研发部服务的,由研发部打分;为生产部服务的,由生产部打分;为销售部服务的,由销售部打分,例如,打分权重比例在内部顾客与服务部门上司之间分配,具体比例由企业根据内部顾客服务文化发展阶段不同确定。随着内部顾客理念越深入,服务对象的考核权重越大,直接上司考核越小。无记名打分,淘汰最后一名。考核指标能够数据化的务必形成数字标准,不能够数字化的就要标准化。

绩效考核有三个要点:第一是确定考核指标,第二是确定评价办法,第三是考核兑现。考核指标让自己部门设定,因为只有他们自己才知道自己要做什么,什么重要。指标不要太复杂,最多不要超过五项,例如,销售部考核销售额、销售费用率、开发新客户和客户流失率;仓库考核由资金周转率改为库存周转数。

12.8　总结推广管理方法

这一阶段属于修正、总结与标准化推广,这是 PDCA 工作循环中的 A(Action),主要工作在于,一是考虑更好的应对策略,并使之贯彻执行;二是汇报实施情况和评估结果报告给上司及相关人员;三是评价结果要反映到下次计划中,以期改善,防止同样错误再次发生;四是固化实施方案和专题成果,以期在更大范围推广应用。将成功的经验与方法,作为机制和流程固化下来。这样即使负责的人变了,也能够保证达到同样的成果。将好

的机制积极地横向展开,好的机制是和组织整体的水平提高相挂钩的。巩固成功的机制,保证标准的水平持续提高。

本章小结

　　创业过程面临各种问题,创业辅导就是帮助创业者掌握解决问题的逻辑。一是确定并分解目标,目标设定分三步走:大胆假设,小心求证,标杆参照。围绕目标的达成,构建充分条件,在构建价值链充分条件时,牢记三个要点:一是目标与现状的差距,用客观真实数据说话,设定科学的衡量指标;二是寻找关键瓶颈,用数据说话,对比目标与现状之间差距最大的环节就是瓶颈;三是转化瓶颈为目标蓝图,制定目标蓝图的三个要点:严格按照营销逻辑树或供应链逻辑树,从上到下、从左到右的逻辑顺序展开研讨,目标要量化,不能量化的要标准化,且目标设置要留有缓冲,工作流程深入到三四层次分解的要点力求清楚明白,目标确定预留"缓冲";四是制订项目实施计划,项目实施计划(WBS)按照"目标→任务→工作→活动"展开;五是制定 KPI 与激励政策,并及时兑现;六是执行项目计划,按照项目实施计划严格执行,经常有意识地回想工作目的,并且推进工作;随时保持与相关部门的沟通;根据需要,中途向上司报告进展情况;如果情况有变,应重新讨论计划;七是检查考核执行过程,检查是否达到目标? 要进行评价与反省;没有达到预期目标时要调查原因;八是总结推广管理方法,将成功的经验与方法,作为机制和流程固化下来。

思考问题

　　1. 如何进行创业辅导?
　　2. 如何理解创投界的名言:"事为先,人为重?"

本章案例

创新工场改变了啥?

　　创新工场在其推动中国科技创业的宏大愿景下迈出了比较靠谱的第一步,但这一步,首先是改变自己。

　　自从李开复创业的那一天起,他和他的创新工场就注定是中国商业社会中的一只"出头鸟"。

　　李开复是个善于制造话题的人。从他高调地从谷歌离职到出版自传再到创新工场的成立,以及在之后持续不断地与科技领域的新闻点和焦点人物的紧密结合,让他一路走来从没缺少过聚光灯的关注。

　　他也是个深谙新媒体传播能量和传播技巧的人。在新浪微博还在内测时就成为了第一批名人用户,如今,他已经成为新浪微博平台上商业领域最有影响力的商业人士,近 1 000 万的粉丝数量让无数圈内大佬难以望其项背。

　　他还是个对青年人和商业圈子都有着巨大影响力的人,在大学生群体中人生导师的形象使得他的创新工场在刚一创立甚至连项目都没有的时候就能收到纷至沓来的7 000多份简历；而在商业圈中，他的人缘和口碑也聚拢了一大批朋友，他们从掏钱支持到紧密合作，以及到"微博打仗"的站脚助威。

但最显眼的还是，李开复是个不回避说出理想的人。他会对媒体毫不讳言地表述希望创新工场的愿景是可以作为一个推动中国科技创业文化和发展模式演进的关键力量，他的理想是想让年轻人创业成本更低，创业成功率更高、甚至想让创业者们拥有他和创新工场所推崇的更好的企业文化……

但是，在中国这个崇尚"闷声发大财"的商业社会中，任何一只"出头鸟"都不是那么好当的。创新工场最初两年一直在被人注视的过程中走来，有人盼望着他的成功，同样也有人在等着他跌倒。

现在，我们可以看到的创新工场的成绩单大概是这样的：截至2011年11月，创新工场投资孵化了超过30个项目，其中10个项目进入A轮，融资规模从500万美元到1 000万美元不等；两个项目被收购，其中魔图被百度收购；有两个项目最终失败关闭。而从吸引融资的层面来看，从创业初期郭台铭等朋友支持的1 500万美元启动资金开始，创新工场已经募集了1.8亿美元基金，投资者包括基金管理公司（Foundation Capital），联发科，投资Facebook的DST等国际著名的投资机构。

这更像是一个阶段性总结，因为创新工场的价值还需要通过旗下更多优秀创业公司的商业成功来印证，而这还需要2～3年的时间才会真正体现出来。现在唯一可以确认的是，创新工场已经走过了最初最艰难的时期，开始赢得了主流投资圈和创业者的认可。

对于李开复的理想和创新工场的愿景而言，这两年或许可以定义为在其推动中国科技创业的愿景下迈出了比较靠谱的第一步。

但是这一步，首先是改变自己。

"孵化器"模式的困境

客观地说，虽然李开复离开谷歌是个很顺理成章的事情，但创新工场的成立和成立之初的孵化器模式，算不上一个特别深思熟虑的选择。实际上，这些选择是在2009年下半年被很多外部的事情所催熟的。

2009年是个暗流涌动的年份。在中国，PC互联网时代最大的几个平台级公司开始浮出水面，但整个产业的创新正进入低潮期；而在大洋彼岸，Facebook和Twitter的张力越来越强，而科技博客对新生事物Groupon和Foursquare模式的讨论不断刺激着国内创业者兴奋的神经，与此同时苹果在iPhone上引爆的移动应用机会也开始逐渐显现出来，谷歌的安卓生态系统也开始进入爆发的前夜；实际上在国内，关于社交网络和移动互联网将引领下一个10年的声音已经开始在一些会议等场合出现。

"一方面是看到移动互联网的大趋势，同时创业成本也到达了一个历史新低，我想我应该出来做一些更令人兴奋的事情。"对于李开复而言，在48岁选择创业之前几乎一路高歌猛进的历程给了他强大的自信心：学生时代他就是华人计算机领域最优秀的科学家之一，职业生涯中又经历了苹果，微软，谷歌这些最酷的科技公司。他和其伙伴汪华等人脑中都有很多创意和准确的行业判断，他们希望有人能把这些想法和对大势的判断落实为产品和项目，让这些想法与优秀的人结合，去产生真正的价值。

　　他当时相信,有资本,有人,他们一定可以孵化出优秀的产品。而这种对行业的判断和对创业者的辅导,可以让创新工场比单纯投资的 VC 获得更高的股权,也能获得更高的成功率。

　　2009 年夏天,当李开复萌生了创业的想法时,和他有着 20 年交情的郭台铭给予了全面的支持,在那之后,李开复又去找到了华裔风投大鳄、美国中经合董事长刘宇环,在得到了刘宇环这样的华人风投圈教父级人物的支持之后,很快地一家又一家投资就陆续敲定。"这个事情就开始启动了"李开复说道,一如他过去多年来水银泻地般的顺畅和快速。

　　但是,"孵化器"这种想法很快就遭遇了挫折。

　　2009 年 9 月 7 日,就在从谷歌离职不到一周之后,李开复宣布了他启动的创新工场,和他当年从微软闪电加盟谷歌以及从谷歌离职一样,媒体铺天盖地的报道让创新工场从创立之日起就赚足了眼球和关注。"但说实话,热闹过后就是门可罗雀,我们 4 个创始人就坐在那里开始大眼瞪小眼,考虑下一步该去做些什么。"李开复说。

　　尽管刚一成立就收到了 7 000 多份简历,也有很多创业者慕名而来,"但是大都是一些做皮鞋的,飞飞碟的,甚至还有些建武术馆的,有些真的非常不靠谱,但是我们也在听也在想,这些创业方案是不是能转一个方向。因为实在没什么选啊,所以当你选择不多的时候只能饥不择食,不过最终也没有能找到一个可以投的案子。"李开复回忆道。

　　随后校园招聘的开始让创新工场招到了 10 个左右的技术人员,加上校园招聘的实习生也陆续进入,创新工场开始变得热闹和有生气了起来。不过在寻找合适的投资案子方面,依然没有大的进展。作为投资新兵,创新工场与那些看起来比较靠谱的创业者经常会遭遇这样的对话。

　　"我们是个创业孵化器,有没有兴趣参与进来?"

　　"我的团队本来就很棒不需要孵化的。"

　　"我们可以给你资金上的支持啊。"

　　"我我自己就有一些,而且 VC 们都愿意投资我。"

　　"其实除了资金我们还有一些非常具体的帮助。"

　　"好啊,我要招聘,我要做财务,法务架构……哦,你说你能帮我介绍律师,那我自己就可以去找啊,你们的服务我也看不到嘛。"

　　在创新工场初期,一些相对成熟和有经验的创业者,恰恰对于创新工场的孵化器模式并不认同。在他们看来,创新工场的孵化就是李开复、汪华几个经验丰富的人来指导创业者怎么做产品,对于那些摸爬滚打多年的成熟创业者,这并不那么关键;更何况创新工场在孵化的初期还要占有比其他 VC 更高的股份,这对一些成熟创业者来说就更无法接受了。在他们看来,那时的创新工场要资金没资金,要服务没服务,只有一些创业者并不急需的孵化和自己股份的损失,实在不是一个让他们心动的合作伙伴。

　　这个时候,李开复等人只好一边继续碰壁,一边开始充分利用招来的毕业生和技术人员,真正成了"工场"——开始自己定方向,搭团队,做产品了。

　　"实际上,当时就是这么简单,把开复的想法,汪华的想法体现在产品中。创新工场最早招来的全是技术人员,而最开始的产品就是落实他们这些创始人的想法。"创新工场

COO 陶宁回忆说。创新工场最初的点心和豌豆荚等产品很大程度上就是这种模式的体现。

李开复知道他们必须用这样的方式做出几个成功的产品,才能吸引外部 VC 和成熟创业者的关注和认可,但这种早期思路带来的直接后果就是几个创始人在扮演投资者、孵化者角色的同时,还要亲历亲为的作为产品经理参与到这些项目中去。这种创始团队分饰多重角色的模式让效率变得低下,以至于最初创新工场留给外界的印象就是一群有经验的人和刚毕业的大学生"过家家",那时候的创新工场更像是一个有着好几条产品线的工场而不是纯粹的投资机构。这种定位和模式上的痛苦纠结也成为其后创业第一年里创新工场的主旋律。

从学生时代起就几乎一直一帆风顺的李开复在创业一开始就遭受了打击,一时间他也很难理解创新工场这个在他看来将能够改变中国青年创业环境的孵化器模式,为什么到了这些创业者面前就没人买账?是他们对自己的价值判断过高?还是这种孵化器的思路出了什么问题?

其实,创新工场面对的最大问题就是自己也是一个创业公司,一个对公众有知名度,但是在商业领域一没足够声誉,二没足够资本,三没成型体系的初创企业。甚至对李开复本人也是如此,他在别人眼中依旧处在科学家、职业经理人和"人生导师"的光环中,在商业和投资领域他还什么都不是。所以其孵化的价值根本不可能被优秀的创业者所认可。

雪上加霜的是,在寻找创业者处处碰壁的同时,创新工场也遇到了财务的困难。"初期的 1 500 万美元的启动资金郭台铭、柳传志、俞敏洪等这些朋友都很爽快地答应了,但是美元转化成人民币基金还需要经过另外申请公司的流程。"李开复解释说。

业务碰壁加上资金到位的缓慢困难,让创新工场在成立 3 个月的时候士气跌到了谷底。"那个时候创新工场实在是太苦了,发工资都成了困难,开复自己的钱就不用说了,连汪华等人自己的钱都快拿光了,一些员工实在扛不住就忍痛选择了辞职。"创新工场 COO 陶宁事后回忆道。

"的确,创业的前 3 个月就是不断地碰壁,到了 2009 年的 10 月底点心和豌豆荚这两个内部项目启动,这些项目开始做到一定规模了我就尝试去融资,很多人说有兴趣,但是都在观望,没有人愿意投资,所以那个时候确实有些运作困难。"李开复说道,他开始意识到必须要在这条全新的路上重新开始。

自我改变

2010 年夏天,曾在 Microsoft、IBM、Google 等公司的中国和美国总部负责运营工作,并刚在耶鲁读完 MBA 的陶宁加入了创新工场并担任 COO。这位女 COO 加盟后的第一件事情就是推动创新工场开始对自己在过去一年里从定位开始进行反思。

陶宁记得自己入职之后召开的第一次内部会议主题就是讨论创新工场的落款问题。"我们应该是个投资机构,还是孵化器,还是其他?我认为弄清这个很重要。"陶宁说道。

在那之前,李开复也一直苦恼于团队同时分饰创业者、投资者、孵化器几个角色的无奈。早期投资加孵化器的做法固然让创新工场因为概念新鲜获得了更多的关注,但是这种定位的不清晰却造成了业务上的难以专注。

这种模式造成的直接后果是早期的内部项目更多是作为一种想法的实现,这就决定了创新工场必须要在孵化和投资的同时参与到项目中去,这不仅有人员上的捉襟见肘,同时缺乏专业的人才管理也让早期的几个项目一直不能进入到发展的快车道。

　　要先改变创业初期的低效和混乱感,创新工场必须和这种初期的产品模式说再见。陶宁的出现,让创新工场有合适的人才来重新梳理内部架构,从内部培养创业者向从外部吸引创业项目转变。

　　"汪华是个天才,但他是那种爱因斯坦型的,我比他还稍微有组织一点,但是组织也不是我的强项。创业第一年有很多COO的角色都要我来扮演,我肯定做不好,后来我发现自己越来越多的时间都花在组织架构和运营管理上,这肯定是有问题的。直到2010年8月陶宁读完MBA过来,为我们的运营和组织带来了巨大的变化。"李开复说。

　　决定开始放手内部项目的管理之后,寻找专业的管理者就变成了当务之急。"但在寻找合适的人来担任这些产品的CEO和管理层的时候遇到了困难,一个是愿意来的人可能并不是我们认为最合适的,同时由于项目本身还是很早期阶段,我们欣赏的管理人才也未必愿意来。"陶宁回忆道。

　　不过在创新工场的关键时刻,李开复早年建立的人脉和影响力最终还是让事情变得峰回路转。

　　"一个很关键的节点就是富士康帮我介绍了夏普,当时我就飞到了日本去,跟夏普去谈有没有可能在智能机上去用点心。点心当时刚做,基本什么也没有。正好他们的副总裁跟我认识将近20年了,当时在苹果做AppleNewton的时候也是有过一段合作;然后富士康又推荐,他就觉得可以试一试合作,本身他也觉得创新工场的品牌不错。"李开复说。

　　"我当时跟他们说中国市场需要有一个本土化的符合中国人使用习惯的操作系统,这个操作系统应该容易使用,符合中国人拨号方式,然后考虑到中国众多年轻人手机要做的相对低价,因为中国没有那么多运营商的补贴,所以价位很重要。要做一个相对低价,容易使用,适合年轻人,娱乐性强并且汉化的好,符合中国人使用习惯的智能机,虽然我们还没做出来,但是我们知道怎么做。加上之前富士康的关系,当时说完这些之后夏普就答应了合作。"

　　夏普的订单对于创新工场来说是一个关键的转折。在李开复看来,拿到夏普的订单回来之后点心就比较好招人了。2010年春节之后,来自百度无线的张磊和腾讯无线的游敏丽的陆续加盟并负责点心项目让李开复和汪华他们终于可以彻底撒手,而不像以前分别饰演创业者、孵化者和投资者三个不同的角色。

　　点心CEO张磊还能清晰地记得李开复说服他加盟创新工场时的场景。2010年初,还是百度无线核心成员的张磊深切感觉到移动互联网的机会稍纵即逝,必须出来创业了,在朋友的引荐下,他和李开复在创新工场见了面。

　　"我们谈的时候,没什么虚与委蛇,基本上都是直指要害。对一件事情认为能做还是不能做,在这个过程中就能判断出来对方是否是合适的合作伙伴。十分钟后,就达成了合作意向。"张磊回忆道。

　　也正是在张磊加盟的过程中,创新工场确立了放手创业团队,专注投资和扶助的模式。

"后来跟开复谈的时候,我们在几个原则上达成了共识。第一,我们是一家独立的公司,创新工场仅仅是投资商,不要做过多干涉;第二,我们必须寻找有更多工作经验的人,不能依赖刚毕业没有工作经验的人,特别是需要极牛的产品带头人;第三,任何公司都有自己发展的轨迹和规律,我们不希望总是在媒体上曝光。对于这三个要求,开复说这都没问题,公司完全是你们的,你们自己去经营。工场给你们做巨大的推力。这就是我们为什么找工场,和工场合作到现在的基本准则。"张磊说。

　　2010 年 8 月张磊在砍掉了一些不必要的项目之后,点心最终确定了聚焦于手机操作系统的方向。在那之后张磊便开始核心团队的组建,点心创业初期张磊急需一个擅长产品的搭档,在他看来,这个人必须是个极牛的产品经理,第一,要有细腻的情感;第二,要很自负,狂妄型的自负;第三,很强的逻辑思辨能力。李开复马上推荐了时任腾讯无线业务负责人的游敏丽,在一次游敏丽出差北京赶往机场之前的时间张磊跟她有了一次半小时的谈话,下飞机后,游敏丽就立刻短信回复决定加盟。

　　某种意义上点心团队的组建过程可以看作是创新工场自己主动做出改变的标志:吸引更有管理经验的人才全权负责内部项目让创新工场团队能够腾出大量的时间和精力;与张磊的约法三章解除了后面其他创业者进入创新工场创业的后顾之忧;物色并推荐游敏丽这样的实力派管理者加入恰恰是创新工场能够给创业者带来的最好的资源扶助。

　　在点心团队逐渐迈向正轨的同时,创新工场的方向也从最初的迷茫变得越来越清晰:开始让专业的人才管理孵化的项目,严格界定孵化公司产权的边界并集中力量专注于投资和对创业公司外围的帮助。

柳暗花明

　　如同大多数波澜起伏的戏剧,当主人公完成了痛苦的坚持和自我重塑后,那些柳暗花明的节点往往总是毫无征兆地随之而来。

　　对于创新工场来说,重新理清自己的定位至关重要,当创新工场开始把对自身产业大方向和产品感觉,以及辅助服务的估值调低,开始认真做好"投资＋服务"的角色之后。这种从企业最基础的思维层面的调整让整个公司运营逐渐步入正轨,这让其产品价值和对创业群体的影响力也开始加速提升。

　　最先接受并认可创新工场这种改变的是对变化极端敏感的 VC 群体。

　　以点心逐步迈上正轨为起点,创新工场的模式在投资者看来变得越来越靠谱,夏普的订单加速了点心的成长,随后更多手机厂商的加入,让点心在投资者面前有底气获得更高的估值,2010 年 12 月,来自金沙江创投的 1 000 万美元以上的 A 轮融资进入,投资圈也开始重新审视李开复和他的创新工场。

　　2010 年 9 月创新工场迎来了自己一周年的生日,经过一年的摸索,很多 VC 已经开始转变了最初犹疑观望的心态,开始尝试性地与创新工场建立合作关系。

　　"刚创业的时候很多 VC 都是抱着客气,观望,私下质疑的态度。因为所谓孵化器模式国内外很少有成功案例,再考虑到我是外企出身没有创过业,那时候社会上又有关于年轻人创业的狼性文化和温室之争。这些因素一加起来大家大多是怀疑。而一年以后很多人发现创新工场招的人还是靠谱的,方向也是不错的,虽然很多 VC 看来目前还不会投,但已经开始有意愿去听了。"李开复说。

但真正让创新工场创业变得柳暗花明的事件还要属国际风险投资大佬们的加入。

创新工场一周年之后，几个知名的投资人决定在创新工场身上"碰碰运气"。联发科和美国 FoundationCapital 投资的进入意味着李开复的创新工场模式开始得到全球主流投资集团的认可。在那之后，硅谷最著名的天使投资人罗恩·康威（Ron Conway）和投资 Facebook 的俄罗斯风投大鳄 DST 创始人尤里·米尔纳（Yuri Milner）的投资陆续进来，由此引发在 VC 圈的滚雪球效应，创新工场开始获得了投资圈的普遍认可，在融资层面也走过了创业之初的窘迫阶段。

国际主流投资机构的加入意味着创新工场在一段时间内摆脱了资金断粮之忧，更加充足的资本注入也让创新工场有实力和资源去启动更多的项目，并且吸引更加优秀的成熟创业者加入。这成为了创新工场至关重要的转折点。

解决了资金来源的后顾之忧之后，创新工场的下一个重点就需要拿出更多重量级的投资项目来证明自己，在李开复看来，许朝军的加入并创办点点网是一个里程碑。

2010 年夏天，时任盛大边锋总裁的许朝军面对汹涌而来的创业气息开始有些按捺不住了。"那个时候我迫切感觉到社交网络借助于移动互联网会是一个大的未来，不过在一年多前很多 VC 还是觉得这样的创业机会可能还要再等两年才会出现。当时主要的社交网络也就是 Facebook，国内的新浪微博也远没有现在这么火，所以在当时的背景下很多投资人还是低估了这个领域创业的机会。"许朝军回忆道。

然而，在利用一次回北京探亲的机会和李开复、汪华长聊之后许朝军觉得自己遇见了知音。

"第一次和他们聊的时候我还没有做轻博客的想法，他们点拨说社交网络是个机会，并且我们一起分析了当时还很前卫的 Kik，Instergram 包括 Tumblr 这些产品在中国的机会。给我触动很大的是他们非常的谦虚。我记得汪华当时很坦诚地说做社交网络这个事情本身很难，不是创新工场启动个内部项目就能搞定的，需要找有过做社交网络经验的人才来负责。"许朝军说。

2011 年年初，之前在 Chinaren，校内都有过成功产品经历的许朝军在创新工场的平台启动了点点网，点点网在创立初期就迅速成长，仅仅一个月后就获得了联创策源、红杉资本等超过 1 000 万美元的 A 轮融资。

对李开复来说，许朝军加入的价值不仅在于能让项目迅速进入 A 轮以证实创新工场的眼光，更在于在那之后创新工场正式停止了内部项目的孵化，变成一个真正意义上的早期投资机构。

在点点网之后，创新工场陆续投资了开心农场创作者、行云的创始人唐彬森，来自腾讯的磊友创始人黄何，来自瑞星的安全宝创始人马杰，知乎的创始人周源等一干经验和能力出众的外部创业者，这也让创新工场的投资布局开始初具规模。

停止内部项目的孵化真正让创新工场的事业开始迈向快车道：管理团队能够全身心投入到寻找项目，孵化帮助的事情中；更多有经验的创业人才的进入提升了创新工场项目的成功率；围绕细分社交网络，手机游戏，移动应用，垂直 O2O 等细分领域的投资布局加上一个个经验丰富的创业者坐镇也让创新工场有实力在 3 年之后的移动互联网格局中发挥越来越大的影响力。

创新工场价值何在？

当一个组织或个人解决了"自己是谁"的根本问题后,他对周边的影响和辐射就会随之发生,当然这个过程中不仅需要热情和呐喊,更需要扎扎实实的制度设计。

"经过近一年的摸索,我们那时候慢慢想明白了:创业者不是温室培养出来的,必须是自己自觉自愿拼杀出来的,他首先要先自己有想法,想创业,其次他要有行业的经验,我们要把他们吸引进来,而不是反过来。我们以前是自己做企业,把项目分出去的思路,后来还是觉得应该吸引靠谱的创业者带着想法和小团队进来,我们只要做帮助和孵化。因此我们在那个时候就明确了我们的定位应该是一个专注于早期的投资机构。"创新工场COO陶宁说。

在明确了自身的定位之后下一步就是围绕创业者的需求来规划整个创新工场的架构。

"我们开始真正去从创业者的角度去看他们真正缺的是什么。第一当然是团队,所以我上任第一件事就是替换了HR主管说服原来的人事主管Grace(许红梅)重新出山,组建强大的HR团队,帮助创业公司做招聘。第二是早期团队需要降低风险,我们就要努力做到选对人,帮他们选对项目,选对方向,同时所有团队必须搬到创新工场和其他创业团队办公,降低他们创业的风险。第三则是要起到加速作用,创新工场这个平台要能为创业者提供包括UI设计,到法务、财务、物业租赁等一系列服务,既大大降低了他们的成本,也让创业公司在最开始的几个月只需要专注于产品的研发,这样就能比竞争对手更快一步。"陶宁阐释道。

多年在产业的历练让李开复、汪华清楚地知道创业公司能够胜出竞争对手最关键的因素:一个是方向选准,另一个则是要速度快。在2009年就看到移动互联网的机会并提早布局为创新工场旗下的公司赢得了先人一步的时间窗口,同时创新工场平台对法务、财务、招聘等杂事的统一统筹又能让小公司以更快的速度发布产品,在相对蓝海的时期迅速占领市场。正因如此,在巨头都开始布局移动互联网的2011年,无论是豌豆荚接近1 000万的安装量还是友盟超过600万的安装,抑或是点心在安卓亚平台巨大影响都让新进入者为之惊讶。

对于创业者,创新工场对他们的改变则感受得更加明显。

2010年3月,当从谷歌辞职的蒋凡说服李开复启动友盟的时候他才25岁,李开复并没有因为他的年轻而有丝毫犹疑。"蒋凡非常年轻,投资这样的一个人是很冒险的,但是他在谷歌跟我做了两年,我看到这个人是非常聪明有潜力的,如果一定要投资一个25岁的人,蒋凡还是值得试试的。"李开复事后说。

那时候蒋凡看到了移动互联网应用的爆发之后必然带来移动广告的机会,他希望仿照美国的移动广告模式,来做移动互联网淘金潮下的"卖水者"。李开复非常认可这个想法,但是觉得这个模式单纯了点,移动广告的崛起是个大趋势但是不会太快,就建议友盟从做移动开发者工具起步,积累了足够的数据之后逐渐向广告业务渗透。

事实证明这样的策略带来了友盟在之后一年的迅速成长,考虑到年轻的蒋凡产品能力强而管理经验欠缺,创新工场为友盟推荐了另外三位经验较为丰富的核心管理者协助蒋凡的创业。而在人才招聘上,创新工场的品牌号召力更是让友盟获得了令同类型创业公司羡慕的人才资源。创立一年之后,友盟就拿到了千万美元的 A 轮融资,并且已经密切影响着 8 000 多移动开发者,1. 5 万款移动应用。

而在点心 CEO 张磊看来,方向、判断力和执行力决定了一个创业公司能不能在最初几年后活下来。而在度过了最初的阶段之后,投资者在品牌和视野上的帮助的价值是无法估量的。

"比如工场是很响的品牌,有非常专业的支撑性团队,能够帮助团队在早期迅速成长;在创新工场的平台上,我们引入了金沙江的 A 轮融资,金沙江有强劲的全球视野和国际化的金融运作能力,创新工场能提供很多早期的帮助;这些都是我们欠缺的。这样一来优势互补,对公司来说是优势的叠加。"张磊说。

一个准确的方向和加速作用对于初次创业者来说价值巨大,而对许朝军这样的成熟创业者看来,创新工场对团队潜移默化的文化影响其实更是一笔无形资产。

"创新工场这种创业氛围的导入,就像冬天暖被窝一样,在我们进去之前已经有一个很好的氛围。创新工场里面有很多团队都在创业,周六加班,公司提供免费午餐,这样我们的团队去那里第一天就被这种创业的氛围所熏陶。而如果是一个公司在单独创业的话,创业文化全都要全新搭建,这其实是很耗散精力的事情。"许朝军总结道。

实际上,在《商业价值》与创新工场旗下的众多团队交流中,几乎所有团队都认为创新工场的最大价值就是让他们在孵化期可以心无旁骛的聚焦在产品上,而不被招聘、法务、推广、内部文化等分散任何精力,在今天这样一个产品决定一切的时代,他们可以借此跑地更快。而在他们从创新工场"毕业"开始独立发展的时候,会有一个成熟的体系可以借鉴,以及一个更高的起点来继续奔跑。

改变环境

最近两年,更加注重早期投资,其实已经是一个中国 VC 界的现象。因为创业成本达到历史的新低,更少的钱就能够让创业公司走出第一步,像许朝军能够用 4 个月造出 5 000万美元市值的公司,这就决定了以往先观察 6~9 个月再去跟进的 VC 投资方式变得不再适用,投资人必须要往早期走,如果还像以前那样等着人家创业者敲门找,等他进入的时候创业公司的估值可能已经高到让他瞠目结舌了。

对于这个投资圈的局面,李开复一如往常的有另一种站在不同视角的解读方式:"投资者应该很早就介入和帮助,这就能让中国创业者的成功概率有所提升,那么多年轻人无论是初次或多次创业,他们应得到更好的社会及对他们的待遇,他们不应该冒着千分之一的风险去创业,而是有更好的教育,有更多机会培训培养自己的能力。中国有很多可能成为丁磊、马化腾这样的人,可能因为没有碰到机遇胎死腹中。社会应该有更宽容的眼光看待创业这个事情,不要把成功当作必然,要对失败能够接受,鼓励容忍失败。"李开复觉得,这是一个投资人和创业者可以双赢的事情。

事实上,创新工场在天使轮就跟进并扶助创业企业的做法已经得到了更多国内投资者的认同。在新浪微博上,许多 VC 都开始像李开复一样用一种极度亲民的姿态去面对创业者;在线下,车库咖啡这种模式的迅速走红也深深契合了投资者极度渴望在创业者早期就进入的迫切心态,具体到融资金额,尤其是在移动互联网领域,面向天使轮的早期的小额融资案例越来越多,很多早期投资者甚至在一些创业者刚从旧公司离职就开始争抢投资机会。

两年的时间里,创新工场已经不再是投资圈内观望犹疑的对象,相反,创新工场的模式得到了越来越多人的模仿。2011 年 11 月底,又一家 Pre-Angel 的孵化器——青阳天时基金被爆即将在北京银泰开幕。加上之前成立的天使湾投资基金,创新工场的模式已经得到了越来越多人的认同。

不过,李开复自己最看重的,还是创新工场培育的这一批企业正在形成一个文化群落。

比如,《商业价值》中,记者在告诉李开复创新工场投资的企业对这个机构最认可的价值是"推广"和"辅助运营"之后,他明显露出一点失望,"他们其实漏了一点很重要的"。李开复说,"还有文化的传递"。对李开复来说,他最乐于听到的是创新工场孵化过的公司在结束孵化阶段后传承了多少创新工场的文化,以及多年以后他们会不会成为一个对中国科技商业带来改变的大群体。

"我相信从办公室的装饰,上班的环境这些细节都能够改变一个人做事的方式,我希望中国未来的公司是有更多有梦想、有理想的而不是只追求财务回报,在公司文化上会更加透明,平等,而不是老板一人做所有决定。如果创新工场在未来能够给这些公司留下些东西,我希望是这些。"李开复说。

显然,在中国今天这样的商业环境下,李开复的很多说法还会继续被人质疑"太虚",甚至会被人理解为作秀。但了解李开复的人都说他真的是一个理想主义者,而熟识创新工场的人也相信这是一个在商业之外还有些态度的机构。就像在知乎上回答关于创新工场的愿景时,李开复写道:"我希望能够让中国的创业创投环境更是有利于创业者的环境,而不是让天使 VC 占他们便宜的环境,另外一个是能够打造若干个走向世界有价值的中国的公司,这里面打造有价值的公司是我们能够可控的,改变这个生态系统包括很多部分,不是完全可控的,但我觉得已经开始看到了希望。"

不管怎样,有一点是毋庸置疑的,李开复和他的创新工场想要带来改变最终能有多大,必定还是会与商业的成功正向相关。

而这段路程,才刚刚开始。

(资料来源:王伟. 创新工场改变了啥?. 商业价值,2011 年 12 月.)

参考文献

[1] [美]巴隆(Baron,R. A.),斯科特·A.谢恩(Scott A Shane).创业管理:基于过程的观点.张玉利,谭新生,陈立新,译.北京:机械工业出版社.2005.

[2] [美]Raymond Vernon.国际经济中的经济(英文版.第七版).北京:清华大学出版社.1998.

[3] 布鲁斯·R.巴林格(Bruce R. Barringer),R.杜安.爱尔兰(R. Duane Ireland).创业管理:成功创建新企业.张玉利,王伟毅,杨俊,译.北京:机械工业出版,2006(1).

[4] 李志能,郁义鸿,罗博特·D.希斯瑞克.创业学.上海:复旦大学出版社,2000.

[5] [美]蒂蒙斯.战略与商业机会.北京:华夏出版社,2002.

[6] [美]斯卡泊莱·N.M,齐曼拉·T.W.小企业的有效管理(第七版).楼尊,译.北京:清华大学出版社,2006.

[7] [美]彼得·F.德鲁克著.创新与创业精神.张炜译.上海:上海人民出版社,2002.

[8] [英]亚当·斯密.国民财富的性质和原因研究(上卷).北京:商务印书馆,1997.

[9] [美]迈克尔·波特.竞争战略.陈小悦,译.北京:华夏出版社,1997.

[10] 罗博特·D.希斯瑞克.创业学.上海:复旦大学出版社,2000.

[11] [美]朗格内克(Longenecker,J. G.).小企业管理:创业之门.郭武文,译.北京:人民邮电出版社,2006.

[12] [美]詹姆斯·C.科林斯(James C.Collins),威廉·C.拉齐尔(William C.Lazier).中小企业管理:概念与案例.李丽,李明峰,译.大连:东北财经大学出版社,2000.

[13] [美]库那提可,韦尔茨.创业成长战略.北京:清华大学出版社,2005.

[14] [美]钱德勒.看得见的手——美国企业的管理革命(中译木).北京:商务印书馆,1997.

[15] Stevenson,H. H.,&Jarillo,J. C. A paradigm of Entrepreneurship:Entrepreneurial Management. Strategic Management Journal,1990,11(1).

[16] Shane,S. Prior knowledge and the discovery of entrepreneurial opportunities,organization Science,2000,11(4).

[17] Gartner,W. B. A framework for describing and classifying the phenomenon of new venture creation. Academy of Management Review,1985,10(4).

[18] Sarasvathy,S. D. The questions we ask and the questions we care about:reformulating some problems in entrepreneurship research. Journal of Business Venturing,2004,19(4).

[19] Sarason,Y.,&Dean,T.,&Dillard,J. F. Entrepreneurship as the nexus of individual and opportunity:A structuration view. Journal of Business Venturing,2006,21(2).

[20] 李莉.创业家:作用、内涵与创业动机.中国人才论坛,2005(3).

[21] 林嵩,张纬.创业过程的研究评述与发展动向.创业管理,2004(7).

[22] 杨俊.创业过程研究及其发展动态.外国经济与管理,2004(9).

[23] 苗莉.基于企业内创业的企业持续成长研究.财经问题研究,2005(2).

[24] 梁巧转,赵文红.创业管理.北京:北京大学出版社,2007.

［25］龚文.如何撰写商业计划书.国际融资,2001(12)～2002(12).

［26］郑石明.商业模式变革.广州:广东经济出版社,2006(7).

［27］姜彦福,张帏.创业管理学.北京:清华大学出版社,2005(7).

［28］王海东,李晓永.论商业计划书在投资策划中的应用.专题探讨.

［29］张景安.商业计划.北京:中央文献出版社.2001(2).

［30］梁巧转,赵文红.创业管理.北京:北京大学出版社,2007(9).

［31］李学东,潘玉香.大学生创业实务教程.北京:经济科学出版社,2006.

［32］汤洪波.现代资本结构理论的发展——从 MM 定理到融资契约理论.金融研究,2006(2).

［33］凌廷友,王甫.权衡理论和优序融资理论之比较.财会月刊,2003(6).

［34］秦艳梅.中小企业融资选择和策略.北京:经济科学出版社,2005.

［35］王永友.创业学概论.哈尔滨:哈尔滨工业大学出版社,2003.

［36］郁义鸿.创业学.上海:复旦大学出版社,2000.

［37］陈德智.创业管理.北京:清华大学出版社,2001.

［38］编写组.私营公司规范化管理实务必备全书.北京:企业管理出版社,2005.

［39］罗天虎.创业学教程.西安:西北工业大学出版社,2006.

［40］叶银华.家族控股集团、核心企业与报酬互动之研究——台湾与香港证券市场之比较.管理评论台湾,1999(18).

［41］潘必胜.家族企业与中国市场化进程.中国社会科学季刊(香港),1999.

［42］黄海生,罗军.完善我国中小企业发展的政策支持体系研究.四川理工学院学报,2006(5).

［43］何宏伟,刘敏.产业集群的成因、特点与路径选择.大连民族学院学报,2005(1).

［44］陈晓红.论中小企业融资与管理.长沙:湖南人民出版社,2003.

［45］陈晓红.中小企业融资.北京:经济科学出版社,2000.

［46］陈晓红.中小企业融资创新与信用担保.北京:中国人民大学出版社,2003.

［47］冯云.中小企业财务管理中存在的问题.内蒙古科技与经济.2005(7).

［48］Ardichvili A,Cardozo R,Ray S. A theory of entrepreneurial opportunity identification and development. Journal of Business Venturing,2003(18).

［49］Davidsson,Wiklund. Levels of analysis in entrepreneurship research:Current research practice and suggestions for the future. Entrepreneurship Theory and Practice,2001(4).

［50］Markman. G. D,Balkin. D. B,Baron. R . Inventors and new venture formation:the effects of general self-efficacy and regretful thinking. Entrepreneurship Theory and Practice,2002.

［51］Timmons. Venture Capital at the Crossroads. Harvard Business School Press,1992.

［52］Verheul,Ingrid;Wennekers,Sander;Audretsch,David and Thurik, Roy,An Eclectic of Entrepreneurship:Policies,Institutions and Culture,Zoetermeer,2001.

［53］Wennekers,Sander and Thurik, Roy,Institutions,Entrepreneurship and Economic Performance,in Lundstrom, Anders and Stevenson, Lois,Entrepreneurship Policy for the Future,Vol. 1,Swedish Foundation for Small Business Research,2001.

［54］李振勇.商业模式:企业竞争的最高形态.北京:新华出版社,2006.

［55］张玉利.创业管理.北京:机械工业出版社,2008.

［56］陈晓红,陈建中.中小企业供应链融资.北京:经济科学出版社,2008.

［57］张玉利,李新春.创业管理.北京:清华大学出版社,2006.

［58］[美]法雷尔.创业时代.李政,杨晓非,译.北京:清华大学出版社,2006.

［59］Degadh, Jan,For a More Effective Entrepreneurship Policy:Perception and Feedback as

Preconditions，Research Center for Entrepreneurship，Rencontres de Saint-Gall，2004.

［60］Hart，David M.，Emergence of Entrepreneurship Policy，Chapter 1：Entrepreneurship policy：what it is and where it came from，New York：Cambridge University Press，2003.

［61］Gao，Jian，Structural Change，Environment and Policies of Entrepreneurial Firms in China，2002. in http：//www. igw. unisg. ch/rencontres/band2002/D_02_Gao. pdf.

［62］周文辉.突破瓶颈——中小企业转型升级新思维.湖南：湖南人民出版社,2012.

教学支持说明

尊敬的老师：

　　您好！为方便教学，我们为采用本书作为教材的老师提供教学辅助资源。鉴于部分资源仅提供给授课教师使用，请您填写如下信息，发电子邮件或传真给我们，我们将会及时提供给您教学资源或使用说明。

　　（本表电子版下载地址：http://www.tup.com.cn/sub_press/3/）

课程信息

书　　名			
作　　者		书号（ISBN）	
课程名称		学生人数	
学生类型	□本科　　□研究生　　□MBA/EMBA　　□在职培训		
本书作为	□主要教材　　□参考教材		

您的信息

学　　校			
学　　院		系/专业	
姓　　名		职称/职务	
电　　话		电子邮件	
通信地址		邮　　编	
对本教材建议			
有何出版计划			

_____年____月____日

 清华大学出版社

E-mail：tupfuwu@163.com　　　　　　网址：http://www.tup.com.cn/
电话：8610-62770175-4903/4506　　　传真：8610-62775511
地址：北京市海淀区双清路学研大厦B座506室　　　邮编：100084